GABLER
KOMPAKT-LEXIKON
Wirtschaft

GABLER KOMPAKT-LEXIKON Wirtschaft

3.000 Begriffe
nachschlagen, verstehen, anwenden

9., vollständig überarbeitete und erweiterte Auflage

GABLER

Bibliografische Information Der Deutschen Bibliothek
Die Deutsche Bibliothek verzeichnet diese Publikation in der Deutschen Nationalbibliografie; detaillierte bibliografische Daten sind im Internet über <http://dnb.ddb.de> abrufbar.

8. Auflage 2001
9. Auflage Februar 2006

Redaktion: Ute Arentzen
Lektorat: Katrin Alisch

Der Gabler Verlag ist ein Unternehmen von Springer Science+Business Media.
www.gabler.de

Umschlaggestaltung: Nina Faber de.sign, Wiesbaden
Druck und buchbinderische Verarbeitung:
GGP Media GmbH, Pößneck
Gedruckt auf säurefreiem und chlorfrei gebleichtem Papier
Printed in Germany

ISBN 3-409-99168-9

Vorwort

Das Gabler Kompakt-Lexikon Wirtschaft ist ein praktisches Nachschlagewerk für alle, die sich für die Zusammenhänge der Wirtschaft interessieren.

Mehr als 3.000 Begriffe zu

- Management/Unternehmensführung/Organisation/Personal
- Finanzierung/Bank/Börse/Versicherung
- Rechnungswesen/Controlling/Steuern
- Marketing
- Produktion/Logistik
- Mathematik/Statistik
- Volkswirtschaft und
- Recht

bieten einen schnellen Einstieg in die verschiedenen Themenbereiche und eine sichere Informationsgrundlage.

Die Stichwörter sind komprimiert und verständlich erklärt und werden durch Abbildungen anschaulich dargestellt. Zahlreiche Verweise ergänzen die Ausführungen und zeigen Zusammenhänge auf.

Für die vorliegende neunte Auflage des Gabler Kompakt-Lexikon Wirtschaft wurde der Inhalt gründlich durchgesehen, aktualisiert und vor allem in den Bereichen Unternehmensführung, Organisation, Bank und Börse sowie Steuern und Recht erweitert.

Wiesbaden, Februar 2006
Lektorat Lexika & Nachschlagewerke

Erläuterungen für den Benutzer

1. Unter einem aufgesuchten Stichwort ist die jeweilige Erklärung/ Definition des Begriffs zu finden. Zahlreiche Verweise (➛) zielen auf Begriffe, die dem Leser zusätzliche Informationen bieten und eine Einordnung in größere Zusammenhänge ermöglicht.

2. Die alphabetische Reihenfolge ist – auch bei zusammengesetzten Stichwörtern – strikt eingehalten. Dies gilt sowohl für Begriffe, die durch Bindestriche verbunden sind, als auch für solche, die aus mehreren, durch Leerzeichen oder Kommata getrennten Wörtern bestehen. In diesen Fällen erfolgt die Sortierung, als sei der Bindestrich bzw. das Leerzeichen oder das Komma nicht vorhanden. Ziffern, Symbole und Sonderzeichen werden durch das jeweilige Wort bestimmt, so dass z.B. „G 7" unter „G Sieben" sortiert ist.

3. Substantivische Stichwortbegriffe sind i.d.R. im Singular aufgeführt

4. Die Umlaute ä, ö, ü wurden bei der Einordnung in das Alphabet wie die Grundlaute a, o, u behandelt; ß wurde in ss aufgelöst.

5. Geläufige Synonyme und angloamerikanische Termini werden jeweils am Anfang eines Stichwortes in Kursivschrift aufgeführt.

A

Abandon, Aufgabe eines Rechts oder einer Sache. Dadurch will sich derjenige, der ein Recht oder eine Sache aufgibt, von einer Verpflichtung (i.d.R. Zahlung) entbinden. Ein Aktionär beispielsweise hat bei der Umwandlung einer Gesellschaft mit beschränkter Haftung (GmbH) in eine Aktiengesellschaft (AG) das Recht, seine Aktien der neuen Gesellschaft zur Verfügung zu stellen, wenn er der Umwandlung widersprochen hat. Auch bei Börsentermingeschäften besteht ein Rücktrittsrecht vom Kauf oder von der Lieferung einer bestellten Aktie.

Abbuchungsverfahren, → Lastschriftverfahren.

ABC-Analyse, Verfahren zur Schwerpunktbildung durch Dreiteilung: A = wichtig, B = weniger wichtig, C = unwichtig. Die ABC-A. wurde ursprünglich in der Materialwirtschaft zur Einordnung von Lagerartikeln verwendet. Grundlage war die Erkenntnis, dass nur ein relativ kleiner Teil der beschafften Güterarten den Hauptanteil am gesamten Lagerbestand ausmacht. Wichtige Anwendungsbereiche sind heute auch die Organisationsanalyse, das Zeitmanagement und Entscheidungen über Eigenfertigung oder Fremdbezug. Die ABC-A. wird außerdem zunehmend im Marketing (z.B. Segmentierung von Kunden) und im Projektmanagement eingesetzt.

Abfall, im rechtlichen Sinn eine Sache, die ihren ursprünglichen Zweck nicht mehr erfüllt und zu entsorgen ist. Zu unterscheiden sind:

- nicht überwachungsbedürftige A.
- überwachungsbedürftige A.
- besonders überwachungsbedürftige A. (Sondermüll), d.h. besonders gesundheits-, wasser- oder luftgefährdende, explosive oder brennbare A.

Das Abfallrecht ist vor allem im Kreislaufwirtschafts- und Abfallgesetz (KrW-/AbfG) von 1994 sowie durch zahlreiche Verordnungsermächtigungen und Durchführungsvorschriften im Rahmen weiterer Bundes- und Ländergesetze geregelt.

Abfallwirtschaft, Teilbereich der → Materialwirtschaft, der sich mit der möglichst wirtschaftlichen und gefahrlosen → Entsorgung von Produktionsrückständen und nicht mehr nutzbaren Wirtschaftsgütern befasst.

Abfärbewirkung, Begriff aus dem Einkommensteuerrecht. Eine selbstständige oder freiberufliche Tätigkeit wird insgesamt als gewerblich eingestuft, wenn es sich auch nur zu einem Teil um eine gewerbliche Tätigkeit handelt. In diesem Fall unterliegt der Steuerpflichtige der Gewerbesteuer.

Abfindung, eine einmalige Geldentschädigung. – 1. *Arbeitsrecht:* Eine A. wird vom Arbeitgeber an einen Arbeitnehmer gezahlt, wenn das Arbeitsverhältnis beendet wird. Eine Verpflichtung zur Zahlung einer A. besteht nach dem Kündigungsschutzgesetzes (KSchG), wenn wegen dringender betrieblicher Erfordernisse gekündigt wurde. Außerdem können → Sozialpläne A. vorsehen. Am häufigsten werden A. im Rahmen von Aufhebungsverträgen und Prozessvergleichen vereinbart. – Die Abfindungshöhe richtet sich nach dem Lebensalter und der Betriebszugehörigkeitsdauer des Arbeitnehmers sowie nach der wirtschaftlichen

Lage des Arbeitgebers. I.d.R. werden maximal zwölf, bei älteren Arbeitnehmern maximal 18 Monatsverdienste als A. gezahlt. – 2. *Gesellschaftsrecht:* Eine A. ist beim Ausscheiden eines Gesellschafters aus einer Gesellschaft zu zahlen.

Abgaben, alle pflichtgemäßen Geldleistungen an Bund, Länder und Gemeinden und an bestimmte → Parafisci. Dazu zählen im Einzelnen Steuern (auch Kirchensteuer) und Zölle sowie Gebühren, Beiträge und Sonderabgaben.

Abgabenordnung (AO), „Steuergrundgesetz" oder „Mantelgesetz" von 1976. Die AO enthält grundlegende Bestimmungen, Begriffsdefinitionen und Grundsätze für die Besteuerung. Sie legt diese für zahlreiche Steuerarten einheitlich fest. Durch die Regelungen der AO sollen die Einzelsteuergesetze entlastet und die Behandlung wichtiger Gebiete des Steuerrechts in einheitlicher Form sichergestellt werden.

Abgabenquote, Anteil der Steuern und Sozialversicherungsbeiträge am → Bruttoinlandsprodukt (BIP). – Vgl. auch → Steuerquote.

Abgeld, → Disagio.

Abgeltungsteuern, Form der → Abzugsteuern. Die Steuerschuld des Steuerpflichtigen wird durch die Einbehaltung der Steuer komplett abgegolten. A. werden im internationalen Steuerrecht häufig zur Verfahrensvereinfachung eingesetzt.

abgestimmtes Verhalten, Sammelbegriff für alle Formen der gemeinsamen Abstimmung von Unternehmensaktivitäten, zur gleichen Zeit etwas zu tun oder zu unterlassen. Die Abstimmung der Aktivitäten erfolgt durch eine formlose Absprache. Abgestimmte Verhaltensweisen sind nach dem Gesetz gegen Wettbewerbsbeschränkungen (UWG) verboten.

abhängig Beschäftigte, → Erwerbstätige.

Ablauforganisation, räumliche und zeitliche Abstimmung der Arbeitsvorgänge einer → Organisation. Abflauforganisatorische Regelungen sind nur bei Routineprozessen sinnvoll. – *Gegensatz:* → Aufbauorganisation.

Ablaufplanung, → Produktionsprozessplanung.

Ablaufpolitik, → Prozesspolitik.

ABM, Abk. für → Arbeitsbeschaffungsmaßnahme.

Abmahnung, Aufforderung, ein vertragswidriges Verhalten zu unterlassen. Dabei wird für den Wiederholungsfall eine Strafe angedroht. – 1. *A. eines Arbeitnehmers:* Eine A. ist eine Rüge. Der Arbeitgeber bringt zum Ausdruck, dass er die Verletzung arbeitsvertraglicher Pflichten durch den Arbeitnehmer missbilligt. Die A. enthält außerdem den Hinweis auf Kündigung im Wiederholungsfall. – 2. *Wettbewerbsrechtliche A.:* Eine A. ist i.d.R. eine schriftliche Aufforderung an ein Unternehmen, ein wettbewerbswidriges Verhalten zu unterlassen und zur Vermeidung einer Klage eine → Unterlassungserklärung abzugeben.

Abmahnverein, Verein, der gewerbsmäßig wettbewerbsrechtliche → Abmahnungen vornimmt. Nach dem Gesetz gegen den unlauteren Wettbewerb (UWG) dürfen Abmahnungen nur von Vereinen zur Förderung gewerblicher Interessen, Verbraucherschutzvereine, Handwerkskammern sowie Industrie- und Handelskammern (IHK) ausgesprochen werden.

Abnutzung, Wertminderung abnutzbarer Anlagengüter wie Gebäude, Maschinen, Fahrzeuge oder Betriebs- und Geschäftsausstattung. Die A. wird durch die → Abschreibung berücksichtigt.

Abrechnung, → Clearing.

Absatz. 1. Menge, der in einem bestimmten Zeitraum verkauften Produkte oder Dienstleistungen. – 2. Schlussphase des innerbetrieblichen Leistungserstellungsprozesses, der aus den betrieblichen Grundfunktionen Beschaffung, Produktion und Absatz besteht. – *Anders:* → Umsatz, → Vertrieb.

Absatzhelfer, eine rechtlich und wirtschaftlich selbstständige Person oder Einrichtung, die bei der Verteilung von Waren mitwirkt. Der A. selbst wird nicht Eigentümer der Ware. A. sind z.B. Handelsvertreter, Kommissionäre, Ex- und Importeure, aber auch Werbeagenturen, Spediteure und Kreditinstitute. – Vgl. auch → Distributionsorgane.

Absatzinstrumente, → Marketing.

Absatzkanal, Sammelbegriff für alle Absatzstufen vom Hersteller bis zum Endverbraucher. Wichtige Entscheidungen sind die Anzahl und Art der Stufen des → Absatzweges sowie die Anzahl und Art der auf jeder Stufe eingeschalteten Organe (z.B. Vertriebsabteilung des Herstellers, Absatzhelfer oder Absatzmittler). Außerdem muss über die Gestaltung der Zusammenarbeit zwischen den einzelnen Elementen entschieden werden.

Absatzmarkt, Markt, auf dem die Produkte verkauft werden. Der A. ist der Produktion nachgelagert. – *Gegensatz:* → Beschaffungsmarkt.

Absatzmittler, eine rechtlich und wirtschaftlich selbstständige Person oder Einrichtung, die Produkte oder Dienstleistungen kauft und weiterverkauft (z.B. Groß- und Einzelhandel). A. arbeiten im eigenen Namen und auf eigene Rechnung. Sie erwerben das Eigentum an den Waren und tragen das Absatzrisiko. – Vgl. auch → Distributionsorgane.

Absatzpolitik, alle Maßnahmen eines Unternehmens, den Vertrieb der Produkte und Dienstleistungen zu fördern und die Beziehungen und Aktivitäten zwischen Unternehmen und Absatzmarkt zu gestalten. Nach Gutenberg (bedeutender deutscher Betriebswirt, 1897–1984) zählen zu den Instrumenten der A. Absatzmethoden, Preispolitik, Produktgestaltung und Werbung. – *Anders:* → Marketing.

Absatzweg, *Distributionsweg, Vertriebsweg.* Weg einer Ware oder Dienstleistung vom Hersteller bis zum Endverbraucher. Von Stufe zu Stufe wird das Eigentum übertragen. Zu unterscheiden sind im Wesentlichen:

- direkter Vertrieb (Direktvertrieb, Direktverkauf): Der Absatz erfolgt vom Hersteller direkt an den Endverbraucher.
- indirekter Vertrieb: In diesem Fall werden → Absatzmittler eingeschalten, z.B. Groß- und Einzelhandel.

Abschlagszahlung, → Teilzahlung.

Abschlussbilanz, → Jahresabschluss.

Abschlussprüfer, → Wirtschaftsprüfer.

Abschlussprüfung, → Jahresabschlussprüfung.

Abschreibung. 1. *Rechnungswesen:* Betrag oder Methode zur Ermittlung des Betrages, der die Wertminderung eines Vermögensgegenstandes erfassen soll. A. werden in der Gewinn- und Verlustrechnung als → Aufwand und in der Kostenrechnung als → Kosten erfasst. – Ursprünglich waren lediglich A. für abnutzbare Gegenstände des Anlagevermögens wie Gebäude, Maschinen, Fahrzeuge oder Lizenzen vorgesehen. Im weiteren Sinn werden heute aber auch Wertminderungen durch sonstige Abwertungsgebote oder -wahlrechte bei Anlage- und Umlaufvermögen erfasst (z.B. A. auf Forderungen). – Zu unterscheiden sind folgende Arten der A.:

- bilanzielle A.: Nach dem Handelsrecht sind abnutzbare Gegenstände des Anlagevermögens in der Bilanz planmäßig abzuschreiben. D.h., die Anschaffungs- oder Herstellungskosten werden entsprechend der voraussichtlichen betrieblichen Nutzungsdauer jährlich um einen bestimmten Teilbetrag zur Erfassung des Werteverzehrs gekürzt. Im Fall eines vollständigen Wertverlusts, einer erhöhten Inanspruchnahme oder einer Veralterung hinsichtlich des technischen Fortschritts kann nach dem Handelsrecht jedoch eine außerplanmäßige A. vorgenommen werden.

- kalkulatorische A.: Die kalkulatorische A. ist eine Abschreibungsart der Kostenrechnung. In diesem Fall werden i.d.R. die Wiederbeschaffungskosten angesetzt. Aufgrund eines unterschiedlichen Wertansatzes, einer unterschiedlichen → Abschreibungsmethode oder einem anderen Abschreibungszeitraum stimmen A. in der Bilanz und in der Kostenrechnung nicht überein.

2. *Steuerrecht:* Steuerrechtliche A., sog. Absetzungen für Abnutzung (AfA), sind Wertabsetzungen für langlebige Wirtschaftsgüter. Dies sind Güter mit einer Nutzungsdauer von mehr als einem Jahr. Steuerrechtliche A. sind begrifflich mit den handelsrechtlichen planmäßigen A. identisch. AfA sind je nach Einkunftsart als → Betriebsausgaben oder als → Werbungskosten absetzbar. I.d.R. werden lineare AfA angesetzt, wobei die betriebsgewöhnliche Nutzungsdauer der sog. AfA-Tabelle, die vom Bundesfinanzministerium herausgegeben wird, zu entnehmen ist. Daneben sieht das Steuerrecht auch Sofortabschreibungen im Fall → geringwertiger Wirtschaftsgüter sowie Absetzungen für Substanzverringerung (AfS), Absetzungen wegen außergewöhnlicher technischer Abnutzung, Absetzungen wegen außergewöhnlicher wirtschaftlicher Abnutzung, Teilwert- und Sonderabschreibungen vor. – 3. *Volkswirtschaftliche Gesamtrechnung:* Wertminderung des Anlagevermögens während eines Zeitraums durch normalen Verschleiß und wirtschaftliches Veralten.

Abschreibungsgesellschaft, Gesellschaft, die in steuerbegünstigte Anlageprojekte investiert. Ziel einer A. ist es, den Kapitalanlegern Verluste zuzuweisen, die diese mit anderen Einkünften oder Gewinnen ausgleichen können. Die Anleger mindern so ihr zu versteuerndes Einkommen oder ihren zu versteuernden Gewinn. Die Möglichkeit und die Höhe abziehbarer Verluste ist jedoch durch das Einkommensteuergesetz (EStG) begrenzt.

Abschreibungsmethoden, Verfahren, mit denen die Abschreibungsbeträge berechnet werden (→ Abschreibung). – 1. *Lineare Abschreibung:* Die Anschaffungs- oder Herstellungskosten des Anlagevermögens werden gleichmäßig auf die voraussichtlichen Nutzungsjahre verteilt. – 2. *Degressive Abschreibung:* Die Anschaffungs- oder Herstellungskosten werden in fallende Raten aufgeteilt, wobei die hohen Abschreibungsbeträge am Anfang über die Nutzungsdauer kontinuierlich sinken. – 3. *Progressive Abschreibung:* Die Anschaffungs- oder Herstellungskosten werden in jährlich steigenden Beiträgen aufgeteilt. – 4. *Leistungsmäßige Abschreibung (Leistungsabschreibung):* Die Anschaffungs- oder Herstellungskosten werden nach der Inanspruchnahme oder nach der tatsächlichen Nutzung im Abschreibungsjahr verteilt. Problematisch bei dieser Methode sind die Prognose und der Nachweis der entstandenen Kosten, die auf das einzelne Jahr entfallenden.

Abschwung, → Konjunkturzyklus.

Absetzung für Abnutzung (AfA), → Abschreibung.

Absonderung, Begriff aus dem Insolvenzrecht. A. ist das Recht eines Gläubigers auf eine bevorzugte Befriedigung seiner Forderungen. Eine A. ist nach der Insolvenzordnung (InsO) nur für Forderungen zulässig, die durch einen Gegenstand gesichert sind (z.B. Hypothek, Grundschuld, Pfandrecht und Sicherungsübereignung). Der Erlös aus der Verwertung des Gegenstands wird bis zur Höhe der gesicherten Forderung an den Berechtigten ausgezahlt. Der Rest fließt in die Insolvenzmasse. – *Anders:* → Aussonderung.

Abtretung, → Forderungsabtretung.

Abwerbung von Arbeitnehmern, Ansprache und Aufforderung eines Arbeitnehmers zur Lösung oder zum Brechen seines Arbeitsvertrages durch ein anderes Unternehmen. – Eine Abwerbung gilt erst bei Vorliegen besonderer Umstände als sittenwidriger Wettbewerb. Dies gilt z.B. im Fall der Missachtung bestehender → Wettbewerbsverbote, der Anwerbung durch irreführende oder herabsetzende Äußerungen über den bisherigen Arbeitgeber oder der Ausnutzung der Dienst- oder Geschäftsgeheimnisse. Nach dem Gesetz gegen den unlauteren Wettbewerb (UWG) kann es in diesen Fällen zu einem befristeten Beschäftigungsverbot oder zu einem Schadensersatzanspruch kommen.

ab Werk, → Versandklauseln, → Incoterms.

Abwertung, Wertverlust einer Währung im Vergleich zu einer anderen Währung. Eine A. der Inlandswährung liegt vor, wenn der → Wechselkurs bei der Preisnotierung (z.B. Euro je ein US-Dollar) steigt. In diesem Fall müssen mehr Euro für einen US-Dollar gezahlt werden. Der Euro wird „billiger". – Mit der A. sinkt der → Außenwert der Inlandswährung. Die Importe werden teurer, die Exporte billiger. – *Gegensatz:* → Aufwertung.

Abwicklung, *Liquidation,* Begriff aus dem Handelsrecht für die Auflösung eines Unternehmens. Die A. hat die Aufgabe, die persönlichen und vermögensrechtlichen Bindungen der Gesellschafter zu lösen, um so die endgültige Beendigung der Gesellschaft herbeizuführen. Gründe für eine A. können z.B. auf einem Gesellschafterbeschluss oder einer Insolvenz der Gesellschaft beruhen.

Abzahlungsgeschäft, *Teilzahlungsgeschäft, Ratenkauf,* Geschäft, bei dem der Käufer den Kaufpreis in Raten (→ Teilzahlung) leistet. I.d.R. behält sich beim A. der Verkäufer das Eigentum an der Ware bis zur endgültigen Zahlung vor (→ Eigentumsvorbehalt). Ein A. wird nach dem Bürgerlichen Gesetzbuch (BGB) weitestgehend wie ein → Verbraucherdarlehen behandelt. – Vgl. auch → verdecktes Abzahlungsgeschäft.

Abzahlungskredit, → Ratenkredit.

Abzinsung, → Diskontierung.

Abzugsteuern, Steuern, die nicht vom Empfänger einer Zahlung, sondern von der auszahlenden Stelle zu leisten sind. Da der Abzug i.d.R. an der Ertrags- oder Einkunftsquelle erfolgt, werden A. auch als Quellensteuern bezeichnet. Dabei kann es sich um anrechenbare A. handeln, die den Charakter von Vorauszahlungen haben. Eine anrechenbare A. ist beispielsweise die Lohnsteuer. A. können aber auch → Abgeltungsteuern sein, z.B. bei Zinserträgen aus bestimmten Wertpapieren.

Accounting, → Rechnungswesen.

Ad-hoc-Publizität, Veröffentlichungspflicht eines börsennotierten Unternehmens nach dem Wertpapierhandelsgesetz (WpHG). Danach sind die Unternehmen verpflichtet, kursrelevante Tatsachen unverzüglich öffentlich zu machen. Dies geschieht durch Mitteilung an die Bundesanstalt für Finanzdienstleistungsaufsicht (BaFin) und an die Geschäftsführung der betreffenden Börse. Außerdem sind die Tatsachen in mindestens einem überregionalen Börsenblatt oder über ein elektronisches Informationsverbreitungssystem zu veröffentlichen. Meldepflichtige Tatsachen sind z.B. bevorstehende Firmenübernahmen, Fusionen, Großaufträge oder deutliche Korrekturen der Gewinnerwartungen. Ziel der A.-h.-P. ist es, dem → Insiderhandel vorzubeugen und den Markt transparenter zu machen.

AfA, Abk. für Absetzung für Abnutzung, → Abschreibung.

After Sales Service, technische und kaufmännische Dienstleistungen, die nach einem Kauf von einem Unternehmen angebotenen werden. Dies sind z.B. Schulungen des Bedienungspersonals, Wartungs- und Reparaturdienste. Durch einen A.S.S. kann eine Differenzierung gegenüber Leistungsangeboten von Mitbewerbern erreicht werden. Außerdem kann der Verkauf von komplexen und erklärungsbedürftigen Produkten, vor allem im Investitionsgüterbereich, unterstützt werden. – Vgl. auch → Service.

AG, Abk. für → Aktiengesellschaft.

AGB, Abk. für → Allgemeine Geschäftsbedingungen.

Agency-Theorie, *Prinzipal-Agent-Theorie.* Teilgebiet der Wirtschaftstheorie. Die A.-T. beschäftigt sich mit Kooperationen zwischen Personen oder Unternehmen bei Vorliegen von Interessenkonflikten und bei unterschiedlichem Informationsstand der Beteiligten. Ausgangspunkt ist eine sog. Agency-Beziehung, bei der eine Partei (Agent) im Auftrag einer anderen (Prinzipal) handelt. Die A.-T. untersucht, durch welche Anreizmaßnahmen das Verhalten des Agenten indirekt beeinflusst werden kann, damit er im Interesse des Prinzipals handelt.

Agenda 21, Aktionsprogramm zur Umsetzung des Prinzips der → nachhaltigen Entwicklung. Die A. 21 wurde 1992 auf der Konferenz der Vereinten Nationen (UN) für Umwelt und Entwicklung in Rio de Janeiro verabschiedet.

Agglomeration, Zusammenballung von Unternehmen auf ein Gebiet.

Aggregation, Begriff aus der Wirtschaftstheorie für die Zusammenfassung mehrerer Einzelgrößen hinsichtlich eines Merkmals. Durch die A. soll es ermöglicht werden, Zusammenhänge zu erkennen. Die Nachfrage der einzelnen Haushalte werden beispielsweise zur gesamtwirtschaftlichen Nachfrage zusammengefasst.

Agio, *Aufgeld.* 1. Betrag, um den der Ausgabepreis eines Wertpapiers über dem → Nennwert liegt. – 2. Betrag, um den der Rückzahlungsbetrag eines Darlehens über dem Auszahlungsbetrag liegt. – *Gegensatz:* → Disagio.

Agrarpolitik, wirtschaftspolitische Maßnahmen zur Stabilisierung der Agrarmärkte, zur Sicherung eines angemessenen Einkommens für die in der Landwirtschaft Tätigen und zur Versorgungssicherung der Bevölkerung mit Nahrungsmitteln. Träger der A. sind staatliche und überstaatliche Einrichtungen, aber auch nationale Organisationen wie der Deutsche Bauernverband. – 1. *Agrarstrukturpolitik:* Maßnahmen zur Milderung der Anpassungszwänge aufgrund des sektoralen Strukturwandels. Diese werden durch Zuschüsse der Europäischen Union (EU) sowie durch Bund und Länder finanziert. Die EU gibt im Fall der Agrarstrukturpolitik den Rahmen für die nationalen Politiken vor. – 2. *Agrarpreispolitik:* Durch ein System staatlich festgelegter oder beeinflusster Preise werden Einzelpreise stabilisiert. Diese Preise sind zum Teil deutlich höher als auf dem Weltmarkt. Für die Agrarpreispolitik ist die EU zuständig. – 3. *Agrarsozialpolitik:* Maßnahmen zur sozialen Sicherung der in der Landwirtschaft Tätigen. In Deutschland existiert z.B. ein eigenständiges Versicherungssystem, das vom Staat bezuschusst wird.

AIDA-Regel, bekanntes Modell der Werbewirkungsforschung. Danach muss erfolgreiche Werbung folgende Phasen durchlaufen:

- A = Attention (Aufmerksamkeit erregen)
- I = Interest (Interesse wecken)
- D = Desire (Wünsche erwecken)
- A = Action (Reaktion auslösen, Kauf).

Die AIDA-R. wurde zur AIDCA- und zur AIDCAS-Formel weiterentwickelt. Bei der AIDCA-Formel folgt der Phase des Kaufwunsches die Phase der Vertrauensgewinnung (Confidence). Erst dann folgt die Kaufhandlung. Bei der AIDCAS-Formel folgt der Phase des Kaufwunsches die Phase der Überzeugung vom Produktvorteil gegenüber vergleichbaren Angeboten (Conviction). Außerdem geht das Modell davon aus, dass nach der Kaufhandlung Kundenzufriedenheit (Satisfaction) hergestellt werden muss.

AKA, Abk. für → Ausfuhrkreditgesellschaft mbH.

Akkordlohn, Form des Leistungslohns (→ Lohn). Beim A. wird das Mengenergebnis pro Zeiteinheit vergütet. Es werden folgende Arten von A. unterschieden:

- Einzelakkord: Die Entgeltzahlung erfolgt an einen einzelnen im A. arbeitenden Arbeitnehmer.
- Gruppenakkord: Die Entgeltzahlung geht an eine im A. arbeitende Personengruppe.
- Geldakkord: Für jedes gefertigte Stück wird ein bestimmter vom Tariflohn abhängiger Betrag gezahlt.
- Zeitakkord: Pro gefertigtes Stück wird eine bestimmte Bearbeitungszeit vorgegeben, die vergütet wird. Dies erfolgt unabhängig davon, ob der Arbeitnehmer die Vorgabezeit über- oder unterschreitet.

Gegensatz: Zeitlohn (→ Lohn).

Akkreditiv, → Dokumentenakkreditiv.

Akquisition. 1. *Marketing:* Gewinnung von Kunden oder Aufträgen. – 2. *Unternehmensführung:* Kauf eines Unternehmens oder Unternehmensteils. Heute wird meistens der angloamerikanische Begriff → Merger & Acquisition verwendet.

Aktie, Wertpapier, das dem → Aktionär die Beteiligung an einer → Aktiengesellschaft (AG) beurkundet. Der Aktieninhaber ist am → Grundkapitel der AG mit einem bestimmten Anteil beteiligt. Jede A. repräsentiert eine feste Summe (→ Nennwertaktie) oder einen Anteil am Grundkapital (→ Stückaktie). – Nach der Übertragung unterscheidet man folgende Arten von A.:

- Inhaberaktie: eine auf den Inhaber lautende A.
- Namensaktie: eine auf eine bestimmte Person lautende A. Ist bei der Übertragung der A. die Zustimmung der AG erforderlich, handelt es sich um eine sog. vinkulierte Namensaktie.

Je nach Umfang der verbrieften Rechte gibt es folgende Arten von A.:

- Stammaktie: A., die dem Inhaber die im Aktiengesetz vorgesehenen Rechte gewährt (→ Stammaktie).
- Vorzugsaktie: A., die laut Satzung mit besonderen Vorrechten ausgestattet ist (→ Vorzugsaktie).

Nach dem Aktiengesetz dürfen A. nur über dem → Nennwert ausgegeben werden (→ Agio). – Eine A. besteht aus dem → Mantel, der die Rechte des Aktionärs verbrieft, und den → Bogen mit den Zinsscheinen.

Aktienanalyse, Erfassung und Auswertung aktueller und vergangener Daten zu börsennotierten Unternehmen und zur Marktentwicklung. Ziel ist es, die zukünftige Kursentwicklung von Aktien vorherzusagen. – Formen der A. sind:

- fundamentale A.: Diese beruht auf unternehmensbezogenen Größen wie z.B. Geschäftsstruktur, Ertragslage, Kostenstruktur, Zukunftschancen der Produkte und Qualität des Managements. Aus der Analyse dieser Größen wird der sog. innere oder objektive Wert einer Aktie ermittelt. Im Vergleich zum aktuellen Börsenkurs ergibt sich daraus ein Kauf- oder Verkaufssignal, je nachdem ob der innere Wert größer oder kleiner als der Börsenkurs ist.
- technische A.: Die zukünftige Kursentwicklung wird aus der Analyse von Kursverlauf und Handelsvolumen abgeleitet. Als Hilfsmittel werden Charts genutzt. Dies sind grafische Darstellungen von Kurs- oder Umsatzentwicklungen zur Ermittlung von Trends. Kauf- und Verkaufsignale werden aus typischen Erscheinungsbildern abgeleitet.

Aktienbuch, elektronisches Verzeichnis, das von einer Aktiengesellschaft (AG) zu führen ist. Im A. werden ausgegebene

Namensaktien und Zwischenscheine mit der genauen Bezeichnung des Inhabers sowie jede Übertragung, Umwandlung und Aktienzusammenlegung aufgeführt.

Aktienfonds, → Investmentfonds.

Aktiengesellschaft (AG), → Rechtsform einer Handelsgesellschaft mit einer Rechtspersönlichkeit, die im Aktiengesetz (AktG) geregelt ist. Die AG verfügt über ein in Aktien zerlegtes → Grundkapital. Die Gesellschafter (→ Aktionär) sind i.d.R. mit Kapitaleinlagen am Grundkapital beteiligt. Für die Verbindlichkeiten der AG haften die Gesellschafter mit dem Gesellschaftsvermögen. – Nach dem Aktiengesetz ist für die Gründung einer AG eine Satzung, die notariell beurkundet wurde, erforderlich. Diese muss die im Gesetz genannten Mindestbestimmungen wie vor allem Firma, Sitz, Unternehmensgegenstand, Höhe des Grundkapitals, Zerlegung in Nennwert- oder Stückaktien und Anzahl der Vorstandsmitglieder enthalten. Das Grundkapital einer AG muss mindestens 50.000 Euro betragen. Die AG muss ins Handelsregister eingetragen werden. Über den Gründungsvorgang muss abschließend ein Gründungsbericht erstellt werden. – Organe der AG sind → Vorstand, → Aufsichtsrat und → Hauptversammlung. – Eine AG kann aufgelöst werden, wenn dies von der Hauptversammlung mit Drei-Viertel-Mehrheit beschlossen wird. Sie kann außerdem durch Eröffnung des Insolvenzverfahrens aufgelöst werden. – Die AG unterliegt der Körperschaft- und Gewerbesteuer. – Vgl. auch → kleine Aktiengesellschaft.

Aktienindex, Kennziffer zur Darstellung der Kursentwicklung (sog. Kursindex) oder → Performence (sog. Performenceindex). Ein A. beruht auf einer Auswahl an Wertpapieren („Korb"). Beim Deutschen Aktienindex (DAX) und beim US-amerikanischen Dow Jones Index werden beispielsweise die Aktien der 30 börsenumsatzstärksten deutschen bzw. US-amerikanischen Unternehmen einbezogen. A. werden als Vergleichsmaßstab für Wertpapieranlagen herangezogen.

Aktienmarkt, Handel mit → Aktien. Der A. umfasst den Börsenhandel mit den Teilmärkten → amtlicher Markt, → geregelter Markt und → Freiverkehr sowie den außerbörslichen Handel mit Aktien (→ Over-the-Counter-Markt).

Aktienrückkauf, Kauf eigener → Aktien durch eine → Aktiengesellschaft (AG). Das Gesetz zur Kontrolle und Transparenz im Unternehmensbereich (KonTraG) und das Aktiengesetz (AktG) nennen die für einen A. geltenden Auflagen. Danach darf eine AG nur bis zu zehn Prozent des → Grundkapitals Aktien zurückkaufen. Dafür ist die Zustimmung der Aktionäre auf der Hauptversammlung erforderlich. Gründe für den A. können die Anlage überflüssigen Kapitals, die Erhöhung des Werts der verbleibenden Aktien am Markt, die Erschwerung von Übernahmeversuchen oder die Nutzung als Tauschwährung bei Fremdübernahmen sein.

Aktiensplit, Aufteilung einer → Aktie mit einem hohen Kurswert in mehrere Anteile. Durch den A. wird die Aktie billiger, ohne dass sich das Eigenkapital der Gesellschaft ändert. Die Handelbarkeit der Aktie soll damit verbessert werden.

Aktienumtausch, Maßnahme zur Finanzierung von Unternehmensübernahmen oder Unternehmenszusammenschlüssen. Die Aktien der zu übernehmenden Aktiengesellschaft (AG) werden gegen Aktien der übernehmenden Gesellschaft getauscht.

Aktienzertifikat, Bescheinigung, die von Banken über hinterlegte Aktien ausgestellt wird. A. werden ausgestellt, wenn der Handel der Aktien selbst nicht möglich ist oder erleichtert werden soll. – In Deutschland werden A. für ausländische Aktien ausgegeben. – Vgl. auch → American Depositary Receipt (ADR).

Aktionär, Inhaber von → Aktien. Der A. ist damit Teilhaber (Gesellschafter) einer → Aktiengesellschaft (AG) oder einer → Kommanditgesellschaft auf Aktien (KGaA). Bei Inhaberaktien berechtigt der bloße Besitz der Aktienurkunde den Inhaber als A. Auf der Namensaktie ist der A. namentlich bezeichnet und im Aktienbuch eingetragen. – Ein A. hat einen Anspruch auf eine Gewinnbeteiligung (→ Dividende) und auf einen Anteil am Erlös im Fall der Auflösung der Gesellschaft. Er hat → Stimmrecht sowie Auskunfts- und Rederecht in der Hauptversammlung. Außerdem hat der A. bei der Ausgabe von jungen Aktien, Wandel- und Gewinnschuldverschreibungen sowie Genussscheinen ein → Bezugsrecht.

Aktiva, *Aktivposten.* Bewertete Vermögensgegenstände, Rechnungsabgrenzungsposten (→ Rechnungsabgrenzung) und Bilanzierungshilfen eines Unternehmens, die auf der linken Seite (Aktivseite) der → Bilanz ausgewiesen werden. Die Aktivseite zeigt die Mittelverwendung auf. – *Gegensatz:* → Passiva.

Aktivgeschäfte, → Bankgeschäfte, die der Mittelverwendung der Kreditinstitute dienen und auf der linken Seite (Aktivseite) der Bankbilanz ausgewiesen werden. Zu den A. zählen Kreditgeschäfte, aber auch eigene Anlagegeschäfte der Bank (z.B. Kauf von Wertpapieren). – *Gegensatz:* → Passivgeschäfte.

Aktivierung, Begriff aus dem Handelsrecht für den Ausweis von Vermögensgegenständen auf der linken Seiten (Aktivseite) der Bilanz (→ Aktiva). – Nach dem Handelsgesetzbuch (HGB) müssen Vermögensgegenstände ausgewiesen werden (sog. Aktivierungspflicht). Ein Aktivierungswahlrecht besteht jedoch bei einem → Disagio, bei Aufwendungen für die Ingangsetzung und Erweiterung eines Geschäftsbetriebs und bei → latenten Steuern. Zudem gilt ein sog. Aktivierungsverbot beispielsweise für Aufwendungen, die im Zusammenhang mit einer Unternehmensgründung stehen, oder für die Beschaffung des dafür erforderlichen Eigenkapitals sowie für selbst erstellte immaterielle Gegenstände des Anlagevermögens. – *Gegensatz:* → Passivierung.

Aktivkonto, → Bestandskonto.

Aktivposten, → Aktiva.

Aktivzinsen, → Sollzinsen.

Aktuar, besonders qualifizierter Versicherungsmathematiker. Aufgaben eines A. sind vor allem die Analyse von Fragestellungen aus Versicherungs- und Bausparwesen, Kapitalanlage und Altersvorsorgesysteme. Außerdem überwacht er die versicherungsmathematischen Kalkulationsgrundlagen.

aktueller Rentenwert, wichtiger Bestandteil der → Rentenformel. Der a.R. ist der Betrag, der einer monatlichen Altersrente in der gesetzlichen Rentenversicherung entspricht, wenn für ein Kalenderjahr Beiträge aufgrund des Durchschnittsentgelts gezahlt worden sind. Der a.R. wird jedes Jahr zum 1. Juli angepasst (→ Rentenanpassung).

Akzeleratorprinzip, Begriff aus der Volkswirtschaftslehre. Das A. besagt, dass im Verlauf von gesamtwirtschaftlichen Prozessen Investitionen aus Kapazitätsgründen an die sich ändernde Nachfrage angepasst werden. In Kombination mit dem → Multiplikatorprinzip wird das A. zur Erklärung von Konjunkturschwankungen herangezogen.

Akzept. 1. Unterschrift des Schuldners auf der Wechselurkunde. Dadurch verpflichtet sich der Schuldner, den Wechselbetrag bei Fälligkeit zu zahlen. – 2. → Wechsel, der vom Schuldner angenommen wurde.

Akzeptkredit, *Wechselkredit.* Kredit, den eine Bank gewährt, indem sie innerhalb einer festgelegten Kreditgrenze vom Kreditnehmer ausgestellte Wechsel annimmt (→ Bankakzept). Durch einen A. stellt die Bank ihrem Kunden die eigene Kreditwürdigkeit zur Verfügung. – Vgl. auch → Diskontkredit.

Alleinvertrieb, *Exklusivvertrieb.* Vertriebsform, bei der das Produktprogramm eines Herstellers oder ein Teilprogramm in einem festgelegten Gebiet nur über einen Vertragshändler angeboten wird. I.d.R. verpflichtet sich der Vertragshändler, die Ware nur vom betreffenden Hersteller zu beziehen oder nur an bestimmte Kunden im vereinbarten Verkaufsgebiet zu verkaufen.

Allfinanz, Angebot aller Finanzdienstleistungen aus einer Hand. A. umfasst neben den klassischer Bankdienstleistungen z.B. Versicherungsleistungen, Leasing, Factoring, Bausparen, Vermittlung von Immobilien oder Unternehmensberatungsleistungen. Zur Durchführung von Allfinanzgeschäften können Kreditinstitute mit anderen spezialisierten Finanzinstituten zusammenarbeiten, Tochterunternehmen gründen oder an anderen Finanzinstituten beteiligen. Durch das Angebot von Allfinanzgeschäften sollen Kundenbindungen gestärkt, der Kundenkreis erweitert oder Synergien im Vertrieb genutzt werden.

Allgemeine Geschäftsbedingungen (AGB), *„das Kleingedruckte".* Vorformulierte Vertragsbedingungen, die eine Vertragspartei der anderen einseitig stellt. Nach dem Bürgerlichen Gesetzbuch (BGB) muss derjenige, der die AGB stellt, den Vertragspartner auf die AGB ausdrücklich hinweisen. Bestimmungen der AGB sind dann unwirksam, wenn sie entgegen dem Gebot von → Treu und Glauben nur die Interessen des wirtschaftlich Stärkeren berücksichtigten. Inhalt der AGB sind z.B. Erfüllungsort, Gerichtsstand, Haftung, Eigentumsvorbehalt, Lieferungs- und Zahlungsbedingungen.

Allgemeine Ortskrankenkasse (AOK), Träger der Krankenversicherung (→ Krankenkasse). Eine AOK ist eine Körperschaft des öffentlichen Rechts. Sie unterliegt der Aufsicht der für die Gesundheitspolitik zuständigen Landesgesundheitsministerien. Insgesamt gibt es in Deutschland 17 AOK, in jedem Bundesland eine und in Nordrhein-Westfalen zwei.

Allgemeines Zoll- und Handelsabkommen (GATT), *General Agreement on Tariffs and Trade.* Vertragswerk, dessen Zielsetzung die Schaffung einer internationalen Welthandelsordnung war. Das GATT trat 1948 in Kraft. Dem G. gehörten über 120 Staaten an. Deutschland trat 1951 dem GATT bei. Im Laufe der Zeit entwickelte sich eine selbstständige internationale Organisation. – In insgesamt acht Verhandlungsrunden wurden konkrete Vereinbarungen zum Abbau von Handelshemmnissen getroffen. In der letzten Runde 1993 (sog. Uruguay-Runde) wurde die Schaffung der → Welthandelsorganisation (WTO) als Nachfolgeorganisation beschlossen. – Das GATT ist heute Teil der WTO. Es regelt den Warenverkehr sowie zusätzlich die Bereiche Landwirtschaft und Textilien.

Allokation, *Faktorallokation,* Begriff der Volkswirtschaftslehre. A. ist die Verteilung von Gütern und Produktionsfaktoren im Hinblick auf Personen und Produktionsprozesse. In Marktwirtschaften wird die A. über den Preis bestimmt.

Alterseinkünfte, *Altersbezüge,* alle Einnahmen in Form von Geld oder geldwerten Leistungen eines Steuerpflichtigen im Ruhestand.

Alterseinkünftegesetz (AltEinkG), Gesetz von 2004, das die Besteuerung von → Alterseinkünften und → Vorsorgeaufwendungen für das Alter neu regelt. Ziel des Gesetzes ist es, Beamtenpensionen und Renten aus der gesetzlichen Rentenversicherung bei der Einkommensbesteuerung gleichzustellen. Entsprechend werden Renten aus der gesetzlichen Rentenversicherung nachgelagert besteuert und gleichzeitig die Altersvorsorgeaufwendungen steuerlich freigestellt. – Renten aus der gesetzlichen Rentenversicherung werden beginnend ab 2005 zu 50 Prozent besteuert. Für jeden neuen Rentnerjahrgang steigt dieser Anteil um weitere zwei Prozent. Die volle Besteuerung wird 2040 erreicht. Parallel dazu werden die Beiträge zur Altersvorsorge in Stufen freigestellt, beginnend mit 60 Prozent im Jahr 2005. Die völlige Freistellung wird 2025 erreicht sein. Der abzugsfähige Höchstbetrag beläuft sich auf 20.000 Euro jährlich.

Altersentlastungsbetrag, → Freibetrag für Steuerpflichtige, die das 64. Lebensjahr vollendet haben. Nach dem Alterseinkünftegesetz (AltEinkG) von 2004 ist der A. von dem Kalenderjahr, das auf die Vollendung des 64. Lebensjahres folgt, abhängig. Für das Jahr 2005 sind es 40 Prozent der Einkünfte (maximal 1.900 Euro monatlich). Der Prozentsatz sinkt bis 2020 jährlich um 1,6 Prozent und bis 2040 um 0,8 Prozent.

Altersrente, *Altersruhegeld,* monatliche Leistung im Rahmen der gesetzlichen Rentenversicherung zur Alterssicherung. Nach dem geltenden Rentenrecht wird unterschieden zwischen:

- Regelaltersrente: ab 65 Jahre und Wartezeit von fünf Jahren.
- A. für Schwerbehinderte: ab 63 Jahre und Wartezeit von 35 Jahren.
- A. für langjährig Versicherte: ab 62 Jahre und Wartezeit von 35 Jahren.
- A. wegen Arbeitslosigkeit oder nach Altersteilzeitarbeit: ab 60 bzw. 63 Jahre, Wartezeit von 15 Jahren. Diese Voraussetzungen gelten nicht für nach dem 1. Januar 1952 geborene Versicherte.
- A. für Frauen: ab 60 Jahre, mehr als zehn Jahre versicherungspflichtige Tätigkeit nach dem 40. Lebensjahr und Wartezeit von 15 Jahren. Dies gilt nur noch für vor dem 1. Januar 1952 geborene Frauen.
- A. für langjährig unter Tage beschäftigte Bergleute: ab 60 Jahre und Wartezeit von 25 Jahren.

Eine A. kann in voller Höhe (Vollrente) oder in halber Höhe (Teilrente zu $^1/_3$, $^1/_2$ oder $^2/_3$) in Anspruch genommen werden. – Ab dem 65. Lebensjahr kann der Rentner unbeschränkt hinzuverdienen. Für alle anderen A. gelten unterschiedlich gesetzlich geregelte Hinzuverdienstgrenzen.

Altersruhegeld, → Altersrente.

Altersteilzeit, Verminderung der Arbeitszeit ab dem 55. Lebensjahr, um einen gleitenden Übergang in die → Altersrente zu erreichen. Der Arbeitgeber übernimmt die Rentenversicherungsbeiträge für die Differenz zwischen Teilzeitarbeitsentgelt und 90 Prozent des Vollzeitarbeitsentgelts. Auf diese Weise werden ungekürzte Rentenansprüche gesichert. Die zusätzlichen Leistungen des Arbeitgebers, der Aufstockungsbetrag sowie die Höherversicherung sind steuer- und beitragsfrei. – Nach dem Altersteilzeitgesetz (ATG) kann A. durch die Bundesagentur für Arbeit gefördert werden. Voraussetzung ist, dass die Arbeitszeit auf die Hälfte der bisherigen vermindert wird. Die Arbeitszeit darf jedoch nicht weniger als 15 Arbeitswochenstunden betragen.

Altersversorgung, *Altersvorsorge.* Finanzielle Sicherstellung des Lebensstandards einer Person, die altersbedingt nicht mehr einer Erwerbstätigkeit nachgehen kann. Zu unterscheiden sind vor allem → gesetzliche Rentenversicherung, → betriebliche Altersversorgung und private Altersvorsorge (→ kapitaldeckende private Altersvorsorge, → Lebensversicherung). Bei der gesetzlichen Rentenversicherung, aber auch bei der betrieblichen A. hängt die Rentenhöhe im Wesentlichen von der Dauer der beitragspflichtigen Beschäftigungszeit, dem erzielten Einkommen, den gesetzlichen Höchstgrenzen und dem Alter ab.

Altersvorsorge, → Altersversorgung.

Altersvorsorgeaufwendungen, → Vorsorgeaufwendungen.

American Depositary Receipt (ADR), → Aktienzertifikat für nichtamerikanische Aktiengesellschaften (AG), das den Handel an US-amerikanischen Börsen ermöglicht.

Amortisation. 1. Rückfluss der Investitionsbeträge hinsichtlich der Finanzierung (→ Liquidität) oder der Wirtschaftlichkeit (→ Amortisationsrechnung). – 2. A. wird gleichbedeutend mit → Tilgung verwendet.

Amortisationsrechnung, Verfahren zur Beurteilung eines Investitionsobjekts im Hinblick auf die Dauer der → Amortisation des investierten Kapitals. Die Amortisationsdauer ist der Zeitraum, in dem die Summe der Nettoeinzahlungen den Anschaffungsbetrag mindestens erreicht. Es kann zusätzlich eine Verzinsung des investierten Kapitals berücksichtigt werden. Für die Beurteilung des Investitionsrisikos ist die A. problematisch, da die Restlebensdauer des Investitionsobjekts nach Ablauf der Amortisationsdauer nicht berücksichtigt wird.

amtlicher Handel, → amtlicher Markt.

amtlicher Makler, → Kursmakler.

amtlicher Markt, früher *amtlicher Handel,* Teilmarkt der → Börse, der besonders strengen Zulassungsbestimmungen unterliegt. Die Zulassungsbedingungen sind im Börsengesetz (BörsG) sowie in der Börsenordung der jeweiligen Börse festgelegt. Im a.M. werden die Kurse von vereidigten öffentlich-rechtlichen Maklern ermittelt und amtlich festgestellt. Die Kurse und Umsätze werden in sog. Kursblättern veröffentlicht. – *Weitere Informationen unter* www.deutsche-boerse.de.

amtliche Statistik, Statistik, die von staatlichen Stellen durchgeführt wird. In Deutschland wird sie vom Statistischen Bundesamt, den Statistischen Landesämter, kommunalstatistischen Ämtern und Dienststellen aufgestellt. Für Statistiken im Rahmen der fachlichen Verwaltung sind vor allem die Deutsche Bundesbank, die Bundesagentur für Arbeit und das Kraftfahrt-Bundesamt zuständig. Zur a.S. zählen im Einzelnen Bevölkerungs- und Erwerbsstatistik, Wirtschaftsstatistiken (z.B. Arbeitsstättenzählung, Landwirtschaftsstatistik, Statistik des Produzierenden Gewerbes), Statistiken des öffentlichen Bereichs (z.B. Finanz- und Steuerstatistik) und Gesamtdarstellungen wie vor allem die → Volkswirtschaftliche Gesamtrechnung (VGR). – *Weitere Informationen unter* www.destatis.de.

Amtsgericht, unterste Instanz der in Zivil- und Strafsachen zuständigen Gerichtsbarkeit. In Zivilsachen ist das A. bei Ansprüchen bis zum Wert von 5.000 Euro, Wohnraummietsachen, Kindschafts-, Unterhalts- und Familiensachen, Reisestreitigkeiten, Mahnverfahren und Registersachen zuständig. In Strafsachen ist das A. nur in dem Fall zuständig, dass gesetzlich nicht eine höhere Instanz vorgeschrieben ist. – Vgl. auch → Gericht.

Amtshilfe, Hilfe der Behörden des Bundes und der Länder untereinander. Es kann sich dabei z.B. um die Erteilung von Auskünften oder die Übersendung von Akten handeln.

Anderkonto, *Treuhandkonto.* Bankkonto, auf dem Gelder treuhänderisch verwaltet werden (→ Treuhandschaft). Berechtigt zur Eröffnung eines A. sind Rechtsanwälte, Notare, Wirtschaftsprüfer Steuerberater und Patentanwälte. Der Treuhänder ist über das Konto allein verfügungsberechtigt. Der Vermögenseigentümer selbst hat kein Verfügungs- und Auskunftsrecht. Ein A. kann beispielsweise bei Grundstückkäufen zur Sicherstellung, dass die Vertragsbedingungen erfüllt werden, eröffnet werden.

Anderskosten, → Kosten, die sich direkt aus dem → Aufwand ableiten lassen, aber in der Höhe „anders“ als der betreffende Aufwand erfasst werden. Zu den A. zählen z.B. → kalkulatorische

Abschreibungen, → kalkulatorische Zinsen und → kalkulatorische Wagnisse.

Änderungskündigung, → Kündigung eines Arbeits- oder Mietvertrags, die mit einem neuen Vertragsangebot verbunden wird. Die Kündigung einzelner Vertragsbedingungen, z.B. im Fall des Arbeitsvertrags Arbeitsentgelt und Beschäftigungsort, sind jedoch grundsätzlich unzulässig. Eine Ä. unterliegt dem Kündigungsschutz nach dem Kündigungsschutzgesetz (KSchG) sowie dem Mieterschutz nach dem Bürgerlichen Gesetzbuch (BGB).

Anfechtung, Mittel, um ein Rechtsgeschäft, das durch eine → Willenserklärung zustande gekommen ist, nachträglich für nichtig zu erklären. Nach dem Bürgerlichen Gesetzbuch (BGB) können Rechtsgeschäfte wegen Irrtums, arglistiger Täuschung oder Drohung angefochten werden. Durch die A. wird das Rechtsgeschäft rückwirkend unwirksam. Dies gilt nicht für Arbeits- und Gesellschaftsverträge. In diesen Fällen gilt die A. erst ab dem Zugang der Erklärung. – Die A. ist gegenüber dem Vertragspartner oder dem Empfänger der Willenserklärung zu erklären. Gesetzlich ist keine bestimmte Form für die A. vorgeschrieben.

Angebot, Menge an Gütern, die am Markt angeboten wird. Das A. wird im Wesentlichen durch den Preis des Gutes bestimmt und durch sonstige Faktoren wie Produktionskosten und -möglichkeiten, Angebotselastizität (→ Elastizität), Preiserwartungen, Anzahl der Nachfrager, Verhalten der Wettbewerber und Marktstellung beeinflusst. A. und → Nachfrage bestimmen den Marktpreis (→ Marktgleichgewicht). – Das Angebotsverhalten wird durch mathematische Funktionsgleichungen dargestellt (sog. Angebotsfunktionen). Die Angebotsfunktion zeigt die Abhängigkeit des A. vom jeweiligen Marktpreis. Als Normalfall gilt, dass das A. mit steigendem Preis zunimmt. – *Gegensatz:* → Nachfrage.

Angebotselastizität, → Elastizität.

angebotsorientierte Wirtschaftspolitik, mittel- und langfristig ausgerichtete wirtschaftspolitische Maßnahmen, die an den Einflussgrößen des gesamtwirtschaftlichen Angebots ansetzen. Ziel der a.W. ist es, die Bedingungen für Investitionen, Wirtschaftswachstum und Produktion zu verbessern sowie die Arbeitslosigkeit abzubauen. Eine a.W. bedeutet vor allem, die öffentlichen Finanzen zu konsolidieren, den Staatsanteil zu verringern, Subventionen abzubauen sowie Unternehmenssteuern und Sozialversicherungsbeiträge zu senken.

Angestellter, → Arbeitnehmer, der überwiegend geistige Aufgaben (z.B. kaufmännische Tätigkeit) erfüllt. Die Unterscheidung in A. und → Arbeiter gilt als überholt. Die Einteilung ist jedoch auch heute noch im Bereich der Betriebsverfassung, bei der Art der Vergütung (Gehalt) und bei der Zuständigkeit der Rentenversicherungsträger (Bundesanstalt für Angestellte (BfA)) von Bedeutung. – Vgl. auch → AT-Angestellter, → leitender Angestellter.

Anhang, Bestandteil des → Jahresabschlusses. Der A. ist für Kapitalgesellschaften und Gesellschaften anderer Rechtsformen, die unter das → Publizitätsgesetz (PublG) fallen, vorgeschrieben. Er enthält Erklärungen und Ergänzungen zu einzelnen Positionen der → Bilanz und der → Gewinn- und Verlustrechnung (GuV). A. sind nach dem Handelsgesetzbuch (HGB) prüfungs- und offenlegungspflichtig.

Anlagen, Vermögensgegenstände, die dem Unternehmen langfristig dienen sollen. – In der Kostenrechnung werden abnutzbare A. (z.B. Maschinen, Fahrzeuge, Lizenzen), betriebsnotwendige A. (z.B. Fabrikgrundstück und -gebäude) und nicht betriebsnotwendige A. (z.B. Werkswohnungen) unterschieden.

Anlagenrechnung, Teilgebiet des internen → Rechnungswesens. In der A. wird der Bestand und die Veränderungen der → Anlagen nach Art, Menge und Wert erfasst.

Anlagengitter, Darstellung der Wertentwicklung der einzelnen Posten des → Anlagevermögens. Kapitalgesellschaften sind nach dem Handelsgesetzbuch (HGB) verpflichtet, A. zu erstellen. Im A. werden die Anschaffungs- und Herstellungskosten, die Zu- und Abgänge, die Umbuchungen sowie die Summe der Abschreibungen aus den Vorjahren und dem Geschäftsjahr aufgeführt. – Vgl. auch „Abbildung „Anlagengitter".

Anlagevermögen, Begriff aus dem Handelsrecht. Das A. sind Vermögensgegenstände eines Unternehmens, die dauerhaft dem Geschäftsbetrieb dienen sollen. Sie sind nicht für den Verkauf bestimmt. Nach dem Handelsgesetzbuch (HGB) zählen immaterielle Vermögensgegenstände (z.B. Firmenwert, geleistete Anzahlungen), Sachanlagen (z.B. Grundstücke und Gebäude) und Finanzanlagen (z.B. Beteiligungen, Wertpapiere) zum A. – Das A. wird auf der linken Seite der Bilanz ausgewiesen (→ Aktiva). Es ist abzuschreiben (→ Abschreibung) – *Gegensatz:* → Umlaufvermögen.

Anleihe, *Bond, Obligation, Schuldverschreibung, festverzinsliches Wertpapier, Rentenpapier.* → Wertpapier, das Gläubigerrechte, vor allem das Recht auf Verzinsung und Rückzahlung verbrieft. A. können von Bund, Ländern, Kommunen und Sondervermögen des Bundes zur Haushaltsfinanzierung ausgegeben werden. Dabei handelt es sich vor allem um Bundesanleihen, Bundesschatzanweisungen und Bundesschatzbriefe. A. werden aber auch von Kreditinstituten und Industrieunternehmen ausgegeben, um langfristiges Kapital aufzunehmen. Die Laufzeiten einer A. liegen in der Praxis zwischen fünf und zehn Jahren. – Eine A. wird nicht auf den Namen eines bestimmten Gläubigers ausgestellt (sog. Inhaberschuldverschreibung). Fällige Zahlungen sind an den Inhaber der A. zu leisten. Seltener ist der Fall der Namensschuldverschreibung, die auf den Namen eines bestimmten Gläubigers lautet. – A. sind i.d.R. festverzinslich. Es gibt jedoch auch A. mit variabler Verzinsung (→ Floating Rate Note). – Der Gläubiger kann eine A. nicht kündigen. Die Schuldner behalten sich jedoch i.d.R. ein Kündigungsrecht vor. – Eine A. besteht aus dem → Mantel, der die Gläubigerrechte verbrieft, und dem → Bogen mit den Zinsscheinen.

Anlernausbildung, → Arbeitsvertrag, bei dem der Arbeitnehmer nur für eine bestimmte Tätigkeit „angelernt" wird. Dies geschieht i.d.R. durch direkte Unterweisung am Arbeitsplatz. Bei einer A. ist keine umfassende berufliche Ausbildung erforderlich.

Annahmeverzug, → Gläubigerverzug.

Annuität, regelmäßige, gleich hohe Zahlung. – 1. *Bankwesen:* regelmäßiger, gleich hoher Rückzahlungsbetrag einer Schuld. Die A. umfasst die zwischenzeitlich fälligen Zinsen und den Tilgungsbetrag. – 2. *Investitionsrechnung:* gleich hohe Zahlung, die in jedem Zeitabschnitt des Betrachtungszeitraums anfällt (→ Annuitätenrechnung).

Annuitätenrechnung, Verfahren zur Beurteilung eines Investitionsobjekts. Es wird die durchschnittliche Differenz von

Anlagengitter

Anschaffungs- bzw. Herstellungskosten (historisch)	Zugänge	Abgänge	Umbuchungen	Abschreibungen (kumuliert)	Zuschreibungen	Stand am 31.12.	Buchwert am 31.12. Vorjahr
	+	–	+ –	–	+		

Ein- und Auszahlungen je Zeitabschnitt des Betrachtungszeitraums unter Berücksichtigung des → Kalkulationszinsfußes ermittelt. Der → Kapitalwert wird auf die Nutzungsdauer des Investitionsobjektes verteilt.

Anrechnungszeiten, Zeiten, in denen aufgrund besonderer Sachverhalte Beiträge zur gesetzlichen Rentenversicherung nicht geleistet wurden. Dazu zählen z.B. Zeiten der Arbeitslosigkeit, der Arbeitsunfähigkeit, der Ausbildung, der Mutterschaft, des Wehr- und Zivildienstes. Die A. werden bei der Rentenberechnung berücksichtigt.

Anreize, → Incentives.

Anschaffungskosten, Begriff aus dem Handelsrecht. A. sind Aufwendungen, die geleistet werden, um einen Vermögensgegenstand zu erwerben und in einen betriebsbereiten Zustand zu versetzen. A. sind damit der Anschaffungspreis des Gegenstandes zuzüglich der Anschaffungsnebenkosten wie z.B. Provisionen und Frachtkosten. Preisabschläge sind abzuziehen. – Die A. sind Grundlage und Höchstgrenze für die → Bewertung von Vermögensgegenständen in der Handels- und Steuerbilanz. Außerdem sind sie im Fall abnutzbarer Gegenstände des Anlagevermögens die Grundlage zur Bemessung der → Abschreibungen.

Anschaffungskredit, → Ratenkredit.

Ansparabschreibung, Möglichkeit, auf bestimmte Wirtschaftsgüter schon vor ihrer Anschaffung steuermindernde Absetzungen vorzunehmen. Die dadurch verursachten Steuervorteile sollen mittelständischen Unternehmern und Freiberuflern künftige Investitionen erleichtern. Es handelt sich nicht um eine Abschreibung, sondern um die Bildung einer steuermindernden Rücklage. – I.d.R. darf der Steuerpflichtige bis zu 40 Prozent der voraussichtlichen Anschaffungs- oder Herstellungskosten in eine Rücklage einstellen. Zwei Jahre nach Bildung der Rücklage muss das entsprechende Wirtschaftsgut angeschafft oder hergestellt werden. Die Rücklage muss bei Beginn der Abschreibung aufgelöst werden. Das Wirtschaftsgut muss mindestens ein Jahr lang im Betriebsvermögen gehalten und zu mehr als 90 Prozent betrieblich genutzt werden.

Anspruch, Begriff aus dem Bürgerlichen Gesetzbuch (BGB) für „das Recht, von einem anderen ein Tun oder Unterlassen zu verlangen". Grundlage kann jedes gesetzliche oder vertragliche Rechtsverhältnis sein.

Anspruchsgruppe, → Stakeholder.

Anstalt des öffentlichen Rechts, Verwaltungseinrichtung, die bestimmte öffentliche Aufgaben außerhalb der direkten Staatsverwaltung wahrnimmt. Typische Beispiele für A.d.ö.R. sind Bibliotheken und Schulen, Rundfunkanstalten sowie die Bundesagentur für Arbeit. Anders als bei einer → Körperschaft hat sie keine Mitglieder, sondern „Nutzer". – Eine nicht rechtsfähige A.d.ö.R. ist in die staatliche Verwaltung eingegliedert. Sie ist nicht Trägerin eigener Rechte und Pflichten.

Anstellungsbetrug, Begriff aus dem Strafrecht. Ein A. liegt vor, wenn sich jemand durch falsche Angaben (z.B. zur Qualifikation) einen Arbeitsvertrag „erschleicht" und es zu einem Schaden beim Arbeitgeber gekommen ist. Ein Schaden liegt vor, wenn ein Missverhältnis zwischen Leistung und Arbeit besteht.

antizyklisch, gegen den Konjunkturverlauf gerichtete Wirkung wirtschaftlicher Maßnahmen. – *Gegensatz:* → prozyklisch.

antizyklische Finanzpolitik, → Fiskalpolitik.

Antragsveranlagung, früher *Lohnsteuerjahresausgleich.* Verfahren zur Steuerfestsetzung beim Finanzamt, d.h. von der Abgabe der Steuererklärung bis zum

Erlass des Steuerbescheids. Die A. gilt für Arbeitnehmer, die nicht zur Abgabe einer Einkommensteuererklärung verpflichtet sind, diese aber freiwillig tun, um steuermindernde Aufwendungen geltend zu machen. – Die im Laufe eines Kalenderjahres zu viel gezahlte Lohnsteuer wird zurückerstattet. Hat der Arbeitgeber jedoch zu wenig Lohnsteuer einbehalten, kann der Antrag auf Veranlagung zurückgenommen werden. In diesem Fall ist aber das Finanzamt des Arbeitgebers berechtigt, die zu wenig einbehaltene Lohnsteuer beim Arbeitnehmer nachzuerheben. – Im Unterschied zur Einkommensteuererklärung ist die A. innerhalb von zwei Jahre möglich.

Anwartschaftsdeckungsverfahren, Finanzierungsverfahren bei Lebensversicherungen oder bei der betrieblichen Altersversorgung. Aus Beitragsanteilen werden ausreichende Rückstellungen gebildet, die in der Zukunft fällig werdende Versicherungsleistungen abdecken. – *Gegensatz:* → Umlageverfahren.

Anzahlung, Vorauszahlung des Auftraggebers an den Auftragnehmer in Form eines Handelskredits. – Vgl. auch → Teilzahlung.

AO, Abk. für → Abgabenordnung.

Äquivalenzprinzip, Prinzip, das besagt, dass sich Leistung und Gegenleistung entsprechen müssen. – 1. *Individualversicherung:* Einnahmen in Form von gezahlten Versicherungsbeiträgen und Ausgaben der Versicherer müssen ausgeglichen sein. Das Ä. ist vor allem für die Beitragskalkulation von Bedeutung. – 2. *Steuerrecht:* Die Höhe der Abgaben oder Steuern sollte sich nach den staatlichen Leistungen an die Bürger richten.

Äquivalenzziffernkalkulation, → Kalkulationsverfahren.

Arbeit, jede körperliche und geistige Tätigkeit mit einer wirtschaftlichen Zielsetzung. Sowohl Volks- als auch Betriebswirtschaftslehre zählen A. zu den → Produktionsfaktoren.

Arbeit auf Abruf, Sonderform der → Teilzeitarbeit. Der Arbeitnehmer leistet seine Arbeit entsprechend dem Arbeitsanfall. Der Arbeitgeber ist verpflichtet, die wöchentliche und tägliche Arbeitszeit festzulegen. Die genaue Arbeitszeit muss der Arbeitgeber dem Arbeitnehmer mindestens vier Tage im Voraus mitteilen.

Arbeiter, → Arbeitnehmer, der nicht die Merkmale eines → Angestellten erfüllt. Nach herkömmlicher Auffassung verrichtet der A. überwiegend körperliche Arbeit. Die Unterscheidung in A. und → Angestellter gilt als überholt. Die Einteilung ist aber noch bei der Art der Vergütung (Lohn) und bei der Zuständigkeit der Rentenversicherungsträger (Landesversicherungsanstalt für Arbeiter (LVA)) von Bedeutung.

Arbeitgeber, eine natürliche oder juristische Person, die → Arbeitnehmer beschäftigt. Der A. besitzt ein → Weisungsrecht gegenüber einem Arbeitnehmer, das Recht zur → Kündigung und zur Kontrolle der Arbeitsleistung des Arbeitnehmers. Er ist nach dem Bürgerlichen Gesetzbuch (BGB) verpflichtet, ein Arbeitsentgelt (Lohn, Gehalt) an Arbeitnehmer zu zahlen. Außerdem hat er gegenüber dem Arbeitnehmer eine → Fürsorgepflicht. – Nach dem Einkommen- und Lohnsteuerrecht hat der A. die → Lohnsteuer ordnungsgemäß zu berechnen, beim Finanzamt anzumelden und die Beträge an dieses abzuführen. Der A. muss eine Lohnsteuerbescheinigung ausfertigen und diese an das Finanzamt übermitteln (→ elektronische Lohnsteuerbescheinigung). Über die Lohnsteuerbescheinigung muss er dem Arbeitnehmer einen Ausdruck aushändigen oder einen Zugriff auf elektronische Weise ermöglichen.

Arbeitgeberanteil, Teil des Beitrags zur Sozialversicherung, der vom Arbeitgeber für einen versicherungspflichtigen Arbeitnehmer zu entrichten ist. In der gesetzlichen Kranken-, Pflege- und Rentenversicherung und in der Arbeitslosenversicherung beträgt der A. 50 Prozent des jeweiligen gesamten Beitrags. – Eine Ausnahmeregelung besteht für den Fall einer → geringfügigen Beschäftigung. Der Arbeitgeber übernimmt den vollen Beitrag. Dies sind derzeit elf Prozent zur Kranken- und zwölf Prozent zur Rentenversicherung. – Nach dem Einkommensteuergesetz (EStG) ist der A. steuerfrei.

Arbeitgeberverbände, Zusammenschlüsse von Arbeitgebern zur Wahrnehmung gemeinsamer Interessen in arbeitsrechtlicher und sozialpolitischer Hinsicht. A. können nach dem Tarifvertragsgesetz (TVG) Tarifvertragspartei sein. – 1. *Privatrechtliche A.:* Über 90 Prozent der Arbeitgeber sind freiwillig in beruflich-fachlichen (z.B. Bundesverband der Deutschen Industrie) und/oder tarifrechtlichen (z.B. Bundesverband der Deutschen Arbeitgeberverbände) Zusammenschlüssen organisiert. Zu ihren Aufgaben zählen vor allem der Abschluss von Tarifverträgen sowie die Vertretung der Interessen der Arbeitgeber gegenüber Gewerkschaften sowie die Öffentlichkeitsarbeit. – 2. *Öffentlich-rechtliche A.:* Alle Industrie- und Handelsunternehmen sowie Handwerksbetriebe eines Bezirks sind Pflichtmitglieder einer Industrie- und Handelskammer oder einer Handwerkskammer. Ihre Aufgaben sind vor allem die Beratung ihrer Mitglieder, die Beratung von Behörden und die Überwachung der Berufsausbildung.

Arbeitnehmer, Person, die aufgrund eines → Arbeitsvertrags unselbstständige, fremdbestimmte Leistungen zu erbringen hat. A. sind grundsätzlich sozialversicherungspflichtig. Für A. gelten besondere Regelungen zum → Kündigungsschutz. – Zu unterscheiden sind folgende Arbeitnehmergruppen:

- Angestellte und Arbeiter
- leitende Angestellte
- Auszubildende.

A. sind zur persönlichen Erbringung der „versprochenen Dienste" verpflichtet (sog. Arbeitspflicht). Außerdem müssen A. die berechtigten Interessen des Arbeitgebers vertreten werden. Beispielsweise dürfen vom A. Betriebsgeheimnisse nicht preisgegeben werden und für den Arbeitgeber nachteilige Aktivitäten müssen unterbleiben (→ Treuepflicht).

arbeitnehmerähnliche Person, Person, die wirtschaftlich abhängig ist und für andere Arbeit leistet. Sie ist jedoch kein → Arbeitnehmer. A.P. sind z.B. Heimarbeiter und eventuell auch freie Mitarbeiter. Wegen der wirtschaftlichen Abhängigkeit kommt a.P. im Arbeitsrecht ein besonderer Schutz zu.

Arbeitnehmeranteil, Teil des Beitrags zur Sozialversicherung, der vom Arbeitnehmer zu tragen ist. Der A. beträgt in der gesetzlichen Kranken-, Pflege-, Renten- und zur Arbeitslosenversicherung 50 Prozent des Gesamtbeitrags. Der A. ist vom Arbeitgeber bei der Lohn- oder Gehaltszahlung einzubehalten und an die Einzugsstellen weiterzuleiten. – Bei einer → geringfügigen Beschäftigung werden die Beiträge zur Sozialversicherung vom Arbeitgeber gezahlt (→ Arbeitgeberanteil). – Nach dem Einkommensteuergesetz (EStG) ist der A. steuerpflichtig.

Arbeitnehmer-Entsendegesetz (AEntG), Gesetz von 1996. Tarifverträge mit einer Tarifbindung für alle deutschen Arbeitgeber sind nach diesem Gesetz auch für ausländische Arbeitgeber hinsichtlich ihrer in Deutschland beschäftigten Arbeitnehmer verbindlich. Ziel des AEntG ist der Schutz bestimmter Branchen, vor allem der Baubranche, vor einem durch „Niedriglohn-Arbeiter" verursachten Arbeitsplatzabbau.

Arbeitnehmer-Pauschbetrag, → Pauschbetrag, der bei der Ermittlung der Einkünfte aus nichtselbstständiger Arbeit für → Werbungskosten angesetzt wird. Der A.-P. beträgt 920 Euro jährlich. Er ist bereits bei den Lohnsteuertabellen berücksichtigt. Aufwendungen, die den

Pauschbetrag übersteigen, müssen durch Belege nachgewiesen werden.

Arbeitnehmerschutz, → Arbeitsschutz.

Arbeitnehmer-Sparzulage, staatliche Leistung nach dem Fünften Vermögensbildungsgesetz (VermBG). Die A.-S. erhalten Arbeitnehmer, die einen Teil des Arbeitsentgelts als → vermögenswirksame Leistungen anlegen. A.-S. werden bei einem zu versteuernden Jahreseinkommen von bis zu 17.900 Euro jährlich oder bei Zusammenveranlagung von Ehegatten 35.800 Euro jährlich gewährt. Die Höhe der A.-S. beträgt neun Prozent eines Betrags von höchstens 470 Euro pro Jahr, wenn es sich um Aufwendungen für Wohnspar- und Wohnungsbauförderung handelt. Bei vermögenswirksamen Leistungen anderer Art beträgt die A.-S. 18 Prozent eines Betrags von höchstens 400 Euro pro Jahr.

Arbeitnehmerüberlassung, *Leiharbeit, Personalleasing, Zeitarbeit.* Überlassen oder Verleihen eines Arbeitnehmers von einem Arbeitgeber an einen anderen. Der Verleiher ist weiterhin Arbeitgeber mit den entsprechenden Pflichten wie Zahlung des Arbeitsentgelts sowie Abgabe von Sozialversicherungs- und Lohnsteuerbeiträgen. Der Leiharbeiter hat den Anweisungen des Entleihers zu folgen. – Für eine gewerbsmäßige A. ist die Erlaubnis der Bundesagentur für Arbeit erforderlich. Die Bundesagentur hat außerdem gewisse Überwachungsrechte. – Seit 2003 gibt es sog. → Personal-Service-Agenturen (PSA). Diese sollen durch A. die Arbeitsvermittlung von Arbeitslosen fördern.

Arbeitsberechtigung, → Arbeitserlaubnis.

Arbeitsbeschaffungsmaßnahme (ABM), Arbeitsförderungsmaßnahme der Bundesanstalt für Arbeit. Es können Arbeiten, die im öffentlichen Interesse liegen und die ohne Förderung nicht oder erst später ausgeführt würden, gefördert werden. ABM erfolgen für Langzeitarbeitslose. – Es werden meistens Zuschüsse zu den Arbeitsentgelten für die von den Arbeitsagenturen zugewiesenen Arbeitnehmern gewährt. Die Förderung beträgt i.d.R. 50 Prozent, jedoch mindestens 30 Prozent. Die Dauer von ABM beträgt zwölf Monate. Sonderregelungen gelten für Arbeitnehmer, die älter als 50 Jahre sind.

Arbeitsdirektor, gleichberechtigtes Mitglied der Unternehmensleitung (Vorstand, Geschäftsführung). Nach dem Mitbestimmungsgesetz (MitbestG) sind in Unternehmen mit mehr als 2.000 Beschäftigten oder nach dem Montan-Mitbestimmungsgesetz (MontanMitbestG) in Unternehmen des Bergbaus sowie der Eisen und Stahl erzeugenden Industrie mit mehr als 1.000 Beschäftigten A. zu bestellen. I.d.R. ist der A. für Sozial- und Personalangelegenheiten zuständig.

Arbeitsentgelt, *Arbeitslohn, Entlohnung, Vergütung.* Aus nichtselbstständiger Arbeit erzielte → Einkünfte. Das A. setzt sich aus dem Nettoarbeitsentgelt, das an den Arbeitnehmer ausbezahlt wird, und den Lohnabzügen (Lohnsteuer und Sozialversicherungsbeiträge) zusammen. Nach dem Bürgerlichen Gesetzbuch (BGB) hat grundsätzlich jeder Arbeitnehmer Anspruch auf ein A. Das A. ist i.d.R. im Dienst- oder Arbeitsvertrag geregelt. Zahlungsart, -ort und -zeit der Entgeltzahlung bestimmen sich nach den in Tarif- und Arbeitsverträgen getroffenen Vereinbarungen. – Zu unterscheiden sind Lohn für den Arbeiter sowie Gehalt für den Angestellten. Die Unterscheidung ist rechtlich und in der Unternehmenspraxis heute jedoch ohne Bedeutung. Außerdem zählen besondere A. wie Prämien, Gratifikationen, Tantiemen, Arbeitnehmerbeteiligungen oder Schutz- und Mehrarbeitszuschläge zum A.

Arbeitserlaubnis, befristete oder beschränkte Genehmigung durch die Bundesagentur für Arbeit, die Ausländer zur

Ausübung einer Arbeit in Deutschland benötigen. Staatsangehörige von EU-Mitgliedstaaten und Ausländer, die eine unbefristete Aufenthaltsgenehmigung oder eine Aufenthaltsberechtigung besitzen, benötigen keine A. Für die 2003 neu aufgenommenen EU-Mitgliedstaaten gelten Übergangsvorschriften. – Eine unbefristete Arbeitsberechtigung wird Arbeitnehmern erteilt, die eine Aufenthaltserlaubnis oder eine Aufenthaltsbefugnis besitzen. Außerdem müssen sie mindestens fünf Jahre in Deutschland versicherungspflichtig beschäftigt gewesen sein.

Arbeitsgericht, erste Instanz der für Arbeitssachen zuständigen Gerichtsbarkeit. Das A. ist vor allem zuständig für Streitigkeiten zwischen Arbeitgeber und Arbeitnehmer, Streitigkeiten zwischen Tarifparteien und betriebsverfassungsrechtliche Streitigkeiten. Die Streitangelegenheiten werden durch Kammern oder Fachkammern entschieden. Eine Kammer setzt sich aus einem Berufsrichter und zwei ehrenamtlichen Richtern, je einer von Arbeitgeber- und Arbeitnehmerseite, zusammen. – Vgl. auch → Gericht.

Arbeitskampf, von Arbeitnehmer- oder Arbeitgeberseite gezielt vorgenommene Störung des Arbeitsablaufs. Durch gemeinsame Maßnahmen soll die andere Seite absichtlich unter wirtschaftlichen Druck gesetzt werden. Ein A. gilt im Rahmen der → Tarifautonomie als gerechtfertigt. Ein A. ist in Form von → Streik, → Aussperrung und → Boykott möglich.

Arbeitskreis Steuerschätzung, Gremium, das drei Mal jährlich die künftige Entwicklung der Steuereinnahmen schätzt. Zum A.S. gehören Vertreter des Bundesministeriums der Finanzen und des Bundesministeriums für Wirtschaft und Arbeit sowie Vertreter der 16 Länderfinanzministerien. Außerdem gehören Vertreter der Bundesvereinigung kommunaler Spitzenverbände, der Sachverständigenrat zur Begutachtung der gesamtwirtschaftlichen Entwicklung (SVR), Vertreter der wirtschaftswissenschaftlichen Forschungsinstitute, Vertreter der Deutschen Bundesbank und des Statistischen Bundesamtes dem A.S. an. Planungszeitraum der Schätzung sind das laufende Haushaltsjahr und die vier folgenden Jahre.

Arbeitslohn, → Arbeitsentgelt.

Arbeitslose, Personen, die nicht in einem Beschäftigungsverhältnis stehen. Außerdem müssen sie sich bei den Arbeitsagenturen als Arbeit suchend gemeldet haben und für eine Arbeitsaufnahme sofort zu Verfügung stehen. – *Anders:* → Erwerbslose.

Arbeitslosengeld, *Arbeitslosengeld I.* Finanzielle Leistung der Bundesagentur für Arbeit im Fall der Arbeitslosigkeit. A. wird an Arbeitslose gezahlt, die sich bei der Arbeitsagentur als arbeitsuchend gemeldet und A. beantragt haben. Außerdem muss der Arbeitslose einer beitragspflichtigen Beschäftigung von mindestens zwölf Monaten innerhalb der letzten zwei Jahre nachgegangen sein. Seitens des Arbeitslosen muss zudem die Bereitschaft bestehen, jede zumutbare Beschäftigung auszuüben. Andernfalls ist der Anspruch auf A. ausgeschlossen. – Die Höhe des A. beträgt 60 Prozent oder bei Verheirateten oder Alleinerziehenden mit einem Kind 67 Prozent des Nettoarbeitsentgelts. A. wird für maximal zwölf Monate gezahlt. Arbeitslose, die über 55 Jahre alt sind, erhalten für maximal 18 Monate A.

Arbeitslosengeld I, → Arbeitslosengeld.

Arbeitslosengeld II, staatliche Unterstützung, die im Fall der Bedürftigkeit an Arbeitssuchende gezahlt wird. Das A. II ersetzt seit 2005 die vorherigen Leistungen in Form der Arbeitslosen- und Sozialhilfe. Das A. II wird an erwerbsfähige Hilfsbedürftige im Alter von 15 bis 65 Jahre, die keinen Anspruch auf das → Arbeitslosengeld (I) haben, gezahlt. Es umfasst als Grundsicherung Dienst-, Geld- und Sachleistungen. Die Geldleistungen hängen nicht von der Höhe des früher bezogenen Nettoarbeitsentgelts ab. – Die Regelleistung beträgt für Alleinstehende 354 Euro (alte Bundesländer) oder 331 Euro (neue Bundesländer). Für erwachsene Partner sind es 90 Prozent, für Kinder bis 14 Jahren 60 Prozent und für 15-jährige Kinder 80 Prozent der Regelleistung. Außerdem wird im Fall von bestimmten Personengruppen (z.B. Schwangere, Alleinerziehende mit einem Kind unter sieben Jahren oder mit zwei oder mehr Kindern unter 16 Jahren) ein prozentualer Aufschlag gezahlt. Ehemalige Bezieher des Arbeitslosensgelds (I) erhalten zwei Jahre lang zusätzlich einen Zuschuss von zwei Drittel der Differenz aus dem zuletzt gezahlten Arbeitslosengeld und A. II. – Ein eigenes Einkommen wird ab einem bestimmten Freibetrag angerechnet. Bei einem Hinzuverdienst von bis zu 400 Euro sind 15 Prozent anrechnungsfrei. Bei einem Hinzuverdienst von 401 Euro bis 900 Euro werden 30 Prozent nicht berücksichtigt. Von 901 Euro bis 1.500 Euro sind 15 Prozent anrechnungsfrei. Ab 1.500 Euro wird der Hinzuverdienst voll auf das A. II angerechnet. – Das A. II. wird durch die Bundesagentur für Arbeit im Auftrag des Bundes gewährt.

Arbeitslosenquote, Anteil der registrierten → Arbeitslosen an allen → Erwerbspersonen oder den abhängig beschäftigten Erwerbspersonen. Die A. wird von der Bundesagentur für Arbeit berechnet und veröffentlicht.

Arbeitslosenversicherung, staatliche, durch das Dritte Sozialgesetzbuch (SGB III) geregelte Zwangsversicherung. Träger ist die Bundesagentur für Arbeit oder die ihr unterstellten Bezirksdirektionen und Arbeitsagenturen. – Die Leistungen der Arbeitsförderung und die sonstigen Aufgaben der Bundesagentur für Arbeit werden durch Beiträge der Arbeitgeber und -nehmer sowie durch Umlagen, Mittel des Bundes und sonstige Einnahmen finanziert. Die Höhe der Arbeitgeber- und Arbeitnehmerbeiträge bemisst sich nach der monatlichen Einkommenshöhe, begrenzt durch die → Beitragsbemessungsgrenze. Der Beitragssatz beträgt derzeit 6,5 Prozent. Die Beiträge werden je zur Hälfte von Arbeitgeber und Arbeitnehmer gezahlt. Sie werden mit den Beiträgen zur gesetzlichen Kranken, Pflege- und Rentenversicherung abgeführt. – Ein Arbeitnehmer hat im Fall der Arbeitslosigkeit einen Anspruch auf → Arbeitslosengeld. Weitere Leistungen der A. sind Leistungen der Arbeitsförderung oder -vermittlung wie Überbrückungsgeld, Berufsausbildungsbeihilfen oder Lohnkostenzuschüsse.

Arbeitslosigkeit, fehlende Beschäftigungsmöglichkeiten für Personen, die arbeitsfähig sowie bei dem herrschenden Lohnniveau und den sonstigen Arbeitsbedingungen arbeitsbereit sind. Ursache ist ein Angebotsüberschuss auf dem → Arbeitsmarkt. – A. kann z.B. nach folgenden Ursachen gegliedert werden:

- konjunkturelle A. aufgrund von Konjunkturschwankungen.
- saisonale A. aufgrund jahreszeitlicher Nachfrageschwankungen.
- strukturelle A. aufgrund sektoraler oder branchenspezifischer Strukturkrisen (z.B. durch Einsatz Arbeitskräfte sparender Technologien).
- friktionelle A. aufgrund kurzfristiger Anpassungsschwierigkeiten auf dem Arbeitsmarkt.

Arbeitsmarkt, Markt, auf dem Arbeitsangebot und Arbeitsnachfrage zusammentreffen. Die Anzahl der Arbeitskräfte hängt von der Bevölkerungsentwicklung, der Altersstruktur der Bevölkerung und der Zu- und Abwanderungen von ausländischen Arbeitskräften ab. Das Arbeitsangebot bestimmt sich aber auch aufgrund wirtschaftlicher Faktoren wie Lohnhöhe, Abgaben- und Steuerhöhe. Die Arbeitsnachfrage ist vor allem von den Arbeitskosten, der → Produktivität und der Nachfrage auf den Gütermärkten abhängig. – In der Volkswirtschaftslehre geht man nicht von einem A., sondern von Teilarbeitsmärkten aus. Dies sind z.B. Märkte für Akademiker, Facharbeiter und Ungelernte. Es werden aber auch regionale Teilarbeitsmärkte unterschieden. – Auf dem A. in Deutschland kommt es nicht zu einem freien Spiel von Angebot und Nachfrage, da der A. durch zahlreiche rechtliche Regelungen reglementiert wird. Außerdem werden Lohnhöhe und Arbeitsbedingungen nicht von den einzelnen Unternehmen und Arbeitnehmern vereinbart, sondern von Arbeitgeberverbänden und Gewerkschaften.

Arbeitsmarktpolitik, wirtschaftspolitische Maßnahmen, die Angebot und Nachfrage auf dem → Arbeitsmarkt ordnen und den Arbeitsmarktprozess beeinflussen. Einerseits kann durch Maßnahmen die Nachfrage nach Erwerbspersonen erhöht werden. Dies ist z.B. durch die Belebung der Gesamtnachfrage, die Erhöhung der Staatsnachfrage, die Verbesserung der Produktions- und Investitionsbedingungen, die Reduzierung der Lohnnebenkosten und durch Arbeitszeitflexibilisierung denkbar. Andererseits kann das Angebot an die veränderte Nachfrage angepasst werden. Dies kann z.B. über berufliche Qualifizierung und Verkürzung der Erwerbslebensdauer erfolgen. – Aktive A. zielt auf die Reduzierung der Arbeitslosigkeit, d.h. auf die Schaffung zusätzlicher Arbeitsplätze und die Wiedereingliederung von Arbeitssuchenden. Bei der passiven A. stehen dagegen die kompensatorischen Leistungen für Einkommensausfälle infolge von Arbeitslosigkeit (→ Arbeitslosengeld) im Vordergrund.

Arbeitsmittel, Gegenstände und Hilfsmittel, die dazu geeignet sind, die berufliche Tätigkeit zu unterstützen und zu fördern. Aufwendungen des Arbeitnehmers für A. können als → Werbungskosten geltend gemacht werden. A., die der Arbeitgeber einem Arbeitnehmer für die Nutzung während der Dauer des Beschäftigungsverhältnisses überlässt, sind grundsätzlich steuerfrei.

Arbeitspapiere, Unterlagen, die vom Arbeitnehmer bei Beginn eines Arbeitsverhältnisses vorzuweisen sind. Dies sind Lohnsteuerkarte, Sozialversicherungsnachweisheft, gegebenenfalls Arbeitserlaubnis, Unterlagen über vermögenswirksame Leistungen sowie im Baugewerbe zusätzlich die Lohnnachweiskarte für Urlaub, Lohnausgleich und Zusatzversorgung.

Arbeitsproduktivität, Verhältnis des gesamtwirtschaftlichen Produktionsergebnisses zur Menge der eingesetzten Arbeitseinheiten. A. gilt als Maß für die Effizienz des Produktionsfaktors Arbeit, d.h. je Arbeiter oder je Arbeitsstunde. Der Zuwachs der A. ist eine entscheidende Größe für Lohnkosten und Lohnpolitik.

Arbeitsrecht, alle Rechtsvorschriften, die das Verhältnis zwischen Arbeitgeber und Arbeitnehmer (Individualarbeitsrecht) regeln sowie in der Tarif- und Betriebsverfassung (Kollektivarbeitsrecht) festgeschrieben sind. Das A. besteht aus vielen Einzelgesetzen wie z.B. Kündigungsschutz-, Betriebsverfassungs-, Arbeitszeit- und Bundesurlaubsgesetz. Es umfasst außerdem Einzelbestimmungen allgemeiner Gesetze wie z.B. Europarecht, Verfassungsrecht und Bürgerliches Gesetzbuch. Ein zusammenfassendes Arbeitsgesetzbuch existiert nicht. Das A. ist Teil des → Zivilrechts.

Arbeitsschutz, *Arbeitnehmerschutz, Betriebsschutz.* Alle dem Arbeitgeber durch Gesetz zwingend vorgeschriebene Pflichten zum Schutz der Arbeitnehmer. Zu unterscheiden sind sozialer A. (Schutzbestimmungen für besondere Arbeitnehmergruppen wie z.B. Schwerbehinderte und Jugendliche) und technischer A. (Betriebs- und Gefahrenschutz).

Arbeitsteilung. 1. *Volkswirtschaft:* Aufspaltung einer Arbeitsleistung in Teilverrichtungen, die von verschiedenen Wirtschaftseinheiten (Menschen, Unternehmen, Gebiete, Länder) ausgeführt werden. Ziel der A. ist es, die Produktivität zu steigern (→ Arbeitsproduktivität). – Internationale A. bedeutet vor allem, dass sich jedes Land auf die Produktion der Güter spezialisiert, die es am kostengünstigsten produzieren kann. Gründe dafür können Unterschiede bei den Vorkommen (z.B. Rohstoffe), den Produktionsverfahren (z.B. Qualität, Zeit, Know-how) oder den Lohnkosten sein. – 2. *Betriebswirtschaft:* Zerlegung einer Arbeitsaufgabe in Teilaufgaben, die einzelnen Personen oder Personengruppen zur Ausführung zugewiesen werden. Als Vorteil werden die durch die Spezialisierung möglichen Kosteneinsparungen angesehen. Heutige produktions- und personalwirtschaftliche Konzepte grenzen die A. und Spezialisierung ein, um so die Motivationsprobleme aufgrund von A. und Spezialisierung zu lösen.

Arbeitsunfähigkeit, Begriff aus der gesetzlichen Krankenversicherung. Arbeitsunfähig ist ein Arbeitnehmer, wenn er aufgrund einer Krankheit oder eines Unfalls seiner bisherigen Erwerbstätigkeit nicht mehr nachgehen kann oder wenn die Gefahr besteht, dass sich sein Zustand verschlimmert. Nach dem Entgeltfortzahlungsgesetz (EntgFG) besteht im Fall von A. für den Arbeitnehmer ein Anspruch auf Fortzahlung seines Arbeitsentgelts für sechs Wochen (→ Entgeltfortzahlung im Krankheitsfall). Nach Ablauf der Entgeltfortzahlung erhält der Arbeitnehmer → Krankengeld. Der Arbeitnehmer muss innerhalb von vier Tagen dem Arbeitgeber ein ärztliches Attest (sog. Arbeitsunfähigkeitsbescheinigung oder „Krankmeldung“) vorlegen.

Arbeitsunfall, Unfall, den ein Arbeitnehmer bei der Ausübung seiner beruflichen Tätigkeit erleidet. Er ist durch die gesetzliche → Unfallversicherung versichert. – Auch Wegeunfälle sind A. Dies sind Umfälle auf einer Dienstreise oder eines Dienstganges sowie Unfälle auf dem Weg von oder zur Arbeitsstelle.

Arbeitsvertrag, → Vertrag, der von einem → Arbeitgeber und einem → Arbeitnehmer abgeschlossen wird. Der A. ist Grundlage eines Arbeitsverhältnisses. Der Arbeitnehmer verpflichtet sich, gegen Entgelt für den Arbeitgeber tätig zu werden (→ Arbeitsentgelt). Der Arbeitgeber muss eine Vergütung an den Arbeitnehmer zahlen. Darüber hinaus enthält der A. weitere Nebenpflichten wie vor allem die → Treuepflicht des Arbeitnehmers und die → Fürsorgepflicht des Arbeitgebers. – Abschluss, Inhalt und Form des Vertrages können frei vereinbart werden. Einschränkungen der Vertragsfreiheit ergeben sich jedoch aus gesetzlichen Vorschriften (z.B. Kündigungs-, Betriebsverfassungs-, Jugendschutzgesetz und Arbeitszeitordnung), Bestimmungen eines anwendbaren Tarifvertrags oder einer Betriebsvereinbarung. – Ein A. kann unbefristet oder auf einen bestimmten Zeitraum befristet abgeschlossen werden (→ befristeter Arbeitsvertrag). – Ein A. kann durch → Kündigung oder einvernehmlich durch Vereinbarung eines → Aufhebungsvertrages aufgelöst werden. – Vgl. auch → Berufsausbildungsvertrag.

Arbeitszeit, Zeit, während der Arbeitnehmer seine Arbeitskraft seinem Arbeitgeber zur Verfügung stellen muss. Es ist die Zeit von Beginn bis Ende der Arbeit ohne Ruhepausen. Nach dem Arbeitszeitgesetz (ArbZG) darf die regelmäßige werktägliche A. acht Stunden nicht überschreiten. Sie kann auf bis zu zehn Stunden verlängert werden, wenn innerhalb von sechs Kalenderwochen oder innerhalb von 24 Wochen durchschnittlich acht Stunden werktäglich nicht überschritten werden. Nach spätestens sechs Stunden ist die A. durch Ruhepausen von mindestens 30 Minuten zu unterbrechen. Bei einer A. von neun Stunden sind Ruhepausen von mindestens 45 Minuten einzuhalten. Die Ruhepausen können dabei in Viertelstunden aufgeteilt werden. – Die tatsächliche tägliche oder wöchentliche A. ergibt sich aus dem Arbeitsvertrag oder aus einem Tarifvertrag. Beispielsweise gilt für den Öffentlichen Dienst im Tarifgebiet West die 38,5-Stunden-Woche. – Für Personen unter achtzehn Jahren gelten die Vorschriften zum → Jugendarbeitsschutz.

Arbeitszeitmodelle, Arbeitszeitregelungen in der betrieblichen Praxis. A. reichen von der Gestaltung der täglichen, wöchentlichen oder jährlichen Arbeitszeit, der Lebensarbeitzeit bis hin zu Modellen der Teilzeitarbeit. Von Arbeitgeberseite werden häufig flexiblere Arbeitzeiten gefordert, um die Wettbewerbsfähigkeit der deutschen Wirtschaft zu verbessern. Wichtige Modelle zur Flexibilisierung der Arbeitszeit sind → gleitende Arbeitszeit, Jahres- oder Lebensarbeitszeit (z.B. Arbeitszeitkonten und Sabbatical) und Formen der → Teilzeitarbeit (z.B. Job Sharing).

Arbeitszeitpolitik, Maßnahmen zur Gestaltung der individuellen und betrieblichen Arbeitszeit. Umfang und Lage der Arbeitszeiten können vom Staat, von den Tarifparteien und im Rahmen von Betriebsvereinbarungen von Unternehmensleitungen und Betriebsräte beeinflusst werden. Der Staat setzt die A. aus sozial- und arbeitmarktpolitischen Gründen ein. Auch auf Seiten der Gewerkschaften werden arbeitszeitpolitische Forderungen meistens mit dem Schutz der Arbeitnehmer und der Lage auf dem Arbeitsmarkt begründet. Dagegen fordern Unternehmen eine flexiblere Gestaltung der betrieblichen Arbeitszeit und eine Verlängerung der wöchentlichen Arbeitszeit mit Hinweis auf die zu verbessernde Wettbewerbsfähigkeit der deutschen Wirtschaft.

Arbeitszeugnis, Urkunde, die der Arbeitgeber nach Beendigung des Arbeitsverhältnisses für den Arbeitnehmer auszustellen hat. Nach dem Bürgerlichen Gesetzbuch (BGB) müssen im A. Art und Dauer der Beschäftigung bescheinigt werden. Auf Verlangen des Arbeitnehmers muss der Arbeitgeber darüber hinaus die Aufgaben des Arbeitnehmers beschreiben sowie die Leistung und das persönliche Verhalten des Arbeitnehmers bewerten.

Arbeitszimmer, Raum in einer Privatwohnung, der für die berufliche oder betriebliche Tätigkeit genutzt wird. Aufwendungen für ein A. sind in voller Höhe als → Werbungskosten abzugsfähig, wenn der Raum den Mittelpunkt der gesamten beruflichen oder betrieblichen Betätigung (mehr als 50 Prozent) bildet. Der Abzug beträgt höchstens 1.250 Euro jährlich. Bei einer geringeren Nutzung des Raums werden die Aufwendungen für das A. steuerlich nicht anerkannt.

Arbitrage, Begriff aus dem Bank- und Börsenwesen. A. ist die Ausnutzung von Preis-, Kurs- oder Zinsunterschieden zwischen verschiedenen Märkten zur Erzielung von Gewinnen. Mit der zunehmenden Ausbreitung des Computerhandels und der Vernetzung der Börsenplätze werden die Möglichkeiten für Arbitragegeschäfte jedoch geringer. – 1. *Wertpapierarbitrage:* Die Kursdifferenzen werden dadurch ausgenutzt, dass an einer Börse das Wertpapier billig gekauft und an einer anderen teuer verkauft wird (Differenzarbitrage). Es ist jedoch auch möglich, dass das Wertpapier am billigsten Börsenplatz gekauft und behalten oder am teuersten Platz gekauft und verkauft wird (Ausgleichsarbitrage). – 2. *Devisenarbitrage:* Entsprechend dem Wertpapierarbitrage können auch auf den Devisenmärkten Kursunterschiede genutzt werden. – *Zinsarbitrage:* Geschäft am Geldmarkt. Zinsdifferenzen an verschiedenen Geldhandelsplätzen werden ausgenutzt, um einen Zinsgewinn zu erzielen.

Artvollmacht, → Handlungsvollmacht.

Assekuranz, → Versicherung.

Assessment Center, psychologisches Testverfahren, das zur Auswahl bei der Einstellung neuer Mitarbeiter angewandt wird. Mehrere Bewerber werden dabei über mehrere Tage hinweg von mehreren Beurteilern in simulierten beruflichen Bewährungssituationen begutachtet.

Assoziierung, Zusammenschluss von Personen, Unternehmen oder Staaten zur Wahrnehmung oder Durchsetzung gemeinsamer, vor allem wirtschaftlicher Interessen – 1. *Völkerrecht:* Anschluss eines Nichtmitgliedstaates an eine überstaatliche oder internationale Organisation. Es entsteht jedoch keine volle Mitgliedschaft. Die Einzelheiten werden in einem sog. Assoziierungsabkommen vertraglich geregelt. – 2. *Europäisches Recht:* besonders enge wirtschaftliche Kooperation zwischen einem Nicht-EU-Mitgliedstaat und der Europäischen Union (EU). Ziel ist ein möglichst ungehinderter Handel. In neueren Abkommen wird oft auch eine engere politische Zusammenarbeit vereinbart. Eine A. begründet grundsätzlich keinen Anspruch auf eine EU-Mitgliedschaft.

AT-Angestellter, *außertariflicher Angestellter.* → Angestellter, der eine über die höchste tarifliche Vergütungsgruppe hinausgehende Vergütung erhält. Die Vergütung richtet sich nach dem Arbeitsvertrag. – *Anders:* → leitender Angestellter.

Auditing, angloamerikanischer Begriff für → Revision (Prüfung). Im Fall des A. wird die Revision von Personen durchgeführt, die vom zu überprüfenden Verantwortungsbereich unabhängig sind. Dies können externe, aber auch unternehmensinterne Personen sein.

Aufbauorganisation, hierarchische Ordnung der organisatorischen Einheiten eines Unternehmens wie z.B. Abteilungen, Instanzen, Stellen und Stäbe. Es wird festgelegt, welche Einheiten welche Aufgaben haben. Außerdem wird bestimmt, wie die Einheiten zusammenarbeiten und welche Zuständigkeiten mit den Aufgaben verbunden sind. Wesentliche Faktoren einer funktionierenden A. sind die klare Abgrenzung der Zuständigkeiten, genaue Bestimmung der Zusammenarbeit und eine Aufgabenverteilung, die sich nicht an den Arbeitsabläufen orientiert. – Die A. kann grafisch als → Organigramm dargestellt werden. – *Gegensatz:* → Ablauforganisation.

Aufbewahrungsfrist, Zeitdauer, in der Kaufleute Buchungsbelege und bestimmte Geschäftsunterlagen aufbewahren müssen. Die A. sind durch das Handelsgesetzbuch (HGB) und durch die Abgabenordnung (AO) vorgeschrieben:

- zehn Jahre für Handelbücher, Inventare, Eröffnungsbilanzen, Jahresabschlüsse, Lageberichte und zu ihrem Verständnis erforderliche Arbeitsanweisungen sowie Buchungsbelege
- sechs Jahre für Handels- und Geschäftsbriefe.

Auffanggesellschaft, Unternehmen, das im Fall einer drohenden → Insolvenz vom Schuldner und von den Gläubigern gemeinsam gegründet wird. Der A. wird von Seiten der Gläubiger vor allem neues Kapital zugeführt. Das Not leidende Unternehmen wird in die neue Gesellschaft eingebracht. Sie soll vorliegende Aufträge übernehmen und so Arbeitsplätze sichern. Aus den Erträgen der A. sollen wiederum die Altschulden abgetragen und die Einlagen der Gläubiger zurückgezahlt werden.

Aufgeld, → Agio.

Aufhebungsvertrag, Vertrag, durch den ein → Schuldverhältnis oder Arbeitsverhältnis einvernehmlich beendet wird. Mit dem A. erklären Arbeitnehmer und -geber ihr Einverständnis, dass der bestehende → Arbeitsvertrag beendet wird. Über den A. gibt es keine besonderen Schutzvorschriften. Auch der Kündigungsschutz findet keine Anwendung. Dies bedeutet, dass keine Kündigungsfristen eingehalten werden müssen und dass kein Kündigungsgrund vorliegen muss. Auch das Einbeziehen des Betriebsrats ist nicht erforderlich.

Auflassung, Einigung zwischen Verkäufer und Käufer über den Eigentumsübergang an einem Grundstück. Die A. ist nach dem Bürgerlichen Gesetzbuch

(BGB) für den Übergang des Eigentums erforderlich. I.d.R. muss die A. bei gleichzeitiger Anwesenheit von Verkäufer und Käufer vor einem Notar erklärt werden. Zur Eigentumsübertragung ist außer der A. die Eintragung ins → Grundbuch erforderlich.

Aufrechnung, wechselseitige Tilgung von Forderungen durch Verrechnung. Schulden sich zwei Personen gleichartige Leistungen (z.B. Geld), rechnet jeder seine Forderung gegen die des anderen auf. Dies ist nach dem Bürgerlichen Gesetzbuch (BGB) nur bei fälligen Forderungen zulässig. Die Forderungen können dabei unterschiedlich hoch sein.

Aufschwung, → Konjunkturzyklus.

Aufsichtsrat, Organ, das für eine → Aktiengesellschaft (AG), eine → Kommanditgesellschaft auf Aktien (KGaA), eine → Genossenschaft und im Fall einer bestimmten Größe für eine → Gesellschaft mit beschränkter Haftung (GmbH) gesetzlich vorgeschrieben ist. Außerdem kann ein A. bei einer → Kommanditgesellschaft (KG) oder einer → offenen Handelsgesellschaft (OHG) gebildet werden. Diese Fälle sind jedoch nicht gesetzlich geregelt – 1. *A. einer Aktiengesellschaft oder Kommanditgesellschaft auf Aktien:* Dieser besteht aus mindestens drei, maximal 21 Personen. Je nach Größe der AG oder KGaA sind auch Aktionäre und Arbeitnehmer vertreten. Die Aufsichtsratsmitglieder dürfen nicht dem Vorstand angehören. Die Mitglieder des A. werden von der Hauptversammlung gewählt (ausgenommen der Arbeitnehmervertreter). Die Amtsdauer eines Mitgliedes beträgt vier Geschäftsjahre. Aufgaben des A. sind die Überwachung der Tätigkeit des Vorstands, die Prüfung von Jahresabschluss und Lagebericht, die Vertretung der AG gegenüber dem Vorstand sowie die Bestellung und Abberufung des Vorstands. Für die Tätigkeit erhalten die Aufsichtsratsmitglieder eine Vergütung (→ Tantieme). – 2. *A. einer Genossenschaft:* Dieser besteht aus mindestens drei Mitgliedern. Sie werden von der → Generalversammlung gewählt. Der A. hat vor allem Überwachungsaufgaben. Die Aufsichtsratsmitglieder erhalten für ihre Tätigkeit keine Vergütung. – 3. *A. einer Gesellschaft mit beschränkter Haftung:* Die Bildung eines A. ist für GmbHs, die mehr als 500 Mitarbeiter beschäftigten, nach dem Betriebsverfassungsgesetz (BetrVG) und dem Mitbestimmungsgesetz (MitbestG) vorgeschrieben. Die Vorschriften über den A. bei der AG gelten entsprechend.

Aufsichtsratsteuer, → Tantieme.

Auftrag, → Vertrag, durch den sich der Beauftragte verpflichtet, ein übernommenes Geschäft für den Auftraggeber unentgeltlich auszuführen. Nach dem Bürgerlichen Gesetzbuch (BGB) muss der Beauftragte dem Auftraggeber die erforderlichen Auskünfte, vor allem über den Stand des Geschäfts erteilen und nach Beendigung des Auftrags Rechenschaft ablegen. Alles, was der Beauftragte zur und während der Ausführung des A. erhält, muss er an den Auftraggeber zurückgeben. Aufwendungen, die für die Ausführung des A. erforderlich waren, müssen vom Auftraggeber ersetzt werden.

Aufwand, Geldwert aller Güter und Leistungen, die in einem Abrechnungszeitraum in einem Unternehmen verbraucht wurden. Dazu zählen vor allem Ausgaben für Roh-, Hilfs- und Betriebsstoffe, Personalausgaben, Abschreibungen, Steuern, Mieten und Versicherungen. – Im Rahmen der → Gewinn- und Verlustrechnung (GuV) werden zur Erfolgsermittlung A. und Erträge gegenübergestellt. A. sind in dem Geschäftsjahr zu erfassen, in dem sie verursacht wurden (→ Rechnungsabgrenzung). – In der Kostenrechnung werden nur Zweckaufwendungen erfasst (→ Zweckaufwand). Nicht berücksichtigt werden die neutralen Aufwendungen (→ neutraler Aufwand/Ertrag). – Vgl. auch → Kosten.– *Gegensatz:* → Ertrag. – *Anders:* → Ausgaben.

Aufwandskonto, → Erfolgskonto.

Aufwertung, Wertgewinn einer Währung im Vergleich zu einer anderen Währung. Eine A. der Inlandswährung liegt vor, wenn der → Wechselkurs bei der Preisnotierung (z.B. Euro je ein US-Dollar) sinkt und weniger Euro für einen US-Dollar gezahlt werden müssen. Der Euro wird damit teurer. – Mit der A. steigt der → Außenwert der Inlandswährung. Die Importe werden billiger, die Exporte teurer. – *Gegensatz:* → Abwertung.

Aufzeichnungspflichten, → Buchführungspflicht.

Aufzinsung, finanzmathematische Bezeichnung für die Bestimmung des Endkapitals K_n bei gegebenen Anfangskapital K_0, Zinssatz i und Laufzeit n. Es gilt: $K_n=K_0(1+i)^n$. – Der mathematische Ausdruck $(1 + i)^n$ wird auch als Aufzinsungsfaktor bezeichnet. – *Gegensatz:* → Diskontierung (Abzinsung).

Auktion, → Versteigerung.

Ausbildender, derjenige, der einen → Auszubildenden zur Berufsausbildung einstellt. Bei fehlender fachlicher Eignung hat der A. einen → Ausbilder mit der Ausbildung zu beauftragen. Zu Pflichten des A. gehören:

- eine ordnungsgemäße und planmäßige Ausbildung auf der Grundlage der Ausbildungsverordnung
- die Bereitstellung geeigneter Ausbildungsmittel
- die Gewährleistung zweckmäßiger und angemessener Arbeitsbedingungen
- die Freistellung des Auszubildenden für den Berufsschulunterricht, für Prüfungen sowie für Ausbildungsmaßnahmen außerhalb der Ausbildungsstätte
- die Zahlung einer angemessenen Vergütung für den Auszubildenden
- die Ausstellung eines Zeugnisses nach Beendigung der Ausbildung.

Ausbilder, derjenige, der persönlich und fachlich geeignet und beauftragt ist, → Auszubildende zu unterweisen. In der Ausbilder-Eignungsverordnung (AEVO) ist vorgeschrieben, dass der A. vor der zuständigen Kammer über seine fachliche Eignung hinaus eine berufs- und arbeitspädagogische Eignung nachzuweisen hat.

Ausbildungsabschlussprüfung, Prüfung, die in den anerkannten → Ausbildungsberufen vor einem Prüfungsausschuss abgelegt wird. Bestandteile sind die schriftliche, mündliche und in einigen Berufen zusätzlich eine praktische Prüfung. Zugelassen wird ein Auszubildender, wenn seine Ausbildungszeit innerhalb von zwei Monaten abläuft. Außerdem muss er die vorgeschriebenen Zwischenprüfungen bestanden und ein Berichtsheft geführt haben. Eine Ausnahme besteht, wenn ausreichende Berufspraxis oder der Besuch bestimmter berufsbildender Schulen nachgewiesen werden kann. Bei Nichtbestehen darf die A. zweimal wiederholt werden. Der Auszubildende erhält bei bestandener Prüfung ein Zeugnis.

Ausbildungsberuf, Beruf, der als Grundlage für eine Berufsausbildung durch das Bundesministerium für Wirtschaft und Arbeit anerkannt ist. Für einen anerkannten A. darf nur nach der → Ausbildungsordnung ausgebildet werden. Das Bundesinstitut der Berufsausbildung führt und veröffentlicht jährlich ein Verzeichnis der anerkannten A. – *Weitere Informationen unter* www.bibb.de.

Ausbildungsförderung, → Bundesausbildungsförderungsgesetz (BAföG).

Ausbildungsfreibetrag, → Freibetrag, der für Berufsausbildungskosten eines volljährigen Kindes bei einer auswärtigen Unterbringung gewährt wird. Der A. beträgt höchstens 924 Euro. Liegen die Einkünfte des Steuerpflichtigen und die Bezüge des Kindes, die zur Bestreitung des Unterhalts oder der Berufsausbildung dienen, über 1.848 Euro jährlich, wird der A. gekürzt.

| man sagt: studenten machen ständig party. | WIR SUCHEN TALENTE, DIE AUCH LUST AM LERNEN HABEN.
IHR EINSTIEG INS BANKING MIT UNSEREN TRAINEE-PROGRAMMEN.
| ideen nach vorn |
COMMERZBANK
/ www.commerzbank.de/karriere /

Ausbildungsordnung, Vorschriften für staatlich geregelte und einheitliche Ausbildungen in anerkannten → Ausbildungsberufen. Die A. beinhaltet einen Rahmenplan, aus dem das Unternehmen einen betrieblichen Ausbildungsplan erstellt. – *Weitere Informationen unter* www.bibb.de.

Ausbildungsvergütung, → Arbeitsentgelt an einen Auszubildenden. Die A. muss angemessen sein und hängt vom Ausbildungsberuf, Alter und Ausbildungsjahr ab.

Ausfallbürgschaft, → Bürgschaft.

Ausfuhr, → Export.

Ausfuhrbürgschaft, → Exportkreditgarantien des Bundes.

Ausfuhrdeckung, → Exportkreditgarantien des Bundes.

Ausfuhrförderung, → Exportförderung.

Ausfuhrgarantie, → Exportkreditgarantien des Bundes.

Ausfuhrkreditgesellschaft mbH (AKA), Institut zur Finanzierung von mittel- und langfristigen Exportgeschäften und sonstigen internationalen Geschäften. Für die Bewilligung eines AKA-Kredits ist i.d.R. eine Ausfuhrbürgschaft der Euler Hermeskredit-Versicherungs-AG (→ Exportkreditgarantien des Bundes) erforderlich. – *Weitere Informationen unter* www.akabank.de.

Ausfuhrversicherung, → Exportkreditgarantien des Bundes.

Ausfuhrzoll, → Zoll.

Ausgaben. 1. *Rechnungswesen:* Verminderung des Geldvermögens (Zahlungsmittelbestand + Bestand an Geldforderungen – Bestand an Geldverbindlichkeiten) eines Unternehmens. A. entstehen beim Abfluss von Zahlungsmitteln und beim Eingehen von Zahlungsverpflichtungen in Form von Geldverbindlichkeiten. – *Gegensatz:* → Einnahmen. – *Anders:* → Aufwand. – 2. *Steuerrecht:* → Betriebsausgaben.

Ausgleichskalkulation, → Mischkalkulation.

Ausgliederung, → Spin-off.

Auskunftspflicht, Pflicht einer Behörde, Auskunft über Rechte und Pflichten eines Beteiligten zu erteilen. Beispielsweise müssen die Sozialversicherungsträger Auskünfte über sozialen Leistungen geben. I.d.R. wird eine Auskunft nur auf Anfrage eines Beteiligten gegeben.

Ausschließlichkeitsbindung, Vereinbarung, wie der Abnehmer einer Ware oder Dienstleistung mit dieser umzugehen hat. Dabei kann die Verwendung beschränkt werden, z.B. durch den Bezug auf einen Lieferanten oder durch die Einschränkung des Vertriebs auf ein Absatzgebiet.

Ausschreibung, *Submission,* öffentliche Bekanntgabe der Bedingungen, zu denen ein Vertragsangebot abgegeben werden kann. A. erfolgen z.B. für Baumaßnahmen und Beschaffungsaufträge. – Vgl. auch → öffentliche Auftragsvergabe.

Ausschreibungsverfahren, → Tenderverfahren.

Ausschüttung, → Dividende, → verdeckte Gewinnausschüttung.

Außenbeitrag, Begriff aus der Volkswirtschaftlichen Gesamtrechnung für den Unterschiedsbetrag zwischen Export und Import von Waren und Dienstleistungen. Exportiert ein Staat mehr ins Ausland als es importiert, hat der Staat einen positiven A. Exportiert der Staat weniger, liegt ein negativer A. vor.

Außenfinanzierung, Form der → Finanzierung, bei der Kapital „von außen", d.h. über den Kapitalmarkt, einfließt. Dies ist durch zusätzliche Einlagen bisheriger oder neu hinzukommender Gesellschafter möglich (→ Beteiligungsfinanzierung). Es können aber auch Kredite aufgenommen werden (→ Fremdfinanzierung). – *Gegensatz:* → Innenfinanzierung.

Außenhandel, Teil des Handels, der Güter über die Grenzen eines Landes importiert (→ Import) und exportiert (→ Export). – Deutschland war 2003 „Exportweltmeister". Die deutschen Exporte in Höhe von 748,5 Mrd. US-Dollar waren höher als die Exporte der USA (723,6 Mrd. US-Dollar). Deutschland hatte damit einen Anteil am Welthandel von 9,5 Prozent. – *Gegensatz:* → Binnenhandel. – *Weitere Informationen unter* www.-destatis.de.

Außenhandelspolitik, staatliche Maßnahmen zur Beeinflussung des grenzüberschreitenden Waren- und Dienstleistungsverkehrs. Dazu gehören vor allem Maßnahmen zur Beschränkung des Imports (z.B. Einfuhrzoll, Einfuhrkontingent), zur Förderung des Exports (→ Exportförderung), der Abschluss von Handelsverträgen sowie die Beteiligung an internationalen Organisationen zur Liberalisierung des internationalen Handels (z.B. Welthandelskonferenz). A. ist Teil der → Außenwirtschaftspolitik. – *Gegensatz:* → Binnenhandelspolitik.

Außenprüfung, früher *Betriebsprüfung,* Überprüfung von Betrieben und Freiberuflern durch die Finanzbehörden vor Ort. Eine A. kann mit Zustimmung der Finanzbehörde auch in den Räumen des Steuerberaters erfolgen. Großbetriebe werden regelmäßig geprüft (→ Betriebsgrößenklassen). Mittel-, Klein- und Kleinstbetriebe unterliegen nur stichprobenartigen Prüfungen. Die Ergebnisse der A. werden grundsätzlich in einer Schlussbesprechung erörtert. Die A. ist in der Abgabenordung (AO) und ergänzend in der Betriebsprüferordnung (BpO) gesetzlich geregelt.

Außensteuerrecht, Vorschriften des nationalen Steuerrechts, die sich mit den internationalen Beziehungen befassen. Dazu gehört vor allem das Außensteuergesetz (AStG). Ziel des AStG ist es, ungerechtfertigte Steuervorteile auszuschließen, die aus der Nutzung des internationalen Steuergefälles erlangt werden können. Zum A. gehören außerdem z.B. die Regelungen des Einkommensteuergesetzes (EStG) zur Erfassung von Auslandseinkünften und zur Besteuerung von im Ausland ansässigen Personen.

Außenwert, Menge ausländischer Währungseinheiten, die man für eine Einheit der inländischen Währung auf dem Devisenmarkt erhält. Werden die Inflationsraten des Inlands und des Auslands nicht berücksichtigt, so handelt es sich um den sog. nominalen A. Werden die Unterschiede der Inflationsraten einbezogen, so handelt es sich um den sog. realen A.

außenwirtschaftliches Gleichgewicht, eines der gesamtwirtschaftlichen Ziele des → Stabilitäts- und Wachstumsgesetzes (StWG). Das a.G. bezieht sich auf den Ausgleich der Leistungsbilanz (→ Zahlungsbilanz). Demnach soll der Saldo der Leistungsbilanz, in der die Aus- und Einfuhren sowie grenzüberschreitende Dienstleistungen erfasst werden, annähernd gleich null sein.

Außenwirtschaftspolitik, staatliche Maßnahmen zur Regelung der außenwirtschaftlichen Beziehungen eines Landes. Diese Regelungen können sich auf den Waren- und Dienstleistungsverkehr, auf den Kapitalverkehr, aber auch auf Bildungs- und Forschungspolitische Leistungen beziehen. Im Rahmen der A. können währungspolitische Instrumente, vor allem Maßnahmen zur Beeinflussung des Wechselkurses eingesetzt werden. Möglich sind aber auch handelspolitische Maßnahmen (→ Außenhandelspolitik) und integrationspolitische Maßnahmen (Schaffung binnenmarktähnlicher Verhältnisse).

außergerichtlicher Vergleich, → Vergleich, der mit den Gläubigern vereinbart und geschlossen wird, ohne dass ein Gericht eingeschaltet wird. Ziel ist es, im Vereinbarungsweg mit den Gläubigern Erlass oder Stundung der Schulden zu erreichen.

außergewöhnliche Belastungen, Begriff aus dem Einkommensteuerrecht. A.B. sind Aufwendungen, die zwangsläufig, d.h. aus rechtlichen oder tatsächlichen Gründen, höher sind als die der überwiegenden Mehrzahl der Steuerpflichtigen mit gleichen Einkommens-, Vermögens- und Familienverhältnissen. Dazu zählen z.B. Krankheits-, Scheidungs- und Ausbildungskosten der Kinder. A.B. sind bei der Einkommensteuer absetzbar. Der Steuerpflichtige trägt jedoch einen Prozentsatz der Belastungen selbst (→ zumutbare Belastung).

außerordentliche Einkünfte, Einnahmen, die nicht im Rahmen der normalen jährlichen Einkünfte liegen. Dazu zählen vor allem Veräußerungsgewinne, Entschädigungen, Nutzungsvergütungen und Vergütungen für mehrjährige Tätigkeiten. Zur steuerlichen Entlastung kann bei a.E. die → Fünftelmethode angewandt werden. Weiter gibt es im Fall von Veräußerungsgewinnen die Möglichkeit, statt der Fünftelmethode einen ermäßigten Steuersatz zu beantragen.

außerordentliche Kündigung, → Kündigung.

außerordentlicher Aufwand/ Ertrag, → neutraler Aufwand/ Ertrag.

außertariflicher Angestellter, → AT-Angestellter.

Aussetzung der Vollziehung, Ruhen der Steuerforderung, bis über einen Einspruch gegen den Steuerbescheid entschieden ist. Die A.d.V. kann auf Antrag durch die Finanzbehörden gewährt werden. Die Finanzbehörde berechnet monatlich 0,5 Prozent Aussetzungszinsen, wenn der Einspruch abschlägig entschieden wurde.

Aussonderung, Begriff aus dem Insolvenzrecht. A. ist das Trennen der Gegenstände, die nicht zum Eigentum des Schuldners gehören, von der Insolvenzmasse. Dabei handelt es sich z.B. um geliehene und gemietete Gegenstände und unter Eigentumsvorbehalt gelieferte Waren. – *Anders:* → Absonderung.

Aussperrung, Kampfmittel der Arbeitgeber im → Arbeitskampf. Die Arbeitnehmer werden nicht zur Arbeit zugelassen und die Lohn- oder Gehaltszahlung verweigert. Die A. kann alle Arbeitnehmer eines Betriebes oder Wirtschaftszweigs betreffen. I.d.R. reagiert die Arbeitgeberseite mit der A. auf einen zuvor begonnen → Streik (Abwehraussperrung).

Ausverkauf, Räumungsverkauf wegen Aufgabe eines Geschäftsbetriebes. Ein A. muss bei der Industrie- und Handelskammer oder bei der Handwerkskammer angezeigt werden.

Auszahlung, Verminderung des Bestands an Bargeld und sofort verfügbarer Bankguthaben (Sichtguthaben bei Banken) eines Unternehmens. A. sind somit Übertragungen von Zahlungsmitteln von einem Unternehmen oder einer Person an andere (Staat, Unternehmen, Personen). Durch die laufende Erfassung von A. und Einzahlungen kann das Rechnungswesen die → Liquidität des Unternehmens bestimmen. – *Gegensatz:* → Einzahlung.

Auszubildender, Person, die sich in der Berufsausbildung befindet. Grundlage ist ein → Berufsausbildungsvertrag. Der A. hat einen Anspruch auf Vergütung, die sich nach Tarifvertrag, Ausbildungsjahr und Alter staffelt. Er hat ein Recht auf eine umfassende Berufsausbildung. Außerdem hat der A. einen Anspruch auf den kostenlosen Erhalt von Ausbildungsmitteln, auf die Freistellung für den Besuch der Berufsschule sowie am Ende des Berufsausbildungsverhältnisses auf die Erteilung eines Arbeitszeugnisses. Der A. ist verpflichtet, den Anweisungen des Ausbildenden und des Ausbilders zu folgen und die Berufsschule zu besuchen. Außerdem gelten für ihn alle sonstigen Nebenpflichten eines → Arbeitnehmers.

Autarkie, völlige wirtschaftliche Unabhängigkeit eines Landes vom Ausland, d.h. die vollständige Selbstversorgung eines Landes.

Autoversicherung, → Kraftfahrzeugversicherung.

Avalkredit, *Aval, Bankaval.* Übernahme der Haftung durch ein Kreditinstitut für und im Auftrag eines Kunden gegenüber einem Dritten. Das Kreditinstitut übernimmt die Haftung in Form einer → Bankbürgschaft oder einer → Bankgarantie. A. werden von den Kreditinstituten i.d.R. wie Barkredite behandelt.

B

B, Abk. für → Brief.

Badwill, → Firmenwert.

BaFin, Abk. für → Bundesanstalt für Finanzdienstleistungsaufsicht.

BAföG, Abk. für → Bundesausbildungsförderungsgesetz.

Bagatelldelikt, Straftat, bei der die Schuld des Täters als gering eingestuft wird. Im Fall eines B. besteht kein öffentliches Interesse an einer Strafverfolgung. Aus diesem Grund kann in diesem Fall von einer Verfolgung abgesehen werden.

Bagatellsteuer, Steuer, die nur im geringen Umfang zum staatlichen Steueraufkommen beiträgt. Einige B. wie die Tee-, Salz- und Wechselsteuer wurden in den letzten Jahren abgeschafft. Derzeit werden vor allem noch die Getränke- und die Vergnügungsteuer erhoben.

Baisse, Börsenausdruck für ein länger anhaltendes Sinken der Börsenkurse. Anleger, die eine B. erwarten (sog. Baissiers), verkaufen ihre Wertpapiere. – *Gegensatz:* → Hausse.

Balanced Scorecard, Konzept und Instrument der strategischen Unternehmensführung. Die B.S. geht über die alleinige Betrachtung finanzieller Kennzahlen hinaus. Es werden zusätzlich Kundenperspektiven, unternehmensinterne Prozessperspektiven sowie Lern- und Entwicklungsperspektiven berücksichtigt. Bei der kundenorientierten Sichtweise wird die Stellung des Unternehmens am Markt, die Kundenzufriedenheit oder die Kundenbindung beschrieben. Im Fall der Sichtweise interner Prozesse erfolgt die Beschreibung anhand der einzelnen Arbeitsabläufe im Unternehmen. Die Größen der Sichtweise Lernen und Entwicklung beschreiben die Grundlagen, die zur Erreichung der Ziele der anderen Sichtweisen notwendig sind. Dies sind die Qualifizierung, Motivation und Zielorientierung der Mitarbeiter sowie die Leistungsfähigkeit des Informationssystems. Für jede dieser Sichtweisen sind strategische Ziele, Kennzahlen, konkrete Zielvorgaben und Maßnahmen zu bestimmen. – Mit der B.S. sollen die wesentlichen Sichtweisen eines Unternehmens für die strategische Planung und Steuerung des Unternehmens abgebildet werden.

Bank, Unternehmen, das geld- und finanzwirtschaftliche Dienstleistungen anbietet. Aus einzelwirtschaftlicher Sicht haben B. die Aufgabe, den Zahlungsverkehr durchzuführen, Gelder zur Vermögensanlage anzunehmen und Kredite zu vergeben. Die volkswirtschaftliche Funktion der B. besteht darin, die Zahlungsfähigkeit innerhalb des Geldstroms, der dem Wertestrom der Güter und Dienstleistungen entgegengerichtet ist, zu gewährleisten. Je nach Anzahl der betriebenen Bankgeschäfte wird zwischen → Universalbanken und → Spezialbanken unterschieden. – Im Kreditwesengesetz (KWG) wird der Begriff → Kreditinstitut verwendet.

Bankakzept, → Wechsel, der von einem Kunden auf eine Bank ausgestellt wird. Das B. ist Grundlage eines → Akzeptkredits. I.d.R. wird das B. direkt von der Bank diskontiert, d.h. unter Abzug des → Diskonts angekauft. Das B. kann aber auch bei einer fremden Bank eingereicht werden, um einen Kredit zu einem günstigeren Zinssatz zu erhalten (→ Diskontkredit). Außerdem ist es möglich, das B. an einen Gläubiger weiterzugeben.

Bankanleihe, *Bankschuldverschreibung,* → Anleihe, die von einem Kreditinstitut ausgegeben wird. Sie dient dem Kreditinstitut zur Finanzierung seines Kreditgeschäfts. Die Laufzeit beträgt i.d.R. fünf bis 30 Jahre. – Vgl. auch → Pfandbrief.

Bankassurance, Geschäftsmodelle von Banken, bei denen weitestgehend nicht zwischen Bank- und Versicherungsgeschäften getrennt wird. B. geht weiter als das Allfinanzkonzept (→ Allfinanz). Ziele des B. sind, die Kundenbindung zu erhöhen, neue Kundengruppen zu erreichen, die Produktpalette zu erweitern und zu ergänzen sowie → Synergien zu nutzen. Das Modell B. kann auf unterschiedliche Weise umgesetzt werden. Bank und Versicherungsgesellschaft können im Bereich Vertrieb zusammenarbeiten. Es kann sich aber auch um eine weiterreichende Zusammenarbeit handeln. Möglich sind außerdem Unternehmenszusammenschlüsse und Unternehmensübernahmen.

Bankauskunft, Mitteilung eines Kreditinstituts über die sog. allgemeinen Verhältnisse eines Kunden an Dritte. Dies sind vor allem Mitteilungen über die Vertrauens- und Kreditwürdigkeit des Kunden. B. werden auf Anfrage erteilt. Nach den Allgemeinen Geschäftsbedingungen (AGB) der Banken und Sparkassen werden Auskünfte über Unternehmen und im Handelsregister eingetragene Kaufleute erteilt, wenn keine gegenteilige Anweisung des Kunden vorliegt. Anders ist dies bei Privatkunden, Kleingewerbetreibende und Freiberuflern. Diese müssen der Auskunftserteilung ausdrücklich zugestimmt haben. B. werden nur eigenen Kunden und anderen Banken erteilt. Diese müssen ein berechtigtes Interesse an der gewünschten Auskunft glaubhaft machen.

Bankaval, → Avalkredit.

Bankbürgschaft, → Bürgschaft, die im Auftrag eines Kunden von einer Bank übernommen wird. Sie wird i.d.R. zeitlich befristet abgeschlossen und auf einen bestimmten Betrag beschränkt. Die B. zählt zu den → Avalkrediten.

Bankenaufsicht, staatliche Aufsicht der Kreditinstitute. Ausgeübt wird diese in Deutschland durch die → Bundesanstalt für Finanzdienstleistungsaufsicht (BaFin). Die B. in Deutschland ist im Wesentlichen durch das Kreditwesengesetz (KWG) geregelt. Im Rahmen der B. werden die gesetzlichen Vorschriften überwacht, die für Kreditinstitute bei der Gründung und bei ihren laufenden Geschäften gelten. Durch die B. soll der Gefahr des Zusammenbruchs und der Insolvenz von Kreditinstituten begegnet werden. – Zur Neufassung der B. auf internationaler Ebene vgl. → Grundsätze über die Eigenmittel und die Liquidität der Institute (Basel II). – *Weitere Informationen unter* www.bafin.de.

Bankenkonsortium, Vereinigung mehrer Banken in der Rechtsform einer → Gesellschaft des bürgerlichen Rechts (GbR). B. werden vor allem zur Durchführung eines größeren Wertpapieremissionsgeschäfts (→ Emission) oder einer Börseneinführung errichtet. B. werden häufig auch gegründet, um bei großen Krediten das Risiko für die einzelne Bank zu verringern und die für den Kredit erforderlichen Mittel leichter aufzubringen.

Bank für Internationalen Zahlungsausgleich (BIZ), Finanzinstitut in der Rechtsform einer Aktiengesellschaft (AG). Sitz in Basel. Die BIZ wurde 1930 ursprünglich zur Abwicklung deutscher Zahlungen zur Kriegsentschädigung gegründet. Zu den heutige Aufgaben gehören die Förderung der Zusammenarbeit der Zentralbanken, die Schaffung neuer Möglichkeiten für internationale Finanzgeschäfte sowie die Übernahme von → Treuhandschaften oder Bevollmächtigungen bei internationalen Finanzabkommen. Die BIZ gilt als „Zentralbank der Zentralbanken". Sie wird von den Zentralbanken zur Zusammenarbeit und Abstimmung auf nicht offizieller Ebene genutzt. – *Weitere Informationen unter* www.bis.org.

Bankgarantie, Zahlungsversprechen einer Bank in Form einer → Garantie. Durch die B. übernimmt die Bank im Auftrag ihres Kunden die finanzielle Absicherung, dass eine bestimmte vertragliche Verpflichtung erfüllt wird oder ein bestimmter Schaden nicht eintritt. B. werden vor allem zur Absicherung und Bezahlung von Außenhandelsgeschäften eingesetzt. Eine B. dient dazu, die Bezahlung eines Außenhandelsgeschäfts abzusichern (sog. Zahlungsgarantie). Durch die B. können aber auch andere Risiken, die sich aus einer nicht planmäßigen Abwicklung eines Geschäfts ergeben können, abgesichert werden. Die B. zählt zu den → Avalkrediten.

Bankgeheimnis, Pflicht des Kreditinstituts, über alle einen Kunden betreffende Angelegenheiten Stillschweigen zu bewahren. Das B. in Deutschland ist im Gegensatz z.B. zur Schweiz nicht gesetzlich geschützt. Es handelt sich um eine nebenvertragliche Pflicht im Bank-Kunden-Verhältnis. Auch Kenntnisse, die im Rahmen der Abwicklung eines Geschäftsvorfalls über einen Nichtkunden erlangt wurden, unterliegen dem B. – Das B. ist aufgrund gesetzlicher Auskunftspflichten durchbrochen. Eine Auskunftspflicht besteht vor allem in Strafprozessen und bei strafrechtlichen Ermittlungsverfahren, gegenüber dem Finanzamt im Todesfall des Kunden sowie bei Steuerfahndungen, in einem Besteuerungsverfahren und bei Zwangsvollstreckungsmaßnahmen gegen einen Kunden. Außerdem muss gegenüber einer Strafverfolgungsbehörde bei Verdacht auf Geldwäsche sowie gegenüber der Bundesanstalt für Finanzdienstleistungsaufsicht (BaFin) bei Wertpapierkäufen und -verkäufen und gegenüber der Deutschen Bundesbank im Zusammenhang mit den beim Außenwirtschaftsverkehr bestehenden Meldepflichten Auskunft erteilt werden. Finanz- und Leistungsbehörden (z.B. Arbeitsagentur und Sozialamt) können nach dem Gesetz zur Förderung der Steuerehrlichkeit von 2005 Kontonummer, Name des Kontoinhabers, und Angaben über Kontobevollmächtigte abfragen. – Vgl. auch → Bankauskunft.

Bankgeschäfte, Geschäfte, die von Kreditinstituten betrieben werden. Dazu zählen die unten genannten B. im Sinn des Kreditwesengesetzes (KWG), der Handel mit Devisen, Sorten und Edelmetallen sowie das Kreditkartengeschäft. – Nach § 1 KWG handelt es sich bei B. im Einzelnen um folgende Geschäfte:

- Einlagengeschäft: Annahme von fremden Geldern
- Kreditgeschäft: Gewährung von Gelddarlehen und Akzeptkrediten
- Diskontgeschäft: Ankauf von Wechseln und Schecks
- Finanzkommissionsgeschäft: Anschaffung und Veräußerung von Finanzinstrumenten im eigenen Namen und für fremde Rechnung
- Depotgeschäft: Verwahrung und Verwaltung von Wertpapieren für andere
- Investmentgeschäft: Geschäfte der Kapitalanlagegesellschaften
- Revolvinggeschäft: Eingehen der Verpflichtung, Darlehensforderungen vor Fälligkeit zu erweben
- Garantiegeschäft: Übernahme von Bürgschaften, Garantien und sonstige Gewährleistungen für andere
- Girogeschäft: Durchführung des bargeldlosen Zahlungsverkehrs und des Abrechnungsverkehrs
- Emissionsgeschäft: Übernahme von Finanzinstrumenten für eigenes Risiko zur Unterbringung oder die Übernahme gleichwertiger Garantien
- E-Geschäft: Ausgabe und Verwaltung von elektronischem Geld.

Weitere Informationen unter www.bafin.de.

Bankkonto, die in Kontenform geführte Rechnungslegung einer Bank für einen

Bankkunden. Es werden die Forderungen und Verbindlichkeiten aufgrund der Geschäftsverbindung mit dem Kunden erfasst. – Folgende Arten von B. werden unterschieden:

- Konten für den Zahlungsverkehr: Kontokorrentkonto (→ Kontokorrent) und → Girokonto
- Konten für das Kreditgeschäft: Darlehenskonto und Kontokorrentkonto
- Konten für die Anlage von Geldern: → Sparkonto, Termingeldkonto und Geldmarktkonto
- Konto für die Verwahrung und Verwaltung von Wertpapieren: Depotkonto.

Zur Einrichtung oder Eröffnung eines B. müssen die → Allgemeinen Geschäftsbedingungen (AGB) und die → SCHUFA-Klausel anerkannt werden. Außerdem muss durch den Kunden eine Unterschriftenprobe abgegeben werden. Der Kunde muss Vor- und Zuname sowie den Wohnsitz angeben. Seitens der Bank erfolgt eine Prüfung der Berechtigung des Kontoinhabers.

Bankkredit, → Kredit, der Unternehmen sowie privaten und öffentlichen Haushalten eingeräumt wird. Grundlage ist ein Kreditvertrag. Nach der Laufzeit wird zwischen kurz-, mittel- und langfristigen B., nach der Art der Mittelbereitstellung zwischen → Buchkredit, → Diskontkredit und → Akzeptkredit unterschieden.

Bankkundenkarte, → Debitkarte.

Banknote, *Geldschein.* Papiergeld, das von einer Notenbank ausgegeben wird. Für B. als gesetzliches Zahlungsmittel besteht eine unbeschränkte Annahmepflicht. – Zu den im Rahmen des Europäischen Systems der Zentralbanken (ESZB) ausgegebene B. vgl. → Euro.

Bankrott, Zahlungsunfähigkeit eines Schuldners. Aufgrund eines B. wird das → Insolvenzverfahren eröffnet.

Bankschuldverschreibung, → Bankanleihe.

Banküberweisung, Auftrag eines Kontoinhabers an seine Bank, einen bestimmten Betrag dem Begünstigten auf dessen Konto zur Verfügung zu stellen. Das Konto des Kontoinhabers wird mit dem Betrag belastet. B. werden innerhalb eines Kreditinstituts innerhalb eines Werktags, im Inland innerhalb von drei Werktagen und in der Europäischen Union (EU) innerhalb von fünf Werktagen ausgeführt. Die Verrechnung von B. erfolgt über die → Gironetze der Kreditinstitute.

Bannerwerbung, Werbung mit einer Werbefläche (sog. Banner) auf einer Internetseite. Die meisten Banner sind animiert und mit einem Link auf die Internetseite des Werbetreibenden versehen.

Bargeld, gesetzliches Zahlungsmittel in Form von Banknoten und Münzen. – Vgl. auch → Geld.

bargeldlose Zahlung, Zahlung von Konto zu Konto. Eine b.Z. kann vor allem durch Verrechnungsscheck, Lastschrift, Dauerauftrag, Banküberweisung oder Kreditkarte vorgenommen werden. Der bargeldlose Zahlungsverkehr zwischen den Kreditinstituten wird heute überwiegend ohne Belege abgewickelt. Auch die Bankkunden reichen ihre Zahlungsaufträge zunehmend beleglos ein, z.B. über Home Banking.

Bargeldumlauf, Umlauf von Banknoten und Münzen in einem Land.

Barlohnumwandlung, → Entgeltumwandlung.

Barreserve, Bestand an Bargeld und das jederzeit in bar verfügbare Guthaben auf Bankkonten. – In der Geldpolitik ist B. der Begriff für Kassenbestände der Kreditinstitute einschließlich der ausländischen Zahlungsmittel und Sichteinlagen. – Vgl. auch → Liquidität.

Barscheck, → Scheck.

Bartergeschäft, *Gegengeschäft, Kompensationsgeschäft.* Geschäft „Ware gegen Ware“. Die Geschäftspartner geben oder nehmen wechselseitig Leistungen ab. Es fließt bei diesem Geschäft kein Geld.

Barwert, *Gegenwartswert.* Begriff aus der Finanzmathematik für den heutigen Wert einer zukünftigen Zahlung. – 1. *Tilgungsrechnung:* B. ist der aktuelle Wert einer in der Zukunft fälligen Zahlung, der sich durch Abzinsung ergibt (→ Diskontierung). – 2. *Investitionsrechnung:* B. ist der Wert einer Zahlungsreihe im Bezugszeitpunkt, der sich durch Abzinsung ergibt.

Barzahlung, Zahlungsform, bei der der Schuldner dem Gläubiger → Bargeld übergibt. Dadurch ist die Verpflichtung gegenüber dem Gläubiger erfüllt. – Zur Barzahlung zählen die direkte Übergabe von Bargeld, der Bargeldversand mittels Wertbrief, die Postanweisung und Wechsel, die bar eingelöst werden. – Häufig ist in Zahlungsbedingungen für B. ein → Skonto vorgesehen.

Basel II, → Grundsätze über die Eigenmittel und die Liquidität der Institute.

Basiswert, *Underlying.* Vertragsgegenstand, der einem → Termingeschäft zugrunde liegt. B. können Waren (z.B. Edelmetalle, Rohstoffe) oder Finanzinstrumente (z.B. Aktien, Devisen und Aktienindizes) sein. Ein B. kann auch ein künstlich geschaffenes Wertpapier wie z.B. → Bund-Future sein.

Basiszinssatz, Zinssatz, auf dessen Grundlage vor allem Verzugszinsen berechnet werden. Nach dem Bürgerlichen Gesetzbuch (BGB) wird der B. zum 1. Januar und zum 1. Juli an die Entwicklung des Zinssatzes für Hauptrefinanzierungsgeschäfte der Europäischen Zentralbank (→ Offenmarktgeschäfte) angepasst. Der B. fällt oder steigt jeweils um die Prozentpunkte wie der Zinssatz der Hauptrefinanzierungsgeschäfte. Er wird von → Deutschen Bundesbank im → Bundesanzeiger veröffentlicht. – Der B. hat am 1. Januar 1999 den Diskontsatz der Deutschen Bundesbank abgelöst. – *Weitere Informationen unter* www.bundesbank.de.

Bauabzugsteuer, Steuer, die von Unternehmern, die im Inland eine Bauleistung in Auftrag geben, an das Finanzamt gezahlt werden muss. Bei den Baumaßnahmen handelt es sich um die Herstellung, Instandsetzung, Änderung oder Beseitigung von Bauwerken. Von der Rechnung des Bauunternehmers müssen 15 Prozent direkt an das Finanzamt abgeführt werden. Dies ist nicht erforderlich, wenn der leistende Bauunternehmer eine sog. Freistellungsbescheinigung vorlegt oder es sich um einen Auftrag unter 5.000 Euro handelt.

Bauaufsicht, Überwachung, dass die Vorschriften und Anordnungen zur Erstellung eines Bauvorhabens eingehalten werden. Die B. ist Aufgabe der zuständigen Baubehörde.

Baufinanzierung, Finanzierung eines Bauvorhabens oder eines Immobilienerwerbs. Zu unterscheiden sind folgende Finanzierungsformen:

- Eigenfinanzierung: eigenes Geld- oder Sachkapital (z.B. eigenes Grundstück) oder Eigenleistung (persönlich oder gemeinschaftlich erbrachte Bauleistungen)
- Fremdfinanzierung: Bankkredite, Bauspardarlehen, Arbeitgeberdarlehen und öffentlichen Baudarlehen.

Bei der B. handelt es sich i.d.R. um eine gemischte Finanzierung durch eigene und fremde Mittel.

Baugenehmigung, Genehmigung zur Errichtung, zum Umbau oder Abriss eines Gebäudes. Die B. wird von der zuständigen Baubehörde erteilt. Sie kann unter Auflagen und Bedingungen erteilt werden. Für die B. muss ein Antrag mit den erforderlichen Bauunterlagen wie z.B. Baupläne eingereicht werden.

Baukindergeld, *Kinderzulage.* Zulage, die ein Steuerpflichtiger, der eine → Eigenheimzulage erhält, für jedes im Haushalt lebende Kind zusätzlich erhält. Das B. beträgt 800 Euro pro Jahr für maximal acht Jahre und wird direkt von der Einkommensteuerschuld abgezogen.

Bausparen, steuerbegünstigtes Sparen bei einer Bausparkasse. Durch B. kann der Bausparer zu einem späteren Zeitpunkt ein zinsgünstiges Darlehen erhalten. Er kann auf diese Weise den Bau, Erwerb oder die Renovierung eines Eigenheims oder einer Eigentumswohnung finanzieren. Grundlage des B. ist ein Bausparvertrag. – Nach Abschluss des Vertrages leistet der Sparer regelmäßige Einzahlungen an die Bausparkasse. Die Sparbeiträge fließen in eine gemeinsame Zuteilungsmasse. Sie werden nach Erreichen eines Mindestguthabens (i.d.R. 40 Prozent der Bausparsumme) und einer Wartezeit nach einem bestimmten Verteilungsschlüssel zugeteilt. Die ausgezahlte Bausparsumme setzt sich aus dem angesammelten Sparguthaben einschließlich Zinsen und Prämien sowie einem Darlehen (i.d.R. 60 Prozent der Bausparsumme) zusammen.

Bausparkasse, Kreditinstitut, das das Sparen mit dem Ziel der Finanzierung eines Bauvorhabens oder eines Immobilienerwerbs fördert. Die Tätigkeit der B. unterliegt der Aufsicht der → Bundesanstalt für Finanzdienstleistungsaufsicht (BaFin).

BDA, Abk. für → Bundesvereinigung der Deutschen Arbeitgeberverbände e.V.

BDI, Abk. für → Bundesverband der Deutschen Industrie.

Beamter, Bediensteter des Bundes, des Landes, der Gemeinde oder einer anderen öffentlich-rechtlichen → Körperschaft. B. stehen in einem gesetzlich besonders geregelten Dienst- und Treueverhältnis gegenüber dem Staat. Das Beamtenverhältnis gilt grundsätzlich auf Lebenszeit (ausgenommen B. auf Zeit, B. auf Probe und B. auf Widerruf). B. haben einen Anspruch auf → Besoldung, im Ruhestand auf Versorgung.

Bedarf, wirtschaftlicher Begriff für eine am Markt tatsächlich auftretende → Nachfrage. – *Anders:* → Bedürfnis.

Bedarfsermittlung, → Materialbedarfsplanung.

bedingte Kapitalerhöhung, Form der → Kapitalerhöhung bei einer Aktiengesellschaft (AG). Das → Grundkapital wird nur in dem Umfang erhöht, in dem von einem Umtausch- oder Bezugsrecht auf → junge Aktien Gebrauch gemacht wird. Der Nennbetrag des bedingten Kapitals darf die Höhe des Grundkapitals nicht überschreiten. – Die b.K. ist zur Gewährung von Umtausch- oder Bezugsrechten an Gläubiger von → Wandelanleihen oder → Optionsanleihen, zur Vorbereitung eines Unternehmenszusammenschlusses oder bei Ausgabe von Belegschaftsaktien zulässig. Für eine b.K. ist eine Drei-Viertel-Mehrheit der Hauptversammlung erforderlich.

Bedürfnis, Wunsch, der aus dem Empfingen eines Mangels herrührt. Nur ein Teil der B. kann vom Menschen befriedigt und in → Bedarf umgewandelt werden. Aufgabe der Volkswirtschaft ist es, die Güter, die zur Bedürfnisbefriedigung oder zur Deckung des Bedarfs erforderlich sind, bereitzustellen. – Von Maslow (US-amerikanischer Psychologe, 1908–1970) wurde eine hierarchische Ordnung der B. in Form einer Pyramide entwickelt. – Vgl. Abbildung „Bedürfnishierarchie".

befristeter Arbeitsvertrag, → Arbeitsvertrag, der auf eine bestimmte Zeit abgeschlossen ist. Im Fall des b.A. ist für die Beendigung des Arbeitsverhältnisses eine → Kündigung nicht erforderlich. Nach dem Teilzeit- und Befristungsgesetz (TzBfG) ist eine Befristung des Arbeitsvertrages immer zulässig, wenn sie durch einen sachlichen Grund (z.B. Aushilfe,

Mutterschaftsvertretung und Erziehungsurlaub) gerechtfertigt ist. Außerdem ist auch ohne sachlichen Grund eine Befristung bis zur Dauer von zwei Jahren erlaubt. Innerhalb dieses Zeitraums kann der b.A. drei Mal verlängert werden. Weitere sofort oder später anschließende Befristungen sind gesetzlich nur möglich, wenn ein Sachgrund vorliegt. Andernfalls befindet sich der Arbeitnehmer in einem unbefristeten Arbeitsverhältnis.

Beggar-my-Neighbour-Politik, wirtschaftspolitische Strategie eines Landes, die eigene Konjunkturschwäche durch Exportüberschüsse auszugleichen. Da die Zunahme der Exporte eines Landes eine Zunahme der Importe für das Ausland darstellt, können sich für das Ausland negative Wirkungen, z.B. Arbeitslosigkeit, ergeben.

Beglaubigung, Bestätigung durch eine Behörde oder durch einen Notar. – 1. *Amtliche B.:* Bestätigung durch eine Behörde, dass eine Unterschrift echt ist oder eine Abschrift mit dem Original übereinstimmt. – 2. *Öffentliche B.:* Bestätigung einer schriftlichen Erklärung durch die Unterschrift eines Notars. Diese ist für die Gültigkeit verschiedener Rechtsgeschäfte vorgeschrieben, z.B. für die Anmeldung zum Vereinsregister.

Behinderten-Pauschbetrag, → Pauschbetrag, der behinderten Personen gewährt wird. Die Höhe des B.-P. liegt zwischen 310 Euro jährlich (bei einer Minderung der Erwerbsfähigkeit von 25 und 30 Prozent) und 1.420 Euro jährlich (bei einer Behinderung von 100 Prozent). Für Blinde und Behinderte, die auf ständige Hilfe angewiesen sind, erhöht sich der Pauschbetrag auf 3.700 Euro jährlich.

Behinderungs- und Diskriminierungsverbot, Begriff aus dem Wettbewerbsrecht. Das. B.-u.D. besagt, dass bestimmte Unternehmen, vor allem marktbeherrschende Unternehmen, Kartelle und der Preisbindung unterliegende Unternehmen andere Unternehmen im Geschäftsverkehr nicht behindern oder gegenüber gleichartigen Unternehmen benachteiligen dürfen.

Beitrag, → Abgabe, die von der öffentlich-rechtlichen Körperschaft zur Deckung des Aufwands für die Schaffung, Erweiterung oder Erneuerung öffentlicher Einrichtungen erhoben wird. B. für die Bereitstellung dieser Leistungen müssen unabhängig von ihrer Inanspruchnahme gezahlt werden. – Als B. wird häufig auch die Zahlung für eine Versicherung oder für die Sozialversicherung bezeichnet. – *Anders:* → Gebühr.

Beitragsbemessungsgrenze, Höchstgrenze, bis zu der das Arbeitsentgelt eines Arbeitnehmers der Sozialversicherungspflicht unterliegt. Die B. werden für jeden Versicherungszweig getrennt jährlich durch den Bundesminister für Gesundheit und Soziale Sicherung festgelegt. – *Weitere Informationen unter* www.bmgs.bund.de.

Bedürfnishierarchie

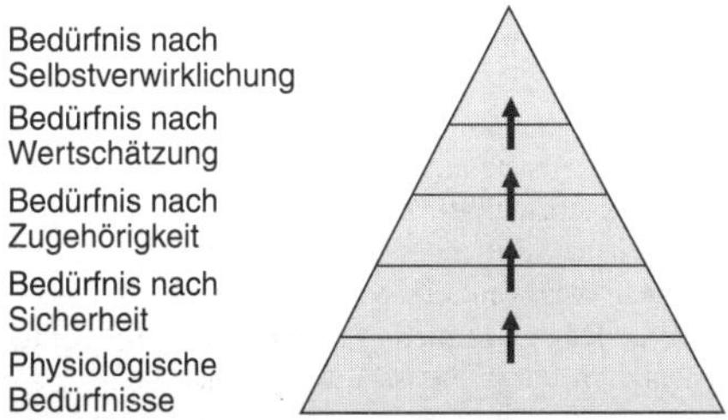

Beitragssatz, Anteil des sozialversicherungspflichtigen Arbeitsentgelts, der an die gesetzliche Renten-, Kranken-, Pflege- und Arbeitslosenversicherung zu zahlen ist. Der B. wird getrennt für die einzelnen Versicherungszweige festgelegt. In Deutschland werden die Beiträge jeweils zur Hälfte vom Arbeitgeber und vom Arbeitnehmer gezahlt.

Beitragszuschuss, Zuschuss zum Krankenversicherungsbeitrag. – 1. *B. an einen Rentner:* Zuschuss der Rentenversicherungsträger an einen Rentner, der freiwillig bei der gesetzlichen oder bei einer privaten Krankenversicherung versichert ist. – 2. *B. an einen Arbeitnehmer:* → Krankenkasse.

beizulegender Wert, Begriff aus dem Handelsrecht für den Wertansatz von Vermögensgegenständen. Bei Gegenständen des Anlagevermögens beruht der b.W. nach Möglichkeit auf den Markt- und Börsenpreisen. Untergrenze für den b.W. ist der Verkaufswert. Bei Gegenständen des Umlaufvermögens entspricht der b.W. den Wiederbeschaffungskosten (→ Wiederbeschaffungswert).

Bekanntmachung, Veröffentlichung amtlicher Nachrichten. Dies gilt vor allem, wenn diese Handelsregister, Insolvenz, Strafverfahren und unlauteren Wettbewerb betreffen.

Belastung. 1. *Buchführung:* Als B. wird die Buchung im Soll (linke Seite) eines Kontos bezeichnet. Das zu belastende Konto steht an erster Stelle des → Buchungssatzes. – *Gegensatz:* → Gutschrift. – 2. *Grundstücksrecht:* → Grundbuch.

Beleg, *Buchungsbeleg.* Schriftstück, das als Grundlage für eine → Buchung dient. Es gilt der Grundsatz: keine Buchung ohne B. Es gibt Fremdbelege wie z.B. Rechnungen, Quittungen, Bankabrechnungen, Schecks und Wechsel. Für innerbetriebliche Vorgänge wie z.B. Materialentnahmen werden Eigenbelege ausgestellt.

Belegschaftsaktie, → Aktie, die den Mitarbeitern einer Aktiengesellschaft (AG) angeboten werden. I.d.R. wird den Mitarbeitern ein Vorzugspreis eingeräumt. Durch die Ausgabe von B. kann die Vermögensbildung der Mitarbeiter gefördert werden. Außerdem können Arbeitnehmer am Unternehmen oder am Gewinn des Unternehmens beteiligt werden. I.d.R. kann von einem Arbeitnehmer nur eine begrenzte Anzahl an B. erworben werden. Dies wird häufig von der Dauer der Betriebszugehörigkeit abhängig gemacht. Ein Weiterverkauf der B. durch den Arbeitnehmer ist meist nach Ablauf einer Sperrfrist möglich.

Belegschaftsrabatt, unentgeltliche oder verbilligte Abgabe von Waren und Dienstleistungen an Mitarbeiter. B. werden nur für Leistungen, die im Unternehmen selbst hergestellt, vertrieben oder erbracht werden, eingeräumt. B. können Geldleistungen, aber auch Sachbezüge und/oder → geldwerte Vorteile zum Arbeitsentgelt sein. Für B. gilt ein Freibetrag von 1.080 Euro. Deputate (z.B. Haustrunk und Freitabakwaren) sind grundsätzlich steuerfrei.

Beleihung, → Pfandrecht.

Bemessungsgrundlage, *Steuerbemessungsgrundlage.* Größe, auf die der Steuertarif angewandt wird. Bei der Einkommen- und Körperschaftsteuer ist beispielsweise die B. das zu versteuernde Einkommen.

Benchmarking, Instrument der Wettbewerbsanalyse. B. ist der stetige Vergleich von Produkten, Dienstleistungen sowie Prozessen und Methoden eines Unternehmens mit denen anderer. Auf diese Weise soll die Leistungslücke zum sog. Klassenbesten aufgedeckt werden. Ein Klassenbester ist ein Unternehmen, das Prozesse, Methoden usw. hervorragend beherrscht. Grundidee des B. ist es, festzustellen, welche Unterschiede bestehen, warum diese Unterschiede bestehen und welche Verbesserungsmöglichkeiten es gibt.

Beraterhaftung, → Haftung von Versicherungs- und Finanzmaklern, Vermittlern von Versicherungen und Geldanlageberatern gegenüber Kunden. Im deutschen Recht ist eine B. nicht ausdrücklich geregelt. Grundsätzlich gelten jedoch die gesetzlichen Haftungsregelungen. Der „Berater" muss nach dem Gesetz vorgeschriebene Pflichten erfüllen, vor allem darf er nicht mit irreführenden Angaben werben. Im Regelfall muss der Geschädigte den Nachweis erbringen, dass er falsch beraten wurde.

Berichtigungsaktie, → Zusatzaktie.

Berichtswesen, Sammelbegriff für alle Berichte, die entscheidungs- und führungsrelevante Informationen enthalten. Die Berichte werden schriftlich verfasst oder heute häufig in elektronischer Form erstellt. Das B. ist eine zentrale Aufgabe des Controlling, zunehmend auch des externen Rechnungswesens.

Beruf, → Ausbildungsberuf.

berufliche Ausbildung, → Berufsausbildung.

berufliche Fortbildung, Maßnahmen zur Erhaltung und Erweiterung der beruflichen Kenntnisse und Fertigkeiten im bisherigen Berufsfeld. Durch die b.F. sollen die bestehenden Qualifikationen an den technischen Fortschritt angepasst oder ein beruflicher Aufstieg ermöglicht werden. Im Unterschied dazu steht bei der beruflichen Weiterbildung die Qualifizierung für einen neuen Beruf im Vordergrund. – Die Kosten übernimmt im Fall einer vom Arbeitgeber veranlassten b.F. oder Weiterbildung i.d.R. der Arbeitgeber. Kommt die Fort- oder Weiterbildung auf Initiative des Arbeitnehmers zustande, übernimmt die Kosten weitgehend der Arbeitnehmer selbst.

berufliche Weiterbildung, → berufliche Fortbildung.

Berufsausbildung, *berufliche Ausbildung, Berufsbildung.* Ausbildung in einem anerkannten → Ausbildungsberuf. Die B. umfasst eine breit angelegte berufliche Grundausbildung, die Vermittlung der für die Ausübung einer qualifizierten Tätigkeit erforderlichen Kenntnisse und Fertigkeiten sowie den Erwerb von Berufserfahrung. In Deutschland erfolgt die fachpraktische Ausbildung im Betrieb. Die fachtheoretisch-allgemeine Ausbildung findet in der Berufsschule statt (duale B.). – Vgl. auch → Bundesausbildungsförderungsgesetz (BAföG) und → Ausbildungsfreibetrag.

Berufsausbildungsbeihilfe, Zuschuss oder Darlehen von der Bundesagentur für Arbeit für die berufliche Ausbildung. Voraussetzung ist, dass dem Auszubildenden die erforderlichen Mittel für Lebensunterhalt, Fahrtkosten, sonstige Aufwendungen und Lehrgangskosten fehlen. – *Anders:* Ausbildungsbeihilfe nach dem → Bundesausbildungsförderungsgesetz (BAföG).

Berufsausbildungsvertrag, → Vertrag, der zwischen einem Auszubildenden und einen Ausbildenden (Arbeitgeber) abgeschlossen wird. Ein B. muss schriftlich vereinbart werden. In ihm werden Art, sachliche und zeitliche Gliederung sowie Ziel der Berufsausbildung vereinbart. Außerdem werden Beginn und Dauer der Ausbildung, Probezeit, Vergütung, Arbeitszeit und Urlaub sowie Kündigungsfrist festgelegt. Der B. ist Grundlage eines Berufsausbildungsverhältnisses.

Berufsbildung, → Berufsausbildung.

Berufsfreiheit, Recht nach dem Grundgesetz (GG), Beruf, Arbeitsplatz und Ausbildungsstätte frei zu wählen. Die Berufsausübung kann durch Gesetz oder aufgrund eines Gesetzes geregelt sein.

Berufsgenossenschaft, Träger der gesetzlichen → Unfallversicherung. Die B. ist ein Verband in der Form einer öffentlich-rechtlichen → Körperschaft. Unternehmen müssen Mitglied der für sie zuständigen B. sein. Die Finanzierung erfolgt über Mitgliedsbeiträge.

Berufsgrundbildungsjahr, vollschulische Ausbildung für Schulabgänger, die keine Lehrstelle gefunden haben. – Das B. wird voll auf die Berufsausbildung anerkannt, wenn mindestens 24 Wochenstunden fachbezogener Unterricht erteilt wurden.

Berufsschulzeiten, Unterrichtszeiten an der Berufsschule. Der Arbeitgeber ist nach dem Jugendarbeitsschutzgesetz (JArbSchG) und nach dem Berufsbildungsgesetz (BBiG) verpflichtet, den Auszubildenden für diese Zeiten freizustellen.

Berufsunfähigkeit, liegt im Sinne der gesetzlichen Rentenversicherung vor, wenn die Erwerbsfähigkeit des Versicherten infolge von Krankheit oder Behinderung im Vergleich zu einem gesunden Versicherten mit ähnlicher Ausbildung und gleichwertigen Kenntnissen auf weniger als sechs Stunden gesunken ist. – Die Rente für Erwerbsminderung ist im Gesetz zur Reform der Rente wegen verminderter Erwerbsfähigkeit im Dritten Sozialgesetzbuch (SGB) geregelt. – Vgl. auch → Erwerbsminderung.

Berufsunfähigkeitsrente, → Rente wegen Erwerbsminderung.

Berufsunfähigkeitsversicherung, → Lebensversicherung oder eine zusätzlich zur Lebensversicherung abgeschlossene Versicherung (sog. Berufsunfähigkeits-Zusatzversicherung).

Berufsvorbereitungsjahr, einjähriges, vollzeitschulisches Bildungsjahr an einer berufsbildenden Schule. Mit dem Abschluss des B. ist weder eine Qualifikation noch eine Zugangsberechtigung zu anderen Bildungseinrichtungen verbunden. Im Rahmen des B. werden grundlegende fachliche Kenntnisse und Fertigkeiten aus einem oder mehreren Berufsfeldern vermittelt.

Berufung, → Rechtsmittel, das gegen Urteile der ersten Instanz eingelegt werden kann. Aufgrund einer B. prüft das Berufungsgericht das Urteil in rechtlicher und tatsächlicher Hinsicht. Das Berufungsgericht kann das Urteil aufheben, um neu zu entscheiden oder die Entscheidung an das Gericht der ersten Instanz zurückzuverweisen. – *Anders:* → Revision.

Beschaffung, Versorgung des Unternehmens mit Material, Dienstleistungen, Betriebs- und Arbeitsmitteln. Ziel der B. ist es, eine anforderungsgerechte Versorgung sicherzustellen. D.h., die richtige Menge in der richtigen Qualität zum richtigen Zeitpunkt am richtigen Ort zu geringsten Kosten bereitzustellen. Zu den operativen Aufgaben der B. zählen z.B. Materialbedarfs- und Bestellmengenplanung, Lieferantenauswahl, Bestellung und Bestellkontrolle sowie Beschaffungslogistik. Strategische Aufgaben sind die Lieferantenanalyse und Lieferantenbewertung, Abschlüsse von Rahmenvereinbarungen und → Beschaffungsmarketing. – Vgl. auch → Electronic Procurement.

Beschaffungskosten, → Kosten, die zur Beschaffung der notwendigen Güter und Dienstleistungen aufgewendet werden. Die B. setzen sich aus dem Rechnungspreis der Güter (sog. Beschaffungspreis) und den Nebenkosten wie z.B. Frachtkosten, Versicherung und Zoll zusammen. B. in diesem Sinn sind ein Synonym für → Anschaffungskosten.

Beschaffungsmarketing, Einsatz marketingpolitischer Instrumente auf der Beschaffungsseite eines Unternehmens. B. umfasst vor allem die Beschaffungsmarktforschung und -analyse, Aufteilung des Beschaffungsmarktes in Teilmärkte,

Lieferanten-, Leistungs- und Qualitätspolitik.

Beschaffungsmarkt, Markt, von dem ein Unternehmen seine Vorprodukte wie z.B. Roh- und Betriebsstoffe bezieht. B. sind der Produktion vorgelagerte Märkte. – *Gegensatz:* → Absatzmarkt.

Beschaffungspreis, → Beschaffungskosten.

Beschäftigte, Begriff aus der amtlichen Statistik für Personen, die in Betrieben, Unternehmen oder Arbeitsstätten tätig sind. Sie stehen in einem Arbeitsverhältnis oder einem Eigentümer-, Miteigentümer- oder Pachtverhältnis. – *Anders:* → Erwerbstätige.

Beschäftigung. 1. *Betriebswirtschaft:* Ausnutzung der vorhandenen Produktionskapazitäten. Die B. kann in Leistungsmengen (Produkte) oder in Größen wie Maschinenstunden oder Arbeitsstunden gemessen werden. – 2. *Volkswirtschaft:* der tatsächliche Einsatz des Produktionsfaktors Arbeit in einer bestimmten Periode. Statistisch messbar ist die B. durch die jährlich in der Gesamtwirtschaft geleisteten Arbeitsstunden, die Anzahl der Beschäftigten oder die durchschnittliche Jahresarbeitszeit pro Beschäftigten.

Beschäftigungsgesellschaft, Gesellschaft, bei der Arbeitnehmer, die entlassen wurden, für einen befristeten Zeitraum tätig sind. Der Zeitraum ist auf maximal zwei Jahre begrenzt. B. können von Unternehmen gegründet werden, die wegen geplanter Entlassungen einen → Sozialplan aufstellen müssen. Außerdem gibt es zahlreiche regionale und überregionale Anbieter. Die Finanzierung der B. erfolgt durch das → Kurzarbeitergeld sowie aus Mitteln des Sozialplans.

Beschäftigungsgrad. 1. *Betriebswirtschaft:* Verhältnis von → Beschäftigung zu der maximal möglichen → Kapazität. – 2. *Volkswirtschaft:* Auslastungsgrad des im Inland zur Verfügung stehenden Arbeitskräfteangebots. B. ist das Verhältnis der Erwerbstätigen zum Arbeitskräfteangebot im Inland.

Beschäftigungspolitik, staatliche Maßnahmen zur Aufrechterhaltung oder Wiederherstellung eines hohen Beschäftigungsstandes. Die B. versucht, die Höhe und die Struktur der gesamtwirtschaftlichen Beschäftigung zu beeinflussen und zielt auf die Förderung des Wirtschaftswachstums und damit auf die Erhöhung der Nachfrage nach Erwerbspersonen. Zu den möglichen Maßnahmen der B. zählen Steuer- und Zinssenkungen, höhere Staatsausgaben sowie die Verbesserung der Produktions- und Investitionsbedingungen. – Vgl. auch → Arbeitsmarktpolitik.

Beschluss, gerichtliche Entscheidung, die i.d.R. ohne mündliche Verhandlung ergeht.

beschränkte Geschäftsfähigkeit, → Geschäftsfähigkeit.

beschränkte Steuerpflicht, gilt im Fall der Einkommen- und Körperschaftsteuer sowie der Erbschaftsteuer. Eine b.S. besteht für natürliche Personen, die weder ihren Wohnsitz noch ihren gewöhnlichen Aufenthaltsort im Inland haben. Sie gilt außerdem für Körperschaften, Personenvereinigungen und Vermögensmassen, die weder Sitz noch Geschäftsleitung im Inland haben. – *Gegensatz:* → unbeschränkte Steuerpflicht.

Beschwerde, → Rechtsmittel gegen Entscheidungen oder Maßnahmen eines Gerichts, die nicht Urteile oder Gerichtsbescheide sind. Die B. ist innerhalb von zwei Wochen nach Bekanntgabe der Entscheidung beim Verwaltungsgericht einzulegen. – Vgl. auch → Rechtsbeschwerde.

Beschwerdemanagement, Planung, Durchführung und Kontrolle aller Maßnahmen, die ein Unternehmen im Zusammenhang mit Kundenbeschwerden ergreift. Ziel ist es, die Abwanderung von unzufriedenen Kunden zu vermeiden sowie Beschwerden als Hinweise auf betriebliche Schwächen und somit als Marktchancen zu nutzen.

Besitz, tatsächliche Herrschaft einer Person über eine Sache. Anders als beim → Eigentum muss die Sache dem Besitzer nicht rechtlich gehören. Beispielsweise ist der Dieb Besitzer, aber nicht Eigentümer.

Besitzsteuern, Steuern, die an Ertrag oder Einkommen und Vermögen anknüpfen. Dazu zählen vor allem Einkommen-, Körperschaft, Kirchen-, Erbschaft-, Gewerbe- und Grundsteuer.

Besoldung, Vergütung eines Beamten für seine Tätigkeit. Die B. umfasst Grundgehalt, Familien- und Ortzuschläge, Zulagen, Vergütungen und Auslandsdienstbezüge. Die Höhe der B. richtet sich nach den jeweiligen Besoldungsordnungen.

Bestandskonto, *Bilanzkonto,* → Konto, das Anfangsbestand, Zu- und Abgänge sowie den Endbestand erfasst. B. werden für alle Bilanzpositionen geführt. Beispielsweise gehören Kassen-, Bank-, Besitzwechsel-, Schuldwechsel-, Debitoren-, Kreditoren- und Lagerkonten zu den B. – Je nachdem auf welcher Seite das Konto steht, handelt es sich um folgende Kontenarten:

- Aktivkonto: Dieses steht auf der linken Seite (Aktivseite) der Bilanz. Aktivkonten erfassen die Veränderungen der einzelnen Vermögenspositionen. Bei den Aktivkonten stehen Anfangsbestand und Zugänge auf der linken Seite (Soll), Abgänge und Endbestand auf der rechten Seite (Haben).
- Passivkonto: Dieses steht auf der rechten Seite (Passivseite) der Bilanz. Passivkonten erfassen die Veränderungen der einzelnen Schuldenpositionen. Bei Passivkonten stehen Anfangsbestand und Zugänge auf der rechten Seite (Haben), Minderungen und Endbestand auf der linken Seite (Soll).

Gegensatz: → Erfolgskonto.

Bestandsveränderung, Änderung der Bestände des Vorratsvermögens. Es handelt sich vor allem um Änderungen der Lagerbestände an fertigen und unfertigen Erzeugnissen.

Bestätigungsvermerk, *Prüfungsvermerk, Testat.* Abschließende Gesamtbeurteilung des → Jahresabschlusses durch einen Wirtschaftsprüfer auf der Grundlage einer ordnungsgemäß durchgeführten Prüfung. Mit dem B. wird bestätigt, dass der Jahresabschluss und die Buchführung den gesetzlichen Regelungen entsprechen und der → Lagebericht keinen falschen Eindruck über die Unternehmenslage vermittelt.

Bestellmengenplanung, Ermittlung der Bestellmenge und des Bestellzeitpunktes des geplanten Materialbedarfs. Dazu wird die Bestellmenge, bei der die Summe aus Bestell- und Lagerhaltungskosten am geringsten ist (sog. optimale Bestellmenge), ermittelt. Außerdem werden die Termine für die einzelnen Bestellungen festgelegt. – Als Verfahren können eingesetzt werden:

- Bestellpunktverfahren (Meldebestandsverfahren): Die Bestellung erfolgt bei Erreichung einer bestimmten Bestandsgröße (Mindestbestand, Meldebestand, → Sicherheitsbestand).
- Bestellrhythmusverfahren: Die Bestellung erfolgt regelmäßig nach Ablauf festgelegter Fristen.

Bestellung, Willenserklärung eines Kunden an seinen Lieferanten, ihm zu bestimmten Bedingungen Güter zu liefern. Bestellt der Kunde auf ein Angebot rechtzeitig, so ist ein → Kaufvertrag zustande gekommen. Eine Bestätigung durch den Lieferanten ist in diesem Fall nicht erforderlich. Wurde die B. ohne ein vorheriges Angebot abgegeben, so handelt es sich um eine Anfrage des Kunden, die einer Bestätigung bedarf. – Die B. wird meistens von der Einkaufsabteilung eines Unternehmens getätigt und überwacht.

Besteuerungsgrundsätze, Grundsätze, die bei der Ausgestaltung von Steuersystemen zu beachten sind. Dazu zählen Grundsätze, die auf eine ausreichende Deckung des Bedarfs an finanziellen Mitteln und auf die Neutralität der Besteuerung ausgerichtet sind. Außerdem gehören ethisch-soziale Grundsätze wie Grundsätze der Allgemeinheit, Gleichmäßigkeit und Leistungsfähigkeit dazu. Beispiele für B. sind das → Äquivalenzprinzip und das → Leistungsfähigkeitsprinzip. B. im internationalen Lieferungs- und Leistungsverkehr sind das → Bestimmungslandprinzip und das → Ursprungslandprinzip.

Bestimmungslandprinzip, → Besteuerungsgrundsatz im internationalen Lieferungs- und Leistungsverkehr. Nach dem B. werden Erzeugnisse dort belastet, wo sie verbraucht werden. Das B. ist in den EU-Mitgliedstaaten weitestgehend die Grundlage bei der Umsatzsteuer. – *Gegensatz:* → Ursprungslandprinzip.

Best Practice, herausragende, exzellente Unternehmenspraktiken, die im eigenen Unternehmen umgesetzt werden sollen. Ziel ist es, nachhaltige Verbesserungen oder Wettbewerbsvorteile zu erlangen. B.P. können im Rahmen des → Benchmarking aufgedeckt werden.

Beteiligung, → Erfolgsbeteiligung, → Kapitalbeteiligung.

Beteiligungsfinanzierung, *Einlagenfinanzierung,* Form der → Finanzierung, bei der einem Unternehmen „von außen" Eigenkapital zugeführt wird. Die Kapitalbeschaffung erfolgt bei Personengesellschaften durch die Aufnahme neuer Gesellschafter, bei Kapitalgesellschaften durch eine Erhöhung des Grundkapitals oder des Stammkapitals (→ Kapitalerhöhung).

Betrieb, örtliche, technische und organisatorische Einheit, in der Güter und/oder Dienstleistungen erstellt werden. Nach der Art der wirtschaftlichen Leistung wird zwischen Produktions-, Dienstleistungs- und Verwaltungsbetrieben unterschieden, nach der Größe zwischen Groß-, Mittel- und Kleinbetriebe oder nach der Branchenzugehörigkeit zwischen Handwerks-, Industrie-, Handels-, Verkehrsbetriebe, Banken und Versicherungen. Außerdem kann nach der Rechtsform zwischen Einzelunternehmen, Personen- und Kapitalgesellschaften oder nach dem Anteilseigner zwischen erwerbswirtschaftliche, öffentliche und gemischtwirtschaftliche B. unterschieden werden. – *Anders:* → Unternehmen.

betriebliche Altersversorgung, Leistungen eines Unternehmens für die Alters-, Erwerbsunfähigkeits- und Hinterbliebenenversorgung eines Arbeitnehmers. Diese werden aufgrund eines Arbeitsverhältnisses an einen Arbeitnehmer und gegebenenfalls auch an dessen Familienangehörige gewährt. Der Anspruch auf b.A. kann aufgrund eines Tarifvertrages, einer Betriebsvereinbarung oder eines Einzelarbeitsvertrages bestehen. – Wichtige Formen der b.A. sind:

- Pensionszusage (Direktzusage, Versorgungszusage)
- Direktversicherung
- Pensionskasse und Unterstützungskasse
- Pensionsfonds.

Die b.A. ist eine der drei Säulen der → Altersversorgung.

betriebliche Ausbildung, → Berufsausbildung.

betriebliche Mitbestimmung, → Mitbestimmung.

Betriebsabrechnung, Begriff aus der Kostenrechnung. B. ist die i.d.R. monatlich durchgeführte Verrechnung aller angefallenen Kosten auf die → Hauptkostenstellen. – Ausgangspunkt der B. sind die in der → Kostenartenrechnung gesammelten Kostenträgergemeinkosten (→ Gemeinkosten). Diese werden im ersten Schritt den → Hilfskostenstellen und Hauptkostenstellen, die sie verursacht haben, zugeordnet. Anschließend erfolgt im Rahmen der → innerbetrieblichen Leistungsverrechnung eine mehrstufige Kostenverrechnung zwischen den Hilfs- und Hauptkostenstellen. Nach diesen Verrechnungsvorgängen sind sämtliche Kostenträgergemeinkosten den Hauptkostenstellen belastet. Meist werden sie dann mit Hilfe von Zuschlagssätzen auf die → Kostenträger übertragen. – Früher wurde die B. mittels des tabellarischen Betriebsabrechnungsbogens (BAB) manuell durchgeführt. Heute erfolgt sie i.d.R. EDV-gestützt.

Betriebsänderung, grundlegende Änderung der betrieblichen Organisation, der Struktur, des Tätigkeitsbereichs, der Fertigung oder des Standortes. Nach dem Betriebsverfassungsgesetz (BetrVG) unterliegt in Unternehmen mit mehr als 20 wahlberechtigten Arbeitnehmern eine B. dem Mitbestimmungsrecht des Betriebsrats. Dies gilt, wenn die Änderungsmaßnahmen wesentliche Nachteile für die Belegschaft bedeuten. Als B. in diesem Sinn gelten vor allem Einschränkungen, Stilllegungen und Verlegungen des ganzen Betriebs oder wesentlicher Betriebsteile und Zusammenschlüsse mit anderen Betrieben.

Betriebsaufgabe, endgültige Einstellung eines gewerblichen Betriebs, eines land- und forstwirtschaftlichen Betriebs oder einer selbstständigen Tätigkeit. Die wesentlichen Betriebsgrundlagen (z.B. Maschinen, Kraftfahrzeuge, Büro- und Geschäftsausstattung) sind in kurzer Zeit zu verkaufen oder in das Privatvermögen zu überführen. – Einkommensteuerrechtlich gilt die B. als → Betriebsveräußerung.

Betriebsaufspaltung, *Betriebsspaltung, Betriebsteilung,* Trennung eines Gewerbebetriebs in zwei rechtlich getrennte Unternehmen. Der bisher einheitliche Betrieb kann in eine Besitz- und in eine Betriebsgesellschaft geteilt werden. Bei der Besitzgesellschaft handelt es sich um eine Personengesellschaft, bei der Betriebsgesellschaft i.d.R. um eine Kapitalgesellschaft. Möglich ist aber auch eine Teilung in eine Produktions- und eine Vertriebsgesellschaft. Eine B. wird vor allem vorgenommen, um die Haftung auf die Betriebsgesellschaft zu beschränken oder um die Gewerbesteuerbelastung zu mindern.

Betriebsaufwand, → betriebsbedingter Aufwand/Ertrag.

Betriebsausgaben, Begriff aus dem Einkommensteuerrecht. B. sind Aufwendungen (→ Aufwand), die durch den Betrieb veranlasst sind. Sie können sofort abgesetzt werden. Bestimmte B. sind jedoch nicht abzugsfähig. Dazu zählen beispielsweise Aufwendungen für Geschenke an Personen, die nicht Arbeitnehmer des Steuerpflichtigen sind. Die nicht abzugsfähigen B. werden im Einkommensteuergesetz (EStG) im Einzelnen aufgeführt. – *Gegensatz:* → Betriebseinnahmen.

betriebsbedingte Kündigung, → Kündigung.

betriebsbedingter Aufwand/Ertrag, *Betriebsaufwand/-ertrag,* → Aufwand oder → Ertrag, der durch die betriebliche Leistungserstellung entsteht oder resultiert. – Vgl. auch → Zweckaufwand.

Betriebsbuchhaltung, traditionelle, heute nicht mehr gebräuchliche Bezeichnung für ein Teilgebiet des → Rechnungswesens. Die B. umfasst die Kosten- und Leistungsrechnung sowie als Nebenrechnungen die Material-, Lohn- und Anlagenbuchhaltung. – Vgl. auch → Finanzbuchhaltung.

Betriebseinnahmen, Begriff aus dem Einkommensteuerrecht. B. sind Geldeinnahmen und Sachwerte, die durch einen Gewerbebetrieb oder einen land- und forstwirtschaftlichen Betrieb veranlasst sind. Außerdem können dem Steuerpflichtigen B. aufgrund selbstständiger Tätigkeiten zufließen. B. ergeben sich auch aus der Veräußerung von Gütern des Betriebsvermögens. – *Gegensatz:* → Betriebsausgaben.

Betriebserfolg, → Betriebsergebnis.

Betriebsergebnis, *Betriebserfolg.* Begriff aus dem Rechnungswesen für das Ergebnis des betrieblichen Leistungsprozesses. Ein positives Ergebnis wird als Betriebsgewinn, ein negatives Ergebnis als Betriebsverlust bezeichnet. Das B. wird durch die Gegenüberstellung von Kosten und Erlösen ermittelt. B. und das → Unternehmensergebnis, das in der Gewinn- und Verlustrechnung (GuV) ausgewiesen wird, stimmen häufig nicht überein. Der Unterschied entsteht, weil beim B. die neutralen Aufwendungen und Erträge (→ neutraler Aufwand/ Ertrag) nicht berücksichtigt werden.

Betriebsertrag, → betriebsbedingter Aufwand/Ertrag.

betriebsfremder Aufwand/Ertrag, → neutraler Aufwand/Ertrag.

Betriebsgeheimnis, → Betriebs- und Geschäftsgeheimnis.

Betriebsgewinn/-verlust, → Betriebsergebnis.

betriebsgewöhnliche Nutzungsdauer, vom Gesetzgeber festgelegter Zeitraum, in dem ein Wirtschaftsgut in einem Unternehmen genutzt und abgeschrieben werden kann. Vgl. auch → Nutzungsdauer und → Abschreibung.

Betriebsgröße, Ausmaß der Kapazität oder Leistungsfähigkeit eines Unternehmens. Die B. kann an Größen wie Höhe des Umsatzes, Anzahl der Beschäftigten, Lohn- und Gehaltssumme, Bilanzsumme oder Ausbringungsmenge festgemacht werden. – Eine Einteilung von Unternehmen aus betriebswirtschaftlicher Sicht gilt als nur schwer möglich. Auch die Bestimmung einer optimalen B. ist nicht durchführbar.

Betriebsgrößenklasse, Untergliederung von Unternehmen nach Größen wie Zahl der Beschäftigten, Höhe des Umsatzes, Bilanzsumme oder steuerlicher Gewinn. – 1. *Steuerrecht:* Nach einem Schreiben des Bundesfinanzministeriums von 2003 wird zwischen Groß-, Mittel- sowie Klein- und Kleinstbetrieben unterschieden. Die Einteilung ergibt sich anhand des Umsatzerlöses oder des steuerlichen Gewinns. Nach der B. ergibt sich, ob ein Unternehmen regelmäßig oder nur stichprobenartig geprüft wird (→ Außenprüfung). – 2. *Handelsrecht:* Im Handelsgesetzbuch (HGB) wird in kleine, mittelgroße und große Kapitalgesellschaften unterschieden. Die Einteilung ergibt sich anhand der Beschäftigtenzahl, der Umsatzhöhe und der Bilanzsumme. Die rechtlichen Regelungen zum → Jahresabschluss sind je nach Größe der Kapitalgesellschaften unterschiedlich.

Betriebskapital, → Umlaufvermögen.

Betriebsklima, das subjektive Erleben eines Unternehmens und seiner Arbeitsbedingungen durch seine Mitarbeiter. Ein positives B. fördert das Leistungsvermögen des Mitarbeiters (→ Motivation). Als Ausdruck eines schlechten B. gilt → Mobbing.

Betriebskrankenkasse (BKK), Träger der Krankenversicherung (→ Krankenkasse). Die BKK ist eine öffentlich-rechtliche → Körperschaft. Die BKK waren ursprünglich ausschließlich für einzelne Betriebe zuständig. Seit der Einführung des Krankenkassenwahlrechts haben sich jedoch viele BKK für alle Versicherungspflichtigen und Versicherungsberechtigten geöffnet. Derzeit gibt es ca. 230 BKK, wovon sich ca. 160 für alle geöffnet haben.

Betriebsmittel, betriebswirtschaftlicher → Produktionsfaktor, der zur Leistungserstellung notwendig ist. B. sind z.B. Maschinen, Gebäude, Werkzeuge und sonstige technische Anlagen.

Betriebsnachfolge, Wechsel eines Betriebsinhabers z.B. durch Kauf eines Betriebs oder Erbschaft. Arbeitsverhältnisse werden im Fall der B. nicht beendet, sondern bestehen mit den entsprechenden Rechten und Pflichten für den neuen Betriebsinhaber weiter.

betriebsnotwendiges Kapital, das im Unternehmen eingesetzte Eigen- und Fremdkapital, das zur Leistungserstellung notwendig ist. Es wird ermittelt, indem von der Summe des für den Leistungsprozess erforderlichen Anlage- und Umlaufvermögens (sog. betriebsnotwendiges Vermögen) die zinslos zur Verfügung gestellten Kapitalbeträge abgezogen werden.

Betriebsprüfung, → Außenprüfung.

Betriebsrat, Vertretungsorgan der Belegschaft eines Unternehmens. Nach dem Betriebsverfassungsgesetz (BetrVG) muss in einem Unternehmen mit mehr als fünf Arbeitnehmern ein B. gewählt werden. Die Amtszeit des B. beträgt vier Jahre. Wahlberechtigt sind alle Arbeitnehmer über 18 Jahre, ausgenommen leitende Angestellte. Wählbar sind alle Wahlberechtigten, die mindestens sechs Monate dem Unternehmen angehören. Der B. wird in geheimer und unmittelbarer Wahl von den Arbeitnehmern aufgrund von Wahlvorschlägen gewählt. – Der B. nimmt die Mitbestimmungsrechte in sozialen und individuellen personellen Angelegenheiten wahr (→ Mitbestimmung). Dabei handelt es sich vor allem um Vereinbarungen zur Arbeitszeit, Urlaubsplanung, Einstellung und Versetzung sowie Betriebsordnung. Das Recht auf Beratung und Mitsprache (Mitwirkung) besteht für wirtschaftliche und allgemein personelle Angelegenheiten (z.B. Personalplanung, Kündigungen, Arbeitsplatzgestaltung, Betriebsorganisation und Arbeitsschutz). Der B. vereinbart zudem mit dem Arbeitgeber eine Betriebsvereinbarung. – Nach dem Betriebsverfassungsgesetz haben Arbeitgeber und B. zum Wohle der Arbeitnehmer und des Betriebes vertrauensvoll zusammenzuarbeiten. – Ein B. kann durch die Entscheidung eines Arbeitsgerichts aufgelöst werden, wenn er seine gesetzlichen Pflichten grob verletzt. Dazu ist vom Arbeitgeber, von einer im Betrieb vertretenen Gewerkschaft oder von einem Viertel der wahlberechtigten Arbeitnehmer ein entsprechender Antrag beim Arbeitsgericht zu stellen. Eine Abberufung des B. ist gesetzlich nicht zulässig. – Vgl. auch → Personalrat, → europäischer Betriebsrat.

Betriebsrente, → Direktzusage.

Betriebsschutz, → Arbeitsschutz.

Betriebsspaltung, → Betriebsaufspaltung.

Betriebsstätte, Begriff aus der Abgabenordnung (AO) für jede feste Geschäftseinrichtung oder Anlage, die der Tätigkeit eines Unternehmens dient. Dazu zählen z.B. Zweigniederlassungen, Fabrikinstallationen, Warenlager, Bergwerke, Bauausführungen und Montagen. – B. unterliegen der Gewerbesteuer.

Betriebsstoff, Begriff aus der Kostenrechnung. B. ist das Material, das zur Durchführung des Produktionsprozesses benötigt wird. B. gehen nicht direkt in das Produkt ein. B. sind z.B. Schmiermittel, Reparatur- und Büromaterial. Die B. werden als → Gemeinkosten erfasst und bei den → Kostenstellen ausgewiesen, in denen sie verbraucht wurden.

Betriebsteilung, → Betriebsaufspaltung.

Betriebsteuer, Besteuerungsform, bei der die Unternehmung als solche einer Gewinnbesteuerung unterliegt.

Betriebs- und Geschäftsgeheimnis, betriebliche Daten oder Informationen, die der Betriebsinhaber erkennbar geheim hält. Diese Daten oder Informationen kennt nur ein begrenzter Personenkreis.

Sie sind Dritten nicht zugänglich. Ein Betriebs- oder Dienstgeheimnis ist vor allem technisches Wissen wie z.B. Konstruktionspläne, Rezepturen und Verfahren. Als G. werden geschäftliche Unterlagen wie z.B. Kunden- und Preislisten, Umsatzzahlen, Kalkulationen, Vertragsunterlagen und Personaldaten bezeichnet. – B.-u.G. dürfen von Arbeitnehmern nicht weitergegeben werden (→ Schweigepflicht). Die Pflicht zur Verschwiegenheit gilt auch nach Beendigung des Arbeitsverhältnisses.

Betriebsveräußerung, Begriff aus dem Einkommensteuerrecht. B. ist der Eigentümerwechsel an einem Betrieb oder Teilbetrieb. Eine B. liegt vor, wenn wesentliche Betriebsgrundlagen des Betriebes oder des Teilbetriebes in einem Vorgang auf den Käufer übertragen werden. Außerdem muss der gesamte Betrieb zum Zeitpunkt der Übertragung noch bestehen und vom Erwerber fortgeführt werden können. – Der Veräußerungsgewinn ist zu versteuern. Es gilt ein Freibetrag von 45.000 Euro für Steuerpflichtige, die das 55. Lebensjahr vollendet haben oder dauernd berufsunfähig sind. Über den Freibetrag hinausgehende Gewinne werden mit einem ermäßigten belastet. Der Freibetrag und der ermäßigte Steuersatz können nur ein Mal in Anspruch genommen werden.

Betriebsvereinbarung, ein von Arbeitgeber und Betriebsrat geschlossener Vertrag. B. können Regelungen organisatorischer Angelegenheiten (z.B. Sprechstunden), Verpflichtungen zwischen Betriebsrat und Arbeitgeber sowie Regelungen der direkten Arbeitsverhältnisse (z.B. Schichtpläne, Urlaubspläne, Gleitzeitordnung) enthalten. B. können jedoch nicht Arbeitsentgelte und durch Tarifvertrag geregelte Arbeitsbedingungen regeln.

Betriebsverfassung, arbeitsrechtliche Ordnung der Zusammenarbeit von Arbeitgeber und Arbeitnehmern in einem Betrieb. Die B. regelt die Rechtsstellung der Organe wie Betriebsrat, Gesamtbetriebsrat, Konzernbetriebsrat sowie Jugend- und Auszubildendenvertretung. Die B. regelt außerdem die Zusammenarbeit sowie die Rechte und Pflichten der Organe. Gesetzliche Grundlage der B. ist das Betriebsverfassungsgesetz (BetrVG).

Betriebsvergleich, Vergleich betrieblicher Größen oder Kennzahlen. Im Rahmen eines B. können unterschiedliche örtliche Bereiche oder einzelne Funktionsbereiche verglichen werden. B. können als innerbetrieblicher Vergleich in Form eines Zeitvergleichs oder Soll-Ist-Vergleichs, aber auch als zwischenbetrieblicher Vergleich durchgeführt werden. Zwischenbetriebliche Vergleiche beziehen sich auf finanzwirtschaftlichen Daten (z.B. Bilanz-, Liquiditäts- und Finanzstrukturvergleich), Aufwands- und Ertragsgrößen (z.B. Umsatz und Deckungsbeitrag), sonstigen Daten (z.B. Produktivität, Rentabilität und Wachstum) sowie Kennzahlen.

Betriebsvermögen, Begriff aus dem Steuerrecht. B. sind alle Wirtschaftsgüter, die einem Unternehmen zugerechnet werden. Dies können z.B. Grundstücke, Maschinen, Vorräte, aber auch Rechte, Konzessionen und Firmenwert sein. Zu unterscheiden sind:

- notwendiges B.: Wirtschaftsgüter, die zu mehr als 50 Prozent für eigene betriebliche Zwecke genutzt werden.
- gewillkürtes B.: Wirtschaftsgüter, die in einem gewissen objektiven Zusammenhang mit dem Betrieb stehen. Sie müssen geeignet sein, den Betrieb zu fördern. Beträgt der Anteil der betrieblichen Nutzung zehn bis 50 Prozent, so können diese bei der Gewinnermittlung angesetzt werden. Besonderheiten gelten bei Grundstücken.

Gegensatz: → Privatvermögen.

Betriebsvermögensvergleich, Verfahren zur Ermittlung des steuerrechtlichen Gewinns. Der Gewinn ist die Differenz zwischen dem Betriebsvermögen am Schluss des Wirtschaftsjahres und dem Betriebsvermögen am Schluss des vorangegangenen Wirtschaftsjahres, vermehrt um den Wert der Entnahmen und vermindert um den Wert der Einlagen.

Betriebsversammlung, Versammlung der Belegschaft eines Unternehmens. – 1. *Ordentliche B.:* Diese wird vierteljährlich durch den Betriebsrat einberufen. Bei dieser Versammlung legt der Betriebsrat Rechenschaft über seine Tätigkeit ab und informiert über Betriebsangelegenheiten. Außerdem hat der Arbeitgeber mindestens einmal im Jahr in der B. über die wirtschaftliche Lage des Betriebs zu berichten. Die B. wird vom Betriebsratsvorsitzenden geleitet. – Der Arbeitgeber ist zur B. einzuladen. Er ist dort redeberechtigt. Es dürfen auch Beauftragte der im Betrieb vertretenen Gewerkschaften teilnehmen. Auch der Arbeitgeber darf einen Beauftragten des Arbeitgeberverbandes hinzuziehen. – B. finden i.d.R. während der Arbeitszeit statt. – 2. *Außerordentliche B.:* Die außerordentliche Einberufung einer B. liegt im Ermessen de Betriebsrates. Der Betriebsrat ist dazu verpflichtet, wenn der Arbeitgeber oder ein Viertel der Arbeitnehmer dies wünschen. Diese findet außerhalb der Arbeitszeit statt.

Betriebswirtschaftslehre (BWL), Teilgebiet der Wirtschaftswissenschaften. Die BWL befasst mit den mit den einzelnen Unternehmen und seinen Funktionsbereichen. Funktionsbereiche sind z.B. Produktion, Marketing, Vertrieb, Rechnungswesen, Controlling, Finanzierung und Investition. – Im Rahmen der sog. Allgemeine BWL werden Erscheinungen und Probleme von Unternehmen unabhängig von ihrer Rechtsform und dem Wirtschaftszweig untersucht und erklärt. Die Spezielle BWL dagegen befasst sich mit Unternehmen einzelner Wirtschaftszweige. Spezielle Lehren sind vor allem die Industrie-, Handels-, Bank- und Versicherungsbetriebslehre.

Beurkundung, → notarielle Beurkundung.

Bewegungsbilanz, Bilanz, in der die Veränderungen der Bilanzpositionen während einer Periode ausgewiesen werden. In der B. werden Mittelherkunft und Mittelverendung einer Periode gegenüber gestellt. Dafür sind zwei aufeinander folgende Jahresabschlüsse notwendig.

Bewegungsbilanz

Mittelverwendung	Mittelherkunft
Erhöhungen der Aktiva	Erhöhungen der Passiva
Verminderungen der Passiva	Verminderungen der Aktiva

Die B. veranschaulicht die Vermögens- und Kapitalbewegungen. Sie ermöglicht eine Beurteilung der Finanzlage des Unternehmens. – Eine verfeinerte Form der B. ist die → Kapitalflussrechnung.

Beweis, Mittel, den Richter in einem Prozess von der Wahrheit oder Unwahrheit einer Tatsache oder einer Behauptung zu überzeugen.

Beweislast, Reglung der Frage, welche Partei in einem Gerichtsverfahren den → Beweis für die vom Gegner bestrittenen Tatsachen erbringen muss. Grundsätzlich muss jede Partei die Tatsachen beweisen, aus denen sie ihre Rechte herleitet.

Beweismittel, Möglichkeiten, durch die dem Gericht gegenüber das Vorliegen oder Nichtvorliegen einer Tatsache oder Behauptung bewiesen wird (→ Beweis). B. im Zivil- und im Verwaltungsrecht sind Augenschein, Zeugen, Sachverständige, Urkunden und die Vernehmung der Parteien.

Bewertung, Verfahren zur Bestimmung des Wertes von Sachen und Leistungen im Rahmen der → Rechnungslegung. Eine B. erfolgt vor allem im Hinblick auf die Aufstellung des → Jahresabschlusses. Da die angewandten Bewertungsmaßstäbe die Höhe des Erfolgs beeinflussen, gibt das Handels- und Steuerrecht verbindliche

Bewertungsvorschriften vor. Zu den allgemeinen Bewertungsgrundsätzen, die für alle Kaufleute gelten, zählen:

- Bilanzidentität: In der Eröffnungs- und Schlussbilanz müssen identische Wertansätze angesetzt werden.
- Going-Concern-Prinzip (Unternehmensfortführung): Bei der B. ist von der Fortführung der Unternehmenstätigkeit auszugehen.
- Einzelbewertung und stichtagsbezogene Bewertung: Aktiva und Passiva, die bis zum Abschlussstichtag entstanden sind, sind in der Bilanz einzeln zu bewerten. Nur in Ausnahmefällen ist eine → Pauschalbewertung zulässig.
- Vorsichtsprinzip: Es sind vorhersehbare Risiken und Verluste zu berücksichtigen. Gewinne dürfen dagegen erst erfasst werden, wenn sie realisiert wurden.
- Periodengerechte Abgrenzung: Aufwendungen und Erträge sind unabhängig vom Zahlungszeitpunkt zu berücksichtigen.
- Bewertungsstetigkeit: Die im vorangegangenen Jahresabschluss gewählte Bewertungsmethode muss beibehalten werden.

Bei der Bewertung der Vermögensgegenstände und Schulden sind handelsrechtlich vor allem die B. zu → Anschaffungskosten und → Herstellungskosten, zu Börsen- und Marktpreisen sowie zu einem sich nach kaufmännischer Beurteilung ergebenden Wert (→ beizulegender Wert) möglich. – Im Einkommensteuergesetz (EStG) sind Anschaffungs-, Herstellungskosten und → Teilwert vorgeschrieben. – Vgl. auch → Unternehmensbewertung.

Bewertungswahlrecht, Begriff aus dem Handels- und Steuerrecht. Das B. ist ein Instrument der → Bilanzpolitik. Es bietet die Möglichkeit, bei der Bewertung von Vermögensgegenständen und Schulden zwischen unterschiedlichen Wertansätzen zu wählen. Im Handelrecht besteht ein B. beispielsweise bei der Ermittlung der Herstellungskosten, die alternativ als Voll- oder Einzelkosten oder als Zwischenwert angesetzt werden können. Im Steuerrecht kann beispielsweise gewählt werden, ob man bei geringwertigen Wirtschaftsgütern im Jahr der Anschaffung, Herstellung oder Einlage die Aufwendungen absetzt. Außerdem sieht das Steuerrecht ein Wahlrecht für → Sonderabschreibungen vor.

Beyond Budgeting, Konzept zur Verbesserung der Planung und Budgetierung im Unternehmen. Im Vordergrund stehen die Qualität der Planvorgaben und die Verringerung des Zeitaufwands. Im Rahmen des B.B. wird auf starre Budgets verzichtet, um die operative Planung und die Maßnahmensteuerung flexibler gestalten zu können. Es werden selbstständige Profit Center geschaffen, deren sog. operative Manager die Strategie- und Maßnahmenplanung regelmäßig durchführen. Die Profit Center agieren auf sog. internen Märkten mit einem direkten Zugriff auf alle Ressourcen. Zielvereinbarungen mit den operativen Managern werden auf der Grundlage des → Benchmarking getroffen.

Bezogener, → Wechsel.

Bezugsgrößenkalkulation, → Kalkulationsverfahren.

Bezugsrecht, Recht eines Aktionärs, → junge Aktien zu beziehen. Dem Aktionär steht dieses Recht im Fall einer → Kapitalerhöhung gegen Einlagen zu. Er erhält junge Aktien, die seinem Anteil am bisherigen Grundkapital entsprechen. Wird beispielsweise das Aktienkapital von drei auf vier Mio. Euro erhöht, beträgt das B. 3:1. Auf diese Weise soll es dem Aktionär ermöglicht werden, seinen bisherigen prozentualen Anteil am Grundkapital der Aktiengesellschaft (AG) und die damit verbundenen Rechte unverändert beizubehalten. – Das B. kann durch die Hauptversammlung mit Drei-Viertel-Mehrheit ganz oder teilweise ausgeschlossen werden. – Der Aktionär kann das ihm zustehende B. wahlweise durch Erwerb junger Aktien ausüben oder seine B. an der Börse verkaufen. Eine Ausübung ist innerhalb der Bezugsfrist von mindestens zwei Wochen möglich. Während dieser Zeit findet auch der Handel mit B. an der Börse statt. – Die Aktionäre haben auch ein gesetzliches B. bei der Ausgabe von Wandel- und Gewinnschuldverschreibungen sowie Genussscheine.

BfA, Abk. für → Bundesversicherungsanstalt für Angestellte.

BFH, Abk. für → Bundesfinanzhof.

BGB, Abk. für → Bürgerliches Gesetzbuch.

BGB-Gesellschaft, Kurzbezeichnung für → Gesellschaft des bürgerlichen Rechts (GbR).

BGBl, Abk. für → Bundesgesetzblatt.

BGH, Abk. für → Bundesgerichtshof.

Bilanz, Gegenüberstellung von Vermögen und Kapital eines Unternehmens. Die B. wird am Bilanzstichtag in Kontenform aufgestellt. Sie dient der Erfolgsermittlung und Vermögensübersicht. Die Vermögenswerte werden auf der linken Seite (Aktivseite), alle Schulden auf der rechten Seite (Passivseite) ausgewiesen. Die Aufstellung der B. und die dafür geltenden Bewertungsrichtlinien sind im Handelsgesetzbuch (HGB) geregelt. Die → Handelsbilanz ist für die → Steuerbilanz maßgeblich. – Zum Abschluss jedes Geschäftsjahres muss eine B. aufgestellt werden (Jahresbilanz). – Vgl. auch → Bilanzgliederung, → Grundsätze ordnungsmäßiger Bilanzierung und → Sonderbilanz.

Bilanzanalyse, *Jahresabschlussanalyse.* Auswertung der Bilanz oder des gesamten → Jahresabschlusses. Durch die B. sollen detaillierte Informationen über die Lage und Entwicklung des Unternehmens gewonnen werden. Die B. umfasst die Analyse der Ertrags- und Finanzlage des Unternehmens anhand von Kennzahlen. Wichtige Kennzahl bei der B. ist für den Vermögensaufbau das Verhältnis von Anlage- zu Umlaufvermögen. Hinsichtlich der Investitionen ist es das Verhältnis von Eigenkapital und langfristigem Fremdkapital zu Anlagevermögen. Kennzahlen für die Finanzierung und Liquidität sind der → Verschuldungsgrad und die → Liquiditätsgrade. Hinsichtlich der Rentabilität werden vor allem die → Eigenkapitalrentabilität und der → Cashflow ermittelt. Zur Analyse kann aber auch die → Bewegungsbilanz und die → Kapitalflussrechnung herangezogen werden.

Bilanzgewinn/-verlust, der in der Bilanz einer Kapitalgesellschaft ausgewiesene Erfolg oder Verlust. Wird die Bilanz unter Berücksichtigung der Verwendung des Jahresergebnisses aufgestellt, tritt an die Stelle von → Jahresüberschuss/-fehlbetrag und → Gewinn/Verlustvortrag der B. Ein vorhandener Gewinn- oder Verlustvortrag aus den vorherigen Jahren ist dabei einzubeziehen und gesondert auszuweisen.

Bilanzgliederung, systematische Darstellung der Posten einer → Bilanz. – 1. *Einzelunternehmen und Personengesellschaften:* Auf der Vermögensseite (Aktivseite) werden die Konten des Anlagevermögens und Umlaufvermögens aufgeführt. Die Kapital- oder Schuldenseite (Passivseite) führt das Eigenkapital, die Rückstellungen und die Verbindlichkeiten auf. – 2. *Kapitalgesellschaften:* Für diese ist nach dem Handelsgesetzbuch (HGB) die in der Abbildung „Bilanzgliederung“ aufgeführte Gliederung vorgeschrieben. Diese Gliederung ist heute in zahlreichen anderen Unternehmen gebräuchlich.

Bilanzierung, Aufstellung der → Bilanz. Dabei sind die gesetzlichen Bewertungs- und Bilanzierungsgrundsätze zu berücksichtigen (→ Grundsätze ordnungsmäßiger Bilanzierung).

Bilanzierungsgrundsätze, → Grundsätze ordnungsmäßiger Bilanzierung.

Bilanzgliederung

Aktivseite	
A.	Anlagevermögen
I.	Immaterielle Vermögensgegenstände
II.	Sachanlagen
III.	Finanzanlagen
B.	Umlaufvermögen
I.	Vorräte
II.	Forderungen und sonstige Verbindlichkeiten
III.	Wertpapiere
IV.	Kassenbestand
C.	Rechnungsabgrenzungsposten
Passivseite	
A.	Eigenkapital
I.	Gezeichnetes Kapital
II.	Kapitalrücklagen
III.	Gewinnrücklagen
IV.	Gewinn-/Verlustvortrag
V.	Jahresüberschuss/-fehlbetrag
B.	Rückstellungen
C.	Verbindlichkeiten
D.	Rechungsabgrenzungsposten

Bilanzierungshilfe, Wahlrecht zur → Aktivierung von Aufwendungen, die nicht die Merkmale eines Vermögensgegenstands besitzen. Nach dem Handelgesetzbuch (HGB) zählen Aufwendungen für die Ingangsetzung und Erweiterung des Geschäftsbetriebs sowie → latente Steuern dazu.

Bilanzkonto, → Bestandskonto.

Bilanzpolitik, Teil der → Unternehmenspolitik. Im Rahmen der B. werdend gesetzlich geregelte Bilanzierungs- und Bewertungsspielräume genutzt, um das Jahresergebnis und damit die Darstellung der finanziellen Unternehmenssituation zu beeinflussen.

Bilanzprüfung, → Jahresabschlussprüfung.

Bilanzsumme, Schlusssumme der linken Seite (Aktivseite) oder der rechten Seite (Passivseite) einer Bilanz. Die B. der beiden Seiten sind gleich hoch.

Bildungspolitik, Maßnahmen öffentlicher und privater Organisationen, die Bedingungen für das Lernen inhaltlich, organisatorisch und ressourcenmäßig zu gestalten. Die Sicherung eines bestimmten Bildungsniveaus gilt als ein aus dem Grundgesetz (GG) ableitbares gesellschaftliches Ziel und als Aufgabe des Staates.

Bildungsurlaub, *Bildungsfreistellung.* Freistellung von der Arbeit oder Ausbildung zu Bildungszwecken. B. soll der Berufsbildung, aber auch der allgemeinen und politischen sowie gewerkschaftlichen Bildung dienen. In den meisten Bundesländern besteht ein Anspruch auf B. Die Einzelheiten sind in Gesetzen der jeweiligen Bundesländer geregelt.

Billigkeitshaftung, → Haftung eines Verursachers eines Schadens, ohne dass ein Verschulden vorliegt. Die B. ist nur in Ausnahmefällen gegeben. Sie gilt dann, wenn der Schadensverursacher unter sieben Jahre alt oder geisteskrank ist (→ Deliktsfähigkeit).

Binnenhandel, Handel, der sich innerhalb der nationalen Grenzen eines Staates abspielt. – *Gegensatz:* → Außenhandel.

Binnenhandelspolitik, staatliche Maßnahmen zur Sicherung der optimalen Versorgung der Bevölkerung. Dazu zählt vor allem die Förderung des Wettbewerbs, z.B. in Deutschland durch das Gesetz gegen den unlauteren Wettbewerb (UWG). – *Gegensatz:* → Außenhandelspolitik.

Binnenmarkt, 1. *Allgemein:* Begriff für einen internen Markt, z.B. Deutschland. – 2. *Außenwirtscahft:* Von der EU verwendeter Begriff zu Kennzeichnung des gemeinsamen Marktes der Europäischen Union (EU).

BIP, Abk. für → Bruttoinlandsprodukt.

BIZ, Abk. für → Bank für Internationalen Zahlungsausgleich.

Blue Chips, Aktien bekannter Großunternehmen mit einer einwandfreien Kreditwürdigkeit. Die Anlage in B.C. ist mit einem relativ geringen Risiko verbunden.

BNE, Abk. für → Bruttonationaleinkommen.

Bobl, Abk. für → Bundesobligation.

Boden, volkswirtschaftlicher → Produktionsfaktor. Als Standort, Bebauungsobjekt und in der Landwirtschaft spielt der B. aus volkswirtschaftlicher Sicht eine wichtige Rolle. B. ist knapp und nicht vermehrbar. Daher ist B. ein Spekulationsgegenstand.

Bogen, Urkunde, die bei Wertpapieren Nebenrechte des Aktionärs verbrieft. Bei Aktien enthält der B. Gewinnanteilsscheine, die den Aktionär zur Erhebung der Dividenden berechtigen (sog. Dividendenscheinbogen). Bei Anleihen enthält der B. Zinsscheine oder Kupons, die zur Erhebung von Zinsen berechtigen (sog. Zinsscheinbogen). – *Gegensatz:* → Mantel.

Bond, → Anleihe.

Bonität, → Kreditwürdigkeit.

Bonus, → Preisnachlass, der einem Abnehmer nachträglich (z.B. jährlich) vom Lieferanten gewährt wird. Es handelt sich dabei um eine Treuprämie. Ein B. wird meistens auf den Umsatz oder die Verkaufsmenge eingeräumt. – *Anders:* → Skonto, → Rabatt.

Bookbuilding, international übliches Verfahren zur Preisbildung bei der Börseneinführung (→ Emission) eines Wertpapiers. Beim B. wird der Anleger bei der Preisfindung mit einbezogen. Zunächst wird auf der Grundlage von Vorgesprächen mit einzelnen Großanlegern eine Preisspanne festgelegt. Diese wird anschließend veröffentlicht. Die Anleger können dann während einer festgelegten Frist ihre Gebote innerhalb der Preisspanne abgeben. Die Gebote werden in einer zentralen Datei gesammelt. Am Ende der Frist wird auf der Grundlage der eingegangenen Gebote der Ausgabepreis des Wertpapiers festgelegt.

Boom, → Konjunkturzyklus.

Börse, organisierter Markt für den Handel mit Wertpapieren, Devisen und anderen handelbaren Gegenständen (z.B. Rohstoffe). Der Börsenhandel erfolgt regelmäßig zu festgelegten Zeiten. B. sind an verschiedenen Börsenplätzen konzentriert, z.B. Frankfurt a.M., London, New York. – Nach Art der gehandelten Güter werden unterschieden:

- Wertpapierbörse (Effektenbörse)
- Devisenbörse
- Warenbörse (vor allem Rohstoffbörse).

Schwerpunkt des Börsenhandels bilden die Wertpapierbörsen, die heute zunehmend als → Computerbörsen organisiert sind. – Der deutsche Börsenhandel ist durch das → Börsengesetz (BörsG) und ergänzend durch das Wertpapierhandelsgesetzes (WpHG) gesetzlich geregelt. Organe der B. sind nach dem Börsengesetz der → Börsenrat, die Börsengeschäftsführung, die Handelsüberwachungsstelle, die Zulassungsstelle (für Wertpapiere) und der Sanktionsausschuss. Die deutschen B. unterliegen der → Börsenaufsicht. – Teilmärkte der B. sind nach dem Börsengesetz der → amtliche Markt, der → geregelte Markt und der → Freiverkehr. – Durch die Börsenordnung der Frankfurter Wertpapierbörse 2003 wurde der Börsenhandel neu geordnet. Für den amtlichen und den geregelten Markt wurden die Teilmärkte → Prime Standard und → General Standard neu geschaffen.

Börsenaufsicht, Aufsicht über die Geschäfte an einer Börse. Die B. erfolgt intern über die Handelsüberwachungsstelle. Stellt diese Unregelmäßigkeiten fest, muss sie die Börsenaufsichtsbehörde des Bundeslandes, in dem die Börse ihren Sitz hat, informieren. Die Börsenaufsichtsbehörde überwacht die Einhaltung börsenrechtlicher Vorschriften und Anordnungen sowie die ordnungsmäßige Durchführung des Börsenhandels und der Geschäftsabwicklung. Die → Bundesanstalt für Finanzdienstleistungsaufsicht (BaFin) nimmt als dritte Aufsichtsbehörde vor allem die Überwachung der Einhaltung der Insiderregeln und der Publizitätsvorschriften nach dem Wertpapierhandelsgesetz (WpHG) wahr. – *Weitere Informationen unter* www.boersenaufsicht.de.

Börsenbericht, Tagesbericht in Zeitungen und elektronischen Medien über das Börsengeschehen. Es wird über den Verlauf und die allgemeinen Tendenzen an der Börse berichtet.

Börsengang, → Going Public, → Initial Public Offering (IPO).

Börsengesetz (BörsG), Rechtsrahmen für die Organisation und die Tätigkeit der deutschen Börsen. Es umfasst allgemeine Bestimmungen über die Börse und deren Organe, Feststellung des Börsenpreises und Maklerwesens, Zulassung von Wertpapieren zum Börsenhandel, Börsenterminhandel, Ordnungsverfahren und Strafbestimmungen.

Börsenkapitalisierung, → Marktkapitalisierung.

Börsenkurs, *Börsenkurs,* Marktpreis für Wertpapiere, Devisen oder Waren. Der B. wird an einer Börse aufgrund vorliegender Kauf- und Verkaufsaufträge festgestellt. An deutschen Wertpapierbörsen wird der B. für Aktien in Euro pro Stück (Stückkurs) notiert. Anleihen werden in Prozent des → Nennwertes (Prozentkurs) notiert.

Börsenkürzel, → Kurshinweise, → Kurszusätze.

Börsenmakler, → freier Makler, → Kursmakler.

Börsenplatz, Ort, an dem eine Börse ihren Sitz hat. Der bedeutendste B. in Deutschland ist Frankfurt a.M. Außerdem gibt es in Berlin/Bremen, Düsseldorf, Hamburg/Hannover, München und Stuttgart sog. Regionalbörsen.

Börsenpreis, → Börsenkurs.

Börsenrat, Organ an einer → Börse. Nach dem Börsengesetz (BörsG) müssen die Personen und Unternehmen, die zum Börsenhandel zugelassen sind, vertreten sein. Die Mitglieder des B. werden auf drei Jahre gewählt. Der B. erlässt die → Satzung der Börse (sog. Börsenordnung) sowie die Bedingungen für die Geschäfte an der Börse. Außerdem wird der Geschäftsführer vom B. bestellt, abberufen und überwacht.

Börsenzulassungsprospekt, → Prospekt.

Boykott, Verabredung, Kontakte mit einer Person zu vermeiden und keine Verträge mit ihr abzuschließen. – 1. *Außenwirtschaft:* Abbruch der Wirtschaftsbeziehungen. Es werden keine Produkte aus dem boykotierten Land gekauft oder das Land wird nicht mehr beliefert. – 2. *Wettbewerbsrecht:* Aufforderung eines Unternehmens oder einer Organisation keine Geschäftsbeziehungen mit bestimmten Marktteilnehmern einzugehen. Beispielsweise wird dazu aufgerufen, Produkte eines bestimmten Unternehmens nicht zu kaufen. Erfolgt der Aufruf durch ein Unternehmen, ist dies ein Verstoß gegen das Gesetz gegen den unlauteren Wettbewerb (UWG) und gegen das Gesetz gegen Wettbewerbsbeschränkungen (GWB). – 3. *Arbeitsrecht:* Maßnahme des → Arbeitskampfes, z.B. wenn die Gewerkschaftsseite die Arbeitnehmer eines Betriebes dazu auffordern, einer Betriebsvereinbarung nicht zuzustimmen.

Brain Storming, Technik zur Ideenfindung. Beim B.S. sollen alle Gruppenteilnehmer Ideen spontan äußern, aufgreifen und weiterentwickeln, ohne Kritik zu üben. Die Ideen werden erst nach dem B.S. geordnet und ausgewertet. Bei B.S.

geht es darum, die Problemlösungsfähigkeit und Kreativität der Mitarbeiter auszuschöpfen.

Branche, Wirtschaftszweig.

Branding, Begriff aus dem Marketing für das Kennzeichnen eines Produktes oder einer Dienstleistung als → Marke.

Brandmanagement, → Produktmanagement.

Break-even-Analyse, Begriff aus der Betriebswirtschaftslehre für einen ermittelten Wert oder Zeitpunkts, ab dem Gewinn gemacht wird (sog. Break-even-Punkt). – 1. *Kostenrechnung:* Im Rahmen der B.-e.-A. wird der Gesamtumsatz eines Unternehmens, eines Bereichs oder eines Produkts ermittelt, bei dem die Gewinnzone erreicht wird. Im Break-even-Punkt ist die Summe der fixen und variablen Kosten gleich dem Erlös. – Vgl. Abbildung „Break-Even-Analyse".

Break-Even-Analyse

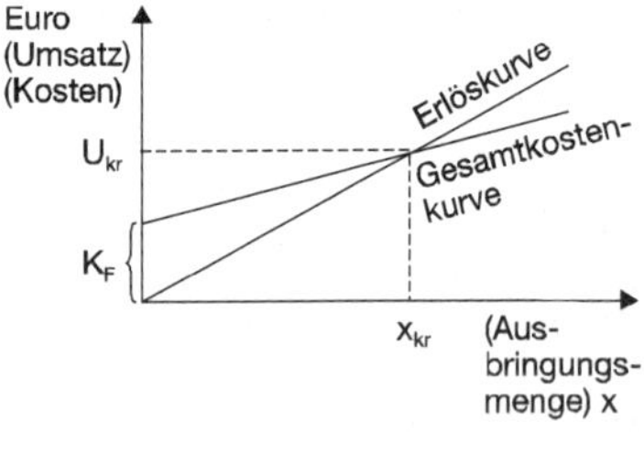

2. *Investitionsrechnung:* Ermittlung des Zeitpunkts, in dem die Summe der durch die Investition verursachten Einzahlungen erstmals die Summe der durch die Investition verursachten Auszahlungen übersteigt.

Bretton-Woods-Abkommen, völkerrechtliche Verträge zur Neuordnung der internationalen Währungsordnung. Das B.-W.-A. wurde 1944 in
Bretton Woods (USA) abgeschlossen. Es betraf vor allem die Errichtung des → Internationalen Währungsfonds (IWF) und der → Internationalen Bank für Wiederaufbau und Zusammenarbeit (IBRD). Deutschland trat 1952 dem B.-W.-A. bei.

Briefhypothek, → Hypothek.

Briefkastengesellschaft, Gesellschaft, die an ihrem Sitz nur einen „Briefkasten" unterhält. Der Sitz der Firma oder der Geschäftsführung befindet sich an einem anderen Ort. Aufgrund ihrer Anonymität dienen B. der Steuergestaltung, aber auch der Steuerhinterziehung oder der Verschleierung von Geldströmen.

Briefkurs. 1. Preis, zu dem ein Wertpapier angeboten wird. – 2. Preis, zu dem Banken Devisen verkaufen. – *Gegensatz:* → Geldkurs.

Brief- und Postgeheimnis, Schutz der Vertraulichkeit von Briefen und anderen persönlichen Schriftstücken. Das B.-u.P. ist verfassungsrechtlich garantiert.

Broker, angloamerikanische Bezeichnung für Personen oder Unternehmen, die Wertpapiergeschäfte vermittelt.

Bruchteilseigentum, → Eigentum.

brutto, vor Abzug von Steuern, Abschreibungen usw. (z.B. Bruttopreis, Bruttogewinn) oder mit Verpackung (z.B. Bruttogewicht). – *Gegensatz:* → netto.

Bruttoarbeitsentgelt, *Bruttolohn,* → Arbeitsentgelt vor Abzug von Lohn- und Kirchensteuer, Solidaritätszuschlag und Sozialversicherungsbeiträgen. Auf der Grundlage des B. werden die Steuern und die Sozialversicherungsbeiträge berechnet. – *Gegensatz:* → Nettoarbeitsentgelt.

Bruttoeinkaufspreis, Verkaufspreis, der dem Einzelhändler vom Lieferanten in Rechnung gestellt wird. – *Gegensatz:* → Nettoeinkaufspreis.

Bruttogewinn, → Rohergebnis.

Bruttoinlandsprodukt (BIP), Begriff aus der Volkswirtschaftlichen Gesamtrechnung (VGR). Das BIP ist das Maß für die wirtschaftliche Leistung einer Volkswirtschaft in einem bestimmten Zeitraum (i.d.R. Jahr). Das BIP gibt an, wie viele Waren und Dienstleistungen im Inland produziert wurden. Dabei werden Vorleistungen und Importe abgezogen. – Das BIP wird auf unterschiedliche Weise berechnet. Dies ist davon abhängig, ob die Entstehungs- oder die Verwendungsseite des BIP betrachtet wird. – Vgl. Abbildung „BIP – Entscheidungsrechnung" und „BIP – Verwendungsrechnung:

BIP – Entscheidungsrechnung

	Produktionswert
–	Vorleistungen
=	Bruttowertschöpfung (unbereinigt)
–	unterstellte Bankgebühr
=	Bruttowertschöpfung (bereinigt)
+	Güter
–	Gütersubventionen
=	Bruttoinlandsprodukt

Das BIP wird im Rahmen der Verwendungsrechnung so berechnet:

BIP – Verwendungsrechnung

	Private Konsumausgaben
+	Konsumausgaben des Staates
+	Ausrüstungsinvestitionen
+	Bauinvestitionen
+	Sonstige Anlagen
+	Vorratsveränderungen und Nettozugang an Wertsachen
+	Exporte von Waren und Dienstleistungen
–	Importe von Waren und Dienstleistungen
=	Bruttoinlandsprodukt

Weitere Informationen unter www.destatis.de. – Vgl. auch → Bruttonationaleinkommen (BNP).

Bruttolohn, → Bruttoarbeitsentgelt.

Bruttonationaleinkommen (BNP), früher *Bruttosozialeinkommen (BSP).* Begriff aus der Volkswirtschaftlichen Gesamtrechnung (VGR). Das BNP ist ein wichtiges Maß für den wirtschaftlichen Wohlstand einer Volkswirtschaft. – Vgl. Abbildung „Berechnung BNP". – *Weitere Informationen unter* www.destatis.de.

BNP – Berechnung

	Bruttoinlandsprodukt
+	Einkommen von Inländern im Ausland
–	Einkommen von Ausländern im Inland
+	vom Ausland empfangene Subventionen
–	ans Ausland geleisteten Produktions- und Importabgaben
=	Bruttonationaleinkommen
–	Abschreibungen
=	Nettonationaleinkommen

Bruttoneuverschuldung, Summe der in einem Jahr von Bund, Ländern und Gemeinden neu aufgenommenen *Kredite.* – *Gegensatz:* → Nettoneuverschuldung.

Bruttoprinzip, *Bruttorechnung,* Ausweis der Ausgaben und Einnahmen oder Aufwendungen und Erträge ohne vorherige Verrechnung. Beispielsweise müssen nach den Vorschriften des Handelsgesetzbuches (HGB) im Rahmen der Gewinn- und Verlustrechnung (GuV) Aufwendungen und Erträge nach dem B. ausgewiesen werden. – *Gegensatz:* → Nettoprinzip.

Bruttorechnung, → Bruttoprinzip.

Bruttosozialprodukt (BSP), → Bruttonationaleinkommen (BNE).

Bruttowertschöpfung, → Produktionswert.

B2B, → Business to Business.

B2C, → Business to Consumer.

Bubbles, Begriff des Börsenwesens. B. sind erhebliche Abweichungen der Börsenkurse von den eigentlichen Werten eines Wertpapiers. B. beruhen i.d.R. auf massenpsychologischen Phänomenen wie z.B. dem Herdenverhalten. – Häufig wird der Begriff auch für positive Kursübertreibungen angewandt.

Buchbestand, Begriff aus dem Rechnungswesen für den Wert eines → Bestandskontos. Mindestens einmal im Jahr werden die B. mit den tatsächlichen Beständen (Ist-Beständen) abgestimmt. I.d.R. erfolgt dies beim Jahresabschluss durch eine → Inventur am Bilanzstichtag. B. und Ist-Bestände können aufgrund von Buchungsfehlern, Diebstahl oder Schwund voneinander abweichen.

Buchführung, Teil des Rechnungswesens. B. ist die lückenlose und ordnungsgemäße Aufzeichnung aller Geschäftsvorfälle. Diese werden anhand von → Belegen in zeitlicher Reihenfolge und mit zahlenmäßiger Wertangabe erfasst. Die B. hat den → Grundsätzen ordnungsmäßiger Buchführung (GoB) zu entsprechen. – Wesentliche Aufgaben der B. sind:

- Dokumentation, d.h. Aufzeichnung aller Geschäftsvorfälle
- Rechenschaftslegung, z.B. gegenüber Anteilseigner, Gläubiger, etc.
- Gläubigerschutzfunktion
- Bereitstellung von Informationen für die Kalkulation, innerbetriebliche Kontrolle und Besteuerung.

Die gebräuchlichste Form der B. ist die → doppelte Buchführung.

Buchführungspflicht, Verpflichtung, Bücher unter der Berücksichtigung der → Grundsätze ordnungsmäßiger Buchführung (GoB) zu führen. Nach dem Handelsgesetzbuch (HGB) ist jeder → Kaufmann buchführungspflichtig. – Die Buchführung muss so beschaffen sein, dass sie einem Dritten innerhalb angemessener Zeit einen Überblick über die Geschäftsvorfälle und die finanzielle Lage des Unternehmens vermitteln kann.

Buchgeld, → Geld.

Buchhaltung, *Finanzbuchführung.* Abteilung im Unternehmen, die für die Buchführung und Bilanzierung zuständig ist.

Buchhypothek, → Hypothek.

Buchung, Begriff aus der Buchführung für die Eintragung eines Geschäftsvorfalls in eines der → Geschäftsbücher. Eine B. erfolgt aufgrund eines → Belegs.

Buchungsbeleg, → Beleg.

Buchungssatz, gibt an, wie ein Geschäftsvorfall zu buchen ist (→ Buchung). Jeder B. enthält mindestens die Buchung auf zwei Konten: eine Buchung im Soll (Sollbuchung) und eine Buchung im Haben (Habenbuchung). Beide Buchungen sind durch „an" verbunden. Beispiel: „Kasse an Waren". Die Summe der Sollbuchungen muss gleich der Summe der Habenbuchungen sein (Soll = Haben).

Buchwert, Wert eines Vermögensgegenstandes in den kaufmännischen Büchern oder in der Bilanz, bewertet zu → Anschaffungskosten oder → Herstellungskosten, korrigiert um die → Abschreibungen und → Zuschreibungen. – Vgl. auch → Restwert.

Budget, Aufstellung der voraussichtlichen Einnahmen und der geplanten Ausgaben für einen bestimmten Zeitraum. – 1. *Volkswirtschaft:* → Haushaltsplan. – 2. *Betriebswirtschaft:* meist kurzfristiger Plan, der im Rahmen der Finanz- oder Investitionsplanung aufgestellt wird (→ Finanzplan). Hinsichtlich ihrer Anpassungsfähigkeit kann zwischen starren und flexiblen B. unterschieden werden.

Budgetierung, Aufstellung eines → Budgets. – 1. *Volkswirtschaft:* Verfahren, bei dem ein finanzieller Rahmen für den → Haushaltsplan vorgegeben wird. Die einzelnen Posten können von den Verantwortungsträgern in sachlicher und zeitlicher Hinsicht bestimmt werden. – 2. *Betriebswirtschaft:* Aufstellung und Verabschiedung eines → Budgets. Zum Teil wird auch die Kontrolle der Budgets zur B. gezählt. Die B. ist ein zentraler Teil der kurzfristigen Planung. Über die B. kann auch die Abstimmung der Budgets im Unternehmen erfolgen. In diesem Fall werden Teilbudgets für die einzelnen Unternehmensbereiche gebildet, die in einem Gesamtbudget zusammengeführt werden.

Bundesagentur für Arbeit (BA), früher *Bundesanstalt für Arbeit,* zentrale Behörde der Arbeitsverwaltung. Die BA ist eine öffentlich-rechtliche → Körperschaft. Sie steht unter Aufsicht des Bundesministers für Wirtschaft und Arbeit. Sie unterliegt jedoch nicht den Weisungen staatlicher Stellen. Die BA gliedert sich in drei Stufen: die Nürnberger Zentrale, zehn Regionaldirektionen und 180 örtliche Arbeitsagenturen mit 660 Nebenstellen. – Die BA hat wichtige arbeitsmarktpolitische Aufgaben. Dazu zählen vor allem die Arbeitsvermittlung in den örtlichen Arbeitsagenturen und die Zahlung des → Arbeitslosengeldes. Außerdem übernimmt sie Maßnahmen der Arbeitsförderung wie z.B. Berufsberatung, Förderung der beruflichen Fortbildung, Umschulung und Einarbeitung. Die BA fördert die Wiedereingliederung von Arbeitslosen in den Arbeitsmarkt z.B. durch Lohnzuschüsse und Arbeitsbeschaffungsmaßnahmen (ABM). Sie ist außerdem für die Zahlung finanzieller Leistungen wie Insolvenzgeld, Kurzarbeitergeld oder Wintergeld zuständig. – Der überwiegende Teil der Ausgaben der BA wird durch die Beiträge zur Arbeitslosenversicherung finanziert. Der Rest wird vom Staat gezahlt. – *Weitere Informationen unter* www.bundesagentur.de und www.arbeitsagentur.de.

Bundesamt für Finanzen, Bundesbehörde, die dem Bundesministerium der Finanzen unterstellt ist. Sitze in Bonn und Berlin. Das B.f.F. wirkt an → Außenprüfungen der Landesfinanzbehörden mit. Es ist vor allem für die Steuerentlastung aufgrund von Doppelbesteuerungsabkommen (→ Doppelbesteuerung) und für die Vergabe von → Umsatz-Identifikationsnummern zuständig. – *Weitere Informationen unter* www.bff-online.de.

Bundesamt für Wirtschaft und Ausfuhrkontrolle, Bundesbehörde, die dem Bundesministerium für Wirtschaft und Arbeit unterstellt ist. Sitz in Eschborn a.T. Das B.f.W.u.A. setzt in Deutschland als zentrale Genehmigungsbehörde die Exportkontrollpolitik des Staates um. – *Weitere Informationen unter* www.bafa.de.

Bundesanleihe, → Anleihe, die von der Bundesrepublik Deutschland und den → Sondervermögen des Bundes ausgegeben wird. Mit Hilfe von B. kann sich der Staat langfristige Finanzmittel beschaffen. B. sind i.d.R. fest verzinslich. Die Laufzeit beträgt meistens zehn bis dreißig Jahre. Für B. werden keine Wertpapierurkunden ausgedruckt. Sie werden lediglich in das → Bundesschuldbuch bei der Bundeswertpapierverwaltung (BWpV) eingetragen. – Die Ausgabe von B. erfolgt im → Tenderverfahren. – *Weitere Informationen unter* www.bwpv.de.

Bundesanstalt für Arbeit, → Bundesagentur für Arbeit (BA).

Bundesanstalt für Finanzdienstleistungsaufsicht (BaFin), Aufsichtsbehörde für das Bank-, Börsen- und Versicherungswesen. Die BaFin ist eine → Anstalt des öffentlichen Rechts. Sie unterliegt der Aufsicht des Bundesministers der Finanzen. Sitze in Bonn und Frankfurt a.M. Die BaFin wurde 2002 gegründet. Sie vereinigt die drei ehemaligen Bundesaufsichtsämter für das Kreditwesen, für das Versicherungswesen und für den Wertpapierhandel. – Aufgabe der BaFin ist die → Bankenaufsicht in Deutschland. Der einheitlichen staatlichen Aufsicht durch die BaFin unterliegen Kreditinstitute, Finanzdienstleistungsinstitute und Versicherungsunternehmen. –

Weitere Informationen unter www.bafin.de.

Bundesanzeiger, täglich erscheinende Zeitung. Im amtlichen Teil machen Behörden Vorschriften, Mitteilungen oder Entscheidungen bekannt. Im nicht amtlichen Teil werden z.B. Bilanzen, Jahresabschlüsse und Einladungen zu Hauptversammlungen veröffentlicht. Zu ihrer Veröffentlichung sind Unternehmen aufgrund von Gesetzen oder Satzung verpflichtet. – *Weitere Informationen unter* www.bundesanzeiger.de.

Bundesarbeitsgericht, oberster Gerichtshof der für die Arbeitssachen zuständigen Gerichtsbarkeit. Sitz in Erfurt. Das B. ist für Revisionen und für Rechtsbeschwerden gegen Urteile der Landesarbeitsgerichte zuständig. Es entscheidet in Senaten, die mit einem Vorsitzenden, zwei Berufsrichtern und je einem ehrenamtlichen Richter aus den Kreisen der Arbeitnehmer und der Arbeitgeber besetzt ist. – *Weiter Informationen unter* www.bundesarbeitsgericht.de. – Vgl. auch → Gericht.

Bundesausbildungsförderungsgesetz (BAföG), regelt die finanzielle Förderung schulischer und akademischer Ausbildungen (z.B. weiterführende Schulen, Berufsfachschulen, Fachhochschulen und Universitäten). Es wird i.d.R. die Erstausbildung im Inland (ausgenommen Auslandssemester) gefördert. Die Ausbildungsförderung wird nur für die Studienregelzeit und nur bis zur Vollendung des 30. Lebensjahr gezahlt. – Die Höhe der Leistung wird nach den im Gesetz genannten Bedarfssätzen festgelegt. Es werden dabei Einkommen und Vermögen des Auszubildenden, seines Ehegatten und seiner Eltern berücksichtigt. Der monatliche Höchstbetrag beträgt für die Berufsausbildung 467 Euro und für ein Studium 585 Euro. Im Fall eines Hochschulstudiums wird i.d.R. die Leistung zur Hälfte als Zuschuss, zur anderen Hälfte als zinsloses Darlehen gewährt. – *Weitere Informationen unter* www.bafoeg.bmbf.de.

Bundesbank, → Deutsche Bundesbank.

Bundesbeauftragter für den Datenschutz, Bundesbehörde, die die Einhaltung des → Datenschutzes bei öffentlichen Stellen des Bundes kontrolliert. Außerdem berät sie öffentliche Stellen des Bundes, aber auch Telekommunikations- und Postdienstunternehmen und private Unternehmen. Der B.f.d.D. legt einmal jährlich einen Bericht über seine Aktivitäten und allgemeine Entwicklungen im Bereich Datenschutz vor. Er untersteht der Aufsicht des Bundesministeriums des Inneren. – Auf Landesebene wird der Datenschutz durch den Landesdatenschutzbeauftragten oder eine Datenschutzkommission kontrolliert.

Bundesfinanzhof (BFH), oberster Gerichtshof der für öffentlich-rechtliche Streitigkeiten mit Finanzbehörden zuständigen Gerichtsbarkeit. Sitz in München. Der BFH entscheidet über Revisionen und Beschwerden gegen Entscheidungen der Finanzgerichte. An diese Entscheidungen sind die Finanzgerichte gebunden. Im Rahmen eines Gerichtsverfahrens können Steuerpflichtige bis zur Entscheidung vor dem BFH einen Antrag auf → Aussetzung der Vollziehung stellen. Der BFH entscheidet durch Senate. Diese sind mit fünf Richtern, bei Beschlüssen außerhalb der mündlichen Verhandlung mit drei Richtern besetzt. – *Weitere Informationen unter* www.bundesfinanzhof.de. – Vgl. auch → Gericht.

Bundesgerichtshof(BGH), oberster Gerichtshof für Zivil- und Strafsachen. Sitz in Karlsruhe. Der BGH ist für Revisionen gegen Urteile der Oberlandesgerichte zuständig. Weiterhin ist der BGH für Berufungen gegen Meldungen des Bundespatentamtes, Revisionen gegen Urteile der Schwurgerichte und der großen Strafkammern der Landgerichte sowie in der Berufsgerichtsbarkeit für Steuerberater und Wirtschaftsprüfer zuständig. Der BGH entscheidet in Zivil- und Strafsenaten, die mit jeweils fünf Richtern besetzt sind. – *Weiter Informationen unter* www.bundesgerichtshof.de. – Vgl. auch → Gericht.

Bundesgesetzblatt (BGBl), amtliches Organ zur Bekanntmachung der Bundesgesetze und anderer Rechtsvorschriften. Es umfasst folgende Teile:

- Teil I: Bundesgesetze, Rechtsverordnungen von wesentlicher oder dauernder Bedeutung und Entscheidungsformeln der Urteile des Bundesverfassungsgerichts.
- Teil II: völkerrechtliche Vereinbarungen und die zu ihrer Inkraftsetzung oder Durchsetzung erlassenen Rechtsvorschriften. Außerdem werden Rechtsvorschriften auf dem Gebiet des Zolltarifwesens veröffentlicht.

Weitere Informationen unter www.bundesanzeiger.de.

Bundeskartellamt, Bundesoberbehörde, die die Einhaltung des → Kartellrechts überwacht. Sitz in Bonn. Das B. steht unter der Aufsicht des Bundesministers für Wirtschaft und Arbeit. Dieser kann dem B. allgemeine Anweisungen geben. Das B. veröffentlicht alle zwei Jahre einen Bericht über seine Tätigkeit und die Entwicklung auf seinem Aufgabengebiet. – Vgl. auch → Kartellbehörden. – *Weitere Informationen unter* www.bundeskartell amt.de.

Bundesobligation (Bobl), → Anleihe des Bundes. Bobl sind fest verzinslich. Die Laufzeit beträgt fünf Jahre. Der → Nennwert beträgt mindestens 100 Euro. Es werden keine Wertpapierurkunden ausgedruckt. Bobl werden lediglich in das → Bundesschuldbuch bei der Bundeswertpapierverwaltung (BWpV) eingetragen. Bobl werden an der Börse gehandelt. – *Weitere Informationen unter* www.bwpv.de.

Bundesrechnungshof, → Rechnungshof.

Bundesschatzanweisung, → Schatzanweisung.

Bundesschatzbrief, von der Bundesrepublik Deutschland ausgegebene → Schuldbuchforderung. Die Erwerber erhalten über die B. abtretungsfähige Quittungen, jedoch keine Wertpapierurkunden. Die Laufzeit beträgt sechs Jahre bei jährlicher Zinszahlung (Typ A) oder sieben Jahre bei Zahlung der Zinsen mit Zinseszinsen zum Zeitpunkt der Rückzahlung (Typ B). Die B. haben einen Mindestanlagebetrag von 50 Euro. B. können bei Banken und Sparkassen zum Anlagebetrag erworben werden. Sie werden nicht an der Börse gehandelt. Sie können jedoch an Dritte übertragen werden. – *Weitere Informationen unter* www.bwpv.de.

Bundesschuldbuch, öffentliches Verzeichnis, in das Schulden und sonstige Verbindlichkeiten (z.B. internationale Beitragsverpflichtungen) des Bundes und seiner Sondervermögen eingetragen werden. Das B. wird von der → Bundeswertpapierverwaltung (BWpV) geführt.

Bundessozialgericht, oberster Gerichtshof der für sozialrechtliche Streitigkeiten zuständigen Gerichtsbarkeit. Sitz in Kassel. Das B. ist vor allem für Revisionen gegen Urteile der Landessozialgerichte zuständig. Das B. entscheidet in Senaten, die mit einem Vorsitzenden, zwei Berufsrichtern und zwei ehrenamtlichen Richtern besetzt sind. – Vgl. auch → Gericht. – *Weitere Informationen unter* www.bundessozialgericht.de.

Bundesverband der Deutschen Industrie (BDI), Zentralorgan der deutschen Industrie. Der BDI wurde 1949 gegründet. Sitz in Berlin. Aufgabe des BDI ist vor allem die Förderung aller gemeinsamen wirtschaftspolitischen Belange der in ihm zusammengeschlossenen Industriezweige. – *Weitere Informationen unter* www.bdi-online.de.

Bundesvereinigung der Deutschen Arbeitgeberverbände e.V. (BDA), Zusammenschluss der Arbeitgeberverbände der deutschen Privatwirtschaft. Sitz in Berlin. Die Aufgaben der BDA sind vor allem die Wahrnehmung der gemeinschaftlichen sozialpolitischen Belange, Tarifpolitik sowie Arbeitsrechts- und Beschäftigungspolitik. – *Weitere Informationen unter* www.bda-online.de.

Bundesverfassungsgericht, höchstes Bundesgericht. Sitz in Karlsruhe. Das B. ist für Verfassungsstreitigkeiten zwischen Bund und Ländern und zwischen verschiedenen Ländern zuständig („Hüter der Verfassung"). Im Rahmen des sog. Normenkontrollverfahrens überprüft das B. ein Gesetz auf seine Vereinbarkeit mit der Verfassung. Außerdem ist das B. für alle anderen im Grundgesetz vorgesehenen Fällen wie z.B. Richterklagen, Verfassungswidrigkeiten von Parteien und Verfassungsbeschwerden von natürlichen und juristischen Personen zuständig. Das B. besteht aus zwei Senaten mit jeweils acht Richtern, die für zwölf Jahre gewählt werden. – *Weitere Informationen unter* www.bundesverfassungsgericht.de. – Vgl. auch → Gericht.

Bundesversicherungsamt (BVA), Bundesbehörde, die der Aufsicht des Bundesministers für Wirtschaft und Arbeit untersteht. Sitz in Bonn. Das BVA ist für die Aufsicht über die Träger und Einrichtungen der Sozialversicherung zuständig. Es übt vor allem die ihm durch das Sozialgesetzbuch (SGB) zugewiesenen Beratungs- und Genehmigungsbefugnisse gegenüber den Sozialversicherungsträgern aus. Außerdem prüft es die Geschäfts-, Rechnungs- und Betriebsführung bei den Krankenversicherungsträgern und deren Pflegekassen. – *Weitere Informationen unter* www.bva.de.

Bundesversicherungsanstalt für Angestellte (BfA), Versicherungsträgerin. Sie ist für die Durchführung der Rentenversicherung für Angestellte verantwortlich. Die BfA ist eine öffentlich-rechtliche → Körperschaft. Sitz in Berlin. Die BfA untersteht der Aufsicht des → Bundesversicherungsamts (BVA). – *Weitere Informationen unter* www.bfa.de.

Bundesverwaltungsgericht, oberster Gerichtshof der für öffentlich-rechtliche Streitigkeiten zuständigen Gerichtsbarkeit. Sitz in Leipzig. Das B. ist vor allem für Revisionen gegen Urteile der Oberverwaltungsgerichte zuständig. Außerdem ist das B. für Streitigkeiten zwischen Bund und Ländern sowie zwischen Ländern untereinander zuständig. Das B. entscheidet in Senaten, die i.d.R. mit fünf Richtern besetzt sind.– *Weitere Informationen unter* www.bundesverwaltungsgericht.de. – Vgl. auch → Gericht.

Bundeswertpapiere, → Anleihen des Bundes und der → Sondervermögen des Bundes. Dazu zählen im Einzelnen → Bundesanleihen, → Bundesobligationen (Bobl), Bundesschatzanweisungen und unverzinsliche → Schatzanweisungen, → Bundesschatzbriefe und → Finanzierungsschätze. – *Weitere Informationen unter* www.bwpv.de.

Bundeswertpapierverwaltung (BWpV), Bundesbehörde, die der Aufsicht des Bundesministers der Finanzen untersteht. Sitz in Bad Homburg v.d.H. Die Aufgaben der BWpV sind die Verwaltung der → Bundeswertpapiere, die Beurkundung und Verwaltung der Schulden und Gewährleistungen des Bundes und seiner → Sondervermögen sowie die Führung des → Bundesschuldbuches. – *Weitere Informationen unter* www.bwpv.de.

Bund-Future, → Future, der auf einer idealtypischen → Bundesanleihe beruht. Diese fiktiven Bundesanleihe wird mit einer Verzinsung von sechs Prozent und einer Restlaufzeit von 8,5 bis 10 Jahren angenommen. Der Nennwert des B.-F. beträgt 100.000 Euro. Pro Jahr werden vier Laufzeiten gehandelt. Diese enden jeweils im März, Juni, September und Dezember.

Bündnis für Arbeit, *Bündnis für Arbeit, Ausbildung und Wettbewerbsfähigkeit,* Gesprächsrunde von Bundesregierung, Vertretern der Wirtschaftsverbände und der Gewerkschaften unter Vorsitz des Bundeskanzlers. Sie wurde 1988 ins Leben gerufen. Ziel der Gespräche war es, gemeinsam auf den Abbau der Arbeitslosigkeit hinzuarbeiten und die Wettbewerbsfähigkeit der Wirtschaft nachhaltig zu stärken. Nach den Wahlen 2002 ist das B.f.A. nicht mehr aktiv.

Bürgerliches Gesetzbuch (BGB), seit 1900 in Kraft. Das BGB ist die wichtigste Grundlage des → Bürgerlichen Rechts. Das BGB ist in fünf Bücher unterteilt:

- Allgemeiner Teil (z.B. Regelungen über Geschäftsfähigkeit)
- Schuldrecht (z.B. Kaufvertrag, Werkvertrag, Mietvertrag)
- Sachenrecht (z.B. Besitz, Eigentum)
- Familienrecht (z.B. Ehe, Vormundschaft)
- Erbrecht.

Bürgerliches Recht, alle Rechtsnormen, die die Rechtsbeziehungen der natürlichen und juristischen Personen regeln. Zum B.R. zählen beispielsweise auch das Gesellschaftsrecht (z.B. Aktiengesetz, GmbH-Gesetz) und das Handelsrecht. Rechtliche Grundlage ist in erster Linie das → Bürgerliche Gesetzbuch (BGB). Das B.R. ist Teil des → Zivilrechts. – *Gegensatz:* → Öffentliches Recht.

Bürgerversicherung, Vorschlag zur Reform der gesetzlichen Krankenversicherung. Bei der B. sollen alle Einkunftsarten und alle Bevölkerungskreise zur Finanzierung der Gesundheitsversorgung herangezogen werden. Auch Beamte und Selbständige müssten in die B. einzahlen. Außerdem müssten Beiträge auf Zusatzeinkünfte wie z.B. Zins- und Mieteinkünfte oder Dividenden entrichtet werden.

Bürgschaft, schriftliche Erklärung, die den Bürgen gegenüber dem Gläubiger verpflichtet, für die Erfüllung einer Verbindlichkeit durch den Schuldner einzustehen. D.h., der Bürge muss die Verpflichtungen des Schuldners gegenüber dem Gläubiger erfüllen. – Grundsätzlich hat der Gläubiger zuerst durch → Zwangsvollstreckung beim Schuldner die Schuld einzutreiben. Bei der sog. selbstschuldnerischen B. verzichtet der Bürge allerdings darauf. – Wichtige Arten der B. sind:

- Ausfallbürgschaft: Der Bürge kann nur dann in Anspruch genommen werden, wenn ihm der Gläubiger nachweist, dass eine Zwangsvollstreckung gegen den Schuldner erfolglos war.
- B. auf erstes Anfordern: Der Bürge verzichtet auf die Geltendmachung von Einwendungen und leistet die Schuld sofort.

Burn-out, Stressreaktion. Ein B.-o. ist dadurch gekennzeichnet, dass meist ehemals beruflich sehr engagierte Personen emotional erschöpft sind und in ihrer Arbeitstätigkeit keine Erfüllung mehr finden.

Business Angel, vermögende Privatperson, die mit eigenem Kapital und beruflichen Erfahrungen junge Unternehmen (sog. Start-up-Unternehmen) unterstützen.

Business Plan, *Geschäftsplan,* Beschreibung eines unternehmerischen Vorhabens. Im B.P. werden vor allem die unternehmerischen Ziele, geplante Strategien und Maßnahmen sowie die Rahmenbedingungen inhaltlich und zahlenmäßig dargestellt. B.P. werden für Phasen von besonderer strategischer Bedeutung erstellt, z.B. Gründungsvorhaben, Einführung von neuen Produkten, Vorbereitung des Börsengangs, Vorbereitung von Beteiligungen und strategischen Allianzen sowie Umstrukturierungsmaßnahmen.

Business Process Reengineering, Analyse der Ablauforganisation und der Aufbauorganisation eines Unternehmens mit dem Ziel, Geschäftsprozesse und Strukturen eines Unternehmens effizienter zu gestalten. Es sollen alle Tätigkeiten, die nicht wettbewerbs- oder kundennutzenorientiert sind, aufgedeckt werden. Diese sollen anschließend durch eine radikale Neugestaltung der Geschäftsprozesse beseitigt werden.

Business to Business (B2B), Geschäftsbeziehungen zwischen Unternehmen untereinander oder zwischen Unternehmen und staatlichen Auftraggebern. I.d.R. erfolgt der Kontakt direkt zwischen den Geschäftspartnern. Er findet häufig über Internet statt. Der Begriff B2B dient vor allem der Abgrenzung der Marktbereiche, in die das → Electronic Business eingeteilt wird. – Vgl. auch → Business to Consumer (B2C), → Consumer to Consumer (C2C).

Business to Consumer (B2C), Geschäftsbeziehungen zwischen Unternehmen und Endverbraucher. Der Begriff B2C dient vor allem der Abgrenzung der Marktbereiche, in die das → Electronic Business eingeteilt wird. – Vgl. auch → Business to Business (B2B), → Consumer to Consumer (C2C).

Bußgeld, Strafe bei → Ordnungswidrigkeiten. Ein B. wird von der zuständigen Verwaltungsbehörde durch einen Bußgeldbescheid festgesetzt.

Buying Center, *Einkaufsgremium*, alle an der → Beschaffung eines Gutes beteiligten Personen. Vor allem bei der Beschaffung von Investitionsgütern sind häufig mehrere Funktionsträger (z.B. Geschäftsführer, Einkaufsleiter und Entwickler) beteiligt.

BWL, Abk. für → Betriebswirtschaftslehre.

C

CAD, Abk. für *Computer Aided Design,* computergestützte Konstruieren und Entwickeln von Produkten und Werkzeugen. Vorteile des CAD sind eine wesentliche Erleichterung von Neukonstruktionen und Konstruktionsänderungen sowie Zeit- und Kostenersparnis. – Vgl. auch → Concurrent Engineering.

Call, Kurzbezeichnung für Call Option (Kaufoption). Ein C. gibt dem Käufer das Recht, einen vereinbarten Geschäftsgegenstand zu einem festgelegten Preis und Termin oder Zeitraum zu kaufen. Der Verkäufer der Option hat die Pflicht zu verkaufen, wenn der Käufer sein Recht ausübt. – *Gegensatz:* → Put.

Call Center, Kommunikationszentrum, in dem Kundenkontakte mittels moderner Kommunikationsmittel (z.B. Telefon, E-Mail, Internet) abgewickelt werden. In C.C. werden sowohl Kundenanfragen von Spezialisten bearbeitet als auch Kunden aktiv angesprochen. C.C. sind häufig ausgegliederte Organisationseinheiten oder selbstständige Unternehmen. C.C. dienen der Kundenbindung und -loyalität. – Vgl. auch → Direktmarketing, → Telefonverkauf.

Call Money. 1. Geldanlage bei einer Bank, für die keine besondere Laufzeit vereinbart wird. Sie kann ein- oder zweitägig gekündigt werden. – 2. Täglich fälliges Geld an Geldmärkten. – 3. In Deutschland wird der Begriff C.M. auch für → Tagesgeld verwendet.

Call Option, → Call.

CAM, Abk. für *Computer Aided Manufacturing.* Computergestützte Produktion sowie Produktionssteuerung und -überwachung. Im Rahmen von CAM erfolgt die Fertigungssteuerung durch Einsatz von CNC-Technik, computergestützten Transportsystemen, flexiblen Fertigungssystemen oder Industrierobotern. – Vgl. auch → PPS-System.

Cap, Begriff aus dem Börsenwesen für die Vereinbarung einer Zinsbegrenzung zwischen Verkäufer und Käufer. Der Cap-Verkäufer garantiert dem Cap-Käufer die Zahlung der Differenz zwischen dem vereinbarten C. und dem darüber liegenden tatsächlichen Marktzinssatz für ein variabel verzinsliches → Finanzinstrument. Der Verkäufer erhält bei Vertragsabschluss eine einmalige Prämie. Diese hängt im Wesentlichen von der Höhe des C., dem aktuellen Marktzinssatz, der Laufzeit und der Schwankungsbreite des → Referenzzinssatzes (z.B. LIBOR) ab. Der C. wird zur Absicherung gegen steigende Zinsen eingesetzt. – *Gegensatz:* → Floor.

CAP, Abk. für *Computer Aided Planning.* Computergestützte Arbeitsplanung. Im Rahmen von CAP werden Arbeitspläne zur Produktion eines Erzeugnisses auf der Grundlage geometrischer Daten von → CAD sowie weiterer technologischer Informationen über Materialeigenschaften erstellt.

Carry-over-Effekt, Begriff aus dem Marketing. Der C.-o.E. ist die Wirkungsverzögerung beim Einsatz absatz- oder marketingpolitischer Maßnahmen, vor allem von Werbemaßnahmen. Dieser

Effekt ist bei Wiederholungskäufen sowie bei Nachahmungs- und Sättigungseffekten in der Werbewirkungsforschung zu beobachten.

Case Management, Organisationsform im Marketing, bei der jeder Auftrag als ein Geschäftsvorfall behandelt wird. Der Kunde wird während des gesamten Auftragsablaufs nur von einer Person (sog. Case Manager) oder Stelle betreut. Das C.M. eignet sich vor allem für Unternehmen, deren Produkte und Dienstleistungen eine komplexe Marktbearbeitung und eine enge und kontinuierliche Betreuung des Kunden erfordern.

Cash and Carry, *Selbstbedienungsgroßhandel.* Eine Betriebsform des Großhandels. Nach dem Prinzip der Selbstbedienung werden Konsumgüter vor allem Gewerbetreibenden (z.B. Einzelhändler und Gastwirte) angeboten. Der Kunde sucht die Ware selbst aus, bringt sie zur Kasse, zahlt bar und transportiert sie ab.

Cashflow, *Liquiditätszufluss.* Wichtige betriebswirtschaftliche Kennzahl zur Bewertung der Finanz- und Ertragslage eines Unternehmens. Der C. ist der Nettozugang an flüssigen Mitteln aus dem Umsatz und sonstigen Aktivitäten eines Unternehmens. Er wird abgeleitet aus den Daten des Jahresabschlusses, vor allem aus der Gewinn- und Verlustrechnung (GuV). – Vgl. Abbildung „Cashflow".

Cash Management, ein computergesteuertes System zur Optimierung kurzfristiger Zahlungsströme eines Unternehmens. Im Rahmen des C.M. bieten Kreditinstitute ihren Firmenkunden spezielle Software an. Anwendungsbereiche sind die automatische Kontenzusammenführung (Pooling) sowie die Verrechnung von Konzernsalden (Netting).

Category Management, *Warengruppenmanagement.* Konzept im Einzelhandel, nach dem Warengruppen, die aus Sicht des Kunden zusammengehören zu sog. Categories gebildet werden. Diese werden als → strategische Geschäftseinheiten (SGE) geführt. Der Category Manager ist weitestgehend von der Beschaffung bis zum Verkauf für eine Warengruppe verantwortlich. Die Folge ist eine intensive, produktgruppenbezogene Zusammenarbeit von Hersteller und Handel. Ziel des C.M. ist die Verbesserung der Sortimentsstruktur und eine bessere Befriedigung der Kundenwünsche.

Cashflow

	Netto-Umsatzerlöse
–	Materialaufwand
–	Arbeitsentgelte (einschl. Sozialabgaben)
–	Steuern
–	erforderliches Betriebskapital
=	Net Operating Cashflow
–	Rückzahlung von Fremdmitteln
–	Zinszahlungen
+	erhaltene Rückzahlungen aus Ausleihungen
+	erhaltene Zins- und Dividendenzahlungen
=	vorläufig verfügbare Mittel für Ausschüttungen und Investitionen
–	Investitionsauszahlungen
+	Verkauf von Gegenständen des Anlagevermögens
=	freier Cashflow (Free Cashflow)
+	Aufnahme langfristiger Fremdmittel
–	Rückkauf von Anleihen
–	Tilgung von Fremdmitteln
+	Ausgabe von Aktien, Anleihen etc.
–	Dividendenzahlungen
=	gesamter Cashflow
+	kurzfristige Verbindlichkeiten
–	Wertpapiere des Umlaufvermögens, Forderungen an Banken usw.
=	Kasse

CDAX, Abk. für *Composite DAX,* Aktienindex, der aus allen deutschen Aktienwerten des → General Standard und des → Prime Standard berechnet wird. Der CDAX ist in 18 Branchenindizes unterteilt. Er wird von der Deutschen Börse AG berechnet und veröffentlicht. – *Weitere Informationen unter* www.deutsche-boerse.de.

Certificate of Deposit, Wertpapier, das die → Termineinlage bei einer Bank bestätigt. C.o.D. weisen hohe Nennwerte und unterschiedliche Laufzeiten zwischen drei bis zwölf Monaten.

Ceteris-Paribus-Annahme, Begriff aus der Wissenschaftstheorie. Die C.-P.-A. besagt, dass sich bei der Analyse eines Zusammenhangs nur eine betrachtete Variable ändert und alle anderen konstant bleiben.

Change Management, Begriff für die laufende Anpassung von Unternehmensstrategien und -strukturen an veränderte Rahmenbedingungen. Das C.M. soll ein Unternehmen ständig weiterentwickeln. Zu Ansätzen des C.M. zählen Konzepte des → Reengineering sowie der → Organisationsentwicklung.

Chargenproduktion, → Produktionsverfahren, bei dem die Werkstoffe mit zeitlicher Unterbrechung in das Arbeitssystem eingegeben und chargen- oder partieweise be- und verarbeitet werden. Eine Charge oder Partie ist eine bestimmte nach oben begrenzte Menge von Einsatzgütern, die als Ganzes den Produktionsprozess durchlaufen. Bei der C. ist die Begrenzung der jeweiligen Produktionsmenge durch das Fassungsvermögen der Produktionsanlagen bestimmt. Im Unterschied dazu ist die Begrenzung bei der Partieproduktion natur- oder beschaffungsbedingt (z.B. bei Naturstoffen).

Chart, grafische Darstellung einer Datenreihe, die in der technischen Aktienanalyse die Kursentwicklung aufzeigt. Der Analyst leitet aus dem Verlauf mögliche Trends ab. Gebräuchliche Formen des C. sind Linien-, Balken-, Candlestick- und Point-and-Figure-Charts.

Chipkarte, Plastikkarte der Standardgröße 85,6 x 54 x 0,76 mm, in der ein Chip integriert ist. – 1. *Geldkarte:* Auf dem Chip der Geldkarte kann an einem Ladeterminal ein Guthaben zu Lasten eines Girokontos gespeichert werden. Von diesem Guthaben werden Zahlungsbeträge durch die Eingabe in ein Spezialgerät bei einem Händler abgezogen. Reine Geldkarten sind in der Praxis heute nur noch von sehr geringer Bedeutung. – 2. *Debit- und Zahlungskarte:* Vor allem im individuellen Zahlungsverkehr erfolgt die Kontrolle der Zugriffsberechtigung und Automatisierung per C. – Vgl. auch → Debitkarte, → Zahlungskarte.

CIF, Abk. für Cost, Insurance, Freight (Kosten, Versicherung, Fracht), → Incoterms.

CIM, Abk. für Computer Integrated Manufacturing. Computergestützte Planung, Steuerung und Kontrolle der Produktion. CIM umfasst → CAD (Computer Aided Design), → CAP (Computer Aided Planning) und → CAM (Computer Aided Manufacturing) sowie CAQ (Computer Aided Quality Assurance), die computergestützte Qualitätssicherung und -kontrolle.

CIP, Abk. für Carriage and Insurance Paid (Transport und Versicherung gezahlt), → Incoterms.

Clearing, *Abrechnung.* Begriff aus dem Zahlungsverkehr. C. ist die gegenseitige Verrechnung von Forderungen und Verbindlichkeiten über eine zentrale Stelle. Es ist somit ein Verfahren der Übermittlung, Abstimmung und in einigen Fällen der Bestätigung von Zahlungsaufträgen vor dem Zahlungsausgleich (Zahlungsverkehrsabwicklung). Das C. kann außerdem die Abrechnung der Zahlungen und die Ermittlung der Nettopositionen für den anschließenden Zahlungsausgleich umfassen. Ein Clearingsystem ist beispielsweise → TARGET.

Clusteranalyse, statistische Methode, bei der möglichst ähnliche und untereinander möglichst unterschiedliche Gruppen (sog. Cluster) gebildet werden. Die C. wird beispielsweise im Marketing zur Bildung von Kundengruppen eingesetzt.

Coaching, Beratung und Begleitung einer Führungskraft durch einen psychotherapeutisch geschulten Berater (sog.

Coach). Ziel des C. ist es, das Leistungsvermögen der Führungskraft zu erhalten oder zu erhöhen. – C. wird auch zur Mitarbeiterführung eingesetzt. In diesem Fall übernimmt meistens der Vorgesetzte die Rolle des Coaches.

Co-Branding, *Markenallianz.* Gemeinsamer Marktauftritt von ansonsten selbstständigen → Marken, um eine gemeinsame Leistung anzubieten. Beispielsweise vermarktet Siemens in Kooperation mit Nivea for Men einen Rasierapparat und mit Nike Audiogeräte. Durch C.-B. sollen Image und Marktposition der beteiligten Produktmarken gestärkt werden.

Collaborative Business, die unternehmensübergreifende Zusammenarbeit aller an einer Wertschöpfungskette Beteiligten vom Rohstofflieferanten bis zum Kunden. Ziel des C.B. ist es, technologische und Wettbewerbsvorteile, die als einzelnes Unternehmen nicht möglich wären, zu erreichen. Zur Umsetzung des C.B. in die Praxis sind geeignete Organisationsformen wie z.B. überbetriebliche Arbeitsgruppen sowie Internetvernetzung erforderlich.

Commercial Banking, Bankgeschäfte, die sich auf das Einlagen- und Kreditgeschäft sowie den Zahlungsverkehr erstrecken. – *Gegensatz:* → Investment Banking.

Commercial Paper, kurzfristige → Anleihe. Die Laufzeit beträgt i.d.R. zwei bis 270 Tage. C.P. werden unter dem Anleihebetrag ausgegeben. Der Anleger erhält aber am Ende der Laufzeit den vollen Anleihebetrag zurück. C.P. werden von Banken und Unternehmen mit einer hohen Kreditwürdigkeit ausgegeben.

Commodity, englischer Begriff für Rohstoff oder Ware. Dies sind z.B. Kakao, Zucker und Getreide. C. werden an Waren- und Warenterminbörsen gehandelt.

Commodity Future, → Future.

Compliance, Regeln zur Vermeidung von Interessenkonflikten bei der Geld- und Vermögensanlage. Diese müssen gemäß dem Wertpapierhandelsgesetz (WpHG) von 1998 von Wertpapierdienstleistungsunternehmen eingehalten werden. Mitarbeiter dürfen bei Börsengeschäften nicht gegen die Interessen des eigenen Unternehmens und gegen die Interessen ihrer Kunden verstoßen. Ziel ist es, → Insidergeschäfte zu verhindern. Die Kontrolle und Einhaltung dieser Regeln übernimmt in den meisten Fällen eine interne Compliance-Abteilung.

Composite DAX, → CDAX.

Computer Aided Design, → CAD.

Computer Aided Manufacturing, → CAM.

Computer Aided Planning, → CAP.

Computerbörse, → Börse, deren Geschäftstätigkeit über ein elektronisches Handelssystem organisiert ist. Die Marktteilnehmer treten weder persönlich noch telefonisch in Kontakt. Wichtige C. in Deutschland sind → EUREX und → XETRA. – *Gegensatz:* → Präsenzbörse.

Computer Integrated Manufacturing, → CIM.

Concurrent Engineering, Konstruktionsmethode, bei der die Arbeitsschritte weitgehend parallel erfolgen. C.E. ist wegen der kürzeren Produktlebenszyklen, des Kostendrucks im Bereich der Entwicklung und der zunehmenden Integration von Informationstechnologien von wachsender Bedeutung.

Consulting, individuelle Aufarbeitung der betriebswirtschaftlichen Probleme eines Unternehmens durch externe, unabhängige Berater oder durch eine Beratungsgesellschaft. Je nach Einflussgrad und Beteiligungsintensität des Beraters werden verschiedene Beratungsarten unterschieden: Problemlösungsberatung (der Berater als neutraler Dritter), Krisen- und Sanierungsberatung (der Berater als Krisenmanager) oder laufende Beratung mit Eingriffsmöglichkeiten in Abstimmung mit dem Klienten (der Berater als Interventionist). – Unternehmensberatung ist der Teilbereich des C., der auf Unternehmen abstellt. Neben der Unternehmensberatung, die den größten Anteil ausmacht, werden zunehmend auch Beratungsleistungen für andere Organisationstypen wie Verwaltung oder Nonprofit-Organisationen angeboten. – Im C. wird i.d.R. nicht mehr zwischen Personal- und Unternehmensberatung getrennt.

Consumer to Consumer (C2C), Geschäftsbeziehungen zwischen Endverbrauchern. Der Kontakt erfolgt i.d.R. über Internet im Rahmen von Internetauktionen oder virtuellen Marktplätzen. Der Begriff C2C dient vor allem der Abgrenzung der Marktbereiche, in die das → Electronic Business eingeteilt wird. – Vgl. auch → Business to Business (B2B), → Business to Consumer (B2C).

Controlling, Teilfunktion innerhalb der Unternehmensführung. C. umfasst vor allem Steuerungsinstrumente zur ergebnisorientierten Planung, Kontrolle und Informationsversorgung sowie zur Unterstützung von Managementscheidungen. Ziel des C. ist es, dass Unternehmensziele ausdrücklich und messbar formuliert vorliegen. Außerdem werden für alle Unternehmensbereiche Handlungsalternativen entwickelt, ausgewählt und deren Ergebnisse geplant. Im Rahmen des C. wird zudem überprüft, inwieweit Planungen tatsächlich eingehalten werden. Bei Abweichungen werden Maßnahmen ergriffen, um in der Durchführungsphase gegenzusteuern. Gegebenenfalls wird die Planung angepasst und ein neuer realistischer Plan aufgestellt.

Convenience Goods, Güter des täglichen Bedarfs, die der Endverbraucher möglichst bequem in der Nähe seiner Wohnung oder seines Arbeitsplatzes einkaufen möchte. Dies sind z.B. Brot, Milch, Zigaretten und Zeitungen. – *Gegensatz:* → Shopping Goods.

Convertibel Bond, → Wandelanleihe.

Copyright, angloamerikanische Bezeichnung für das internationale → Urheberrecht an Werken der Literatur, Tonkunst, bildenden Kunst und Fotographie. Für das Urheberrecht sind Formvorschriften wie der Vermerk „Copyright" oder das Kennzeichen © mit der Jahresangabe der Erstveröffentlichung, dem Name des Urhebers auf der Titel- und der ersten Textseite von Druckwerken nicht notwendig.

Corporate Design, das visuelle Erscheinungsbild eines Unternehmens im Rahmen und zur Unterstützung der von der → Corporate Identity vorgegebenen Ziele. Das C.D. soll das Unternehmen nach innen und außen als Einheit erscheinen lassen. Dies kann vor allem durch unternehmenstypische Gestaltungsmerkmale wie z.B. Logo, Typographie und Hausfarbe erreicht werden.

Corporate Finance, angloamerikanischer Begriff für Unternehmensfinanzierung. In der Bankpraxis ist C.F. der Sammelbegriff für Beratungs- und Finanzierungsdienstleistungen einer Bank. Dazu gehören i.d.R. neben dem → Investment Banking auch die Vermittlung von Unternehmenszusammenschlüsse oder Unternehmensübernahmen und die Finanzierung dieser Geschäfte (→ Merger & Acquisition).

Corporate Governance, Verhaltenskodex für die Leitung und Überwachung eines Unternehmens, wie z.B. die rechtliche und tatsächliche Verteilung der Aufgaben zwischen Aufsichtrat, Vorstand und Eigentümern. Eine optimale Verteilung der Aufgaben sichert den Erfolg eines Unternehmens und schafft Vertrauen in das Unternehmen. – Der Deutsche Corporate Governance Kodex (CCGK) fasst die Grundsätze einer verantwortungsvollen Unternehmensführung zusammen und nennt ca. fünfzig Verhaltensempfehlungen für börsennotierte Unternehmen. Bei der Aufstellung des Kodex wurden die von Geldanlegern häufig kritisierten Punkte wie mangelhafte Ausrichtung auf Aktionärsinteressen, mangelhafte Transparenz deutscher Unternehmensführungen oder mangelnde Unabhängigkeit deutscher Aufsichträte berücksichtigt. – *Weitere Informationen unter* www.corporate-governance-code.de.

Corporate Identity, Konzept der strategischen Unternehmensführung zur Positionierung der Identität oder des Selbstverständnisses eines Unternehmens. Ziel ist es, nach außen ein einheitliches, unverwechselbares Unternehmensbild (sog. Corporate Image) zu erreichen. Nach innen soll ein „Wir-Gefühl" und eine gelebte → Unternehmenskultur geschaffen werden. C.I. umfasst:

- Corporate Behaviour: Verhalten eines Unternehmens gegenüber Mitarbeitern sowie gegenüber Kunden und der Öffentlichkeit.
- Corporate Communication: unternehmensbezogene → Kommunikationspolitik, vor allem Werbung und Public Relations.
- Corporate Design: Visuell einheitliches Erscheinungsbild eines Unternehmens.

Corporate Image, → Corporate Identity.

Corporate Social Responsibility (CSR), Begriff für die unternehmerische soziale Verantwortung von Unternehmen, z.B. durch nachhaltiges Wirtschaften und die Bereitschaft, gesellschaftliche Verantwortung zu tragen. Inhalt von CSR sind Themen wie Menschenrechte, Kinderarbeit, Bestechung, Gemeindeaktivitäten, Beziehungen zu Lieferanten und Kunden, ethische Werte, Beschäftigung von behinderten Menschen, Rechte von Arbeitnehmern, etc.

Cotonou-Abkommen, Abkommen der Europäischen Union mit 77 Staaten aus Afrika, dem karibischen Raum und im Pazifischen Ozean. Das C.-A. löste 2000 das Lomé-Abkommen ab. Ziel des C.-A. ist vor allem die Armutsbekämpfung. Es ist umfassender als das Lomé-Abkommen, da es neben der wirtschafts- und entwicklungspolitischen Zusammenarbeit auch die Frage der Menschenrechte und die konkrete Einführung eines bilateralen freien Handels mit Waren und Dienstleistungen im Zeitraum von 2008 bis 2020 regelt.

Counseling, Instrument der Personalentwicklung. Ein Vorgesetzter begleitet einen Mitarbeiter bei der Arbeitsdurchführung, so dass der Mitarbeiter eigene Erfahrungen sammeln kann. Durch Hilfestellung des Vorgesetzten soll dem Mitarbeiter das Hineinwachsen in eine neue Aufgabe erleichtert werden.

Couponing, Verkaufsförderung mittels Preisnachlass-Kupons (Gutscheine).

Courtage. 1. Gebühr, die der Börsenmakler für die Vermittlung eines Börsengeschäfts vom Käufer und vom Verkäufer erhält. – 2. Gebühr, die der Versicherungsmakler für einen Vertragsabschluss von der Versicherungsgesellschaft erhält.

c.p., Abk. für ceteris paribus, → Ceteris-Paribus-Annahme.

Cross Border Leasing, Form der Exportfinanzierung. Ein oder mehrere inländische Investoren (Leasinggeber) bestellen bei einem inländischen Produzenten einen Leasing-Gegenstand nach Bedarf eines ausländischen Nutzers (Leasingnehmer), kaufen und vermieten diesen an den Leasingnehmer. Durch das C.B.L. kann der Leasingnehmer den Leasing-Gegenstand ohne eigene Geldmittel finanzieren.

Crossmedia, Begriff aus der Werbung für den gleichzeitigen Einsatz mehrerer Werbeträger wie z.B. Fernsehen, Radio und Kino.

Cross Selling, Nutzung eines Kaufs oder einer Dienstleistung für weitere Produktkäufe oder Dienstleistungen.

Crowding-out-Effekt, besagt, dass durch die Aufnahme von Krediten durch den Staat private Wirtschaftsaktivitäten verdrängt werden. Durch die öffentliche Verschuldung wird die Nachfrage auf Geld- und Kapitalmärkten erhöht, so dass es zu Zinserhöhungen kommt. Die private Kreditnachfrage wird als Folge zurückgehen.

C2C, → Consumer to Consumer.

Culpa in Contrahendo, → Verschulden bei Vertragsabschluss.

Currency Board System, Währungssystem, bei dem eine inländische Währung fest an eine stabile ausländische Währung (sog. Ankerwährung) gekoppelt wird. Der Hauptteil der umlaufenden Banknoten und Münzen sowie alle Kontenguthaben der Kreditinstitute müssen durch fremde Währungsreserven gedeckt sein. Somit ist sichergestellt, dass die heimische Währung jederzeit in die Ankerwährung umgetauscht werden kann. Die Einführung eines C.B.S. ist häufig für Länder attraktiv, die hohe Inflationsraten haben und sich so eine Rückkehr zur Geldwertstabilität erhoffen.

Customer Relationship Management, Konzept des Konsumgütermarketing zur langfristigen Kundenbindung und Kundenzufriedenheit. Während der klassische Marketing-Ansatz vorwiegend produktorientiert und auf die Gewinnung von Kunden ausgerichtet ist, stehen im Mittelpunkt des C.R.M. die Beziehungen zum Kunden. C.R.M. umfasst neben der Gewinnung neuer Kunden vor allem die Nutzung der vorhandenen Kunden für weitere Geschäfte. Wesentlich für das C.R.M. ist die umfassende und individuelle Kundenansprache, z.B. durch Direktmarketing und Kundenclubs. Die Grundlage des C.R.M. bilden Datenbanken und Call Center.

Customizing, Planung, Steuerung und Kontrolle aller auf den Markt ausgerichteten Unternehmensaktivitäten mit dem Ziel, die individuellen Kundenbedürfnisse zu befriedigen. Beispielsweise werden beim Customized Marketing Massenprodukte individualisiert. D.h., ein Grundmodell wird durch die Entwicklung zahlreicher Produktvarianten den Wünschen des einzelnen Kunden angepasst.

D

Dachfonds, → Investmentfonds von Gesellschaften, die Anteile anderer Fonds kaufen und hierüber eigene Anteile ausgeben. Beispielsweise besitzt ein Aktiendachfonds keine Aktien, sondern nur Anteile an einem Aktienfonds. Vorteil eines D. ist die relativ breite Risikostreuung und damit meist ein besserer Schutz vor Verlusten.

Dachgesellschaft, → Holdinggesellschaft.

Dachmarke, → Marke, unter der alle Produkte eines Unternehmens geführt werden. In einem Konzern sind mehrere D. nebeneinander möglich, z.B. im VW-Konzern VW, Audi, Skoda und Seat. Durch eine D. soll das positive Image von Einzelprodukten auf das gesamte Leistungsangebot des Unternehmens übertragen werden.

Damnum, Unterschiedsbetrag zwischen dem Rückzahlungsbetrag eines Darlehens oder einer Forderung und dem tatsächlich an den Darlehensnehmer gezahlten Betrag. Das D. kann in Form eines Abschlags bei der Auszahlung des Darlehens (→ Disagio), eines Zuschlags bei der Rückzahlung (→ Agio) oder durch eine Verbuchung der ersten Tilgungsrate vorgenommen werden.

Darlehen. 1. *Bürgerliches Gesetzbuch (BGB):* → Vertrag, durch den sich der Darlehensgeber verpflichtet, dem Darlehensnehmer Geld (Gelddarlehen) oder andere Sachen (Sachdarlehen) zu überlassen. Der Darlehensnehmer verpflichtet sich, einen vereinbarten Zins zu zahlen und bei Fälligkeit den Darlehensbetrag zurückzuerstatten. Im Fall eines Sachdarlehens muss der Darlehensnehmer das vereinbarte Darlehensentgelt zahlen und bei Fälligkeit Sachen gleicher Art, Güte und Menge zurückgeben. – Ein D. kann auch ohne Zinszahlungen gewährt werden. – Die nach dem BGB vorgeschriebene Kündigungsfrist für ein D. beträgt drei Monate. Diese kann jedoch vertraglich anders vereinbart werden. – 2. *Bankpraxis:* Ein D. wird in Form von Bargeld oder Kontogutschrift in einer Summe oder in mehreren Teilbeträgen gewährt. Die Rückzahlung kann in festgelegten Raten oder in einer Summe am Ende der Laufzeit erfolgen. – 3. Die Begriffe D. und → Kredit werden in der Praxis häufig synonym verwendet.

Darlehenszinsen, Preis für ein → Darlehen, der vom Darlehensnehmer am Ende eines Jahres oder bei der früheren Rückzahlung an den Darlehensgeber zu zahlen ist. Die Höhe der D. kann vertraglich frei vereinbart werden. Sie orientiert sich jedoch i.d.R. am jeweiligen Zinsniveau.

Database, → Datenbank.

Database Marketing, Marketingmaßnahmen auf der Grundlage einer → Datenbank, die Informationen zu Kunden, möglichen Kundengruppen und Stammkunden enthält. In der Datenbank werden neben Adressen und persönlichen Angaben wie Alter, Geschlecht und Ausbildung auch persönliche Einstellungen des Kunden, Kauf- und Zahlungsverhalten sowie Informationen zu Kundenkontakten gespeichert. Aufgrund dieser Daten können Kunden gezielter und persönlicher angesprochen werden.

Data Mining, computergestützte Verfahren, die eine Auswertung großer Datenbestände ermöglichen. Durch den Einsatz von D.M. können unbekannte Zusammenhänge zwischen den Einzeldaten und Trends aufgedeckt werden. Beispielsweise können auf diese Weise für Kundentreue ausschlaggebende Merkmale oder für ein Produkt typische Käufer ermittelt werden. D.M. wird im Marketing, vor allem im Direktmarketing, zur Zielgruppenanalyse eingesetzt. Es wird aber auch in anderen Bereichen wie z.B. in der Finanzplanung (z.B. Prognose von Devisenkursen) genutzt.

Data Warehouse, zentrale → Datenbank, die alle betrieblichen und für das Unternehmen bedeutsamen außerbetrieblichen Daten enthält. Die Daten werden vereinheitlicht, nach Merkmalen wie Kunde oder Warenart geordnet und gespeichert. Wegen der großen Datenmengen werden die Datenbestände häufig in Abteilungsdatenbanken (sog. Data Marts) aufgeteilt. Somit kann auf die Daten leichter zugegriffen werden.

Datenbank, *Database,* Sammlung elektronisch gespeicherter Informationen (Daten), die sortiert, gebündelt, ausgewertet oder weiterverwendet werden können. D. ermöglichen einen schnellen und leichten Zugriff auf die einzelnen Daten.

Datenschutz, Maßnahmen, die den Einzelnen und seine Rechte hinsichtlich der Erfassung und Verwendung seiner → personenbezogenen Daten schützen sollen. Über die Erhebung und Verwendung personenbezogener Daten darf jeder Bürger grundsätzlich selbst bestimmen. Dies wurde 1983 vom Bundesverfassungsgericht als Grundrecht anerkannt. Die Erhebung und Verarbeitung persönlicher Daten ist nur in den Fällen erlaubt, die ausdrücklich gesetzlich vorgesehen sind oder wenn der Betroffene dem zugestimmt hat. Rechtliche Grundlage des D. sind das Bundesdatenschutzgesetz (BDSG) und die Landesdatenschutzgesetze (LDSG) für Datenverarbeitung der Landesbehörden.

Datenschutzbeauftragter, Person, die in einer Behörde oder in einem Unternehmen die Einhaltung der Datenschutzbestimmungen überwacht. Der D. soll vor allem die ordnungsgemäße Anwendung der Computer und Softwareprogramme überwachen und Mitarbeiter zum Datenschutz schulen. Nach dem Bundesdatenschutzgesetz (BDSG) ist ein D. in einem Unternehmen vorgeschrieben, wenn mindestens fünf Personen mit der Erfassung und Verarbeitung → personenbezogener Daten (z.B. Mitarbeiter- und Kundendaten) beschäftigt sind oder Zugriff auf diese Daten haben. Behörden müssen grundsätzlich einen D. ernennen, wenn sie personenbezogene Daten verarbeiten. – Vgl. auch → Bundesbeauftragter für den Datenschutz.

Dauerauftrag, Anweisung an ein Kreditinstitut, regelmäßig Zahlungen in gleicher Höhe und an denselben Empfänger zu leisten (z.B. Miete oder Mitgliedsbeiträge). Die Eröffnung, Änderung und Löschung eines D. wird auf einem besonderen Formblatt angegeben und erfolgt zunehmend an Selbstbedienungsgeräten in den Filialen oder über Internet (→ Home Banking). Für die termingerechte Ausführung des D. haftet das Kreditinstitut.

Dauerlieferungsvertrag, *Sukzessivlieferungsvertrag, Ratenlieferungsvertrag,* → Vertrag, nach dem ein Vertragspartner eine Warenmenge in Raten (Teillieferungen) liefern muss. I.d.R. zahlt der andere Vertragspartner ebenfalls ratenweise. Versäumt eine Partei den Liefer- oder Zahlungszeitpunkt oder ist eine Teillieferung mangelhaft, kann der andere vom Vertrag zurücktreten oder Schadensersatz verlangen.

dauernde Lasten, Begriff aus dem Einkommensteuerrecht für regelmäßig wiederkehrende Zahlungen, die ein Steuerpflichtiger für längere Zeit einen anderen gegenüber zu erbringen hat aufgrund rechtlicher Verpflichtungen (Vertrag, Testament, Gesetz). Die d.L. muss über eine Mindestlaufzeit von zehn Jahren geleistet werden. – D.L. sind beim Leistenden voll abzugsfähig und Empfänger in voller Höhe zu versteuern.

Dauerschulden, Begriff aus dem Gewerbesteuerrecht. D. sind Schulden, die mit der Gründung eines Betriebs oder dem Erwerb eines Betriebs, Teilbetriebs oder Anteils am Betrieb zusammenhängen. Nicht zu den D. zählen Schulden, die nur zur vorübergehenden Stärkung des Eigenkapitals bis zu einem Jahr aufgenommen werden.

Dauerschuldverhältnis, → Vertrag, bei dem die geschuldete Leistung über einen längeren Zeitraum regelmäßig erfolgt. Beispiele hierfür sind Miete, Pacht, Darlehen, Dienstvertrag, Versicherungsvertrag und Gesellschaftsvertrag. Das D. kann nach dem Bürgerlichen Gesetzbuch (BGB) aus wichtigem Grund fristlos gekündigt werden.

DAX, Abk. für → Deutscher Aktienindex.

DAX-Future, Börsentermingeschäft (→ Future), das sich auf dem → Deutschen Aktienindex (DAX) bezieht. Es werden der Fälligkeitstag und ein DAX-Wert zu einem Zeitpunkt vereinbart. Liegt der DAX-Stand am Fälligkeitstag über dem bei Geschäftsabschluss vereinbarten Wert, so erhält der Käufer den entsprechenden Differenzbetrag in Höhe von 25 Euro je DAX-Punkt. Liegt der DAX-Stand dagegen unter dem vereinbarten Wert, muss er den Differenzbetrag an den Verkäufer zahlen. Da beim DAX-F. eine tatsächliche Lieferung des Vertragsgegenstandes nicht möglich ist, erfolgt am Fälligkeitstag eine Ausgleichszahlung der erzielten Gewinne oder Verluste in bar. DAX-F. werden an der Terminbörse → EUREX gehandelt.

DAX-Volatilitätsindex, → VDAX.

Day Trading, An- und Verkauf von Wertpapieren am gleichen Börsentag durch professionelle Händler, aber auch durch private Anleger über das Internet.

Debet, → Soll.

Debitkarte, *Bankkundenkarte.* → Zahlungskarte, die von Kreditinstituten herausgegeben wird. Mit der D. können Barabhebungen an Geldautomaten und bargeldlose Zahlungen an Computerkassen von Handels- und Dienstleistungsunternehmen (→ Point-of-Sale-Zahlung) vorgenommen werden. Nach dem Einsatz der D. werden die Zahlungsbeträge dem Konto des Karteninhabers ohne Zeitverzug belastet. Außerdem können die D. für den Zugang zu Kontoauszugsdruckern und Selbstbedienungsgeräten eingesetzt werden.

Debitoren, Begriff aus der Buchhaltung für Kunden, die Waren auf Ziel bezogen, d.h. auf Kredit gekauft haben (→ Schuldner). – *Gegensatz:* → Kreditoren.

Deckung. 1. *Geldpolitik:* Bereithaltung von Mitteln seitens der Zentralbank zur Einlösung von Banknoten. In modernen Wirtschaftssystemen sind für die Stabilität des Geldwertes keine gesetzlichen Deckungsvorschriften vorgesehen. – 2. *Zahlungsverkehr:* Stehen einer in Auftrag gegebenen Überweisung, einer Lastschrift, einem ausgestellten Scheck oder Wechsel ausreichende Mittel auf dem Konto des Auftragsgebers oder Zahlungspflichtigen gegenüber, wird dies als D. bezeichnet.

Deckungsbeitrag, Begriff aus der Kostenrechnung für den Unterschiedbetrag zwischen → Umsatzerlös und → variablen Kosten. Der D. ist somit der Beitrag eines Produktes oder einer Produktgruppe zur Deckung der → fixen Kosten und damit zur Gewinnerzielung.

Deckungsbeitragsrechnung, betriebswirtschaftliche Erfolgsrechnung, die auf der Trennung von → variablen Kosten und → fixen Kosten beruht (→ Teilkostenrechnung). Im Rahmen der D. werden einem Produkt, einer Produktgruppe oder einem Geschäftsbereich nur die variablen Kosten zugeordnet. Die fixen Kosten werden als Block bei der Ermittlung des Gesamtbetriebsergebnisses berücksichtigt. Die D. ist ein wichtiges Instrument zur Planung und Kontrolle unternehmenspolitischer Entscheidungen eines Unternehmens. Typische Anwendungsbereiche der D. sind die Ermittlung des Betriebsergebnisses und die Kontrolle der Wirtschaftlichkeit einzelner Produkte, Produktgruppen oder Geschäftsbereiche. – 1. *Einfache D. (Blockkostenrechnung):* Es werden von den Umsatzerlösen jedes einzelnen Produkts deren variablen Kosten abgezogen. Die so ermittelten → Deckungsbeiträge werden addiert. Von der Summe aller Deckungsbeiträge werden die fixen Kosten dann als Block abgezogen. Mit der einfachen D. lässt sich feststellen, ob ein einzelnes Produkt einen positiven Deckungsbeitrag erbringt und ob die fixen Kosten insgesamt gedeckt werden können. → Direct Costing ist ein Beispiel für eine einfache D. – 2. *Mehrstufigen D. (Fixkostendeckungsrechnung):* Im ersten Schritt werden wie bei der einfachen D. die Deckungsbeiträge der einzelnen Produkte berechnet. Diese Deckungsbeiträge werden nach Bezugsobjekten zusammengefasst. Dies können Produktgruppen, Geschäftsbereiche, Teilmärkte oder Kunden sein. Die fixen Kosten werden nach ihrer Zurechenbarkeit auf die einzelnen Bezugsobjekte in Erzeugnis-, Erzeugnisgruppen-, Bereichs- und Unternehmensfixkosten aufgeteilt und zugeordnet. Auf diese Weise kann die Wirtschaftlichkeit einzelner Produktgruppen oder Geschäftsbereiche kontrolliert werden.

Deckungsgrad, → Liquiditätsgrad.

Deckungsrückstellung, → Rückstellung, die nach dem Versicherungsaufsichtsgesetz (VAG) von 1992 und dem Handelsgesetzbuch (HGB) für zukünftige Versicherungsleistungen von Versicherungsunternehmen zu bilden ist. Die D. ist in der Lebens- und Krankenversicherung, aber auch in der Unfall- und Haftpflichtversicherung von besonderer Bedeutung. – Zur Sicherung der als D. ausgewiesenen Ansprüche ist ein Sondervermögen, das von einem Treuhänder (→ Treuhandschaft) überwacht wird (sog. Deckungsstock), zu bilden.

Deckungsstock, → Deckungsrückstellung.

Deckungsstockfähigkeit, Begriff für die Eigenschaft von Wertpapieren, die von Versicherungsgesellschaften gekauft und als Vermögenswert in den Deckungsstock (→ Deckungsrückstellung) eingebracht werden dürfen. Als deckungsstockfähig gelten Wertpapiere nur dann, wenn sie den Bestimmungen des Versicherungsaufsichtsgesetzes (VAG) genügen.

Deckungszusage, Vereinbarung eines vorläufigen Versicherungsschutzes vor Abschluss des Versicherungsvertrags und Zahlung der ersten Prämie. Der vorläufige Deckungsschutz kann jedoch rückwirkend entfallen, wenn der Versicherungsnehmer innerhalb einer vertraglich festgelegten Frist die erste Prämie nicht gezahlt hat.

Deficit Spending, wirtschaftspolitische Maßnahme des → Keynesianismus. D.S. ist die durch Kredite finanzierte Erhöhung der öffentlichen Ausgaben, um in einer konjunkturellen Abschwungphase die Nachfrage zu erhöhen und damit die Konjunktur anzukurbeln. Boomt die Wirtschaft, soll die Verschuldung verringert werden. In Deutschland ist D.S. rechtlich nicht vorgesehen.

Defizit, Überschuss der Ausgaben gegenüber den Einnahmen. Beim öffentlichen Haushalt spricht man von Haushaltsdefizit (→ öffentliche Verschuldung), im kaufmännischen Rechnungswesen von einem Kassendefizit (Fehlbetrag auf einem Kassenkonto).

Deflation, Rückgang der Konjunktur, verbunden mit einem Verfall der Preise und somit des Preisniveaus. Der D. kommt heute keine praktische Bedeutung mehr zu. – *Gegensatz:* → Inflation.

degressive Abschreibung, → Abschreibungsmethoden.

degressive Kosten, *unterproportionale Kosten.* → Kosten, die langsamer als die Kosteneinflussgrößte (z.B. Rabatte beim Einkauf großer Mengen) steigen. – *Gegensatz:* → progressive Kosten.

Delikt. 1. *Zivilrecht:* ein schuldhaftes Verhalten, das zu einer Schadensersatzpflicht führt (→ Schadensersatz). Ein D. wird auch als unerlaubte Handlung bezeichnet. – 2. *Strafrecht:* eine mit Strafe bedrohte rechtswidrige Handlung.

Deliktsfähigkeit, Begriff aus dem Bürgerlichen Recht. Die D. ist die Fähigkeit, durch eine unerlaubte Handlung schadensersatzpflichtig (→ Schadensersatz) zu werden. Zu unterscheiden sind:

- unbeschränkte D.: Kinder unter sieben Jahren sowie Personen mit krankhafter Störung des Geisteszustands sind grundsätzlich nicht schadensersatzpflichtig.
- beschränkte D.: Kinder und Jugendliche zwischen sieben und 18 Jahren sind haftbar, wenn die erforderliche Einsicht vorhanden ist.
- volle D.: Nach der Vollendung des 18. Lebensjahrs ist i.d.R. jeder schadensersatzpflichtig.

Anders: → Geschäftsfähigkeit.

Delkredere. 1. *Handelsrecht:* Garantie für den Eingang einer Forderung. Der Delkrederegeber haftet somit gegenüber dem Gläubiger im Fall der Zahlungsunfähigkeit des Schuldners. Das Handelsgesetzbuch (HGB) sieht die Delkrederehaftung beim → Handelsvertreter und beim Kommissionär (→ Kommissionsgeschäft) vor. Der Delkrederegeber erhält für die Übernahme des D. eine zusätzliche Vergütung (sog. Delkredereprovision). – 2. *Rechnungswesen:* Als D. wird die → Wertberichtigung für voraussichtliche Forderungsausfälle bezeichnet.

Delkredereprovision, → Delkredere.

Depositen, die befristeten und unbefristeten → Einlagen, die nicht der Vermögensanlage dienen oder auf Spar- und Kontokorrentkonten geführt werden. Die Abgrenzung ist jedoch problematisch, da die Motive, warum der Kunde Geld anlegt, für das Kreditinstitut nicht immer erkennbar sind.

Depositengeschäft, → Einlagengeschäft.

Depot, Aufbewahrungsort für Wertgegenstände (vor allem Wertpapiere), der i.d.R. bei Kreditinstituten eingerichtet ist. In Bezug auf die unterschiedliche Aufbewahrung der Wertpapiere werden folgende Depotarten unterschieden:

- Sammeldepot (Sammelverwahrung): Aufbewahrung von Wertpapieren gleicher Art unterschiedlicher Hinterleger.
- Streifbanddepot (Sonderverwahrung): getrennte Aufbewahrung von Wertpapieren. Die Wertpapiere des Hinterlegers können aufgrund einer besonderen Kennzeichnung (Streifband) von denen Dritter oder von den eigenen Beständen der Bank unterschieden werden.

Beim offenen D. sind die hinterlegten Wertgegenstände der Bank bekannt, beim geschlossenen D. unbekannt. Bei offenen D. wird die Depotverwaltung von der Bank übernommen.

Depotgeschäft, → Bankgeschäft im Sinn des Kreditwesengesetzes (KWG). Das D. ist die gewerbsmäßige Aufbewahrung und Verwaltung von Wertgegenständen, vor allem Wertpapiere durch ein Kreditinstitut. Gesetzliche Regelungen zum D. enthält das Bürgerliche Gesetzbuch (BGB) und das Gesetz über die Verwahrung und Anschaffung von Wertpapieren (Depotgesetz, DepotG).

Depression, → Konjunkturzyklus.

Deputat, → Belegschaftsrabatt, → Sachbezüge.

Deregulierung, Abbau bestehender staatlicher Regelungen, vor allem bürokratischer und gesetzlicher Vorschriften. Deregulierungsmaßnahmen werden häufig in der wirtschaftspolitischen Diskussion gefordert, damit durch die Beseitigung von einschränkenden Bestimmungen mehr Wettbewerb entsteht. Auf diese Weise sollen unternehmerisches Handeln und die Wettbewerbsfähigkeit der Wirtschaft gefördert werden. – *Gegensatz:* → Regulierung.

Derivate, *Finanzderivate.* → Termingeschäfte, deren Marktpreise (Kurse) von anderen → Finanzinstrumenten wie Wertpapieren, Aktienindizes oder Zinssätzen abhängig sind. Dazu zählen vor allem → Futures und → Optionen. D. werden entweder an Terminbörsen oder außerhalb von Börsen an sog. → Over-the-Counter-Märkten gehandelt.

derivativer Firmenwert, → Firmenwert.

Deutsche Börse AG, Dachgesellschaft der Gruppe Deutsche Börse. Hauptsitz in Frankfurt a.M. Die D.B. AG ist Trägergesellschaft der Frankfurter Wertpapierbörse. Außerdem ist sie Eigentümerin der Clearstream International S.A., der Deutschen Börse Systems AG, der Deutschen Börse IT-Holding GmbH und der → EUREX. – Die D.B. AG gliedert den Handel an der Frankfurter Wertpapierbörse in drei Teilmärkte, die sich hinsichtlich der Transparenzanforderungen unterscheiden. Dies sind der → General Standard und → Prime Standard sowie der → Freiverkehr. Die D.B. AG bietet außerdem umfassende Börsendienstleistungen in den Bereichen Informationstechnologie sowie Handel und Abwicklung an. – *Weitere Informationen unter* www.-deutsche-boerse.de. – Vgl. auch → Börse.

Deutsche Bundesbank, Zentralbank der Bundesrepublik Deutschland und seit 1999 Bestandteil des → Europäischen Systems der Zentralbanken (ESZB). Sitz in Frankfurt a.M. Seit dem Inkrafttreten des ESZB sind die ursprünglich auf der Bundesbankebene angesiedelten Aufgaben der Sicherung der Währung und die Verantwortung für die Abwicklung des Zahlungsverkehrs auf das ESZB übergegangen. Die D.B. ist gegenüber dem ESZB weisungsgebunden und setzt dessen Ziele auf deutscher Ebene um. – *Weitere Informationen unter* www.bundesbank.de.

Deutscher Aktienindex (DAX), → Aktienindex, der die 30 umsatzstärksten deutschen Aktien (→ Blue Chips) beinhaltet. Die Gewichtung einzelner Aktien innerhalb des DAX richtet sich nach dem aktuellen Kurswert und der Anzahl frei handelbarer Aktien. Die Auswahl der DAX-Aktien erfolgt nach dem Börsenumsatz und dem Börsenwert aller frei handelbaren Aktien. Beim DAX handelt es sich um einen sog. Performanceindex, da neben den Veränderungen des Börsenkurses auch zusätzlich Zahlungen wie Zinsen oder Dividenden und deren Wiederanlage bei der Berechnung berücksichtigt werden. Der DAX wird von der Deutschen Börse AG berechnet und veröffentlicht. – *Weitere Informationen unter* www.deutsche-boerse.de. – Vgl. auch → MDAX, → SDAX, → TecDAX, → VDAX.

Deutscher Gewerkschaftsbund (DGB), Vereinigung und Dachorganisation der deutschen Industriegewerkschaften (→ Gewerkschaft). Dies sind IG Bauen-Agrar-Umwelt, IG Bergbau, Chemie und Energie, Gewerkschaft Erziehung und Wissenschaft, IG Metall, Gewerkschaft Nahrung-Genuss-Gaststätten, Gewerkschaft der Polizei, TRANSNET und ver.di (Vereinigte Dienstleistungsgewerkschaft e.V.). Sitz in Berlin. Aufgaben des DGB sind vor allem die Vertretung der Arbeitnehmerinteressen in der nationalen und internationalen Sozial- und Arbeitsmarktpolitik sowie der Ausbau der Mitbestimmung. – *Weitere Informationen unter* www.dgb.de.

Deutscher Industrie- und Handelskammertag (DIHK), Spitzenorganisation der → Industrie- und Handelskammern (IHK) in Deutschland. Sitz in Berlin. Hauptaufgaben des DIHT sind die Förderung und Sicherung der Zusammenarbeit der Kammern untereinander sowie die Vertretung der Interessen der gewerblichen Wirtschaft innerhalb Deutschlands und im Ausland. – *Weitere Informationen unter* www.dihk.de.

Deutscher Rentenindex (REX), Index, der auf 30 festverzinslichen Wertpapieren (→ Anleihe) mit unterschiedlichen Laufzeiten und Zinssätzen beruht. Der REX zeigt die sich abzeichnende Entwicklung am deutschen Markt für Anleihen (Rentenmarkt) und die Entwicklung des Zinsniveaus auf. Der REX wird von der Deutschen Börse AG berechnet und veröffentlicht. – *Weitere Informationen unter* www.deutsche-boerse.de

Deutsches Patent- und Markenamt, selbstständige Bundesbehörde, die dem Bundesminister der Justiz untersteht. Hauptsitz in München. Außenstellen in Jena und Berlin. Das Patentamt ist die Zentralbehörde auf dem Gebiet des gewerblichen Rechtsschutzes in Deutschland. Es erteilt und verwaltet → gewerbliche Schutzrechte (Patente, Gebrauchsmuster, Marken und Geschmacksmuster). – *Weitere Informationen unter* www.dpma.de.

Deutsches Rechnungslegungs Standards Committee (DRSC), privates Rechnungslegungsgremium, das 1998 nach den Vorbildern des → Financial Accounting Standards Board (FASB) und des → International Accounting Standards Board (IASB) gegründet wurde. Laut dem Handelsgesetzbuch (HGB) hat das DRSC vor allem die Aufgabe, Empfehlungen zur Anwendung von Grundsätzen über die Konzernrechnungslegung (sog. Deutsche Rechnungslegungs Standards (DRS)) zu entwickeln. – *Weitere Informationen unter* www.drsc.de.

Deutsche Terminbörse, → EUREX.

Devisen, Zahlungsmittel in fremder Währung. Es kann sich dabei um Guthaben auf ausländischen Bankkonten oder um Schecks und Wechsel, die auf fremde Währung lauten und im Ausland zahlbar sind, handeln. – Im Devisenhandel werden nur die Guthaben auf ausländischen Bankenkonten als D. bezeichnet. – Vgl. auch → Sorten.

Devisenbewirtschaftung, staatliche Maßnahmen zur Regelung und Kontrolle des Zahlungsverkehrs mit dem Ausland. Der An- und Verkauf von Devisen erfolgt nur über die dafür zuständigen staatlichen Stellen. Durch die D. soll verhindert werden, dass Devisen in einem von staatlicher Seite nicht gewollten Umfang gekauft oder verkauft werden. Häufig sind die Währungen in diesen Ländern überbewertet, so dass der Handel nur auf dem Schwarzmarkt erfolgt.

Devisenbilanz, → Zahlungsbilanz.

Devisenhandel, Kauf und Verkauf von → Devisen. Devisen werden vor allem von Zentralnotenbanken, Kreditinstituten sowie großen Unternehmen gehandelt. Der D. ist weltweit und zu jederzeit mittels Telekommunikation möglich. Im D. werden → Devisenkassageschäfte, → Devisentermingeschäfte und Devisenoptionsgeschäfte (→ Devisenoption) abgeschlossen.

Devisenkassageschäft, Käufe oder Verkäufe von Devisen, die innerhalb von zwei Geschäftstagen nach Geschäftsabschluss zu erfüllen sind. D. werden von Kreditinstituten im Auftrag von Kunden als → Kommissionsgeschäfte (Kundengeschäft) und auf eigene Rechnung (Eigengeschäft) abgeschlossen. – Vgl. auch → Devisenhandel.

Devisenkurs, → Wechselkurs.

Devisenmarkt, Markt, an dem Devisenangebot und -nachfrage zusammentreffen. Am D. bildet sich der → Wechselkurs. Der D. befindet sich in einem (gesamtwirtschaftlichen) Gleichgewicht, wenn die Leistungsbilanz (→ Zahlungsbilanz) ausgeglichen ist und die internationalen Kapitalgeber die zu einem bestimmten Zeitpunkt existierenden Devisenbestände zu halten bereit sind (Bestandsgleichgewicht). Das Devisenmarktgleichgewicht wird bei freien Wechselkursen durch die Anpassung des Wechselkurses erreicht. Im Fall von festen Wechselkursen kommt es zu staatlichen Eingriffen auf dem Devisenmarkt, vor allem zu Stützungskäufen.

Devisenoption, Recht des Inhabers einer → Option, einen bestimmten Währungsbetrag zu einem vereinbarten Kurs bis oder zu einem festgelegten Zeitpunkt zu kaufen oder zu verkaufen. D. werden zur Absicherung von Risiken, die aufgrund fallender oder steigender Kurse bei Außenhandelsgeschäften bestehen, eingesetzt. D. werden aber auch aus spekulativen Gründen gekauft oder verkauft. – Vgl. auch → Devisenhandel.

Devisenreserven, → Währungsreserven.

Devisenspekulation, Käufe oder Verkäufe von Devisen in der Erwartung, dass der Devisenkurs steigt oder sinkt und somit die Devisen mit Gewinn wieder verkauft oder zurückgekauft werden können. Aus spekulativen Gründen können Devisenoptionsgeschäfte (→ Devisenoption) oder → Devisentermingeschäfte abgeschlossen werden.

Devisenswap, → Swap.

Devisentermingeschäft, Käufe oder Verkäufe von Devisen, die nach zwei Geschäftstagen oder später erfüllt werden. D. werden zur Absicherung von Risiken, die aufgrund fallender oder steigender Kurse bei Außenhandelsgeschäften bestehen, eingesetzt. Devisen werden aber auch aus spekulativen Gründen gekauft oder verkauft. – Vgl. auch → Devisenhandel.

Dezentralisation, organisatorische Verteilung von Funktionen und Aufgaben auf verschiedene Stellen. D.h., im Hinblick auf ein Merkmal werden gleichartige Aufgaben stellenmäßig getrennt. – *Gegensatz:* → Zentralisation.

DFC-Methode, Kurzbezeichnung für → Discounted Cashflow-Methode.

DGB, Abk. für → Deutscher Gewerkschaftsbund.

Dienstbarkeit, Recht zur Nutzung einer Sache, durch das das Recht des Eigentümers eingeschränkt wird. D. sind vor allem → Nießbrauch und → Grunddienstbarkeit. D. sind in das → Grundbuch einzutragen.

Dienstgeheimnis, → Betriebs- und Geschäftsgeheimnis.

Dienstleistung, eine nicht stoffliche, nicht körperliche Leistung (immaterielle Leistung). D. sind z.B. Bank-, Transport-, Versicherungsleistungen oder Unterhaltungsleistungen. Sie sind vor allem dadurch gekennzeichnet, dass sie nicht lager- und transportfähig sind.

Dienstleistungsbilanz, → Zahlungsbilanz.

Dienstleistungsfreiheit, Grundfreiheit nach dem europäischen Recht, die für jeden Bürger der Europäischen Union (EU) gilt. Innerhalb der EU kann eine → Dienstleistung in einem anderen EU-Mitgliedstaat zu den dortigen Branchenvorschriften erbracht (aktive D.) oder in einem anderen EU-Mitgliedstaat angenommen (passive D.) werden.

Dienstleistungsmarketing Analyse, Planung, Steuerung und Kontrolle aller marketingpolitischen Maßnahmen eines Dienstleistungsunternehmens. Besonderheiten ergeben sich dabei aus den Merkmalen von Dienstleistungen: Immaterialität, Nichtlager- und Nichttransportfähigkeit sowie Kundenbeteiligung bei der Erstellung. Zu den Instrumenten des D. zählen:

- Leistungspolitik: Dienstleistungen müssen entsprechend den Wünschen und Bedürfnissen der Kunden gestaltet werden. Der Kundennutzen kann vor allem durch Zusatzleistungen (z.B. Essen und Getränke während eines Fluges) gesteigert werden.
- Preispolitik: Der Preis wird häufig vom Kunden als Qualitätsindikator verwendet, da die Qualität einer Dienstleistung vor der Inanspruchnahme vom Kunden nur schwer beurteilt werden kann. Außerdem kann die Preispolitik eingesetzt werden, um eine bessere Kapazitätsauslastung zu erreichen (z.B. unterschiedliche Hotelpreise je nach Saison).
- Distributionspolitik: Standortentscheidungen kommen eine größere Bedeutung als im Konsumgüter- oder Industriegütermarketing zu, da eine Dienstleistung nicht transportfähig ist.
- Kommunikationspolitik: Das Leistungsangebot muss fassbar gemacht werden. Außerdem muss Vertrauen beim Kunden geschaffen werden. Dies kann vor allem durch eine möglichst genaue Beschreibung der Leistung erreicht werden (z.B. im Fall einer Autowaschanlage durch die Beschreibung technischer Besonderheiten).
- Personalpolitik: Sie zählt als zusätzliches Instrument des D. Aufgrund des direkten Kontakts zwischen Mitarbeiter und Kunde ist eine systematische Personalpolitik von besonderer Bedeutung (→ internes Marketing).

Dienstleistungssektor, → tertiärer Sektor.

Dienstleistungsunternehmen, Unternehmen, das Dienstleistungen erstellt und verkauft. Dazu zählen Handelsunternehmen, Verkehrsbetriebe, Telekommunikationsunternehmen, Banken, Versicherungsunternehmen und sonstige Unternehmen wie Gaststätten, Hotels, Restaurants, Friseure, Kinos oder Krankenhäuser. Außerdem sind Freiberufler wie Ärzte, selbstständige Steuerberater oder Makler Dienstleister.

Dienstreise, → Reisekosten.

Dienstvertrag, → Vertrag, bei dem sich ein Vertragspartner verpflichtet, für den anderen zu arbeiten. Ein D. kann über Dienstleistungen jeglicher Art abgeschlossen werden. I.d.R. bestimmt der D. Art, Umfang, Ort und Zeitdauer der Dienstleistung sowie die Vergütung. Zu unterscheiden sind:

- D. unselbstständig Tätiger: → Arbeitsvertrag.
- D. selbstständig Tätiger (Unternehmer oder Freiberufler): In diesem Fall ist derjenige, der die Arbeitsleistung erbringt, wirtschaftlich und sozial unabhängig.

Anders: → Werkvertrag.

Dienstwagen, → Firmenwagen.

Differenzierung, Unternehmensstrategie, bei der ein erfolgreiches Angebot (Produkt, Dienstleistung) genauer an die Wünsche und Bedürfnisse der unterschiedlichen Kundengruppen angepasst wird. Dazu werden die Kunden entsprechend ihren unterschiedlichen Anspruchsschwerpunkten aufgeteilt (→ Marktsegmentierung). Aus einem Einzelprodukt entsteht eine Gruppe von ähnlichen Produkten (Produktlinie). – *Anders:* → Diversifikation.

DIHK, Abk. für → Deutscher Industrie- und Handelskammertag.

dingliches Recht, Recht einer Person an einer Sache (Ding), das gegen jeden Dritten gilt und von jedem anderen anerkannt und berücksichtigt werden muss. Die wichtigsten d.R. sind → Eigentum, → Hypothek, → Grundschuld und → Pfandrecht.

DIN-Normen, technische → Normen, die vom Deutschen Institut für Normung e.V. herausgegeben werden. DIN-N. sind Empfehlungen an Industrie und Handel. – *Weitere Informationen unter* www.din.de.

Direct Costing, *Proportionalkostenrechnung,* eine einfache Form der → Deckungsbeitragsrechnung, die auf der Trennung von → variablen Kosten und → fixen Kosten beruht. Von den Umsätzen je Produkt (→ Umsatzerlös) werden die variablen Kosten abgezogen (→ Deckungsbeitrag). Von der Summe aller Deckungsbeiträge wird dann zur Ermittlung des Betriebsergebnisses der gesamte Fixkostenblock subtrahiert.

Direct Mailing, *Mailing,* Begriff aus dem Marketing. D.M. ist die gezielte Ansprache einer bestimmten Kundengruppe (Zielgruppe) mit einem persönlich adressierten Anschreiben (Brief) oder auch einer E-Mail. D.M. ist eine Maßnahme des → Direktmarketings.

Direct Marketing, → Direktmarketing.

Direktbank, Kreditinstitut, das seinen Kunden Leistungen anbietet, ohne ein Netz von Geschäftsbanken zu unterhalten. Die Bankgeschäfte werden i.d.R. telefonisch, per Fax, online oder per Internet abgewickelt. Eine Beratung findet nur in geringem Umfang statt. Aufgrund der geringeren Verwaltungskosten können dem Kunden Bankgeschäfte günstiger angeboten werden.

direkter Vertrieb, → Absatzweg.

direkte Steuern, Steuern, die direkt vom Steuerschuldner (Unternehmen, Personen private Haushalte) erhoben und gezahlt werden. Zu den d.S. zählen Steuern auf das Einkommen und das Vermögen (z.B. Einkommen-, Lohn-, Körperschaftsteuer und Solidaritätszuschlag) sowie Steuern im Zusammenhang mit dem privaten Verbrauch (z.B. Kraftfahrzeug- und Hundesteuer). – *Gegensatz:* → indirekte Steuern.

Direktinvestition, inländisches Kapital, das im Ausland investiert wird (→ Investition). Das Kapital kann zur Gründung eines neuen Unternehmens im Ausland, zum Kauf eines ausländischen Unternehmens oder Unternehmensteils oder zur Beteiligung an einem ausländischen Unternehmen eingesetzt werden. Offizielle Statistiken rechnen Beteiligungen ab zehn Prozent des Gesellschaftskapitals zu den D. – *Gegensatz:* → Portfolioinvestition.

Direktionsrecht, → Weisungsrecht.

Direktmarketing, *Direct Marketing.* Alle Marketingmaßnahmen, bei dem ein direkter, individueller Kontakt zum Kunden aufgebaut wird. Durch eine persönliche Ansprache sollen Kunden und Kundengruppen gezielt erreicht werden. Wichtige Instrumente des D. sind Direktwerbung (→ Direct Mailing), persönlicher Verkauf und Telefonverkauf (→ Call Center). D. ist für das → Customer Relationship Management von großer Bedeutung.

Direktverkauf, → Absatzweg.

Direktversicherung, eine wichtige Form der → betrieblichen Altersversorgung. Es wird ein Lebens- oder Rentenversicherungsvertrag zwischen dem Arbeitgeber (Versicherungsnehmer) und der Versicherungsgesellschaft zu Gunsten des Arbeitnehmers und/oder dessen Hinterbliebenen vereinbart. Die D. kann als Einzelversicherung, als Gruppenversicherung für alle Mitarbeiter oder nur für eine bestimmte Gruppe von ihnen abgeschlossen werden. Die Mindestlaufzeit beträgt zwölf Jahre. – Häufig werden die Versicherungsbeiträge direkt vom Lohn oder vom Gehalt abgezogen und an die Versicherung gezahlt (sog. Gehaltsumwandlung). – Bei Verträgen, die vor dem 1.1.2005 abgeschlossenen wurden, sind die Versicherungsbeiträge bis zu einem Höchstbetrag von 1.752 Euro pauschal mit 20 Prozent zu versteuern. Für später abgeschlossene Verträge bleiben die Versicherungsbeiträge nach dem Alterseinkünftegesetz (AltEinkG) steuerfrei soweit die Beiträge vier Prozent der → Beitragsbemessungsgrenze in der Rentenversicherung nicht übersteigen. Voraussetzung dafür ist, dass die Auszahlung als lebenslange monatliche Rente oder im Rahmen eines Auszahlungsplans in Raten erfolgt.

Direktvertrieb, → Absatzweg.

Direktzusage, → Pensionszusage.

Disagio, *Abgeld.* 1. Betrag, um den der Ausgabepreis eines Wertpapiers unter dem → Nennwert liegt. – 2. Betrag, um den der Rückzahlungsbetrag eines Darlehens unter dem Auszahlungsbetrag liegt. – *Gegensatz:* → Agio.

Discount Broker, Institut, das Bankdienstleistungen, vor allem die Abwicklung von Wertpapierkauf- und Wertpapierverkaufsaufträgen ohne Beratungsleistungen anbietet. Die Auftragserteilung erfolgt meist über Telefon, per Fax oder per Internet. D.B. verlangen für ihre Leistungen eine relativ geringe Provision.

Discounted Cashflow-Methode, *Discounted Free Cashflow-Methode, Barwert.* Ein in der Praxis häufig verwendetes Verfahren der Unternehmensbewertung. Es wird der Gegenwartswert der zukünftigen Ab- und Zuflüsse berechnet und mit einem Risikoaufschlag abgezinst.

Discounted Free Cashflow-Methode, → Discounted Cashflow-Methode.

Discounter, Einzelhandelsunternehmen, das nur ein begrenztes Sortiment von Waren mit hoher Umschlagshäufigkeit anbietet. Es handelt sich i.d.R. um Selbstbedienungsgeschäfte, die keine Serviceleistungen wie z.B. Beratung bieten und die Waren ohne großen Aufwand präsentieren sowie mit Sonderangeboten oder auch mit Dauerniedrigpreisen werben.

Diskont, Zins, der beim Ankauf von noch nicht fälligen Forderungen abgezogen wird für die Zeit vom Ankaufstag bis zur Fälligkeit der Forderung.

Diskontgeschäft. 1. *Kreditwesengesetz (KWG):* Ankauf von noch nicht fälligen Wechseln und Schecks unter Abzug von Zinsen für die Zeit bis zum Fälligkeitstag (→ Diskont). – 2. *Bankpraxis:* → Diskontkredit.

Diskontierung, *Abzinsung.* Finanzmathematische Bezeichnung für die Bestimmung des Anfangskapitals K_0 bei gegebenen Endkapital K_n, Zinsfaktor q und Laufzeit n. Es gilt: $K_0=1/(q^n \cdot n \cdot K_n)$, wobei q=1+p/100. – Der mathematische Ausdruck $1/q^n$ wird auch als Diskontierungsfaktor bezeichnet. – *Gegensatz:* → Aufzinsung.

Diskontkredit, → Kredit, der durch den Ankauf von noch nicht zur Zahlung fälligen Wechseln gewährt wird. Der → Diskont wird vom Zahlungsbetrag abgezogen. Der Kreditnehmer kann bis zu einer vereinbarten Höhe Wechsel zum Ankauf einreichen. Die Tilgung des D. erfolgt durch die Zahlung des Wechselbetrags bei Fälligkeit.

Diskontsatz, Zinssatz → Diskontkredit.

Diskriminierung, Benachteiligung, indem Personen oder Unternehmen unterschiedlich behandelt werden. – 1. *Wettbewerbsrecht:* → Behinderungs- und Wettbewerbsverbot. – 2. *Arbeitsrecht:* Nach dem noch nicht verabschiedeten Antidiskriminierungsgesetz (ADG) sollen Arbeitgeber dazu verpflichtet werden, bei Neueinstellungen und im Beruf Maßnahmen zum Schutz von Bewerbern und Arbeitnehmern vor D. zu treffen. Wird ein Bewerber oder ein Arbeitnehmer aufgrund von ethnischer Herkunft, Religion, Weltanschauung, Behinderung, Alter, sexueller Identität oder Geschlecht benachteiligt, ist der Arbeitgeber schadensersatzpflichtig.

Disposition. 1. *Organisation:* die von einer Situation abhängige Entscheidung oder Regelung. – 2. *Planung:* die Entscheidung im Rahmen einer kurzfristigen Planung von Mengen und Zeiten, z.B. Bedarfsmengenplanung.

Dispositionskredit, Überziehungskredit, der einem Privatkunden auf seinem Konto von einem Kreditinstitut eingeräumt wird. D.h., bis zu einer bestimmten Kreditlinie kann der Kunde sein Konto überziehen. Die Höhe des D. richtet sich nach den regelmäßigen Einnahmen des Kontoinhabers und wird meistens auf drei Nettomonatsgehälter festgesetzt.

Distribution, gesamtwirtschaftliche Verteilung von Gütern, Dienstleistungen, Rechten usw. – *Anders:* → Absatz, → Vertrieb.

Distributionsorgane, Personen und Einrichtungen, die bei der Verteilung von Waren eingesetzt werden. Dazu zählen:

- Vertriebsorgane des Herstellers, z.B. Verkaufsabteilungen und Reisende
- Absatzmittler, z.B. Groß- und Einzelhändler
- Absatzhelfer, z.B. Handelsvertreter, Spediteur
- Marktveranstaltungen, z.B. Messen, Ausstellungen, Auktionen.

Distributionspolitik, marketingpolitische Maßnahmen, die die Verteilung eines Produktes oder einer Dienstleistung vom Hersteller oder Anbieter bis zum Endverbraucher betreffen. Die D. umfasst:

- Vertriebspolitik: Entscheidungen vor allem über den → Absatzweg und über → Absatzmittler.
- Verkaufspolitik: z.B. Entscheidungen über Verkaufsbezirke, Planung und Steuerung des Außendienstes und Schulungen für Verkäufer.

Distributionsweg, → Absatzweg.

Diversifikation, Ausweitung des Leistungsprogramms eines Unternehmens auf neue Produkte und neue Märkte. Diese Strategie gilt als riskant, da man weder die Kunden kennt, noch über Erfahrungen mit den Produkten verfügt. Zu unterscheiden sind folgende Arten:

- laterale D.: Aufnahme von Produkten, die keinen oder nur minimalen Bezug zu den bisherigen Produkten aufweisen.
- vertikale D.: Aufnahme von Produkten auf der vor- oder nachgelagerten Produktionsstufe (vertikale Integration).
- horizontale D.: Aufnahme von Produkten, die den bisherigen Produkten ähnlich sind und auf derselben Produktionsstufe liegen.

Anders: → Differenzierung.

Dividende, Anteil am Bilanzgewinn. Bei einer Aktiengesellschaft (AG) ist die D. der Gewinnanteil, der auf eine einzelne Aktie entfällt. Die Gewinnanteile der Aktionäre bestimmen sich nach ihren Anteilen am → Grundkapital. Die Höhe der D. wird in Euro pro Mindestnennwert (→ Nennwert) oder in Prozenten des Nennwertes ausgedrückt. Die Satzung kann aber auch eine andere Form der Gewinnverteilung vorsehen. Die Dividendenhöhe wird aufgrund des Jahresabschlusses i.d.R. vom Vorstand und vom Aufsichtsrat vorgeschlagen. Anschließend ist sie von der Hauptversammlung zu beschließen. – Bei der Gesellschaft mit beschränkter Haftung (GmbH) ist die D. der Gewinnanteil, der auf einen Gesellschaftsanteil entfällt. Die Gewinnverteilung erfolgt i.d.R. wie bei der Aktiengesellschaft (AG). – D. sind als Einkünfte aus Kapitalvermögen steuerpflichtig. Im Zusammenhang mit dem Aktienbesitz anfallende Kosten sind abzugsfähig. Seit 2002 gilt für D. das sog. → Halbeinkünfteverfahren.

Dividendenpolitik, Teil der Unternehmenspolitik einer Aktiengesellschaft (AG). Es wird die Höhe und die zeitliche Verteilung der → Dividenden, die an die Aktionäre ausgeschüttet werden sollen, festgelegt. Die AG ist i.d.R. bestrebt, über einen längeren Zeitraum eine möglichst gleichmäßige Dividende zu zahlen.

Dividendenschein, → Kupon.

divisionale Organisation, → Spartenorganisation.

Divisionskalkulation, → Kalkulationsverfahren.

Dokumentenakkreditiv, *Akkreditiv.* Eine im Außenhandel gebräuchliche Zahlungsform. Ein Kreditinstitut (Akkreditivbank) verpflichtet sich im Auftrag seines Kunden (z.B. Importeur), gegen Vorlage bestimmter Dokumente eine Zahlung an einen Dritten (z.B. Exporteur) zu leisten. Bei den Dokumenten kann es sich z.B um Fracht-, Versicherungsdokumente oder Handelsrechnungen handeln. Das D. ist ein Zahlungsversprechen der Bank gegenüber dem Begünstigten. Es gibt dem Begünstigten die Sicherheit, dass er den Erlös aus dem Exportgeschäft erhält. – Vgl. Abbildung „Abwicklung des Dokumentenakkreditivs“. – Es können nach der Art der Verpflichtung folgende Arten des D. unterschieden werden:

- unwiderrufliches unbestätigtes D.: Die Verpflichtung kann von der Akkreditivbank nicht zurückgenommen werden.
- unwiderrufliches bestätigtes D.: Zusätzlich zur Akkreditivbank verpflichtet sich auch die Bank des Akkreditivbegünstigten zur Zahlung.
- widerrufliches D.: Die Akkreditivbank kann ihr Zahlungsversprechen jederzeit ändern oder zurücknehmen.

Nach der Leistungsart und dem Leistungszeitpunkt kann außerdem folgende Unterteilung vorgenommen werden:

- Sichtakkreditiv: Bei Vorlage der Dokumente wird von der jeweiligen Bank sofort gezahlt.
- Nachsichtakkreditiv: Die Bank zahlt erst zu einem festgesetzten Zeitpunkt nach Vorlage der Dokumente.
- Akzeptakkreditiv: Die Bank verpflichtet sich, einen den Dokumenten beigefügten Wechsel des Exporteurs zu akzeptieren oder die Einlösung eines vom Importeur akzeptierten Wechsels zu garantieren.

Abwicklung des Dukumentenakkreditivs

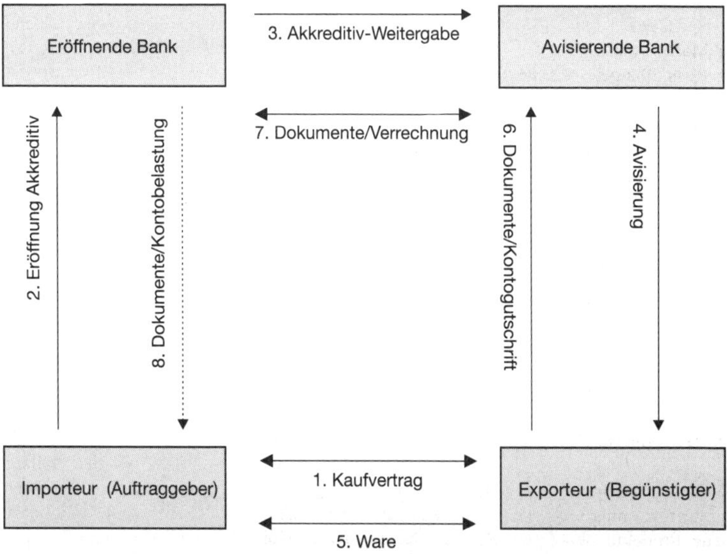

- Negoziierungsakkreditiv: Die Zahlung erfolgt gegen einen Wechsel und/oder ein Dokument durch eine andere Bank, die durch die Akkreditivbank damit beauftragt wurde.

Dokumenteninkasso, Auftrag eines Exporteurs an seine Bank, die von ihm eingereichten Dokumente (z.B Fracht-, Versicherungsdokumente und Handelsrechnungen) an den Importeur zu übergeben. Voraussetzung für die Übergabe ist, dass der Importeur gezahlt, einen Wechsel akzeptiert oder einen unwiderruflichen Zahlungsauftrag unterschrieben hat. Grundlage ist der zwischen Exporteur und Importeur geschlossene Kaufvertrag, in dem die Zahlungsabwicklung über ein D. vereinbart wurde.

Doppelbesteuerung, Bezeichnung für die Besteuerung eines Steuerpflichtigen mit einer gleichartigen Steuer in zwei Ländern. Um eine D. zu verhindern, haben die meisten Staaten untereinander zweiseitige internationale Verträge (Doppelbesteuerungsabkommen) abgeschlossen. So hat Deutschland mit ca. 180 Einzelstaaten Abkommen vereinbart, die eine doppelte Besteuerung im Bereich der Einkommensteuer, aber auch anderer Steuern wie z.B. der Erbschaftsteuer verhindern sollen. – *Weitere Informationen unter* www.bff-online.de

doppelte Buchführung, *Doppik.* Gebräuchliche Form der → Buchführung, bei der jeder Geschäftsvorfall immer mindestens zwei Konten (→ Konto) berührt. Es erfolgt stets eine Soll- und eine Habenbuchung (→ Buchungssatz). Die Gewinnermittlung wird über die → Bilanz und über die → Gewinn- und Verlustrechnung (GuV) durchgeführt.

doppelte Haushaltsführung, Begriff aus dem Einkommensteuerrecht. D.H. ist der Unterhalt eines zweiten Haushalts aus beruflichen Gründen. Die Ausgaben für die d.H. sind als → Werbungskosten abzugsfähig. Die Begrenzung des Abzugs auf eine Frist von zwei Jahren ist seit 2003 entfallen.

Doppik, → doppelte Buchführung.

Dow Jones Index, *Dow Jones Industrial Average.* Der wichtigste und bekannteste US-Aktienindex. Er wird an der New York Stock Exchange für die 30 umsatzstärksten Aktien berechnet. Der Anteil einer Aktie am Index bestimmt sich nur durch ihren Kurs. Der D.J.I. wird während der Börsenzeit laufend ermittelt. – *Weitere Informationen unter* www.djindexes.com.

Dow Jones Industrial Average, → Dow Jones Index.

Drittaufwand, Begriff aus dem Einkommensteuerrecht. D. sind Ausgaben, die mit der Erzielung von → Einkünften in Verbindung stehen, die aber von einem Dritten getragen werden. D. können nicht als Betriebsausgaben oder Werbungskosten des Steuerpflichtigen geltend gemacht werden. Beispielsweise zählen Anschaffungskosten zu den D., wenn der Steuerpflichtige mit dem Kaufgegenstand Einkommen erzielt, aber ein Dritter die Kosten bezahlt hat.

Drittlandsgebiet, Begriff aus dem Umsatzsteuerrecht für Gebiete, die zu keinem Mitgliedstaat der Europäischen Union (EU) gehören. Das D. umfasst außerdem die Gebiete, die nicht zum EU-Zollgebiet gehören (z.B. Helgoland) oder ausdrücklich ausgenommen sind (z.B. Kanarische Inseln, überseeische französische Departements).

Drittschuldner. Person, die bei der → Zwangsvollstreckung durch Forderungspfändung dem Schuldner etwas schuldet. Im Fall der Lohnpfändung ist dies beispielsweise der Arbeitgeber.

DRSC, Abk. für → Deutsches Rechnungslegungs Standards Committee.

dubiose Forderung, → zweifelhafte Forderung.

Due Diligence, Prüfung der rechtlichen und wirtschaftlichen Verhältnisse eines Unternehmens, die ein Käufer eines Unternehmens vornimmt. Mit Hilfe der Prüfung will sich der Käufer davon überzeugen, dass die Annahmen, die er seinem Kaufangebot zugrunde gelegt hat, zutreffen. Er will außerdem prüfen, ob alle wesentlichen Risiken im Kaufvertrag berücksichtigt sind. Die D.D. wird i.d.R. von einer Gruppe von Fachleuten aus dem Unternehmen und mit Hilfe externer Berater durchgeführt.

Due Process, → Financial Accounting Standards Board (FASB).

Dumping, Verkauf von Waren zu Preisen, die unter den → Selbstkosten liegen. Ziel ist es, Wettbewerber aus dem Markt zu verdrängen. D. verstößt gegen das Gesetz gegen Wettbewerbsbeschränkungen (GWB). – Zum Schutz vor ausländischen Dumpingangeboten können im Rahmen der Außenwirtschaftspolitik Zölle eingesetzt werden (→ Protektionismus).

Durchführbarkeitsstudie, → Feasibility-Studie.

Durchfuhrhandel, → Transithandel.

Durchgriffshaftung, → Haftung von Gesellschaftern einer juristischen Personen (z.B. GmbH und GmbH & Co. KG) für Verbindlichkeiten dieser juristischen Person. Die D. kommt nur in Ausnahmefällen in Betracht, z.B. wenn Gesellschaftsvermögen und sonstiges Vermögen nicht unterschieden werden können. D. führt zur vollen persönlichen Haftung.

durchlaufende Posten, Begriff aus dem Rechnungswesen für Beträge, die vom Unternehmen einbehalten und an Dritte weitergeleitet werden. D.P. sind z.B. Arbeitgeberanteile zur Sozialversicherung bei der Lohn- und Gehaltsabrechnung.

Durchschnittsbewertung, ein nach dem Handels- und Steuerrecht zulässiges vereinfachtes Verfahren zur Bewertung von Vermögensgegenständen. Gleichartige Gegenstände des Anlage- und Umlaufvermögens, vor allem der Lagervorräte, werden zusammengefasst. Aus den zu unterschiedlichen Preisen gekauften Waren wird entweder einmal zum Jahresende ein Durchschnittswert gebildet oder es werden während des Jahres laufende Durchschnitte errechnet. – Die D. ist auch nach den International Financial Reporting Standards (IFRS) und den United States Generally Accepted Accounting Principles (US-GAAP) zulässig.

Durchschnittskosten, die durchschnittlich auf eine Leistungseinheit (z.B. Produkt, Auftrag, Kostenstelle) entfallenden Gesamtkosten. – Vgl. auch → Stückkosten.

DVFA-Ergebnis, eine international anerkannte Kennziffer für den Erfolg von deutschen Unternehmen. Das DVFA-E. ist das Unternehmensergebnis (Gewinn/Verlust) pro Aktie, wobei das Unternehmensergebnis nach einem besonderen Gewinnermittlungsverfahren der Deutschen Vereinigung für Finanzanalyse und Asset Management (DVFA) berechnet und um Sondereinflüsse korrigiert wird. Durch das einheitliche Ermittlungsschema sollen Vergleiche zwischen verschiednen Aktiengesellschaften (AG) und Branchen ermöglicht werden. – Vgl. auch → Gewinn je Aktie.

E

Earnings before Depreciation, Interest and Tax (EBDIT), international gebräuchliche Kennziffer, die aus der → Gewinn- und Verlustrechnung (GuV) abgeleitet wird. EBDIT ist der Gewinn vor → Abschreibungen, Zinsen und Steuern. Bei dieser Kennziffer sollen Einflüsse (Abschreibungspolitik, Verschuldungsgrad, Steuereffekte), die unabhängig vom Unternehmen bestehen, ausgeschalten werden, um einen bessern Vergleich zu ermöglichen. Zinsen werden von den Gläubigern (z.B. Banken), Steuern und Abschreibungsmöglichkeiten vom Staat festgelegt.

Earnings before Depreciation, Interest, Tax and Amortisation (EBDITA, EBITDA), international gebräuchliche Kennziffer, die aus der → Gewinn- und Verlustrechnung (GuV) abgeleitet wird. EBDIT ist der Gewinn vor → Abschreibungen, Zinsen, Steuern und Geschäftswertabschreibungen (Amortisation).

Earnings before Interest and Tax (EBIT), international gebräuchliche Kennziffer, die aus der → Gewinn- und Verlustrechnung (GuV) abgeleitet wird. EBIT ist der Gewinn vor Zinsen und Steuern. Beim Vergleich von Unternehmen aus verschiedenen Ländern bleiben somit steuerliche Einflüsse unberücksichtigt. Außerdem wird nur die eigentliche Geschäftstätigkeit des Unternehmens zum Vergleich herangezogen, da der Anteil des Fremdkapitals nicht einbezogen wird. – *Ähnlich:* → Betriebsergebnis.

Earnings per Share, → Gewinn je Aktie.

EBDIT, Abk. für → Earnings before Depreciation, Interest and Tax.

EBDITA, Abk. für → Earnings before Depreciation, Interest, Tax and Amortisation.

EBIT, Abk. für → Earnings before Interest and Tax.

EBITDA, Abk. für → Earnings before Depreciation, Interest, Tax and Amortisation.

E-Business, Kurzbezeichnung für → Electronic Business.

EBWE, Abk. für → Europäische Bank für Wiederaufbau und Entwicklung.

E-Cash, Kurzbezeichnung für → Electronic Cash.

EC-Karte, häufig verwendeter Begriff für die vom deutschen Kreditgewerbe gemeinsam herausgegebene Bankkundenkarte (→ Debitkarte). Bis Ende 2001 war die EC-K. auch als sog. Euroscheck-Karte nutzbar, mit deren Vorlage bis zu einem bestimmten Höchstbetrag ausgestellte Euroschecks von der Bank eingelöst werden mussten.

Ecklohn, im Tarifvertrag festgelegter Stundenlohn für einen Facharbeiter der untersten Tarifgruppe. Auf der Grundlage des E. werden die tariflichen Grundlöhne für andere Lohngruppen berechnet. Im Rahmen von Lohnverhandlungen geht es i.d.R. nur um die Neufestsetzung des E.

Eckrentner, Musterfall eines Beziehers einer Altersrente, der während seines gesamten Arbeitslebens ein durchschnittliches Arbeitsentgelt erzielt hat. Das Verhältnis seiner Rente zum Durchschnittseinkommen beziffert das Rentenniveau.

E-Commerce, Kurzbezeichnung für → Electronic Commerce.

Economies of Scale, *Größenkostenersparnisse, Skalenerträge.* Bezeichnung der Wirtschaftstheorie für Kostenersparnisse, die bei wachsender Ausbringungsmenge auftreten. Die durchschnittlichen Gesamtkosten je Stück sinken langfristig. D.h., die Gesamtkosten nehmen langsamer als die Ausbringungsmenge zu. Diese Kostenvorteile können aufgrund von Spezialisierung durch die Erhöhung der Produktivität oder von Lernprozessen durch zunehmende Erfahrung erreicht werden. Außerdem bringen die größeren Produktionskapazitäten Vorteile, wenn die Anlagen besser genutzt oder Materialien kostengünstiger beschafft werden können. – Vgl. auch → Skalenertrag.

Economies of Scope, *Verbundvorteile,* wirtschaftliche Vorteile, die bei Unternehmen, die mit verschiedenen Produkten auf verschiedenen Märkten tätig sind, auftreten können. Diese Unternehmen können in bestimmten Unternehmensbereichen Synergien zusammenführen, um Kostenersparnisse erzielen. Beispielsweise können die Kosten der Mehrprodukt-Unternehmen für Forschung und Entwicklung (F&E) von zwei verschiedenen Produkten niedriger sein, als wenn die Produkte von zwei Unternehmen gesondert entwickelt würden. – Vgl. auch → Synergie.

ECU, Abk. für European Currency Unit (→ Europäische Währungseinheit).

EDI, Abk. für → Electronic Data Interchange.

Effekten, Sammelbegriff für Wertpapiere, die am Kapitalmarkt gehandelt werden können und zur Geldanlage geeignet sind. Zu ihnen gehören vor allem Aktien, Anleihen, Pfandbriefe und Optionsscheine. Nicht dazu zählen Banknoten, Schecks und Wechsel.

Effektengeschäft, → Bankgeschäft im Sinn des Kreditwesengesetzes (KWG). Es handelt sich dabei um unterschiedliche Geschäfte mit Wertpapieren. Dazu zählen der An- und Verkauf von Wertpapieren in Kommission (→ Kommissionsgeschäft), der An- und Verkauf von Wertpapieren auf eigene Rechnung (Eigengeschäft), die Aufbewahrung und Verwaltung von Wertpapieren (→ Depotgeschäft) sowie die Übernahme und Unterbringung von Wertpapieren auf eigenes Risiko (→ Emissionsgeschäft).

Effektivzins, tatsächlicher Zinssatz eines Kredits oder einer Geldanlage. Bei der Berechnung des E. werden der Nominalzins, Gebühren, Laufzeit und Vereinbarungen zur Rückzahlung berücksichtigt. Nach dem Bürgerlichen Gesetzbuch (BGB) und der Preisangabenverordnung (PAngV) müssen Kreditinstitute bei Krediten an Privatkunden den „effektiven Jahreszins" angeben. – *Gegensatz:* → Nominalzins.

Efficient Consumer Response, ein Managementkonzept, nach dem Lieferanten, Hersteller und Handel eng zusammenarbeiten, um den Warenfluss wirtschaftlicher zu gestalten. Entscheidend ist, dass immer die Kundenwünsche berücksichtigt werden. Ziel von E.C.R. ist es, flexibler, schneller und gezielter auf Änderungen der Kundenachfrage reagieren zu können. Wichtig ist für das Konzept des E.C.R., dass Warenabverkauf und Warennachschub aufeinander abgestimmt sind. Auf diese Weise können die Warenbestände und somit Kosten verringert werden (Efficient Continuous Replenishment). Durch die enge Zusammenarbeit sollen außerdem im Handel Warenangebote wirtschaftlicher und kundenorientierter gestaltet und präsentiert (Efficient Store Assortment) und Hersteller bei der Entwicklung und Einführung neuer Produkte durch Informationsaustausch unterstützt werden (Efficient Product Instruction). Es werden Verkaufsförderungsaktionen gemeinsam geplant und durchgeführt (Efficient Promotions). Eine entscheidende Rolle spielt beim E.C.R. der lückenlose Informationsfluss von den Filialen der beteiligten Händler zurück in die zentralen Systeme des Handels und von dort in die der Hersteller (→ Electronic Data Interchange (EDI)).

Effizienz, Merkmal, mit dem sich beschreiben lässt, ob eine Maßnahme geeignet ist, ein vorgegebenes Ziel in einer bestimmten Art und Weise (z.B. unter Beachtung der Wirtschaftlichkeit) zu erreichen.

EFTA, Abk. für → Europäische Freihandelsassoziation.

e.G., Abk. für eingetragene → Genossenschaft.

EG, Abk. für → Europäische Gemeinschaft und für → Europäische Gemeinschaften.

E-Geld, Kurzbezeichnung für → elektronisches Geld.

EGKS, Abk. für → Europäische Gemeinschaft für Kohle und Stahl.

E-Government, Kurzbezeichnung für → Electronic Government.

Ehegattensplitting, → Splittingverfahren.

EIB, Abk. für → Europäische Investitionsbank.

eidesstattliche Versicherung, Form der Beteuerung, dass eine abgegebene Erklärung richtig ist. Sie wird in vielen Fällen vom Gesetz vorgeschrieben. – Im Rahmen der Zwangsvollstreckung muss der Schuldner bei einer erfolglosen Pfändung dem zuständigen Amtsgericht eine Vermögensaufstellung vorlegen und seine Richtigkeit eidesstattlich versichern. Anschließend trägt das Gericht den säumigen Schuldner in das sog. → Schuldnerverzeichnis ein.

Eigenanzeige, → Selbstanzeige.

Eigenbetrieb, Rechtsform, in der → kommunale Unternehmen geführt werden können. E. sind organisatorisch und finanzwirtschaftlich aus der Gemeindeverwaltung ausgegliedert (→ Sondervermögen). Sie besitzen keine eigene Rechtspersönlichkeit. Die Gemeinde haftet unbeschränkt für die Schulden ihrer E.

eigener Wechsel, → Wechsel.

Eigenfertigung oder Fremdbezug, → Make or Buy.

Eigenfinanzierung, → Finanzierung aus eigenen Mitteln. Dies ist möglich, indem das Eigenkapital des Unternehmens durch Einlagen bisheriger oder neu hinzukommender Gesellschafter erhöht wird (→ Beteiligungsfinanzierung). Es kann aber auch durch die Einbehaltung von Gewinnen zusätzliches Eigenkapital gebildet werden (→ Selbstfinanzierung). In diesem Fall wird der Unternehmensgewinn nicht an die Gesellschafter oder Aktionäre ausgezahlt.

Eigengeschäft, Geschäft im eigenen Namen und auf eigene Rechnung. Beispielsweise kaufen oder verkaufen Kreditinstitute Wertpapiere ohne Auftrag eines Kunden oder ein Einkaufsverband kauft ohne Auftrag seiner Mitglieder Waren. – *Gegensatz:* → Fremdgeschäft.

Eigenheimzulage, Zulage, die Steuerpflichtige erhalten, wenn sie eine Wohnung in einem Haus oder eine eigene Eigentumswohnung gebaut oder gekauft haben. Die Förderung gilt für Häuser und Wohnungen im Inland. Die E. wird für das Jahr der Fertigstellung oder Anschaffung sowie für die sieben folgenden Jahre gezahlt. Ein Anspruch auf die E. besteht jedoch nur für die Jahre, in denen der Steuerpflichtige die Wohnung selbst bewohnt. Voraussetzung für die Gewährung der E. ist, dass die Einkünfte im ersten Zulagenjahr und dem Vorjahr insgesamt 70.000 Euro, bei Zusammenveranlagung der Ehegatten 140.000 Euro nicht übersteigen. Diese Beträge erhöhen sich um 30.000 Euro für jedes Kind. Die E. darf jeder (bei Ehepartnern jeder einzelne) nur einmal beantragen. – Der Förderungsgrundbetrag beträgt ein Prozent der Anschaffungs- oder Herstellungskosten der Wohnung und des zugehörigen Grund und Bodens sowie der innerhalb der ersten zwei Jahre notwendigen Instandhaltungs- und Modernisierungskosten. Maximal beträgt der Fördergrundbetrag 1.250 Euro. Neben dem Förderungsgrundbetrag hat der Steuerpflichtige Anspruch auf eine Kinderzulage (→ Baukindergeld), wenn Kinder zu seinem Haushalt gehören. – Die E. wurde zum 1. Januar 2006 für Neufälle abgeschafft. Anspruch auf die staatliche Förderung hat nur noch, wer bis zum 31. Dezember 2005 einen Bauantrag gestellt oder einen Kaufvertrag abgeschlossen hat.

Eigenkapital, Finanzmittel (→ Kapital) eines Unternehmens, die von seinen Eigentümern zur Verfügung gestellt oder als erwirtschaftete Gewinne im Unternehmens belassen werden. – Bei Einzelunternehmen und den persönlich haftenden Gesellschaftern von Personengesellschaften werden Gewinne, Verluste, Einlagen und Entnahmen auf den sog. Kapitalkonten der Gesellschafter ausgewiesen. – Kapitalgesellschaften müssen nach dem Handelsgesetzbuch (HGB) das E. in der Bilanz in folgende Posten unterteilen und ausweisen:

- gezeichnetes Kapital (nominelles Haftungskapital)
- Kapitalrücklagen
- Gewinnrücklagen (gesetzliche Rücklage, Rücklagen für eigene Anteile, satzungsmäßige Rücklagen, andere Gewinnrücklagen)
- Gewinnvortrag/Verlustvortrag
- Jahresüberschuss/-fehlbetrag.

Gegensatz: → Fremdkapital.

Eigenkapitalquote, betriebswirtschaftliche Kennziffer zur Beurteilung der finanziellen Stabilität und Unabhängigkeit eines Unternehmens. E. ist der Anteil des Eigenkapitals am Gesamtkapital. – Vgl. auch → Kapitalstruktur.

Eigenkapitalrentabilität, betriebswirtschaftliche Kennzahl zur Beurteilung des Erfolgs eines Unternehmens. E. ist das Verhältnis des Gewinns eines Unternehmens zum Eigenkapital. Die E. gibt an, wie sich das Eigenkapital eines Unternehmens innerhalb eines Zeitraums (i.d.R. ein Jahr) verzinst hat. Wegen des unternehmerischen Risikos sollte die E. deutlich über der Verzinsung einer sicheren Geldanlage liegen. – Vgl. auch → Rentabilität.

Eigentum, Begriff aus dem Bürgerlichen Recht für die rechtliche Herrschaft über eine Sache. Im Rahmen der bestehenden Gesetze kann der Eigentümer damit nach Belieben verfahren. E. kann im Fall beweglicher Sachen durch Einigung und Übergabe, im Fall unbeweglicher Sachen (Immobilien, Grundstücke) durch Auflassung und Eintragung in das Grundbuch übertragen werden. Zu unterscheiden sind:

- Alleineigentum: Nur eine Person ist Eigentümer.
- Miteigentum: Mehrere Personen sind Eigentümer. Dazu zählt das Bruchteilseigentum, bei der jedem Eigentümer ein bestimmter ideeller (nicht realer) Anteil gehört. Er kann über diesen Anteil frei verfügen. Er kann ihn verkaufen oder belasten. Außerdem ist das Gesamthandseigentum eine Form des Miteigentums. Beim Gesamthandseigentum gehört allen alles (z.B. das der Gesellschaft gehörende Grundstück).

Anders: → Besitz.

Eigentumsvorbehalt, besondere Vereinbarung in einem Kaufvertrag über bewegliche Sachen. Danach bleibt der Verkäufer so lange Eigentümer (→ Eigentum), bis die Ware vollständig bezahlt ist. Damit das Eigentum bei der Weiterveräußerung oder Verarbeitung nicht untergeht, können zusätzliche Vereinbarungen in folgenden Formen getroffen werden:

- Erweiterter E.: Der E. erstreckt sich nicht nur auf die derzeitigen Warenforderung, sondern auch auf alle weiteren Forderungen.
- Verlängerter E.: Bei einer Weiterveräußerung steht die entstehende Forderung automatisch dem Erstverkäufer zu. Wird die Ware verarbeitet, erhält der Verkäufer ein Miteigentum.
- Weitergeleiteter E.: Anweisung an den Kunden, nur unter E. weiterzuverkaufen.

Ist der Käufer mit der Zahlung im Verzug, kann der Verkäufer vom Vertrag zurücktreten.

Eigenverbrauch, → unentgeltliche Wertabgaben.

Ein-Euro-Job, befristete Beschäftigung für Bezieher von → Arbeitslosengeld II. Zusätzlich zum Arbeitslosengeld II erhalten Ein-Euro-Jobber ein bis zwei Euro pro geleistete Arbeitsstunde. Es muss sich dabei um eine Tätigkeit handeln, die im öffentlichen Interesse liegt und zusätzlich zu den regulären Tätigkeiten anfällt. Welche Tätigkeiten genau dazu zählen, werden von Arbeitsagenturen, Gemeinden, berufständischen Kammern, Kirchen und Wohlfahrtsverbänden festgelegt.

Einfuhr, → Import.

Einfuhrumsatzsteuer, Form der Verbrauchsteuer, die auf die Einfuhr von Gegenständen aus sog. Drittlandsgebieten in das Inland erhoben wird. Die E. wird nicht von der Finanzverwaltung, sondern von den Zollbehörden erhoben und verwaltet. Die E. bemisst sich nach dem Zollwert des eingeführten Gegenstands. – Vgl. auch → Erwerbsteuer.

Einführungswerbung, Werbemaßnahmen zur Unterstützung der Markteinführung eines neuen Produktes. Durch diese Maßnahmen soll das Produkt bekannt gemacht werden. Bei der Markterschließung handelt es sich dabei vor allem um die Ansprache neuer Zielgruppen. Wesentlich für den Erfolg einer E. ist es, dass die definierten Zielgruppen durch die Maßnahmen erreicht werden.

Einfuhrzoll, → Zoll.

eingetragener Verein (e.V.), → Verein.

Eingruppierung, Einordnung eines Arbeitnehmers in eine bestimmte Vergütungsgruppe. Für Lohn- und Gehaltsgruppen, die nach der Art der Tätigkeit gebildet werden, schreibt der Tarifvertrag die Tätigkeitsmerkmale, die für die E. maßgeblich sind, vor. – In Betrieben mit mehr als zwanzig Arbeitnehmern hat der Betriebsrat bei E. ein Mitbestimmungsrecht (→ Mitbestimmung).

Einheitlicher Binnenmarkt, → Binnenmarkt, → Europäische Gemeinschaft (EG).

Einheitskurs, *Kassakurs.* Täglich amtlich ermittelter Börsenkurs. Der Kurs wird einmal täglich vom Kursmakler festgestellt und festgesetzt. Der E. ist der Wert, zu dem die meisten Kauf- und Verkaufsaufträge abgewickelt werden können. Zum E. werden alle Börsenaufträge, die unter einer bestimmten Stückzahl (i.d.R. 50 Stück) liegen, ausgeführt. Es kann sich aber auch um Wertpapiere handeln, für die keine → fortlaufende Notierung erfolgt.

Einheitswert, Begriff aus dem Bewertungsgesetz (BewG) für die Bewertung wirtschaftlicher Einheiten oder Teile nach einem besonderen Verfahren. Nach dem Wegfall der Vermögensteuer ist der E. nur noch bei der Grund- und Erbschaftsteuer sowie bei der Gewinnermittlung in der Land- und Forstwirtschaft von Bedeutung.

Einigungsstelle, innerbetriebliche Schlichtungsstelle, die aus einer gleichen Anzahl von Arbeitgebervertretern und Betriebsräten sowie einem unparteiischen Vorsitzenden besteht. Die E. wird eingerichtet, wenn ein konkreter Konflikt zwischen Arbeitgeber und Betriebsrat besteht. Bei Streitfällen in mitbestimmungspflichtigen Fragen wird die E. auf Antrag nur einer Partei tätig. Bei sonstigen Konflikten müssen beide Parteien die E. beantragen. Ist eine Einigung in mitbestimmungspflichtigen Fragen wie vor allem Arbeitsbedingungen, Versetzungen und Kündigungen zwischen Arbeitgebern und Betriebsräten nicht möglich, entscheidet der Spruch der E.

Einkauf, Sammelbegriff für die Abwicklung der Bestellungen, die Festlegung der Einkaufspolitik und die Beschaffungsmarktforschung. Der Begriff E. ist im Vergleich zur → Beschaffung enger gefasst, da er die Bereitstellung von Gütern nicht einschließt.

Einkaufsgremium, → Buying Center.

Einkaufspolitik, Teilbereich der → Unternehmenspolitik, der sich mit der Bestimmung der Ziele des Einkaufs und der Festlegung der entsprechenden Maßnahmen befasst. Die E. umfasst die Lieferanten- und Kontraktpolitik. Im Rahmen der Lieferantenpolitik erfolgen Lieferantenauswahl und -pflege sowie die Gestaltung der Zusammenarbeit. Die Kontraktpolitik befasst sich mit der Gestaltung von Verträgen, der Festlegung von Preisen und Vertragsbedingungen sowie Garantieansprüche.

Einkommen, Einnahmen in Form von Geld und Gütern. – 1. *Volkswirtschaftliche Gesamtrechnung (VGR):* E. sind alle Entgelte für die Bereitstellung von Arbeit, Kapital und Boden sowie laufende Übertragungen (→ Transfers). Bei der Berechnung des Bruttoinlandsprodukts (BIP) und des Bruttonationaleinkommens (BNP) unterscheidet man folgende Einkommensarten:

- Faktoreinkommen (Leistungseinkommen)
- Transfereinkommen (Übertragungseinkommen).

Vgl. auch → Volkseinkommen. – 2. *Steuerrecht:* Gesamtbetrag der Überschüsse, die eine Person in einem bestimmten Zeitraum erwirtschaftet. – Vgl. auch → Einkünfte, → zu versteuerndes Einkommen.

Einkommenselastizität der Nachfrage, → Elastizität.

einkommenspolitische Empfehlungen, → Lohnleitlinien.

Einkommensteuer, Steuer, die das Einkommen natürlicher Personen erfasst. Dabei werden sieben Einkunftsarten (→ Einkünfte) berücksichtigt. Bemessungsgrundlage für die E. ist das → zu versteuernde Einkommen auf das der Einkommensteuertarif angewandt wird: Ein Grundfreibetrag in Höhe des Existenzminimums bleibt unbelastet, danach beginnt eine untere Proportionalzone mit einem festen Steuersatz von 15 Prozent. Danach steigt der Steuersatz allmählich an (Progressionszone), um schließlich einen Spitzensteuersatz von 42 Prozent zu erreichen. Danach bleibt der Steuersatz konstant bei 42 Prozent. Die E. wird nach Ablauf des Kalenderjahres nach dem Einkommen veranlagt, das während dieser Zeit bezogen wurde. Auf die E. werden geleistete Vorauszahlungen, Lohn- und Kapitalertragsteuer sowie anrechenbare Körperschaftsteuer angerechnet. Besondere Erhebungsformen der E. sind die → Lohnsteuer und die → Kapitalertragsteuer, die bei Einkünften aus unselbstständiger Arbeit und bei Kapitaleinkünften direkt abgezogen werden. – Außerdem ist die E. Bemessungsgrundlage für die → Kirchensteuer und für den → Solidaritätszuschlag.

Einkommensverteilung, Verteilung des → Volkseinkommens auf bestimmte Gruppen, Schichten oder Klassen. Die E., die sich direkt aus dem Produktionsprozess ergibt, wird als Primärverteilung bezeichnet. Sie stellt die Entlohnung der einzelnen Produktionsfaktoren (Arbeit, Kapital, Boden) dar. Die sog. Sekundärverteilung ergibt sich dagegen nach einer Umverteilung des Einkommens. Meistens handelt es sich um staatliche Maßnahmen, die die E. verändern (z.B. Erhebung von Steuern und Sozialabgaben, soziale Leistungen). – Man unterscheidet folgende Arten von E.:

- personelle E.: Aufteilung nach Personen oder Personengruppen. Dabei werden alle Einkommensarten einer Person oder einer Personengruppe zusammengefasst (z.B. Arbeitseinkommen, Zins- und Pachteinnahmen).
- funktionale E.: Aufteilung nach den Funktionen der Produktionsfaktoren Arbeit, Kapital und Boden. Auch die Verteilung des Einkommens nach sozialen Gruppen (Arbeiter, Angestellte, Selbständige, Nichterwerbstätige) ist eine funktionale E. Das Volkseinkommen wird in Arbeitnehmer-, Unternehmer- und Vermögenseinkommen gegliedert (→ Faktoreinkommen).
- Außerdem gibt es die sektorale E. (Aufteilung nach Wirtschaftszweigen), regionale E. (Aufteilung nach Regionen) und die E. zwischen den Generationen (Aufteilung nach Alter).

Einkünfte, Begriff des Einkommensteuerrechts. E. sind der Gewinn oder der Überschuss der Einnahmen über die → Werbungskosten, die der Steuerpflichtige im Rahmen der sieben Einkunftsarten erzielt. Im Einzelnen handelt es sich um folgende Einkunftsarten:

- E. aus Land- und Forstwirtschaft: z.B. E. aus dem Betrieb von Land- und Forstwirtschaft, Wein-, Obst- und Gemüseanbau, Baumschulen, Tierhaltung und Tierzucht, Binnenfischerei, Fischzucht, Imkerei Saatzucht.
- E. aus Gewerbebetrieb: E. aus gewerblichen Unternehmen, Gewinnanteile der Gesellschafter einer offenen Handelsgesellschaft (OHG), Kommanditgesellschaft (KG) oder einer anderen Gesellschaft, bei der die Gesellschafter als Mitunternehmer anzusehen sind, Gewinnanteile der persönlich haftenden Gesellschafter einer Kommanditgesellschaft auf Aktien (KGaA), Vergütungen von Gesellschaftern der Personengesellschaften oder der haftenden Gesellschafter der KGaA sowie Veräußerungsgewinne.
- E. aus selbstständiger Arbeit: z.B. E. aus der Tätigkeit der freien Berufe, E. aus sonstiger selbstständiger Tätigkeit wie Vermögensverwaltung, Aufsichtsratsvergütungen.
- E. aus nichtselbstständiger Arbeit: z.B. Gehälter, Löhne, Provisionen, Gratifikationen, Tantiemen, Ruhegelder.
- E. aus Kapitalvermögen: z.B. Dividenden, sonstige Bezüge aus Aktien, Genussscheine, Zinsen aus Hypotheken, Grundschulden und Renten, Diskontbeträge, Veräußerungseinnahmen von Zinsscheinen, von ab- oder aufgezinsten Kapitalforderungen.
- E. aus Vermietung und Verpachtung: z.B. E. aus Vermietung und Verpachtung von unbeweglichen Vermögen (z.B. Grundstück, Gebäude, Schiffe) und Sachen (vor allem bewegliches Betriebsvermögen).
- sonstige E.: Renten und sog. dauernde Lasten, aber auch Einkünfte aus Unterhaltszahlungen und private Veräußerungsgeschäfte.

Zu den sog. Gewinneinkünften gehören die E. aus Land- und Forstwirtschaft, aus Gewerbebetrieb und aus selbstständiger Arbeit, zu den Überschusseinkünften die E. aus nichtselbstständiger Arbeit, aus Kapitalvermögen, aus Vermietung und Verpachtung sowie die sonstigen E.

Einlage. 1. *Handelsrecht:* alle Bar- und Sachleistungen, die ein Gesellschafter als Beteiligung einbringt. Bareinlagen werden als Kapitaleinlagen, Sacheinlagen als Sacheinlagen bezeichnet. Bei Kapitalgesellschaften erfolgt die Beteiligung durch den Kauf von Aktien oder von GmbH-Gesellschaftsanteilen, bei Personengesellschaften durch die Leistung des im Gesellschaftsvertrag festgelegten Beitrags (sog. private E. des Gesellschafters). – Nach dem Steuerrecht wird eine E. i.d.R.

zum → Teilwert bewertet. Der Teilwert darf jedoch nicht über den Anschaffungs- oder Herstellungskosten liegen. – *Gegensatz:* → Entnahme. – 2. *Bankwesen:* alle Zahlungsmittel aus dem Nichtbankenbereich, die bei Kreditinstituten verwahrt werden. Dazu zählen eingezahlte Geldbeträge sowie kurz-, mittel- oder langfristige Finanzierungsmittel. Grundlage ist ein Darlehensvertrag oder ein Verwahrungsvertrag. – Nach der Art der E. werden unterschieden:

- Sichteinlage
- Spareinlage
- Termineinlage.

Einlagefazilität, → ständige Fazilitäten.

Einlagenfinanzierung, → Beteiligungsfinanzierung.

Einlagengeschäft, → Bankgeschäft im Sinn des Kreditwesengesetzes (KWG). E. ist die Annahme fremder Gelder als verzinsliche oder unverzinsliche → Einlage. Im Fall von Sicht- und Termineinlagen (sog. Depositen) wird dies auch als Depositengeschäft bezeichnet.

Einlagensicherung, Verpflichtung der Kreditinstitute, ihre Einlagen und Verbindlichkeiten aus Wertpapiergeschäften durch die Zugehörigkeit zu einer Entschädigungseinrichtung zu sichern. Die E. besteht nach dem Einlagensicherungs- und Anlegerentschädigungsgesetz (EAG). Die Entschädigung ist auf 90 Prozent der Einlage und 20.000 Euro pro Kunde begrenzt. – Von einer E. durch eine Entschädigungseinrichtung sind wegen der sog. Institutssicherung deutsche Sparkassen und Kreditgenossenschaften befreit. Institutssicherung bedeutet, dass bei Zahlungsschwierigkeiten einer Sparkasse die anderen Institute Liquiditätshilfe gewähren und somit das Institut vor Zahlungsunfähigkeit bewahren. – *Weitere Informationen unter* www.bafin.de.

Einmanngesellschaft, *Einpersonengesellschaft.* Kapitalgesellschaft, bei der alle Geschäftsanteile in einer Hand liegen.

Einnahmen. 1. *Rechnungswesen:* der Geldwert der verkauften Güter und Dienstleistungen eines Unternehmens. Dazu zählen die → Einzahlungen (Barverkäufe von Gütern) zuzüglich der Forderungen (aus Lieferungen und Leistungen) abzüglich der Verbindlichkeiten. – *Gegensatz:* → Ausgaben. – *Anders:* → Erlös, → Ertrag. – 2. *Steuerrecht:* → Betriebseinnahmen.

Einnahmen-Ausgaben-Überschussrechnung, *Einnahmeüberschussrechnung.* Ein im Steuerrecht vorgesehenes vereinfachtes Verfahren der Gewinnermittlung. Bei der E.-A.-Ü. werden Betriebseinnahmen und Betriebsausgaben nach ihrem Zahlungstermin berücksichtigt. Der Gewinn ist die Differenz zwischen Betriebseinnahmen und -ausgaben im Veranlagungszeitraum. – Die E.-A.-Ü. ist für Steuerpflichtige, die nicht der Buchführungspflicht unterliegen, zulässig. Dies sind z.B. Kleingewerbetreibende und Freiberufler.

Einnahmeüberschussrechnung, → Einnahmen-Ausgaben-Überschussrechnung.

Einpersonengesellschaft, → Einmanngesellschaft.

Ein-Prozent-Regelung, einkommensteuerrechtliche Regelung, um die Kosten der privaten Nutzung eines Geschäfts- oder Dienstwagens zu schätzen. Dabei wird zwischen der allgemeinen Privatnutzung und der Nutzung des Pkw für Fahrten zwischen Wohnung und Arbeitsstätte unterschieden. Die allgemeine Privatnutzung wird monatlich mit einem Wert von einem Prozent des Bruttolistenpreises des Kfz (zuzüglich sonstiger Kosten wie z.B. für Sonderausstattung) angesetzt. Fahrten zwischen Wohnung und Arbeitsstätte werden zusätzlich mit 0,03 Prozent je Entfernungskilometer berechnet.

einseitiges Rechtsgeschäft, Rechtsgeschäft, das nur aus einer Willenserklärung besteht. Dies sind z.B. Kündigung,

Rücktritt von einem Vertrag und Testament. – *Gegensatz:* → Vertrag.

Einspruch, Rechtsbehelf gegen eine behördliche Verfügung oder einen gerichtlichen Bescheid. Im Zivilrecht kann ein E. gegen Versäumnisurteile und gegen Vollstreckungsbescheide im Mahnverfahren innerhalb von zwei Wochen eingelegt werden. Im Steuerrecht ist der E. ein außergerichtlicher Rechtsbehelf gegen Steuerbescheide und andere Bescheide der Finanzbehörden. Dieser muss innerhalb eines Monats eingelegt werden.

Einstandspreis, Anschaffungspreis von Waren. Er umfasst den Einkaufspreis sowie alle Kosten, die durch den Transport der Waren entstehen (Verpackung, Versicherung, Fracht, Zoll). – Vgl. auch → Anschaffungskosten.

Einstellung, Abschluss eines → Arbeitsvertrages und/oder die damit zusammenhängende Eingliederung des Arbeitnehmers in den Betrieb. In Betrieben mit mehr als zwanzig Arbeitnehmern unterliegt eine E. dem Mitbestimmungsrecht des Betriebsrats (→ Mitbestimmung).

Einstellungszuschuss, ein von der Bundesagentur für Arbeit gewährter Zuschuss zum Arbeitsentgelt. Ein E. wird an ein neu gegründetes Unternehmen gezahlt, wenn ein neuer Arbeitsplatz mit einem Arbeitslosen besetzt wird und dieser einen unbefristeten Arbeitsvertrag erhält. Die Höhe des E. beträgt maximal 50 Prozent des Arbeitsentgelts und wird maximal für ein Jahr gewährt.

einstweilige Verfügung, eine vorläufige gerichtliche Anordnung in einem beschleunigten Verfahren. Eine e.V. wird zur Sicherung eines Anspruchs erlassen, wenn das normale Verfahren zu lange dauern würde und dadurch die Gefahr von Nachteilen für den Betroffenen besteht. Für den Erlass einer e.V. ist die Dringlichkeit des Anspruchs glaubhaft darzustellen. Zuständig für eine e.V. ist das Gericht, das bei der Erhebung der Klage zuständig wäre, oder in dringenden Fällen das Amtsgericht.

Einzahlung, Zunahme des Bestands an Bargeld und sofort verfügbarer Bankguthaben eines Unternehmens. E. sind somit Übertragungen von Zahlungsmitteln, das ein Unternehmen oder eine Person von anderen (Staat, Unternehmen, Personen) erhält. Durch die laufende Erfassung von E. und Auszahlungen kann das Rechnungswesen die → Liquidität eines Unternehmens bestimmen. – *Gegensatz:* → Auszahlung.

Einzelbewertung, wichtiger → Grundsatz ordnungsmäßiger Bilanzierung. Dieser besagt, dass Vermögensgegenstände und Schulden am Jahresende in der Bilanz einzeln bewertet werden müssen. Nur in Ausnahmefällen sind vereinfachte Verfahren wie die → Gruppenbewertung, die → Festwertbewertung oder die → Durchschnittsbewertung zulässig. – *Gegensatz:* → Pauschalbewertung.

Einzelhandel, → Handel.

Einzelkaufmann, → Einzelunternehmen.

Einzelkosten, → Kosten, die einem Bezugsobjekt wie z.B. Produkt, Auftrag oder Kostenstelle direkt zugerechnet werden können. E. sind vor allem die Kosten für Roh- und Hilfsstoffe sowie Fertigungslöhne. – *Gegensatz:* → Gemeinkosten.

Einzelkostenrechnung, → relative Einzelkostenrechnung.

Einzellöhne, → Fertigungslöhne.

Einzellohnkosten, → Fertigungslöhne.

Einzelproduktion, → Produktionsverfahren, bei dem jedes produzierte Stück auf die Wünsche eines Kunden zugeschnitten ist. E. ist die typische Form der Auftragsfertigung.

Einzelunternehmen, *Einzelkaufmann,* ein Unternehmen, das von einem Alleininhaber geführt wird (→ Kaufmann). Handelt es sich um ein → Handelsgewerbe im Sinn des Handelsgesetzbuches (HGB), kann der Inhaber seinen Namen oder eine beliebige, nicht irreführende Bezeichnung als → Firma führen. Die Firma muss in diesem Fall den Zusatz „eingetragener Kaufmann" enthalten. Der Einzelunternehmer haftet persönlich und unbeschränkt für die Verbindlichkeiten seines Unternehmens. – *Gegensatz:* → Handelsgesellschaft.

Einzelvollmacht, → Handlungsvollmacht.

Einzugsermächtigungsverfahren, → Lastschriftverfahren.

eiserner Bestand, → Sicherheitsbestand.

Elastizität, Begriff aus der Wirtschaftstheorie für das Maß des Wirkungszusammenhangs zweier ökonomischer Größen. Es gibt an, um wie viel Prozent sich das eine Gut verändert, wenn das andere Gut um ein Prozent verändert wird. E. ist ein wichtiges Hilfsmittel der volkswirtschaftlichen Analyse. – Nach dem betrachteten Zusammenhang werden z.B. Angebotselastizität (Angebotsmenge und Preis eines Gutes), Einkommenselastizität der Nachfrage (Nachfrage eines Haushalts nach einem Gut und Einkommen) und direkte Preiselastizität der Nachfrage (Nachfragemenge und Preis eines Gutes) unterschieden.

Electronic Banking, Ausführung von Bankgeschäften unter Nutzung von Informations- und Kommunikationstechnologien. Zum E.B. zählen vor allem → Electronic Cash, Selbstbedienungsgeschäfte (z.B. Nutzung von Kontoauszugsdruckern, Geldautomaten, Kundenterminals) sowie → Home Banking.

Electronic Business, *E-Business.* Optimierung aller Geschäftsprozesse durch den Einsatz von Internettechnologien. D.h., es werden die Anbahnung sowie die Unterstützung, Abwicklung und Aufrechterhaltung des gesamten Leistungsaustauschprozesses vom Hersteller bis zum Endverbraucher einbezogen. Nach den Akteuren wird beim E.B. vor allem zwischen → Business to Business (B2B) und → Business to Consumer (B2C) unterschieden. – Die wichtigsten Teilbereiche des E.B. sind → Electronic Commerce (E-Commerce) und → Electronic Procurement (E-Procurement).

Electronic Cash, *E-Cash.* Zahlungsverfahren, bei dem der Käufer den Kaufpreis mittels Bankkundenkarte (→ Debitkarte) oder mittels → Kreditkarte im Geschäft bezahlt. Der Zahlungsvorgang erfolgt an einer speziell ausgerüsteten Computerkasse. Der Kunde gibt seine → persönliche Identifikationsnummer (PIN) ein. Diese wird über das Datennetz überprüft und durch die Autorisierungszentrale freigegeben.

Electronic Commerce, *E-Commerce.* Abwicklung von Absatzvorgängen über Internet oder ähnliche Computernetze (z.B. Extranet). Zum E.C. gehören vor allem die Online-Kataloge, die Online-Bestellung, die elektronische Zahlungsabwicklung (Home Banking) und die Auftragsbestätigung per E-Mail. E.C. ist Teil des → Electronic Business.

Electronic Data Interchange (EDI), Begriff für den papierlosen, zum Teil automatisierten elektronischen Datenaustausch zwischen Unternehmen oder zwischen einzelnen Unternehmensteilen. Die Daten sind nach einheitlichen internationalen Standards (z.B. EDIFACT) strukturiert und formatiert.

Electronic Government, *E-Government.* Abwicklung geschäftlicher Regierungs- und Verwaltungsprozesse im Zusammenhang mit dem Regieren und Verwalten mit Hilfe von Informations- und Kommunikationstechnologien über elektronische Medien. Dabei handelt es sich um Prozesse innerhalb des öffentlichen Sektors sowie zwischen öffentlicher Verwaltung und Bürgern, Unternehmen und gemeinnützigen Organisationen. E.G. zielt auf eine grundlegende Modernisierung der Verwaltung.

Electronic Procurement, *E-Procurement, Electronic Purchasing, Online-Beschaffung.* Durch internetbasierte EDV-Systeme unterstützte → Beschaffung. Dazu zählen z.B. die elektronische Rechnungsstellung durch den Lieferanten, die elektronische Auftragsübermittlung und die Auftragsverfolgung im Internet. E.P. kann über elektronische Kataloge, virtuelle Handelsmärkte und mit Hilfe einer internetbasierten Vernetzung mit Lieferanten abgewickelt werden. E.P. ist ein Teilbereich des → Electronic Business.

Electronic Purchasing, → Electronic Procurement.

Electronic Shop, *Online Shop.* Webseite, auf der der Anbieter seine Waren und Dienstleistungen präsentiert. Der Nachfrager kann Bestellungen oder Bezahlungen über den Shop durchführen.

Electronic Shopping, *Online Shopping.* Abwicklung von Käufen über Internet. E.S. ist ein wichtiger Teilbereich des → Electronic Commerce.

elektronische Lohnsteuerbescheinigung, Bescheinigung des Arbeitgebers, die auf elektronischen Weg an die Finanzbehörde übermittelt wird. Die Bescheinigung muss vor allem folgende Daten enthalten: persönliche Daten (Name, Vorname, Geburtsdatum und Adresse), Dauer des Kalenderjahres und U-Vermerke (Arbeitsperioden von mindestens fünf Arbeitstagen, für die der Lohnanspruch weggefallen ist), Art und Höhe des Arbeitsentgelts, Höhe der einbehaltenen Lohnsteuer, Solidaritätszuschlag und Kirchensteuer, bezogenes Kurzarbeitergeld, Winterausfallgeld etc., auf die Entfernungspauschale anzurechnende Leistungen des Arbeitgebers und gezahlte Bezüge zur Altersvorsorge (Pensionskasse oder Pensionsfonds).

elektronischer Marktplatz, → virtueller Marktplatz.

elektronischer Zahlungsverkehr, beleglose Erfassung und Abwicklung des bargeldlosen Zahlungsverkehrs (→ bargeldlose Zahlung). Werden vom Kunden Zahlungsverkehrsbelege beim Kreditinstitut eingereicht, werden diese über Datenterminals in Datensätze umgewandelt und dann im Datenträgeraustauschverfahren oder mittels Datenfernübertragung weitergeleitet.

elektronisches Geld, *E-Geld,* Geldbeträge, die in gespeicherter Form auf einem Chip (z.B. Geldkarte) oder auf der Festplatte eines Computers (→ Cybergeld) vorliegen.

elektronische Signatur, Daten in elektronischer Form, die anderen elektronischen Daten beigefügt oder logisch mit ihnen verknüpft sind. Sie dienen zur Beglaubigung der Identität einer Person. Die e.S. wird mit einem privaten Signaturschlüssel und einer PIN-Nummer erstellt. Der Empfänger kann die Echtheit mit einem öffentlichen Schlüssel überprüfen. Die Zuordnung des Dokuments zum Absender erfolgt durch das Signaturschlüssel-Zertifikat, das die signierende Person auf Antrag von einem sog. Zertifizierungsdienst erhält. – Das Signaturgesetz (SigG) sieht außerdem sog. fortgeschrittene e.S. und qualifizierte e.S. vor. Im Fall der fortgeschrittenen e.S. ist die Signatur ausschließlich dem Signaturschlüssel-Inhaber zugeordnet und ermöglicht die Identifizierung des Signaturschlüssel-Inhabers. Außerdem kann anhand der Datenverknüpfung eine nachträgliche Veränderung der Daten erkannt werden. Das Besondere an qualifizierten e.S. ist, dass sie auf einem zum Zeitpunkt ihrer Erzeugung gültigen qualifizierten Zertifikat beruhen und mit einer sicheren Signaturerstellungseinheit erzeugt werden. Damit weisen diese den höchsten

Sicherheitsstandard auf. Eine qualifizierte e.S. hat im Rechtsverkehr die gleiche Wirkung wie eine eigenhändige Unterschrift, sofern durch Gesetz nichts anderes bestimmt ist.

elektronische Steuererklärung (ELSTER), Programm der Finanzverwaltung, das in auf dem Markt befindlichen Steuerprogrammen integriert ist. Der Steuerpflichtige kann mit ELSTER seine Steuererklärung am Computer erstellen und diese über Internet dem Finanzamt übermitteln.

E-Logistik, Planung von Logistiksystemen und Ausgestaltung von Logistikprozessen (Transport, Lagerung und Vertrieb), die für eine elektronische Geschäftsabwicklung erforderlich sind.

ELSTER, Abk. für → elektronische Steuererklärung.

Elternzeit, früher *Erziehungsurlaub.* Anspruch eines Arbeitnehmers auf unbezahlten Urlaub über die Zeit des → Mutterschutzes hinaus, um sein Kind betreuen zu können. Der Anspruch besteht maximal für drei Jahre. Ein Anteil von zwölf Monaten ist mit Zustimmung des Arbeitgebers bis zur Vollendung des achten Lebensjahres übertragbar. Die E. kann, auch anteilig, von jedem Elternteil allein oder gemeinsam genommen werden. Während der E. ist eine Teilzeitbeschäftigung von bis zu 30 Stunden pro Woche erlaubt. Bei einem unbefristeten Arbeitsverhältnis bleibt dieses während der E. weiter bestehen, ein unbefristetes endet zum vereinbarten Zeitpunkt. Ein Arbeitgeber darf i.d.R. während der E. das Arbeitsverhältnis nicht kündigen.

Embargo, Staatlich angeordnete Zwangsmaßnahme, die den Handel mit bestimmten Gütern verbietet. E. kann aus politischen Gründen als Druckmittel eingesetzt werden, z.B. als Repressalie gegen Völkerrechtsverletzungen.

Emerging Market, → Schwellenland.

Emission. 1. *Wertpapiergeschäft:* Ausgabe von Wertpapieren an einem organisierten Kapitalmarkt. I.d.R. übernimmt die E. ein Kreditinstitut oder ein Bankenkonsortium. Diese übernehmen auch die Risiken der E. und die technische Abwicklung. Die Wertpapiere können der Allgemeinheit oder gezielt ausgewählten Anleger angeboten werden. Die Unterbringung kann aber auch über → Bookbuilding oder → Tenderverfahren erfolgen. – Wertpapiere werden von Unternehmen zur Beschaffung von Eigenkapital (z.B. im Fall von Aktien) oder Fremdkapital (z.B. im Fall von Anleihen) ausgegeben. – 2. *Umweltpolitik:* Ausstoß von Schadstoffen bei Produktion, Verteilung und Verbrauch (z.B. Lärm, Gase, Strahlung). Das Bundes-Immissionsschutzgesetz (BImSchG) definiert E. als Luftverunreinigungen, Geräusche, Erschütterungen, Licht, Wärme, Strahlen und ähnliche Umwelteinwirkungen, die von Anlagen wie Betriebsstätten, Maschinen oder Grundstücke ausgehen. – *Gegensatz:* → Immission.

Emissionsgeschäft, → Bankgeschäft im Sinn des Kreditwesengesetzes (KWG). Das E. ist die Übernahme der Platzierung von Wertpapieren am Kapitalmarkt auf eigenes Risiko oder die Übernahme gleichwertiger Garantien. Beispielsweise übernehmen im ersten Fall mehrere Banken eine → Emission zu einem festen Kurs in den eigenen Bestand und bringen die Wertpapiere im eigenen Namen und für eigene Rechnung am Markt unter.

Emissionshandel, *Emissionsrechtehandel.* Umweltpolitisches Instrument zum Klimaschutz. E. ist der Handel mit Emissionsrechten (→ Umweltzertifikat). Die Unternehmen bekommen von staatlicher Stelle eine bestimmte Anzahl an Zertifikate zugeteilt, die sich nach verursachten Einheiten an Verschmutzung bestimmt. Nimmt ein Unternehmen nicht alle seine Zertifikate in Anspruch, können die überflüssigen Zertifikate an andere Unternehmen verkauft werden. – Die Europäische Union (EU) führte den E. für bestimmte Branchen in ihre Mitgliedsstaaten am 1. Januar 2005 ein. Die Teilnehmer des Handelssystems sind derzeit die Betreiber von großen Energieanlagen und energieintensiven Industrieanlagen. – Für die Zuteilung und Ausgabe der Emissionsberechtigungen in Deutschland ist die Deutsche Emissionshandelsstelle (DEHSt) zuständig. – *Weitere Informationen unter* www.dehst.de.

Emissionskurs, Kurs, zu dem neu ausgegebene Wertpapiere angeboten werden. Anleihen werden häufig mit einem Disagio von zwei bis drei Prozent unter dem → Nennwert ausgegeben (→ unter pari). Aktien dürfen dagegen nur über dem Nennwert ausgegeben werden (→ über pari).

Emissionsmarkt, → Primärmarkt.

Emissionsrechtehandel, → Emissionshandel.

emotionale Kompetenz, Fähigkeit einer Führungskraft, Signale und Gefühle seiner Mitarbeiter sowie eigene Gefühle zu erkennen und dieses Wissen einzusetzen. – Vgl. auch → Kompetenz, → soziale Kompetenz.

empirische Wirtschaftsforschung, Teilbereich der Volkswirtschaftslehre. In der e.W. werden ökonomische Zusammenhänge mit Hilfe statistischer und ökonometrischer Verfahren und Modelle untersucht. Es werden Daten für die Erklärung von Wirtschaftsabläufen und als Basis wirtschaftspolitischer Meinungsbildung aufbereitet. Außerdem werden zukünftige wirtschaftliche Entwicklung abgeschätzt.

Empowerment, angloamerikanische Bezeichnung für Maßnahmen des Managements zur Erweiterung der Unabhängigkeit und Mitbestimmungsmöglichkeiten von Mitarbeitern rund um ihren Arbeitsplatz.

Endkostenstelle, → Kostenstelle, auf der in der → innerbetrieblichen Leistungsverrechnung gesammelte Beträge direkt in die Kalkulation übernommen werden. Es kann sich um eine → Hauptkostenstelle oder → Hilfskostenstelle handeln. – *Gegensatz:* → Hilfskostenstelle (Vorkostenstelle).

Endverbraucher, → Konsument.

Energiepolitik, wirtschaftspolitische Maßnahmen, die auf die → Energiewirtschaft oder auf Teilbereiche Einfluss nehmen. Ziel der E. ist es, die Energieversorgung lang- und kurzfristig zu sichern. Zur Energieversorgung gehören die Gewinnung und Bereitstellung sog. Primärenergien wie Kohle, Mineralöl oder Wasserkraft sowie sog. Sekundärenergien wie Heizöl oder Strom. Die Instrumente der E. lassen sich in ordnungsrechtliche Vorgaben einerseits und direkte Interventionen an den Märkten andererseits einordnen. Besonders die leitungsgebundenen Energieträger (Gas, Strom, Fernwärme) unterliegen der staatlichen Aufsicht. Außerdem existieren für einzelne Branchen wie Kernenergie und Steinkohle aus politischen Gründen Sonderregelungen. – Aus der Zuständigkeit der Europäischen Union (EU) in Wettbewerbsfragen oder Umweltpolitik trifft die EU Vorgaben für die nationale E. Dies betrifft z.B. die Ausgestaltung der Klimapolitik durch die Einführung des Emissionshandels für CO_2 oder die Öffnung der Verteilungsnetze für Strom oder Erdgas.

Energiewirtschaft, Wirtschaftssektor, der sich mit der Förderung oder dem Import von Energieträgern, deren Umwandlung, Lagerung und Transport befasst. Der Energiemarkt setzt sich aus sehr unterschiedlichen Teilmärkten wie z.B. für Kohle, Öl und Strom zusammen. Diese Teilmärkte sind unterschiedlich organisiert und wettbewerbsintensiv.

Entfernungspauschale, → Pauschbetrag, den ein Arbeitnehmer für Fahrten zwischen Wohnung und Arbeitsstätte bei den → Werbungskosten ansetzen kann. Seit 2004 können unabhängig vom Beförderungsmittel für jeden Entfernungskilometer 30 Cent geltend gemacht werden (maximal 4.500 Euro). Zusätzlich zur E. können die Kraftfahrzeug-Haftpflichtversicherung und eventuell entstandene Unfallkosten steuerlich geltend gemacht werden. – Vgl. auch → Fahrgemeinschaft.

entgangener Gewinn, der mit Wahrscheinlichkeit zu erwartende Gewinn. Dieser kann als Teil des → Schadensersatzes geltend gemacht werden. Beispielsweise kann ein Kaufmann, der eine Ware kauft, um diese weiterzuverkaufen, i.d.R. bei Nichtlieferung als Schadensersatz den Unterschied zwischen Einkaufs- und Marktpreis verlangen.

Entgelt, → Arbeitsentgelt.

Entgeltersatzleistungen, → Lohnersatzleistungen.

Entgeltfortzahlung im Krankheitsfall, *Lohnfortzahlung,* Fortzahlung des Arbeitsentgelts bei Krankheit des Arbeitnehmers. Dies ist im Entgeltfortzahlungsgesetz (EntgFG) geregelt. Der Anspruch auf Entgeltfortzahlung besteht für die Dauer von sechs Wochen. Bei einer erneuten Erkrankung (Fortsetzungskrankheit) hat der Arbeitnehmer keinen Anspruch auf Entgeltfortzahlung. Dies gilt nicht, wenn er seit der letzten Erkrankung mindestens sechs Monate arbeitsfähig war. Der Arbeitnehmer hat im Krankheitsfall seinen Arbeitgeber unverzüglich zu informieren und spätestens innerhalb von drei Tagen eine Arbeitsunfähigkeitsbescheinigung vorzulegen. Die Fortzahlungsbeträge erhalten Arbeitgeber, die nicht mehr als zwanzig Arbeitnehmer haben, von den Trägern der gesetzlichen Krankenversicherung bis zur Höhe von achtzig Prozent zurück. – Vgl. auch → Krankengeld.

Entgeltpunkte, Bestandteil der → Rentenformel. Die jeweilige Rentenhöhe der einzelnen Versicherten richtet sich nach der Höhe der E. Sie werden aus der Anzahl der anrechenbaren Versicherungsjahre und der Höhe der in diesen Jahren bezogenen Arbeitsentgelte berechnet. Außerdem werden versicherungsfreie Zeiten zum Teil angerechnet.

Entgeltumwandlung, *Barlohnumwandlung,* Begriff aus der betrieblichen Altersversorgung. E. ist eine vertragliche Vereinbarung zwischen Arbeitgeber und -nehmer, nach der Teile des Arbeitsentgelts in eine gleichwertige Anwartschaft auf Versorgungsleistungen im Alter umgewandelt werden. Seit 2002 hat jeder Arbeitnehmer Anspruch auf eine E. zum Zweck der betrieblichen Altersversorgung jährlich in Höhe von vier Prozent der Bemessungsgrundlage in der gesetzlichen Rentenversicherung. Die E. kann durch eine → Pensionskasse oder durch einen → Pensionsfonds erfolgen. Bietet der Arbeitgeber dies nicht an, kann der Arbeitnehmer eine → Direktversicherung zu seinen Gunsten verlangen.

Entlassung, → Kündigung.

Entlastung, Begriff aus dem Aktienrecht für die Billigung der Geschäftsführung des Vorstands und des Aufsichtsrats. Die E. muss in den ersten acht Monaten eines Geschäftsjahres durch die Hauptversammlung beschlossen werden. Wird die E. verweigert, kann der Aufsichtsrat die Vorstandsmitglieder abberufen.

Entlohnung, → Arbeitsentgelt.

Entnahme. 1. *Handelsrecht:* alle Bar- und Sachleistungen, die der Unternehmer oder ein Gesellschafter für betriebfremde Zwecke entnimmt. E. werden über das → Privatkonto oder direkt über das Eigenkapitalkonto verbucht. – *Gegensatz:* → Einlage. – 2. *Steuerrecht:* Eine E. liegt vor, wenn Wirtschaftsgüter des Betriebsvermögens (z.B. ein Firmenwagen), aber auch Bargeld aus der Betriebskasse für private Zwecke entnommen werden. Bei der Gewinnermittlung sind die Entnahmewerte dem Gewinn hinzuzurechnen. E.

sind zum → Teilwert zu bewerten. Die E. unterliegen der Umsatzsteuer.

Entrepreneur, ein Unternehmer bzw. Unternehmensgründer mit innovativen Geschäftsideen, die mit hohem Risiko und Wachstumschancen behaftet sind.

Entsorgung, Verwertung von Abfällen. Dies kann auf unterschiedliche Weise geschehen. Es können aus Abfällen Stoffe oder Energie gewonnen werden (Abfallverwertung, → Recycling). Es ist außerdem möglich, dass Abfälle abgelagert werden (→ Abfallentsorgung). – Vgl. auch → Abfallwirtschaft.

Entstehungsrechnung, → Bruttoinlandsprodukt (BIP).

Entwicklung, → Forschung und Entwicklung.

Entwicklungshilfe, staatliche Leistungen an Entwicklungsländer zu Vorzugsbedingungen. Ziel ist es, die Entwicklung und die Lebensbedingungen in den Entwicklungsländern zu verbessern. Nach der Definition des Development Assistance Commitee ist ein Zuschusselement von mindestens 25 Prozent bei den betreffenden Leistungen im Vergleich zu üblichen Geschäften notwendig, um als E. zu gelten. – Viele Industrieländer haben sich der Zielsetzung der Vereinten Nationen (UN), die E. auf mindestens 0,7 Prozent des Bruttoinlandsprodukts (BIP) anzuheben, angeschlossen. Die tatsächlichen Leistungen liegen jedoch wesentlich darunter.

Entwicklungsland, Staat, der im Vergleich zu einem → Industrieland einen Entwicklungsrückstand aufweist. Bei diesem Staaten wird das erzielte Wohlfahrtsniveau als niedrig und die Funktionsfähigkeit des Wirtschaftssystems als nicht ausreichend angesehen. Charakteristische Merkmale sind ein niedriges Pro-Kopf-Einkommen, geringer Bildungsstand, hohe Arbeitslosigkeit und unzulängliche Infrastruktur. – Die E. werden entsprechend den Vereinten Nationen (UN) nach bestimmten Kriterien in Least Developed Countries (am wenigsten entwickelte Länder) und Developing Countries (normale E.) unterschieden.

Entwicklungspolitik, staatliche Maßnahmen zur Förderung der wirtschaftlichen Entwicklung. In der E. werden als Hauptziele die Überwindung der Armut und die Sicherung der Menschenrechte verfolgt. Träger der E. sind neben den Regierungen in den Entwicklungsländern vor allem internationale Organisationen sowie Regierungen und Institutionen der Industrieländer. Ein wichtiger Teilbereich der E. ist die → Entwicklungshilfe. Aber auch andere Politikfelder wie z.B. Handels- und Agrarpolitik sind für die wirtschaftliche Entwicklung der Entwicklungsländer von Bedeutung.

E-Procurement, → Electronic Procurement.

Equity-Methode, Methode zur Bilanzierung bestimmter langfristiger Beteiligungen einer Kapitalgesellschaft, die an einer anderen Gesellschaft beteiligt ist. Ausgehend von den Anschaffungskosten der Beteiligung wird der Wert der Beteiligung (sog. Equity-Wert) laufend an die Entwicklung des Eigenkapitals des Beteiligungsunternehmens angepasst. – Vgl. Abbildung „Equity-Methode". – Die E.-M. ist gemäß dem Handelsgesetzbuch (HGB) im Konzernabschluss für die Bewertung von Beteiligungen an sog. assoziierten Unternehmen vorgeschrieben.

Equity-Methode

	Anschaffungskosten der Beteiligung
±	anteilige, noch nicht ausgeschüttete Gewinne/Verluste des Beteiligungsunternehmens
–	vereinnahmte Gewinnausschüttung des Beteiligungsunternehmens
	fortgeschriebener Beteiligungs-Buchwert (Equity-Wert)

Erbbaurecht, ein vererbliches und i.d.R. veräußerliches Recht, auf dem Grundstück ein Gebäude oder Bauwerk zu errichten. Für das E. ist ein Erbbauzins (sog. Erbpacht) an den Grundstückeigentümer zu zahlen. Als Belastung des Grundstücks muss ein E. in das Grundbuch eingetragen werden.

Erbpacht, → Erbbaurecht.

Erbschaft, → Nachlass.

Erbschaftsteuer, Steuer, die den Übergang von Vermögenswerten durch Erbfall an den Erben durch Schenkung unter Lebenden, Zweckzuwendung sowie Stiftung erfasst. Die E. ist im Erbschaftsteuergesetz (ErbStG) geregelt. Die E. berücksichtigt in Abhängigkeit vom Verwandtschaftsverhältnis zwischen Erblasser und Erben bestimmte Freibeträge und beträgt zwischen sieben und 50 Prozent des Erbwertes. – Vgl. auch Abbildung „Erbschaftsteuer – Steuersätze".

Erbschaftsteuer – Steuersätze

Wert des steuerpflichtigen Erwerbs bis einschl. ...	Vomhundertsatz in der Steuerklasse		
	I	II	III
52.000 Euro	7	12	17
256.000 Euro	11	17	23
512.000 Euro	15	22	29
5.113.000 Euro	19	27	35
12.783.000 Euro	23	32	41
25.565.000 Euro	27	37	47
über 25.565.000 Euro	30	40	50

Erbvertrag, Form der Verfügung von Todes wegen, bei der der Erblasser zu Lebzeiten einen Vertrag schließt. Vertragsverfügungen, wie z.B. Einsetzung von Erben, Vermächtnisse und Auflagen, können von ihm nicht einseitig geändert werden. Ein nach dem Abschluss eines E. gemachtes Testament ist entsprechend ungültig.

Erfolg, → Unternehmensergebnis.

Erfolgsbeteiligung, Beteiligung der Arbeitnehmer am Erfolg des Unternehmens. Einer E. kann der Gewinn (Gewinnbeteiligung), der Ertrag (Ertragsbeteiligung) oder die Leistung (Leistungsbeteiligung) zugrunde gelegt werden. Die häufigste Form in der Praxis ist die Gewinnbeteiligung. Durch eine E. soll das Interesse der Mitarbeiter an ihrer Arbeit und ihrem Unternehmen gefördert werden. Außerdem sollen sie sich stärker mit dem Unternehmen identifizieren.

Erfolgskonto, → Konto, auf dem gewinnwirksame Vorgänge erfasst werden. D.h., E. erfassen die Aufwendungen oder Erträge der Konten, die in der Gewinn- und Verlustrechnung (GuV) berücksichtigt werden. – Bei den E. sind folgende Kontenarten zu unterscheiden:

- Aufwandskonto: Auf den Aufwandskonten werden die Aufwendungen erfasst (→ Aufwand). Die Aufwendungen werden auf der linken Seite des Kontos (Soll) ausgewiesen.
- Ertragskonto: Auf den Ertragskonten werden die Erträge erfasst (→ Ertrag). Sie werden auf der rechten Seite des Kontos (Haben) ausgewiesen.

Gegensatz: → Bestandskonto.

Erfolgsrechnung, Rechnung zur Ermittlung des Erfolgs eines Unternehmens innerhalb eines Zeitraums. E. ist in unterschiedlichen Varianten möglich. Die einfachste Form ist der Bilanzvergleich, bei dem Anfangs- und Endkapital gegenübergestellt werden. Eine differenzierte Form ist die → Gewinn- und Verlustrechnung (GuV), da diese die Quellen der Aufwendungen und Erträge offen legt.

Erfüllung, Begriff des Bürgerlichen Rechts für das Erbringen einer geschuldeten Leistung. Die E. kann beispielsweise durch Zahlung erfolgen. Mit der E. erlischt das → Schuldverhältnis.

Erfüllungsgehilfe, Person, die einem Schuldner bei der Erfüllung seiner Verbindlichkeiten hilft. Die Bank, durch die der Schuldner zahlt, ist beispielsweise ein E.

Erfüllungsort, Ort, an dem der Schuldner seine Leistung erbringt. Der E. entspricht dem → Leistungsort. Gesetzlicher E. ist der Wohn- und Geschäftssitz des Verkäufers für die Lieferung der Ware oder der Wohn- und Geschäftssitz des Käufers für die Zahlung des Kaufpreises. Dies gilt nur, wenn kein E. vertraglich vereinbart wurde. Vertraglich wird i.d.R. für beide Leistungen entweder der Wohn- und Geschäftssitz des Verkäufers oder der Wohn- und Geschäftssitz des Käufers vereinbart.

Ergänzungsbilanz, → Steuerbilanz, die Korrekturen zu den Wertansätzen in der Steuerbilanz der Gesellschaft enthält. Eine E. ist eventuell nach einem Gesellschafterwechsel oder bei Einbringung personenbezogener Steuervergünstigungen durch eine Personengesellschaft für einen Gesellschafter zu erstellen. – *Anders:* → Sonderbilanz.

Erhaltungsaufwand, Begriff aus dem Steuerrecht. E. sind Aufwendungen für die laufende Instandsetzung und Instandhaltung eines Wirtschaftsgutes. E. können sofort in voller Höhe abgesetzt werden. Seit 2004 können E. über 4.000 Euro pro Baumaßnahme auf zwei bis fünf Jahre verteilt werden.

Erinnerungswert, Merkposten in der Bilanz für einen bis auf einen Euro abgeschriebenen Vermögensgegenstand. Solange ein Gegenstand in der Inventur als gebrauchsfähig behandelt wird, muss er mindestens mit einem Euro in der Bilanz berücksichtigt werden.

Erlebnismarketing, Marketing, das den Konsumenten einen Erlebniswert bietet. Erlebniswerte sind z.B. Genuss, Luxus, Schönheit oder Umweltbewusstsein. Dabei wird der mögliche Kunde auf Gefühlsebene angesprochen. – Vgl. auch → Event Marketing.

Erlös, Gegenwert aus Verkauf, Vermietung und Verpachtung von Produkten, Waren und Dienstleistungen. Von diesem Wert werden → Umsatzsteuer und → Erlösschmälerungen abgezogen (sog. Nettoerlös). – *Gegensatz:* → Kosten. – Vgl. auch → Umsatz.

Erlösrechnung, Erfassung und Darstellung der Wertzuwächse, die dem Unternehmen durch die Erstellung und Verwertung von Leistungen zugehen. Die → Kostenrechnung dagegen ermittelt die durch die Leistungserstellung entstandenen Kosten. Auf der Basis von E. und Kostenrechnung kann durch Gegenüberstellung von Kosten und Erlösen das → Betriebsergebnis ermittelt werden. Die E. ist Teil des internen Rechnungswesens.

Erlösschmälerungen, Minderung der erzielten → Erlöse. Dies sind vor allem Rabatte, Skonti, Boni, Gutschriften und sonstige Preisnachlässe (→ Preisnachlass).

Erneuerungsschein, → Bogen.

Eröffnungsbilanz, → Bilanz, die zu Beginn eines Geschäftsjahres und zu Beginn der Geschäftstätigkeit aufgestellt werden muss. Nach dem Grundsatz der Bilanzkontinuität müssen Schlussbilanz und E. des Folgejahres übereinstimmen.

ERP, Abk. für European Recovery Program, → Marshall-Plan.

Ersatzkasse, → Krankenkasse, die ursprünglich auf bestimmte Berufsgruppen beschränkt war. Die Mitglieder der E. waren in der gesetzlichen Krankenkasse befreit. Seit 1996 haben alle Versicherten die Wahlmöglichkeit, Mitglied einer E. zu werden. Eine E. ist eine → Körperschaft des öffentlichen Rechts. – Dachorganisationen der E. sind der Verband der Angestellten-Krankenkassen (VdAK) und der Verband der Arbeiter-Ersatzkassen (VAEK), beide mit Sitz in Siegburg.

Ersitzung, Begriff aus dem Bürgerlichen Recht. Durch den langjährigen Besitz in dem guten Glauben, Eigentümer zu sein, wird der Besitzer rechtlicher Eigentümer. Bei beweglichen Sachen ist dies nach zehn Jahren der Fall, bei Grundstücken nach dreißig Jahren Grundbucheintragung.

Ertrag. 1. *Rechnungswesen:* E. ist der von einem Unternehmen erwirtschaftete Wertzuwachs. E. werden in der Gewinn- und Verlustrechnung (GuV) erfasst und zur Erfolgsermittlung den Aufwendungen gegenübergestellt. – Die E., die in der Bilanz berücksichtigt werden, entsprechen nicht den → Erlösen in der Kostenrechnung. E., die nicht den Erlösen entsprechen, werden als neutrale E. bezeichnet (→ neutraler Aufwand/Ertrag). E., die den Erlösen entsprechen, nennt man → Zweckerträge. – *Gegensatz:* → Aufwand. – 2. *Volkswirtschaftslehre:* Gütermenge, die mit einem gegebenen Aufwand an Produktionsfaktoren produziert wird.

Ertragsanteil, Begriff aus dem Einkommensteuerrecht. Der E. ist der Teil der Rente, der zu versteuern ist. Der E. bemisst sich je nach Alter nach einer dafür vorgesehenen amtlichen Tabelle. Beginnt die Rente beispielsweise mit 60 Jahren, so beträgt der steuerpflichtige Ertragsanteil 32 Prozent der Rente, ab dem 65. Lebensjahr 27 Prozent. – Vgl. auch → Alterseinkünfte.

Ertragskonto, → Erfolgskonto.

Ertragsteuern, Steuern, deren Bemessungsgrundlage an das wirtschaftliche Ergebnis (Ertrag, Gewinn) anknüpft. Der Staat ist so am wirtschaftlichen Erfolg des Steuerpflichtigen beteiligt. Zu den E. zählen im Einzelnen Einkommen-, Körperschaft- und Gewerbeertragsteuer.

Ertragswert, Begriff aus der Investitionsrechnung. Der E. ist Gegenwartswert zukünftiger Zahlungsüberschüsse aus einem Investitionsobjekt. Der E. wird durch Abzinsung der über die Nutzungsdauer des Objekts zu erwartenden Zahlungsüberschüsse berechnet (→ Diskontierung).

Erweiterter Rat, → Europäische Zentralbank (EZB).

Erwerbseinkommen, → Faktoreinkommen.

Erwerbsfähige, Begriff aus der amtlichen Statistik für Personen im erwerbsfähigen Alter zwischen 15 und 65 Jahren. Zu den E. zählen damit auch Personen, die keiner Erwerbstätigkeit nachgehen. – *Anders:* → Erwerbspersonen.

Erwerbslose, Begriff aus der amtlichen Statistik. E. sind Personen ohne Arbeitsverhältnis, die sich jedoch um eine Arbeitsstelle bemühen. Zu den E. zählen auch Personen, die nicht als → Arbeitslose gemeldet sind. Damit ist der Begriff der E. umfassender als der Begriff der Arbeitslosen. Auf der anderen Seite zählen jedoch Arbeitslose, die vorübergehend einer geringfügigen Beschäftigung nachgehen, nicht zu den E.

Erwerbsminderung. 1. *Teilweise E.:* liegt vor, wenn der Versicherte wegen Krankheit oder Behinderung außerstande ist, unter den üblichen Bedingungen des Arbeitsmarktes mindestens sechs Stunden täglich zu arbeiten. – 2. *Volle E.:* liegt vor, wenn der Versicherte wegen Krankheit oder Behinderung außerstande ist, unter den üblichen Bedingungen des Arbeitsmarktes mindestens drei Stunden täglich zu arbeiten. – *Anders:* → Minderung der Erwerbsfähigkeit (MdE).

Erwerbsminderungsrente, → Rente wegen Erwerbsminderung.

Erwerbspersonen, Begriff aus der amtlichen Statistik. E. sind Personen, die eine Erwerbstätigkeit ausüben (→ Erwerbstätige) oder suchen (→ Erwerbslose). – *Gegensatz:* → Nichterwerbspersonen.

Erwerbsquote, Anteil der Erwerbspersonen an der Gesamtbevölkerung oder einer Bevölkerungsgruppe. Die allgemeine oder globale E. bezieht sich auf die Gesamtbevölkerung, die spezifische E. auf die Erwerbsfähigen. Es können auch alters- oder geschlechtsspezifische E.

berechnet werden, z.B. für verheiratete Frauen von 16 bis 65 Jahren.

Erwerbstätige, Begriff aus der amtlichen Statistik. E. sind Personen, die in einem Arbeitsverhältnis stehen, selbstständig ein Gewerbe oder eine Landwirtschaft betreiben oder einen freien Beruf ausüben. Nach der Stellung im Beruf werden Selbstständige, mithelfende Familienangehörige und abhängig Beschäftigte (Arbeiter, Angestellte, Auszubildende, Beamte, Soldaten) unterschieden. E. gehören zu den → Erwerbspersonen.

Erwerbsteuer, eine besondere Erhebungsform der → Umsatzsteuer im Fall innergemeinschaftlicher Warenlieferungen. Die Bemessungsgrundlage ist das Nettoentgelt zuzüglich der Verbrauchsteuern im Land des Erwerbers. Der Steuersatz entspricht dem des Bestimmungslands der Ware.

Erwerbsunfähigkeit, → Erwerbsminderung.

Erwerbsunfähigkeitsrente, → Rente wegen Erwerbsminderung.

Erziehungsfreibetrag, → Kinderfreibetrag.

Erziehungsgeld, Sozialleistung, die an Mütter und Väter gezahlt wird. Das E. ist im Bundeserziehungsgeldgesetz (BErzGG) geregelt. Das E. wird maximal bis 24 Monate nach der Geburt des Kindes gezahlt. Das E. beträgt 450 Euro (Budget) oder 300 Euro (Regelbetrag). In den ersten sechs Monaten entfällt der Anspruch auf den Regelbetrag, wenn das Einkommen abzüglich Freibeträge 23.000 Euro oder bei nicht getrennt lebenden Eheleuten 30.000 Euro übersteigt.

Erziehungsurlaub, → Elternzeit.

Erziehungszeiten, → Kindererziehungszeiten.

ESZB, Abk. für → Europäisches System der Zentralbanken.

EU, Abk. für → Europäische Union.

Euler Hermes Kreditversicherungs-AG, privates Kreditinstitut, das von besonderer Bedeutung im Bereich der Ausfuhrversicherung ist. Sie vergibt im Auftrag des Bundes Ausfuhrbürgschaften, -garantien und -deckungen (→ Exportkreditgarantien des Bundes). – *Weitere Informationen unter* www.eulerhermes.de.

EURATOM, Abk. für → Europäische Atomgemeinschaft.

EUREX, Abk. für European Exchange. Vollelektronische Börse für den Handel mit → Futures und → Optionen. Die EUREX wird gemeinsam von der Deutschen Börse AG und der SWX Swiss Exchange betrieben. Die EUREX ist die Nachfolgeorganisation der Deutschen Terminbörse (DTB). – *Weitere Informationen unter* www.eurex-exchange.com.

EURIBOR, Abk. für Euro Interbank Offered Rate. → Referenzzins für → Termingelder. Der EURIBOR wird täglich anhand von 57 Banken ermittelt. Der E. ist auch ein wichtiger Referenzzinssatz für andere Finanzierungsinstrumente. – *Weitere Informationen unter* www.euribor.org.

Euro, europäische Währungseinheit. Mit Inkrafttreten der → Europäischen Wirtschafts- und Währungsunion (EWWU) zum 1. Januar 1999 wurde der E. als einheitliche Währung in den Teilnehmerstaaten im → Euroraum eingeführt. Die Einführung erfolgte zunächst als → Buchgeld. Erst am 1. Januar 2002 begann die Ausgabe von Euro-Banknoten und Euro-Münzen sowie der Umtausch der nationalen Währungen in E. Seither ist der E. ausschließliches gesetzliches Zahlungsmittel in den Staaten des Euroraums. Der feste Umtauschkurs betrug 1,95583 DM je E. – *Weitere Informationen unter* www.europa.eu.int, www.bundesbank.de und www.ecb.int.

Euro Interbank Offered Rate, → EURIBOR.

Euromarkt, internationaler Markt für kurz- und mittelfristige (Eurogeldmarkt) oder langfristige (Eurokapitalmarkt) Geldanlageformen. Auf den E. werden Anlageformen in allen bedeutsamen Währungen gehandelt. Wichtige europäische Finanzplätze für E. sind London, Paris, Luxemburg und Frankfurt a.M.

Europäische Atomgemeinschaft (EURATOM), eine der drei → Europäischen Gemeinschaften (EG). Sie wurde durch die Römischen Verträge zum 1. Januar 1958 zeitgleich mit der Europäischen Wirtschaftsgemeinschaft (EWG), heute → Europäische Gemeinschaft (EG), gegründet. Aufgabe von EURATOM ist die Kontrolle und Koordination der friedlichen Nutzung der Kernenergie und -forschung. – *Weitere Informationen unter* www.europa.eu.int.

Europäische Bank für Wiederaufbau und Entwicklung (EBWE), internationale Organisation, die 1991 gegründet wurde. Sitz in London. Mitglieder sind insgesamt 60 Staaten sowie die → Europäische Union (EU) und die → Europäische Investitionsbank (EIB). Aufgabe der EBWE ist vor allem die Förderung ost-, mitteleuropäischer und zentralasiatischer Staaten, die sich zu Demokratie, Pluralismus und Marktwirtschaft bekennen. Anders als bei der → Weltbank besteht ein politischer Auftrag. – *Weitere Informationen unter* www.ebrd.com.

Europäische Freihandelsassoziation (EFTA), → Freihandelszone, die 1960 von Staaten, die aus politischen oder wirtschaftlichen Gründen nicht Mitglied der → Europäischen Wirtschaftsgemeinschaft (EWG) werden wollten, gegründet wurde. Mitglieder der EFTA waren Dänemark, Finnland, Großbritannien, Österreich, Portugal und Schweden. Diese sind inzwischen der → Europäischen Union (EU) beigetreten. Derzeitige Mitglieder sind nur noch Island, Liechtenstein, Norwegen und die Schweiz. Seit 1994 arbeiten EFTA und EU im Rahmen des → Europäischen Wirtschaftsraums (EWR) eng zusammen (ausgenommen Schweiz). – *Weitere Informationen unter* www.efta.int.

Europäische Gemeinschaft (EG), eine der drei → Europäischen Gemeinschaften (EG). Sie wurde als Europäische Wirtschaftsgemeinschaft (EWG) durch die Römischen Verträge zum 1. Januar 1958 zeitgleich mit der → Europäischen Atomgemeinschaft (EURATOM) gegründet. Gründungsmitglieder waren Belgien, Deutschland, Frankreich, Italien, Luxemburg und die Niederlande. 1973 traten Dänemark, Großbritannien und Irland, 1981 Griechenland, 1986 Spanien und Portugal, 1995 Finnland, Österreich und Schweden sowie 2004 Estland, Lettland, Litauen, Malta, Polen, Slowakei, Slowenien, Tschechien, Ungarn und Zypern der EWG bzw. EG bei. Beitrittverhandlungen finden derzeit (2005) mit Bulgarien und Rumänien sowie der Türkei statt. – Im Gegensatz zu EURATOM und zur Europäischen Gemeinschaft für Kohle und Stahl (EGKS) war die EWG von Anfang an auf die Integration aller Wirtschaftszweige der Mitgliedstaaten ausgerichtet, um so eine ausgewogene Ausweitung der Wirtschaft, eine schnellere Anhebung der Lebenshaltung und eine engere Zusammenarbeit der Mitgliedstaaten zu fördern. Der gemeinsame Markt (sog. Raum ohne Binnengrenzen) konnte durch die Schaffung einer Zollunion sowie durch die sog. Grundfreiheiten weitgehend realisiert werden. Die Grundfreiheiten sind Warenverkehrsfreiheit, Dienstleistungsfreiheit, Kapitalverkehrsfreiheit, Freizügigkeit der Arbeitnehmer, Niederlassungsfreiheit der Unternehmen und Aufenthaltsrecht. – *Weitere Informationen unter* www.europa.eu.int.

Europäische Gemeinschaften (EG), zusammenfassende Bezeichnung für die drei Gemeinschaften:

- Europäische Wirtschaftsgemeinschaft (EWG), heute Europäische Gemeinschaft (EG)
- Europäische Gemeinschaft für Kohle und Stahl (EGKS) bis 2002
- Europäische Atomgemeinschaft (EURATOM).

Die Bezeichnung wurde durch den Vertrag zur Einsetzung eines Gemeinsamen Rates und einer Gemeinsamen Kommission der EG von 1965 eingeführt. Nach der Gründung der → Europäischen Union (EU) bildeten die drei EG die erste Säule der EU. Eine formelle Vereinigung der EG hat jedoch nicht stattgefunden. Die gemeinsamen Organe werden heute als Organe der EU bezeichnet: der EG-Rat als EU-Rat (→ Europäischer Rat) und die EG-Kommission als EU-Kommission (→ Europäische Kommission). – *Weitere Informationen unter* www.europa.eu.int.

Europäische Gemeinschaft für Kohle und Stahl (EGKS), *Montanunion.* Eine der drei → Europäischen Gemeinschaften (EG). Sie wurde bereits 1951 von Belgien, Deutschland, Frankreich, Italien, Luxemburg und den Niederlanden gegründet. Ziel der EGKS war die Schaffung eines gemeinsamen Marktes für Kohle, Eisen, Schrott und Stahl. 1965 wurden die Organe der EGKS mit denen der → Europäischen Wirtschaftsgemeinschaft (EWG) und der → Europäischen Atomgemeinschaft (EURATOM) zusammengefasst. Der Gründungsvertrag ist 2002 nach fünfzigjähriger Laufzeit außer Kraft getreten. Seitdem gelten für den Kohle- und Stahlsektor die allgemeinen Bestimmungen des EG-Vertrags. – *Weitere Informationen unter* www.europa.eu.int.

Europäische Investitionsbank (EIB), selbstständige öffentlich-rechtliche Finanzierungseinrichtung der Europäischen Union (EU). Sitz in Luxemburg. Sie wurde 1958 gegründet. Ihre Hauptaufgabe besteht in der Förderung einer ausgewogenen Entwicklung der EU durch Finanzierung von Investitionen, vor allem zur Entwicklung strukturschwacher Gebiete. Außerdem vergibt die EIB seit 1993 Darlehen im Rahmen der Kooperations- und Entwicklungspolitik an Drittstaaten. – *Weitere Informationen unter* www.eib.org.

Europäische Kommission, Organ der → Europäischen Union (EU). Sitz in Brüssel. Seit der EU-Erweiterung hat die E.K. 25 Mitglieder. Der Präsident und die Mitglieder werden von den Mitgliedstaaten mit Zustimmung des Europäischen Parlaments ernannt. Die E.K. hat das Recht, Gesetze vorzuschlagen und diese dem Rat und dem Parlament vorzulegen. Außerdem ist die E.K. verantwortliche für die Aufstellung und Verwaltung des EU-Haushalts und die Überwachung der EU-Verträge. Sie vertritt die EU nach außen und verhandelt im Auftrag des Ministerrates internationale Abkommen. Beitritte neuer EU-Mitglieder werden von der E.K. vorbereitet und überwacht. – *Weitere Informationen unter* www.europa.eu.int und www.eu-kommission.de.

europäischer Betriebsrat, Betriebsrat in EU-weit tätigen Unternehmen. Ein e.B. muss nach europäischem Recht in Unternehmen mit mindestens 1.000 Arbeitnehmern in den Mitgliedsstaaten und davon mindestens 150 jeweils in einem anderen EU-Mitgliedstaat eingerichtet werden. Nach Möglichkeit soll ein e.B. jedoch freiwillig durch eine Vereinbarung zwischen Arbeitnehmern und Unternehmen erfolgen. Durch die Einrichtung eines e.B. soll das Recht auf Unterrichtung und Anhörung der Arbeitnehmer gestärkt werden. Mitbestimmungsrechte hat der e.B. nicht.

europäischer Bürgerbeauftragter, Einrichtung, um Beschwerden von Bürgern oder von natürlichen und juristischen Personen über Missstände in Organen und anderen Institutionen der Europäischen Union (EU) entgegenzunehmen und nach Möglichkeit zu beseitigen. – *Weitere*

Informationen unter www.euro-ombudsman.eu.int.

Europäischer Gerichtshof, Rechtsprechungsorgan der → Europäischen Union (EU). Sitz in Luxemburg. Seine Richter und Generalanwälte werden von den Regierungen der Mitgliedstaaten für sechs Jahre ernannt. Aufgabe des E.G. ist die Wahrung des Gemeinschaftsrechts bei der Auslegung und Anwendung von Verträgen. – *Weitere Informationen unter* www.europa.eu.int.

Europäischer Rat, höchste politische Instanz der → Europäischen Union (EU). In ihm kommen die Staats- und Regierungschefs der EU und der Präsident der Europäischen Kommission zusammen. Außerdem nehmen i.d.R. die Außenminister und ein weiteres Mitglied der Kommission teil. Auch die Wirtschafts- und Finanzminister können in Fragen der Wirtschafts- und Währungsunion hinzugezogen werden. Die Treffen finden mindestens zweimal jährlich in Brüssel statt. – Der E.R. gibt der EU die für die Entwicklung erforderlichen Impulse und legt die allgemeinen politischen Zielvorstellungen für dies Entwicklung fest. Der E.R. kann als Gemeinschaftsorgan handeln und Beschlüsse fassen. – *Weitere Informationen unter* www.europa.eu.int. – *Anders:* → Rat der Europäischen Union.

Europäischer Rechnungshof, Organ der → Europäischen Union (EU). Sitz in Luxemburg. Der E.R. wurde 1977 gegründet. Seine Mitglieder werden vom Rat der Europäischen Union nach Anhörung des Europäischen Parlaments für sechs Jahre ernannt. Der E.R. prüft die Rechnung, die Recht- und Ordnungsmäßigkeit der Einnahmen und Ausgaben jeder EU-Einrichtung und überzeugt sich von der Wirtschaftlichkeit der Haushaltsführung. Er kontrolliert auch nationale und regionale Stellen, die EU-Gelder verwalten, sowie Empfänger von EU-Beihilfen. – *Weitere Informationen unter* www.europa.eu.int.

Europäischer Stabilitäts- und Wachstumspakt, Ende 1996 getroffene Entschließung der Mitgliedstaaten der Europäischen Union (EU). Der E.S.-u.W. verpflichtet die Mitgliedstaaten, mittelfristig einen zumindest ausgeglichenen Hauhalt anzustreben. Dabei soll unabhängig von der konjunkturellen Lage ein Haushaltsdefizit von drei Prozent des Bruttoinlandsprodukts (BIP) nicht überschritten werden. Eine Ausnahme ist nur für den Fall einer tief greifenden Rezession vorgesehen. Liegen Hinweise dafür vor, dass ein Mitgliedstaat die Obergrenze erreicht oder überschritten hat, wird das sog. Defizitverfahren eingeleitet. Zunächst wird dem betreffenden Staat eine Frist von sechs Monaten zur Korrektur des zu hohen Defizits eingeräumt. Danach ist je nach Höhe des Fehlbetrags eine unverzinsliche Einlage von 0,2 bis 0,5 Prozent des BIP an die EU zu zahlen. Die Einlage wird dann nach zwei Jahren in eine Geldbuße umgewandelt, falls Maßnahmen zur Haushaltskonsolidierung unterbleiben. Aufgrund zahlreicher politischer Abstimmungsmechanismen kann das Defizitverfahren eventuell umgangen werden.

Europäischer Wirtschaftsraum (EWR), Freihandelszone, die von der → Europäischen Union (EU) und der → Europäischen Freihandelsassoziation (EFTA) gebildet wird. Die Schweiz nimmt allerdings am EWR nicht teil. Grundsätzlich übernehmen die EFTA-Staaten die Regelungen der Europäischen Gemeinschaften (EG) für den Waren-, Personen-, Dienstleistungs- und Kapitalverkehr sowie die Grundzüge des Wettbewerbsrechts. Einige Ausnahmen bestehen z.B. bezüglich der Agrarpolitik. – *Weitere Informationen unter* www.europarl.eu.int.

Europäisches Parlament, parlamentarisches Organ der → Europäischen Union (EU). Sitz in Brüssel. Die Abgeordneten des E.P. werden für fünf Jahre von den Bürgern der Mitgliedstaaten direkt gewählt. Das E.P. kontrolliert die → Europäische Kommission. Es muss der Ernennung der Kommissionsmitglieder zustimmen und kann ein Misstrauensvotum gegen sie vorbringen. Außerdem hat es Mitspracherecht in Haushaltsfragen. – *Weitere Informationen unter* www.-europarl.de.

Europäisches System der Zentralbanken (ESZB), Währungssystem, das aus der → Europäischen Zentralbank (EZB) und den nationalen Zentralbanken der Mitgliedstaaten des Euroraums besteht. Das ESZB wurde durch den Maastrichter Vertrag 1993 gegründet und ist seit dem 1. Januar 1999 für die Festlegung und Ausführung der Geldpolitik in der → Europäischen Wirtschafts- und Währungsunion (EWWU) zuständig. Vorrangiges Ziel ist die Gewährleistung der Preisstabilität. Das ESZB ist außerdem für die Durchführung von Devisengeschäften, das Halten und Verwaltung der Währungsreserven der Mitgliedstaaten und die Förderung eines reibungslosen Zahlungsverkehrs verantwortlich. – Die EZB, die nationalen Zentralbanken und die Mitglieder ihrer Beschlussorgane sind weisungsunabhängig von Organisationen und Einrichtungen der Europäischen Union (EU), von den nationalen Regierungen und anderen Stellen. – *Weitere Informationen unter* www.ecb.int.

Europäisches System Volkswirtschaftlicher Gesamtrechnungen (ESVG), System zur Vereinheitlichung der Volkswirtschaftlichen Gesamtrechnungen (VGR) in den Mitgliedstaaten der Europäischen Union (EU). Danach müssen Daten, die an EUROSTAT gemeldet werden, einer EU-einheitlichen Systematik entsprechen. – *Weitere Informationen unter* www.destatis.de/esvg_d.htm.

Europäisches Währungssystem (EWS), Währungssystem, das 1979 von den Staaten der → Europäischen Gemeinschaften (EG) eingeführt wurde. Nur Großbritannien nahm nicht teil. Gekennzeichnet war das EWS durch die Einführung des ECU (→ Europäische Währungseinheit) als Währungseinheit sowie die Festlegung der Wechselkurse innerhalb des Währungsverbundes mit Bandbreiten und Pflichten zu Eingriffen. Das EWS war die erste Stufe zur → Europäischen Wirtschafts- und Währungsunion (EWWU). – Seit dem 1999 wird der dem EWS zugrunde liegende Wechselkursmechanismus auf die währungspolitischen Beziehungen zwischen der Europäischen Zentralbank (EZB) und den drei EU-Mitgliedstaaten, die vorerst noch nicht die dritte Stufe der Europäischen Währungsunion teilnehmen, angewandt (sog. EWS II). Dies sind Dänemark, Großbritannien und Schweden. Nicht-Mitglieder können auf freiwilliger Grundlage am EWS teilnehmen. Die mindestens zweijährige Teilnahme am EWS II ist ein Aufnahmekriterium in die EWWU.

Europäische Union (EU), Gemeinschaft europäischer Staaten. Die Mitgliedstaaten der EU arbeiten auf der Grundlage des Maastrichter Vertrags von 1992 wirtschaftlich weitgehend sowie politisch bereichsweise zusammen. Ziel ist die Fortsetzung des europäischen Integrationsprozesses. Die Säulen bilden:

- die drei Europäischen Gemeinschaften (EG)
- die Gemeinsame Außen- und Sicherheitspolitik (GASP)
- die Zusammenarbeit in den Bereichen Justiz und Inneres (ZBJI).

1997 wurde der Amsterdamer Vertrag von allen EU-Mitgliedstaaten unterzeichnet, der den Maastrichter Vertrag änderte. Unter anderem wurde damit die rechtliche Grundlage einer abgestimmten Strategie gegen Arbeitslosigkeit geschaffen. Außerdem erhielten die EU-Organe zusätzliche Verantwortungen im Bereich der Sozial- und Beschäftigungspolitik. Anliegen des Vertrags war es, einerseits politische Defizite des Maastrichter Vertrags auszugleichen, andererseits die EU und ihre Organe auf die EU-Erweiterung vorzubereiten. – EU-Organe sind:

- Europäisches Parlament (EU-Parlament)
- Europäischer Rat (EU-Rat)

- Rat der Europäischen Union
- Europäische Kommission (EU-Kommission)
- Europäischer Gerichtshof
- Europäischer Rechnungshof.

Weitere EU-Institutionen sind z.B. der Ausschuss der Regionen, der Wirtschafts- und Sozialausschuss und die Europäische Investitionsbank. – *Weitere Informationen unter* www.europa.eu.int.

Europäische Verfassung, Verfassungsentwurf für die → Europäische Union (EU) und ihre Mitgliedstaaten. Durch die E.V. soll die EU demokratischer, transparenter und effizienter werden. Der Entwurf gliedert sich in vier Teile:

- grundlegende Verfassungsbestimmungen (Ziele, Zuständigkeiten, Entscheidungsverfahren und Organe)
- Grundrechte-Charta
- Politikbereiche
- Schlussbestimmungen.

Durch die neue Verfassung würden die bisherigen drei Säulen der EU integriert werden und die Union eine Rechtspersönlichkeit erhalten. Der Verfassungsentwurf sieht außerdem eine bessere Abgrenzung der Zuständigkeiten vor. Die Rolle der nationalen Parlamente bei der EU-Gesetzgebung soll dadurch gestärkt werden, dass alle Vorschläge der Europäischen Kommission an diese weitergeleitet werden und diese innerhalb von sechs Wochen Stellung nehmen können. Außerdem soll die qualifizierte Mehrheit auf weitere Bereiche ausgedehnt und das Veto-Recht einzelner Mitgliedstaaten eingeschränkt werden, damit die EU handlungsfähiger wird. Für die Kommission sieht der Entwurf vor, dass diese ab 2009 nur noch ein Präsident, ein Vize-Präsident und 13 Kommissaren besteht. Allerdings können weitere Kommissare vom Präsidenten ernannt werden, die jedoch kein Stimmrecht haben. – Der E.V. muss von allen Mitgliedstaaten zugestimmt werden. Nachdem der Verfassungsentwurf in Volksabstimmungen in Frankreich und in den Niederlanden abgelehnt wurde, wurden weitere Entscheidungen vertagt. Die Fortführung des Verfahrens ist derzeit offen.

Europäische Währungseinheit (ECU), Verrechnungseinheit des → Europäischen Währungssystems (EWS). Der ECU enthielt als sog. Korbwährung die Währungen aller Mitgliedstaaten der Europäischen Gemeinschaft (EG). Seit 1999 ist der → Euro gemeinsame Währung der Teilnehmerstaaten der → Europäischen Wirtschafts- und Währungsunion (EWWU).

Europäische Wirtschaftliche Interessenvereinigung (EWIV), Rechtsform für kleinere und mittlere Unternehmen aus Mitgliedstaaten der Europäischen Union (EU). In Form der EWIV können Unternehmen grenzüberschreitend zusammenarbeiten. Die an der EWIV beteiligten Unternehmen bleiben rechtlich selbstständig. Sie haften unbeschränkt und gesamtschuldnerisch. Die Grundstruktur der EWIV ähnelt der → offenen Handelsgesellschaft (OHG). – *Weitere Informationen unter* www.europa.eu.int.

Europäische Wirtschaftsgemeinschaft (EWG), → Europäische Gemeinschaft (EG).

Europäische Wirtschafts- und Währungsunion (EWWU), erste Säule der → Europäischen Union (EU). Die EWWU ist das Vertragswerk zur Schaffung eines Binnenmarktes mit freien Personen-, Waren-, Dienstleistungs- und Kapitalverkehr sowie einer gemeinsamen Währung und einer einheitlichen Geld- und Wechselkurspolitik. Nach dem Maastrichter Vertrag von 1992 sollen die Mitgliedstaaten ihre Wirtschaftspolitiken als eine Angelegenheit von gemeinsamen Interessen ansehen und im Rahmen des Rates der Europäischen Union abstimmen. Die Politiken sind an dem Ziel der Preisniveaustabilität sowie an den Grundsätzen der offenen Marktwirtschaft (freier Wettbewerb, gesunde öffentliche Finanzen, langfristiges außenwirtschaftliches Gleichgewicht) auszurichten. Entspricht das Verhalten eines Mitgliedstaates nicht den Grundprinzipien, so kann der Rat konkrete Empfehlungen an den betreffenden Staat richten. Dies ist vor allem in der Fiskal- und Lohnpolitik von Bedeutung, da diese Bereiche nicht auf die Union übertragen wurden. – Im Maastrichter Vertrag wurde ein konkreter Zeitplan mit drei Integrationsstufen vereinbart, an dessen Ende eine gemeinsame Währung (→ Euro), für deren Sicherung das → Europäische System der Zentralbanken (ESZB) zuständig ist, stand. Die dritte Stufe wurde mit der Schaffung der Europäischen Zentralbank (EZB) und der Einführung des Euros erreicht.

Europäische Zentralbank (EZB), zentrale Einrichtung des → Europäischen Systems der Zentralbanken (ESZB). Die EZB wurde 1993 durch den Maastrichter Vertrag von 1992 gegründet und besitzt eine eigene Rechtspersönlichkeit. Sie arbeitet seit dem 2. Juni 1998. Sitz in Frankfurt a.M. Die EZB stellt sicher, dass die dem ESZB übertragenen Aufgaben entweder durch eigene Tätigkeit oder durch die nationalen Zentralbanken erfüllt werden. Die EZB hat das alleinige Recht, Euro-Banknoten innerhalb der → Europäischen Wirtschafts- und Währungsunion (EWWU) auszugeben. – Die EZB hat folgende Organe:

- Rat: Dies ist das höchste Entscheidungsgremium. Er setzt sich zusammen aus den Mitgliedern des Direktoriums und den Präsidenten der nationalen Zentralbanken.
- Direktorium: Es führt die Geldpolitik entsprechend den Leitlinien und Beschlüssen des Rates aus. Es besteht aus dem EZB-Präsidenten, dem EZB-Vizepräsidenten und vier weiteren Mitgliedern.
- Erweiterter Rat: Er überwacht das Funktionieren des EWS II (→ Europäisches Währungssystem (EWS)) und dient als Forum für die geld- und währungspolitische Zusammenarbeit mit den an der Europäischen Währungsunion nicht teilnehmenden Staaten. Mitglieder sind der EZB-Präsident, der EZB-Vizepräsident und die Präsidenten der nationalen Zentralbanken aller EG-Mitgliedstaaten.

Weitere Informationen unter www.ecb.int.

European Recovery Program (ERP), → Marshall-Plan.

Euroraum, *Euro-Währungsraum,* Gebiet, in dem der → Euro gesetzliches Zahlungsmittel ist. Der E. umfasst zwölf Mitgliedstaaten. Dies sind im Einzelnen Belgien, Deutschland, Finnland, Frankreich, Griechenland, Irland, Italien, Luxemburg, Niederlande, Österreich, Portugal und Spanien.

Euro Stoxx 50, → Aktienindex, der auf den Aktien der 50 größten Aktiengesellschaften in den Ländern der Europäischen Wirtschafts- und Währungsunion (EWWU) beruht.

Euro-Währungsraum, → Euroraum.

e.V., Abk. für eingetragener → Verein.

Evaluation, Verfahren, um Produkte, Projekte oder Prozesse anhand von festzulegenden Kriterien zu bewerten.

Event Marketing, Planung von Veranstaltungen wie z.B. Händlerpräsentationen, Außendienstkonferenzen, Messen, Firmenjubiläen, Sport-, Musik- oder Kulturveranstaltungen als marketingpolitische Maßnahme.

EWG, Abk. für Europäische Wirtschaftsgemeinschaft, heute → Europäische Gemeinschaft (EG).

EWIV, Abk. für → Europäische Wirtschaftliche Interessenvereinigung.

EWR, Abk. für → Europäischer Wirtschaftsraum.

EWS, Abk. für → Europäisches Währungssystem.

EWS II, → Europäisches Währungssystem.

EWWU, Abk. für → Europäische Wirtschafts- und Währungsunion.

Exchange Electronic Trading, → XETRA.

Exekutive, Begriff für die ausübende Gewalt des Staates im Rahmen der → Gewaltenteilung. Sie ist für die Ausführung der von der → Legislative beschlossenen Gesetze verantwortlich. Die E. umfasst die Regierung als staatsleitendes Organ und die gesamte öffentliche Verwaltung.

Existenzgründer-Ansparabschreibung, → Ansparabschreibung.

Existenzgründerzuschuss, → Ich-AG.

Existenzgründungsförderung, staatliche Maßnahmen zur Unterstützung bei der Gründung von Unternehmen oder bei der Aufnahme einer selbstständigen Tätigkeit. Sie ist Teil der Wirtschaftsförderung. Dazu zählen z.B. Kredite und Beratungsleistungen der Kreditanstalt für Wiederaufbau (KfW), Gemeinschafts-Förderprogramme von Bund, Ländern und Banken, aber auch Leistungen der Bundesagentur für Arbeit (→ Ich-AG). – *Weitere Informationen unter* www.bmwi.de und www.kfw-mittelstandsbank.de.

Existenzminimun. 1. *Volkswirtschaft:* E. ist die für den Lebensunterhalt notwendige Lohnhöhe, die sich nach dem Lebensstandard des jeweiligen Landes und nach den technischen und kulturellen Stand der wirtschaftlichen Entwicklung richtet. – 2. *Einkommensteuerrecht:* → Grundfreibetrag.

Exklusivvertrieb, → Alleinvertrieb.

Expansion, → Konjunkturzyklus.

Export, *Ausfuhr.* Abgabe der in einem Wirtschaftsgebiet produzierten Sachgüter und/oder Dienstleistungen ins Ausland. Der E. von Waren und Dienstleistungen werden in der Handelsbilanz (→ Zahlungsbilanz) erfasst. – *Gegensatz:* → Import.

Exportförderung, *Ausfuhrförderung.* Staatliche und private Maßnahmen, um Exporte zu fördern. Auf privater Basis sind vor allem Exportkartelle (→ Kartell), gemeinschaftliche Exportkreditfinanzierung, Tätigkeit von Auslandshandelskammern und Gemeinschaftswerbung im Ausland zu nennen. Hauptakteur ist jedoch der Staat, der durch eine Reihe von Gesetzen und Bestimmungen eingreifen kann (z.B. im Rahmen des Außenwirtschaftsgesetzes). Ziele der staatlichen E. sind einerseits die Erzielung eines Handelsbilanzüberschusses oder die Verringerung eines Handelsbilanzdefizits, andererseits die Verbesserung des Beschäftigungsgrades im Inland. Zu den zahlreichen Maßnahmen, die der Staat ergreifen kann, zähen z.B. die Gewährung von Exportsubventionen, Exportkreditgarantien, Steuerbefreiungen, Sonderabschreibungen auf Exportforderungen oder Zinszuschüsse bei Exportkrediten.

Exportkreditgarantien des Bundes, *Hermes-Deckungen,* Maßnahmen zur Absicherung von Exportgeschäften durch den Staat. E.d.B. werden durch die → Euler Hermes Kreditversicherungs-AG vergeben. – Folgende Formen werden unterschieden:

- Ausfuhrbürgschaften: Diese werden nur für Geschäfte mit ausländischen Staaten oder ausländischen Gebietskörperschaften genehmigt.
- Ausfuhrgarantien: Diese werden für Geschäfte mit ausländischen Vertragspartnern, die nicht durch Ausfuhrbürgschaften gedeckt werden (z.B. insolvenzfähige ausländische Unternehmen), vergeben.
- Ausfuhrdeckungen: Diese werden zur Absicherung einer uneinbringlichen

Exportförderung aufgrund politischer oder wirtschaftlicher Risiken vergeben. *Weitere Informationen unter* www.ausfuhr gewaehrleistungen.de.

Exportquote, Anteil des Exports am → Bruttoinlandsprodukt (BIP) zu Marktpreisen. Die E. betrug 2004 in Deutschland 33,6 Prozent. – *Weitere Informationen unter* www.destatis.de.

externe Effekte, Begriff aus der Wirtschaftstheorie für Auswirkungen von Konsum und Produktion auf Dritte, die i.d.R. dem Urheber zugerechnet werden. Positive und negative e.E. entstehen aufgrund des Unterschieds zwischen privaten und volkswirtschaftlichen Kosten oder Erträgen. Beispiele für externe Kosten sind Umweltbelastungen, für externe Erträge die Grundlagenforschung. – Die Anlastung der externen Kosten oder die Vergütung der externen Erträge beim Verursacher e.E. wird als Internalisierung bezeichnet. Dadurch soll die sollen Fehler bei der Verteilung von Gütern und Produktionsfaktoren beseitigt werden.

externes Rechnungswesen, → Rechnungswesen.

Extranet, geschlossenes, meist unternehmenseigenes Computernetzwerk. Das E. beruht auf Internettechnologien. Es ermöglicht, dass externe Nutzer wie Geschäftspartner und Kunden auf das unternehmensinterne Netzwerk (→ Intranet) zugreifen können.

EZB, Abk. für → Europäische Zentralbank.

F

Fabrikverkauf, → Factory Outlet.

Facility Management, *Gebäudemanagement.* Planung, Kontrolle und Bewirtschaftung von Gebäuden, Anlagen und Einrichtungen. Das F.M. beschäftigt sich mit der Zweckmäßigkeit und Wirtschaftlichkeit von Gebäuden und Anlagen über die gesamte Lebensdauer hinweg. Ziel ist es, Gebäude und Anlagen auf die Bedürfnisse der Mieter und Nutzer ein- und die Wirtschaftlichkeit sicherzustellen.

Factoring, Begriff aus der Finanzierung. F. ist der Verkauf noch nicht fälliger Forderungen aus Warenlieferungen und Dienstleistungen an ein Finanzierungsinstitut (Factoringgesellschaft). Es können nur Forderungen aus Lieferungen und Leistungen von gewerblichen Kunden verkauft werden. Der Forderungsverkäufer schließt mit der Factoringgesellschaft einen Vertrag ab. Dieser läuft i.d.R. zwei Jahre. Die Factoringgesellschaft schreibt dem Forderungsverkäufer die offenen Forderungen sofort nach Rechnungsstellung gut. Außerdem übernimmt sie das Ausfallrisiko. Dafür berechnet die Factoringgesellschaft zusätzlich zu den banküblichen Zinsen Gebühren i.d.R. in Höhe von einem Prozent der Forderungssumme.

Factory Outlet, *Fabrikverkauf.* Verkaufsstelle eines Herstellers. In einem F.O. werden häufig II.-Wahl-Artikel, überschüssige Produktionsmengen oder auslaufende Waren direkt an den Endverbraucher verkauft. I.d.R. befinden sich F.O. am Ort der Herstellung. Die Preise in F.O. liegen deutlich unter den Preisen des Fachhandels. – Verkaufsniederlassungen verschiedener Hersteller in einem Gebäudekomplex, der von einer Betreibergesellschaft gemanagt wird, wird als Factory Outlet Center bezeichnet. Diese liegen verkehrsgünstig und haben ein großes Einzugsgebiet.

Fahrgemeinschaft, Begriff aus dem Einkommensteuerrecht. F. ist eine Gruppe von Arbeitnehmern, die gemeinsam ein Kraftfahrzeug (Kfz) für Fahrten zwischen Wohnung und Arbeitsstätte, Familienheimfahrten und Dienstreisen nutzen. Jeder Teilnehmer der F. kann die → Entfernungspauschale (maximal 4.500 Euro jährlich) steuerlich geltend machen, da diese von der tatsächlichen Benutzung eines eigenen Kfz unabhängig ist.

Fahrlässigkeit, Begriff aus dem Bürgerlichen Gesetzbuch (BGB). F. ist das Außerachtlassen der im Geschäftsverkehr erforderlichen Sorgfalt.

- Bewusste F.: Bewusst fahrlässig handelt der, der den Schaden voraussieht, aber hofft, er werde nicht eintreten.
- Unbewusste F.: Unbewusst fahrlässig handelt der, der den Erfolg nicht voraussieht, ihn aber bei Anwendung der üblichen Sorgfalt hätte voraussehen müssen.
- Grobe F.: Die Sorgfaltspflicht wurde in besonders grobem Maße missachtet.

Ein Schuldner muss grundsätzlich für fahrlässige Pflichtverletzungen haften (→ Haftung). In bestimmten Gesetzen ist die Haftung jedoch auf Vorsatz und grobe F. beschränkt.

Fahrtkosten Wohnung – Arbeitsstätte, → Ein-Prozent-Regelung, → Entfernungspauschale, → Fahrgemeinschaft.

Fair Value, Begriff aus der internationalen Rechnungslegung. F.V. ist der übliche Marktpreis eines Vermögensgegenstands am Bilanzstichtag.

Faktoreinkommen, *Leistungseinkommen, Primäreinkommen.* Begriff aus der Volkswirtschaftlichen Gesamtrechnung (VGR). F. ist das → Einkommen, das aus der Bereitstellung von Arbeit, Kapital und Boden erzielt wird. Dies sind z.B. Löhne, Gehälter, Zinsen, Gewinne, Mieten und Pachten. F. setzen sich zusammen aus:

- Erwerbseinkommen: F., das für Arbeitsleistung in Form von Löhnen und Gehältern, für das Führen eines Unternehmens und Verwerten von Gebäuden in Form von Gewinnen gezahlt wird. Die Löhne und Gehälter werden auch als Arbeitnehmereinkommen oder Einkommen aus unselbstständiger Tätigkeit bezeichnet. Für Gewinne werden auch die Begriffe Einkommen aus Unternehmertätigkeit oder auch Unternehmereinkommen verwandt.
- Vermögenseinkommen: F., das als Entgelt für die Nutzung von Kapital und Boden gezahlt wird. Dies sind z.B. Dividenden, Zinsen, Pacht für Grundstücke.

Gegensatz: → Transfereinkommen.

Faktura, → Rechnung.

Fakturierung, Erstellung einer → Rechnung.

Fälligkeit, Zeitpunkt, von dem an eine geschuldete Leistung vom Schuldner gefordert werden kann. Nach dem Bürgerlichen Gesetzbuch (BGB) kann der Gläubiger die Leistung sofort verlangen, wenn dies vertraglich nicht anders vereinbart wurde. Oft ist die F. von einer → Kündigung abhängig (z.B. im Fall von Darlehen). F. ist die Voraussetzung dafür, dass ein Schuldner in Verzug gerät (→ Schuldnerverzug).

Familienhilfe, Leistung der gesetzlichen Krankenversicherung. Die F. erhalten bei Krankheit oder Entbindung Familienangehörige, gegenüber denen der Versicherte unterhaltspflichtig ist. Die F. wird für Ehegatten und Lebenspartner, für Kinder bis zum 18. oder während der Schul- und Berufsausbildung bis zum 25. Lebensjahr sowie für sonstige Familienangehörige, die mit dem Ehegatten/Lebenspartner in einem Haushalt leben und von diesem ganz oder überwiegend unterhalten werden, gewährt.

Familienkasse, → Kindergeldkasse.

Familienlastenausgleich, → Familienleistungsausgleich.

Familienleistungsausgleich, früher *Familienlastenausgleich,* Begriff aus dem Einkommensteuerrecht. Mit dem F. soll die steuerliche Freistellung des Existenzminimums des Kindes erreicht werden. Hierzu gehört der Bedarf für Betreuung und Erziehung oder Ausbildung. Die Freistellung erfolgt durch den → Kinderfreibetrag und den Freibetrag für den Betreuungs-, Erziehungs- und Ausbildungsbedarf oder durch das → Kindergeld.

FASB, Abk. für → Financial Accounting Standards Board.

Fazilitäten, → ständige Fazilitäten.

Feasibility-Studie, *Durchführbarkeitsstudie, Machbarkeitsstudie.* Vorstudie, die im Rahmen der strategischen Planung eines Investitionsvorhabens durchgeführt wird. Es wird überprüft, ob ein Investitionsvorhaben überhaupt durchführbar und ob es technisch und ökonomisch sinnvoll ist. Die F.-S. wird vor allem bei Großprojekten angewandt.

Federal Reserve Bank, → Federal Reserve System.

Federal Reserve System, Geld- und Kreditorganisation der USA. In zwölf Federal Reserve Districts sind jeweils Federal Reserve Banks (Bundesreservebanken) als alleinige Notenbanken und Zentralinstitute errichtet worden, bei denen die dem F.R.S. angehörenden Banken ihre Liquiditätsreserven halten. Die Federal Reserve Banks nehmen die üblichen Aufgaben einer Zentralbank wahr, so z.B. die Ausgabe von Banknoten. Außerdem besorgen sie die Bankgeschäfte der Regierung, erledigen das zwischenstaatliche → Clearing und kaufen oder verkaufen Anleihen im Rahmen der Offenmarktgeschäfte. – *Weitere Informationen unter* www.federalreserve.gov.

Fehlzeiten, die in Arbeitsstunden oder -tagen gemessene Abwesenheit eines Arbeitnehmers von seinem Arbeitsplatz. Gesetzlich oder vertraglich vereinbarte Abwesenheiten wie Urlaub oder Mutterschutz gelten nicht als F. Unterschieden werden motivationsbedingte F., krankheitsbedingte F. und sonstige F. aufgrund von Zusatzurlaub oder Fortbildungsmaßnahmen. Wegen der Auswirkungen auf die Personalkosten, aber auch auf den Arbeitsablauf sollten die F. möglichst gering gehalten werden. Zur Verringerung der F. können Maßnahmen wie z.B. Fehlzeitenbriefe, persönliches Rückkehrgespräche, motivierende Arbeitsplatzumgebung eingesetzt werden.

Feinsteuerungsoperationen, → Offenmarktgeschäfte.

Fernabsatzvertrag, Vertrag über die Lieferung von Waren oder über die Erbringung von Dienstleistungen. Beim F. werden ausschließlich Briefe, Kataloge, Telefonanrufe, E-Mails und andere Fernkommunikationsmittel verwendet. F. sind z.B. Verträge im Versandhandel oder Electronic Commerce. Nach dem Bürgerlichen Gesetzbuch (BGB) muss der Verbraucher vor Abschluss eines F. über alle für ihn wichtigen Informationen in klarer und verständlicher Form verfügen können. Außerdem hat der Verbraucher das Recht auf → Widerruf des Vertrages und zur Rückgabe der Ware ohne Angabe von Gründen innerhalb von zwei Wochen nach Erhalt der Ware.

Fertigerzeugnis, *fertiges Erzeugnis.* Produkt, das den Produktionsprozess bis zum Ende durchlaufen hat. F. stehen zum Verkauf oder zum Verbrauch im eigenen Betrieb zur Verfügung. – Der Bestand an F. wird durch Inventur jeweils am Anfang und am Ende eines Geschäftsjahres festgestellt. F. werden unter dem Bilanzposten → Umlaufvermögen ausgewiesen. Sie müssen nach dem Handelsgesetzbuch (HGB) mit den Herstellungskosten oder nach dem strengen → Niederstwertprinzip mit einem niedrigeren Marktpreis bewertet werden. – *Gegensatz:* → unfertiges Erzeugnis.

Fertigung, → Produktion.

Fertigungskosten, → Produktionskosten.

Fertigungslöhne, *Einzellöhne, Einzellohnkosten.* Löhne und Gehälter für die am Werkstück verrichteten Arbeiten. Die F. werden i.d.R. dem Erzeugnis direkt als → Einzelkosten zugerechnet. Sie sind Teil der → Produktionskosten. – *Gegensatz:* → Hilfslöhne.

Fertigungsplanung, → Produktionsplanung.

Fertigungsprogramm, → Produktionsprogramm.

Fertigungsprogrammplanung, → Produktionsprogrammplanung.

Fertigungsprozessplanung, → Produktionsprozessplanung.

Fertigungssteuerung, → Produktionssteuerung.

Fertigungsverfahren, → Produktionsverfahren.

Festbetrag für Arznei- und Verbandmittel, Preisobergrenze, bis zu der die gesetzlichen Krankenkassen die Kosten für bestimmte Arznei- und Verbandmittel erstatten. Der Gemeinsame Bundesausschuss der Ärzte und Krankenkassen legt die Arzneimittelgruppen und die genaue Höhe der Festbeträge fest. Werden Arznei- oder Verbandmittel mit einem höheren Preis verschrieben, muss der Patient die Differenz zwischen Festbetrag und tatsächlichem Preis zahlen. Durch die Festbetragsregelung sollen die Ausgaben der Krankenkassen gesenkt werden.

fester Wechselkurs, → Wechselkurs.

Festgeld, → Termineinlage, die an einem festgelegten Tag ausgezahlt wird. Die Laufzeit beträgt mindestens einen Monat. Der Zinssatz wird fest vereinbart. Er hängt von der Höhe des Anlagebetrags und der vereinbarten Laufzeit ab. Häufig müssen F. gekündigt werden, da sich ansonsten automatisch verlängern. – *Gegensatz:* → Kündigungsgeld.

Feststellungsbescheid, gesonderter Bescheid des Finanzamtes über die Feststellung der Besteuerungsgrundlagen.

festverzinsliches Wertpapier, → Anleihe.

Festwertbewertung, vereinfachtes Verfahren zur Bewertung von Vermögensgegenständen. Es werden gleich bleibende Mengen und gleich bleibende Werte angesetzt, wenn der Bestand in seiner Größe, seinem Wert und seiner Zusammensetzung nur geringen Veränderungen unterliegt. Nach dem Handelsgesetzbuch (HGB) ist die F. für Vermögensgegenstände des Sachanlagevermögens und für Roh-, Hilfs- und Betriebsstoffe, die regelmäßig ersetzt werden und in ihr Gesamtwert für das Unternehmen von nachrangiger Bedeutung sind, zulässig. Die F. ist nach den International Financial Reporting Standards (IFRS) und den United States Generally Accepted Accounting Principles (US-GAAP) nicht zulässig.

Festzinssatz, Zinssatz eines Darlehens oder einer Vermögensanlage, der für eine bestimmte Laufzeit festgeschrieben ist. Nach Ablauf der Frist muss die Höhe des Zinssatzes neu vereinbart werden. – *Gegensatz:* → variabler Zinssatz.

Festzinstender, → Tenderverfahren.

Feuerversicherung, Versicherung für Schäden durch Brand, Blitzschlag, Explosion und durch Anprall oder Absturz eines Flugkörpers und seiner Teile. Die einzelnen Gefahren werden in den Versicherungsbedingungen zum Teil abweichend vom allgemeinen Sprachgebrauch definiert. Gegenstand der F. sind entweder Sachen wie Gebäude, Maschinen oder Vorräte (Feuer-Sachversicherung) oder Erträge der Nutzung von Sachen (Feuer-Betriebsunterbrechungsversicherung).

Fifo-Verfahren, → Verbrauchsfolgeverfahren.

Filiale, einzelne → Betriebsstätte eines Unternehmens, vor allem eines Handelsunternehmens. Die F. eines Unternehmens stehen unter einer einheitlichen Leitung. – *Anders:* → Zweigniederlassung.

Finance Leasing, *Finanzierungsleasing.* Form des → Leasing mit einer mittel- bis langfristigen Vertragslaufzeit. Es wird eine Grundmietzeit festgelegt, während der das Vertragsverhältnis von den Vertragsparteien nicht gekündigt werden kann. Die Grundmietzeit beträgt i.d.R. zwischen 50 und 75 Prozent der betriebsgewöhnlichen Nutzungsdauer des Leasinggegenstands. Das F.L. wird aufgrund der relativ langen Grundmietzeit i.d.R. zur Finanzierung sehr spezieller, auf die Wünsche des Leasingnehmers abgestellte Leasinggegenstände (z.B. Spezialmaschinen) genutzt. – *Gegensatz:* → Operate Leasing.

Financial Accounting Standards Board (FASB), US-amerikanische unabhängige Organisation, die Standards für die Rechnungslegung privater Gesellschaften erarbeitet und herausgibt. Sie wurde 1972 gegründet. Hauptorgan ist das Board, das aus sieben hauptberuflichen Mitarbeitern besteht. Diese werden für sieben Jahre bestellt und dürfen während ihrer Board-Tätigkeit keiner weiteren beruflichen Tätigkeit nachgehen. Das FASB wird von der Financial Accountig Foundation finanziert und überwacht. Die Financial Accounting Foundation ist eine Stiftung, die von den wichtigsten Berufsorganisationen aus dem Bereich des Rechnungswesens getragenen wird. – Das FASB veröffentlicht:

- Statements of Financial Accounting Standards (SFAS): Verlautbarungen zu Rechnungslegungsproblemen
- Statements of Financial Standards Concept (SFAC): Verlautbarungen zu übergeordneten Zielen und Definitionen der Rechnungslegung
- Interpretations: Veröffentlichungen zu Einzelfragen und Interpretationen der Standards
- Technical Bulletins: Richtlinien zu aktuellen Problemen der Rechnungslegung.

Die SFAS und die SFAC durchlaufen den sog. Due Process. Dies ist ein standardisiertes Verfahren zur Verabschiedung von Rechnungslegungsgrundsätzen, bei dem interessierte Personen und Gruppen ihre Vorstellungen einbringen können.

Financial Future, → Future.

Finanzamt, unterste Behörde der Finanzverwaltung. Die Zuständigkeit eines F. ergibt sich aus dem Wohnsitz des Steuerpflichtigen oder aus dem Sitz der Geschäftsleitung. Das F. führt das gesamte Besteuerungsverfahren von der Steuerveranlagung bis zur Steuererhebung oder bis zur Vollstreckung der Steuerschuld durch.

Finanzanalyse, Analyse der wirtschaftlichen Lage eines Unternehmens. Die Analyse erfolgt vor allem im Hinblick auf die zukünftige Erfolgsermittlung und die Zahlungsfähigkeit. Grundlage der F. sind Daten der Bilanz, der Gewinn- und Verlustrechnung (GuV), des Geschäftsberichts, der Branche und der konjunkturellen Entwicklung. – Eine durch das Unternehmen selbst durchgeführte Analyse soll Planungs- und Kontrollinformationen für Entscheidungen der Unternehmensleitung zur Verfügung stellen. Eine von unternehmensexternen Personen durchgeführte Analyse bildet die Grundlage für Entscheidungen wie der Kauf einer Beteiligung, die Gewährung eines Lieferantenkredits oder eines Darlehens.

Finanzanlagen, Teil des → Anlagevermögens. Hierzu gehören Beteiligungen, Ausleihungen an Beteiligungsunternehmen sowie langfristig gehaltene Wertpapiere. Die F. sind nach dem Handelsgesetzbuch (HGB) höchstens zu den Anschaffungskosten zu bewerten. Bei dauerhaften Wertminderungen muss der niedrigere tatsächliche Wert angesetzt werden. Ist die Wertminderung nur vorübergehend, kann die F. ebenfalls mit dem niedrigeren Wert bewertet werden.

Finanzausgleich, Regelungen zur Verteilung öffentlicher Aufgaben und Ausgaben sowie der Einnahmen in einem Staat mit einem gegliederten Aufbau. Im Rahmen des F. werden den einzelnen Ebenen die für sie geeigneten Aufgaben und die damit verbundenen Ausgaben zugeordnet. Außerdem erhalten die Ebenen die Möglichkeit, sich die dafür erforderlichen Einnahmen zu beschaffen. – Erfolgt die Aufgabenverteilung auf → Gebietskörperschaften gleicher Ebene, wird dies als horizontaler F. bezeichnet. Handelt es sich dagegen um Körperschaften auf verschiedenen Ebenen (Bund, Länder, Gemeinden), spricht man von einem vertikalen F. – Für die Einnahmenverteilung stehen unterschiedliche Systeme zur Verfügung:

- Trennsystem (Konkurrenzsystem): Jede Körperschaft verfügt über eigene Einnahmequellen. D.h., sie erhebt eigene Steuern.
- Mischsystem: Beim Zuschlagssystem besitzt eine Körperschaft die Steuerho-

heit, eine andere hat jedoch das Recht, prozentuale Zuschläge auf die Steuerschuld oder Bemessungsgrundlage zu erheben. Beim Verbundsystem erhebt eine Körperschaft die Steuer, an der die andere mit einem festgelegten Anteil beteiligt ist.
- Zuweisungssystem: Die oberste Ebene besitzt die alleinige Steuerhoheit. Die unteren Ebenen werden über Zahlungen an den Einnahmen beteiligt werden.

Der ergänzende F. (sekundärer F.) regelt, wie der nach der Verteilung der Einnahmen verbleibende Ausgleichsbedarf gedeckt wird. Der Ausgleichsbetrag ist die Differenz zwischen Steuereinnahmen und Finanzbedarf. Beim Ausgleichsbedarf werden Zahlungen an eine andere Körperschaft berücksichtigt. – In Deutschland ist die Verteilung der Steuereinnahmen im Grundgesetz geregelt. Danach gelten das Trenn- und das Mischsystem. D.h., es gibt Steuern, die nur einer Ebene zustehen, und solche, die mehreren Ebenen zustehen (→ Gemeinschaftsteuern). Es erfolgt ein ergänzender F. zwischen Bund und Ländern, zwischen den Ländern untereinander (Länderfinanzausgleich), zwischen Land und Kommunen sowie zwischen den Kommunen untereinander (kommunaler F.).

Finanzbedarf, → Kapitalbedarf.

Finanzbuchhaltung, *Geschäftsbuchhaltung, kaufmännische Buchhaltung.* Teil des → Rechnungswesens, der die Zahlungsvorgänge eines Unternehmens erfasst. Die F. liefert das Zahlenmaterial für die Erstellung des → Jahresabschlusses. Jeder Kaufmann ist zur F. verpflichtet. – Vgl. auch → Betriebsbuchhaltung.

Finanzderivate, → Derivate.

Finanzdienstleistungen, Sammelbegriff für Leistungen, die von Kreditinstituten und Organisationen wie Bausparkassen oder Kreditkartenorganisationen angebotenen werden. Nach dem Kreditwesengesetz (KWG) zählen folgende Leistungen zu den F.:
- Anlagevermittlung: Vermittlung von Geschäften über die Anschaffung und Veräußerung von Finanzinstrumenten oder deren Nachweis
- Abschlussvermittlung: Anschaffung und Veräußerung von Finanzinstrumenten im fremden Namen für fremde Rechnung
- Finanzportfolioverwaltung: Verwaltung des Vermögens anderer, das in Finanzinstrumente angelegt ist
- Eigenhandel: Anschaffung und Veräußerung von Finanzinstrumenten für andere
- Drittstaateneinlagenvermittlung: Vermittlung von → Einlagengeschäften mit Unternehmen mit Sitz außerhalb des Europäischen Wirtschaftsraums (EWR)
- Finanztransfergeschäft: Besorgung von Zahlungsaufträgen
- Sortengeschäft: Handel mit Sorten
- Kreditkartengeschäft: Ausgabe bzw. Verwaltung von Kreditkarten und Reiseschecks.

Weitere Informationen unter www.bafin.de.

Finanzdienstleistungsaufsicht, → Bundesanstalt für Finanzdienstleistungsaufsicht (BaFin).

Finanzdienstleistungsinstitut, Begriff aus dem Kreditwesengesetz (KWG). Ein F. ist ein Unternehmen, das → Finanzdienstleistungen im Sinn des KWG für andere erwerbsmäßig oder in einem Umfang erbringt, der einen kaufmännischen Geschäftsbetrieb erfordert. Es ist aber kein → Kreditinstitut. F. sind vor allem Anlagevermittler, Vermögensverwalter und Wertpapierhandelsbanken. F. unterliegen wie Kreditinstitute der Aufsicht durch die Bundesanstalt für Finanzdienstleistungsaufsicht (BaFin). – *Weiter Informationen unter* www.bafin.de.

Finanzgericht, erste Instanz der Finanzgerichtsbarkeit. F. sind zuständig für öffentlich-rechtliche Streitigkeiten mit Finanzbehörden im Bereich der Abgaben und in anderen in der Finanzgerichtsordnung geregelten Fällen sowie für Berufsrechtsstreitigkeiten der Steuerberater. F. entscheiden i.d.R. nach mündlicher Verhandlung durch Urteil. F. können aber auch ohne mündliche Verhandlung einen Gerichtsbescheid erlassen. – Vgl. auch → Gericht.

Finanzhilfe. 1. → Zuweisung, die der Bund den Ländern für besonders wichtige Investitionen gewährt. F. werden gezahlt, um die unterschiedliche Wirtschaftskraft der Länder auszugleichen oder das Wirtschaftswachstum zu fördern. – 2. Staatliche Ausgabe mit dem Charakter einer → Subvention.

Finanzhoheit, Befugnis zur selbstständigen Regelung der öffentlichen Finanzen. Sie umfasst die Gesetzgebungs-, Verwaltungs- und Steuerertragshoheit über öffentliche Einnahmen (vor allem Steuern).

Finanzierung, Maßnahmen zur Beschaffung von Eigen- und Fremdkapital.

- Außenfinanzierung: umfasst → Eigenfinanzierung, → Beteiligungsfinanzierung und → Fremdfinanzierung.
- Innenfinanzierung: umfasst die F. z.B. aus Abschreibungen und Rückstellungen und die → Selbstfinanzierung.

Finanzierungsgesellschaft, Unternehmen, das für nah stehende Unternehmen Finanzierungsmittel beschafft. F. übernehmen keinen Zahlungsverkehr. Sie kaufen Aktien und Anleihen i.d.R. zwecks dauernder Übernahme oder zum Weiterverkauf. Der Kauf wird mit Mitteln, die sie durch eigene Emissionen erwerben, finanziert.

Finanzierungskosten, *Kapitalkosten,* → Kosten, die bei der Beschaffung von → Eigenkapital und → Fremdkapital anfallen. Dazu zählen vor allem Zinskosten und Kosten für Kreditsicherheiten.

Finanzierungsleasing, → Finance Leasing.

Finanzierungsregeln, Sollvorschriften für die Zusammensetzung des Kapitals eines Unternehmens. F. gehen davon aus, dass die → Liquidität eines Unternehmens durch ihre Einhaltung sichergestellt ist. Zu unterscheiden sind:

- horizontale F.: Regeln hinsichtlich der Kapitalstruktur. Dazu zählen vor allem die sog. Goldene F., nach der sich die Fristen zwischen Kapitalbeschaffung und -rückzahlung sowie Kapitalverwendung entsprechen sollen. Ein weiteres Beispiel ist die sog. → Goldene Bilanzregel.
- vertikale *F.:* Vorgaben, die ein bestimmtes Verhältnis von Eigen- und Fremdkapital festlegen.

Finanzierungsschätze, vom Bund ausgegebene → Anleihen. Sie haben einen Mindestnennwert von 500 Euro (→ Nennwert). Ihre Laufzeiten betragen ein oder zwei Jahre. F. sind Abzinsungspapiere. D.h., der Anleger zahlt den Anlagebetrag abzüglich Zinsen und erhält am Ende der Laufzeit den vollen Anlagebetrag zurück. F. werden nicht an der Börse gehandelt. Sie können während der Laufzeit nicht an den Bund zurückgegeben werden. F. werden in das → Bundesschuldenbuch eingetragen.

Finanzinstitute, → monetäre Finanzinstitute.

Finanzinstrumente. 1. *Kreditwesengesetz (KWG):* Sammelbegriff für → Wertpapiere, → Geldmarktpapiere, Devisen oder Rechnungseinheiten sowie → Derivate. – 2. *International Financial Reporting Standards (IFRS):* finanzielle Vermögenswerte und Verbindlichkeiten, die mit dem Austausch von Zahlungsmitteln verbunden sind.

Finanzmanagement, Planung, Steuerung und Kontrolle der betrieblichen Zahlungsströme. Das F. umfasst alle Finanz- und Investitionsentscheidungen. Ziele des F. sind vor allem die Sicherung und Erhaltung der Zahlungsfähigkeit sowie die Maximierung der → Rentabilität. Im Rahmen des strategischen F. erfolgt die langfristige Planung, Steuerung und Kontrolle der Erfolgs- und Risikopositionen des Unternehmens, vor allem die Kapitalverteilung und Kapitalstrukturierung. Das operative F. dagegen besteht im Wesentlichen aus der Sicherung der Zahlungsfähigkeit. Ein wichtiges Instrument des F. ist die → Finanzanalyse. Auf der Grundlage der Finanzanalyse können die Finanz- und Investitionsentscheidungen an die relevanten Einflussfaktoren angepasst werden.

Finanzmarkt, *Kreditmarkt, monetärer Markt.* Markt, auf dem Finanzmittel gehandelt werden. Zu unterscheiden sind folgende Arten von F.:
- Geldmarkt
- Kapitalmarkt.

Finanzplan. 1. *Finanzwissenschaft:* Aufstellung der Einnahmen und Ausgaben von Bund, Länder und Gemeinden für einen längeren Zeitraum. Im Gegensatz zum → Haushaltsplan, der als Gesetz verabschiedet wird, ist der F. rechtlich nicht verbindlich. – 2. *Finanzierung:* zukunftsbezogene Rechnung, die für einen Planungszeitraum Ein- und Auszahlungen gegenüberstellt.

Finanzplanung. 1. *Betriebswirtschaft:* Teilgebiet der Unternehmensplanung. F. ist die vollständige, zeitpunkt- und betragsgenaue Prognose von Ein- und Auszahlungen zur Gestaltung zukünftiger Finanzentscheidungen. Die F. umfasst die Ermittlung des zukünftigen Finanzbedarfs sowie die Bestimmung der Art, Höhe und Zeitpunkte von Finanzierungsmaßnahmen. Ergebnis der F. ist der → Finanzplan. – 2. *Volkswirtschaft:* → mittelfristige Finanzplanung.

Finanzpolitik, Teilgebiet der Wirtschaftspolitik, das sich mit Einnahmen, Ausgaben und Vermögen der öffentlichen Hand beschäftigt. Die Zielsetzungen der F. können zu folgenden Bereichen zusammengefasst werden:
- fiskalpolitisches Ziel: Sicherung der staatlichen Einnahmen.
- allokationspolitisches Ziel: Veränderung der Ressourcenverteilung, z.B. zwischen Staat und Privaten oder innerhalb des Staates.
- verteilungspolitisches Ziel: Korrektur der Einkommensverteilung unter sozialen Gesichtpunkten, z.B. durch Transferleistungen.
- stabilisierungspolitisches Ziel: Förderung des Wirtschaftswachstums durch gezielte konjunkturelle Impulse.

Als Instrumente stehen zur Verfügung:
- Einnahmenpolitik: Erhöhung oder Senkung der Steuersätze, Einführung neuer Steuern und staatliche Kreditaufnahme.
- Ausgabenpolitik: Einsparungen und Umschichtungen bei der Finanzierung von Konjunktur- und Beschäftigungsprogrammen, Subventionierung, Zahlung von Transferleistungen.

Träger der F. sind vor allem Bund, Länder und Gemeinden sowie die Europäische Union (EU).

Finanzterminkontrakt, → Future.

Finanzverwaltung, alle Behörden, die Steuern oder Zölle einziehen und verwalten. – 1. *Bundesfinanzverwaltung:* Oberste Behörde ist das Bundesministerium der Finanzen. Darunter gibt es als Oberbehörden die → Bundeswertpapierverwaltung, die Bundesmonopolverwaltung für Branntwein, das → Bundesamt für Finanzen sowie das Bundesamt zur Regelung offener Vermögensfragen und die → Bundesanstalt für Finanzdienstleistungsaufsicht. Danach folgen als Mittelbehörden → Oberfinanzdirektionen und das Zollkriminalamt sowie auf örtlicher Ebene Hauptzollämter, Zollfahndungsämter, Bundesvermögensämter und die Bundesforstämter. – 2. *Landesfinanzverwaltung:* Oberste Behörden sind die Landesfinanzministerien, Mittelbehörden die Oberfinanzdirektionen (Landesabteilungen) sowie die örtlichen Behörden die → Finanzämter.

Finanzwechsel, → Wechsel, der nur der Geldbeschaffung dient. Dem F. liegt kein Waren- oder Dienstleistungsgeschäft zugrunde. F. kommen z.B. im Rahmen von → Akzeptkrediten vor. – *Gegensatz:* → Handelswechsel.

Finanzwissenschaft, Bereich der Volkswirtschaftslehre. Im Rahmen der F. wird das wirtschaftliche Handeln des Staates analysiert. Vor allem werden die Einnahmen- und Ausgabenseite sowie das Verhältnis der verschiedenen staatlichen Ebenen (Bund, Länder, Gemeinden) zueinander untersucht. Wichtige Fragestellungen sind die Aufteilung der Bestände an Produktionsfaktoren (Arbeit, Kapital, Boden), die Beeinflussung von Einkommen und Beschäftigung sowie die Verteilung von Einkommen und Vermögen.

Finanzzuweisung, → Zuweisung.

Firma, Name, unter dem ein Kaufmann seine Geschäfte betreibt und mit dem er unterschreibt, klagt und verklagt werden kann. Die F. muss seitens des Kaufmanns zur Eintragung ins Handelsregister angemeldet werden. Es steht den Kaufleuten und Handelsgesellschaften frei, Personen-, Sach- oder Fantasiefirmen zu wählen. Fremdsprachliche F. sind nur begrenzt zulässig. – Handelsgesellschaften müssen die Rechtsform durch einen entsprechenden Firmenzusatz oder eine verständliche Abkürzung erkennen lassen (z.B. AG, KG und GmbH). – F. eines Einzelkaufmanns muss die Bezeichnung „eingetragener Kaufmann“, „eingetragene Kauffrau“, „e.K.“, „e.Kfm. oder „e.Kfr.“ führen. – Die Bildung einer F. muss gemäß Handelsgesetzbuch (HGB) nach folgenden Grundsätzen erfolgen:

- Firmenausschließlichkeit: F. muss sich klar von anderen abgrenzen, um Verwechslungen auszuschließen.
- Firmenbeständigkeit: Nach einem Inhaberwechsel kann die F. durch den neuen Inhaber fortgeführt werden. Dazu muss der bisherige Inhaber oder der ausscheidende Gesellschafter, dessen Name Bestandteil der F. ist, der Fortführung zustimmen. Ein Verkauf nur der F. ist nicht zulässig.
- Firmeneinheit: Ein Unternehmen darf nur als eine F. geführt werden.
- Firmenwahrheit: Die F. darf keine irreführenden Angaben enthalten. Sie muss bestimmte rechtlich vorgeschriebene Firmenzusätze enthalten und Haftungsbeschränkungen deutlich machen.

Firmengründung, → Gründung.

Firmenwagen, Kraftfahrzeug (Kfz), das ein Arbeitgeber einem Arbeitnehmer im Rahmen des Arbeitsverhältnisses zur Nutzung überlässt. Wird vereinbart, dass das Kfz auch privat genutzt werden kann, ist dieser Vorteil steuerpflichtig. Die Versteuerung kann nach der sog. → Ein-Prozent-Regel oder entsprechend dem Nachweis der tatsächlichen Kosten mit Hilfe eines Fahrtenbuchs erfolgen.

Firmenwert, *Geschäftswert.* Wert eines Unternehmens, der sich als Differenz von → Ertragswert und → Substanzwert berechnet. Ist der Ertragswert höher als der Substanzwert, wird dies als Goodwill, ist er niedriger, als Badwill bezeichnet. – Firmenwertbildende Faktoren sind z.B. gutes Management, effiziente Herstellungsverfahren, Facharbeiterstamm, verkehrsgünstige Lage, Stammkundschaft, etc. Im Handels- und Steuerrecht werden unterschieden:

- originärer F.: Dies ist der selbst geschaffene F. Er wird als Differenz von Ertrags- und Substanzwert berechnet. Der Ansatz des originären F. ist weder handels- noch steuerrechtlich zulässig.
- derivativer F.: Dies ist der durch Kauf erworbene F. Er wird als Differenz zwischen Kaufpreis und Substanzwert berechnet. Nach den handelsrechtlichen Vorschriften darf nur der derivative F. in der Bilanz angesetzt werden. Er muss in den folgenden Geschäftsjahren jeweils zu mindestens einem Viertel oder aber planmäßig auf die voraussichtliche Nutzungsdauer abgeschrieben werden. Nach dem Steuerrecht ist

der derivative F. zu den → Anschaffungskosten (abzüglich Absetzung für Abnutzung (AfA)) anzusetzen und über 15 Jahre abzuschreiben. Der derivative F. kann auch nach den International Financial Reporting Standards (IFRS) und United States Generally Accepted Accounting Standards (US-GAAP) abgeschrieben werden.

Firmenzeichen, → Logo.

Firmenzusatz, → Firma.

Fiskalpolitik, finanzpolitische Maßnahmen des Staates zur Beeinflussung der Konjunktur durch öffentliche Einnahmen und Ausgaben. Ausgehend von der keynesianischen Wirtschaftstheorie soll die öffentliche Einnahmen-, Ausgaben- und Vermögenspolitik entgegengesetzt zum Konjunkturverlauf eingesetzt werden. Sie ist häufig mit einer Verschuldungspolitik verbunden, um die notwendigen Einnahmen z.B. für Ausgaben- und Konjunkturprogramme bereitstellen zu können (→ Deficit Spending). – Die F. konnte jedoch nicht erfolgreich in die Praxis umgesetzt werden. In der Rezessionsphase wurden die Ausgaben zwar erhöht, in der Boomphase jedoch häufig nicht zurückgeführt. Konjunkturelle Ausschläge wurden so erhöht. Die Verschuldung stieg stark an.

Fiskus, Begriff für das Staatsvermögen. Dazu gehören auch die Sondervermögen wie z.B. bis zu ihrer Privatisierung die Deutsche Bundespost und die Deutsche Bundesbahn (→ Parafisci).

fixe Kosten, *feste Kosten, konstante Kosten.* → Kosten, die von der Kosteneinflussgröße (z.B. Ausbringungsmenge) unabhängig sind. Sie fallen somit in unveränderter Höhe an. Bleiben die Kosten während eines betrachteten Zeitraums unverändert, werden die Kosten als absolut f.K. bezeichnet. Steigen die Kosten während des Zeitraums dagegen „in Sprüngen“, werden die Kosten als intervall- oder sprungfix bezeichnet. Die Kosten bleiben in diesem Fall zwischen den Sprungstellen unverändert. – *Gegensatz:* → variable Kosten.

fixer Wechselkurs, → Wechselkurs.

Fixgeschäft, Geschäft, das zu einem bestimmten Zeitpunkt oder innerhalb einer bestimmten Frist erfüllt werden muss. Ist die Einhaltung des Zeitpunkts so wesentlich, dass die verspätete Leistung die Nichterfüllung des Vertrags bedeutet, entsteht ein Anspruch auf → Schadensersatz. Dies ist z.B. im Fall des Reisevertrags der Fall. Ansonsten kann der Gläubiger vom Vertrag zurücktreten (→ Rücktritt).

Fixum, fest vereinbarter Teil des Arbeitsentgelts. Ein F. ist vor allem bei fest angestellten Außendienstmitarbeitern und Handelsvertretern zur Grundsicherung üblich. Darüber hinaus wird eine Umsatzprovision (→ Provision) als Leistungsanreiz gezahlt.

flache Hierarchie, Organisationsform mit einer nur geringen Anzahl von Weisungs- und Kontrollebenen. Leitungsebenen können abgebaut werden, indem Entscheidungsbefugnisse und Verantwortung „nach unten“ abgegeben werden. Vorteile der f.H. sind mehr Flexibilität und eine bessere Nutzung der vorhandenen Leistungsfähigkeit der Mitarbeiter.

Flexibilität, Änderungs- und Anpassungsvermögen einer Person oder eines Unternehmens. F. ist die Fähigkeit auf veränderte Bedingungen oder Störungen zu reagieren, um so die vorgegebenen Ziele zu erreichen, oder neue Ziele zu setzen. – Vgl. auch → Change Management.

flexible Altersgrenze, Begriff aus der gesetzlichen Rentenversicherung. Die f.A. ist die Möglichkeit, bereits vor Vollendung des 65. Lebensjahres eine → Alterrente zu beziehen. Die Voraussetzungen dafür sind im Sechsten Sozialgesetzbuch (SGB) festgelegt. Die vorzeitige Inanspruchnahme der Altersrente ist mit

Abschlägen bei der Rentenhöhe verbunden.

flexibler Wechselkurs, → Wechselkurs.

Fließproduktion, → Produktionsverfahren, bei dem der Produktionsablauf durch die Anordnung der Maschinen bestimmt ist. Die einzelnen Arbeitsgänge werden zeitlich genau aufeinander abgestimmt durchgeführt. Für die Arbeitsstationen einer sog. Prüfstrecke ist die gleiche Zeitdauer zur Durchführung eines Arbeitsganges (Taktzeit) vorgegeben. Dieser Taktzeit müssen alle Arbeitsgänge angepasst werden. Ist dies nicht möglich, so kann die → Straßenproduktion als Verfahren angewandt werden.

Floater, → Floating Rate Note.

Floating, Begriff für das freie Einpendeln von Wechselkursen nach Angebot und Nachfrage am Devisenmarkt. Wird jedoch bei Wechselkursschwankungen, die aus politischen Gründen unerwünscht sind, seitens der Zentralbank eingegriffen, wird dies als kontrolliertes oder „schmutziges" F. bezeichnet.

Floating Rate Note, *Floater.* → Anleihe, die variabel verzinst wird und eine Laufzeit von fünf bis zehn Jahren hat. Der Zinssatz wird in regelmäßigen Abständen (i.d.R. halbjährlich) an einen → Referenzzinssatz (z.B. EURIBOR) angepasst. Dabei kann der Zinssatz der Anleihe je nach Kreditwürdigkeit des Emittenten den Referenzzinssatz um eine festgelegte Spanne über- oder unterschreiten.

Floor, Begriff aus dem Börsenwesen für eine Zinsuntergrenze. Ein F. kann zur Absicherung gegen fallende Zinsen eingesetzt werden. Der Floor-Verkäufer garantiert dem Floor-Käufer die Zahlung der Differenz zwischen dem vereinbarten F. und dem darunter liegenden tatsächlichen Marktzinssatz. – *Gegensatz:* → Cap.

Fluktuation, Wechsel von Mitarbeitern von einem Unternehmen zu einem anderen. Für die Personalführung ist die motivationsbedingte F., die im Gegensatz zur natürlichen F. (z.B. Ruhestand) beeinflussbar ist, von Bedeutung.

Flyer, mehrfarbiges Werbemittel in einem kleinen Format mit einer oder wenigen Seiten. F. sind Bestandteil des → Direct Marketing.

FOB, Abk. für Free on Board (frei an Bord), → Incoterms.

Föderalismus, politisches Strukturprinzip, nach dem sich ein Staat aus mehreren eigenständigen Gemeinschaften zusammensetzen soll („Einheit in der Vielfalt"). Diese Gemeinschaften müssen jedoch ihre Entscheidungen abstimmen. Föderale Ebenen in Deutschland sind Bund, Länder und Gemeinden sowie die → Parafisci.

Fonds, → Investmentfonds.

fondsgebundene Lebensversicherung, → Lebensversicherung.

Forderung, Anspruch auf eine Vergütung für eine erbrachte → Leistung. In der Bilanz müssen F. i.d.R. als → Umlaufvermögen ausgewiesen werden. F. sind zu ihrem → Nennwert anzusetzen.

Forderungsabtretung, *Abtretung, Zession,* Übertragung einer Forderung von einem Gläubiger auf einen anderen Gläubiger. Eine Abtretung ist bei Dienstleistungen, die persönlich erbracht werden müssen, nicht möglich. Außerdem können Forderungen nicht abgetreten werden, wenn die F. gesetzlich verboten oder durch eine Vereinbarung mit dem Schuldner ausgeschlossen ist (häufig bei Versicherungsverträgen) oder wenn die Forderung unpfändbar ist. Grundsätzlich möglich sind auch eine Teilabtretung oder eine Abtretung zukünftiger Forderungen (→ Globalabtretung).

Forfaitierung, Form der Exportfinanzierung. F. ist der Verkauf von mittel- und langfristigen Exportforderungen durch den Exporteur (Forfaitist) an ein Kredit- oder Finanzierungsinstitut (Forfaiteur). Der Käufer der Forderungen übernimmt mit dem Kauf alle Risiken. Der Exporteur haftet nur für den Bestand der Forderung und für → Mängelrügen. Meistens handelt es sich bei den verkauften Forderungen um Solawechsel (→ Wechsel). Als Sicherheiten kommen Avalkredite, Bankgarantien oder Dokumentenakkreditive zugunsten des Schuldners in Frage.

formelle Organisation, formal festgelegte → Organisation. Aufgaben und Verantwortungen sind zugewiesen. Die Arbeitsabläufe sind festgelegt. – *Gegensatz:* → informelle Organisation.

Formkaufmann, Begriff aus dem Handelsgesetzbuch (HGB) für einen → Kaufmann kraft Rechtsform. Der F. erlangt die Eigenschaft mit der Entstehung des Unternehmens, auch wenn kein Handelsgewerbe betrieben wird. Die Kaufmannseigenschaft ist jedoch von der Eintragung ins Handelsregister abhängig. Folgende Rechtsformen zählen als F.: Aktiengesellschaft (AG), Kommanditgesellschaft auf Aktien (KGaA), Gesellschaft mit beschränkter Haftung (GmbH), eingetragene Genossenschaft (eGen), Versicherungsvereine auf Gegenseitigkeit (VVaG) und die Europäische Wirtschaftliche Interessenvereinigung (EWIV). Unabhängig von der Eintragung ins Handelsregister haben offene Handelsgesellschaften (OHG) und Kommanditgesellschaften (KG) die Eigenschaft des F.

Formvorschriften, Rechtsvorschriften, die die Gültigkeit eines Rechtsgeschäfts von einer bestimmten Form abhängig machen. Dabei werden folgende Formen unterschieden:

- einfache Schriftform: Die Willenserklärung wird schriftlich eigenhändig unterschrieben (→ Schriftform).
- Schriftform mit öffentlicher Beglaubigung: Die eigenhändige Unterschrift unter das entsprechende Schriftstück wird vom Notar oder einer zuständigen Behörde beglaubigt (→ Beglaubigung).
- Schriftform mit notarielle Beurkundung: Die Willenserklärung wird vom Notar in einer öffentlichen Urkunde beurkundet (→ notarielle Beurkundung).

Forschung und Entwicklung (F&E), geplante, systematische Suche nach neuen Erkenntnissen unter Anwendung wissenschaftlicher Methoden. Als Forschung wird der grundsätzliche Erwerb neuer Kenntnisse, als Entwicklung die konkrete Anwendung und praktische Umsetzung dieser neuen Kenntnisse bezeichnet. Der zunehmende Wettbewerb auf nationaler und internationaler Ebene sowie ein sich immer rascher vollziehender technischer Fortschritt haben dazu geführt, dass neue Produkte oder Verfahren von Unternehmen systematischer und schneller entwickelt werden müssen, um wettbewerbsfähig zu bleiben.

Fortbildung, → berufliche Weiterbildung.

fortlaufende Notierung, *variable Notierung,* laufende Feststellung der Börsenkurse der jeweils getätigten Geschäftsabschlüsse. Eine f.N. wird nur im Fall besonders umsatzstarker Wertpapiere vorgenommen. – *Gegensatz:* → Einheitskurs.

Fortschreibung, Begriff aus der Lager- und Anlagenbuchführung für die laufende Ergänzung und Anpassung von Bestandsgrößen durch Zu- und Abgänge.

Forward Rate Agreement, Vereinbarung zur Absicherung von Zinssatzänderungen. Es wird zwischen den Vertragsparteien für einen bestimmten Betrag ein Zinssatz für einen zukünftigen Zeitpunkt vereinbart. Liegt zu diesem Zeitpunkt der aktuelle Marktzinssatz über dem festgelegten Zinssatz, zahlt der der Verkäufer des F.R.A. einen Ausgleich an den Käufer. Ist der festgelegte Zinssatz dagegen höher als der aktuelle Marktzinssatz, muss der der Käufer an den Verkäufer eine Ausgleichszahlung leisten.

Frachtbrief, Begleitpapier einer Frachtsendung, das den Versand nachweisen soll. Bestimmte Ausfertigungen des F. berechtigen den Absender außerdem, die Ware zu stoppen, zurückzugeben oder an einen anderen Empfänger auszuhändigen. Der F. ist vom Versender auszufüllen. Der F. ist Grundlage des Frachtvertrags und ist vom → Frachtführer dem Empfänger der Ware auszuhändigen. Der Versender haftet für die Richtigkeit der Angaben im F.

frachtfrei, → Versandklauseln.

Frachtführer, → Kaufmann, der gewerbsmäßig die Beförderung von Gütern zu Lande, auf Binnengewässern oder in der Luft ausführt.

Frachtgeschäft, gewerbliche Beförderung von Gütern zu Lande, auf Binnengewässern oder mit Luftfahrzeugen. Der Absender und der → Frachtführer schließen einen → Werkvertrag (sog. Frachtvertrag). Durch den Vertrag verpflichtet sich der Frachtführer, eine Ware an einen bestimmten Ort zu liefern und dem Empfänger auszuhändigen. Der Empfänger ist zur Zahlung eines vereinbarten Entgelts verpflichtet. Der Frachtvertrag kann mündlich abgeschlossen werden. – Vgl. auch → Frachtbrief.

Frachtvertrag, → Frachtgeschäft.

fraktale Organisation, Organisationsform, die aus unternehmerisch handelnden Personen oder Personengruppen besteht (sog. Fraktale). Diese Personen bilden gewissermaßen ein „Unternehmen im Unternehmen". Sie erledigen die an sie übertragenen Aufgaben selbständig oder in Arbeitsteilung mit anderen Fraktalen. Auf diese Weise können die Stärken eines Einzelnen oder eines Teams besser eingesetzt werden.

Franchise, Vertriebssystem, bei dem rechtlich selbstständige Unternehmen zusammenarbeiten. Ihre jeweiligen Rechte und Pflichten werden im Franchisevertrag vereinbart. Vorteil für den Franchisegeber ist eine rasche Marktausdehnung, für den Franchisenehmer die fachkundige Unterstützung und Entlastung bei der Sortiments-, Preis- und Kommunikationspolitik. Der Franchisegeber stellt das Beschaffungs-, Absatz- und Organisationskonzept zur Verfügung, gewährt Schutzrechte, übernimmt die Ausbildung des Franchisenehmers und unterstützt ihn mit seinem Know-how aktiv und i.d.R. laufend. Der Franchisenehmer ist verpflichtet, das Leistungsprogramm des Franchisegebers zu nutzen.

Free Cashflow, → Cashflow.

Freeze-out, US-amerikanische Bezeichnung für Maßnahmen einer Kontrollmehrheit einer Aktiengesellschaft, durch die Minderheitsaktionäre unfreiwillig ihre Beteiligung an der Gesellschaft verlieren. Dies kann beispielsweise durch die Veräußerung des Betriebsvermögens an eine durch die Kontrollmehrheit neu gegründete Gesellschaft oder auch durch Fusion mit einer von den Mehrheitsaktionären beherrschten Gesellschaft geschehen.

Freiberufler, → freie Berufe.

Freibetrag, ein von der Besteuerung freibleibender Betrag. Es ist nur der Betrag, der über den F. hinausgeht, zu versteuern. F. werden unter anderem zur Abmilderung der Steuerprogression, aber auch bei Lebensumständen, die für den Steuerpflichtigen mit hohen Ausgaben verbunden sind, gewährt. F. sind im Einkommen-, Erbschaft-, Gewerbe- und Körperschaftsteuergesetz vorgesehen. Dazu zählen z.B. Grundfreibetrag, Ausbildungsfreibetrag, Haushaltsfreibetrag, Kinderfreibetrag, Sparer-Freibetrag, Versorgungsfreibetrag, F. bei Erbschaft oder Schenkung, F. bei der Gewerbe- bzw. Körperschaftsteuer und F. für Veräußerungsgewinne. – *Anders:* → Freigrenze.

freibleibend, bedeutet, dass eine Vertragspartei nicht an das Angebot gebunden ist. Diese kann das Angebot zurückziehen oder ein neues Angebot unterbreiten. – Vgl. auch → Freizeichnungsklausel.

freie Berufe, *Freiberufler.* Selbstständige Berufstätigkeit, die i.d.R. eine wissenschaftliche oder künstlerische Vorbildung voraussetzt. Freiberufler sind z.B. selbstständig tätige Architekten, Ärzte, Rechtsanwälte, Steuerberater und Wirtschaftsprüfer. Im Einkommensteuergesetz (EStG) gibt es eine genaue Aufzählung der f.B. Nach dem Einkommensteuergesetz dürfen Freiberufler ihre Einkünfte in Form einer einfachen → Einnahmen-Ausgaben-Überschussrechnung ermitteln. Für sie besteht keine Gewerbesteuerpflicht.

freier Makler, → Makler, der an Börsen und auch an Computerbörsen zur Teilnahme am Börsenhandel berechtigt ist. Im Unterschied zum → Kursmakler ist er jedoch nicht berechtigt, im amtlichen und im geregelten Markt Preise festzustellen. F.M. vermitteln den Abschluss von Wertpapierhandelsgeschäften. Sie dürfen auch auf eigene Rechnung kaufen oder verkaufen.

freier Mitarbeiter, Person, die aufgrund einzelner aufeinander folgender Aufträge für ein Unternehmen tätig ist. Es besteht kein festes Beschäftigungsverhältnis. Je nach Grad der Abhängigkeit des f.M. vom Unternehmen wird er als → Arbeitnehmer oder als → arbeitnehmerähnliche Person eingestuft.

freier Verkehr, → Freiverkehr.

freier Wechselkurs, → Wechselkurs.

freies Gut, → Gut, das unbegrenzt oder in ausreichendem Umfang verfügbar ist. Beispielsweise ist Luft ein f.G. In einer Marktwirtschaft hat ein f.G. einen Preis von Null. Die freie Verfügbarkeit von f.G. wird im Zuge steigender Knappheit aufgrund von Bevölkerungswachstum und Umweltbelastung aus gesamtwirtschaftlicher Sicht zunehmend kritisch gesehen.

Freigrenze, Betrag, der nur dann steuerfrei bleibt, wenn der Grenzbetrag nicht überschritten wird. Dies bedeutet, dass der gesamte Betrag bei einem Überschreiten des Grenzbetrags versteuert werden muss. Die F. beträgt beispielsweise bei der Besteuerung von privaten Veräußerungsgeschäften (Spekulationsgeschäften) 512 Euro pro Jahr. – *Anders:* → Freibetrag.

Freihandelszone, Begriff aus der Außenhandelspolitik für ein Konzept, nach dem zwischen den Partnerländern schrittweise alle Zölle und Kontingente abgebaut werden. Im Unterschied zur → Zollunion behält jedes Land weiterhin die volle Autonomie bei der Gestaltung seiner Handelspolitik gegenüber Drittstaaten. – Eine F. verstößt gegen den Grundsatz der → Meistbegünstigung des Allgemeinen Zoll- und Handelsabkommens (GATT) und der Welthandelsorganisation (WTO).

frei Haus, → Versandklauseln.

Freistellungsauftrag, Begriff aus dem Einkommensteuerrecht. Der F. ist ein Auftrag, den ein Gläubiger von Kapitalerträgen an die auszahlende Stelle oder an den Schuldner der Kapitalerträge richtet, um im Rahmen des ihm zustehenden Freistellungsvolumens Kapitaleinnahmen von der Kapitalertragsteuer freizustellen. D.h., in diesem Fall braucht der Schuldner oder die Bank die Zinsabschlagsteuer nicht einzubehalten und an das Finanzamt weiterzuleiten. Ein F. ist vom Steuerpflichtigen und seinem nicht dauernd getrennt lebenden Ehegatten gemeinsam zu erteilen.

Freistellungsbescheinigung, → Bauabzugsteuer.

Freiverkehr, *freier Verkehr.* Teilmarkt der → Börse, der nicht an die strengen Zulassungsvorschriften des Börsengesetzes (BörsG) gebunden ist. Grundlage für die Zulassung von Wertpapieren zum F. sind die Freiverkehrsrichtlinien der Deutsche Börse AG. Im F. werden vor allem Aktien kleinerer Gesellschaften, Optionsscheine und Auslandsaktien gehandelt. – *Weitere Informationen unter* www.deutsche-boerse.de.

freiwillige Versicherung, freiwilliger Beitritt zu einer gesetzlichen Sozialversicherung oder freiwillige Fortsetzung einer Pflichtversicherung. – 1. *Gesetzliche Krankenversicherung:* Die f.V. ist für Personen möglich, die als Pflichtmitglieder ausgeschieden sind und innerhalb der letzten fünf Jahre mindestens 24 Monate oder unmittelbar vor dem Ausscheiden mindestens zwölf Monate versichert waren. Außerdem können sich Personen, deren Familienversicherung erlischt, freiwillig versichern. – 2. *Gesetzliche Rentenversicherung:* Selbstständig Erwerbstätige können auf Antrag innerhalb von fünf Jahren nach Aufnahme der selbstständigen Tätigkeit als Pflichtversicherte beitreten. Außerdem können sich alle Bürger nach Vollendung des 16. Lebensjahres, wenn sie nicht rentenversicherungspflichtig sind (z.B. Hausfrauen), versichern. – 3. *Gesetzliche Pflegeversicherung:* Auf Antrag können sich Personen freiwillig versichern, die aus der Versicherungspflicht ausgeschieden sind und in den letzten Jahren vor dem Ausscheiden mindestens zwölf Monate pflichtversichert waren. Dies gilt auch für Personen, deren Familienversicherung erlischt.

Freizeichnungsklausel, Klausel, durch die die rechtliche Bindung eines Angebots oder die Haftung einer Partei ausgeschlossen wird.

Fremdfinanzierung, Beschaffung von → Fremdkapital von Kreditinstituten oder auf Finanzmärkten (→ Finanzierung). Die F. von außen kann durch die Aufnahme von Krediten oder Anleihen erfolgen. Das Kapital wird dem Unternehmen für einen begrenzten Zeitraum zur Verfügung gestellt. Zins- und Tilgungszahlungen werden zwischen Kapitalgeber und Unternehmen fest vereinbart. Der Kapitalgeber hat i.d.R. kein Mitspracherecht im Unternehmen. D.h., er besitzt keinen direkten Einfluss auf unternehmenspolitische Entscheidungen. – Zur F. wird auch die Bildung von langfristigen → Rückstellungen gezählt. – *Gegensatz:* → Eigenfinanzierung.

Fremdgeschäft, Geschäft im fremden Namen und auf fremde Rechnung. Beispielsweise sind Handelsmakler und Handelsvertreter für Dritte tätig. – *Gegensatz:* → Eigengeschäft.

Fremdkapital, Finanzmittel (→ Kapital), die einem Unternehmen nur befristet zur Verfügung stehen. – In der Bilanz wird das F. auf der Passivseite ausgewiesen. Es wird nach dem Handelsgesetzbuch (HGB) in → Verbindlichkeiten, → Rückstellungen und passive Rechnungsabgrenzungsposten (→ Rechnungsabgrenzung) gegliedert. – *Gegensatz:* → Eigenkapital.

Fremdkapitalquote, betriebswirtschaftliche Kennziffer zur Beurteilung der finanziellen Stabilität und Abhängigkeit eines Unternehmens. F. ist der Anteil des Fremdkapitals am Gesamtkapital. – Vgl. auch → Kapitalstruktur.

Friedenspflicht, → Tarifvertrag.

Frist, Zeitraum, innerhalb dessen eine Handlung vorgenommen werden muss.

Fristigkeit. 1. *Unternehmensplanung:* Zeitraum, für den ein Plan aufgestellt wurde. – 2. *Finanzplanung:* Zeitraum, für den finanzielle Mittel überlassen werden.

fristlose Kündigung, → Kündigung.

Frühwarnsystem, Informationssystem, das verdeckt vorhandene Unternehmensrisiken frühzeitig signalisiert. Es werden Indikatoren, die messbar und die Gefahr frühzeitig signalisieren, sowie i.d.R. Toleranzbereiche bestimmt.

Fuhrpark, Sammelbezeichnung für die Transportmittel eines Unternehmens. Dazu zählen neben Pkws und Lkws auch Gabelstapler, Kranwagen usw. – In der Bilanz wird der F. auf der linken Seite (Aktivseite) unter → Anlagevermögen ausgewiesen.

Führung, Ausrichtung des Handelns von einzelnen Personen oder Gruppen auf die Verwirklichung vorgegebener Ziele. Führungsfunktionen sind die Orientierung auf die Zielerreichung, die Motivation der Mitarbeiter und die Stärkung des Gruppenzusammenhalts (Identifikation). – Vgl. auch → Management.

Führungskraft, Person mit Personal- und Sachverantwortung. F. haben aufgrund ihrer relativ hohen hierarchischen Stellung Einfluss auf das gesamte Unternehmen oder auf Teilbereiche. – Vgl. auch → leitender Angestellter.

Führungsmodelle, → Management-by-Modelle.

Führungsstil, Art und Weise des Verhaltens von Vorgesetzten gegenüber Untergebenen. Varianten von F. reichen je nach Entscheidungsspielraum des Vorgesetzten oder der Untergebenen vom autoritären F. über einen partizipativen F. bis hin zum demokratischen F. Der autoritäre F. beruht auf einem Befehls- und Gehorsamkeitsverhältnis zwischen dem Führenden und den Geführten. Beim partizipativen F. werden die Mitarbeiter und ihre Ideen und Vorschläge vom Vorgesetzten mit einbezogen. Im Fall des demokratischen F. beteiligen sich die Mitarbeiter aktiv an Entscheidungen. Gemeinsam werden die Schritte zur Erreichung der Ziele geplant, wobei der Vorgesetzte gegebenenfalls alternative Vorgehensweisen vorschlägt und mit seinen Mitarbeitern bespricht.

fundamentale Aktienanalyse, → Aktienanalyse.

F&E, Abk. für → Forschung und Entwicklung.

Fundraising, *Spendenmarketing,* professionelles, auf Marketinggrundsätzen beruhendes Werben um finanzielle Unterstützung. I.d.R. erfolgt keine Gegenleistung des Geförderten. Das F. hat vor allem für die Finanzierung von Nonprofit-Organisationen eine große Bedeutung. F. richtet sich an private und öffentliche Stellen (z.B. Unternehmen, Privatpersonen, Staat, Stiftungen).

Fünftelmethode, Begriff aus dem Einkommensteuerrecht für ein Verfahren, bei dem → außerordentliche Einkünfte ermäßigt besteuert werden.

Fünf Weise, → Sachverständigenrat zur Begutachtung der gesamtwirtschaftlichen Entwicklung (SVR).

fungibel, → vertretbar.

funktionale Organisation, → Funktionalorganisation.

Funktionalorganisation, *funktionale Organisation.* Organisationsform, die bei der zweiten Leitungsebene ansetzt und nach betrieblichen Funktionen wie z.B. Marketing gegliedert wird. D.h., auf der zweiten Ebene entstehen Teilbereiche, in denen jeweils die Verantwortungen für eine betriebliche Funktion im Hinblick auf das gesamte Unternehmen zusammengefasst sind.

Funktionsbereich, Begriff aus der Betriebswirtschaft für die in einem Unternehmen zusammengefassten gleichartigen Aufgabenstellungen oder Verrichtungen. F. sind z.B. Controlling, Marketing, Produktion und Vertrieb.

Fürsorgepflicht, Pflicht zur besonderen Rücksichtnahme auf die Interessen einer anderen Person. Die F. ist vor allem eine Nebenpflicht des → Arbeitgebers gegenüber dem Arbeitnehmer. Die F. beinhaltet z.B. Vorkehrungen gegen Unfälle und zur Sicherung des vom Arbeitnehmer in den Betrieb mitgebrachten Eigentums.

Fürsorgeprinzip, Prinzip der sozialen Sicherung, nach dem bei Eintritt eines

Schadensfalls oder einer Notlage öffentliche Sach- oder Geldleistungen nach einer Prüfung der Bedürftigkeit gewährt werden. Dies erfolgt ohne vorherige Beitragsleistungen des Betroffenen.

Fusion, *Unternehmenszusammenschluss, Verschmelzung.* Zusammenschluss zweier oder mehrerer Unternehmen zu einer wirtschaftlichen und rechtlichen Einheit. Dazu zählen die Verschmelzung von Unternehmen, die Spaltung von Unternehmen, die Vermögensübertragung auf ein anderes Unternehmen, der Erwerb von Anteilen oder Aktien an einem anderen Unternehmen, die Gründung von Gemeinschaftsunternehmen, der Abschluss von Unternehmensverträgen und die personelle Verbindung von Unternehmen. Nach dem Kartellrecht sind F. unter bestimmten Voraussetzungen anzuzeigen und unterliegen der → Fusionskontrolle.

Fusionskontrolle, *Zusammenschlusskontrolle.* Kontrolle von Unternehmenszusammenschlüssen (→ Fusion). – 1. *Nationale F.:* In Deutschland ist das → Bundeskartellamt für die F. zuständig. Durch die F. soll eine → marktbeherrschende Stellung eines Unternehmens verhindert werden. Eine F. erfolgt nur dann, wenn im letzten Geschäftsjahr vor der Fusion die beteiligten Unternehmen weltweit Umsatzerlöse von mehr als 500 Mio. Euro erzielt haben und mindestens eines der beteiligten Unternehmen im Inland mehr als 25 Mio. Euro erzielt hat. – Nach dem Gesetz gegen Wettbewerbsbeschränkungen (GWB) kann das Bundeskartellamt bei Vorliegen bestimmter Voraussetzungen eine Fusion untersagen. Im Einzelfall kann der Bundesminister für Wirtschaft und Arbeit bei überwiegenden gesamtwirtschaftlichen Vorteilen oder überragendem Allgemeininteresse eine Fusion erlauben (sog. Ministererlaubnis). – 2. *Europäische F.:* Auf europäischer Ebene ist die Europäische Kommission für die F. zuständig. Sie erfolgt nur, wenn die beteiligten Unternehmen weltweit einen Umsatz von insgesamt mehr als 5 Mrd. Euro und mindestens zwei der beteiligten Unternehmen einen Umsatz in der Europäischen Union von mehr als 250 Mio. Euro erzielt haben. Im Falle einer europäischen F. findet grundsätzlich keine nationale F. im Mitgliedstaat statt.

Future, standardisierter, börsenmäßig handelbarer Vertrag über ein → Termingeschäft. Es wird vereinbart, dass Waren (Commodity Future) oder Finanztitel (Financial Future) zu einem späteren Zeitpunkt und zu einem bereits bei Vertragsabschluss festgelegten Preis zu kaufen oder zu verkaufen sind.

G

G 8, → G 7.

Gap-Analyse, *Lückenanalyse.* Instrument der strategischen Planung. In einem Koordinatensystem werden mögliche Geschäftsentwicklungen gegenübergestellt. Es werden i.d.R. die voraussichtliche Entwicklung des Kerngeschäfts und die Entwicklung bei Ausschöpfung aller Potenziale des Unternehmens dargestellt. Auf diese Weise können Abweichungen (Gap, Lücke) erkannt werden. Im Rahmen der Analyse werden die Lücken interpretiert und Vorschläge zu ihrer Schließung erarbeitet.

Garantie. 1. *Allgemeiner Sprachgebrauch:* G. wird häufig synonym für → Sachmängelhaftung verwendet, aber auch im Sinn von → Bürgschaft. – 2. *Bürgerliches Recht:* Die G. ergibt sich aus einem Kaufvertrag oder aus einem Werkvertrag. Sie ist die über die gesetzliche Mängelhaftung hinausgehende Gewähr des Verkäufers oder des Unternehmers gegenüber dem Käufer oder dem Besteller. – Im Fall der sog. Herstellergarantie übernimmt der Hersteller gegenüber dem Händler oder direkt gegenüber dem Endverbraucher die Gewährleistung. – 3. *Bankwesen:* → Bankgarantie.

Garantiefonds, geschlossener → Investmentfonds, bei dem die Auszahlung eines bestimmten Kapitalbetrags bei Fälligkeit garantiert wird.

Garantieverpflichtung, *Gewährleistungsverpflichtung.* Pflichten, die sich im Garantiefall aus einer → Garantie ergeben. Beispielsweise ist ein Verkäufer verpflichtet, innerhalb der gesetzlich bestimmten oder durch Vertrag vereinbarten Garantiefrist wegen mangelhafter Leistung entstandene Arbeits- und Materialfehler auf seine Kosten zu beheben.

Garantievertrag, *Gewährvertrag.* → Vertrag, durch den jemand einem anderen verspricht, für einen Erfolg einzustehen. D.h., er übernimmt das Risiko eines Geschäfts für den anderen. Eine Garantie kann auch Teil eines Kauf- oder Werkvertrags sein.

GATT, Abk. für General Agreement on Tariffs and Trade, → Allgemeines Zoll- und Handelsabkommen.

Gattungsmarke, → No-Name-Produkt.

GbR, Abk. für → Gesellschaft des bürgerlichen Rechts.

Gebäudeabschreibung, → Abschreibung eines betrieblich genutzten Gebäudes oder von Gebäudeteilen auf die Jahre der Nutzung. Die G. richtet sich nach den Anschaffungs- oder Herstellungskosten. Gebäude werden i.d.R. linear abgeschrieben (→ Abschreibungsverfahren).

Gebäudemanagement, → Facility Management.

Gebäudeversicherung, → Sachversicherung der Gebäude mit unterschiedlicher Gefahrendeckung. Dazu zählen vor allem die Feuerversicherung, die Sturmversicherung und die Leitungswasserversicherung.

Gebietskörperschaft, eine → Körperschaft des öffentlichen Rechts, deren Mitglieder alle Bewohner eines bestimmten Gebietes sind. G. sind Bund, Länder, Gemeinden und Landkreise.

Gebrauchsgut, → Konsumgut.

Gebrauchsmuster, Schutzrecht für eine technische Erfindung, die gewerblich anwendbar ist. Sie sind einfacher und preiswerter als Patente zu erlangen. Die Schutzdauer für G. beträgt maximal zehn Jahre. G. sind auf der Grundlage des Gebrauchsmustergesetzes (GebrMS) beim Deutschen Patent- und Markenamt in die Gebrauchsmusterrolle einzutragen.

Gebühr, → Abgabe, die für eine besondere Leistung einer Behörde oder einer öffentlichen Anstalt erhoben wird. G. belasten somit den Einzelnen, der die öffentliche Leistung tatsächlich in Anspruch genommen hat. Die Gebührenhöhe sollte möglichst nach dem Kostendeckungsprinzip die entstehenden Kosten decken. Zu unterscheiden sind G. für die Inanspruchnahme einer öffentlichen Einrichtung (Nutzungsgebühren) und solche für die Amtshandlung einer Behörde (Verwaltungsgebühren).

Gebührenordnung, Tabelle mit festgelegten Gebühren oder Gebührensätzen. Im Bereich der Rechtsberatung, der Gesundheitspflege und bei sonstigen Dienstleistungen im öffentlichen Interesse werden durch den Staat oder durch Selbstverwaltungskörperschaften freiberuflich Tätiger (z.B. Ärzte, Rechtsanwälte, Wirtschaftsprüfer) G. vorgeschrieben.

Gefährdungshaftung, → Haftung, die auf der unvermeidlichen Gefährdung der Umwelt durch eine erlaubte Handlung beruht. Beispielsweise haftet der Hersteller eines fehlerhaften Produktes nach dem Produkthaftungsgesetz (ProdHaftG). – *Gegensatz:* → Verschuldenshaftung.

Gegengeschäft, → Bartergeschäft.

gegenseitiger Vertrag, → Vertrag, bei dem sich die Vertragsparteien zu einer wechselseitigen Leistung und Gegenleistung verpflichten. Dies sind z.B. Kauf-, Miet- und Werkvertrag. Nach dem Bürgerlichen Gesetzbuch (BGB) haben Leistung und Gegenleistung Zug um Zug zu erfolgen. Jede Vertragspartei kann ihre Leistung bis zur Bewirkung der Gegenleistung verweigern, wenn sie nicht zu einer Vorleistung verpflichtet ist. Ist eine Partei vorleistungspflichtig, kann diese ihre Leistung zurückhalten, wenn aufgrund einer Verschlechterung der Vermögenslage der anderen Partei die Gegenleistung gefährdet ist und keine Sicherheitsleistung erfolgt.

Gegenwartswert, → Barwert.

Gehalt, → Arbeitsentgelt.

gehaltsumwandelnde Lebensversicherung, → Direktversicherung.

Geld, allgemein anerkanntes Tausch- und Zahlungsmittel, das teilbar, transportierbar, haltbar, knapp und begehrt ist. Weitere Funktionen von G. bestehen in seinem Gebrauch als Wertaufbewahrungsmittel (späterer Tausch gegen Güter) und als Recheneinheit (Preise werden in G. ausgedrückt und so vergleichbar). – Folgende Arten von G. können unterschieden werden:

- *Bargeld:* Banknoten und Münzen (Hartgeld)
- *Buchgeld (Giralgeld):* auf den Konten der Geldinstitute verbuchte Beträge.

Geldentwertung, → Inflation.

Geldersatzmittel, → Geldsurrogat.

Geldkarte, → Chipkarte.

Geldkurs. 1. Preis, den ein Käufer für ein Wertpapier bietet. – 2. Preis, zu dem Banken Devisen ankaufen. – *Gegensatz:* → Briefkurs.

Geldleihe, Teilbereich des → Kreditgeschäfts. Das Kreditinstitut stellt einem Kunden Geld als Kredit zur Verfügung. – *Gegensatz:* → Kreditleihe.

Geldmarkt, Markt für den kurzfristigen Geldhandel, vor allem für den Handel von Zentralbankgeld zwischen Kreditinstituten. Am G. werden Zentralbankguthaben (→ aufgenommene Gelder) und → Geldmarktpapiere gehandelt.

Geldmarktfonds, → Investmentfonds, bei dem das Vermögen in kurzfristige, möglichst hochverzinsliche Anlagen am Geldmarkt (Termingelder, Schuldscheindarlehen, Anleihen) angelegt wird. Anteile an G. sind täglich verfügbar.

Geldmarktpapier, → Wertpapier mit einer Laufzeit von i.d.R. bis zu einem Jahr. G. werden ausgegeben, um kurzfristig Finanzierungsmittel am Geldmarkt zu erhalten. Die Deutsche Bundesbank gibt beispielsweise Schatzwechsel und unverzinsliche Schatzanweisungen zur Finanzierung öffentlicher Haushalte aus. G. werden aber auch von Unternehmen (z.B. Commercial Papers) oder von Banken (z.B. Certificate of Deposit) ausgegeben.

Geldmenge, *Geldvolumen.* Bestand an Zahlungsmitteln in Händen von privaten Haushalten, Unternehmen (ausgenommen Banken) und öffentlichen Haushalten. Die G. ist die wichtigste Steuerungsgröße der → Geldpolitik. – Es gibt unterschiedliche Abgrenzungen. Im Eurosystem existieren folgende Festlegungen der G.:

- *M1:* umfasst das laufende Bargeld (ohne Kassenbestände der → monetären Finanzinstitute) und täglich fällige Einlagen (→ Sichteinlage) der monetären Finanzinstitute.
- *M2:* beinhaltet M1 und Einlagen mit einer vereinbarten Laufzeit von bis zu zwei Jahren sowie Einlagen mit einer vereinbarten Kündigungsfrist bis zu drei Monaten.
- *M3:* beinhaltet M2 und zusätzlich Wertpapierpensionsgeschäfte, Geldmarktfondsanteile und Geldmarktpapiere sowie Schuldverschreibungen mit einer Ursprungslaufzeit von bis zu zwei Jahren.

In der Geldpolitik der Europäischen Zentralbank ist in erster Linie die G. M3 von Bedeutung.

Geldordnung, → Währungssystem.

Geldpolitik, Maßnahmen zur Regelung der Geldversorgung und des Kreditangebots der Banken. Dabei sind die gesamtwirtschaftlichen Ziele, vor allem das Ziel der Preisniveaustabilität zu beachten. Träger der europäischen G. ist das → Europäische System der Zentralbanken (ESZB) und somit die → Europäische Zentralbank (EZB). – Die EZB hat das Recht zur Ausgabe von Banknoten und das Münzprägerecht. Außerdem ist sie für die Festlegung und Durchführung der geldpolitischen Instrumente und Strategien, die Durchführung der Devisengeschäfte, die Verwaltung der Währungsreserven und das Funktionieren der Zahlungssysteme verantwortlich. – Die Instrumente der europäischen G. lassen sich in drei Teilbereiche einordnen:

- Mindestreserve
- ständige Fazilitäten
- Offenmarktgeschäfte.

Geldschöpfung, Schaffung zusätzlichen Geldes. Durch die Zentralbank kann zusätzliches Geld durch die Gewährung von Krediten an Geschäftsbanken oder an die öffentlichen Haushalte geschaffen werden. Dies ist auch durch den Ankauf von Devisen möglich. G. erfolgt aber vor allem über die Kreditgewährung der Geschäftsbanken. Dem Kreditnehmer wird ein Sichtguthaben in Höhe des aufgenommenen Kredits eingeräumt, wodurch die Geldmenge steigt. Mit der G. der Banken erhöht sich zugleich ihr Bedarf an Zentralbankgeld, weil ein bestimmter Teil des neu geschaffenen Bankengeldes in Bargeld umgetauscht wird und mit den Bankeinlagen die Mindestreserveverpflichtungen wachsen.

Geldsubstitut, → Geldsurrogat.

Geldsurrogat, *Geldersatzmittel, Geldsubstitut, Quasigeld.* Formen von Geld, die an Stelle gesetzlicher Zahlungsmittel treten. Für G. besteht kein Annahmezwang. Zu den G. zählen z.B. Termin- und Bankguthaben sowie Wechsel und Schecks.

Geldtheorie, Teilgebiet der Volkswirtschaftslehre. Die G. erklärt, welche Rolle die einzelnen geldwirtschaftlichen Größen wie z. B. Geld, Kredit und Zins im Wirtschaftsablauf spielen. Es wird der → Geldwert erklärt. Außerdem wird untersucht, wie die → Geldmenge bestimmt wird und wie sie im Rahmen der Geldpolitik gesteuert werden kann.

Geldwäsche, das verdeckte Einschleusen illegal erworbener Vermögenswerte in den legalen Wirtschaftskreislauf. Dies gilt vor allem für den Bereich der organisierten Kriminalität und des Drogenhandels. Gewaschenes Geld wird z.B. für den Kauf von Wertpapieren, Grundstücken und Edelmetallen, aber auch für den Erwerb von Unternehmensbeteiligungen verwendet. – Nach dem Geldwäschegesetz (GwG) sind vor allem Banken, Versicherungen und Spielbanken, aber auch andere Gewerbetreibende dazu verpflichtet, bei Transaktionen von Bargeld, Wertpapieren und Edelmetallen im Wert von mehr als 15.000 Euro die Identität der Person festzustellen und bei Verdacht den zuständigen Behörden zu melden.

Geldwert, Begriff aus der Volkswirtschaft für die Kaufkraft des Geldes. D.h., die die Gütermenge, die mit einer gegebenen Geldsumme gekauft werden kann. Der G. wird anhand von Preisindizes, vor allem dem → Harmonisierten Verbraucherpreisindex (HVPI), gemessen.

geldwerter Vorteil, Begriff aus dem Einkommensteuerrecht für Waren, die einem Arbeitnehmer aufgrund seiner beruflichen Tätigkeit günstiger oder unentgeltlich zufließen. Der g.V. gehört bei Überschreitung bestimmter Freibeträge zum steuerpflichtigen Arbeitslohn.

Geldwertstabilität, Erhaltung der Kaufkraft des Geldes. G. bedeutet somit die Vermeidung von → Inflation. Die G. ist vorrangiges Ziel der → Geldpolitik des Europäischen Systems der Zentralbanken (ESZB).

Geldwirtschaft, Volkswirtschaft, bei der jeder Tausch auf der Verwendung von Geld beruht. Es gilt Ware gegen Geld und Geld gegen Ware. Die Verwendung von Geld ermöglicht die moderne, arbeitsteilige Wirtschaft. – *Gegensatz:* → Naturalwirtschaft.

gemeiner Wert, *Verkehrswert.* Begriff aus dem Steuerrecht. Der g.W. ist der Preis, der im gewöhnlichen Geschäftsverkehr bei einer Veräußerung zu erzielen wäre. Der g.W. ist immer dann anzusetzen, wenn gesetzlich kein anderer Wert vorgeschrieben ist.

Gemeinkosten, *indirekte Kosten.* → Kosten, die für mehrere oder alle Bezugsobjekte wie z.B. Auftrag, Produkt oder Kostenstelle gemeinsam anfallen. G. können somit einem Bezugsobjekt nicht direkt zugeordnet werden. – G. werden in der → Kostenrechnung auf die einzelnen Kostenstellen oder Kostenträger verteilt (→ Betriebsabrechnung). Der hierfür verwendete Schlüssel ist für die einzelnen Gemeinkostenarten unterschiedlich, z.B. für Betriebsstoffe die Materialentnahmescheine und für Raumkosten die Quadratmeterzahl. Nach der Verteilung wird jeweils der sog. Gemeinkostenzuschlag berechnet. Der Gemeinkostenzuschlag ist der prozentuale Zuschlagssatz auf die Einzelkosten. In der → Deckungsbeitragsrechnung erfolgt keine Schlüsselung der G. – *Gegensatz:* → Einzelkosten.

Gemeinkostenwertanalyse, Verfahren zur Reduzierung von → Gemeinkosten. Die G. wird vor allem im Verwaltungsbereich eingesetzt. Es werden mit Hilfe von Kreativitätstechniken Kosten und Nutzen der Leistungen eines Gemeinkostenbereichs wie z.B. der Verwaltungs- oder

Vertriebsabteilung untersucht und Einsparungsmöglichkeiten aufgedeckt.

Gemeinlastprinzip, Grundsatz der Umweltpolitik. Die Kosten für Umweltbelastung, Umweltqualitätsverbesserung und Beseitigung von Umweltbelastungen übernehmen gesellschaftliche Gruppen oder Gebietskörperschaften und damit die Allgemeinheit. Das G. sollte nur angewendet werden, wenn die verursachungsgerechte Zuordnung der Kosten nicht möglich ist. – *Gegensatz:* → Verursacherprinzip.

gemeinnütziges Unternehmen, Unternehmen, das ausschließlich der Allgemeinheit dient (z.B. Altenpflege). G.U. genießen steuerliche Vorteile nach der Abgabenordnung (AO) und nach dem Körperschaftsteuergesetz (KStG). Sie sind vor allem von der Körperschaftsteuer befreit.

gemeinnützige Zwecke, Aufgaben, durch deren Erfüllung ausschließlich die Allgemeinheit gefördert wird. Dies ist anzunehmen, wenn durch die Tätigkeit die Allgemeinheit auf materiellem, geistigem oder sittlichem Gebiet selbstlos gefördert wird. Dies ist vor allem bei der Förderung von Wissenschaft und Forschung, Bildung und Erziehung, Kunst und Kultur, Religion, Völkerverständigung, Jugend- und Altenhilfe und des Sports der Fall. Zuwendungen (→ Spende) an entsprechende Organisationen können steuerlich abgesetzt werden.

Gemeinsamer Markt, → Europäische Gemeinschaft (EG), → Europäische Wirtschafts- und Währungsunion (EWWU), → Integration.

Gemeinschaftskontenrahmen der Industrie (GKR), → Kontenrahmen, der vom Bundesverband der Industrie e.V. (BDI) empfohlen wird. Der GKR kann grundsätzlich von allen Unternehmen verwendet werden.

Gemeinschaftskonto, Bankkonto mit zwei oder mehreren Personen als Kontoinhaber. Es kann sich um ein sog. Oder-Konto, bei dem für jeden Kontoinhaber eine Einzelverfügung besteht, oder um ein sog. Und-Konto, über das die Kontoinhaber nur gemeinschaftliche verfügen können, handeln.

Gemeinschaftsmarke, → Marke.

Gemeinschaftsteuern, Steuern, deren Aufkommen nach dem Grundgesetz (GG) Bund und Ländern gemeinsam zufließen. Vom Aufkommen der Lohnsteuer und der veranlagten Einkommensteuer erhalten Bund und Länder je 42,5 Prozent, von der Körperschaftsteuer je 50 Prozent und vom Zinsabschlag je 44 Prozent. Derzeit stehen dem Bund 49,6 Prozent und den Ländern 50,4 Prozent des Umsatzsteueraufkommens, das nach Abzug des Bundesanteils aufgrund der Belastung durch die Rentenversicherung von 3,64 Prozent und der Beteiligung der Gemeinden von 2,2 Prozent verbleibt, zu. Der Länderanteil steht den einzelnen Ländern nach Maßgabe der Einwohnerzahl zu. Die Anteile der Umsatzsteuer werden neu festgesetzt, wenn sich das Verhältnis von Einnahmen und Ausgaben wesentlich anders entwickelt.

Gemeinschaftsunternehmen, → Joint Venture.

Gemeinwirtschaft, wirtschaftliche Aktivitäten, die direkt auf das Gemeinwohl ausgerichtet sind. An Stelle des Gewinnziels der Privatwirtschaft tritt eine gemeinschaftliche Nutzenmaximierung.

gemeldete Stellen, → offene Stellen.

genehmigtes Kapital, Betrag, bis zu dem das → Grundkapital einer Aktiengesellschaft (AG) durch die Ausgabe neuer Aktien erhöht werden kann. Über diese Erhöhung entscheidet der Vorstand. Das g.K. kann höchstens die Hälfte des zur Zeit der Ermächtigung vorhandenen

Grundkapitals betragen. G.K. ist eine Form der → Kapitalerhöhung.

General Standard, Teilmarkt der Frankfurter Wertpapierbörse (→ Deutsche Börse AG). Für im G.S. notierte Unternehmen gelten Zulassungsvorschriften und Pflichten, die auf den Mindestvorschriften des Börsengesetzes (BörsG) für den amtlichen und den geregelten Markt beruhen. Dazu gehören z.B. die Erstellung von Jahresabschlüssen und Halbjahresberichten. Der G.S. ist vor allem für kleine und mittlere Unternehmen, die nicht international tätig sind, geeignet. – *Gegensatz:* → Prime Standard.

Generalvollmacht, → Handlungsvollmacht.

Generationenvertrag, Begriff aus der Sozialpolitik. Der G. besagt, dass die arbeitenden Generationen die aus dem Erwerbsleben ausgeschiedenen Personen durch Beiträge an die Rentenversicherung zu unterhalten haben.

Generic, → No-Name-Produkt.

Genossenschaft, Gesellschaft zur wirtschaftlichen Förderung ihrer Mitglieder (sog. Genossen) durch einen gemeinsamen Geschäftsbetrieb. Die G. hat eine eigene Rechtspersönlichkeit (→ juristische Person). Die G. stellt eine Satzung (sog. Statut) auf und wählt Aufsichtsrat und Vorstand. Jede G. hat sich einem sog. Prüfungsverband anzuschließen, der für eine korrekte Rechnungslegung garantiert. – Eine G. ist in das Genossenschaftsregister einzutragen (eingetragene G., eG). Organe der G. sind der Vorstand, der Aufsichtsrat und die Generalversammlung (Versammlung aller Mitglieder). – Die Anteile an einer G. sind grundsätzlich nicht übertragbar. – Die G. ist gesetzlich im Genossenschaftsgesetz (GenG) und im Handelsgesetzbuch (HGB) geregelt.

Genossenschaftsbank, → Kreditgenossenschaft.

Gentlemen's Agreement, eine auf die guten Sitten vertrauende, deshalb schriftlich nicht näher fixierte Abmachung zwischen zwei oder mehreren Partnern.

Genussschein, → Wertpapier, das sog. Genussrechte verbrieft. Genussrechte sind Rechte wie vor allem regelmäßige Verzinsung, Umtauschrechte in Aktien und Bezugsrechte von Aktien. Mit den G. ist jedoch kein Anspruch auf Gewinnbeteiligung und Stimmrecht in der Hauptversammlung verbunden. G. können von Unternehmen unterschiedlicher Rechtsformen zur Beschaffung von Kapital ausgegeben werden. Für die Ausgabe von G. einer Aktiengesellschaft (AG) ist eine Drei-Viertel-Mehrheit der Hauptversammlung erforderlich. Außerdem haben Aktionäre grundsätzlich ein → Bezugsrecht auf G.

geregelter Markt, Teilmarkt der → Börse, an dem weniger strenge Zulassungsbedingungen als im amtlichen Markt gelten. Die Zulassungsbedingungen sind im Börsengesetz (BörsG) sowie in der Börsenordung der jeweiligen Börse festgelegt. Die Kurse am g.M. werden von besonders beauftragten freien Maklern festgestellt. Meistens wird ein Einheitskurs ermittelt. Am g.M. werden Aktien kleinerer und mittlerer Aktiengesellschaften gehandelt. – *Weitere Informationen unter* www.deutsche-boerse.de.

Gericht, mit unabhängigen, nur dem Gesetz unterworfenen, Richtern besetztes Rechtssprechungsorgan. Richter fällen Urteile, nach denen sich die betreffenden Parteien zu richten haben. Die Parteien können gegen die ergangenen Urteile gegebenenfalls Berufung oder Revision einlegen. Folgende G. sind in Deutschland zuständig:

- Ordentliche Gerichtsbarkeit: → Amtsgericht, → Landgericht, → Oberlandesgericht und → Bundesgerichtshof (BGH)
- Verwaltungsgerichtsbarkeit: → Verwaltungsgericht, → Oberverwaltungsgericht und → Bundesverwaltungsgericht

- Arbeitsgerichtsbarkeit: → Arbeitsgericht, → Landesarbeitsgericht und → Bundesarbeitsgericht
- Sozialgerichtsbarkeit: → Sozialgericht, → Landessozialgericht und → Bundessozialgericht
- Finanzgerichtsbarkeit: → Finanzgericht und → Bundesfinanzhof (BFH)
- Verfassungsstreitigkeiten: → Bundesverfassungsgericht.

Gerichtsstand, örtliche Zuständigkeit eines Gerichts. – 1. *Allgemeiner G.:* Wohnsitz oder der Sitz des Beklagten. – 2. *G. unter Kaufleuten:* Sofern der G. nicht vertraglich festgelegt wurde, richtet er sich nach dem → Erfüllungsort, nach dem Wohnsitz oder nach dem Ort der gewerblichen Niederlassung. G. in arbeitsrechtlichen Angelegenheiten ist der Sitz des Unternehmens. G. im Mahnverfahren ist das zuständige Amtsgericht des Antragstellers.

geringfügige Beschäftigung, Beschäftigungsverhältnis, für das ein regelmäßiges Arbeitsentgelt von maximal 400 Euro monatlich gezahlt wird. Es handelt sich auch um eine g.B., wenn das Beschäftigungsverhältnis auf zwei Monate oder 50 Arbeittage jährlich beschränkt ist. Geringfügig Beschäftigte sind in der gesetzlichen Renten-, Kranken-, Pflege- und Arbeitslosenversicherung versicherungsfrei sowie lohnsteuerfrei. Für eine dauerhafte g.B. hat der Arbeitgeber eine pauschale Abgabe in Höhe von 25 Prozent des Bruttoarbeitsentgelts zu leisten. Davon entfallen elf Prozent auf die gesetzliche Krankenversicherung, zwölf Prozent auf die gesetzliche Rentenversicherung und zwei Prozent auf die Lohnsteuer. Für eine g.B. in einem Privathaushalt sind vom Arbeitgeber jeweils fünf Prozent als Abgabe an die Kranken- und Rentenversicherung zu zahlen. Der Arbeitgeber zahlt die Abgaben an die Bundesknappschaft. Durch die gesetzlichen Regelungen zur g.B. soll die Schwarzarbeit verringert werden. – *Weitere Informationen unter* www.bmgs.bund.de. – Vgl. auch → Mini-Job.

geringwertige Wirtschaftsgüter, bewegliche, abnutzbare Gegenstände des → Anlagevermögens, deren Anschaffungskosten oder Herstellungskosten ohne Vorsteuern 410 Euro nicht übersteigen. Sind die g.W. selbstständig nutzbar, können sie bereits im Jahr ihrer Anschaffung oder Herstellung vollständig als → Betriebsausgaben abgesetzt werden.

Gesamteinkommen, Summe der → Einkünfte im Sinn des Einkommensteuerrechts. Das G. ist maßgeblich für die Berechnung von Beiträgen und zur Ermittlung von Leistungsansprüchen in der Sozialversicherung.

Gesamthandseigentum, → Eigentum.

Gesamtkapitalrentabilität, betriebswirtschaftliche Kennzahl zur Beurteilung des Erfolgs eines Unternehmens. G. ist das Verhältnis des Gewinns einschließlich Fremdkapitalzinsen (Eigen- und Fremdkapital) zum Gesamtkapital. – Vgl. auch → Rentabilität.

Gesamtkosten, alle in einem bestimmten Zeitraum angefallenen → Kosten. Die G. setzen sich aus → fixen Kosten und → variablen Kosten oder aus → Gemeinkosten und → Einzelkosten zusammen.

Gesamtkostenverfahren. 1. *Externes Rechnungswesen:* Form der → Gewinn- und Verlustrechnung (GuV). Für einen bestimmten Zeitraum werden die → Umsatzerlöse und die angefallenen, nach Aufwandsarten gegliederten Aufwendungen (→ Aufwand) gegenübergestellt. Das G. ist nach dem Handelsgesetzbuch (HGB) und nach den International Financial Reporting Standards (IFRS) zulässig. Zur Gliederung der GuV bei der Anwendung des G. vgl. Abbildung „Gesamtkostenverfahren – Gliederung der GuV“. – 2. *Kostenrechnung:* Verfahren zur Ermittlung des Betriebsergebnisses im Rahmen einer kurzfristigen Erfolgrechnung. Vgl. Abbildung „Gesamtkostenverfahren – kurzfristige Erfolgsrechnung“. – *Anders:* → Umsatzkostenverfahren.

Gesamtkostenverfahren – Gliederung der GuV

1.	Umsatzerlöse
2.	Erhöhung oder Verminderung des Bestands an Fertig- und unfertigen Erzeugnissen
3.	Andere aktivierte Eigenleistungen
4.	Sonstige betriebliche Erträge
5.	Materialaufwand
6.	Personalaufwand
7.	Abschreibungen
8.	Sonstige betriebliche Aufwendungen
9.	Erträge aus Beteiligungen
10.	Erträge aus anderen Wertpapieren und Ausleihungen des Finanzanlagevermögens
11.	Sonstige Zinsen und ähnliche Erträge
12.	Abschreibungen auf Finanzanlagen und Wertpapiere des Umlaufvermögens
13.	Zinsen und ähnliche Aufwendungen
14.	Ergebnis der gewöhnlichen Geschäftstätigkeit
15.	Außerordentliche Erträge
16.	Außerordentliche Aufwendungen
17.	Außerordentliches Ergebnis
18.	Steuern vom Einkommen und vom Ertrag
19.	Sonstige Steuern
20.	Jahresüberschuss/ Jahresfehlbetrag

Gesamtkostenverfahren – kurzfristige Erfolgsrechnung

Bruttoerlös
– Erlösschmälerung

= Nettoerlös

+ Wert der Bestandserhöhung
– Wert der Bestandsverminderung
– Herstellkosten der gefertigten Erzeugnisse
– Vertriebskosten der verkauften Erzeugnisse

= Betriebsergebnis

Gesamtschuldner, → Schuldner, der die gesamte Schuld zu leisten hat, wenn er vom Gläubiger dazu aufgefordert wird. Der Gläubiger ist nur einmal berechtigt, die Forderung zu verlangen. Er kann die Leistung ganz oder zum Teil fordern. Untereinander sind die G. einander zu gleichen Teilen verpflichtet. D.h., der Schuldner, der die gesamte Schuld gezahlt hat, kann die Schuld von den anderen einfordern. Als G. haften beispielsweise die persönlich haftenden Gesellschafter einer Kommanditgesellschaft (KG) und einer offenen Handelsgesellschaft (OHG).

Gesamtsozialversicherungsbeitrag, Summe der Beiträge für einen versicherungspflichtigen Beschäftigten zur Kranken-, Pflege-, Renten- und Arbeitslosenversicherung. Die G. werden vom Arbeitgeber an die zuständige Krankenkasse abgeführt.

Gesamtvollmacht, → Vollmacht.

Geschäftsanteil. 1. *Gesellschaft mit beschränkter Haftung (GmbH):* Betrag, der von einem Gesellschafter auf die übernommene → Stammeinlage eingezahlt wurde. – 2. *Genossenschaft:* Betrag, bis zu dem sich die einzelnen Genossen mit Einlagen beteiligen können.

Geschäftsbank, jedes → Kreditinstitut im Sinn des Kreditwesengesetzes (KWG). Wird der Begriff G. enger gefasst, handelt es um Kreditinstitute, die alle wesentlichen Sparten des → Bankgeschäfts anbieten.

Geschäftsbereichsorganisation, → Spartenorganisation.

Geschäftsbericht, Sammelbegriff für eine Zusammenfassung von Jahresabschluss und Lagebericht oder Konzernabschluss und Konzernlagebericht. Der G. enthält Informationen, die über den gesetzlich vorgeschriebenen Inhalt hinausgehen. Der G. wird vor allem zur Außendarstellung des Unternehmens genutzt.

Geschäftsbezeichnung, Name, der im Geschäftsverkehr ein Unternehmen kennzeichnet. G. sind z.B. Handelsname und Logo. Anders als bei der → Firma darf eine G. auch von einem Nichtkaufmann geführt werden. G. sind durch das Markengesetz (MarkenG) geschützt.

Geschäftsbücher, *Bücher, Handelsbücher,* Unterlagen der → Buchführung. Es kann sich dabei um Bücher, geordnet abgelegte Blätter oder sonstige Datenträger handeln. Die G. müssen den → Grundsätzen ordnungsmäßiger Buchführung (GoB) entsprechen. – Die doppelte Buchführung verwendet folgende Bücher:

- Grundbuch (Journal): Erfassung der Geschäftsvorfälle in zeitlicher Reihenfolge
- Hauptbuch: Zusammenfassung der Buchungen des Grundbuchs auf den einzelnen Konten (→ Konto).

Außerdem werden Nebenbücher geführt. Dieses sind z.B. Kassen-, Rechnungsausgangs-, Rechnungseingangs-, Waren- und Lohnbücher.

Geschäftsbuchhaltung, → Finanzbuchhaltung.

Geschäftsfähigkeit, Begriff aus dem Bürgerlichen Recht. Die G. ist die Fähigkeit einer Person, Willenserklärungen rechtsgültig abzugeben und entgegenzunehmen.

- unbeschränkte G.: Voll geschäftsfähig sind i.d.R. alle natürlichen Personen nach Vollendung des achtzehnten Lebensjahrs.
- beschränkte G.: Minderjährige zwischen sieben und achtzehn Jahren sind beschränkt geschäftsfähig. Ihre Rechtsgeschäfte werden nur wirksam, wenn ein gesetzlicher Vertreter (z.B. Eltern, gesetzlicher Vormund) zugestimmt haben. Die beschränkte G. ist beim Barkauf von Gütern mit dem Taschengeld (sog. Taschengeldparagraph) sowie bei Geschäften aufgrund eines vom gesetzlichen Vertreter erlaubten Arbeitsverhältnisses ausgeschlossen.
- Geschäftsunfähigkeit: Kinder unter sieben Jahren und Personen, die unter krankhaften Störungen des Geisteszustands leiden, sind geschäftsunfähig.

Anders: → Deliktsfähigkeit, → Rechtsfähigkeit.

Geschäftsführer, gesetzlicher Vertreter und verantwortlicher Leiter einer → Gesellschaft mit beschränkter Haftung (GmbH). Dabei muss der G. nicht ein Gesellschafter der GmbH sein. Der G. vertritt die Gesellschaft nach außen in allen Rechtsangelegenheiten. Im Regelfall müssen mehrere G. zusammen handeln. Es kann jedoch durch Satzung oder Gesellschafterbeschluss die Geschäftsführung durch einen einzelnen G. vorgesehen werden. Der G. wird von der → Gesellschafterversammlung bestellt. Er kann jederzeit gekündigt werden. Es müssen jedoch für eine Kündigung gewichtige Gründe vorliegen.

Geschäftsführung, Führung aller Geschäfte einer Gesellschaft. – 1. *Aktiengesellschaft (AG) und Genossenschaft:* Die G. wird vom → Vorstand wahrgenommen. – 2. *Gesellschaft des bürgerlichen Rechts (GbR):* Zur G. sind alle Gesellschafter gemeinschaftlich befugt. Für jedes Geschäft ist die Zustimmung aller Gesellschafter erforderlich. – 3. *Gesellschaft mit beschränkter Haftung (GmbH):* Die G. nimmt eine oder mehrere → Geschäftsführer wahr. – 4. *Kommanditgesellschaft (KG) und Kommanditgesellschaft auf Aktien (KGaA):* Die G. erfolgt durch den → persönlich haftenden Gesellschafter. – 5. *Offene Handelsgesellschaft (OHG):* Die G. umfasst alle laufenden Maßnahmen zur Förderung des Gesellschaftszwecks, nicht jedoch die Stellvertretung. Die Regelung der G. kann von den Gesellschaftern beliebig geregelt werden. – *Anders:* → Vertretung.

Geschäftsgeheimnis, → Betriebs- und Geschäftsgeheimnis.

Geschäftsgründung, → Gründung.

Geschäftsjahr, *Wirtschaftsjahr,* Zeitraum, für den ein → Jahresabschluss erstellt wird. I.d.R. beträgt ein G. zwölf Monate. Ein G. muss nicht mit dem Kalenderjahr übereinstimmen. Bei der Steuerbilanz kann jedoch nur mit der Zustimmung des Finanzamtes ein vom Kalenderjahr abweichendes G. gewählt werden.

Geschäftsplan, → Business Plan.

Geschäftsprozess, Folge zusammenhängender Aktivitäten zur Erstellung einer Leistung. Am Anfang eines G. stehen ein oder mehrere Einsatzfaktoren (Input) und am Ende eine Leistung (Output). Innerhalb des Prozesses kommt es zu einem Wertzuwachs.

Geschäftswert, → Firmenwert.

Geschmacksmuster, Muster oder Modell, das für gewerbliche Erzeugnisse angefertigt wird. Es ist nach dem Geschmacksmustergesetz (GeschmMG) geschützt, wenn es neu ist oder einen im Vergleich zu einem anderen Muster unterschiedlichen Gesamteindruck erweckt. Die Schutzfrist beträgt maximal 25 Jahre. Während dieser Schutzfrist kann der geistige Urheber des G. das Muster gewerblich nutzen. Dies bedeutet, dass ihm das alleinige Vervielfältigungs- und Verbreitungsrecht zusteht. G. sind beim → Deutschen Patent- und Markenamt in das Register für G. einzutragen.

Gesellschaft des bürgerlichen Rechts (GbR), *BGB-Gesellschaft,* Zusammenschluss von Personen zur Erreichung eines gemeinsamen Zwecks. Sie ist keine Gesellschaft im handelsrechtlichen Sinn. Sie führt keine → Firma, sondern nennt die Namen aller Gesellschafter. Die GbR ist im Bürgerlichen Gesetzbuch (BGB) geregelt. – Alle Gesellschafter müssen einstimmig zusammen handeln. Dies kann jedoch im Gesellschaftsvertrag anders geregelt sein. Ein einzelner Gesellschafter kann nicht frei über seinen Anteil verfügen, da das Gesellschaftsvermögen allen Gesellschaftern gemeinschaftlich zusteht. Die Gewinn- und Verlustteilung erfolgt meistens entsprechend der Höhe der Kapitaleinlagen. Ist jedoch dieser Punkt im Gesellschaftsvertrag nicht geregelt, kann die Teilung auch nach Köpfen erfolgen. – Die Gründung erfolgt durch einen Gesellschaftsvertrag. Eine GbR wird bei Erreichung ihres Zweckes, bei Kündigung oder Tod eines Gesellschafters oder bei Insolvenz aufgelöst.

Gesellschafterdarlehen, Darlehen, das ein Gesellschafter einer → Personengesellschaft seinem Unternehmen gewährt. Unter steuerrechtlichen Gesichtspunkten kann es sich um Eigenkapital handeln. Dies ist beispielsweise der Fall, wenn es sich um eine Einlage handelt und auf eine Zinszahlung verzichtet wird oder wenn es sich um Gewinnanteile des Gesellschafters handelt. Es kann sich aber auch um Sonderbetriebsvermögen (→ Betriebsvermögen) handeln.

Gesellschafterversammlung, Beschlussorgan der → Gesellschaft mit beschränkter Haftung (GmbH). Zu den Aufgaben der G. gehört unter anderem die Feststellung des Jahresabschlusses, Entscheidungen über die Erteilung einer Prokura und über die Gewinnverteilung, die Überwachung der Geschäftsführer, Änderungen der Satzung sowie Entscheidungen über die Auflösung der Gesellschaft. Jeder Gesellschafter hat für je 50 Euro eines Geschäftsanteils eine Stimme in der G.

gesellschaftliche Verantwortung der Unternehmensführung, Schlagwort für die Forderung an Manager von Großunternehmen, die Belange und Interessen der Gesellschaft bei ihren Entscheidungen zu berücksichtigen. Grundidee ist, dass Gewinn und → Gewinnmaximierung nicht alleiniges Ziel unternehmerischer Handlungen und Entscheidungen sein sollten („soziales Gewissen"). Es ist jedoch auch Ausdruck einer Kritik an der Machtstellung von Großunternehmen.

Gesellschaft mit beschränkter Haftung (GmbH), → Rechtsform, die im Gesetz betreffend die Gesellschaften mit beschränkter Haftung (GmbHG) geregelt ist. Die GmbH ist eine → Kapitalgesellschaft mit eigener Rechtspersönlichkeit. Die Gesellschaft haftet mit dem Gesellschaftsvermögen, aber nicht mit dem Vermögen der Gesellschafter. – Die Gesellschafter haben ein Recht auf Auskunft und Einsicht in die Geschäftsbücher. Die Gewinn- und Verlustteilung kann nach dem Verhältnis der Geschäftsanteile, nach einem im Gesellschaftsvertrag festgelegten Schlüssel oder nach Gesellschafterbeschluss erfolgen. In vielen Fällen werden Gewinnanteile jedoch zur Stärkung des Eigenkapitalpostens genutzt. – Organe der GmbH sind der → Geschäftsführer, die → Gesellschafterversammlung und bei mehr als 500 Arbeitnehmern der → Aufsichtsrat. Die Satzung kann außerdem einen Beirat und einen Verwaltungsrat vorsehen. – Die Errichtung einer GmbH erfolgt mit Abschluss eines Gesellschaftsvertrags in notarieller Form durch eine oder mehrere Personen. 25 Prozent des → Stammkapitals oder mindestens 12.500 Euro müssen eingezahlt sein. Es können von den Gesellschaftern auch Sacheinlagen eingebracht werden. Die Eintragung im Handelsregister ist erforderlich. – Die Auflösung kann vor allem aufgrund des Auslaufens des Gesellschaftsvertrags, eines Gesellschafterbeschlusses oder Insolvenz erfolgen. – Der Gewerbeertrag der GmbH unterliegt der Gewerbesteuer, das Einkommen der Körperschaftsteuer. – Vgl. auch → GmbH & Co. KG.

Gesellschaftsformen, → Rechtsformen.

Gesellschaftsrecht, gesetzliche Regelungen privatrechtlicher Personenvereinigungen, die zur Erreichung eines gemeinsamen Zwecks vertraglich gegründet werden. Dazu zählen vor allem alle Regelungen der Rechtsformen von Unternehmen wie z.B. Gesellschaft mit beschränkter Haftung (GmbH), offene Handelsgesellschaft (OHG), Kommanditgesellschaft (KG) und Aktiengesellschaft (AG). In einem begrenzten Umfang gehören auch die Regelungen über Vereine dazu.

Gesellschaftsvertrag, Vertrag, der die Rechtsverhältnisse der Gesellschafter untereinander regelt. – 1. *Aktiengesellschaft (AG), Genossenschaft und Kommanditgesellschaft auf Aktien (KGaA):* → Satzung. – 2. *Gesellschaft des bürgerlichen Rechts (GbR):* Der G. ist entsprechend den Vorschriften über Verträge abzufassen und grundsätzlich formfrei. – 3. *Gesellschaft mit beschränkter Haftung (GmbH):* Der G. muss vom Notar beurkundet werden. Er ist von allen Gesellschaftern zu unterzeichnen und zum Handelsregister einzureichen. Der G. muss Firma, Sitz und Gegenstand der GmbH, Betrag des Stammkapitals und der einzelnen Stammeinlagen enthalten. – 4. *Kommanditgesellschaft (KG), offene Handelsgesellschaft (OHG) und stille Gesellschaft:* Die G. ist für die Entstehung der Gesellschaft erforderlich. Es gelten keine besonderen Formvorschriften. Als Ausnahme gilt, wenn ein Grundstück in die Gesellschaft eingebracht wird. Der G. enthält vor allem vom Gesetz abweichenden Regelungen.

Gesetz gegen den unlauteren Wettbewerb (UWG), → unlauterer Wettbewerb.

Gesetz gegen Wettbewerbsbeschränkungen (GWB), → Kartellrecht.

gesetzliche Rücklage, → Gewinnrücklagen.

gesetzlicher Vertreter, Person, deren Vertretungsmacht auf Gesetz beruht. G.V. sind z.B. der Geschäftsführer für die Gesellschaft mit beschränkter Haftung (GmbH), der Vorstand für die Aktiengesellschaft (AG) und alle Gesellschafter für die offene Handelsgesellschaft (OHG).

Gesundheitsreform, Schlagwort für die Neureglungen im Gesundheitswesen, die durch das Gesetz zur Modernisierung der gesetzlichen Krankenversicherung eingeführt wurden. Zu den neuen Regelungen zählen vor allem die Einführung einer → Praxisgebühr in Höhe von zehn Euro sowie die Anhebung der Zuzahlungen für Arznei- und Heilmitteln sowie bei häuslicher Krankenpflege und für Krankenhausaufenthalte. Außerdem wurden die Leistungen der Krankenkassen reduziert. Ursprünglich war vorgesehen, ab

2005 den Zahnersatz als Leistung aus der gesetzlichen Krankenversicherung herauszunehmen. Dies wurde jedoch fallengelassen. Der Zahnersatz bleibt weiterhin eine Leistung der gesetzlichen Kassen, für die Arbeitnehmer seit Juli 2005 einen Extra-Beitrag zahlen.

Gewährleistungsverpflichtung, → Garantieverpflichtung.

Gewährvertrag, → Garantievertrag.

Gewaltenteilung, Grundsatz des Rechtsstaats, nach dem die Staatsgewalt von drei voneinander getrennten Trägern ausgeübt wird. Dies sind → Exekutive, → Legislative und → Judikative.

Gewerbe, jede selbständige Tätigkeit, die nicht unter Land- und Forstwirtschaft oder freie Berufe fällt. Gewerbetreibende haben das Ziel, dauernd und mit der Absicht der Gewinnerzielung sowie unter eigenem Namen und unter eigener Verantwortung tätig zu sein. Für die Ausübung bestimmter G. ist eine Genehmigung erforderlich.

Gewerbeanmeldung, → Gewerbeschein.

Gewerbeaufsicht, staatliche Überwachung der Einhaltung von arbeits- und arbeitsschutzrechtlichen Vorschriften. Die Aufsicht erfolgt durch das Gewerbeaufsichtsamt in Zusammenarbeit mit den Berufsgenossenschaften. Gesetzliche Grundlagen sind vor allem die Gewerbeordnung (GewO) sowie eine Vielzahl von ergänzenden Gesetzen wie z.B. das Arbeitszeitgesetz (ArbZG) und das Jugendarbeitsschutzgesetz (JArbSchG).

Gewerbebetrieb, Betrieb, der die Voraussetzung eines → Gewerbes erfüllt.

Gewerbeertrag, Besteuerungsgrundlage für die Gewerbesteuer. Der G. ist der Gewinn aus dem Gewerbebetrieb. Er wird nach den Vorschriften des Einkommensteuergesetzes (EStG) oder des Körperschaftsteuergesetzes (KStG) ermittelt. Dieser ermittelte Gewinn wird für die Berechnung der Gewerbesteuer um Hinzurechnungen erhöht und um Kürzungen vermindert.

Gewerbeertragsteuer, → Gewerbesteuer.

Gewerbefreiheit, Recht für jedermann, ein Gewerbe im Rahmen der gesetzlichen Bestimmungen zu betreiben. Die G. ist durch die Gewerbeordnung (GewO) garantiert. Die G. ist in Ausnahmen beschränkt.

Gewerbeordnung (GewO), regelt das gesamte Gewerberecht, vor allem die Zulassung, den Umfang und die Ausübung eines Gewerbes, die Art der Gewerbebetriebe sowie Arbeitsschutz, Lohnschutz, Betriebssicherheit und Zeugnisse.

Gewerbeschein, *Gewerbeanmeldungsschein.* Empfangsbescheinigung, die vom Gewerbeamt für die Anmeldung eines Gewerbes ausgestellt wird. Der G. muss persönlich beim Gewerbeamt der Stadt oder Gemeinde beantragt werden. Die Anmeldedaten werden vom Gewerbeamt an die Industrie- und Handelskammer oder an die Handwerkskammer sowie an das Finanzamt und an das Gewerbeaufsichtsamt übermittelt.

Gewerbesteuer, *Gewerbeertragsteuer,* Steuer, die die Ertragskraft von gewerblichen Unternehmen und Kapitalgesellschaften erfasst. Gesetzliche Grundlage ist das Gewerbesteuergesetz (GewStG). Der G. unterliegt jeder Gewerbebetrieb. Die Besteuerungsgrundlage ist der → Gewerbeertrag. Der ermittelte Gewerbeertrag wird mit einer sog. Steuermesszahl gewichtet, so dass der Steuermessbetrag entsteht. Auf diesen wird ein von Gemeinde zu Gemeinde unterschiedlicher Hebesatz angewendet. Die Gewerbesteuer fließt an die Gemeinden. Die Entrichtung der G. erfolgt durch vierteljährliche Vorauszahlungen und ist als → Betriebsausgabe absetzbar. Die G. wird auf die Einkommensteuer angerechnet.

gewerbliches Schutzrecht, Sammelbegriff für geistige und gewerbliche Leistungen, die geschützt sind. Dazu zählen technischen Schutzrechte wie → Patent und → Gebrauchsmuster, ästhetische Schutzrechte wie → Geschmacksmuster sowie nach dem Markengesetz geschützten Kennzeichen (→ Marke).

Gewerkschaft, freiwilliger Zusammenschluss von Arbeitnehmern zur Interessenwahrung. Hauptziel der G. ist es, die sozialen und wirtschaftlichen Lebensbedingungen für die Arbeitnehmer zu verbessern. G. sind neben den Arbeitgebern oder Arbeitgeberverbänden Tarifpartner. Wichtigste Aufgabe der G. ist somit die Lohn- und Tarifpolitik. Weitere rechtliche Aufgaben der G. sind die Vorbereitung und Durchführung von Arbeitskämpfen sowie die Vertretung ihrer Mitglieder vor dem Arbeitsgericht. – In Deutschland kommen den Industriegewerkschaften (IG) die größte Bedeutung zu. Sie nehmen alle Arbeitnehmer einer Branche, unabhängig von Beruf oder Status, als Mitglieder auf. – Dachorganisation der IG ist der → Deutsche Gewerkschaftsbund (DGB). Daneben gibt es die Deutsche Angestelltengewerkschaft (DAG), den Deutschen Beamtenbund (DBB) und den Christlichen Gewerkschaftsbund (CGB).

Gewinn, Erfolg. – 1. *Handelsrecht:* Der G. wird im Rahmen der Gewinn- und Verlustrechnung (GuV) ermittelt und in der Bilanz ausgewiesen. Der G. ist die positive Differenz zwischen Erträgen und Aufwendungen in einem Abrechnungszeitraum (→ Jahresüberschuss/-fehlbetrag). – 2. *Kostenrechnung:* Der Betriebsgewinn ist die positive Differenz zwischen Erlösen und Kosten eines Abrechnungszeitraums (→ Betriebsergebnis). – 3. *Einkommensteuerrecht:* Der steuerrechtliche G. ist der Unterschiedsbetrag zwischen dem Betriebsvermögen des laufenden und des vorangegangenen Geschäftsjahres (→ Betriebsvermögensvergleich). Nach dem Einkommensteuergesetz (EStG) ist der G. auch der Überschuss der → Betriebseinnahmen über den → Betriebsausgaben. – *Gegensatz:* → Verlust.

Gewinnausschüttung, → Dividende, → verdeckte Gewinnausschüttung.

Gewinnbeteiligung, Beteiligung am Erfolg eines Unternehmens. – 1. *G. der Aktionäre einer Aktiengesellschaft (AG):* → Dividende. – 2. *G. der Vorstands- oder Aufsichtsratsmitglieder einer Aktiengesellschaft (AG):* → Tantieme. – 3. *G. der Arbeitnehmer:* → Erfolgsbeteiligung. – 4. *G. eines Versicherungsnehmers:* Überschussbeteiligung in der Lebensversicherung oder Beitragsrückerstattung z.B. in der Krankenversicherung.

Gewinneinkünfte, → Einkünfte.

Gewinnermittlung, Ermittlung des Erfolgs eines Unternehmens. – 1. *Handelsrecht:* → Gewinn- und Verlustrechnung (GuV). – *Einkommensteuerrecht:* Gewerbliche Unternehmen (auch Land- und Forstwirte) müssen ihren Gewinn durch einen → Betriebsvermögensvergleich ermitteln. Dies gilt, wenn der Betrieb eine der nachfolgenden Voraussetzungen erfüllt: Umsätze einschließlich der steuerfreien Umsätze von mehr als 260.000 Euro im Kalenderjahr, selbst bewirtschaftete land- und forstwirtschaftliche Flächen mit einem Wirtschaftswert von mehr als 20.500 Euro, einen Gewinn aus Gewerbebetrieb von mehr als 25.000 Euro im Wirtschaftsjahr bzw. einen Gewinn aus Land- und Forstwirtschaft von mehr als 25.000 Euro im Kalenderjahr. – Freiberufler können ihren Gewinn nach der → Einnahmen-Ausgaben-Überschussrechnung ermitteln.

Gewinnmaximierung, nach traditioneller Sicht der Betriebswirtschaft wirtschaftliches Hauptziel privater Unternehmen. G. kann sowohl kurz- als auch langfristiges Unternehmensziel sein und muss zusammen mit anderen Zielen wie Firmenerhaltung, Liquidität, Marktmacht und Wachstum gesehen werden. Unternehmen berücksichtigen heute zunehmend bei ihren Entscheidungen auch ökologische und soziale Aspekte.

Gewinn je Aktie, *Earnings per Share.* Kennziffer, die im Rahmen der Aktienanalyse verwendet wird. Der G.j.A. ist der Gewinn einschließlich offener und stiller Rücklagen einer Aktiengesellschaft (AG), geteilt durch die Anzahl der ausgegebenen Aktien der Gesellschaft. – Vgl. auch → DVFA-Ergebnis.

Gewinnrücklagen, → Rücklagen, die nach dem Handelsgesetzbuch (HGB) von Kapitalgesellschaften gebildet werden müssen. Als G. dürfen nur Beträge ausgewiesen werden, die im Geschäftsjahr oder in den vergangenen Jahren aus dem Jahresüberschuss gebildet worden sind. Dazu zählen:

- gesetzliche Rücklagen (jährlich fünf Prozent des um einen Verlustvortrag aus dem Vorjahr verminderten Jahresüberschusses)
- Rücklagen für eigene Anteile
- auf Satzung oder Gesellschaftsvertrag beruhende Rücklagen
- andere G. (z.B. Rücklagen aufgrund eines Gewinnverwendungsbeschlusses der Hauptversammlung).

Gewinnschuldverschreibung, → Anleihe, bei der zusätzlich zu einer festen Grundverzinsung eine gewinnabhängige Zusatzverzinsung gezahlt wird. Meistens wird die Zusatzverzinsung von der Höhe der → Dividende, die die Aktionäre erhalten, abhängig gemacht.

Gewinnthesaurierung, → Selbstfinanzierung.

Gewinn- und Verlustrechnung (GuV), Verfahren zur Ermittlung des Unternehmenserfolgs. Es werden alle → Aufwendungen und → Erträge eines Geschäftsjahrs gegenübergestellt. Die GuV ist Pflichtbestandteil des → Jahresabschlusses von Kaufleuten. – Die GuV kann in Kontoform aufgestellt werden. In diesem Fall werden alle Posten mit Sollsaldo untereinander auf der linken Seite, alle mit Habensaldo auf der rechten Seite aufgelistet. Bei der Staffelform dagegen werden alle Posten untereinander aufgelistet. Einzelunternehmen und Personengesellschaften können die Form frei wählen. Die einmal gewählte Form sowie die Postenbezeichnungen und -folge sind dann jedoch beizubehalten. Für Kapitalgesellschaften ist die Staffelform vorgeschrieben. Kapitalgesellschaften können als Verfahren das → Gesamtkostenverfahren oder das → Umsatzkostenverfahren auswählen.

Gewinnvergleichsrechnung, Verfahren der Investitionsrechnung. Es werden die durchschnittlichen Gewinne der einzelnen Investitionsalternativen ermittelt, indem die Erlöse und Kosten (einschließlich Abschreibungen und kalkulatorischer Zinsen) gegenübergestellt werden. Diese so ermittelten Werte werden dann verglichen. Problematisch bei der G. ist, dass der zeitliche Anfall der Ein- und Auszahlungen und die Zinswirkungen nicht berücksichtigt werden.

Gewinnvortrag, Begriff aus der Bilanzierung für nicht ausgeschüttete Gewinne, die auf die Bilanz des nächsten Jahres übertragen (vortragen) werden.

Gewohnheitsrecht, Begriff für ein ungeschriebenes Recht, das sich durch langjährige Praxis gebildet hat. Es beruht auf dem allgemeinen Rechtsbewusstsein. – Vgl. auch → Handelsbrauch, → Verkehrssitte.

gezeichnetes Kapital, *Nennkapital, Nominalkapital.* Kapital einer Kapitalgesellschaft, auf das die Haftung der Gesellschafter beschränkt wird. In der Bilanz steht das g.K. an erster Stelle des → Eigenkapitals. Bei der Aktiengesellschaft (AG) ist das → Grundkapital und bei der Gesellschaft mit beschränkter Haftung

(GmbH) das → Stammkapital als g.K. ausgewiesen.

gezogener Wechsel, → Wechsel.

Giralgeld, → Geld.

Girokonto, → Bankkonto, über das der bargeldlose Zahlungsverkehr des Kontoinhabers abgewickelt wird. Der Kontoinhaber kann über das G. mittels Barabhebungen, Bareinzahlungen, Überweisungen, Lastschriften und Daueraufträge verfügen. Die Aufträge können schriftlich, per Telefon oder online erfolgen.

Gironetz, Filial- oder Institutssystem einer Bankengruppe zur Abwicklung des bargeldlosen Zahlungsverkehrs. In Deutschland gibt es beispielsweise G. der Sparkassen und der Genossenschaftsbanken, G. der privaten Kreditbanken und das der Postbank AG.

Girovertrag, → Vertrag zwischen einem Kreditinstitut und seinem Kunden für das → Kontokorrent. Durch den G. wird das Kreditinstitut verpflichtet, für den Kunden ein Konto einzurichten, eingehende Zahlungen am Eingangstag dem Konto gutzuschreiben und Überweisungsaufträge zu Lasten des Kontos abzuwickeln.

Girozentrale, → Landesbank.

GKR, Abk. für → Gemeinschaftskontenrahmen der Industrie.

Gläubiger, derjenige, der vom → Schuldner eine Leistung zu fordern hat. Bei Kaufverträgen ist der Lieferant G. des Käufers hinsichtlich des Kaufpreises, der Schuldner in Bezug auf die Lieferung der Ware.

Gläubigerschutz, Rechtsvorschriften und Maßnahmen zum Schutz der Gläubiger eines Unternehmens. Gläubiger sind z.B. Eigenkapitalgeber, Fremdkapitalgeber, Lieferanten, Arbeitnehmer, aber auch Krankenkassen und Finanzverwaltung. Die Rechtsvorschriften zum G. finden sich in zahlreichen Gesetzen, z.B. im Bürgerlichen Gesetzbuch (BGB), im Gesellschaftsrecht sowie im Insolvenz- und Wirtschaftsstrafrecht.

Gläubigerversammlung, oberstes Selbstverwaltungsorgan im → Insolvenzverfahren. Die G. wird durch das Insolvenzgericht einberufen. Abstimmungen in der G. erfolgen mit absoluter Mehrheit der Erschienenen, wobei die Höhe der angemeldeten Forderungen maßgebend ist. Die nicht erschienenen Gläubiger müssen sich an die Beschlüsse halten. – Die G. kann den vom Gericht eingesetzten → Insolvenzverwalter abwählen und einen anderen bestimmen. Außerdem wählt die G. Personen, die den Gläubigerausschuss bilden und den Insolvenzverwalter unterstützen sollen. Die G. kann über einen Insolvenzplan beschließen.

Gläubigerverzug, *Annahmeverzug.* Pflichtverletzung, bei der der Gläubiger eine vom Schuldner angebotene Leistung nicht annimmt. Der Gläubiger gerät ebenfalls in Verzug, wenn er bei einer Lieferung Zug um Zug zur Annahme der Leistung bereit ist, aber die Gegenleistung nicht anbietet. Nach dem Bürgerlichen Gesetzbuch (BGB) kann im Fall des G. der Schuldner mögliche Mehraufwendungen geltend machen.

Gleichbehandlung, arbeitsrechtlicher Grundsatz, nach dem alle Arbeitnehmer durch einen Arbeitgeber gleich zu behandeln sind. Der Arbeitgeber muss den Grundsatz der G. bei betriebsbezogenen Entscheidungen und Maßnahmen beachten. Eine willkürliche Differenzierung ist verboten (→ Diskriminierung).

gleitende Arbeitszeit, Arbeitszeit, die nicht auf bestimmte Anfangs- und Endtermine festgelegt ist. Der Arbeitnehmer kann innerhalb bestimmter festgelegter Zeiten seinen persönlichen Arbeitsbeginn und sein persönliches Arbeitsende selbst bestimmen. Die Zeitspanne, in der er beginnen oder aufhören kann, wird als Gleitspanne bezeichnet. Die Zeitspanne, in der er anwesend sein muss, ist die Kernarbeitszeit. – Die Modelle der g.A. reichen von der Gestaltung der täglichen über die wöchentliche bis zur jährlichen Arbeitszeit (→ Arbeitszeitmodelle).

Globalabtretung, *Globalzession,* Form der → Forderungsabtretung, die meist zur Sicherung eines Bankkredits erfolgt. Bei der G. werden alle gegenwärtigen und zukünftigen Forderungen aus dem Verkauf und der Verwertung einer Sache oder einer Geschäftstätigkeit bereits mit Vertragsabschluss abgetreten.

Globalisierung, weltweite Ausdehnung. – 1. *Volkswirtschaft:* Als G. wird die internationale Ausdehnung wirtschaftlicher Aktivitäten bezeichnet. Durch G. wird der internationale Wettbewerbsdruck erhöht und die Übertragung wirtschaftspolitischer Probleme zwischen den Ländern verstärkt. – 1. *Betriebswirtschaft:* G. ist die Strategie eines international tätigen Unternehmens, Wettbewerbsvorteile weltweit durch Ausnutzung von Standortvorteilen und Erzielung von → Economies of Scale aufzubauen.

Globalsteuerung, wirtschaftspolitischer Ansatz, nach dem sich staatliche Maßnahmen auf die Beeinflussung gesamtwirtschaftlicher Größen wie z.B. Investition, Konsum und Sparen beschränken. Durch eine G. soll das Niveau der gesamtwirtschaftlichen Nachfrage beeinflusst werden. In Deutschland bedeutet G. in erster Linie die Beeinflussung der gesamtwirtschaftlichen Nachfrage im Sinn einer fallweisen und gegen den Konjunkturverlauf gerichteten Wirtschaftspolitik.

Globalurkunde, → Sammelurkunde.

Globalzession, → Globalabtretung.

GmbH, Abk. für → Gesellschaft mit beschränkter Haftung.

GmbH & Co. KG, eine → Kommanditgesellschaft (KG), bei der eine → Gesellschaft mit beschränkter Haftung (GmbH) persönlich haftender Gesellschafter ist. Die anderen Personen, häufig die Gesellschafter der GmbH, sind nicht haftende Gesellschafter. Die GmbH Co. KG ist eine → Personengesellschaft. – Die Gründung und die Löschung erfolgen wie bei der → Kommanditgesellschaft (KG).

GoB, Abk. für → Grundsätze ordnungsmäßiger Buchführung.

Going-Concern-Prinzip, → Grundsätze ordnungsmäßiger Bilanzierung.

Going Public, Gang einer bisher nicht börsennotierten Aktiengesellschaft (AG) an die Börse. Börseneinführungen können z.B. durch Umwandlung eines Unternehmens von einer anderen Rechtsform in eine AG oder durch Börsenzulassung von bisher noch nicht börsenmäßig notierten Aktien erfolgen. Im Zusammenhang mit der wachsenden Zahl potenzieller Aktienanleger erhält die Börseneinführung für Unternehmen eine immer größere Bedeutung für die Beschaffung von Eigenkapital.

Goldene Bilanzregel, → Finanzierungsregel für Kreditinstitute, die besagt, dass langfristig angelegtes Vermögen auch langfristig finanziert sein sollte.

Goodwill, → Firmenwert.

Gossensche Gesetze, Gesetzmäßigkeiten bezüglich der Nutzenfunktion privater Haushalte (→ Nutzen). Sie wurden von Gossen (deutscher Nationalökonom, 1810–1858) aufgestellt. – 1. *Gesetz der Bedürfnissättigung:* Der → Grenznutzen eines Gutes nimmt mit zunehmender Befriedigung der → Bedürfnisse ab. – 2. *Gesetz vom Ausgleich der Grenznutzen:* Es vergleicht mehrere Bedürfnisse nebeneinander. Jeder Mensch strebt danach, die Bedürfnisse bis zum gleichen Sättigungsgrad zu befriedigen. Das Maximum an Bedürfnisbefriedigung ist erreicht, wenn die Grenznutzen der zuletzt beschafften Teilmengen der Güter gleich sind.

Gratifikation, eine freiwillige Zuwendung an einen Arbeitnehmer anlässlich eines bestimmten Ereignisses wie z.B. Weihnachten oder Dienstjubiläum. Der Arbeitnehmer erhält die G. als Anerkennung für die geleistete Arbeit und als Anreiz für weitere Leistungen. Auf Zahlung einer G. besteht nur bei einer entsprechenden vertraglichen Regelung ein Anspruch.

Gratisaktie, → Zusatzaktie.

Grauer Markt. 1. Absatz von Waren, wobei privatrechtliche Vereinbarungen, anerkannte Handelsbäuche und vor allem steuerrechtliche Vorschriften umgangen werden. – 2. Im Bank- und Börsenwesen wird der Handel vor dem eigentlichen Börsengang eines Wertpapiers als G.M. bezeichnet.

Grenzerlös, Begriff aus der Wirtschaftstheorie für den zusätzlichen → Erlös, der durch den Verkauf einer weiteren Mengeneinheit entsteht.

Grenzkosten, Begriff aus der Wirtschaftstheorie für zusätzliche → Kosten, die bei der Produktion einer weiteren Einheit eines Gutes entstehen.

Grenznutzen, Begriff der Wirtschaftstheorie. Der G. ist die Veränderung des Gesamtnutzens (→ Nutzen), die eintritt, wenn bei gegebener Güterkombination der Konsum eines Gutes um eine unendlich kleine Einheit erhöht wird. – Vgl. auch → Gossensche Gesetze.

Grenzplankostenrechnung, → Plankostenrechnung auf der Basis von → Teilkosten. Die G. berücksichtigt sowohl bei den Verrechnungssätzen für innerbetriebliche Leistungen als auch bei den Kalkulationssätzen der primären Kostenstellen nur die → variable Kosten. Die fixen Kosten werden aus der Kostenstellenrechnung direkt in die Erfolgsrechnung übernommen. – *Ähnlich:* → Direct Costing.

Grenzproduktivität, Begriff der Wirtschaftstheorie. Die G. ist die Änderung der Ausbringungsmenge (Output) eines Unternehmens bei einer sehr kleinen Änderung der Einsatzmengen (Input) eines Produktionsfaktors.

Grenzsteuersatz, Steuersatz, auf der obersten Stufe der → Bemessungsgrundlage des Steuerpflichtigen.

Größenkostenersparnisse, → Economies of Scale.

Großhandel, → Handel.

Grundbedürfnis, → Bedürfnis.

Grundbuch. 1. *Buchführung:* → Geschäftsbücher. – 2. *Grundstückrecht:* öffentliches Register, das beim Grundbuchamt geführt wird. In das G. werden die Eigentumsverhältnisse an einem Grundstück sowie eventuelle Beschränkungen eingetragen. In Abteilung 1 steht der Eigentümer mit vollem Namen oder Firma, in Abteilung 2 alle Belastungen und Beschränkungen, ausgenommen Grundpfandrechte (z.B. Grunddienstbarkeiten) sowie in Abteilung 3 die Grundpfandrechte (z.B. Hypothek, Grundschuld).

Grunddienstbarkeit, Recht des Grundstückeigentümers, ein anderes Grundstück beschränkt zu nutzen. G. sind für das genutzte Grundstück in das → Grundbuch einzutragen.

Gründergesellschaft, → Vorgesellschaft.

Grunderwerbsteuer, Steuer, die beim Kauf einer inländischen Immobilie erhoben wird. Die G. beträgt 3,5 Prozent des Kaufpreises. Bis zu einem Kaufpreis von 2.500 Euro besteht eine Freigrenze. Bauherren, die nur ein Grundstück erwerben, zahlen G. dagegen nur auf den Grundstückswert. Erst nach erfolgter Zahlung und einer durch das Finanzamt ausgestellten Unbedenklichkeitsbescheinigung kann der neue Eigentümer in das → Grundbuch eingetragen werden.

Grundfreibetrag, → Freibetrag, auf den ein Steuerpflichtiger keine Einkommensteuer zahlen muss. Der G. soll gewährleisten, das das Einkommen mindestens für die Bestreitung des notwendigen Lebensunterhalts (Existenzminimum) ausreicht. Der G. beträgt 7.664 Euro oder bei Zusammenveranlagung von Ehegatten 15.328 Euro. Der G. wird bei der Einkommensteuerberechnung durch das Finanzamt automatisch berücksichtigt.

Grundfreiheiten der EG, → Europäische Gemeinschaft (EG).

Grundgesetz (GG), Verfassung der Bundesrepublik Deutschland. Es enthält eine Reihe von → Grundrechten der Bürger sowie das Staatsorganisationsrecht. Letzteres sind Regelungen für Bund und Länder, Bundestag, Bundesrat, Bundesregierung, Gesetzgebungen des Bundes, Ausführungen der Bundesgesetze, Bundesverwaltung, Rechtsprechung und Finanzwesen. – Im sog. Normenkontrollverfahren überprüft auf Anfrage das → Bundesverfassungsgericht die Rechtsmäßigkeit von Gesetzen.

Grundkapital, Aktienkapital einer → Aktiengesellschaft (AG). Das G. entspricht dem → Nennwert aller ausgegebenen Aktien. Das G. und die Rücklagen bilden das Eigenkapital der Gesellschaft. Das G. muss mindestens 50.000 Euro betragen. Die Höhe des G. sagt nichts über den Wert des Gesellschaftsvermögens aus. – In der Bilanz ist das G. als → gezeichnetes Kapital auszuweisen.

Grundkosten, *aufwandsgleiche Kosten,* → Aufwand, der in gleicher Höhe als → Kosten in die Kostenrechnung eingeht. – *Gegensatz:* → Anderskosten, → Zusatzkosten.

Grundlohn. 1. *Arbeits- und Tarifrecht:* → Ecklohn. – 2. *Sozialversicherung:* G. ist das auf die Kalendertage umgelegte durchschnittliche Arbeitsentgelt. G. ist die Bemessungsgrundlage in der gesetzlichen Krankenversicherung für Beiträge und Barleistungen (außer Krankengeld).

Grundpfandrechte, Sammelbegriff für → Hypothek, → Grundschuld und → Rentenschuld. G. werden in das → Grundbuch eingetragen.

Grundrechte, die im Grundgesetz (GG) verankerten Freiheitsrechte. G., die nur für deutsche Staatsbürger gelten, werden als Bürgerrechte bezeichnet (z.B. Versammlungsfreiheit, Berufsfreiheit). Rechte, die allen Menschen ohne Unterschied zustehen, sind sog. Menschenrechte (z.B. Glaubens- und Gewissensfreiheit).

Grundrente. 1. *Sozialpolitik:* Eine G. ist eine beitragsunabhängige Altersrente für alle Bürger mit einem festen Betrag als Grundsicherung. Sie wird aus Steuermitteln finanziert. Im derzeitigen deutschen Alterssicherungssystem ist diese Form der Rente allerdings nicht vorgesehen. G. gibt es jedoch zum Teil in anderen Ländern. Für den Begriff G. wird gleichbedeutend Volksrente und Mindestrente verwendet. – 2. *Volkswirtschaft:* Einkommen, das aus der Nutzung des Bodens erzielt wird. Die G. beruht auf dem Privateigentum an Grund und Boden.

Grundsätze ordnungsmäßiger Bilanzierung, Teil der → Grundsätze ordnungsmäßiger Buchführung (GoB). Es sind die Richtlinien, die bei der Aufstellung des → Jahresabschlusses und damit auch der Bilanz, der Gewinn- und Verlustrechnung (GuV) und des Anhangs eingehalten werden müssen. Im Einzelnen besagen die Grundsätze:

- Grundsatz der Klarheit und Übersichtlichkeit: Der Jahresabschluss muss klar und übersichtlich gestaltet sein. Posten der linken und rechten Bilanzseite sowie Aufwendungen und Erträge dürfen nicht miteinander verrechnet werden. Anlage- und Umlaufvermögen, Eigenkapital, Schulden und Rechnungsabgrenzungsposten müssen gesondert ausgewiesen werden.

- Grundsatz der Bilanzkontinuität: Die Wertansätze der Eröffnungs- und Schlussbilanz sowie die Bilanzgliederung müssen übereinstimmen. Außerdem müssen die Bewertungsmethoden beibehalten werden.
- Grundsatz der Richtigkeit und Vollständigkeit: Es müssen die Bilanzierungs- und Bewertungsvorschriften eingehalten werden. Außerdem müssen alle Vermögensgegenstände, Schulden und Rechnungsabgrenzungsposten in die Bilanz aufgenommen werden.
- Going-Concern-Prinzip: Bei der Bewertung ist von der Fortführung des Unternehmens auszugehen.

Grundsätze ordnungsmäßiger Buchführung (GoB), Vorschriften und Prinzipien zur → Buchführung und zur Erstellung des → Jahresabschlusses (→ Grundsätze ordnungsmäßiger Bilanzierung). Im Einzelnen besagen die GoB:

- Grundsatz der Klarheit und Übersichtlichkeit: Die Buchführung soll so sein, dass sich ein sachverständiger Dritter in angemessener Zeit einen Überblick über alle Geschäftsvorfälle, ihre Entstehung und Abwicklung sowie über die Lage des Unternehmens verschaffen kann.
- Grundsatz der Vollständigkeit und der Richtigkeit: Es dürfen keine Geschäftsvorfälle weggelassen, hinzugefügt oder anders als tatsächlich dargestellt werden. Sämtliche Buchungen müssen anhand von Belegen jederzeit nachprüfbar sein.
- Grundsatz der rechtzeitigen und geordneten Buchung: Buchungen müssen innerhalb einer angemessenen Frist in ihrer zeitlichen Reihenfolge vorgenommen werden. Kasseneinnahmen und Kassenausgaben sind i.d.R. täglich festzuhalten.
- Aufbewahrungspflicht: Geschäftsbücher und Buchungsunterlagen müssen zehn Jahre aufbewahrt werden.

Grundsätze über die Eigenmittel und die Liquidität der Institute, *Basel II.* Vorschriften der Bundesanstalt für Finanzdienstleistungsaufsicht (BaFin). Durch diese werden die allgemeinen Regelungen des Kreditwesengesetzes (KWG) in die Praxis umgesetzt. Sie enthalten Vorschriften über die Höhe der Risikovermögenspositionen im Verhältnis zum haftenden Eigenkapital und dem Verhältnis von Anlagen und Finanzierungsmitteln, differenziert nach den Laufzeiten. Die Grundsätze dienen einerseits der Absicherung gegen Insolvenzen von Kreditinstituten, andererseits erleichtern sie den Kreditinstituten selbst die Beurteilung ihrer Liquidität. – *Weitere Informationen unter* www.bafin.de.

Grundschuld, Belastung eines Grundstücks. Dem Begünstigten ist eine bestimmte Geldsumme aus dem Grundstück zu zahlen. Durch eine G. werden meist langfristige Kredite abgesichert. – Eine G. ist in das → Grundbuch einzutragen. Eine G. kann auch nach der Tilgung eines Kredites weiterhin im Grundbuch eingetragen bleiben. Damit entfällt der zur Aufnahme einer erneut benötigten Hypothek oder eines Darlehens notwendige Gang zum Notar. – Die G. gehören zu den → Grundpfandrechten. – Vgl. auch → Rentenschuld.

Grundsteuer, Steuer, die landwirtschaftliche, gewerbliche und Wohngrundstücke erfasst. Die G. wird von den Gemeinden erhoben und anhand eines Steuermessbetrags nach dem Hebesatz, den jede Gemeinde für sich festlegt, errechnet. Die Festsetzung der G. erfolgt jährlich durch einen Steuerbescheid und wird grundsätzlich vierteljährlich fällig (am 15. Februar, 15. Mai, 15. August und 15. November).

Grundstück, *Immobilie.* Ein begrenzter, durch Vermessung gebildeter Teil der Erdoberfläche. Als selbstständiges G. wird diese Fläche im → Grundbuch eingetragen. Die Übertragung von G. unterliegt besonderen Vorschriften. Es muss ein notarieller Vertrag abgeschlossen werden.

Außerdem sind die → Auflassung und Eintragung in das Grundbuch im Fall von G. vorgeschrieben.

Gründung, *Firmengründung, Geschäftsgründung, Unternehmensgründung.* Errichtung eines Betriebs. Je nach der Rechtsform muss die neu gegründete Firma in das Handelsregister eingetragen werden. Außerdem sind weitere gesetzlich vorgeschriebene Gründungsvoraussetzungen einzuhalten. Grundsätzlich muss eine Gründungsbilanz aufgestellt werden (→ Eröffnungsbilanz).

Gründungsbilanz, → Eröffnungsbilanz.

Gruppenbewertung, ein handelsrechtlich zulässiges Bewertungsverfahren (→ Bewertung). Es werden unterschiedliche, sich aber von der Art her ähnliche Vermögensgegenstände mit dem gewichteten Durchschnittswert bewertet. – Steuerrechtlich ist die G. nicht erlaubt.

G 7, informeller Zusammenschluss der sieben wichtigsten Industriestaaten der Welt. Zum Kreis der G 7 gehören Deutschland, Frankreiche, Großbritannien, Italien, Japan, Kanada und die USA. Die Zusammenarbeit dieser Länder findet mit unterschiedlicher Beteiligung nationaler und internationaler Stellen auf mehreren Ebenen statt. – Seit 1975 finden jährliche Konferenzen statt (sog. Weltwirtschaftsgipfel). An diesen nehmen die Staats- und Regierungschefs der G 7, der Präsident der Europäischen Kommission und der Präsident Russlands als gleichberechtigte Partner teil. Dieser Kreis wird als G 8 bezeichnet. Auf den Weltwirtschaftsgipfeln werden aktuelle Fragen, vor allem die Weltwirtschaftslage, erörtert. – Zusätzlich finden mehrmals jährlich Tagungen der Finanzminister und Zentralbankpräsidenten unter Beteiligung des Direktors der Weltbank statt. Bei diesen Treffen werden finanz- und währungspolitische Themen erörtert.

Guerilla Marketing, Marketingstrategie, die darauf abzielt, durch ungewöhnliche, überraschende oder geschickte Aktionen Aufsehen zu erwecken. Nach der ursprünglichen Idee des G.M. sollen für diese Maßnahmen nur geringe finanzielle Mittel eingesetzt werden.

Gut, Waren und Dienstleistungen sowie Rechte zur Befriedigung menschlicher Bedürfnisse. Sog. ökonomische G. sind knapp. D.h., sie sind begehrt, nur begrenzt verfügbar und haben deshalb einen bestimmten Preis. Sie werden daher auch als knappe G. bezeichnet. – G. werden nach unterschiedlichen Kriterien eingeteilt. Nach dem Verwendungszweck gibt es beispielsweise folgende Güterarten:

- Konsumgut
- Investitionsgut

Nach dem Angebot können dagegen folgende Güterarten unterschieden werden:

- öffentliches Gut (Kollektivgut)
- privates Gut (Individualgut).

Vgl. auch → freies Gut.

Gütergemeinschaft, → Güterstand.

Güterstand, rechtlicher Begriff für die Vermögensverhältnisse von Eheleuten untereinander. Zu unterscheiden sind:

- Zugewinngemeinschaft: Die Zugewinngemeinschaft ist gesetzlicher G. Das Vermögen der einzelnen Ehegatten sowie das Vermögen, das ein Ehegatte während der Ehe erwirbt, wird nicht gemeinschaftliches Vermögen. Das während der Ehe hinzugewonnene Vermögen der Ehegatten wird jedoch bei Beendigung der Zugewinngemeinschaft (i.d.R. bei einer Scheidung) ausgeglichen.
- Gütergemeinschaft: Die Gütergemeinschaft kann durch Ehevertrag vereinbart werden. Das Vermögen jeweils beider Eheleute wird durch den Vertrag gemeinschaftliches Vermögen und Eigentum.
- Gütertrennung: Die Gütertrennung kann ebenfalls durch Ehevertrag vereinbart werden. Die Vermögen der Ehegatten bleiben während der Ehe und bei einer Scheidung getrennt. Jeder E-

hegatte ist über sein Vermögen jeweils unbeschränkt verfügungsberechtigt.

Gütertrennung, → Güterstand.

gutgläubiger Erwerb, Begriff aus dem Bürgerlichen Recht für einen Eigentumserwerb von einem Nichtberechtigten. Nach dem Gesetz kann ein Erwerber von einem Nichteigentümer eine Sache erwerben, wenn dem Anschein nach der Verkäufer der Eigentümer oder im Fall eines Kaufmanns der Vertretungsberechtigte ist. Dies gilt nicht im Fall von Grundstücken, da sich der Erwerber im Grundbuch über die Eigentumsverhältnisse vergewissern kann.

Gutschein, → Couponing.

Gutschrift, Buchung einer Leistung zu Gunsten einer Person oder eines Unternehmens auf der Habenseite des → Kontos. Als G. wird auch die schriftliche Mitteilung über die Buchung an den Begünstigten bezeichnet. – *Gegensatz:* → Belastung.

GuV, Abk. für → Gewinn- und Verlustrechnung.

GWB, Abk. für Gesetz gegen Wettbewerbsbeschränkungen, → Kartellrecht.

G 10, Gremium der zehn großen westlichen Industriestaaten. Zum Kreis der G 10 gehören Belgien, Deutschland, Frankreich, Großbritannien, Italien, Japan, Kanada, Niederlande, Schweden, Schweiz und die USA. Es werden von den Aufsichtsbehörden und Regulierungsinstanzen, die für die Finanzmärkte verantwortlich sind, Fragen zum internationalen Währungs- und Finanzsystem erörtert.

H

Haben. 1. *Buchführung:* H. ist die rechte Seite eines → Kontos. – 2. *Bankwesen:* positiver Saldo (Guthaben) auf einem Konto, z.B. Bankkonto. – *Gegensatz:* → Soll.

Habenzinsen, *Passivzinsen,* Zinsen, die von Kreditinstituten für → Einlagen (z.B. Spareinlagen) gezahlt werden. – *Gegensatz:* → Sollzinsen.

haftendes Eigenkapital. Nach dem KWG muss jede Bank ein angemessenes h.E. aufweisen, um ihren Verpflichtungen gegenüber den Gläubigern nachkommen zu können. Die Bestandteile des h.E. sind im Einzelnen im KWG festgelegt. Auch nach den → Grundsätzen über das Eigenkapital und die Liquidität der Institute wird eine bestimmte Eigenkapitalausstattung gefordert.

Haftpflichtversicherung, Versicherung, die den Versicherungsnehmer gegen Ansprüche Dritter absichert. Die Versicherungsgesellschaft zahlt, wenn der Versicherungsnehmer aufgrund gesetzlicher Haftpflichtbestimmungen privatrechtlichen Inhalts haftbar und schadensersatzpflichtig gemacht wird. Zu den H. zählen vor allem die Privathaftpflichtversicherung zur Abdeckung der Risiken als Privatperson aus den Gefahren des täglichen Lebens, die Kraftfahrzeug-Haftpflichtversicherung zur Abdeckung durch den Gebrauch eines Kfz verursachter Schäden, die Berufshaftpflichtversicherung zur Absicherung beruflich verursachter Schäden sowie die Betriebshaftpflichtversicherung zur Abdeckung gewerblicher Risiken.

Haftung, Einstehen für einen Schaden oder für Verbindlichkeiten. – 1. *Bürgerliches Recht:* Einstehen für einen Schaden, den ein anderer durch vorsätzliches oder fahrlässiges Verhalten erlitten hat (→ Verschuldenshaftung). Nur bei fehlender → Deliktsfähigkeit gilt die → Billigkeitshaftung. Auch im Falle der → Gefährdungshaftung (z.B. aufgrund des Produkthaftungs- oder des Straßenverkehrsgesetzes) kommt es nicht auf ein Verschulden an. – 2. *Handelsrecht:* Einstehen für Verbindlichkeiten. Für Verbindlichkeiten einer → offenen Handelsgesellschaft (OHG) haftet die Gesellschaft mit ihrem Gesellschaftsvermögen sowie die einzelnen Gesellschafter mit ihrem Privatvermögen. Im Fall einer → Kommanditgesellschaft (KG) haftet der persönlich haftende Gesellschafter mit seinem Privatvermögen. Die übrigen Gesellschafter haften nur mit ihrer Einlage. → Kapitalgesellschaften haften nur mit dem Gesellschaftsvermögen. – 3. *Arbeitsrecht:* Schädigt ein Arbeitnehmer durch eine schuld- und fehlerhafte Arbeitsleistung seinen Arbeitgeber, ist die H. des Arbeitnehmers beschränkt. Er haftet allein für den gesamten Schaden, wenn er grob fahrlässig oder vorsätzlich gehandelt hat. Handelte er fahrlässig, wird der Schaden von Arbeitgeber und Arbeitnehmer je zur Hälfte (i.d.R. der Arbeitnehmer maximal bis zwei Nettomonatsgehälter) getragen. In leichten Fällen übernimmt allein der Arbeitgeber die H.

Haftungsbeschränkungen, gesetzliche oder vertragliche Regelungen, die die gesetzliche → Verschuldenshaftung für Fahrlässigkeit ausschließen oder die Haftung auf einen bestimmten Höchstbetrag begrenzen. Beispielsweise ist der

Schuldner nur für Vorsatz und grobe Fahrlässigkeit haftbar, wenn der Gläubiger in Annahmeverzug ist (→ Gläubigerverzug).

halbbare Zahlung, Zahlung unter teilweiser Verwendung von Bargeld. Eine h.Z. liegt vor, wenn ein Zahlungspartner über ein Bankkonto verfügt, der andere aber Bargeld erhält oder einzahlt.

Halbeinkünfteverfahren, körperschaftsteuerrechtliches Verfahren bei der Besteuerung von Gewinnausschüttungen. Gewinnausschüttungen werden nach dem H. nur zur Hälfte besteuert. Das H. ist unabhängig davon, ob Kapitalbeteiligungen dem Privat- oder Betriebsvermögen zuzuordnen sind. Umgekehrt sind auch alle Aufwendungen, die mit den besteuerten Einnahmen in Zusammenhang stehen, nur zur Hälfte als → Betriebsausgabe oder → Werbungskosten absetzbar. Die von der ausschüttenden Gesellschaft einbehaltene Kapitalertragsteuer kann in voller Höhe geltend gemacht werden.

Halberzeugnis, → unfertiges Erzeugnis.

Handel, alle Unternehmen, die sich überwiegend mit dem Vertrieb von Gütern befassen, ohne diese wesentlich zu be- oder verarbeiten. Zu unterscheiden sind im Wesentlichen:

- Einzelhandel: Verkauf der Waren an den Endverbraucher. Typische Formen sind Kaufhäuser, Verbrauchermärkte, Supermärkte, Discounter, Fachgeschäfte und Versandhandel.
- Großhandel: Verkauf an Wiederverkäufer ohne Be- oder Verarbeitung der Ware. Typische Formen sind Cash & Carry und der Sortimentsgroßhandel.
- Versandhandel: Der Kontakt zwischen Käufer und Verkäufer erfolgt über unpersönliche Kommunikationsmittel wie Anzeigen, Werbebriefe, Preislisten, Telefon, Kataloge, Internet oder Fernsehsendungen. Die Auslieferung wird durch einen Logistikdienstleister wie z.B. Kurierdienste und Speditionen durchgeführt.

In regionaler Hinsicht werden → Binnenhandel und → Außenhandel unterschieden.

Handelsbilanz. 1. *Rechnungswesen:* → Bilanz, die nach den Vorschriften des Handelsgesetzbuches (HGB) erstellt wird. Die → Steuerbilanz richtet sich in ihrer Gestaltung nach der H., wenn keine steuerrechtlichen Bewertungsregeln den handelsrechtlichen entgegenstehen. Die H. ist Bestandteil des → Jahresabschlusses. – 2. *Volkswirtschaftliche Gesamtrechnung:* Teil der → Zahlungsbilanz, in der der Wert der Ex- und Importe von Waren ausgewiesen wird.

Handelsbrauch, *Handelssitte*, *Usance.* Gesetzlich nicht festgelegte Weisung, wie man sich im Geschäftsleben verhalten sollte. H. bilden sich durch die Praxis. Ein H. kann zum → Gewohnheitsrecht werden, wenn allgemein die Meinung herrscht, so handeln zu müssen. – Vgl. auch → Verkehrssitte.

Handelsbücher, → Geschäftsbücher.

Handelsgesellschaft, Personenvereinigung mit dem Ziel, unter einer einheitlichen → Firma Handelsgeschäfte zu betreiben. H. sind im Handelsgesetzbuch (HGB) geregelt. Sie müssen in das → Handelsregister eingetragen werden. – Zu unterscheiden sind:

- Personengesellschaft und
- Kapitalgesellschaft.

In Aufgabenstellung und Auftreten im Handelsverkehr sind → Genossenschaften H. gleichzustellen. – *Gegensatz:* → Einzelunternehmen.

Handelsgesetzbuch (HGB), enthält einen wesentlichen Teil der vom Bürgerlichen Recht abweichenden Sonderregelungen für Kaufleute. Das HGB gliedert sich in fünf Bücher:

- Buch I: Handelsstand mit Definitionen der Kaufmannseigenschaft, von Handelsregister, Firma, besonderer handelsrechtlicher Vollmachten (Prokura,

Handlungsvollmacht), des Handelsmaklers und des Handelsvertreters

- Buch II: Handelsgesellschaften und stille Gesellschaft
- Buch III: Handelsbücher (Buchführung, Bilanzrecht)
- Buch IV: Handelsgeschäfte und besondere Vertragsformen (z.B. Kommissionsgeschäft, Speditionsgeschäft)
- Buch V: Seehandel.

Vgl. auch → Handelsrecht.

Handelsgewerbe, jeder → Gewerbebetrieb. Ausgenommen sind solche Unternehmen, für die ein kaufmännischer Geschäftsbetrieb nicht erforderlich ist. Ob dies der Fall ist, ergibt sich aus einer Gesamtbeurteilung. Zu dieser Beurteilung werden Kriterien wie Vielfalt der Erzeugnisse und Leistungen, Umsatzvolumen, Höhe des Anlage- und Umlaufvermögens sowie Zahl und Funktion der Beschäftigten herangezogen werden. – Der Betreiber eines H. ist grundsätzlich → Kaufmann im Sinn des Handelsgesetzbuches (HGB).

Handelskauf, Handelsgeschäft, bei dem mindestens ein Beteiligter → Kaufmann ist. Beim H. werden Waren oder Wertpapiere gehandelt. Im Interesse der schnellen und glatten Abwicklung von H. wird der Verkäufer im Vergleich zum → Kaufvertrag nach dem Bürgerlichen Gesetzbuch (BGB) begünstigt.

Handelsklausel, kurze Formel, die vor allem in Kaufverträgen üblich ist. Sie sind sowohl im nationalen als auch im internationalen Handel (→ Incoterms) weit verbreitet. – Vgl. auch → Lieferungsbedingungen, → Zahlungsbedingungen, → Versandklauseln.

Handelsmakler, → Makler.

Handelsmarke, → Markenartikel.

Handelsmarketing, Marketing von Handelsunternehmen. Das H. umfasst alle marketingpolitischen Maßnahmen, mit den die Kaufentscheidungen der Abnehmer und die Verkaufsentscheidungen der Lieferanten beeinflusst werden können. Im Vordergrund des H. stehen die Sortiments- und Produktpolitik. Es ist zu bestimmen, welche Produkte und Produktgruppen in welcher Form präsentiert werden sollen. Darüber hinaus sind aber auch Entscheidungen über Preise, Serviceleistungen und Werbung wichtig. Hinsichtlich der Lieferanten werden als Instrumente die Bestellmengen-, Beschaffungspreis- und Beschaffungskonditionenpolitik eingesetzt. Außerdem umfasst das H. Strukturentscheidungen wie z.B. Entscheidungen über Standort, Kooperation und Größe der Verkaufsfläche.

Handelspolitik, → Außenhandelspolitik.

Handelsrecht, rechtliche Vorschriften, die für Kaufleute gelten oder die die Rechtsbeziehungen zwischen Kaufleuten regeln. Das H. konkretisiert das → Bürgerliche Recht im Hinblick auf den Rechtsverkehr unter Kaufleuten. Es hat Vorrang vor dem Bürgerlichen Recht. Die wichtigste Rechtsquelle des H. ist das → Handelsgesetzbuch (HGB). Zum H. werden auch das Wettbewerbs-, Gesellschafts-, Wertpapier-, Bank-, Börsen-, Privatversicherungs- und Warenzeichenrecht gerechnet. Das H. ist Teil des → Zivilrechts.

Handelsregister, öffentliches Verzeichnis mit Angaben über Kaufleute und Handelsgesellschaften. Das H. wird vom Amtsgericht geführt. Es enthält vor allem folgende Angaben: Firma, Geschäftsinhaber, Geschäftssitz, Art und Gegenstand des Geschäfts, Errichtung von Filialen, Bestellung und Widerruf von Prokuristen, Eröffnung des Insolvenzverfahren, Löschung durch Liquidation oder nach endgültiger Beendigung des Insolvenzverfahren. Alle Eintragungen werden nur auf Antrag vorgenommen. – Die Anmeldung zum H. muss durch den Geschäftsinhaber mündlich bei Gericht oder schriftlich in öffentlich beglaubigter Form erfolgen.

Handelssitte, → Handelsbrauch.

Handelsspanne, Differenz zwischen → Einstandspreis und Verkaufspreis. Die H. kann als absolute Zahl (Stückspanne) oder in Prozent des Verkaufspreises (Prozentspanne) ausgedrückt werden.

Handelsvertreter, Person, die als selbständiger Gewerbetreibender für einen anderen Unternehmer Geschäfte vermittelt oder abschließt. Der H. arbeitet im fremden Namen und auf fremde Rechnung. Er hat die Sorgfaltspflicht eines ordentlichen Kaufmanns zu erfüllen. Dies gilt auch, wenn in seinem Fall ein kaufmännischer Geschäftsbetrieb nicht erforderlich ist. Der H. muss den Unternehmer sofort über einen Vertragsabschluss informieren. Außerdem unterliegt er der Schweige- und Treupflicht sowie der Verpflichtung, die Interessen des Unternehmers wahrzunehmen. Der Unternehmer hat seinerseits dem H. die erforderlichen Unterlagen bereitzustellen und ihm jegliche Unterstützung zu gewähren. Der H. erhält als Vergütung für einen Geschäftsabschluss eine → Provision, Auslagenersatz und eventuell eine Inkasso- oder Delkredereprovision (→ Delkredere). – *Anders:* → Handlungsreisender.

Handelswaren, Sachgüter oder Waren, die von einem anderen Hersteller bezogen und unverändert weiterverkauft werden. Es handelt sich auch um H., wenn Sachgüter oder Waren neu abgepackt und markiert werden.

Handelswechsel, → Wechsel, dem ein Waren- oder Dienstleistungsgeschäft zugrunde liegt. – *Gegensatz:* → Finanzwechsel.

Handlungsbevollmächtigter, → Handlungsvollmacht.

Handlungsgehilfe, *kaufmännischer Angestellter.* Angestellter, der bei einem Kaufmann kaufmännische Dienste leistet. H. sind z.B. Buchhalter, Einkäufer, Verkäufer und Kassierer. Nach dem Handelsgesetzbuch (HGB) gelten für das Arbeitsverhältnis des H. besondere Vorschriften. Beispielsweise besteht für den H. ein → Wettbewerbsverbot, das vertraglich verlängert werden kann.

Handlungsreisender, Angestellter, der damit betraut ist, für einen Unternehmer Geschäfte zu vermitteln oder abzuschließen. Im Fall des H. bestimmt der Unternehmer, wie die Tätigkeit und die Arbeitszeit zu gestalten ist. Der H. erhält als Vergütung i.d.R. einen festen Grundbetrag und zusätzlich eine Provision für Geschäftsabschlüsse. – *Anders:* → Handelsvertreter.

Handlungsvollmacht, Ermächtigung einer Person (sog. Handlungsbevollmächtigter), im Rahmen eines Handelsgewerbes übliche Rechtshandlungen vorzunehmen. Von der H. ausgeschlossen sind vor allem die Veräußerung und Belastung von Grundstücken, das Eingehen von Wechselverbindlichkeiten, die Aufnahme von Darlehen und Führung von Prozessen. Eine H. wird durch den Unternehmer oder einen Prokuristen erteilt. – Zu unterscheiden sind folgende Arten der H.:

- Generalvollmacht (Gesamtvollmacht): Vollmacht, die alle Bereiche des Betriebs umfasst. Eine Generalvollmacht besitzt z.B. ein Geschäftsführer.
- Artvollmacht (Teilvollmacht): Diese Vollmacht berechtigt nur zur Vornahme von Rechtsgeschäften, die sich auf einen Teil des Betriebs konzentrieren. Über eine Artvollmacht verfügt z.B. ein Einkaufsleiter.
- Spezialvollmacht (Einzelvollmacht): In diesem Fall wird die Erlaubnis auf eine bestimmte oder einmalige Aufgabe beschränkt. Ein Beispiel für eine Spezialvollmacht ist z.B. die Inkassovollmacht für den Verkaufsfahrer.

Die H. erlischt durch Widerruf, Kündigung, Insolvenz des Unternehmens oder Tod des Handlungsbevollmächtigten. – Eine besonders umfangreiche H. ist die → Prokura.

Handwerk. 1. *H. als Tätigkeit:* selbstständige Erwerbstätigkeit auf dem Gebiet der Be- und Verarbeitung von Stoffen sowie im Reparatur- und Dienstleistungsbereich. – 2. *H. als Berufsstand:* Handwerker ist derjenige, der ein in der Handwerksordnung (HandwO) aufgeführtes Gewerbe ausübt. Im Fall eines zulassungspflichtigen H. muss der Betriebsinhaber eine Meisterprüfung abgelegt haben.

Handwerksinnung, freiwilliger Zusammenschluss von selbstständigen Handwerkern, die das gleiche Handwerk ausüben. Durch H. sollen die gemeinsamen Interessen innerhalb eines bestimmten Bezirks besser vertreten werden. Die H. ist eine → Körperschaft des öffentlichen Rechts. Sie untersteht der Aufsicht der → Handwerkskammer.

Handwerkskammer, Interessenvertretung des Handwerks als Berufsstand. Die H. ist eine → Körperschaft des öffentlichen Rechts. Sie ist vor allem für die Ausbildung im Handwerk verantwortlich. Sie erlässt Vorschriften zur Ausbildung und nimmt Prüfungen ab. Außerdem führt sie die Handwerksrolle und hat die Aufsicht über die Handwerksinnungen inne. Alle selbstständigen Handwerker, Inhaber handwerksähnlicher Betriebe sowie Gesellen und Auszubildende müssen Mitglied der örtlichen H. sein. Bei nicht handwerklichen Betriebsteilen ist zusätzlich die Mitgliedschaft in der zuständigen → Industrie- und Handelskammer (IHK) vorgeschrieben.

Handwerksordnung (HandwO), regelt die Ordnung des Handwerks und handwerksähnlicher Gewerbe. Ziel des Gesetzes ist es, das Handwerk als Berufsstand in Deutschland zu schützen und zu fördern. Die HandwO umfasst folgende Teile:

- Teil I: Ausübung eines Handwerks oder eines handwerksähnlichen Gewerbes
- Teil II: Berufsbildung im Handwerk
- Teil III: Meisterprüfung und -titel
- Teil IV: Organisation des Handwerks
- Teil V: Bußgeldvorschriften.

Handwerksrolle, Verzeichnis der selbständigen Handwerker in einem Bezirk. Nur Handwerker, die in der H. eingetragen sind, dürfen einen Handwerksbetrieb führen. Die H. enthält z.B. folgende Angaben: Art und Umfang des Betriebs, Staatsangehörigkeit, Geburtsdatum, Anschrift und abgelegte Befähigungsnachweise des Inhabers oder des Betriebsleiters. Die H. wird von der für den Bezirk zuständigen → Handwerkskammer geführt.

Harmonisierter Verbraucherpreisindex (HVPI), der vom Statistischen Bundesamt errechnete → Preisindex für Deutschland. Der HVPI beruht auf Methoden und Verfahren, die für alle Mitgliedstaaten der Europäischen Union (EU) verbindlich sind. Er wurde 1997 eingeführt, damit die Preisveränderungsraten in den EU-Mitgliedstaaten verglichen werden können. Anhand des HVPI wird die → Inflation gemessen. Außerdem verwendet ihn die Europäische Zentralbank (EZB) als Maßstab für die Geldwertstabilität des Euro. – *Weitere Informationen unter* www.destatis.de.

Hartz-Gesetze, Schlagwort für die vier Gesetze zur Regelung der Arbeitsmarktpolitik in Deutschland. Diese Gesetze beruhen auf einem Bericht der sog. Hartz-Kommission, einem von der Regierung eingesetzten Expertengremium unter der Leitung von P. Hartz (ehemaliger Personalvorstand der Volkswagen AG). – 1. *Hartz I und II:* Gesetz mit Regelungen und Maßnahmen zur Erschließung von Beschäftigungsmöglichkeiten und Schaffung neuer Arbeitsplätze. Im Rahmen von Hartz I und II wurden vor allem die rechtlichen Grundlagen für die → Ich-AGs und für Mini-Jobs (→ geringfügige Beschäftigung) geschaffen. Außerdem wurden die Vorschriften zur Arbeitnehmerüberlassung gelockert und → Personal-Service-Agenturen (PSA) eingeführt. – 2. *Hartz III:* Gesetz zur Reglung des Umbaus der Bundesanstalt für Arbeit in einen kundenorientierten und leistungsfähigen Dienstleister und Unbenennung in

→ Bundesagentur für Arbeit. Außerdem wurden Arbeitslosenleistungen, Arbeitslosenförderung und der Einsatz arbeitsmarktpolitischer Instrumente wie z.B. ABM-Maßnahmen vereinfacht. – 3. *Hartz IV:* Gesetz zur Zusammenlegung von Arbeitslosen- und Sozialhilfe (→ Arbeitslosengeld II).

Hauptbuch, → Geschäftsbücher.

Hauptkostenstelle, → Kostenstelle, die sich mit der Herstellung der Hauptprodukte des Unternehmens befasst. – *Gegensatz:* → Hilfskostenstelle, → Nebenkostenstelle.

Hauptrefinanzierungsgeschäfte, → Offenmarktgeschäfte.

Hauptversammlung, Organ einer → Aktiengesellschaft (AG) oder einer → Kommanditgesellschaft auf Aktien (KGaA). Die H. ist die Versammlung aller Aktionäre oder ihrer Bevollmächtigten. Jeder Aktionär hat ein Stimmrecht, wobei i.d.R. jede Aktie eine Stimme bedeutet. Die H. muss mindestens einmal jährlich in den ersten acht Monaten des Geschäftsjahres stattfinden. Die H. wird vom Vorstand einberufen. – Die H. fasst Beschlüsse über die Gewinnverteilung, Kapitalerhöhungen und -herabsetzungen sowie über Satzungsänderungen. Sie entlastet den Vorstand und den Aufsichtsrat und wählt die Mitglieder des Aufsichtsrats. Außerdem bestellt die H. den Abschlussprüfer. Die H. kann vom Vorstand Auskunft verlangen.

Haushalt, Begriff aus der Wirtschaftstheorie. H. ist eine Personengemeinschaft, die gemeinsam wirtschaftliche Entscheidungen trifft. – Vgl. auch → öffentlicher Haushalt, → privater Haushalt.

Haushaltsgrundsätze, Anforderungen an den → öffentlichen Haushalt, entwickelt von der Finanzwissenschaft und -praxis. In Deutschland sind diese Grundsätze im Grundgesetz (GG), in der Bundeshaushaltsordnung (BHO), in den Landeshaushaltsordnungen (LHO) sowie im Haushaltsgrundsätzegesetz (HGrG) berücksichtigt. – Im Einzelnen gelten folgende Grundsätze:

- Vollständigkeit: Alle geplanten Ausgaben und Einnahmen müssen einzeln aufgeführt werden.
- Klarheit: Aus der Benennung müssen eindeutig Herkunft und Verwendung hervorgehen. Außerdem ist nach einem einheitlichen Schema zu gliedern.
- Einheit: Es sind alle Ausgaben und Einnahmen einer Gebietskörperschaft (Bund, Land, Gemeinde) aufzuführen. → Sonderfonds dürfen dagegen nicht aufgeführt werden.
- Genauigkeit: Alle Ausgaben sind exakt zu planen, alle Einnahmen zu schätzen.
- Vorherigkeit: Der Haushaltsplan muss zu Beginn des Haushaltsjahrs vorliegen.
- Spezialität: Die geplanten Mittel dürfen nur für den festgelegten Zweck, in der geplanten Höhe und während des laufenden Haushaltsjahrs ausgegeben werden.
- Öffentlichkeit: Der Haushaltsplan muss unbeschränkt zugänglich sein und veröffentlicht werden.
- Nonaffektation: Alle Einnahmen können zur Deckung des gesamten Ausgabenbedarfs eingesetzt werden. Die Einnahmen sind nicht an einen Zweck gebunden.

Haushaltsplan, *Budget.* Aufstellung der Ausgaben und Einnahmen einer Gebietskörperschaft (Bund, Land, Gemeinde). Die Ausgaben werden geplant und sind verbindlich. Die Einnahmen werden geschätzt. – *Anders:* → Finanzplan. – Vgl. auch → öffentlicher Haushalt.

Hausratversicherung, *verbundene Hausratversicherung.* Versicherung zur Absicherung gegen die „verbundenen“ Gefahren der Feuer-, Einbruchdiebstahl-, Raub-, Leitungswasser- und Sturmversicherung. Versichert ist der gesamte Hausrat. Dies bedeutet, dass alle Sachen, die in einem Haushalt zur Einrichtung, zum Gebrauch oder zum Verbrauch dienen sowie Bargeld und weitere Sachen wie z.B. Antennenanlagen, Markisen versichert sind.

Hausse, Börsenausdruck für ein länger anhaltendes Ansteigen der Börsenkurse. Anleger, die eine H. erwarten (sog. Haussiers), kaufen Wertpapiere. – *Gegensatz:* → Baisse.

Haustürgeschäft, Vertrag, der in einer Privatwohnung, am Arbeitsplatz, auf der Straße oder bei sog. Kaffeefahrten abgeschlossen wird. Ein H. kann der Verbraucher innerhalb von zwei Wochen nach Vertragsabschluss oder bei Warenlieferungen nach Erhalt der Ware ohne Angabe von Gründen widerrufen (→ Widerruf). Wurde der Verbraucher nicht über sein Widerrufs- oder Rückgaberecht informiert, kann er sogar ohne zeitliche Einschränkung widerrufen. Der Verbraucher muss schriftlich, per Fax oder per E-Mail mit eingescannter Unterschrift widerrufen.

HBCI, Abk. für → Home Banking Computer Interface.

Head Hunting, Abwerbung ganz bestimmter, vorher ausgewählter Führungskräfte von anderen Unternehmen. In diesem Fall wird i.d.R. ein darauf spezialisierter Personalberater eingeschaltet. – Vgl. auch → Abwerbung von Arbeitnehmern.

Hebelwirkung des Fremdkapitals, → Leverage-Effekt.

Hebesatz, → Steuersatz, der von den Gemeinden jährlich für die Erhebung der → Grundsteuer oder → Gewerbesteuer festgesetzt wird. Es handelt sich dabei i.d.R. um unterschiedliche H.

Hedge Fonds, → Investmentfonds, für dessen Anlagepolitik keine gesetzlichen oder sonstigen Beschränkungen bestehen. Die Mittel des Investmentfonds werden vor allem in → Derivate investiert. H.F. sind risikoreich, bieten jedoch entsprechend hohe Ertragschancen.

Hedging, Maßnahmen zur Absicherung gegen Kurs-, Währungs- und Zinsrisiken. Der sog. Hedger überträgt die Risiken auf einen anderen, der das Risiko aus spekulativen Motiven übernimmt oder ein entgegen gesetztes Risiko abzusichern versucht. Zur Absicherung werden vor allem → Termingeschäfte abgeschlossen.

Heimarbeit, Erwerbstätigkeit, die im Auftrag und i.d.R. in der eigenen Wohnung verrichtet wird. Im arbeitsrechtlichen Sinn zählen Heimarbeiter zu den → arbeitnehmerähnlichen Personen. Sie sind durch das Heimarbeitsgesetz (HAG) bei Kündigungen besonders geschützt. Außerdem legt das Gesetz einen Mindestlohn fest.

Herstellergarantie, → Garantie.

Herstellermarke, → Markenartikel.

Herstellkosten, → Kosten, die durch die Herstellung eines Produkts entstanden sind. Die H. setzen sich aus → Materialkosten und → Fertigungskosten zusammen. Auf der Grundlage der H. werden i.d.R. die Gemeinkostenzuschläge für Verwaltung und Vertrieb berechnet (→ Gemeinkosten). Außerdem können die H. zur internen Bewertung von selbst hergestellten Vermögensgegenständen herangezogen werden. – *Anders:* → Herstellungskosten.

Herstellung, → Produktion.

Herstellungskosten, Begriff aus dem Handels- und Steuerrecht für die → Bewertung von Vermögensgegenständen oder Wirtschaftsgütern, die im eigenen Betrieb hergestellt wurden. Die H. sind die Aufwendungen, die durch den Verbrauch von Gütern und die Inanspruchnahme von Diensten für die Herstellung eines Vermögensgegenstands, seine Erweiterung oder Verbesserung entstehen.

– 1. *Handelrecht:* Zu den H. gehören die Material- und Fertigungseinzelkosten sowie Sondereinzelkosten der Fertigung (→ Materialkosten, → Fertigungskosten). Es können auch die anteiligen Material- und Fertigungsgemeinkosten sowie Verwaltungskosten angesetzt werden. – 2. *Steuerrecht:* Zu den H. gehören die Material- und Fertigungseinzelkosten, die anteiligen Material- und Fertigungsgemeinkosten sowie die Sondereinzelkosten der Fertigung. Die Verwaltungskosten können als H. zusätzlich angesetzt werden. – *Anders:* → Herstellkosten.

HGB, Abk. für → Handelsgesetzbuch.

Hierarchie, Über- und Unterordnung innerhalb einer Organisation. Eine H. ist um so steiler oder flacher je höher oder niedriger die Zahl der Ebenen ist. H. besitzen eine Koordinationsfunktion. Eine übergeordnete Stelle erteilt untergeordneten Stellen Anweisungen, so dass die Aufgaben der einzelnen Stellen auf ein Ziel ausgerichtet sind. – Vgl. auch → flache Hierarchie.

Hifo-Verfahren, → Verbrauchsfolgeverfahren.

Hilfskostenstelle, *Vorkostenstelle.* → Kostenstelle, die Vorleistungen für die Herstellung betrieblicher Produkte erbringt (→ innerbetriebliche Leistung). Die Kosten der H. werden im Rahmen der → Betriebsabrechnung einer Endkostenstellen oder einer anderen H. zugerechnet. – *Gegensatz:* → Endkostenstelle, → Hauptkostenstelle.

Hilfslöhne, Löhne und Gehälter, die nicht direkt im Zusammenhang mit der Produktion stehen. Dies sind z.B. Löhne für Transport und Reinigungsarbeiten. H. werden als → Gemeinkosten verrechnet. – *Gegensatz:* → Fertigungslöhne.

Hilfsstoffe, Begriff aus der Kostenrechnung für → Material, das in das Endprodukt eingeht. H. sind im Gegensatz zu den Rohstoffen nur Nebenbestandteile. H. sind beispielsweise bei der Möbelproduktion Lacke und Leim. Der Verbrauch an H. wird i.d.R. nur monatlich erfasst.

Hinterbliebenenrente, Rente, die nach dem Tod eines Versicherten an dessen Familienangehörige gezahlt wird. – 1. *Witwen- oder Witwerrente:* Sie wird an Frauen oder Männer, die zum Todeszeitpunkt des Versicherten mit dem Verstorbenen verheiratet waren, gewährt. – Die sog. kleine Witwen- oder Witwerrente wird an Frauen oder Männer, die unter 45 Jahre sind, kein Kind haben und nicht erwerbsgemindert sind, gezahlt. Sie beträgt 25 Prozent einer auf den Todeszeitpunkt berechneten vollen Erwerbsminderungsrente des Verstorbenen. Sie ist auf 24 Kalendermonate begrenzt. – Die sog. große Witwen- oder Witwerrente wird gezahlt, wenn sie oder er älter als 45 Jahre, berufs- oder erwerbsunfähig ist oder mindestens ein Kind bis zum 18. Lebensjahr erzieht oder für ein behindertes Kind sorgt. Sie beträgt 55 Prozent. – 2. *Waisenrente:* Sie wird an eheliche Kinder, Adoptivkinder, aber auch an die in den Haushalt aufgenommenen Stiefkinder, Pflegekinder oder Enkel und Geschwister gewährt.

Hinterlegung, Möglichkeit eines Schuldners, seine Verbindlichkeit zu erfüllen. Es können Geld, Wertpapiere und sonstige Urkunden sowie Kostbarkeiten hinterlegt werden. Der Schuldner kann diese Gegenstände hinterlegen, wenn er seine Leistung aufgrund des Gläubigers oder eines durch den Gläubiger zu vertretenen Umstands nicht leisten kann. Dies ist beispielsweise im Fall des Gläubigerverzugs der Fall.

Hinzuverdienstgrenze, → Altersrente, → Arbeitslosengeld, → Rente wegen Erwerbsminderung.

Höchstwertprinzip, handelsrechtlicher Grundsatz für die → Bewertung von Verbindlichkeiten. Das H. besagt, dass von zwei grundsätzlich möglichen Wertansätzen stets der höhere gewählt werden muss. Das H. ergibt sich aus dem Prinzip der Bilanzvorsicht (→ Vorsichtsprinzip).

höhere Gewalt, Begriff aus dem Haftpflichtrecht. H.G. ist ein Ereignis, das nicht vorhersehbar und von niemanden zu vertreten ist. H.G. ist z.B. ein Blitzschlag. Der Schuldner haftet bei h.G. nicht. Davon ausgenommen sind jedoch die Fälle des → Gläubigerverzugs und des → Schuldnerverzugs.

Holdinggesellschaft, *Dachgesellschaft.* Sonderform im Konzernbereich. Die H. ist die Gesellschaft, die lediglich die angeschlossenen Unternehmen (Konzernmitglieder) verwaltet. Sie selbst übernimmt keine Produktions- und Handelsaufgaben. Die H. hält die Mehrheit der Aktien der angeschlossenen Gesellschaften und übergibt ihrerseits Aktien der H. an diese. Die angeschlossenen Gesellschaften bleiben rechtlich selbständig. Die H. beeinflusst wirtschaftlich die untergeordneten Gesellschaften und besitzt die einheitliche Leitung des Konzerns.

Home Banking, Erledigung von Bankgeschäften von zu Hause aus per Fax, Telefon oder PC. Als Dienstleistungen im Rahmen des H.B. werden z.B. das Ausführen von Daueraufträgen und Überweisungen, das Bestellen von Scheckvordrucken und Reiseschecks, die Erteilung von Aufträgen für Geld- und Kapitalanlagen und Darlehen sowie das Einziehen und Einlösen von Lastschriften angeboten. Im sog. PIN-TAN-Verfahren muss der Kunde seine Kontonummer, die → persönliche Identifikationsnummer (PIN) und zusätzlich für jeden Vorgang eine → Transaktionsnummer (TAN) eingeben. Auf diese Weise erhält er Zugang zu seinem Konto und kann z.B. Überweisungen vornehmen. Aus Sicherheitsgründen stellen viele Kreditinstitute auf das → Home Banking Computer Interface (HBCI)-Verfahren um. – Vgl. auch → Electronic Banking, → Internet Banking, → Telefon-Banking.

Home Banking Computer Interface (HBCI), Standard für → Home Banking. Er wurde von den Spitzenverbänden der deutschen Kreditinstitute vereinbart. HBCI soll Home Banking sicherer machen. Es kann unabhängig von Endgerät, Datennetz und Software genutzt werden. Ein weiterer Vorteil ist, dass keine → Transaktionsnummern (TAN) verwendet und verwaltet werden müssen.

Homo Oeconomicus, wirtschaftswissenschaftliches Modell eines ausschließlich „wirtschaftlich" denkenden Menschen. Charakteristisch für den H.O. ist seine Fähigkeit, sich ohne Einschränkungen rational zu verhalten. Außerdem versucht er, seinen → Nutzen zu maximieren.

Humankapital, Begriff aus der Volkswirtschaft für das Leistungsvermögen der Arbeitskräfte. Dieses beruht auf Erziehung, Ausbildung und Berufserfahrung. Der Stand des H. kann z.B. anhand des Ausbildungsniveaus oder der Ausbildungsdauer beurteilt werden. Das H. ist ein wesentlicher Bestimmungsfaktor der → Produktivität. – *Anders:* → Humanvermögen.

Human Relations, *Internal Relations.* Pflege und Gestaltung zwischenmenschlichen Beziehungen in einem Unternehmen oder in einer Organisation. Zum H.R. gehören Maßnahmen zur Verbesserung des Informationsaustauschs und der Kommunikation mit den Mitarbeitern. Durch diese Maßnahmen soll die Identifikation, Motivation und Bereitschaft zur Zusammenarbeit gefördert werden.

Humanvermögen, Begriff aus der Betriebswirtschaft für das Leistungsvermögen, das einem Unternehmen durch seine Arbeitnehmer zur Verfügung gestellt wird. – Im Rahmen der sog. Humanvermögensrechnung wird das H. wie bei der Bilanz aufgestellt. Es werden Leistungsvermögen und Leistungsbereitschaft erfasst und gegenübergestellt. – *Anders:* → Humankapital.

HVPI, Abk. für → Harmonisierter Verbraucherpreisindex.

Hypothek, → Grundpfandrecht, mit dem ein Grundstück belastet wird. Durch eine H. werden Forderungen abgesichert. Wird eine Schuld nicht vereinbarungsgemäß zurückgezahlt, kann der Gläubiger die → Zwangsversteigerung oder → Zwangsverwaltung des Grundstücks verlangen. Die H. besteht nur in Höhe der Forderung, die abgesichert werden soll. Sie erlischt mit der Rückzahlung der Schuld. – Eine H. muss in das → Grundbuch eingetragen werden. Die Eintragung erfolgt i.d.R. dadurch, dass ein → Hypothekenbrief ausgestellt wird (sog. Briefhypothek). Die Eintragung kann aber auch ohne Erteilung eines Hypothekenbriefs vorgenommen werden (sog. Buchhypothek). Vorteil der Briefhypothek ist es, dass die H. ohne Eintragung in das Grundbuch übertragen werden kann. –Zu unterscheiden sind:

- Sicherungshypothek: Sie ist streng von der persönlichen Forderung abhängig. D.h., sie ist durch die Grundbucheintragung nicht geschützt. Der Gläubiger muss im Streitfall seine Forderung beweisen. Die Sicherungshypothek kann nur eine Buchhypothek sein.
- Verkehrshypothek: Bei der Verkehrshypothek ist die Forderung grundsätzlich aufgrund der Grundbucheintragung geschützt.

Hypothekenbank, Kreditinstitut, das durch → Grundpfandrechte gesicherte Darlehen gewährt. Die Darlehen werden nur langfristig oder inländischen Körperschaften oder Anstalten des öffentlichen Rechts eingeräumt. Eine H. kann eine Aktiengesellschaft (AG) oder eine Kommanditgesellschaft (KGaA) sein. Zur Finanzierung werden von den H. überwiegend → Pfandbriefe ausgegeben. – *Weitere Informationen unter* www.hypverband.de.

Hypothekenbrief, Urkunde über eine → Hypothek. Die Urkunde wird vom → Grundbuchamt ausgestellt. Nach der Grundbuchordnung (GOB) muss ein H. den Geldbetrag der Hypothek und das belastete Grundstück sowie Unterschrift und Siegelung enthalten.

I

IAS, Abk. für International Accounting Standards, → International Accounting Standards Board (IASB).

IASB, Abk. für → International Accounting Standards Board (IASB).

IBRD, Abk. für International Bank for Reconstruction and Development, → Internationale Bank für Wiederaufbau und Entwicklung.

ICC, Abk. für International Chamber of Commerce, → Internationale Handelskammer.

Ich-AG, Schlagwort für eine selbstständige Tätigkeit eines zuvor Arbeitslosen, die durch die Bundesagentur für Arbeit gefördert wird. Die Bundesagentur zahlt einen monatlichen Zuschuss (sog. Existenzgründerzuschuss). Dieser Zuschuss wird zunächst für ein Jahr, jedoch längstens für drei Jahre gewährt. Die Höhe des Zuschusses beträgt im ersten Jahr monatlich 600 Euro, im zweiten Jahr monatlich 360 Euro und im dritten Jahr monatlich 240 Euro. Der Zuschuss ist steuerfrei. Er wird gezahlt, wenn das jährliche Arbeitseinkommen 25.000 Euro nicht überschreitet. – Eine Förderung ist auch durch das → Überbrückungsgeld möglich.

IFRS, Abk. für International Financial Reporting Standards, → International Accounting Standards Board (IASB).

IHK, Abk. für → Industrie- und Handelskammer.

IKR, Abk. für → Industriekontenrahmen.

Illiquidität, Zustand eines Unternehmens, in dem die flüssigen Mittel und leicht veräußerbaren Vermögensgegenstände nicht ausreichen, um die fälligen Verbindlichkeiten zu erfüllen. Kann die I. nicht behoben werden, so liegt eine Zahlungsunfähigkeit vor. Aufgrund dieser muss die Insolvenz beantragt und ein Insolvenzverfahren eingeleitet werden. Gegen eine I. können als Maßnahmen z.B. die Stundung der fälligen Kredite, die Aufnahme kurzfristiger Kredite oder ein Vergleich mit den Gläubigern ergriffen werden.

Image, Gesamtheit der Einstellungen, die ein Einzelner oder eine Gruppe mit einem Produkt, einer Dienstleistung, einem Unternehmen oder einer Idee verbindet. I. und Einstellungen entstehen aufgrund von Erfahrungen. Zur Imagemessung stehen zahlreiche Verfahren zur Verfügung. Zur Imagegestaltung können marketingpolitische Maßnahmen wie Preis- und Produktgestaltung, Werbung oder Auswahl der Absatzwege eingesetzt werden. – Vgl. auch → Corporate Identity.

IMF, Abk. für International Monetary Fund (→ Internationaler Währungsfonds).

immaterielle Wirtschaftsgüter, *immaterielle Vermögensgegenstände.* Nicht stoffliche Gegenstände des → Anlagevermögens und des → Umlaufvermögens. Zum den i.W. zählen z.B. Kundenstamm, Firmenname, Konzessionen, Patente, Lizenzen und Firmenwert. – I.W. müssen in der Bilanz auf der linken Seite (Aktivseite) ausgewiesen werden (→ Aktiva). Für den → Firmenwert besteht jedoch ein Wahlrecht. Dieser darf ausgewiesen werden, wenn er im Rahmen eines Unternehmenskaufs tatsächlich erworben wurde. Selbst geschaffene i.W. dürfen nicht bilanziert werden.

Immission, durch → Emission in die Umwelt eindringende oder dort in bestimmten Konzentrationen vorhandener Schadstoff. I. sind für die Beurteilung von Umweltwirkungen von Bedeutung. Sie können nur durch Maßnahmen gegen die Emissionsquellen bekämpft werden (→ Immissionsschutz).

Immissionsschutz, Schutz von Menschen, Tieren, Pflanzen und Wasser vor schädlichen Umwelteinwirkungen. Solche Umwelteinwirkungen sind z.B. Luftverunreinigungen, Geräusche, Erschütterungen, Licht, Wärme und Strahlen. Zur Verringerung der Immissionen setzt die nationale und europäische Umweltpolitik Grenzwerte für Emissionsbelastungen (maximale Schadstoffkonzentrationen) fest. Beispielsweise wurden Grenzwerte für den Ausstoß von Schwefeldioxid, Feinstaubpartikeln und Blei durch die EU-Feinstaub-Richtlinie festgelegt. Ein weiteres Beispiel ist die Technische Anleitung zur Reinhaltung der Luft (TA Luft), die Grenzwerte für den Schadstoffausstoß von Anlagebetreibern vorschreibt. – Wesentliche Grundlage des I. in Deutschland ist das Bundes-Immissionsschutzgesetz (BImSchG). Das Gesetz regelt die Umweltschutzanforderungen bei der Errichtung und dem Umbau von Produktionsanlagen. Es legt Immissions- und Emissionsgrenzwerte fest. Außerdem ist es Grundlage für Umweltschutzanforderungen an industrielle und gewerbliche Erzeugnisse.

Immobilie, → Grundstück.

Immobilienfonds, → Investmentfonds, bei dem die Kapitalanlage im Wesentlichen aus Grundstücken und Gebäuden besteht. – 1. *Offener I.:* Für einen offenen I. werden unbegrenzt Anteilsscheine ausgegeben. Nach dem Investmentgesetz (InvG) müssen bei der Anlagepolitik besondere Vorschriften berücksichtigt werden. Offene I. verfolgen grundsätzlich das Prinzip der Risikomischung. – Wer sich an einem offenen I. beteiligt, erzielt Einkünfte aus Kapitalvermögen. – 2. *Geschlossener I.:* Für einen geschlossenen I. wird nur eine begrenzte Anzahl an Anteilsscheinen ausgegeben. Das Vermögen besteht häufig nur aus einer Immobilie oder sehr wenigen Immobilien. Geschlossen I. unterliegen nicht dem InvG. – Wer Anteile an einem geschlossenen I. hält, erzielt Einkünfte aus Vermietung und Verpachtung.

Imparitätsprinzip, handelsrechtlicher Bewertungsgrundsatz, der besagt, dass noch nicht erfolgte, aber bereits erkennbare Verluste in der Bilanz ausgewiesen werden müssen. Noch nicht realisierte Gewinne dürfen dagegen nicht in der Bilanz berücksichtigt werden. – Vgl. auch → Grundsätze ordnungsmäßiger Bilanzierung.

Import, *Einfuhr.* Bezug von Waren, Dienstleistungen und Kapital aus dem Ausland. I. ist ein Teil des → Außenhandels. – In der Volkswirtschaftlichen Gesamtrechnung (VGR) werden I. auf der rechten Seite der → Zahlungsbilanz erfasst. – *Gegensatz:* → Export.

Importquote. 1. *Außenhandelspolitik:* Importmenge, die durch staatliche Stellen beschränkt ist. Beispielsweise wurde von der Europäischen Union (EU) 2005 eine I. für Textilien aus China festgelegt. – 2. *Volkswirtschaftliche Gesamtrechnung (VGR):* Anteil der → Importe am → Bruttoinlandsprodukt (BIP). – *Gegensatz:* → Exportquote. – *Weitere Informationen unter* www.destatis.de.

Incentives, *Anreize,* Maßnahmen zur → Motivation von Personen. Durch I. können Mitarbeiter, aber auch Personen wie Außendienstmitarbeiter, Verkäufer oder Händler motiviert werden. Als I. können Geld (z.B. Umsatzprämien), aber auch materielle Werte (z.B. Reisen, Uhren, Autos) eingesetzt werden.

Incoterms, *International Commercial Terms.* Vertragsklauseln im internationalen Handelsverkehr. Die I. wurden von der → Internationalen Handelskammer (ICC) erlassen. Sie regeln vor allem den Gefahrenübergang vom Verkäufer auf den Käufer und die Kostenteilung bezüglich Fracht, Versicherungsprämie und Zölle. – Vgl. Abbildung „Incoterms". – Vgl. auch → Handelsklausel.

Incoterms

Gruppe E: Abholklausel	
EXW	ab Werk (... benannter Ort)
Gruppe F: Haupttransport vom Verkäufer nicht bezahlt	
FCA	frei Frachtführer (... benannter Ort)
FAS	frei Längsseite Schiff (... benannter Verschiffungshafen)
FOB	frei an Bord (... benannter Verschiffungshafen)
Gruppe C: Haupttransport vom Verkäufer bezahlt	
CFR	Kosten und Fracht (... benannter Bestimmungshafen)
CIF	Kosten, Versicherung, Fracht (... benannter Bestimmungshafen)
CPT	frachtfrei (... benannter Bestimmungsort)
CIP	frachtfrei versichert (... benannter Bestimmungsort)
Gruppe D: Ankunftsklauseln	
DAF	geliefert Grenze (... benannter Ort)
DES	geliefert ab Schiff (... benannter Bestimmungshafen)
DEQ	geliefert ab Kai (... benannter Bestimmungshafen)
DDU	geliefert unverzollt (... benannter Bestimmungsort)
DDP	geliefert verzollt (... benannter Bestimmungsort)

Index, *Indexzahl,* Kenngröße zur Beschreibung von Preis-, Mengen- und Wertentwicklungen. I. setzen die gleichen Größen zu unterschiedlichen Zeitpunkten ins Verhältnis. – Vgl. auch → Preisindex.

Indexanleihe, → Anleihe, deren Verzinsung oder Rückzahlungsbetrag an einen Index gekoppelt ist. Eine I. kann an einen Aktienindex wie den Deutschen Aktienindex (DAX), an die Preisentwicklung eines wertbeständigen Objekts wie Gold oder an die durchschnittliche jährliche Inflationsrate gebunden werden.

Index der Nettoproduktion, → Produktionsindex.

Indexfonds, → Investmentfonds, dessen Vermögensanlage sich an einem Aktien- oder Rentenindex orientiert. Die Gewichtung der einzelnen Aktien und Branchen wird entsprechend der Gewichtung innerhalb der Aktienindizes wie z.B. dem Deutschen Aktienindex (DAX) vorgenommen. – Ähnlich sind sog. indexnahe Fonds, die nicht im Verhältnis 1:1, sondern nur in einer abgeschwächten Form an den Index gebunden sind.

Indexierung, Kopplung wirtschaftlicher Größen wie Löhne, Mieten oder Renten an die Preisentwicklung.

Indexzahl, → Index.

Indifferenzkurve, Begriff der Wirtschaftstheorie. Eine I. stellt alle Gütermengenkombinationen, die dem Haushalt den gleichen → Nutzen stiften, dar. Die I. kann bei einer zahlenmäßig erfassbaren Nutzenfunktion ermittelt werden, indem ein bestimmtes Nutzenniveau vorgegeben wird. Bei einer ordnungsmäßig erfassbaren Nutzenfunktion werden alle Mengenkombinationen, für die kein Unterschied in der Rangfolge besteht, erfasst. Nutzenfunktionen werden als Menge von Kurven dargestellt. Eine Kurve hat ein höheres Nutzenniveau, je weiter sie vom Ursprung entfernt ist.

Indikator, Größe, die einen wirtschaftlichen Sachverhalt beschreibt, der nicht gemessen werden kann. Die Bildung und Abgrenzung von I. ist besonders für die empirische Wirtschaftsforschung von Bedeutung. Beispielsweise gelten Arbeitslosen- und Erwerbsquote als I. für die gesamtwirtschaftliche Beschäftigung.

indirekter Vertrieb, → Absatzweg.

indirekte Steuern, Steuern, die von einem Dritten an das Finanzamt gezahlt werden. Die Steuerbelastung wird über den Preis einer Ware oder Dienstleistung an den eigentlichen Steuerschuldner weitergegeben. Die Tabaksteuer wird beispielsweise vom Zigarettenhersteller geschuldet, gezahlt wird sie aber vom Zigarettenkäufer. Zu den i.S. gehören die Umsatz-, die Mineralöl-, die Tabak- und die Stromsteuer. – *Gegensatz:* → direkte Steuern.

Individualgut, → privates Gut.

Individualisierung, 1. *Personalwesen:* Ausrichtung auf die Persönlichkeit des einzelnen Mitarbeiters. Dies ist dadurch möglich, dass dem Mitarbeiter Wahlmöglichkeiten z.B. hinsichtlich Arbeitszeit, Entgelt, Tätigkeiten oder Arbeitsgruppen geboten werden. Aus diesen kann der Mitarbeiter dann auswählen. Durch die I. soll die Motivation und Leistungsfähigkeit der Mitarbeiter gesteigert werden. – 2. *Marketing:* → Customizing. – *Gegensatz:* → Standardisierung.

Individualversicherung, *Privatversicherung.* → Versicherung, die freiwillig abgeschlossen wird. Grundlage ist ein Versicherungsvertrag. I. werden von privaten Versicherungsunternehmen und öffentlich-rechtlichen Versicherungsanstalten angeboten. Zu unterscheiden sind → Personenversicherungen und → Sachversicherungen.

Indossament, Übertragungsvermerk auf einem Wertpapier. Bei einem auf den Namen des Berechtigten (sog. Indossant) lautenden Wertpapier, werden alle Rechte bei der Übergabe des Papiers auf einen anderen (sog. Indossatar) übertragen. Der Indossant haftet für die Annahme des Wechsels oder Schecks und für die Zahlung. Er kann den Forderungsbetrag jedoch von einem auf dem I. angegebenen Vorgänger zurückfordern. Wird dem I. die Klausel „nicht an Order" hinzugefügt, haftet der Indossant nur dem Indossatar, aber nicht gegenüber den weiteren Nachfolgern.

Industrie, Oberbegriff für Betriebe, die gewerblich Sachgüter herstellen und auf großen Märkten absetzen. Charakteristisch sind für die I. eine hohe Kapitalausstattung und eine maschinelle, arbeitsteilige Produktion. Zu unterscheiden sind:

- Verbrauchsgüter produzierendes Gewerbe: z.B. Bekleidungs-, Schuh-, Möbel- und Haushaltsgeräte-Industrie
- Investitionsgüter produzierendes Gewerbe: z.B. Maschinenbau-, Stahl- und Schiffsbauindustrie.

Industriekontenrahmen (IKR), → Kontenrahmen, der 1971 vom Betriebswirtschaftlichen Ausschuss des Bundesverbandes der Industrie (BDI) entwickelt wurde. Der IKR ist eine Weiterentwicklung des → Gemeinschaftskontenrahmens der Industrie (GKR). Beim IKR wird zwischen Finanzbuchhaltung (Kontenklassen 0 bis 8) und Betriebsbuchhaltung (Kontenklasse 9) getrennt.

Industrieland, wirtschaftlich weit entwickelter Staat. I. zeichnen sich durch einen relativ hohen Anteil des verarbeitenden Gewerbes am → Bruttonationaleinkommen, ein relativ hohes Pro-Kopf-Einkommen und eine relativ hohe Funktionsfähigkeit des Wirtschaftssystems aus. – *Gegensatz:* → Entwicklungsland.

Industriepolitik, staatliche Beeinflussung der Produktionsstruktur einer Volkswirtschaft. Die I. zielt nicht auf die Gesamtwirtschaft, sondern nur auf Teilbereiche (i.d.R. Branchen) ab (→ sektorale Strukturpolitik). Durch die I. soll ein Mindestmaß an inländischer Produktion in bestimmten Wirtschaftszweigen aufrechterhalten werden. Heute steht vor allem im Vordergrund, die strukturellen Anpassungsprozesse zeitlich zu strecken und die sozialpolitischen Auswirkungen abzufedern. Außerdem sollen durch die I. zukunftsträchtige Produktionsbereiche gestärkt werden. Industriepolitische Instrumente können bei den Produktionsbedingungen für Unternehmen im Inland (z.B. Subventionen, Ausfuhrbürgschaften und -garantien) oder bei den Absatzbedingungen gegenüber Konkurrenten aus dem Ausland (vor allem Einfuhrzölle) ansetzen.

Industrie- und Handelskammer (IHK), regionale Selbstverwaltungsorganisation und Interessenvertretung der gewerblichen Wirtschaft. Sie ist eine → Körperschaft des öffentlichen Rechts. Alle gewerblichen Unternehmen eines Bezirks müssen Mitglied der jeweiligen IHK sein. Ausgenommen sind Handwerksbetriebe, die Mitglied der zuständigen Handwerkskammer sein müssen. – Aufgaben der IHK sind vor allem die Förderung der gewerblichen Wirtschaft sowie die Förderung und Durchführung der kaufmännischen und gewerblichen Berufsausbildung (Abnahme von Ausbildungsabschlussprüfungen, Führen der Lehrlingsrolle). Außerdem stellen sie die im internationalen Handel notwendigen Ursprungszeugnisse aus. Von den IHK werden zur Finanzierung Kammerbeiträge erhoben. Es kann sich dabei um einheitliche Grundbeiträge und um Umlagen aufgrund der Gewerbesteuermessbeträge handeln. – Dachorganisation der IHK ist der → Deutsche Industrie- und Handelskammertag (DIHT). – Die IHK gehören zu den → Parafisci, da sie zum Teil Aufgaben im öffentlichen Interesse wahrnehmen.

inferiores Gut, → Gut, dessen mengenmäßige Nachfrage mit steigendem Einkommen nicht in entsprechendem Maß ansteigt. Dabei handelt es sich i.d.R. um geringwertigere Güter, die mit steigendem Einkommen durch höherwertige ersetzt werden.

Inflation, *Geldentwertung.* Anhaltender Anstieg des Preisniveaus, verbunden mit einem Rückgang der → Kaufkraft des Geldes. Nach dem Tempo, mit dem die Geldentwertung erfolgt, werden schleichende, trabende und galoppierende (Hyperinflation) I. unterschieden. Es existieren jedoch keine konkreten Grenzwerte für diese Einteilung. – Zur Erklärung der Ursachen von I. sind zahlreiche theoretische Ansätze entwickelt worden. Einige Ansätze sehen die Ursache in einer im Verhältnis zur tatsächlichen Produktion zu starken Ausdehnung der Geldmenge. Andere Ansätze gehen davon aus, dass I. im güterwirtschaftlichen Bereich ausgelöst werden. Dies ist beispielsweise der Fall, wenn die gesamtwirtschaftliche Nachfrage über das mit den vorhandenen Produktionskapazitäten zu erstellende gesamtwirtschaftliche Angebot hinausgeht (sog. Nachfrageinflation). I. entsteht auch dann, wenn Unternehmen oder Gewerkschaften ihr Marktmacht ausnutzen und so die Kostensteigerungen höher sind als die Produktivitätszuwächse (sog. Angebotsinflation). – I. hat überwiegend wirtschaftlich und sozial nachteilige Verteilungseffekte. Positive Wachstums- und Beschäftigungseffekte, die häufig behauptet werden, sind empirisch kaum nachweisbar.

Inflationsrate, prozentuale Veränderung, mit der das Preisniveau in einem Zeitraum ansteigt oder das Geld an Kaufkraft verliert (→ Inflation). Die I. wird in Deutschland durch den → Verbraucherpreisindex für Deutschland (VPI) erfasst.

Information, Anteil einer Nachricht, der für den Empfänger neu ist und seinen Wissensstand bezüglich der Erfüllung seiner Aufgaben verbessert.

Informationsmanagement, Planung, Organisation und Kontrolle der Informationen und Informationsflüsse im Unternehmen. Aufgabe des I. ist es, dafür zu sorgen, dass Informationen zielgerichtet und wirtschaftlich eingesetzt werden. Vor allem vor dem Hintergrund der wachsenden Datenmengen in Unternehmen müssen durch die Gewinnung, Strukturierung und Verknüpfung sowie Archivierung von Informationen eine optimale Nutzung und ein schneller Zugriff gewährleistet werden.

informelle Organisation, System menschlicher Beziehungen innerhalb eines Unternehmens oder einer Organisation. Die i.O. wird durch persönliche

Ziele, Wünsche, Sympathien und Verhaltensweisen der Mitarbeiter bestimmt. Sie bildet sich spontan und ungeplant. – *Gegensatz:* → formelle Organisation.

Infrastruktur, Grundausstattung eines Staats oder einer Region mit Einrichtungen, die eine wirtschaftliche Tätigkeit erst ermöglicht. Beispielsweise zählen Verkehrsnetze sowie Ver- und Entsorgungseinrichtungen (Energie, Wasser) dazu. Charakteristisch für Einrichtungen der I. sind vor allem die lange Nutzungsdauer und ein hoher Kapitalbedarf, so dass Infrastrukturinvestitionen häufig vom Staat vorgenommen werden. Die Privatisierung öffentlicher Infrastruktureinrichtungen ist heute ein wichtiges Thema in der Infrastrukturpolitik

Inhaberaktie, → Aktie.

Inhaberklausel, → Überbringerklausel.

Inhaberpapier, → Wertpapier, das nicht auf einen bestimmten Namen lautet. Bei einem I. gilt grundsätzlich der Inhaber als Berechtigter. D.h., die verbrieften Leistungen stehen nur dem jeweiligen Inhaber zu. Damit können die Rechte aus dem Papier übertragen werden. Aktien sind üblicherweise I. Auch bei Schecks handelt es sich i.d.R. um I. – *Gegensatz:* → Namenspapier.

Inhaberschuldverschreibung, → Anleihe.

Initial Public Offering (IPO), erstmaliges öffentliches Angebot von Aktien zum Kauf. Die Aktien werden im Zusammenhang mit einer Kapitalerhöhung, bei einer Unternehmensumwandlung in eine Aktiengesellschaft (AG) oder bei Umplatzierungen (z.B. Umschichtung von Bundesbesitz in Privatbesitz) angeboten. Mit einem IPO ist i.d.R. gleichzeitig die Zulassung der Aktien an der Börse verbunden.

Inkasso, Einziehung von Forderungen. Dabei handelt es sich vor allem um Scheck-, Lastschrift- und Wechselforderungen sowie um Forderungen aufgrund von Dokumenten. – *Weitere Informationen unter* www.inkasso.de.

Inkassobüro, Unternehmen, das fremde oder abgetretene Forderungen gewerbsmäßig einzieht.

Inkubator, Einrichtung bzw. Institution, die Existenzgründer unterstützt. Die Unterstützung umfasst fachliche Beratung und → Coaching. Häufig stellt der I. auch erforderliche Büroräume und Ausstattung zur Verfügung.

Inlandsprodukt, → Bruttoinlandsprodukt (BIP).

Innenfinanzierung, Maßnahmen zur Kapitalbeschaffung (→ Finanzierung) innerhalb des Unternehmens. Zur I. gehören die Finanzierung aus einbehaltenen Gewinnen (→ Selbstfinanzierung) sowie aus Abschreibungen und Rückstellungen. Außerdem zählt die Finanzierung aus Vermögensumschichtungen, z.B. durch den Verkauf von nicht betriebsnotwendigen Vermögensgegenständen, dazu. – *Gegensatz:* → Außenfinanzierung.

innerbetriebliche Leistung, *Wiedereinsatzleistung.* Leistung eines Unternehmens, die nicht an Kunden verkauft wird. Sie wird im eigenen Betrieb verwendet. I.L. sind z.B. Leistungen der Entwicklungs- und Forschungsabteilung, der Verwaltung und des Vertriebs sowie Innenaufträge zur Eigenerstellung. – Die Verrechnung i.L erfolgt über die → innerbetriebliche Leistungsverrechnung.

innerbetriebliche Leistungsverrechnung, *Sekundärkostenrechnung,* Erfassung, Bewertung und Verrechnung der → innerbetrieblichen Leistungen als → Gemeinkosten. Die Verfahren, die eingesetzt werden können, richten sich nach der Art der Leistungsverflechtungen. – 1. *Wechselseitige Leistungsverflechtungen:* Das Gleichungsverfahren erfasst die Leistungsverflechtungen als lineare

Gleichungen, wobei die Leistungsmenge bekannt, der Verrechnungspreis jedoch zu berechnen ist. Nach dem Iterationsverfahren wird eine Nährungslösung bestimmt, indem Verrechnungsfehler aufgrund der Leistungsrückflüsse immer weiter verkleinert werden. – 2. *Einseitige innerbetriebliche Leistungsströme:* Beim Stufenleiterverfahren werden die Hilfskostenstellen so aufgereiht, dass jede Kostenstelle an die nachfolgenden Kostenstellen innerbetriebliche Leistungen abgibt, selbst aber keine erhält. Beim Anbauverfahren bleiben die Leistungsströme zwischen den Hilfskostenstellen unberücksichtigt. – 3. *Einzelne innerbetriebliche Leistungsströme:* Beim Kostenartenverfahren werden nur die → Einzelkosten der innerbetrieblichen Leistung von einer Hauptkostenstelle auf eine Hilfskostenstelle verrechnet. Beim Kostenstellenausgleichsverfahren werden neben den Einzelkosten auch die anteiligen → Gemeinkosten verrechnet. Das Kostenträgerverfahren wird angewendet, wenn mehrere Hauptkostenstellen eine innerbetriebliche Leistung erstellen. Die innerbetriebliche Leistung wird als eigenständiger → Kostenträger behandelt.

innere Kündigung, mentale Verweigerung einer engagierten Leistung durch einen Mitarbeiter. Grund dafür ist meistens die Demotivation des Mitarbeiters. Es ist ein „stiller Rückzug". D.h., der Mitarbeiter kündigt innerlich.

innergemeinschaftliche Lieferung, Begriff aus dem Umsatzsteuerrecht. Eine i.L. ist die Lieferung eines Gegenstands von einem Mitgliedstaat der Europäischen Union (EU) in einen anderen gegen Entgelt. Bedingung für eine i.L. ist, dass der Käufer in seinem Land der → Erwerbsteuer unterliegt. Für den Verkäufer ist eine i.L. steuerfrei. – *Gegensatz:* → innergemeinschaftlicher Erwerb.

innergemeinschaftlicher Erwerb, Begriff aus dem Umsatzsteuerrecht. Ein i.E. ist die Lieferung eines Gegenstands aus einem Mitgliedstaat der Europäischen Union (EU) in einen anderen gegen Entgelt. Ist die Lieferung nach dem Recht des anderen EU-Mitgliedstaates nicht steuerfrei, muss sie versteuert werden (→ Erwerbsteuer). Dies gilt jedoch nicht, wenn der Wert unter 12.500 Euro liegt. Die Steuerbefreiung wird allerdings nicht im Fall von Mineralöl, Tabakwaren und Alkohol gewährt. – *Gegensatz:* → innergemeinschaftliche Lieferung.

Innovation, völlig neue Produkte (sog. Produktinnovation) oder Dienstleistungen. Es kann sich aber auch um neue Verfahren, Techniken oder Organisationsformen handeln, die es bisher noch nicht am Markt gab (sog. Prozessinnovation). Zum Teil werden die aus Sicht des Unternehmens neuen Produkte, Dienstleistungen oder Verfahren als I. bezeichnet.

Innovationsmanagement, Planung, Kontrolle, Führung und Organisation hinsichtlich der Gestaltung und Bereitstellung von Innovationen. Im Rahmen des I. werden die Innovationsprojekte, die vom Unternehmen verfolgt werden sollen, festgelegt und geplant. Außerdem muss der Verlauf der Innovationsprojekte geplant und kontrolliert werden. Wesentlich ist zudem, Unternehmenskultur, -ziele und -strategien sowie Organisation und Führung so auszurichten, dass die Entwicklung von Innovationen gefördert wird.

Innung, → Handwerksinnung.

Innungskrankenkasse (IKK), Träger der Krankenversicherung (→ Krankenkasse). Eine IKK ist eine → Körperschaft des öffentlichen Rechts. Insgesamt gibt es in Deutschland 19 IKK, in fast jedem Bundesland eine sowie drei bundesweite.

Input, *Einsatzmenge.* – 1. *Mikroökonomie:* Einsatzmenge an Produktionsfaktoren zur Erstellung von Gütern oder Dienstleistungen. – 2. *Volkswirtschaftlichen Gesamtrechnung (VGR) und Makroökonomie:* Vorleistungen im Produktionsprozess. Dies sind alle Produktionsaufwendungen. – *Gegensatz:* → Output.

Input-Output-Analyse, volkswirtschaftliche Modellrechnung. Als sog. Input-Output-Tabellen werden die Güterströme zwischen den zu Produktionsbereichen zusammengefassten Produktionseinheiten einer Volkswirtschaft in einem Zeitraum dargestellt. Auf der Grundlage dieser Tabellen werden im Rahmen der I.-O.-A. volkswirtschaftliche Prognosen und Simulationen ausgeführt. Modelle der I.-O.-A. werden für Produktions- und Preisuntersuchungen verwendet.

Insichgeschäft, Rechtsgeschäft, das eine Person mit sich selbst abschließt. Dies ist allerdings nur im Rahmen einer → Stellvertretung denkbar. Beispielsweise ist ein I. möglich, wenn ein Gesellschafter oder Vorstandsmitglied zur Alleinvertretung ermächtigt wurde. I. sind i.d.R. rechtlich unzulässig. Zulässig sind sie nur, wenn die beteiligten Vertragpartner das → Selbstkontrahieren erlaubt haben oder das Rechtsgeschäft ausschließlich in der Erfüllung einer Verbindlichkeit besteht.

Insider, Person, die für den Börsenkurs relevante Informationen früher als die Öffentlichkeit erhält oder diese selbst gestaltet. Der I. erhält diese Informationen aufgrund seines Berufs, seiner Stellung oder aufgrund seiner Beteiligung an einem börsennotierten Unternehmen. I. sind vor allem Vorstands- und Aufsichtsratsmitglieder, persönlich haftende Gesellschafter, Kapitaleigner oder Bank- und Börsenmitarbeiter. Zu den I. werden aber auch Personen, die über private Beziehungen mit den zuvor genannten Personen verbunden sind (Familienangehörige, Freunde), gerechnet.

Insidergeschäfte, Börsengeschäfte, bei denen Informationen, die nicht der Öffentlichkeit zugänglich sind, ausgenutzt werden. Diese sind nach dem Wertpapierhandelsgesetz (WpHG) verboten. Sie können mit Geld- oder auch Freiheitsstrafen geahndet werden. – Die Insiderüberwachung gehört zu den Aufgaben der → Bundesanstalt für Finanzdienstleistungsaufsicht (BaFin).

Insolvenz, *Zahlungsunfähigkeit*, früher *Konkurs*. Unvermögen eines Schuldners, auf Dauer seine fälligen Geldschulden zu zahlen. Entsprechend wird eine vorübergehende Zahlungsunfähigkeit oder Zahlungsstockung nicht als I. bezeichnet. – *Gegensatz:* → Solvenz.

Insolvenzgeld, Leistung der Bundesagentur für Arbeit. Das I. wird an Arbeitnehmer gezahlt, die aus der Zeit vor Eintritt des Insolvenzfalls ihres Arbeitgebers noch Ansprüche auf Arbeitsentgelt haben. Die Höhe des I. entspricht dem Nettoarbeitsentgelt. Es wird für maximal drei Monate gezahlt.

Insolvenzgericht, Amtsgericht, das ein → Insolvenzverfahren abwickelt. Es ist das Gericht zuständig, bei dem der Schuldner seine Niederlassung oder Hauptniederlassung hat. Ist keine Niederlassung vorhanden, ist das Gericht am Wohnsitz des Schuldners I.

Insolvenzmasse, das gesamte Vermögen des Schuldners zum Zeitpunkt der Eröffnung des → Insolvenzverfahrens. Zur I. gehört auch das Vermögen, das der Schuldner während des Verfahrens erwirbt. Nicht zur I. zählen unpfändbare Gegenstände (→ Unpfändbarkeit).

Insolvenzplan, → Insolvenzverfahren.

Insolvenzverfahren, Verfahren zur Befriedigung der Gläubiger eines Schuldners. Das Vermögen des Schuldners wird verwertet und anschließend der Erlös an die Gläubiger verteilt. Das I. ist in der Insolvenzordnung (InsO) geregelt. – Das I. wird auf Antrag des Schuldners oder eines Gläubigers vom → Insolvenzgericht eröffnet. Voraussetzung dafür ist, dass ein Insolvenzgrund vorliegt. Dies sind Zahlungsunfähigkeit, drohende Zahlungsunfähigkeit und Überschuldung. Außerdem muss eine → Insolvenzmasse vorhanden sein, die den Kosten des Verfahrens entspricht. Das Gericht bestellt einen → Insolvenzverwalter, der später von der → Gläubigerversammlung ausgewechselt werden kann. – Der Insolvenzverwalter hat die zur Insolvenzmasse gehörenden Gegenstände zu übernehmen und zu verwerten. Er muss die Gegenstände, die nicht zur Masse gehören, aussondern (→ Aussonderung) oder absondern (→ Absonderung). Ist ausreichend Masse vorhanden, kann bereits während des Verfahrens eine Abschlagsverteilung erfolgen. I.d.R. erfolgt die Verteilung jedoch erst nach der vollständigen Verwertung. – Die Befriedigung der Gläubiger ist auch im Rahmen einer Sanierung des Unternehmens nach einem Insolvenzplan möglich. Der Insolvenzplan wird vom Insolvenzverwalter oder vom Schuldner vorgelegt. In diesem können zentrale Punkte des I. abweichend geregelt sein, da dieser das Ziel hat, das Schuldnerunternehmen zu erhalten. – Zum I. von Privatpersonen vgl. → Verbraucherinsolvenzverfahren.

Insolvenzverwalter, Person, die im Rahmen des → Insolvenzverfahren die Vermögensmasse des Schuldners feststellt, verwertet und verteilt. Der I. wird zunächst vom zuständigen Insolvenzgericht bestellt. Er muss anschließend jedoch von der → Gläubigerversammlung bestätigt oder aber ausgewechselt werden. – Der I. wird von einem Gläubigerausschuss, dessen Mitglieder von der Gläubigerversammlung gewählt werden, unterstützt und überwacht.

Insourcing, Wiedereingliederung von Leistungsprozessen in ein Unternehmen, die zu seinen Kernaufgaben gehören. Eventuell wurden diese Aufgaben zuvor ausgegliedert (→ Outsourcing).

Instanz, Begriff aus der Organisationslehre für eine Stelle mit Leitungsbefugnis. I. sind auf unterschiedlichen Ebenen im Unternehmen angesiedelt. Unterschieden werden auf der obersten Unternehmensebene Singularinstanz oder Direktorialinstanz sowie Pluralinstanz. Bei der Singularinstanz erfolgt die Leitung durch eine Person, bei der Pluralinstanz durch mehrere Personen. Bei einer Pluralinstanz kann eine Person besondere Entscheidungsbefugnisse besitzen (Direktorialsystem) oder alle Mitglieder gleichberechtigt sein (Kollegialsystem).

Institut. 1. Oberbegriff für → Kreditinstitut und → Finanzdienstleistungsinstitut. – 2. Bezeichnung einer Einrichtung des Staates oder einer Körperschaft mit vorwiegend wissenschaftlichen Aufgaben.

institutionelle Anleger, Anlegergruppe an der Börse, die regelmäßig große Geldsummen anlegt. Zu den i.A. werden vor allem Kreditinstitute, Versicherungsgesellschaften, Investmentgesellschaften, und große Vermögensverwaltungen gezählt.

Integration, Herstellung einer Einheit oder Eingliederung in ein größeres Ganzes. – 1. *Volkswirtschaft:* Zusammenschluss von Staaten, die bisher unabhängig waren oder zwischen denen Hemmnisse im Außenwirtschaftsverkehr bestanden. Die Zusammenführung reicht vom Abbau von Handelshemmnissen bis zur Vereinheitlichung verschiedener Bereiche der Wirtschaftspolitik. Werden die Handelshemmnisse untereinander beseitigt, aber die eigene Handelpolitik gegenüber Drittstaaten jedoch beibehalte, wird dies als Freihandelszone bezeichnet. Bei einer Zollunion wird dagegen eine gemeinsame Handelspolitik gegenüber anderen verfolgt. Im Fall einer Wirtschaftsunion werden auch die nationalen Wirtschaftspolitiken aufeinander abgestimmt. – 2. *Wettbewerbsrecht:* → Fusion.

Interessengemeinschaft, Zusammenschluss von mehreren Personen, Unternehmen oder Institutionen zur Wahrnehmung gemeinsamer Interessen. Grundlage ist ein Vertrag. Bei einem Zusammenschluss von rechtlich selbstständigen Unternehmen bleiben diese selbstständig. Es wird jedoch ihre wirtschaftliche Selbstständigkeit durch den Vertrag eingeschränkt. I. sind häufig → Gesellschaften des bürgerlichen Rechts (GbR). Nach der Zielsetzung können Betriebs-, Verteilungs-, Produktions-, Rationalisierungs- und Gewinngemeinschaften unterschieden werden. Die Gewinngemeinschaften lassen den angeschlossenen Unternehmen sehr viel Freiheiten. Sie werden oft zur gemeinsamen Kapitalbeschaffung vereinbart.

Interessengruppe, → Lobby.

Internalisierung externer Effekte, → externe Effekte.

Internal Relations, → Human Relations.

International Accounting Standards Board (IASB), privatrechtliche Organisation. Sitz in London. Das IASB erarbeitet und gibt Standards zur Verbesserung und Harmonisierung von Rechnungslegungsgrundsätzen, -methoden und verfahren heraus. Es wurde 1973 als International Accounting Standards Committee (IASC) gegründet. Das IASB besteht aus 14 Mitgliedern, von denen zwölf hauptamtlich und zwei ehrenamtlich tätig sind. Träger ist die IASB Foundation, die sich aus den auf dem Gebiet der Rechnungslegung tätigen Berufsgruppen zusammensetzt. Deutschland ist durch das Institut der Wirtschaftsprüfer e.V. vertreten. – Herausgegeben werden vom IASB vor allem Verlautbarungen zu einzelnen Rechnungslegungsbereichen (sog. International Financial Reporting Standards (IFRS)), zu denen auch die bisher veröffentlichten International Accounting Standards (IAS) gehören. Außerdem gibt das IASB Ausführungen zu Zielsetzung und Prinzipien der Rechnungslegung heraus (sog. Framework). Die IFRS durchlaufen ein vereinheitlichtes Verfahren zur Verabschiedung von Rechnungslegungsgrundsätzen, bei dem interessierte Personen und Gruppen ihre Vorstellungen einbringen können. – Gemäß der EU-Verordnung zur Rechnungslegung müssen seit 2005 börsennotierte Unternehmen ihren Konzernabschluss nach IFRS erstellen. – *Weitere Informationen* unter www.iasb.org.

International Accounting Standards (IAS), → International Accounting Standards Board (IASB).

Internationale Bank für Wiederaufbau und Entwicklung (IBRD), *Weltbank,* Einrichtung der → Weltbankgruppe. Sie wurde 1945 im Zusammenhang mit dem → Bretton-Woods-Abkommen gegründet. Aufgabe der IBRD war ursprünglich der Wiederaufbau und die Unterstützung der vom Zweiten Weltkrieg geschädigten Länder. Der IBRD gehören heute 184 Staaten an. Ihre Hauptaufgabe ist es, die wirtschaftliche Entwicklung in den Entwicklungsländern durch Finanzierungsmaßnahmen zu unterstützen. Sie gewährt dazu Darlehen und Kredite mit Laufzeiten von 15 bis 30 Jahre. In letzter Zeit werden außerdem andere Hilfen wie Umweltschutz und Strukturanpassungsprogramme gewährt. – *Weitere Informationen unter* www.worldbank.org.

Internationale Handelskammer (ICC), privatrechtliche Einrichtung zur Förderung des Welthandels. Sie wurde 1919 gegründet. Sitz in Paris. Mitglieder sind Großunternehmen, Unternehmensverbände und mehr als 130 Staaten. Zu ihren Aufgaben gehören vor allem die Einführung von Standardregeln im internationalen Handel, Verbesserung des Zahlungsverkehrs und der Finanzierung im Außenhandel sowie die Schlichtung von Streitfällen auf internationaler Ebene. – *Weitere Informationen unter* www.icc.org.

internationale Rechnungslegung, → Rechnungslegung nach internationalen oder ausländischen Rechnungslegungsregelungen. Die Festlegung internationaler Standards ist erforderlich, um Rechnungslegungsinformationen wie Jahresabschlüsse vergleichbar zu machen. – In Deutschland wurden bereits 1998 erste Schritte unternommen, die Rechnungslegungsvorschriften des Handelsgesetzbuches (HGB) an internationale Standards anzupassen. Dazu wurden vor allem das Kapitalaufnahmeerleichterungsgesetz

(KapAEG) und das Gesetz zur Kontrolle und Transparenz im Unternehmensbereich (KonTraG) verabschiedet. Nach dem KapAEG durften börsennotierte Konzermutterunternehmen ihre Jahresabschlüsse nach internationalen Standards aufstellen. Dies waren die International Accounting Standards (IAS) bzw. International Financial Reporting Standards (IFRS), die vom → International Accounting Standards Board (IASB) aufgestellt wurden, und die → United States Generally Accepted Accounting Standards (US-GAAP). Durch das KonTraG wurde die Entwicklung von Standards für die Konzernrechnungslegung an ein privatrechtliches Gremium übertragen. Dazu wurde 1998 das → Deutsche Rechnungslegungs Standards Committee (DRSC) gegründet. Entscheidend war jedoch die EU-Verordnung betreffend die Anwendung internationaler Rechnungslegungsstandards. Nach dieser Verordnung müssen seit 2005 börsennotierte Gesellschaften aus der Europäischen Union (EU) ihre Konzernabschlüsse nach IFRS aufstellen.

Internationaler Währungsfonds (IWF), *International Monetary Fund (IMF).* Internationale Organisation zur Schaffung geordneter Währungsbeziehungen zwischen seinen Mitgliedstaaten. Der IWF wurde 1945 auf der Grundlage des → Bretton-Woods-Abkommen gegründet. Sitz in Washington, D.C. Der IWF hat 184 Mitgliedstaaten. – Jedem Mitgliedstaat wird eine Quote zugewiesen, die sich nach der Höhe des Volkseinkommens, den Währungsreserven und dem Umfang des Außenhandels richtet. Nach dieser Quote richtet sich die Einzahlungsverpflichtung und die Zuteilung neu geschaffener → Sonderziehungsrechte (SZR). Außerdem hängt von dieser Quote das Stimmrecht in den IWF-Organen ab. – Organe des IWF sind:

- Gouverneursrat: Dies ist die oberste Behörde, in die jeder Mitgliedstaat einen Vertreter entsendet. Er tritt i.d.R. einmal jährlich zusammen und ist für die grundlegenden Fragen zuständig.
- Direktorium: Das Direktorium wird von 24 Exekutivdirektoren gebildet, wobei fünf von den Mitgliedern mit den größten Quoten (Deutschland, Frankreich, Großbritannien, Japan und die USA) ernannt werden. Die übrigen werden aus den Mitgliedergruppen gewählt, wobei Saudi-Arabien, China und Russland als eigenständige Gruppe auftreten.
- Geschäftsführender Direktor: Präsident des IWF und Vorsitzender des Gouverneursrat.

Das IWF gewährt bei Zahlungsbilanzschwierigkeiten finanzielle Hilfen, deren Umfang sich an der Quote des betreffenden Staats orientiert. Außerdem gewährt das IWF zusätzliche Kredite, die jedoch an Auflagen gebunden sind (sog. Bereitschaftskredite), sowie Sonderkredite. Seit 1986 ist das IWF auch verstärkt im Bereich der Förderung von Entwicklungsländern tätig. Dazu werden Sonderkredite mit Auflagen vergeben (Poverty Reduction and Growth Facility). – *Weitere Informationen unter* www.imf.org.

internationales Steuerrecht, alle rechtlichen Bestimmungen zur Abgrenzung der verschiedenen nationalen Steuergewalten. Zum i.S. zählen das → Außensteuerrecht, das Recht der Doppelbesteuerungsabkommen (→ Doppelbesteuerung) und alle internationalen Verträge, die Steuervorschriften enthalten.

International Financial Reporting Standards (IFRS), → International Accounting Standards Board (IASB).

interne Revision, Überwachung interner Betriebsabläufe und Prozesse durch unternehmensinterne, prozessunabhängige Mitarbeiter. Die Überwachung erfolgt durch Prüfung. Als i.R. wird auch die Abteilung oder Stabsstelle, die die Überwachung durchführt, bezeichnet.

interner Zinsfuß, Begriff aus der Investitionsrechnung für die interne → Rendite einer Investition oder die durchschnittliche Wachstumsrate des investierten

Kapitals während eines Planungszeitraums. Es ist der Zinsfuß, bei dem der auf den Kalkulationszeitpunkt bezogene Kapitalwert einer Investition gleich Null ist oder bei dem der Barwert der Auszahlungen gleich dem der Einzahlungen ist. Er ist somit der Effektivzinssatz bei Finanzierungen.

internes Marketing, Konzept, bei dem Mitarbeiter als interne Kunden und Arbeitsplätze als interne Produkte betrachtet werden. Ziel ist es, die unternehmensinternen Prozesse durch den Einsatz marketing- und personalpolitischer Instrumente zu optimieren.

internes Rechnungswesen, → Rechnungswesen.

Internet Banking, *Online Banking.* Bankgeschäfte, die über Internet abgewickelt werden. Das I.B. ist ein wesentlicher Bestandteil des → Home Banking.

Internet Broking, *Online Broking.* Elektronischer Kauf oder Verkauf von Wertpapieren ohne Beratung.

Internet Marketing, zusammenfassender Begriff für das Marketing im Internet. Zum I.M. gehören Maßnahmen wie z.B. Online-Kataloge, Banner-Werbung oder Online-Vertrieb. Das I.M. zählt zum → Electronic Commerce.

intervallfixe Kosten, → fixe Kosten.

Interventionismus, Wirtschaftspolitik, bei der der Staat gezielt und punktuell eingreift. Aus wirtschaftstheoretischer Sicht werden diese Eingriffe als problematisch angesehen, da sie nachträglich fallweise korrigierend (reaktiv), relativ unzusammenhängend und wenig vorausschauend erfolgen.

Intranet, unternehmens- oder organisationsinternes Computernetzwerk. Das I. unterstützt unternehmensinterne Prozesse. – Vgl. auch → Exranet.

Intrapreneur, angestellter Manager, der innovativ denkt und wie ein Unternehmer handelt.

Inventar, Bestandsverzeichnis aller im Unternehmen vorhandenen Vermögensgegenstände und Schulden. Das Verzeichnis wird auf der Grundlage einer → Inventur aufgestellt.

Inventur, mengen- und wertmäßige Erfassung aller Vermögensgegenstände und Schulden eines Unternehmens zu einem bestimmten Zeitpunkt (Stichtag). Nach Handels- und Steuerrecht ist jeder Kaufmann verpflichtet, zum Schluss eines jeden Geschäftsjahres eine I. vorzunehmen. – Folgende Arten der I. werden unterschieden:

- Stichtagsinventur: Die I. erfolgt zum Stichtag oder wenige Tage vor oder nach diesem Stichtag.
- Vor- oder nachgelagerte I.: Diese I. wird innerhalb von drei Monaten vor oder zwei Monate nach dem Stichtag durchgeführt. Um bei einer Prüfung auf den Stichtag zurückrechnen zu können, müssen alle Belege bis und nach dem Stichtag als sog. Inventurbelege aufbewahrt werden.
- permanente I. (laufende I.): Diese Art der I. erfolgt durch Bestandsfortschreibung, d.h. durch Erfassung aller Zu- und Abgänge jeweils nach Tag, Art und Menge in Lagerkarteien. Außerdem ist einmal im Jahr eine Inventurkontrolle der Bestände durchzuführen.
- Stichprobeninventur: Hierbei wird der Bestand mittels mathematisch-statistischer Methoden aufgrund einer Stichprobe ermittelt.

Investition. 1. *Betriebswirtschaft:* zielorientierte, i.d.R. langfristige Kapitalbindung zur Erwirtschaftung zukünftiger Erträge. Beispielsweisen können nach dem Zweck Gründungs- oder Errichtungsinvestitionen, Ersatzinvestitionen, Erweiterungsinvestitionen, Rationalisierungsinvestitionen und Desinvestitionen unterschieden werden. – 2. *Volkswirtschaft:* Sammelbegriff für Bruttoanlageinvestitionen und Vorratsinvestitionen. Bruttoanlageinvestitionen sind alle Anschaffungen von dauerhaften Produktionsmitteln durch Unternehmen, private Organisationen ohne Erwerbscharakter und staatliche Stellen. Ausgenommen sind langlebige Konsumgüter, die von privaten Haushalten gekauft werden, sowie rein militärische Güter.

Investitionsförderung, staatliche Förderung gewerblicher Investitionen. Dazu zählen Maßnahmen zur Verbesserung der Selbstfinanzierung (z.B. Sonderabschreibungen, Steuererleichterungen), der Eigenfinanzierung (Steuererleichterungen, Privatisierung öffentlicher Unternehmen), der Fremdfinanzierung (Bürgschaften, Zinssubventionen) und direkte Maßnahmen durch Gewährung von Investitionszulagen und -zuschüsse. I. ist Teil der → Wirtschaftförderung.

Investitionsgut, → Gut, das für die Leistungserstellung eingesetzt und über mehrere Zeiträume genutzt wird. – *Gegensatz:* → Konsumgut.

Investitionsrechnung, Methoden, mit denen die Vorteile investitionspolitischer Maßnahmen geprüft werden. Im Rahmen der I. soll das im Hinblick auf die Zielsetzung des Unternehmens optimale Investitionsprogramm bestimmt werden. Die Ergebnisse der I. bilden eine wesentliche Grundlage der Investitionsentscheidungen eines Unternehmens. Es stehen zahlreiche statistische und dynamische Verfahren zur Verfügung. Vgl. Abbildung „Investitionsrechnung – Verfahren".

Investitionszulage, staatliche Zulage, die für bestimmte Investitionen in den neuen Bundesländern (ohne West-Berlin) gezahlt wird. Nach dem Investitionszulagengesetz (InvZulG) wird eine I. für betriebliche Investitionen, Modernisierungsmaßnahmen an Mietwohngebäuden und Mietwohnungsneubauten sowie für Modernisierungsmaßnahmen an zu eigenen Wohnzwecken genutzten Wohnungen gewährt. Die I. beträgt 15 Prozent der förderungsfähigen Aufwendungen. Förderungsfähig sind die Modernisierungskosten abzüglich eines jährlichen Eigenanteils von 2.556 Euro.

Investivlohn, Begriff aus der Vermögenspolitik für die Beteiligung der Arbeitnehmer am Unternehmenserfolg. Es wird ein Teil des Arbeitsentgelts oder der Lohnerhöhung nicht ausgezahlt, sondern vom Unternehmen für einen bestimmten Zeitraum investiert.

Investment, → Investition.

Investment Banking, Tätigkeiten von Kreditinstituten, die mit der Unterbringung, dem Handel, der Verwaltung und Verwahrung von Wertpapieren sowie mit der Anlageberatung im Zusammenhang stehen. Es können aber auch Unternehmensberatung, Anbahnung von Fusionen sowie die Vermittlung von Unternehmensübernahmen und Unternehmensbeteiligungen (→ Merger & Acquisition) zum I.B. gezählt werden. – *Gegensatz:* → Commercial Banking.

Investmentfonds, Sondervermögen, das bei einer → Investmentgesellschaft gebildet wird. Es werden Anteilsscheine (sog. Investmentzertifikate) an Anleger verkauft. Das Kapital wird in bestimmte Vermögenswerte wie Wertpapiere, Grundstücke oder stille Beteiligungen angelegt. Bei der Anlage gilt grundsätzlich das Prinzip der Risikomischung. – Zu unterscheiden sind:

- offener I.: Es werden ohne Begrenzung neue Anteile am Investmentvermögen ausgegeben. Das Geld wird in weitere Vermögenswerte investiert. Nach dem Investmentgesetz (InvG) sind bei der Anlagepolitik eines offenen I. besondere Vorschriften einzuhalten.
- geschlossene I.: Diese haben einen von vornherein vorgegebenen Umfang. Es wird nur eine begrenzte Anzahl von Anteilsscheinen ausgegeben. Geschlossene I. sind in Deutschland nur als Immobilienfonds üblich.

Nach der Art der Anlagewerte können außerdem Wertpapiersondervermögen (z.B. Aktienfonds), Grundstückssondervermögen (Immobilienfonds), Sonder-

Investitionsrechnung – Verfahren

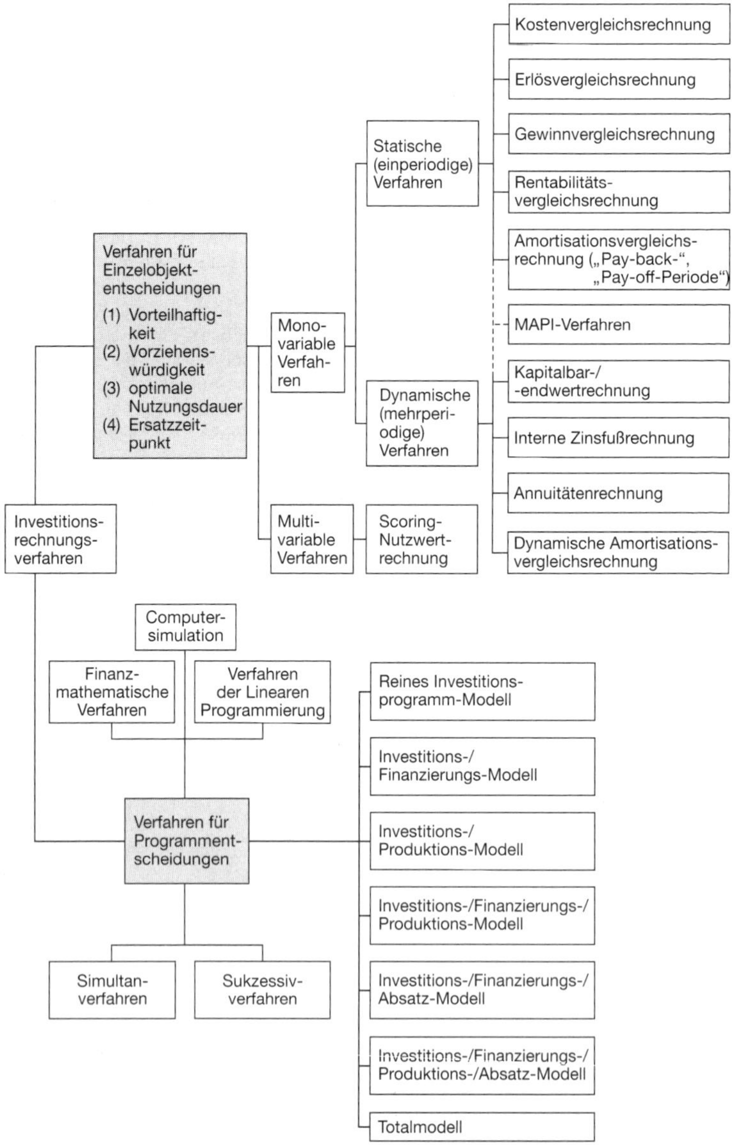

vermögen über Geldmarktpapiere (Geldmarktfonds), gemischte Sondervermögen und sonstige (z.B. Goldfonds) unterschieden werden.

Investmentgeschäft, → Bankgeschäft im Sinn des Kreditwesengesetzes (KWG). Beim I. stellen Anleger einer Investmentgesellschaft Geld zur Verfügung, das in einem → Investmentfonds angelegt wird. Über den Wert des Vermögens werden Anteilsscheine (sog. Investmentzertifikate) ausgestellt. Für Entscheidungen des Anlegers sind die → Rendite und die anfallenden Kosten (vor allem Kosten für das Management und Verwaltungskosten) ausschlaggebend.

Investmentgesellschaft, *Kapitalanlagegesellschaft (KAG).* Unternehmen, das das Geld von Anlegern in → Investmentfonds investiert. Nach dem Investmentgesetz (InvG) können I. neben der Verwaltung des Investmentvermögens auch andere Dienstleistungen wie z.B. Vermögensverwaltung von Immobilienvermögen oder Vertrieb von zugelassenen Investmentfonds übernehmen. Eine I. ist eine → Gesellschaft mit beschränkter Haftung (GmbH) oder eine → Aktiengesellschaft (AG). Sie muss mit einem Anfangskapital von mindestens 730.000 Euro, im Fall der Verwahrung und Verwaltung von Anteilen oder Immobilienfonds für andere von mindestens 2,5 Mio. Euro ausgestattet sein.

Investmentzertifikat, → Investmentfonds.

Investor, Person oder Unternehmen, die oder das investiert (→ Investition).

Investor Relations, Maßnahmen einer Aktiengesellschaft (AG), um sich ein gutes Ansehen bei aktuellen und zukünftigen Anlegern zu verschaffen oder zu erhalten. Dazu zählen umfassende Informationen wie Aktionärsbriefe, -zeitschriften oder Geschäftsberichte. Außerdem sollte sich die Dividenden- und Emissionspolitik nach Möglichkeit an den Erwartungen und Interessen der Aktionäre orientieren. Durch entsprechende Maßnahmen soll das Vertrauen der Öffentlichkeit in das Unternehmen gefördert und die Bekanntheit des Unternehmens gesteigert werden.

IPO, Abk. für → Initial Public Offering.

irreführende Werbung, unrichtige Angaben über Herkunft, Art oder Beschaffenheit der Ware sowie Anlass des Verkaufs. Sie sind nach dem Gesetz gegen den unlauteren Wettbewerb (UWG) verboten. Darüber hinaus sind auch Angaben, die von der Allgemeinheit falsch verstanden werden müssen, als i.W. verboten.

ISIN, Abk. für *International Securities Iden-tification Number,* eine internationale zwölfstellige Kennung eines Wertpapiers. Die ISIN soll die nationalen → Wertpapierkennnummern (WKN) allmählich ablösen.

ISO-Normen, Standards zur Qualitätssicherung von Gütern und Dienstleistungen, des Umweltmanagements und anderer Unternehmensbereiche. Sie wurden von der International Organization for Standardization (ISO) festgelegt und erlassen. – Die Europäische Union (EU) hat die Standards der ISO-Regeln in die Europa-Normen EN 29000 – 29004 übernommen.

Istkaufmann, → Kaufmann.

Istkosten, → Kosten, die während einer Abrechnungsperiode tatsächlich angefallen sind. Die Erfassung und Abrechnung der I. erfolgt in der → Istkostenrechnung. – *Gegensatz:* → Plankosten.

Istkostenrechnung, Form der Kostenrechnung, bei der die → Istkosten auf die Produkte weiterverrechnet werden (→ Nachkalkulation). Manche Kostenarten, deren Höhe erst später feststehen (z.B. Steuern), müssen zu Normal- oder Planwerten angesetzt werden (→ Normalkosten, → Plankosten). Die I. hat nur eine geringe Aussagekraft über die Wirtschaftlichkeit des Unternehmens. – *Gegensatz:* → Plankostenrechnung.

IWF, Abk. für → Internationaler Währungsfonds.

J

Jahresabschluss, Darstellung der Vermögens-, Finanz- und Ertragslage eines Unternehmens für ein Geschäftsjahr. Nach dem Handelsgesetzbuch (HGB) setzt sich der J. aus → Bilanz und → Gewinn- und Verlustrechnung (GuV) zusammen. Jeder Kaufmann muss zum Ende eines Geschäftsjahres einen J. aufstellen. Dabei sind alle Vermögensgegenstände, Schulden, Rechnungsabgrenzungsposten (→ Rechnungsabgrenzung), Aufwendungen und Erträge auszuweisen. Der J. hat den → Grundsätzen ordnungsmäßiger Buchführung und den → Grundsätzen ordnungsmäßiger Bilanzierung zu entsprechen. Der J. ist in deutscher Sprache und in Euro auszustellen. Er muss vom Kaufmann oder dem persönlich haftenden Gesellschafter unterschrieben werden. J. sind zehn Jahre aufzubewahren. – Bei mittleren und großen Kapitalgesellschaften zählen außerdem der → Anhang und der → Lagebericht zum Bestandteil der J..

Jahresabschlussanalyse, → Bilanzanalyse.

Jahresabschlussprüfung, *Bilanzprüfung.* Prüfung des → Jahresabschlusses. Sie erfolgt durch einen Wirtschaftsprüfer, vereidigten Buchprüfer oder durch eine Wirtschaftsprüfungsgesellschaft (sog. Abschlussprüfer). Im Rahmen der J. wird überprüft, ob die gesetzlichen Vorschriften sowie die Regelungen des Gesellschaftsvertrags bei der → Buchführung, dem → Jahresabschluss und beim → Lagebericht eingehalten wurden. – Nach dem Handelsgesetzbuch (HGB) müssen Kapitalgesellschaften mit ihren Einzel- und Konzernabschlüssen geprüft werden. Ausgenommen sind jedoch Kapitalgesellschaften mit einer Bilanzsumme unter 3,438 Mio. Euro oder einem Umsatz von weniger als 6,875 Mio. Euro. – Über die J. ist vom Abschlussprüfer ein Prüfungsbericht zu erstellen. Das Ergebnis der J. ist der → Bestätigungsvermerk oder seine Nichterteilung.

Jahresbilanz, → Bilanz.

Jahresfehlbetrag, → Jahresüberschuss/-fehlbetrag.

Jahresüberschuss/Jahresfehlbetrag, Begriff aus der Bilanzierung für den erwirtschafteten Gewinn oder Verlust eines Geschäftsjahres. Berechnet wird die Differenz der Aufwendungen und Erträge. Der Jahresüberschuss führt zu einer Erhöhung des → Eigenkapitals in der Bilanz. Er kann aber auch an die Aktionäre oder Gesellschafter ausgezahlt werden. Der Jahresfehlbetrag führt zu einer Verringerung des Eigenkapitals. – Vgl. auch → Gewinnvortrag/Verlustvortrag, → Rücklagen.

Jahreswirtschaftsbericht, Bericht, der nach dem Stabilitäts- und Wachstumsgesetz (StWG) von der Bundesregierung jeweils im Januar vorgelegt werden muss. Im J. nimmt die Regierung zum Jahresgutachten des → Sachverständigenrats zur Begutachtung der gesamtwirtschaftlichen Entwicklung (SVR) Stellung. Außerdem wird eine wirtschaftliche und finanzielle Prognose für das laufende Jahr gestellt.

Jobbörse, → Stellenbörse.

Job Center, Anlaufstelle für diejenigen, die einen Arbeits- oder Ausbildungsplatz suchen. J.C. wurden zum 1. Januar 2005 von den Arbeitsagenturen nach dem Vierten Gesetz für moderne Dienstleistungen am Arbeitsmarkt (Hartz IV) errichtet. In den J.C. werden die Arbeits- und Ausbildungsplatzsuchenden informiert, ihr jeweiliger Beratungs- und Betreuungsbedarf festgestellt und der erste Eingliederungsschritt verbindlich vereinbart.

Job Enlargement, Maßnahme zur Arbeitsgestaltung. Beim J.E. wird der Arbeitsbereich durch zusätzliche Aufgaben erweitert. Er wird auf diese Weise vielfältiger. Mit Hilfe des J.E. soll der Monotonie und ihren Folgen am Arbeitsplatz entgegengewirkt werden. Außerdem soll eine höhere Flexibilität der Mitarbeiter erreicht werden.

Job Enrichment, Maßnahme zur Arbeitsgestaltung. Beim J.E. wird der Entscheidungs- und Kontrollspielraum erweitert. Auf diese Weise soll die Motivation und die Arbeitszufriedenheit der Mitarbeiter gefördert werden.

Job Rotation, Wechsel des Arbeitsplatzes innerhalb eines Unternehmens im Ringtauschverfahren. Die Arbeitsplätze haben unterschiedliche Arbeitsinhalte. Fachkenntnisse und Erfahrungen können auf diese Weise entfaltet oder vertieft werden. Ziel ist es, die Flexibilität der Mitarbeiter zu fördern und der Arbeitsmonotonie entgegenzuwirken.

Job Sharing, Teilung eines Arbeitsplatzes. Die Mitarbeiter bestimmen selbst die Aufteilung und die Lage der Arbeitszeiten. Durch J.S. können Arbeitszeiten flexibler gestaltet werden. Zu unterscheiden sind die zeitliche Arbeitsplatzteilung (sog. Job Splitting) und die funktionale Arbeitsplatzteilung (sog. Job Pairing). – Vgl. auch → Teilzeitarbeit.

Joint Venture, *Gemeinschaftsunternehmen.* Gemeinsames Unternehmen zweier oder mehrerer Partner. Ein J.V. ist rechtlich selbstständig. Die Partner sind jeweils mit Kapital am J.V. beteiligt, tragen gemeinsam das Investitionsrisiko und nehmen gemeinsam Führungsfunktionen im Unternehmen wahr. Die Entscheidungsbefugnisse der Partner richten sich i.d.R. nach der Höhe ihrer Kapitalbeteiligungen. Durch diese Form der Zusammenarbeit soll das Risiko für die einzelnen Partner verringert sowie die Stärken des Partners wie z.B. seine Marktkenntnisse genutzt werden.

Journal, → Geschäftsbücher.

Judikative, *Rechtsprechung.* Gewalt des Staates im Rahmen der → Gewaltenteilung. Sie wird von Richtern oder durch die Gerichte des Bundes und der Länder ausgeübt.

Jugendarbeitsschutz, Arbeitsschutz, der für alle Beschäftigten unter achtzehn Jahren gilt. Gesetzlich geregelt ist der J. im Jugendarbeitsschutzgesetz (JArbSchG). – 1. *Personen unter fünfzehn Jahren:* Für Kinder ist Arbeit grundsätzlich verboten. Kinder über dreizehn Jahren können allerdings mit Einwilligung der Eltern oder der Vorsorgeberechtigten arbeiten, wenn die Beschäftigung für Kinder geeignet ist. – 2. *Personen im Alter von fünfzehn bis achtzehn Jahren:* Jugendliche dürfen regelmäßig maximal acht Stunden täglich und vierzig Stunden wöchentlich arbeiten. Grundsätzlich darf dem Jugendlichen jedoch keine längere Arbeitszeit als den übrigen erwachsenen Arbeitnehmern zugemutet werden. Die Mehrarbeit ist zu vergüten. Jugendliche dürfen zwischen zwanzig und sechs Uhr nicht beschäftigt werden. Ausgenommen sind Gastronomie, Bäckereien und Schichtbetriebe. An Samstagen sowie an Sonn- und Feiertagen dürfen Jugendliche nicht arbeiten. In diesem Fall sind Einzelhandel, Verkehrsbetriebe, Gastronomie und Friseure ausgenommen. Mindestens zwei Samstage im Monat sollten jedoch frei sein. Wird ein Jugendlicher Samstags beschäftigt, muss er an einem anderen berufsschulfreien Tag derselben Woche frei bekommen.

junge Aktie, *neue Aktie.* → Aktie, die bei einer → Kapitalerhöhung neu ausgegeben wird. Den Altaktionären steht ein gesetzliches → Bezugsrecht auf die j.A. oder einen Teil davon zu. Sobald die j.A. den alten hinsichtlich der Dividende gleichstehen, entfällt die Bezeichnung j.A.

Junk Bond, *Risikoanleihe,* → Anleihe, die ein Unternehmen mit niedriger oder fehlender Kreditwürdigkeit ausgibt oder ausgegeben hat. J.B. zeichnen sich durch eine hohe Verzinsung und durch ein hohes Risiko aus. Es handelt sich um eine hoch spekulative Anlageform.

juristische Person, Personenvereinigung oder Vermögensmasse, die eine eigene Rechtspersönlichkeit besitzt. Zu unterscheiden sind:

- j.P. des öffentlichen Rechts: Dazu zählen → Körperschaften des öffentlichen Rechts, → Anstalten des öffentlichen Rechts und → Stiftungen.
- j.P. des Privatrechts: Dazu zählen → Vereine, → Kapitalgesellschaften, → Genossenschaften und → Stiftungen.

Gegensatz: → natürliche Person.

Just in Time, Organisationsprinzip der Logistik. Die Anlieferung der benötigten Waren soll nach diesem Prinzip genau zum Zeitpunkt des Bedarfs erfolgen. Dies betrifft sowohl den Wareneingang als auch den Vertrieb der fertigen Erzeugnisse. Durch J.i.T. soll die Lagerhaltung möglichst gering gehalten werden. Wichtig für ein funktionierendes J.i.T.-Konzept ist vor allem eine integrierte Informationsverarbeitung, eine optimale Gestaltung und Abstimmung der Produktionseinheiten und eine auf die Produktion abgestimmte Beschaffung.

K

Kaizen, *kontinuierlicher Verbesserungsprozess.* Managementkonzept aus Japan. K. ist eine dauernde Folge von Verbesserungsschritten. K. bedeutet die Verbesserung der Produkte sowie aller betrieblichen Prozesse (z.B. Entwicklung, Produktion, Vertrieb). Durch K. soll von Anfang an eine hohe Qualität erreicht werden. Außerdem sollen Arbeitsvorgänge nach den Überlegungen der Mitarbeiter durch Identifikation und Befolgen selbst gesetzter Ziele vereinheitlicht werden. Schwachstellen sollen eigenständig erkannt und beseitigt werden. Voraussetzungen dieses Konzepts sind eine aufgabenübergreifende Zusammenarbeit in Gruppen und ein kooperativer Führungsstil.

Kalkulation, *Kostenträgerstückrechnung, Selbstkostenrechnung.* Teilbereich der → Kostenträgerrechnung. Im Rahmen der K. werden die Kosten einer einzelnen Leistungseinheit (z.B. Produkt, Auftrag) ermittelt. Die so ermittelten → Einzelkosten werden der einzelnen Leistungseinheit direkt zugerechnet. Die → Gemeinkosten werden mit Hilfe von Kalkulationssätzen verrechnet. – Nach dem Zeitpunkt der K. wird zwischen → Vorkalkulation, Zwischenkalkulation oder → Nachkalkulation unterschieden.

Kalkulationsverfahren, Verfahren, die im Rahmen der Kalkulation angewandt werden. Dazu zählen vor allem:

- Divisionskalkulation: Die Gesamtkosten, unterschieden nach Werkstoff-, Fertigungs-, Verwaltungs- und Vertriebskosten, werden durch die erzeugte Menge geteilt. Dieses Verfahren kann bei Massen- und Sortenproduktion angewandt werden.
- Bezugsgrößenkalkulation (Äquivalenzziffernkalkulation): Die Gemeinkosten des → Kostenträgers werden durch die Bezugsgrößen wie z.B. Maschinenstunden geteilt. Mit Hilfe der so ermittelten Kalkulationssätze werden die Gemeinkosten weiterverrechnet.
- Zuschlagskalkulation: Hierbei werden die Gemeinkosten des Kostenträgers über Zuschlagssätze den Kostenträgern zugerechnet. Die Zuschlagskalkulation wird vor allem bei Einzel- und Kleinserienproduktion angewendet.

Kalkulationszinsfuß, Begriff aus der Investitionsrechnung. Der K. ist der → Zinssatz, zu dem Einzahlungsüberschüsse einer Zahlungsreihe auf- oder abgezinst (→ Aufzinsung, → Diskontierung).

kalkulatorische Abschreibung, Begriff aus der Kostenrechnung. K.A. sind → kalkulatorische Kosten, die sich aus den bilanziellen Abschreibungen herleiten und die tatsächlichen Wertminderungen von Vermögensgegenständen berücksichtigen. Divergenzen zu den bilanziellen Abschreibungen können auf einen unterschiedlichen Wertansatz (Wiederbeschaffungskosten anstelle von Anschaffungskosten), eine unterschiedliche Abschreibungsmethode (proportional statt z.B. degressiv) oder einen anderen Abschreibungszeitraum (tatsächliche Einsatzdauer anstelle steuerlich normierter Nutzungsdauer) zurückgeführt werden.

kalkulatorische Kosten, Kosten, denen kein Aufwand (→ Zusatzkosten) oder Aufwand in anderer Höhe (→ Anderskosten) gegenübersteht. Dazu zählen z.B. → kalkulatorischer Unternehmerlohn und → kalkulatorische Zinsen sowie →

kalkulatorische Abschreibungen und → kalkulatorische Wagnisse.

kalkulatorischer Ausgleich, → Mischkalkulation.

kalkulatorischer Unternehmerlohn, → kalkulatorische Kosten, die das Entgelt für die leitende Tätigkeit eines Unternehmers erfassen. Der k.U. wird angesetzt, wenn der Unternehmer ohne fest vereinbarte Entlohnung tätig ist. Zur Bestimmung der Höhe des k.U. wird als Vergleichswert häufig das durchschnittliche Gehalt eines Angestellten mit gleichwertiger Tätigkeit in einem vergleichbaren Unternehmen herangezogen.

kalkulatorische Wagnisse, → kalkulatorische Kosten, die für nicht versicherte Unternehmensrisiken angesetzt werden können. Auf diese Weise können z.B. Forderungsausfälle, Reklamationen und Schwund bei Beständen berücksichtigt werden. Für die voraussichtlich eintretenden Verluste wird ein prozentualer Zuschlag bei der → Kalkulation berücksichtigt. Der Zuschlag wird aufgrund von Erfahrungswerten festgelegt.

kalkulatorische Zinsen, → kalkulatorische Kosten, die für die Verzinsung des vom Unternehmer zur Verfügung gestellten Kapitals angesetzt werden. Zur Berechnung wird das → Eigenkapital mit einem kalkulatorischen Zinssatz multipliziert. Der kalkulatorische Zinssatz kann entsprechend dem Fremdkapitalzinssatz oder individuell festgesetzt werden.

Kameralistik, einfache Form der → Buchführung. Es erfolgt lediglich eine Gegenüberstellung von Einnahmen und Ausgaben. Die K. ist in der öffentlichen Verwaltung verbreitet.

Kanban-System, System der Produktionssteuerung nach dem Holprinzip. D.h., erst wenn eine Produktionsstufe „Nachfrage“ entwickelt, wird auf der vorgelagerten Stufe produziert. Nach dem K.-S. wird also nur dann gefertigt, wenn ein tatsächlicher Bedarf vorliegt (→ Just in Time). Die Fertigung wird von der nachgelagerten Produktionsstelle durch eine spezielle Karte (sog. KANBAN) angestoßen. Durch das K.-S. können Materialbestände verringert werden. Außerdem wird eine höhere Termintreue erreicht.

Kannibalismus-Effekt, Begriff aus dem Marketing. Der K.-E. ist die negative Beeinflussung des Absatzes eines Gutes durch ein anderes Gut des Unternehmens. Es kann zu K.-E. kommen, wenn unterschiedlich geplante Produktangebote vom Endverbraucher als identisch angesehen werden.

Kannkaufmann, → Kaufmann.

Kapazität, höchst mögliche Leistungsfähigkeit einer technischen Einheit (z.B. Maschine) oder wirtschaftlichen Einheit (z.B. Betrieb) in einem bestimmten Zeitraum. Als quantitative K. wird das Leistungsvermögen in Mengen- oder Zeiteinheiten (z.B. Ergiebigkeit) ausgedrückt, als qualitative K. bezüglich Art und Güte (z.B. Genauigkeit). – Die prozentuale Auslastung der K. wird als Beschäftigungsgrad oder Kapazitätsauslastungsgrad bezeichnet.

Kapazitätserweiterungseffekt, → Lohmann-Ruchti-Effekt.

Kapital. 1. *Volkswirtschaft:* Bestand an Vermögenswerten, der zur Güter- und Dienstleistungserstellung eingesetzt werden kann (Kapitalstock). Dazu zählt das Sach- oder Realkapital in Form von Produktionsmitteln (einschließlich der Bestände an fertigen und unfertigen Erzeugnissen). Außerdem gehört das Geld- oder Finanzkapital in Form von längerfristigen Forderungen dazu. Das Geldkapital umfasst Beteiligungskapital (z.B. Aktien, Gesellschaftsanteile) und Kreditkapital (z.B. Wertpapiere). K. ist einer der → Produktionsfaktoren. – Vgl. auch → Humankapital. – 2. *Betriebswirtschaft:* Finanzierungsmittel, die einem

Unternehmen zur Verfügung stehen. Es wird unterschieden zwischen:

- Eigenkapital und
- Fremdkapital.

Außerdem unterscheidet man nach der betriebswirtschaftlichen Funktion zwischen:

- betriebsnotwendigem Kapital und
- Ergänzungskapital (nicht für den eigentlichen Betriebszweck erforderliches K.).

K. wird in der Bilanz auf der rechten Seite (Passivseite) ausgewiesen (→ Passiva). Es werden im Einzelnen die Posten Eigenkapital, Fremdkapital, Rechnungsabgrenzungsposten und Rückstellungen aufgeführt.

Kapitalanlagegesellschaft (KAG), → Investmentgesellschaft.

Kapitalanteil, gesetzlicher Maßstab für die wirtschaftliche Beteiligung des einzelnen Gesellschafters am Gesellschaftsvermögen einer Personengesellschaft. Nach dem K. richtet sich der Gewinnanspruch des Gesellschafters.

Kapitalbedarf, *Finanzbedarf.* Bedarf an finanziellen Mitteln für Investitionen. Der K. wird im Rahmen der → Finanzplanung ermittelt. Er hängt von Faktoren wie Produktionsprogramm, Produktionsprozess und vor allem Kapazitätsauslastung ab. Der K. wird aber auch durch die Risikoeinschätzung des Verantwortlichen bestimmt.

Kapitalbeschaffung, → Finanzierung.

Kapitalbeteiligung, Beteiligung eines Arbeitnehmers am Kapital des Unternehmens. Der Arbeitnehmer kann eine Kapitaleinlage im Rahmen der → Erfolgsbeteiligung, durch Unternehmenszuwendungen oder Eigenleistungen aufbringen.

Kapitalbilanz, → Zahlungsbilanz.

Kapitalbindung, Bezeichnung für langfristig nicht oder nur schwer veräußerbare Vermögensgegenstände eines Unternehmens. Vor allem Gegenstände des → Anlagevermögens sind i.d.R. schwer verkäuflich.

kapitaldeckende private Altersvorsorge, *Riester-Rente.* Staatlich geförderte Form der privaten Altersversorgung. Es wird vom Staat eine Zulage gewährt. Die geförderten Altersvorsorgeverträge müssen auf den Namen des Zulageberechtigten abgeschlossen werden. Außerdem sind nur solche Rentenversicherungen, Fonds- und Banksparpläne förderungsfähig, die staatlich zugelassen sind. Die Höhe der staatlichen Förderung ist vom Familienstand und von der Kinderzahl abhängig. – Die Zulage können Arbeitnehmer auch für die betriebliche Altersversorgung erhalten, da auch Zahlungen an eine → Pensionskasse oder an einen → Pensionsfonds sowie Zahlungen in → Direktversicherungen gefördert werden.

Kapitaldeckungsverfahren, Form der Finanzierung vor allem bei Rentenversicherungen. Es wird der → Kapitalwert aus den bereits eingetretenen Rentenversicherungsfällen ermittelt. Dieser (einschließlich der Zinsen) muss nach dem K. die laufenden Renten decken. Die nicht eingetretenen Versicherungsfälle werden nicht berücksichtigt.

Kapitaleinkünfte, → Einkünfte.

Kapitalerhöhung, Maßnahme der Finanzierung eines Unternehmens. Eine K. ist die Erhöhung des → Eigenkapitals eines Unternehmens. – 1. *Personengesellschaften:* Eine Erhöhung des Eigenkapitals kann dadurch erfolgen, dass Gewinne nicht entnommen werden (Selbstfinanzierung). Eine K. ist jedoch auch durch zusätzliche Kapitaleinlagen durch die Gesellschafter oder durch die Aufnahme neuer Gesellschafter möglich. In diesem Fall ist die Zustimmung aller Gesellschafter erforderlich. – 2. *Aktiengesellschaft (AG):* Nach dem Aktiengesetz (AktG) bestehen für eine AG folgende Möglichkeiten einer K.:

- ordentliche K.: Die K erfolgt durch die Ausgabe → junger Aktien. Für diese steht den Altaktionären i.d.R. ein → Bezugsrecht zu. Für eine ordentliche K. ist eine Drei-Viertel-Mehrheit in der Hauptversammlung erforderlich.
- bedingte K.: Es werden junge Aktien an die Inhaber von → Wandelanleihen oder → Optionsanleihen ausgegeben, wenn diese von ihrem Umtauschrecht oder Bezugsrecht Gebrauch machen (→ bedingte Kapitalerhöhung).
- genehmigte K.: Betrag, bis zu dem der Vorstand einer AG das → Grundkapital durch die Ausgabe junger Aktien gegen Einlagen erhöhen kann.
- nominelle K. (K. aus Gesellschaftsmitteln): Die K. erfolgt durch die Umwandlung von → Rücklagen in Grundkapital. Die Altaktionäre erhalten in diesem Fall Berichtigungsaktien (→ Zusatzaktie). Es fließen der AG keine Mittel zu.

3. *Gesellschaft mit beschränkter Haftung (GmbH):* Im Rahmen einer K. wird das → Stammkapital der GmbH erhöht. Dies ist durch eine Erhöhung der Anteile der Gesellschafter oder durch die Umwandlung von → Rücklagen in Stammkapital möglich. – *Gegensatz:* → Kapitalherabsetzung.

Kapitalertragsteuer, *Kuponsteuer, Zinsabschlagsteuer.* Besondere Erhebungsform der → Einkommensteuer. Bei Einkünften aus Kapitalvermögen wie z.B. Erträgen aus Aktien oder Lebensversicherungen wird die Einkommensteuer direkt durch den Steuerabzug vom Kapitalertrag erhoben. Eine gezahlte K. wird von der Bank bescheinigt. Diese Bescheinigung über die gezahlte K. ist der Steuererklärung beizufügen. Die eingehaltenen Kapitalerträge werden dann bei der Steuererklärung verrechnet. Bei → Tafelgeschäften wird eine K. von 35 Prozent einbehalten. Der Steuersatz bei den übrigen steuerpflichtigen Anlageformen liegt bei 20 oder 25 Prozent, beim Zinsabschlag bei 30 Prozent.

Kapitalflussrechnung, Form der → Bewegungsbilanz. Es werden die Zahlungsströme eines Unternehmens dargestellt, wobei die Aufwands- und Ertragspositionen einbezogen werden. Einzelne Bilanzposten werden zu sog. Fonds zusammengefasst, dessen Zu- und Abgänge dargestellt werden. I.d.R. werden die Veränderungen der Fonds nach den Bereichen laufende Geschäftstätigkeit, Investitionstätigkeit und Finanzierungstätigkeit getrennt dargestellt. Die Abbildung „Kapitalflussrechnung – Gliederungsschema“ zeigt ein Beispiel für den möglichen Aufbau einer K. – Die K. ist Bestandteil des Konzernabschlusses nach den Internationale Financial Reporting Standards (IFRS) und den United States Generally Accepted Accounting Principles (US-GAAP) sowie nach dem deutschen Handelsgesetzbuch (HGB).

Kapitalgesellschaft, → Handelsgesellschaft, bei der eine Kapitalbeteiligung der Gesellschafter im Vordergrund steht. Eine Beteiligung ohne Kapitaleinlage ist nicht möglich. Bei einer K. ist es nicht erforderlich, dass der Gesellschafter mitarbeitet. Die Gesellschafter haften nicht mit ihrem privaten Vermögen für Schulden der K. Nach innen und außen wird die K. durch ihre gesetzlichen Vertreter (z.B. der Vorstand oder Geschäftsführer) vertreten. Eine K. ist eine → juristische Person. – K. sind im Einzelnen:

- Aktiengesellschaft (AG)
- Gesellschaft mit beschränkter Haftung (GmbH)
- Kommanditgesellschaft auf Aktien (KGaA).

Die → Genossenschaft ist eine Mischform aus Kapital- und Personengesellschaft. – K. unterliegen der → Körperschaftsteuer. – *Gegensatz:* → Personengesellschaft.

Kapitalherabsetzung, Verminderung des → Grundkapitals oder → Stammkapitals einer Kapitalgesellschaft. Ein K. kann nur auf der Grundlage eines Gesellschafterbeschlusses erfolgen. Sie findet häufig dann statt, wenn das Unternehmen gezwungen ist, Verluste auszugleichen. – Die K. erfolgt bei Einzelunternehmen und Personengesellschaften durch Entnahmen,

Kapitalflussrechnung – Gliederungsschema

1.		Periodenergebnis (einschließlich Ergebnisanteilen von Minderheitsgesellschaftern) vor außerordentlichen Posten
2.	+/–	Abschreibungen/Zuschreibungen auf Gegenstände des Anlagevermögens
3.	+/–	Zunahme/Abnahme der Rückstellungen
4.	+/–	Sonstige zahlungsunwirksame Aufwendungen/Erträge (bspw. Abschreibung auf ein aktiviertes Disagio)
5.	–/+	Gewinn/Verlust aus dem Abgang von Gegenständen des Anlagevermögens
6.	–/+	Zunahme/Abnahme der Vorräte, der Forderungen aus Lieferungen und Leistungen sowie anderer Aktiva, die nicht der Investitions- oder Finanzierungstätigkeit zuzuordnen sind
7.	+/–	Zunahme/Abnahme der Verbindlichkeiten aus Lieferungen und Leistungen sowie anderer Passiva, die nicht der Investitions- oder Finanzierungstätigkeit zuzuordnen sind
8.	+/–	Ein- und Auszahlungen aus außerordentlichen Posten
9.	=	**Cashflow aus laufender Geschäftstätigkeit**
10.		Einzahlungen aus Abgängen von Gegenständen des Sachanlagevermögens
11.	+	Einzahlungen aus Abgängen von Gegenständen des immateriellen Anlagevermögens
12.	–	Auszahlungen für Investitionen in das Sachanlagevermögen
13.	–	Auszahlungen für Investitionen in das immaterielle Anlagevermögen
14.	+	Einzahlungen aus Abgängen von Gegenständen des Finanzanlagevermögens
15.	–	Auszahlungen für Investitionen in das Finanzanlagevermögen
16.	+	Einzahlungen aus dem Verkauf von konsolidierten Unternehmen und sonstigen Geschäftseinheiten
17.	–	Auszahlungen aus dem Erwerb von konsolidierten Unternehmen und sonstigen Geschäftseinheiten
18.	+	Einzahlungen aufgrund von Finanzmittelanlagen im Rahmen der kurzfristigen Finanzdisposition
19.	–	Auszahlungen aufgrund von Finanzmittelanlagen im Rahmen der kurzfristigen Finanzdisposition
20.	=	**Cashflow aus der Investitionstätigkeit**
21.		Einzahlungen aus Eigenkapitalzuführungen (z. B. Kapitalerhöhungen, Verkauf eigener Anteile)
22.	–	Auszahlungen an Unternehmenseigner und Minderheitsgesellschafter (Dividenden, Erwerb eigener Anteile, Eigenkapitalrückzahlungen, andere Ausschüttungen)
23.	+	Einzahlungen aus der Begebung von Anleihen und der Aufnahme von (Finanz-)Krediten
24.	–	Auszahlungen aus der Tilgung von Anleihen und (Finanz-)Krediten
25.	=	**Cashflow aus der Finanzierungstätigkeit**

die das ausgewiesene Eigenkapital vermindern. Bei einer Aktiengesellschaft (AG) kann die K. im Rahmen einer ordentlichen K. erfolgen. D.h., sie muss mit Drei-Viertel-Mehrheit der Hauptversammlung beschlossen werden. Im Beschluss ist der Zweck der K. anzugeben. Außerdem muss festgelegt werden, ob Rückzahlungen an die Aktionäre erfolgen sollen. – *Gegensatz:* → Kapitalerhöhung.

Kapitalisierung, finanzmathematischer Begriff. K. ist die Umrechnung eines laufenden Ertrags oder einer regelmäßigen Geldleistung auf den gegenwärtigen Wert (→ Kapitalwert). D.h., zukünftigen Erträge oder Geldleistungen werden auf den Berechnungszeitpunkt abgezinst (→ Diskontierung).

Kapitalismus, Begriff für heutige privatwirtschaftliche Marktwirtschaften. Diese sind vor allem dadurch gekennzeichnet, dass sich die Produktionsmittel in Privateigentum befinden. Es herrschen Erwerbs- und Gewinnstreben vor. Das Konkurrenz- und Leistungsprinzips ist anerkannt. Wertneutraler als K. ist der Begriff der → Marktwirtschaft. – *Gegensatz:* → Sozialismus.

Kapitalkonto, → Konto, das das → Eigenkapital ausweist. – 1. *Einzelunternehmen und Personengesellschaften:* Das K. erscheint auf der rechten Seite (Passivseite) der → Bilanz. I.d.R. wird bei der Personengesellschaft für jeden voll haftenden Gesellschafter ein K. geführt. Dieses kann sich jährlich durch Gewinn- und Verlustzuweisungen oder aufgrund von Entnahmen verändern. – 2. *Kapitalgesellschaften:* Das K. ist das Konto des → gezeichneten Kapitals. Dies bleibt unverändert.

Kapitalkosten, → Finanzierungskosten.

Kapitallebensversicherung, → Lebensversicherung.

Kapitalmarkt, Markt, an dem langfristig Kapital aufgenommen oder angelegt wird. Es handelt sich dabei vor allem um Kredite mit Laufzeiten von mehr als vier Jahren und Beteiligungskapital (vor allem Aktien). Man unterscheidet den organisierten K. (z.B. Börsen) und den nicht organisierten K. (z.B. Markt für langfristige Kredite).

Kapitalmarktzins, → Zins für langfristige Kredite oder für langfristige Geldanlagen.

Kapitalproduktivität, Maß für die gesamtwirtschaftliche Effizienz des Produktionsfaktors → Kapital. K. ist das Verhältnis des gesamtwirtschaftlichen Produktionsergebnisses zum Kapitaleinsatz.

Kapitalrendite, → Return on Investment (RoI).

Kapitalrücklage, → Rücklage, die von Kapitalgesellschaften gebildet werden muss. Nach dem Handelsgesetzbuch (HGB) müssen folgende Beträge als K. ausgewiesen werden:

- Betrag, der bei der Ausgabe von Anteilen (z.B. Aktien) über den → Nennwert erzielt wird (→ Agio)
- Betrag, der bei → Wandelanleihen und → Optionsanleihen erzielt wird
- Zuzahlungen, die Gesellschafter gegen Einräumung eines Vorrechts in das Eigenkapital leisten.

Kapitalstruktur, Quellen und Zusammensetzung des Kapitals eines Unternehmens. Die K. wird vor allem im Rahmen der → Bilanzanalyse untersucht. Dadurch sollen Finanzierungsrisiken abgeschätzt werden. – Kennziffern der K. sind:

- Anspannungsgrad: Verhältnis von → Fremdkapital zu Gesamtkapital
- Eigenkapitalquote: Verhältnis von → Eigenkapital zu Gesamtkapital
- statischer Verschuldungsgrad: Verhältnis von Fremdkapital zu Eigenkapital.

Kapitalverkehr, alle finanziellen Übertragungen, die nicht direkt durch den Waren- und Dienstleistungsverkehr bedingt sind. – In der Volkwirtschaftlichen Gesamtrechnung (VGR) werden unter dem Begriff K. alle finanziellen Übertragungen zwischen Gebietsansässigen und Ausländern zusammengefasst. Diese Übertragungen werden in der → Zahlungsbilanz erfasst.

Kapitalverkehrsfreiheit, Grundfreiheit nach dem europäischen Recht, die für jeden Bürger der Europäischen Union (EU) gilt. Die K. verbietet jede Beschränkung des Kapitalverkehrs zwischen den EU-Mitgliedstaaten sowie zwischen dem Gebiet der EU und Drittstaaten. Beispielsweise dürfen Kapitalanlagen oder Anleger nicht unterschiedlich behandelt werden.

Kapitalwert, Begriff aus der Investitionsrechnung. Zur Berechnung des K. einer Investition werden alle Ein- und Auszahlungen auf den Zeitpunkt Null abgezinst (→ Diskontierung) und addiert. Zur Diskontierung wird der → Kalkulationszinsfuß herangezogen. Eine Investition lohnt sich, wenn der K. größer oder gleich Null ist.

Kartell, Sammelbegriff für Vereinbarungen von Unternehmen oder Unternehmensvereinigungen und aufeinander abgestimmte Verhaltensweisen im Wettbewerb. Durch K. wird der Wettbewerb beschränkt. – Nach dem Gesetz gegen Wettbewerbsbeschränkungen (GWB) ist ein K. verboten, wenn dieses den Wettbewerb spürbar verhindert, einschränkt oder verfälscht. Unter das Kartellverbot fallen beispielsweise K., die durch Preisabsprachen, Gebietsabgrenzungen oder Absatzmengenbeschränkungen den Wettbewerb einschränken. Das Gesetz sieht jedoch Ausnahmen vom Kartellverbot vor. Die Voraussetzungen und Verfahren dafür sind durch das Gesetz festgelegt. – 1. *Widerspruchskartelle:* Diese K. sind zulässig, wenn innerhalb von drei Monaten nach der Anmeldung des K. vom Bundeskartellamt kein Widerspruch eingelegt wird. Zu den Widerspruchskartellen gehören vor allem:

- Normen- und Typenkartell: Festlegung einheitlicher Normen und Typen
- Konditionenkartell: einheitliche Regelung von Geschäfts-, Lieferungs- und Zahlungsbedingungen
- Spezialisierungskartell: Konzentration auf eine bestimmte Produktion oder auf die Erbringung einer bestimmten Dienstleistung

2. *Erlaubniskartelle:* Diese K. sind auf Antrag zulässig. Dazu zählen vor allem:

- Rationalisierungskartell: einheitliche Durchführung von Rationalisierungsmaßnahmen
- Strukturkrisenkartell: Erhaltung von Produktionsstätten durch Mengenbeschränkungen in wirtschaftlichen Krisenzeiten.

Vgl. auch → Fusionskontrolle.

Kartellbehörden, Behörden, die die Einhaltung des → Kartellrechts überwachen. Dies sind in Deutschland das → Bundeskartellamt, das Bundesministerium für Wirtschaft und Arbeit sowie die Landeskartellämter. Auf europäischer Ebene ist es das Wettbewerbskommissariat der Europäischen Union (EU).

Kartellrecht, alle gesetzlichen Regelungen, die zur Zulässigkeit von Kartellen und zur Vorgehensweise gegenüber Kartellen erlassen wurden. Im bundesdeutschen Recht ist dies das Gesetz gegen Wettbewerbsbeschränkungen (GWB). Darüber hinaus gibt es auch auf europäischer Ebene kartellrechtliche Regelungen. Das K. ist Teil des → Wettbewerbsrechts.

Kartellverbot, → Kartell.

Kassageschäft, Kauf oder Verkauf von Wertpapieren, Devisen, Finanzinstrumenten oder Waren, der sofort oder sehr kurzfristig erfüllt werden muss. – *Gegensatz:* → Termingeschäft.

Kassakurs, → Einheitskurs.

Kasse, Bestand an baren Geldmitteln.

Kassenbericht, schriftlicher Abschluss der täglichen Bargeldeinnahmen und -ausgaben. Der K. dient vor allem als Sammelbeleg für Kassenbuchungen.

Kauf, → Kaufvertrag.

Kauf auf Probe, Kauf, bei dem die Ware für eine bestimmte Zeit auf Probe zur Verfügung gestellt wird. Innerhalb der Frist kann der Kunde die Ware zurückgeben. Erst nach Ablauf der vereinbarten Frist gilt der → Kaufvertrag als abgeschlossen.

Käufermarkt, Begriff aus dem Marketing. Als K. wird eine Marktsituation bezeichnet, bei der die Nachfrager eine stärkere Position als die Anbieter haben. Die Nachfrager können Preise und Angebotsmengen bestimmen. – *Gegensatz:* → Verkäufermarkt.

Kaufkraft, Geldsumme, die einer Person, einem Haushalt oder einem Unternehmen tatsächlich zur Verfügung steht.

Kaufkraftparität, Situation, in der die → Kaufkraft zweier Währungen gleich ist. Die K. werden i.d.R. auf der Grundlage einer in beiden Ländern identischen Auswahl an Waren ermittelt. Problematisch ist dabei, dass im Fall der ausgewählten Waren in den Ländern unterschiedliche Verbrauchsgewohnheiten oder Warenqualitäten bestehen können und diese nicht berücksichtigt werden.

Kaufmann, Begriff aus dem Handelsrecht. K. ist jeder, der selbstständig ein → Handelsgewerbe betreibt (sog. Istkaufmann). D.h., er unterhält einen kaufmännischen Geschäftsbetrieb. – Ein sog. Kannkaufmann ist jeder, der erst durch die Eintragung in das Handelsregister K. ist. Zu den Kannkaufleuten. gehören z.B. Kleingewerbetreibende, die im Handelsregister eingetragen sind. Außerdem sind land- und forstwirtschaftliche Betriebe Kannkaufleute. – Für K. ist grundsätzlich das → Handelsgesetzbuch (HGB) anwendbar. – Vgl. auch → Formkaufmann.

kaufmännische Buchhaltung, → Finanzbuchhaltung.

Kauf nach Probe, → Kaufvertrag, der aufgrund einer Warenprobe oder eines Warenmusters abgeschlossen wird.

Kaufoption, → Call.

Kaufvertrag, *Kauf.* → Vertrag, der von einem Käufer und einem Verkäufer abgeschlossen wird. Durch den K. verpflichtet sich der Käufer, einen vereinbarten Betrag zu zahlen und die Sache abzunehmen. Der Verkäufer dagegen verpflichtet sich, die Sache zu übergeben oder das Recht zu übertragen. Das Bürgerliche Gesetzbuch (BGB) schreibt keine bestimmte Form für den K. vor. Dies bedeutet, dass er auch mündlich abgeschlossen werden. Ein K. kann Gerichtsstand, Erfüllungsort, Gefahrenübergang, Lieferungs- und Zahlungsbedingungen abweichend von den gesetzlichen Regelungen festlegen. – Ist die verkaufte Sache mangelhaft, kann der Käufer den Verkäufer haftbar machen (→ Sachmängelhaftung).

Kausalität, Begriff aus der Wissenschaftstheorie. K. ist der Zusammenhang von Ursache und Wirkung.

Kaution, Geldbetrag, der zur Sicherung der Einhaltung und Erfüllung eines Vertrags von den Vertragspartnern vereinbart wird. Durch eine K. soll vor allem eine zu einem späteren Zeitpunkt fällige Forderung abgesichert werden. – Am häufigsten kommt die K. als → Mietkaution vor.

Kennzahlen, Größen, die für einen inner- und zwischenbetrieblichen Vergleich ermittelt werden. K. setzen in einem Zahlenausdruck unterschiedliche wirtschaftliche Größen in ein sinnvolles Verhältnis zueinander. Zu unterscheiden sind absolute K. wie z.B. Gewinn oder Cashflow und relative K. (sog. Verhältniszahlen) wie Rentabilität oder Produktivität. K. haben nur im Vergleich wie z.B. bei einem Zeitvergleich Aussagekraft.

Kernarbeitszeit, → gleitende Arbeitszeit.

Key Account, *Schlüsselkunde.* Angloamerikanischer Begriff für einen besonders wichtigen Kunden des Unternehmens. Dem K.A. kommt aufgrund des Umsatzes oder des Gewinns, der mit ihm erzielt wird, eine besondere Bedeutung zu.

Key Account Management, Organisationsform des Marketing. Es wird nicht nach Produkten, sondern nach Einzelkunden oder Kundengruppen gegliedert. Kunden, die für das Unternehmen besonders wichtig sind (→ Key Account), werden bevorzugt behandelt. Sie werden umfassen von einem sog. Key Account Manager betreut.

Keynesianismus, makroökonomische Theorien (→ Makroökonomie), die auf Keynes (englischer Nationalökonom, 1883–1946) zurückgehen. – 1. *Keynessche Wirtschaftslehre:* Nach Keynes nimmt die Lenkung der Wirtschaft durch den Staat eine Schlüsselrolle ein. Grundlage des K. ist die Annahme, dass eine Marktwirtschaft grundsätzlich instabil ist. Dieses führt der K. im Wesentlichen auf Schwankungen der gesamtwirtschaftlichen Nachfrage, vor allem bei den Investitionen zurück. Es besteht die Gefahr eines anhaltenden gesamtwirtschaftlichen Ungleichgewichts, verbunden mit hoher Arbeitslosigkeit, aus dem sich die Wirtschaft aus eigener Kraft allein nicht befreien kann. Aus diesem Grund fordern Vertreter des K. Eingriffe des Staates in den Wirtschaftsprozess, um das Wirtschaftswachstum anzukurbeln und Vollbeschäftigung zu erreichen. Im Unterschied zum → Monetarismus fordern Vertreter des K. den Einsatz aller möglichen wirtschaftspolitischen Instrumente, aber vor allem den Einsatz finanzpolitischer Maßnahmen (→ Deficit Spending). – Bis in die sechziger Jahre war der K. von besonderer Bedeutung in der praktischen Wirtschaftspolitik. Dies kommt auch im → Stabilitäts- und Wachstumsgesetz (StabG) zum Ausdruck. Hohe Arbeitslosigkeit, Inflation und immer stärkere Einflüsse des Auslands in den siebziger Jahren ließen jedoch an der Theorie des K. zweifeln. – 2. *Neokeynesianismus:* Im Rahmen des N. wurde versucht, die Ideen der Keynesschen Lehre in mathematische Formeln zu fassen. Es entstanden zahlreiche Modelle wie z.B. Multiplikator-Akzelerator-Prinzip oder das IS-LM-Modell. – 3. *Postkeynesianismus:* Dieser betont, dass sich Märkte im stetigen Ungleichgewicht befinden, da unternehmerische Entscheidungen, vor allem Investitionsentscheidungen, unsicher sind, Wirtschaftspläne nicht gleichzeitig aufgestellt werden und oligopolistische Preisbildung (→ Oligopol) erfolgt. Aus diesem Grund befürworten die Vertreter des Postkeynesianismus neben der keynesianischen Globalsteuerung staatliche Kontrollen des Investitions- und Finanzierungsbereichs. – 4. Der Begriff K. wird heute häufig auch gleichbedeutend für eine staatliche Wirtschaftspolitik verwendet, die in erster Linie zur Sicherung der Vollbeschäftigung eingreift.

KfW, Abk. für → Kreditanstalt für Wiederaufbau.

KG, Abk. für → Kommanditgesellschaft.

KGaA, Abk. für → Kommanditgesellschaft auf Aktien.

KGV, Abk. für → Kurs-Gewinn-Verhältnis.

Kindererziehungszeiten, Begriff aus der gesetzlichen Rentenversicherung. K. sind die Zeiten der Erziehung eines Kindes in den ersten drei Lebensjahren. Sie werden in der gesetzlichen Rentenversicherung für einen Elternteil berücksichtigt. Es werden für K. → Entgeltpunkte berechnet.

Kinderfreibetrag, → Freibetrag, der für jedes Kind des Steuerpflichtigen gewährt wird. Der K. wird nur dann angesetzt, wenn das → Kindergeld nicht günstiger ist. Der K. beträgt derzeit 3.648 Euro jährlich oder 304 Euro monatlich. Hinzu kommt ein Erziehungsfreibetrag in Höhe von 2.160 Euro jährlich oder 180 Euro monatlich.

Kindergeld, staatliche Leistung für jedes Kind. Das K. wird monatlich gezahlt. Nach Ablauf des Jahres zieht das Finanzamt bei der Veranlagung zur Einkommensteuer den → Kinderfreibetrag von dem zu versteuernden Einkommen ab, falls dies für den Steuerpflichtigen günstiger ist. Das gezahlte K. wird in diesem Fall verrechnet. – Anspruch auf K. hat, wer in Deutschland seinen Wohnsitz oder seinen gewöhnlichen Aufenthaltsort hat. K. wird grundsätzlich bis zur Vollendung des 18. Lebensjahrs gezahlt. Außerdem kann ein Kind bis zum 27. Lebensjahr berücksichtigt werden, wenn es sich in der Schul- oder Berufsausbildung befindet, ein soziales oder ökologisches Jahr ableistet oder sich wegen einer Behinderung nicht selbst unterhalten kann. Das K. beträgt für das erste, zweite und dritte Kind jeweils 154 Euro sowie für jedes weitere Kind 179 Euro monatlich.

Kindergeldkasse, *Familienkasse.* Bezeichnung für die → Bundesagentur für Arbeit (BA), insoweit sie für die Durchführung des Bundeskindergeldgesetzes zuständig ist. Die jeweils zuständige Arbeitsagentur hat über die Anträge zum → Kindergeld zu entscheiden. Die Aufwendungen für das Kindergeld und die Verwaltungskosten trägt der Bund.

Kinderzulage, → Baukindergeld.

Kinderzuschlag, staatliche Leistung an gering verdienende Eltern. Es wird ein K. für Kinder unter 18 Jahren, für die auch → Kindergeld gezahlt wird, gewährt. Der K. beträgt 140 Euro monatlich. Die Zahlung des K. ist auf 36 Monate begrenzt. Der K. wird von der → Kindergeldkasse gezahlt.

Kirchensteuer, Steuer, die steuerberechtigte Religionsgemeinschaften von ihren Mitgliedern erheben. Die Lohn- oder Einkommensteuer bildet die Bemessungsgrundlage für den zu zahlenden Kirchensteuerbetrag. Der Steuersatz ist in den einzelnen Bundesländern unterschiedlich hoch. Er liegt zwischen 8 und 9 Prozent. Die gezahlte K. kann bei der Einkommensteuer als → Sonderausgabe im Jahr der Zahlung abgezogen werden.

Klage, Begehren, durch das der Kläger bei Gericht um Rechtsschutz nachsucht. Die K. richtet sich gegen den Beklagten. Sie muss in einer bestimmten Form erhoben werden. Über eine K. wird durch → Urteil entschieden.

Klassik, Ansätze zur → Makroökonomie. – 1. *Klassische Wirtschaftslehre:* Grundlage der K. ist das wirtschaftliche Handeln des Individuums. Dieses wird in erster Linie aus dem Eigennutz erklärt. Präzisiert wird diese Vorstellung durch das Bild des → Homo Oeconomicus. Smith versuchte zu zeigen, dass eigennützig handelnde Individuen nicht nur ihre eigene Wohlfahrt, sondern auch das allgemeine Wohl steigern. Aus diesem Grund forderte er die individuelle Freiheit des Einzelnen und die weitestgehende Zurückhaltung des Staates (→ Laissez-faire). Der Staat hat nur für die ordnungspolitischen Rahmenbedingungen zu sorgen. Voraussetzung, dass der Eigennutz auch das Gemeinwohl fördert, ist das Vorhandensein eines wirksamen Konkurrenzmechanismus. Dieses hat Smith (englischer Nationalökonom, 1723–1790) mit dem Bild der „unsichtbaren Hand“ veranschaulicht. Das Marktgleichgewicht wird danach immer automatisch erreicht („Selbstheilungskräfte des Marktes“). Es kann lediglich zu kurzfristigen Störungen kommen, wenn veränderte Marktbedingungen Anpassungen erforderlich machen. – Die Vorstellungen über die „Selbstheilungskräfte des Marktes“ ließen sich jedoch mit der Weltwirtschaftskrise nicht vereinbaren. Aus der Kritik an der K. entwickelte sich der → Keynesianismus. – 2. *Neoklassik:* Die Neoklassik folgt dem Gleichgewichtsansatz der klassischen Lehre. Es wird jedoch von der objektiven zur subjektiven Wertelehre übergegangen. D.h., der Wert eines Gutes bemisst sich nach den Wertvorstellungen des Einzelnen. Außerdem treten Probleme der Verteilung in den Vordergrund.

Kleinbetragsrechnung, Rechnung unter 100 Euro. K. müssen die umfangreichen Angaben, die im Fall von Rechnungen vom Umsatzsteuerrecht gefordert werden, nicht enthalten. Es genügen folgende Angaben: Name und Anschrift des leistenden Unternehmers, Menge und handelsübliche Bezeichnung des Gegenstands oder Art und Umfang der Leistung, Entgelt und Steuerbetrag in einer Summe, Steuersatz für die Umsatzsteuer oder Hinweis auf Steuerbefreiung, Ausstellungsdatum der Rechnung.

Kleinbetrieb, Begriff aus dem Arbeitsrecht. Ein K. ist ein Betrieb mit einer geringen Anzahl von Arbeitnehmern. Das Kündigungsschutzgesetz (KSchG) gilt nur für Betriebe mit mehr als fünf Arbeitnehmern (ausschließlich Auszubildenden). Auch das Betriebsverfassungsgesetz (BetrVG) gilt nur für Betriebe mit mehr als fünf Arbeitnehmern.

kleine Aktiengesellschaft, → Aktiengesellschaft (AG) mit einer kleinen Anzahl von Aktionären. Die k. AG kann von einem Gründer gegründet werden. Außerdem können ihre Aktien mit einem → Nennwert von einem Euro ausgestellt werden. Die Aktien werden jedoch nicht an der Börse gehandelt. Für die Gründung einer k. AG ist ein Mindestkapital von 50.000 Euro erforderlich. Die Haftung der k. AG ist auf die Höhe des Grundkapitals beschränkt.

kleine und mittlere Unternehmen (KMU), → Mittelstand.

Kleinkredit, → Kredit bis zu einer Höhe von 5.000 Euro. Die Laufzeit beträgt sechs bis 24 Monate. Ein K. wird in festen Raten zurückgezahlt. Er wird vor allem Privatpersonen zur Beschaffung von Möbeln, Kraftfahrzeugen usw. bar ausgezahlt. – Vgl. auch → Verbraucherkredit.

Kleinunternehmer, Unternehmer, der nur geringe Umsätze tätigt. D.h., wenn sein Umsatz im vorangegangenen Jahr 17.500 Euro nicht überstiegen hat und im laufenden Jahr 50.000 Euro voraussichtlich nicht übersteigen wird. Nach der sog. Kleinunternehmerregelung muss ein K. keine Umsatzsteuer auf seinen Umsatz erheben.

KMU, Abk. für kleine und mittlere Unternehmen, → Mittelstand.

knappes Gut, → Gut.

Knappschaftsversicherung, Zweig der deutschen → Sozialversicherung. Die K. umfasst die Kranken- und Rentenversicherung für alle in Betrieben oder berufsständischen Organisationen des Bergbaus beschäftigten Arbeitnehmer.

Know-how, Bezeichnung für das besondere Wissen eines Unternehmens aufgrund betrieblicher oder technischer Erfahrungen. Beispielsweise sind dies besondere Produktions- oder Absatzerfahrungen.

Kollektivgut, → öffentliches Gut.

Kommanditgesellschaft (KG), → Rechtsform, die vor allem durch das Handelsgesetzbuch (HGB) geregelt ist. Die KG ist eine → Personengesellschaft. Bei der KG gibt es mindestens einen persönlich haftenden Gesellschafter (sog. Komplementär) und mindestens einen nicht persönlich haftenden Gesellschafter (sog. Kommanditist). Die KG hat kein eigenes Grund- oder Stammkapital, sondern nur die einzelnen Kapitalkonten der Gesellschafter. Im Gesellschaftsvertrag, in dem unter anderem die Richtlinien der Geschäftspolitik festgelegt sind, kann von den Regelungen des Handelsgesetzbuches (HGB) abgewichen werden. – Ein oder mehrere Komplementäre haften unbeschränkt, d.h. mit ihrem Vermögen.

Dagegen haften der oder die Kommanditisten nur mit ihrer Einlage. Ihre Haftsumme wird in das Handelsregister eingetragen. Auch → juristische Personen können Komplementär oder Kommanditist sein. – Die Geschäftsführung und Vertretung der Gesellschaft erfolgt nur durch die Komplementäre. Die Kommanditisten können durch Erteilung einer Handlungsvollmacht oder Prokura Vertretungsmacht erhalten. Bei grundlegenden Gesellschafterbeschlüssen wie z.B. Änderung des Gesellschaftsvertrages, Aufnahme neuer Gesellschafter und Auflösung der Gesellschaft haben die Kommanditisten das Recht, gleichberechtigt mitzuwirken. Durch den Vertrag können jedoch den Komplementären Vorrechte eingeräumt oder die Rechte der Kommanditisten eingeschränkt werden. – Nach dem Handelsgesetzbuch (HGB) muss das Kapital mit vier Prozent oder, wenn der Gewinn nicht ausreicht, mit einem niedrigerem Satz verzinst werden. Der danach verbleibende Restgewinn oder der Jahresverlust sind in einem angemessenen Verhältnis zu verteilen. Häufig regelt der Gesellschaftsvertrag die Gewinn- und Verlustverteilung jedoch abweichend. Er sieht meistens eine höhere Gewinnbeteiligung der Komplementäre oder eine Verlustverteilung nach Anteilen vor. – Die Auflösung erfolgt wie bei der → Offenen Handelsgesellschaft (OHG). – Die KG unterliegt nicht der Einkommensteuer. Jedoch werden die Gewinne bei den Gesellschaftern im Rahmen ihrer Einkommensteuererklärung versteuert. Die KG ist gewerbesteuerpflichtig.

Kommanditgesellschaft auf Aktien (KGaA), Mischform einer → Aktiengesellschaft (AG) und einer → Kommanditgesellschaft (KG). Bei der KGaA gibt es mindestens einen persönlich haftenden Gesellschafter (sog. Komplementär) und mindestens vier nicht persönlich haftende Aktionären (sog. Kommanditaktionäre). Die KGaA ist eine → juristische Person und eine → Kapitalgesellschaft. – Ein oder mehrere Gesellschafter haften als Komplementäre unbeschränkt. Die übrigen Gesellschafter haften als Kommanditisten dagegen nur mit ihrer Einlage, die durch Aktien verbrieft ist. – Die Geschäftsführung und die Vertretung der KGaA erfolgt wie bei der KG durch den Komplementär. – Organe der KGaA sind der → Aufsichtsrat und die → Hauptversammlung. – Gründung und sonstige Regelungen entsprechen weitestgehend denen der AG.

Kommanditist, → Kommanditgesellschaft (KG).

Kommissionär, → Kommissionsgeschäft.

Kommissionierung, Zusammenstellung von Gütern nach vorgegebenen Aufträgen aus dem Gesamtwarenangebot.

Kommissionsgeschäft, Handelsgeschäft, bei dem ein → Kaufmann gewerbsmäßig im Auftrag und auf Rechnung eines anderen Waren oder Wertpapiere kauft oder verkauft. Derjenige, der das K. ausführt, ist der Kommissionär. Derjenige, auf dessen Auftrag das Geschäft ausgeführt wird, wird als Kommittent bezeichnet. – Der Kommissionär muss sich für den Kommittenten um günstige Vertragsbedingungen bemühen. Außerdem muss er den Auftraggeber unverzüglich über abgeschlossen Geschäfte informieren. Der K. erhält als Vergütung eine Provision. Außerdem müssen ihm seine Auslagen ersetzt werden. Gegebenenfalls erhält er auch eine Delkredereprovision (→ Delkredere). Solange der K. sein Entgelt noch nicht erhalten hat, besteht ein → Pfandrecht.

Kommittent, → Kommissionsgeschäft.

kommunale Unternehmen, → Unternehmen der Gemeinden und der Kreise. K.U. gibt es vor allem im Bereich der Verkehrs-, Versorgungs- und Wohnungswirtschaft sowie bei den Sparkassen. K.U. werden meistens als → Eigenbetriebe geführt.

Kommunalwirtschaft, Sammelbegriff für Einrichtungen der Gemeinden und Kreise, die Entgelte für Versorgungs- oder Entsorgungsleistungen erheben. Dazu zählen vor allem Stadtwerke, Einrichtungen der Gemeinden wie Straßenreinigung oder Entwässerung sowie → kommunale Unternehmen.

Kommunikationspolitik, marketingpolitische Maßnahmen, durch die Informationen über das Leistungsangebot und das → Marketing des Unternehmens vermittelt werden. Ziel der K. ist es, das Leistungsangebot (Produkt, Dienstleistung) so darzustellen, dass es für den Endverbraucher attraktiv ist und sich von der Konkurrenz abhebt. – Instrumente der K. sind:

- Werbung
- Public Relations
- Direktmarketing
- Verkaufsförderung
- Sponsoring
- Product Placement.

Kompensationsgeschäft, → Bartergeschäft.

Kompetenz, Begriff aus der Betriebswirtschaftslehre. K. ist die Befugnis eines Mitarbeiters, Anweisungen und Maßnahmen zu ergreifen, um seine Aufgaben zu erfüllen. – Der Begriff der K. wird außerdem für die Fähigkeit eines Mitarbeiters, die Qualifikationsanforderungen seitens des Unternehmens zu erfüllen, verwendet. Dabei wird zwischen Fachkompetenz (fachliche Kenntnisse), Methodenkompetenz (Verständnis für arbeitsorganisatorische Zusammenhänge) sowie → soziale Kompetenz und → emotionale Kompetenz unterschieden.

Komplementär, → Kommanditgesellschaft (KG).

Komplementärgut, → Gut, dessen Verwendung zwangsläufig die Verwendung eines anderen Gutes bedingt. Beide Güter ergänzen sich beim Absatz und fördern sich gegenseitig. Steigt der Preis des für den Ge- oder Verbrauch ausschlaggebenden Gutes, kann die Nachfrage dieses Gutes, aber auch die des K. sinken. – *Gegensatz:* → Substitutionsgut.

Konditionen, Geschäftsbedingungen. Dazu zählen → Lieferungsbedingungen und → Zahlungsbedingungen. – Vgl. auch → Allgemeine Geschäftsbedingungen (AGB).

Konditionenpolitik, Entscheidungen über die Gewährung von → Rabatten und von → Garantien, über → Lieferungsbedingungen und → Zahlungsbedingungen.

Konferenz der Vereinten Nationen für Handel und Entwicklung (UNCTAD), Organ der → Vereinten Nationen (UN). Sitz in Genf. Aufgabe der UNCTAD ist vor allem die Förderung der Umstrukturierung des Welthandels zu Gunsten der Entwicklungsländer und des Handels zwischen den Entwicklungsländern. – *Weitere Informationen unter* www.unctad.org.

Konfliktmanagement, Regelung von Streitigkeiten zwischen Personen oder Personengruppen. Es kann versucht werden, die Streitigkeiten durch Verhandlungen, Vermittlungen und Schlichtungen beizulegen.

Konjunktur, Schwankungen des Auslastungsgrads der gesamtwirtschaftlichen Produktionskapazitäten. Die Schwankungen können anhand von → Konjunkturzyklen, in Wellenlinien verlaufend, dargestellt werden. Die Konjunkturtheorie geht von der Existenz von Konjunkturzyklen aus und versucht diese zu erklären.

Konjunkturforschung, Teilbereich der Volkswirtschaftslehre. Im Rahmen der K. wird versucht, mit Hilfe wissenschaftlicher Methoden die konjunkturelle Entwicklung der Wirtschaft zu untersuchen, zu erklären und vorauszusehen. Die K. umfasst Branchenbeobachtungen, Konjunkturdiagnosen und -prognosen. Außerdem werden die konjunkturellen Entwicklungen in einzelnen Ländern und die der

Gesamtwirtschaft beobachtet. Im Rahmen der K. werden Verfahren, die auf der Volkswirtschaftlichen Gesamtrechnung (VGR) beruhen, sowie ökonometrische Modelle eingesetzt.

Konjunkturindikator, Zeitreihe und aus ihnen abgeleitete Messgrößen, die den Konjunkturverlauf darstellen. Mit Hilfe der K. wird versucht, den zukünftigen Konjunkturverlauf vorauszusehen. Da es sich im Fall der Konjunktur um ein komplexes Phänomen handelt, muss es durch zahlreiche Indikatoren beschrieben werden. Zu unterscheiden sind Einzelindikatoren wie z.B. der Auftragseingangsindex und die Lohnentwicklung sowie sog. Diffusionsindizes, die sich aus mehreren Einzelindikatoren zusammensetzen.

Konjunkturphasen, → Konjunkturzyklus.

Konjunkturpolitik, staatliche Maßnahmen zur Steuerung der Konjunktur. Konjunkturpolitische Maßnahmen sollen Schwankungen größeren Ausmaßes im Auslastungsgrad der Produktionskapazität verhindern. Vor allem soll eine starke Rezession und Arbeitslosigkeit vermieden werden. – Wichtige Instrumente sind:

- Finanzpolitik: Zur Bekämpfung der Rezession können die öffentlichen Ausgaben (z.B. öffentliche Investitionen) erhöht oder die öffentlichen Einnahmen (vor allem Steuern) verringert werden. Auf diese Weise wird die gesamtwirtschaftliche Nachfrage gestärkt. In der Aufschwungphase der Wirtschaft müssen die finanzpolitischen Maßnahmen dagegen zurückgefahren werden.
- Geldpolitik: In diesem Fall wird die gesamtwirtschaftliche Nachfrage indirekt über Änderungen des Zinssatzes oder der → Geldmenge beeinflusst. Zinssatz und Geldmenge haben einen großen Einfluss auf die Ausgabenentscheidungen von privaten Haushalten und Unternehmen.

Außerdem können für konjunkturelle Zielsetzungen außenwirtschafts- und währungspolitische Maßnahmen ergriffen werden.

Konjunkturzyklus, Bezeichnung für den gesamten Schwingungsablauf der Konjunktur während eines bestimmten Zeitraums. Der K. wird i.d.R. von einem oberen (oder unteren) Wendepunkt bis zum nächsten oberen (oder unteren) Wendepunkt gemessen. Vgl. auch Abbildung „Konjunkturphasen“. Der K. wird in unterschiedliche Konjunkturphasen unterteilt. Nach dem Vier-Phasen-Schema gibt es beispielsweise folgende vier Phasen:

- Expansion: gekennzeichnet durch eine verbesserte Kapazitätsauslastung, steigende private Investitionen und Lohnsumme, zunehmendes Volkseinkommen und einem erhöhten privaten Konsum.
- Boom (Hochkonjunktur): nach der Vollbeschäftigung der Produktionsfaktoren beginnend und durch starke Preissteigerungen und Störungen des Geld- und Kapitalmarktes gekennzeichnet.
- Rezession: gekennzeichnet durch rückläufige private Investitionen, stagnierenden privaten Konsum, sinkende Gewinne und Lohnsumme und wirtschaftliche Probleme für zahlreiche Unternehmen.
- Depression (Krise): gekennzeichnet durch hohe Arbeitslosigkeit, geringe Kapazitätsauslastung, geringe Investitionen und hohe Bankenliquidität.

In der Konjunkturtheorie werden K. mit verschiedenen Längen unterschieden, so z.B. der Kitchin-Zyklus (drei bis vier Jahre), der Juglar-Zyklus (sieben bis elf Jahre) und der Kondratieff-Zyklus (fünfzig bis sechzig Jahre).

Konkurrenz, → Wettbewerb zwischen Anbietern oder Nachfragern auf einem Markt. Dabei ist zwischen tatsächlicher K. und durch den Markteintritt neuer Anbieter oder Nachfrager drohende K. (sog. potenzielle K.) zu unterscheiden.

Konkurrenzanalyse, *Wettbewerbsanalyse.* Begriff aus der Unternehmensführung und des Marketing. Die K. ist die Untersuchung der Mitbewerber. Dabei werden vor allem folgende Gesichtspunkte berücksichtigt: Anzahl der Wettbewerber, Profil der einzelnen Konkurrenzunternehmen (wirtschaftliche Daten, Organisationsstruktur, Marktposition), Produktangebot und Struktur des → Sortiments. Durch die K. sollen Stärken und Schwächen der Wettbewerber sowie Veränderungen in der Konkurrenzlage erkannt werden. Auf diese Weise werden mögliche Einordnungen auf dem Markt aufgezeigt sowie Reaktionen auf das Verhalten der Konkurrenz erleichtert. Außerdem werden durch die K. Möglichkeiten zur Zusammenarbeit mit Mitbewerbern deutlich.

Konkurrenzklausel, → Wettbewerbsverbot.

Konkurrenzverbot, → Wettbewerbsverbot.

Konkurs, → Insolvenz.

Konnossement, wichtigstes Transportpapier im Seehandel. Das K. ist eine Urkunde, mit der der Schiffer den Empfang der Ware bescheinigt und die Auslieferung an den Berechtigten verspricht. Der Inhaber des K. ist der Eigentümer der Ware. Gegen Vorlage des Papiers kann er die Ware beispielsweise im Hafen in Empfang nehmen. – Das K. ist damit ein → Wertpapier und im Fall einer → Orderklausel auf andere übertragbar.

konsolidierter Abschluss, → Konzernabschluss.

Konsolidierung. 1. *Volkswirtschaft:* Begrenzung und Rückführung von öffentlichen Haushaltsfehlbeträgen der Gebietskörperschaften (Bund, Länder, Gemein-

Konjunkturphasen

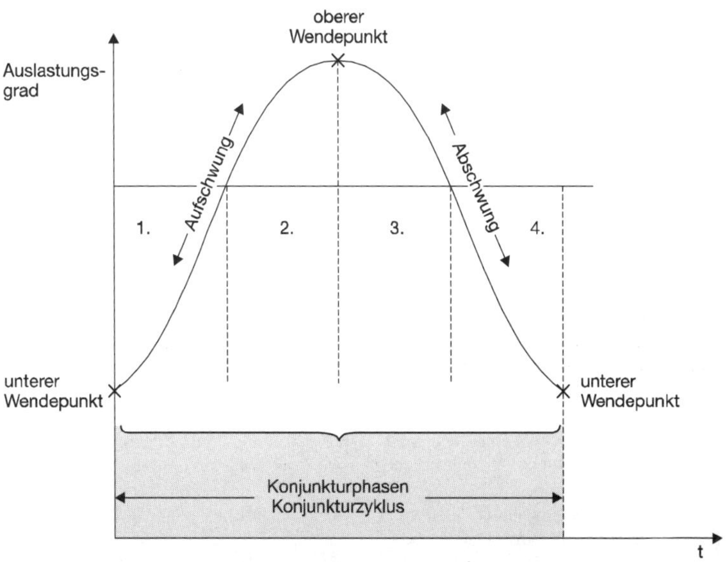

den) und → Prafisci. – 2. *Rechnungslegung:* Aufrechnung konzerninterner Vorgänge wie z.B. Beteiligungen oder konzerninterne Warenlieferungen (→ Konzernabschluss). – 3. *Bankwesen:* Umwandlung kurzfristiger Schulden in langfristige.

Konsortium, → Bankenkonsortium.

Konsum, Verbrauch von Gütern. – 1. *Betriebswirtschaft:* Verbrauch und Nutzung von Gütern und Leistungen durch den Endverbraucher. – 2. *Volkswirtschaftliche Gesamtrechnung:* Ausgaben der privaten Haushalte für den Kauf von Gütern. Außerdem wird der Eigenverbrauch von privaten Organisationen (z.B. Kirchen, Gewerkschaften, Verbände und Parteien) und des Staats hinzugerechnet.

Konsument, *Endverbraucher.* Privatperson, Haushalt oder Gruppe, die Güter oder Leistungen ver- oder gebraucht. Der Ge- oder Verbrauch erfolgt zur Befriedigung der → Bedürfnisse des K.

Konsumentenkredit, Kredit an private Haushalte zur Finanzierung des Güterverbrauchs. Der K. kann als → Ratenkredit oder als → Dispositionskredit abgeschlossen werden. – Vgl. auch → Verbraucherdarlehen.

Konsumgut, → Gut, das von Privatpersonen oder Haushalten zur Befriedigung von Bedürfnissen nachgefragt werden. K. werden verbraucht (sog. Verbrauchsgut). Nahrungsmittel sind beispielsweise Verbrauchsgüter. K. können aber auch gebraucht und längerfristig genutzt werden (sog. Gebrauchsgut). Beispiele für Gebrauchsgüter sind Möbel und Kraftfahrzeuge. – *Gegensatz:* → Investitionsgut.

Konsumquote, Begriff aus der Wirtschaftstheorie für das Verhältnis der Konsumausgaben zum → verfügbaren Einkommen eines Haushalts oder einer Volkswirtschaft. Die durchschnittliche K. gibt den Anteil des Einkommens oder des Volkseinkommens an, der für Konsumzwecke eingesetzt wird. Die sog. marginale K. gibt an, um welchen Betrag der Konsum steigt, wenn das Einkommen oder Volkseinkommen um einen minimalen Betrag steigt.

Kontenklassen, → Kontenrahmen.

Kontenplan, Begriff aus der Buchführung. Der K. ist eine Übersicht, in der alle in einem Unternehmen tatsächlich benötigten Buchführungskonten (→ Konto) verzeichnet sind. Der K. wird aus einem → Kontenrahmen abgeleitete.

Kontenrahmen, Begriff aus der Buchführung. Der K. ist ein Schema, in dem die Konten einer Buchführung (→ Konto) nach sachlichen und zeitlichen Gesichtspunkten angeordnet sind. Mit Hilfe eines K. sollen die Geschäftsvorfälle erfasst und übersichtlich dargestellt werden. K. werden von Wirtschaftsverbänden empfohlen. Verbreitet sind vor allem der → Gemeinschaftskontenrahmen der Industrie (GKR) und der → Industriekontenrahmen (IKR). – Die Konten sind in zehn Kontenklassen (0 bis 9) eingeteilt, diese wiederum in Gruppen und Untergruppen. Den Klassen und Gruppen werden die einzelnen Konten und die Abschlusskonten zugeordnet.

Kontingent, Quote, die vom Staat zur Begrenzung eines Warenangebots festgelegt wird. K. werden z.B. bei Im- oder Exporten festgelegt. Vor allem Importkontingente werden häufig im internationalen Handel eingesetzt. Durch diese soll die inländische Produktion geschützt werden.

kontinuierlicher Verbesserungsprozess, → Kaizen.

Konto, Gegenüberstellung und Abrechnung von Ein- und Abgängen (z.B. Ein- und Auszahlungen). – 1. *Buchführung:* Mit Hilfe von K. werden Geschäftsvorfälle systematisch, vollständig und ordnungsgemäß erfasst. Ein Konto ist in eine

Sollseite (→ Soll) und in cinc Habenseite (→ Haben) unterteilt. Die Sollseite ist die linke Seite des Kontos, die Habenseite die rechte. Die Bezeichnung der Kontenseiten ist historisch entstanden. Haben oder Soll haben keine inhaltliche Bedeutung. – Zu unterscheiden sind:

- Bestandskonto und
- Erfolgskonto.

2. *Bankwesen:* → Bankkonto.

Kontokorrent, *laufende Rechnung.* Begriff aus dem Handelsrecht. Das K. ist eine Verrechnungsart gegenseitiger Ansprüche zweier Parteien, die aus einer dauerhaften Geschäftsverbindung entstehen. Die Einzelansprüche werden verrechnet und in regelmäßigen Zeitabständen abgerechnet.

Kontokorrentkonto, *laufendes Konto.* → Bankkonto, auf dem alle Gutschriften und Belastungen eines Kunden erfasst und täglich abgerechnet werden. Der Kunde kann jederzeit durch Einzahlung, Barabhebung, Überweisung oder Scheck über das K. verfügen. Über das K. können alle Bankgeschäfte, vor allem der Zahlungsverkehr abgewickelt werden. – Häufig wird das K. auch als → Girokonto bezeichnet.

Kontokorrentkredit, → Kredit, den der Kreditnehmer bis zu einem festgelegten Höchstbetrag (sog. Kreditlinie) in Anspruch nehmen kann. Der Kreditnehmer kann bis zur Kreditlinie über sein Konto verfügen. D.h., er kann sein Konto bis zur Kreditlinie „überziehen". Ein K. wird für eine bestimmte Zeit (i.d.R. sechs Monate) vereinbart. In der Praxis wird der K. jedoch häufig regelmäßig verlängert. – Vgl. auch → Dispositionskredit.

Kontrahierungspolitik, Sammelbegriff für → Preispolitik und → Konditionenpolitik

Kontrakt, → Vertrag.

Kontrolle, Durchführung eines Vergleichs zwischen geplanten oder angestrebten und tatsächlichen Größen. Außerdem umfasst die K. die Analyse der Abweichungsursachen. Eine K. erfolgt ständig. Kontrollinformationen können Daten für nachfolgende Planungen liefern. Sie können beispielsweise auch für eine Mitarbeiterbeurteilung herangezogen werden.

Kontrollmitteilung, Auswertung über das, was der Außenprüfer im Rahmen einer → Außenprüfung über die Verhältnisse Dritter festgestellt hat. K. werden dem zuständigen Finanzamt mitgeteilt und von diesem überprüft.

Konventionalstrafe, *Vertragsstrafe.* Geldsumme, die bei einer Vertragsverletzung als Strafe zu zahlen ist. Der Schuldner muss an den Gläubiger die vereinbarte K. zahlen, wenn er seine Vertragsverpflichtungen nicht erfüllt. Gegen eine unverhältnismäßig hohe K. kann der Schuldner gerichtlich vorgehen. Dies gilt jedoch nicht für Kaufleute.

Konvertibilität, *Konvertierbarkeit.* Recht, eine Währung in eine andere einzutauschen. Der Eintausch kann in unbegrenzter Höhe zu den geltenden Wechselkursen erfolgen. Im Fall der sog. beschränkten K. ist das Umtauschrecht auf bestimmte Personen oder Organisationen, Verwendungszwecke (z.B. Schuldendienst) oder Währungen eingeschränkt. Die Verwirklichung der K. ist eines der Hauptziele des → Internationalen Währungsfonds (IWF).

Konvertierbarkeit, → Konvertibilität.

Konzentration, Zusammenballung wirtschaftlicher Größen wie z.B. Einkommen oder Vermögen. In der Volkswirtschaftslehre spielt vor allem die → Unternehmenskonzentration und ihre Messung eine wichtige Rolle.

Konzern, Zusammenschluss mehrerer Unternehmen unter einer Geschäftsleitung. Die Konzernunternehmen sind rechtlich selbstständig. Sie geben jedoch ihre wirtschaftliche Selbständigkeit auf. – Nach dem Aktiengesetz (AktG) werden unterschieden:

- Gleichordnungskonzern (Koordinationskonzern): Die Konzernunternehmen unterstehen keinem übergeordneten (herrschenden) Unternehmen.
- Unterordnungskonzern (Subordinationskonzern): Die Konzernunternehmen stehen unter der Leitung eines übergeordneten (herrschenden) Unternehmens.

Je nachdem, welcher Produktionsstufe die Konzernunternehmen angehören, können unterschieden werden:

- horizontaler K.: Zusammenschluss von Unternehmen der gleichen Produktionsstufe.
- vertikaler K.: Zusammenschluss von Unternehmen aufeinander folgender Produktionsstufen (von der Rohstofflieferung bis zum Verkauf).
- Mischkonzern (anorganischer K.): Zusammenschluss von Unternehmen unterschiedlichster Art wie z.B. Bank, Versicherung, Reiseunternehmen.

Konzernabschluss, → Jahresabschluss eines Konzerns. Der K. besteht aus der Konzernbilanz, der Konzern-Gewinn-und-Verlustrechnung und dem Konzernanhang. Nach dem Handelsgesetzbuch (HGB) muss eine Kapitalgesellschaft einen K. aufstellen, wenn sie bei einem anderen Unternehmen die Mehrheit besitzt und gleichzeitig Gesellschafterin ist (Mehrheitsbeteiligung). Sie muss dieses auch tun, wenn sie aufgrund eines Beherrschungsvertrags oder aufgrund der Satzung einen beherrschenden Einfluss hat. Der K. dient nicht als Grundlage für die Gewinnverteilung und Besteuerung, sondern der Information über die Vermögens-, Finanz- und Ertragslage. – Zur Erstellung der K. werden die Einzelabschlüsse der Muttergesellschaft und aller in- und ausländischen Tochtergesellschaften aufgestellt und addiert. Konzerninterne Vorgänge müssen anschließend herausgerechnet werden. Dazu sind folgende Schritte erforderlich:

- Aufrechnung des Beteiligungsbuchwertes gegen das Eigenkapital der Beteiligungsgesellschaft (Kapitalkonsolidierung)
- Aufrechnung der Forderungen und Schulden zwischen den Konzerngesellschaften (Schuldenkonsolidierung)
- Entfernen der Gewinne und Verluste aus den Geschäftsbeziehungen der Konzerngesellschaften untereinander
- Aufrechnung von Aufwendungen und Erträgen aus den Geschäftsbeziehungen der Konzerngesellschaften untereinander (Aufwands- und Ertragskonsolidierung).

Der K. ist nach den handelsrechtlichen Vorschriften, die für den Jahresabschluss von Kapitalgesellschaften gelten, aufzustellen. Er kann jedoch auch nach anerkannten internationalen Rechnungslegungsgrundsätzen wie den International Financial Reporting Standards (IFRS) erstellt werden.

Konzernbilanz, → Konzernabschluss.

Konzernlagebericht, → Konzernabschluss.

Konzession, Begriff aus dem Verwaltungsrecht. K. ist die Genehmigung, eine bestimmte Tätigkeit auszuüben, ein bestimmtes Geschäft zu betreiben oder ein bestimmtes Recht zu verwerten. Beispielsweise sind K. für das Betreiben eines Taxiunternehmens oder die Ausschankkonzession für Gaststätten erforderlich.

Kooperation, Zusammenarbeit von rechtlich und wirtschaftlich selbstständigen Unternehmen. Durch die K. soll die gemeinsame Wettbewerbsfähigkeit gesteigert werden, z.B. durch Erfahrungsaustausch über Gemeinschaftsarbeiten, Gütergemeinschaften und Gemeinschaftsgründungen oder Unternehmenszusammenschlüsse. – Vgl. auch → Unternehmenszusammenschluss.

Kopfpauschale, Vorschlag zur Reform der Finanzierung der gesetzlichen Krankenversicherung. K. ist der monatliche Betrag, den jeder Erwachsene unabhängig von seinem Einkommen in die Krankenversicherung einzahlen soll. Die K. ist dabei auch von Ehepartnern, die nicht erwerbstätig sind, zu zahlen. Im Fall der K. soll der bisherige Arbeitgeberanteil zur Krankenversicherung entfallen.

Kopfsteuer, einfachste Form der Steuer. Bei der K. wird jede Person unabhängig von seiner Leistungsfähigkeit besteuert.

Körperschaft, rechtsfähiger Zusammenschluss. Eine K. ist eine → juristische Person. – 1. *K. des Privatrechts:* Dazu zählen im Einzelnen → Aktiengesellschaft (AG), → Kommanditgesellschaft auf Aktien (KGaA), → Gesellschaft mit beschränkter Haftung (GmbH) und → Genossenschaft, aber auch der rechtsfähige → Verein. – 2. *K. des öffentlichen Rechts:* Vereinigung zur Erfüllung öffentlicher Aufgaben, die unter staatlicher Aufsicht steht. Dazu zählen Gebietskörperschaften (Bund, Länder und Gemeinden), Personen- und Vereinskörperschaften (z.B. Berufskammern) und Verbandskörperschaften (z.B. kommunale Zweckverbände).

Körperschaftsteuer, Steuer, die das → zu versteuernde Einkommen einer Kapitalgesellschaft oder einer anderen juristischen Person (z.B. Körperschaften des öffentlichen Rechts) erfasst. Sie ist damit die „Einkommensteuer der Körperschaften". Die K. ist auf das Einkommen, das die Körperschaft innerhalb eines Kalenderjahres bezogen hat, zu zahlen. Für kleinere Körperschaften gibt es einen Freibetrag von bis zu 3.835 Euro. Auch für Genossenschaften und Vereine, die Land- und Forstwirtschaft betreiben, gilt ein Freibetrag (maximal 15.339 Euro). Der Körperschaftsteuersatz beträgt derzeit 25 Prozent. Steuerbefreiungen gelten vor allem für Körperschaften, die gemeinnützige Zwecke verfolgen. Dazu gehören Pensionskassen, Kranken- und Unterstützungskassen, politische Parteien sowie Versicherungs- und Versorgungseinrichtungen.

Korrespondenzbank, Kreditinstitut, mit dem eine Bank oder Sparkasse in ständiger Geschäftsverbindung steht. Beide Kreditinstitute können per → Kontokorrent (Banken-Kontokorrent) gegenseitige Forderungen und Verbindlichkeiten verrechnen.

Kosten, bewerteter Güterverzehr. – 1. *Volkswirtschaft:* Begriff für den bewerteten Güterverzehr in der Produktion. Die Gütereinheiten werden mit ihren jeweiligen Preisen bewertet und addiert. Der Zusammenhang zwischen K. und Produktionsmenge wird als Funktion dargestellt (→ Kostenfunktion). – Vgl. auch → Opportunitätskosten. – 2. *Rechnungswesen:* Begriff für den bewerteten mengen-

Kosten und Aufwand

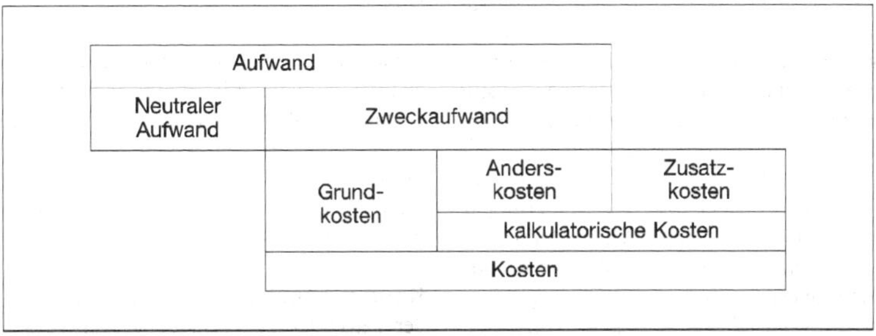

mäßigen Güterverzehr zur Erstellung und zum Absatz von Sach- und/oder Dienstleistungen. K. werden i.d.R. aus dem → Aufwand abgeleitet. – K. und Aufwand können folgendermaßen abgrenzt werden:

- Kosten, die gleichzeitig Aufwendungen sind: → Grundkosten und → Anderskosten.
- Aufwendungen, die keine Kosten sind: → neutraler Aufwand.
- Kosten, die keine Aufwendungen sind: → Zusatzkosten.

Vgl. auch Abbildung „Kosten und Aufwand". –Wichtige Kostenkategorien sind die → fixen Kosten und die → variablen Kosten sowie die → Gemeinkosten und die → Einzelkosten. – *Gegensatz:* → Erlös. – Vgl. auch → kalkulatorische Kosten.

Kostenart, Teil der Gesamtkosten, der nach der Art der ver- oder gebrauchten Güter oder Dienstleistungen gebildet wird. Alle K. sind eindeutig zu definieren. Jeder Kostenbetrag muss genau einer bestimmten K. zugeordnet werden. – Zu unterscheiden sind:

- primäre K. (originäre K.): Kostenkategorie für Güter, die von Unternehmensexternen bezogen werden. Ihre Erfassung erfolgt in der → Kostenartenrechnung.
- sekundäre K. (abgeleitete K.): Kostenkategorie für → innerbetriebliche Leistungen. Diese werden in der → Kostenstellenrechnung erfasst.

Kostenartenrechnung, Teilbereich der → Kostenrechnung. In der K. werden die Kosten nach ihrer Art erfasst (primäre → Kostenarten). Die K. bildet die Grundlage der → Kostenstellenrechnung und der → Kostenträgerrechnung. Der Aufbau der K. entspricht im Wesentlichen dem für die Finanzbuchhaltung maßgeblichen → Kontenrahmen.

Kostenfunktion, mathematisch-funktionale Beziehung zwischen → Kosten, die bei der Produktion eines Gutes anfallen, und dessen Menge. Die K. gibt somit die Kosten an, die mindestens anfallen, wenn eine bestimmte Menge eines Gutes bei gegebenen Preisen produziert wird. Verändern sich die Kosten mit der Produktionsmenge, handelt es sich um → variable Kosten. Bleiben die Kosten trotz Veränderung der Produktionsmenge konstant, handelt es sich um → fixe Kosten. Die K. wird aus der → Produktionsfunktion abgeleitet.

Kosten-Nutzen-Analyse, Verfahren zum Vergleich und zur Bewertung von Investitionsobjekten oder Handlungsmöglichkeiten. Im ersten Schritt werden die zukünftigen, auf den gegenwärtigen Zeitpunkt abgezinsten Kosten und Nutzen des einzelnen Objektes bestimmt (→ Diskontierung). Diese werden dann mit den entsprechenden Größen alternativer Investitionsobjekte verglichen. Gewählt wird die Alternative mit der größten Differenz zwischen Nutzen und Kosten. Die K.-N.-A. wurde ursprünglich für die öffentliche Verwaltung entwickelt und dort angewandt.

Kostenplatz, Abrechnungsbereich innerhalb einer → Kostenstelle. K. werden vor allem dann eingerichtet, wenn innerhalb einer Kostenstelle unterschiedliche Leistungsarten erbracht und diese gesondert kalkuliert werden.

Kostenpräkurrenz, Begriff für das zeitliche Vorauseilen der Kosten bei einer Steigerung der Ausbringungsmenge. – *Gegensatz:* → Kostenremanenz.

Kostenrechnung, Teilbereich des internen → Rechnungswesens. Im Rahmen der K. werden die → Kosten erfasst, gespeichert, den verschiedenen Bezugsgrößen (z.B. Produkte, Aufträge) zugeordnet und für spezielle Zwecke ausgewertet. Die K. stellt Kosten- und Erlösinformationen, die für die Planung, Kontrolle und Analyse des Unternehmenserfolgs erforderlich sind, zur Verfügung. Außerdem werden Daten der K. für die Festlegung und Überprüfung der Angebotspreis benötigt. Die K. wird auch zur Wirtschaftlichkeitskontrolle von Fertigungsverfahren, Abteilungen, Vertriebswege usw. genutzt. – Häufig wird der Begriff der K. auch auf die Betrachtung und Analyse von Erlösen oder Leistungen ausgeweitet. In diesem Zusammenhang wird dann auch von einer Kosten- und Erlösrechnung oder einer Kosten- und Leistungsrechnung gesprochen. – Teilbereiche der K. sind:

- Kostenartenrechnung
- Kostenstellenrechnung
- Kostenträgerrechnung.

Kostenrechnungssysteme, Systeme zur Erfassung und Auswertung von Kosten, die sich hinsichtlich Zeitbezug und Umfang unterscheiden. Nach dem Zeitbezug werden → Istkostenrechnung, → Normalkostenrechnung und → Plankostenrechnung unterschieden. Nach Art und Umfang der Kostenverrechnung werden → Teilkostenrechnung und → Vollkostenrechnung unterschieden.

Kostenremanenz, Kostenentwicklung, die dadurch gekennzeichnet ist, dass bei Verringerung der Ausbringungsmenge die Kosten nicht gleichzeitig zurückgehen. Die Kosten bleiben gleich hoch oder sinken langsamer. – *Gegensatz:* → Kostenpräkurrenz.

Kostenstelle, Teilbereich des Unternehmens, für den Kosten getrennt erfasst werden. Für jede K. werden die von ihr verursachten Kostenarten erfasst und ausgewiesen. K. können nach unterschiedlichen Gesichtspunkten gebildet werden, z.B. nach Verantwortungsbereichen oder räumlichen Gesichtspunkten. – Es gibt → Hauptkostenstellen, → Nebenkostenstellen und → Hilfskostenstellen sowie → Endkostenstellen und Vorkostenstellen. – Vgl. auch → Kostenplatz.

Kostenstellenrechnung, Teilbereich der → Kostenrechnung. Im Rahmen der K. werden die Kosten für die einzelnen → Kostenstellen erfasst und zwischen diesen verrechnet. Die K. erfasst alle Kostenstellengemeinkosten (→ Gemeinkosten) und ordnet diese entsprechend ihrer Verursachung den Kostenstellen zu. Danach werden die Kosten für innerbetriebliche Leistungen verrechnet (→ innerbetriebliche Leistungsverrechnung).

Kostenträger, Produkt oder Leistung eines Unternehmens, dem bzw. der die Kosten zugeordnet werden. Die Kosten werden im Rahmen der → Kostenträgerrechnung oder → Kostenstellenrechnung dem K. zugerechnet.

Kostenträgerrechnung, Teilbereich der → Kostenrechnung. Im Rahmen der K. werden die Kosten den jeweiligen → Kostenträgern zugerechnet. Handelt es sich um → Einzelkosten, können diese direkt aus der → Kostenartenrechnung übernommen werden. Handelt es sich um Gemeinkosten, werden diese mit Hilfe von Kalkulationsverfahren aus der → Kostenstellenrechnung übernommen. – Zu unterscheiden sind die Kostenträgerzeitrechnung und die Kostenträgerstückrechnung. In der Kostenträgerzeitrechnung werden die Kosten, die in einem bestimmten Abrechnungszeitraum für den Kostenträger angefallen sind, ausgewiesen. Bei der Kostenträgerstückrechnung werden die Kosten pro Einheit eines Kostenträger ausgewiesen (→ Kalkulation).

Kostentreiber, → Prozesskostenrechnung.

Kosten- und Erlösrechnung, → Kostenrechnung.

Kosten- und Leistungsrechnung, → Kostenrechnung.

Kostenvergleichsrechnung, einfaches Verfahren der Investitionsrechnung. Bei der K. werden die Kosten der einzelnen Investitionsobjekte miteinander verglichen, um das Investitionsobjekt mit den niedrigsten Kosten auszuwählen.

Kostenvoranschlag, ausführliche Berechnung der voraussichtlichen Kosten der im → Werkvertrag versprochenen

Arbeit. Mit dem K. verpflichtet sich der Unternehmer die Arbeit zu der genannten Summe zu erbringen. Wurde der K. nur zur Information erstellt, muss der Unternehmer den Besteller informieren, wenn die veranschlagten Kosten erheblich überschritten werden. Der Besteller kann in diesem Fall den Vertrag kündigen.

Kraftfahrtversicherung, *Autoversicherung, Kraftfahrzeugversicherung.* Versicherungsschutz für Schäden, die durch ein Kraftfahrzeugs (Kfz) verursacht werden. Die K. gilt nur in der Europäischen Union (EU). – 1. *Kraftfahrzeughaftpflichtversicherung:* Versicherung von Personen-, Sach- und sonstigen Vermögensschäden. Es besteht Versicherungspflicht. Die Versicherungshöhe beträgt mindestens 2,5 Mio. Euro für Personenschäden, 500.000 Euro für Sachschäden und 50.000 Euro für sonstige Vermögensschäden. – 2. *Fahrzeugversicherung (Kaskoversicherung):* Versicherung, die bei Beschädigung, Zerstörung oder Verlust des Kfz eintritt. Zu unterscheiden sind Fahrzeugvollversicherung (Vollkaskoversicherung), bei der vor allem auch selbst verschuldete Unfälle versichert sind, und Fahrzeugteilversicherung (Teilkaskoversicherung). – 3. *Kraftfahrtunfallversicherung (Insassenunfallversicherung):* Es sind Gesundheitsschäden der Insassen aufgrund eines Unfalls versichert.

Kraftfahrzeugsteuer, Steuer, die auf inländische Fahrzeuge sowie ausländische Fahrzeuge im Inland erhoben wird. Die Höhe der K. ist von der Ausrüstungs- und Hubraumklasse des Fahrzeugs abhängig. Für die einzelnen Klassen ist dabei ein bestimmter Betrag je 100 ccm Hubraumvolumen zu entrichten. Die Steuer ist für die Dauer eines Jahres im Voraus zu bezahlen. Beträgt sie mehr als 500 Euro wird sie auch für die Dauer eines Halbjahres oder Vierteljahres erhoben.

Kraftfahrzeugversicherung, → Kraftfahrtversicherung.

Krankengeld, finanzielle Ersatzleistung der gesetzlichen Krankenkassen. Das K. wird gezahlt, wenn der Versicherte wegen Krankheit arbeitsunfähig ist. I.d.R. zahlt in den ersten sechs Wochen der Arbeitgeber das Arbeitsentgelt weiter (→ Entgeltfortzahlung im Krankheitsfall). Danach erhält der Arbeitnehmer K. Die Höhe des K. beträgt i.d.R. 70 Prozent des Arbeitsentgelts. – Ein Anspruch auf K. besteht auch für den Fall, dass ein Kind unter 12 Jahren des Arbeitnehmers krank ist. In diesem Fall wird für bis zu zehn Arbeitstage pro Jahr oder 20 Arbeitstage pro Jahr (Alleinerziehende) K. gezahlt.

Krankenkasse, Träger der Krankenversicherung. Kennzeichnend für die gesetzlichen K. ist die Pflichtmitgliedschaft und die Aufbringung der Beiträge jeweils zur Hälfte durch den Arbeitgeber und -nehmer. Neben den gesetzlichen K. bestehen private K., für die sich ein Arbeitnehmer entscheiden kann, wenn sein Einkommen über der Beitragsbemessungsgrenze der gesetzlichen Krankenversicherung liegt. In diesem Fall werden die Beiträge vom Arbeitnehmer eigenständig überwiesen. Der Arbeitgeber bezuschusst den Versicherungsbeitrag zur Hälfte. Der Zuschuss beträgt maximal die Hälfte des Durchschnittsbeitrags in der gesetzlichen Krankenversicherung. Der Leistungsanspruch der in der gesetzlichen K. Versicherten ist im Fünften Sozialgesetzbuch (SGB) festgelegt. – Bei den gesetzlichen Krankenkassen kann zwischen → Allgemeine Ortskrankenkassen (AOK), → Betriebskrankenkassen (BKK), → Innungskrankenkassen (IKK) und → Ersatzkassen unterschieden werden. Diese Unterscheidung ist allerdings durch die Einführung des → Krankenkassenwahlrechts im Rahmen des Gesundheitsstrukturgesetzes bedeutungslos geworden. – Die Krankenkassen finanzieren sich aus den Beiträgen der Versicherten, wobei die einzelnen Krankenkassen ihre jeweiligen Beitragssätze bestimmen. Diese liegen zwischen ca. 12 bis 16 Prozent des sozialversicherungspflichtigen Einkommens.

Krankenkassenwahlrecht, Recht, eine Krankenkasse frei zu wählen. Dieses Wahlrecht besteht auch für Pflichtversicherte und freiwillig Versicherte einer gesetzlichen Krankenkasse. Der Versicherungspflichtige ist an die gewählte Krankenkasse mindestens 18 Monate gebunden. Allerdings besteht im Fall einer Beitragserhöhung ein Kündigungsrecht mit einer Frist von einem Monat. Eine Kündigung ist ansonsten mit einer Frist von drei Monaten zum Ende des Kalenderjahres möglich. Die Kündigung wird nur wirksam, wenn innerhalb der Kündigungsfrist die Mitgliedschaft in einer anderen Krankenkasse durch eine entsprechende Bescheinigung nachgewiesen wird. Außerdem kann das Wahlrecht bei einem Wechsel des Arbeitgebers jederzeit ausgeübt werden.

Krankenversichertenkarte, Ausweis des Versicherten über seine Mitgliedschaft in einer Krankenkasse. Die K. enthält die Bezeichnung der ausstellenden Krankenkasse, Namen, Geburtsdatum und Anschrift des Versicherten, seinen Status als Familienangehöriger sowie die Angabe über den Beginn und gegebenenfalls die Dauer des Versicherungsschutzes.

Krankenversicherung, Teil des deutschen Systems der sozialen Sicherung. Die Risiken von Krankheiten können entweder im Rahmen der gesetzlichen oder der privaten K. abgesichert werden. – 1. *Gesetzliche K.:* Diese kann als Pflichtversicherung oder als → freiwillige Versicherung bestehen. Träger der gesetzlichen K. sind die gesetzlichen → Krankenkassen. – 2. *Private K.:* Diese kann nur von Personen abgeschlossen werden, die nicht der Versicherungspflicht unterliegen oder auf Antrag von der Versicherungspflicht befreit sind. Es wird ein Versicherungsvertrag zwischen Versicherungsnehmer und einer privaten Versicherungsgesellschaft abgeschlossen.

Kredit, Überlassung von Kapital auf Zeit. Darüber hinaus wird auch das bei der Fremdfinanzierung überlassene Kapital selbst als K. bezeichnet. – Grundlage eines K. ist ein Kreditvertrag, der zwischen Kreditnehmer und Kreditgeber abgeschlossen wird. Im Kreditvertrag werden vor allem Kredithöhe, Laufzeit und Rückzahlung, Zinsen und Sicherheiten für den Kreditgeber vereinbart. – Hinsichtlich der Laufzeit lassen sich folgende Arten unterscheiden:

- kurzfristiger K.: Laufzeit unter einem Jahr
- mittelfristiger K.: Laufzeit von einem Jahr bis zu vier Jahren
- langfristiger K.: Laufzeit von mindestens vier Jahren.

Nach den gegebenen Sicherheiten für den K. gibt es folgende Kreditarten:

- Realkredit: Dieser Kredit wird durch sog. Sachsicherheiten wie z.B. Pfand, Grundschuld oder Hypothek gesichert.
- Personalkredit: Dieser wird durch sog. Personensicherheiten wie vor allem Bürgschaften abgesichert.

Vgl. auch → Darlehen.

Kreditanstalt für Wiederaufbau (KfW), Kreditinstitut, das zur Förderung der Wirtschaft → Kredite vergibt. Sitze in Frankfurt a.M., Berlin und Bonn. Die KfW vergibt entsprechend den struktur- und umweltpolitischen Zielen der Bundesregierung, zum Teil auch in ihrem Auftrag, Kredite. Die KfW beschränkt sich jedoch auf Kreditgeschäfte, bei denen sie nicht mit den Geschäftsbanken konkurriert. Die KfW ist in den Geschäftsbereichen Investitionsfinanzierung, Export- und Projektfinanzierung, Mezzanine-Finanzierung, Zusammenarbeit mit Entwicklungsländern sowie Beratungsleistungen tätig. – *Weitere Informationen unter* www.kfw.de.

Kreditfinanzierung, Form der → Fremdfinanzierung. In diesem Fall wird das Kapital durch die Aufnahme von → Krediten beschafft.

Kreditgenossenschaft, *Genossenschaftsbank,* Kreditinstitut, das in der Rechtsform einer eingetragenen → Genossenschaft (eG) geführt wird. K. sind vor allem Volksbanken, Raiffeisenbanken sowie Spar- und Darlehenskassen.

Kreditgeschäft, → Bankgeschäft im Sinn des Kreditwesengesetzes (KWG). Ein K. ist die Gewährung von Gelddarlehen (→ Darlehen) und → Akzeptkrediten. Teilbereiche des K. sind → Geldleihe und → Kreditleihe.

Kreditinstitut, Unternehmen, das → Bankgeschäfte im Sinn des Kreditwesengesetzes (KWG) betreibt. Nach der Rechtsprechung der Europäischen Union (EU) bezieht sich der Begriff K. nur auf Unternehmen, die sowohl → Einlagengeschäfte als auch → Kreditgeschäfte betreiben. – Vgl. auch → Bank.

Kreditkarte, Zahlungskarte, die zur Geldbeschaffung an Geldausgabeautomaten und zur bargeldlosen Zahlung eingesetzt wird. Als K. werden in erster Linie die Zahlungskarten der internationalen Kartenorganisationen wie American Express, Diners Club, Mastercard und Visa bezeichnet.

Kreditleihe, Teilbereich des → Kreditgeschäfts. Bei der K. stellt das Kreditinstitut seinem Kunden keine Geldmittel, sondern seine Kreditwürdigkeit zur Verfügung. Durch die K. werden die Mittel der Bank in Anspruch genommen, wenn der Kunde seinen Verpflichtungen nicht nachkommt. Zur K. zählen → Avalkredit und → Akzeptkredit. – *Gegensatz:* → Geldleihe.

Kreditlinie, *Limit,* Obergrenze, bis zu der ein → Kontokorrentkredit durch den Kreditnehmer in Anspruch genommen werden darf.

Kreditmarkt, → Finanzmarkt.

Kreditoren, Begriff aus der Buchhaltung für die → Gläubiger eines Unternehmens, vor allem Lieferanten. – *Gegensatz:* → Debitoren.

Kreditscoring, statistisches Prognoseverfahren, das von Banken bei Kreditentscheidungen eingesetzt wird. Es werden Merkmale ausgewählt, gewichtet und mit Punkten bewertet. Die Punkte werden dann zu einem Gesamtergebnis zusammengezogen. Bei Privatpersonen werden persönliche Daten wie Alter, Beruf oder Geschlecht sowie Einkommen und Vermögen, Kontostand und Zahlungsverhalten erhoben und beurteilt. Bei Gewerbebetrieben werden vor allem Jahresabschlüsse miteinbezogen.

Kreditsicherheiten, Möglichkeiten zur Absicherung von Krediten. – Vgl. auch Abbildung „Kreditsicherheiten – Arten".

Kreditwürdigkeit, *Bonität.* Maßstab für die Beurteilung der Fähigkeit eines Kreditnehmers, einen Kredit vereinbarungsgemäß verzinsen und zurückzahlen zu können. Die K. ist im Wesentlichen von den persönlichen Verhältnissen sowie den Einkommens- und Vermögensverhältnissen des Kreditnehmers abhängig.

Kreditwürdigkeitsprüfung, Prüfung der → Kreditwürdigkeit eines Kreditnehmers. Es werden die persönlichen und wirtschaftlichen Verhältnisse des Kreditnehmers geprüft und beurteilt. I.d.R. wird auf der Grundlage der K. über eine Kreditvergabe entschieden. Bei Privatkunden werden vor allem die aktuellen Einkommens- und Vermögensunterlagen geprüft, die persönliche Zuverlässigkeit und das Arbeitsplatzrisiko eingeschätzt. Außerdem wird die Verwendung des Kredits bei den Überlegungen einbezogen. Bei Firmenkunden werden vor allem die Jahresabschlüsse der letzten drei Jahre, aktuelle Zwischenzahlen und Unternehmenspläne analysiert.

Krisenmanagement, unternehmenspolitische Maßnahmen zur Vermeidung oder Bewältigung von Unternehmenskrisen. I.d.R. gerät ein Unternehmen in eine Krise, wenn sich die Rahmenbedingungen für das Unternehmen plötzlich verändern, ohne dass dieses vorhergesehen wurde. Im Fall eines aktiven K. versucht die Geschäftsführung, mögliche Krisen gedanklich vorwegzunehmen. In diesem Fall können z.B. alternative Zukunftsentwürfe und Unternehmenspläne entwickelt werden. Beim reaktiven K. wird versucht, die Krise zu bewältigen.

Kulanz, Gefälligkeit oder Entgegenkommen im Geschäftsverkehr.

Kunde, ein tatsächlicher oder möglicher Nachfrager auf Märkten. Dies können Einzelpersonen oder Institutionen mit mehreren Entscheidungsträgern sein. – Zu unterscheiden sind:

- Laufkunden: K., die im Vorübergehen oder nach Prüfung des Marktangebotes bei wechselnden Anbietern kaufen.
- Stammkunden: K., die ihren Bedarf regelmäßig bei demselben Anbieter decken.

Vgl. auch → Key Account.

Kundenbindung, Bindung eines Nachfragers an einen bestimmten Anbieter. Es kommt zu wiederholten Geschäftsabschlüssen mit ein und demselben Kunden. Zur K. können zahlreiche Maßnahmen zur Kundenpflege wie z.B. Treuerabatte, Hotline, Telefonmarketing, Kundenzeitschriften, Kundenclubs, Kundenkarten eingesetzt werden. Grundlage ist aber vor allem eine Produktpolitik, die sich an den Wünschen und Bedürfnissen des Kunden orientiert.

Kundenclub, ein von einem Unternehmen organisierter Club. Durch den K. soll vor allem die → Kundenbindung gefördert werden. Außerdem kann ein K. zur Mund-zu-Mund-Werbung genutzt werden. Clubmitgliedern werden vor allem Sonderpreisaktionen oder -nachlässe, aber auch exklusive Serviceleistungen (z.B. Versicherungen, Veranstaltungen und

Kreditsicherheiten – Arten

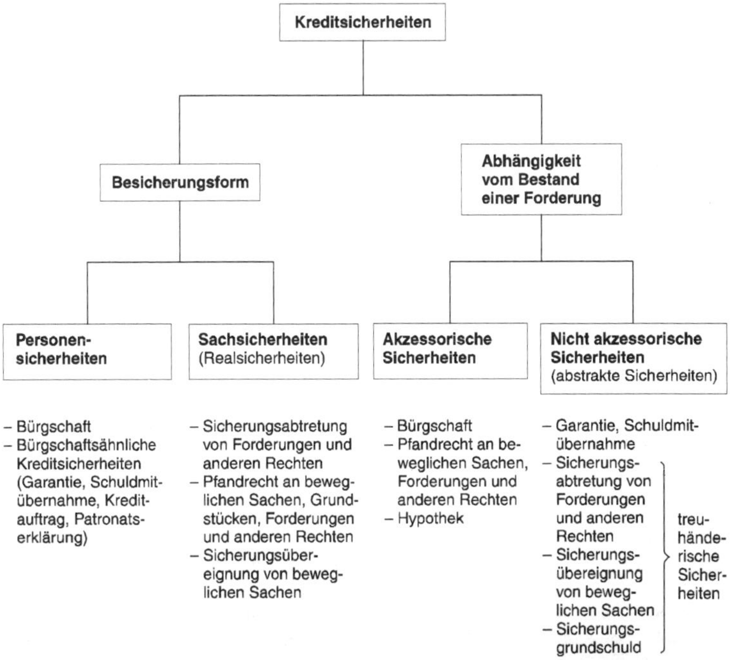

Reisen) angeboten. Meistens besteht zu den Clubmitgliedern ein regelmäßiger Kontakt über Clubzeitschriften.

Kundendatenbank, → Database.

Kundendienst, → Service.

Kundennähe, → Kundenorientierung.

Kundennutzen, Grad der Bedürfnisbefriedigung für den Kunden durch ein Produkt. Jede Kaufentscheidung ist für den Kunden ein Abwägen von Kosten und Nutzen.

Kundenorientierung, *Kundennähe.* Ausrichtung aller marktrelevanten Maßnahmen eines Unternehmens auf die Wünsche und Bedürfnisse der Kunden. Ziele der K. sind die Erhöhung der → Kundenzufriedenheit und damit die Stärkung der → Kundenbindung.

Kundenzufriedenheit, Phänomen, das nach dem Kauf auftritt. Der Kunde beurteilt das gekaufte Produkt oder die in Anspruch genommene Dienstleistung anhand der gemachten Erfahrungen. K. drückt aus, inwieweit die Erwartungen des Kunden mit dem tatsächlichen Konsumerlebnis übereinstimmen. Zufriedene Kunden sind i.d.R. treue Kunden. D.h., diese Kunden kaufen wieder und sind i.d.R. weniger preissensibel. Außerdem können zufriedene Kunden ein positives Image des Unternehmens vermitteln.

Kündigung, *Entlassung.* Einseitige Willenserklärung, die zur Auflösung eines Arbeits- oder sonstigen Vertrags führt. I.d.R. muss bei einer K. eine gesetzlich geregelte Frist (sog. Kündigungsfrist) eingehalten werden. Erst nach Ablauf dieser Frist ist das Vertragsverhältnis beendet. – 1. *K. eines Arbeitsvertrags:* Die K. muss schriftlich vorgenommen werden. In Betrieben mit einem → Betriebsrat muss dieser vor einer K. angehört werden. – Zu unterscheiden sind:

- Ordentliche K.: Bei der ordentlichen K. werden die gesetzlichen Kündigungsfristen eingehalten. Nach dem Bürgerlichen Gesetzbuch (BGB) beträgt die Mindestkündigungsfrist vier Wochen. Es kann zum Fünfzehnten oder zum Ende eines Monats gekündigt werden. Während der Probezeit beträgt die Mindestkündigungsfrist zwei Wochen. Der Kündigungsgrund wird i.d.R. in der Kündigung angegeben. Der Arbeitgeber ist dazu jedoch nicht verpflichtet. – Eine betriebsbedingte K. liegt vor, wenn die Weiterbeschäftigung des Arbeitnehmers aus dringenden betrieblichen Erfordernissen nicht möglich ist. Diese kann erfolgen, wenn aufgrund inner- oder außerbetrieblicher Ursachen (z.B. Rationalisierung, Auftragsmangel.) Arbeitsplätze überflüssig werden. Bei der Auswahl der zukündigen Arbeitnehmer hat der Arbeitgeber soziale Gesichtspunkte wie z.B. Lebensalter oder Familienstand (sog. Sozialauswahl) zu berücksichtigen.
- Außerordentliche K.: Bei der außerordentlichen K. werden die gesetzlichen Fristen nicht eingehalten. I.d.R. handelt es sich um eine sofortige K. (sog. fristlose K.). Eine außerordentliche K. kann vorgenommen werden, wenn die Fortsetzung des Arbeitsverhältnisses unzumutbar ist. Dies gilt vor allem bei grober Pflichtverletzung, wiederholtem pflichtwidrigen Verhalten (→ Abmahnung), strafbaren Handlungen sowie unter Umständen bei schweren Erkrankungen, die eine absehbare Genesung nicht erwarten lassen. Die außerordentliche K. muss innerhalb von zwei Wochen nach Kenntnisnahme des Kündigungsgrundes durch den Arbeitgeber erfolgen. Sie ist schriftlich vorzunehmen. Im Kündigungsschreiben muss der Arbeitgeber der Kündigungsgrund nennen.

2. *K. eines Berufsausbildungsvertrages:* Einem Auszubildenden kann nach der Probezeit nur gekündigt werden, wenn ein wichtiger Grund vorliegt. Der Auszubildende hat das Recht, mit einer Frist von vier Wochen schriftlich zu kündigen, wenn er einen anderen Beruf erlernen möchte.

Kündigungsfristen, → Kündigung.

Kündigungsgeld, → Termineinlage, bei der die Einlage für eine unbestimmte Zeit geleistet wird. Beim K. wird jedoch eine Kündigungsfrist (z.B. ein Monat) vereinbart. Das K. kommt in der Praxis selten vor. – *Gegensatz:* → Festgeld.

Kündigungsschutz, → Kündigung.

Kupon, → Bogen.

Kuponsteuer, → Kapitalertragsteuer.

Kuppelproduktion, → Produktionsverfahren, bei dem aus demselben Produktionsprozess mehrere verschiedenartige Produkte (Kuppelprodukte) anfallen. Beispielsweise entstehen bei der Produktion von Benzin schweres und leichtes Heizöl oder bei der Gaserzeugung Koks und Teer. – Die Kosten können nach folgenden Verfahren den Produkten zugerechnet werden:

- Restwertrechnung: Fallen Haupt- und Nebenprodukte an, werden die Erlöse aus den Nebenprodukten von den Gesamtkosten abgezogen. Dann werden die Restkosten dem Hauptprodukt zugerechnet oder auf die Hauptprodukte verteilt.
- Schlüsselungsverfahren: Fallen Produkte von gleicher Bedeutung an, werden die Gesamtkosten der K. im Verhältnis eines bestimmten Schlüssels auf die einzelnen Kuppelprodukte verteilt.

Kurs, → Börsenkurs, → Wechselkurs.

Kursabschlag, → Deport.

Kursaufschlag, → Report.

Kursaussetzung, Aussetzung der Börsennotierung eines Wertpapiers. Eine K. kann nur durch den Börsenvorstand auf Veranlassung der Hausbank der betroffenen Aktiengesellschaft (AG) vorgenommen werden. Eine K. ist beispielsweise notwendig, wenn Ereignisse, die zu starken Veränderungen des Börsenkurses führen können, absehbar sind. Eine K. dient primär dem Schutz breiter Anlegerschichten und dem Ausgleich temporärer Informationsgefälle.

Kursfeststellung, Ermittlung der Preise für Wertpapiere, Waren und Devisen im Handel an der Börse (→ Börsenkurs). Verfahren zur K. sind der → Einheitswert und vor allem die → fortlaufende Notierung.

Kursgewinn, Unterschiedsbetrag zwischen Ankaufspreis und höherem Verkaufspreis eines Wertpapiers. Bei der Berechnung des K. werden Spesen und Gebühren abgezogen.

Kurs-Gewinn-Verhältnis (KGV), *Price Earnings Ratio.* Wichtige Kennziffer, die im Rahmen der → Aktienanalyse berechnet wird. Das KGV ist das Verhältnis des Aktienkurses zum geschätzten Gewinn je Aktie. Als Gewinn können die voraussichtliche → Dividende oder das voraussichtliche → DVFA-Ergebnis hinzugezogen werden.

Kursmakler, *amtlicher Makler.* Börsenmakler, der Wertpapieraufträge am amtlichen Markt vermittelt. Außerdem stellt er die Kurse für die von ihm betreuten Wertpapiere fest und gibt sie bekannt (→ amtlicher Markt). Die K. werden auf Vorschlag des Börsenvorstands von der zuständigen Landesregierung ernannt und vereidigt.

Kurssicherung, → Hedging.

Kurswert, Preis, der für ein Wertpapier an der Börse gezahlt wird. Der K. einer Aktie errechnet sich aus ist der Stückzahl und dem Kurs einer Aktie. Bei einer Anleihe ist der K. das Produkt aus → Nennwert und den in Prozent angegebenen Kurs. Der K. ist für die steuerliche Bewertung von Aktien und Anleihen relevant.

Kurszusätze und -hinweise, Erläuterungen der Börsenkurse im amtlichen

Kurszettel. – Vgl. auch Abbildung „Kurszusätze und -hinweise“.

Kurzarbeit, Reduzierung der betrieblichen Arbeitszeit für einen bestimmten

Kurszusätze und -hinweise

b oder bez	bezahlt	zu dem notierten Kurs waren Angebot und Nachfrage ausgeglichen, ausgeführt alle unlimitierten, alle zum notierten Kurs erteilten Aufträge sowie alle höher limitierten Kauf- und alle niedriger limitierten Verkaufsaufträge
bB oder bezB	bezahlt und Brief	ausgeführt wurden alle unlimitierten, alle zum notierten Kurs (Einheitskurs) oder höher limitierten, also sämtliche Kaufaufträge; alle unlimitierten und alle niedriger als der notierte Kurs limitierten, jedoch nur ein Teil der gerade zum notierten Kurs limitierten Verkaufsaufträge
bG oder bezG	bezahlt und Geld	ausgeführt wurden alle unlimitierten und alle zum notierten Kurs (Einheitskurs) oder niedriger limitierten, also sämtliche Verkaufsaufträge; alle unlimitierten und alle höher als der notierte Kurs limitierten, jedoch nur ein Teil der gerade zum notierten Kurs limitierten Kaufaufträge
B (ohne Zusatz)	Brief, Angebot	dem Angebot stand keine oder nur ganz geringfügige Nachfrage zu einem vertretbaren Kurs gegenüber
G (ohne Zusatz)	Geld, Nachfrage	der Nachfrage stand kein oder nur ganz geringfügiges Angebot zu einem vertretbaren Kurs gegenüber
T	Taxkurs	geschätzter Kurs, es lagen keine Umsätze vor
exD, exDiv	ausschl. Dividende	Kurszusatz am Tage des Dividendenabschlags (meist am 1. Börsentag nach der Hauptversammlung)
exBA	ausschl. Berichtigungsaktien	Zusatz falls Berichtigungsabschlag vorgenommen wurde
exB, exBR	ausschl. Bezugsrecht	Kurszusatz am Tage des Bezugsrechtsabschlages (meist der vorletzte Börsentag vor Ablauf der Bezugsfrist)
exZiehung oder exZ		Kurszusatz am Auslosungstage bei verlosbaren Schuldverschreibungen
Z	gestrichen Ziehung	an den beiden dem Auslosungstag vorangehenden Börsentagen ist Notierung des festverzinslichen Papiers ausgesetzt
o. D.	ohne Dividendenschein	
o. Db.	ohne Dividendenbogen	
m. T.	mit Talon	lieferfähige Stücke müssen mit Talon (Erneuerungsschein) versehen sein
o. U.	ohne Umsatz (Kurszusatz in Berlin)	Vermögensänderung
rep.	repariert	Aufträge wurden nur teilweise ausgeführt (Zuteilung)
Abkürzungen und Zeichen, die gewisse unterschiedliche Bedeutung der Kursnotizen selbst betreffen		
^	Gesellschaft hat Vorzugsaktien, die an der Börse amtlich nicht gehandelt werden	
G	Wertpapiere, bei denen bereits eine Gutschrift aus der Wertpapierbereinigung erfolgt ist	
J	Jungscheine	
N	neue Aktien sind ausgegeben, aber noch nicht lieferbar	
V	Verlosung	
•	zum Optionshandel zugelassen	

Zeitraum. Das Arbeitsentgelt wird entsprechend gekürzt. Durch K. soll der Zeitraum, für den zu wenige Aufträge in Unternehmen vorliegen, überbrückt werden, ohne dass es zu Entlassungen kommt. Sieht der Tarifvertrag eine sog. Kurzarbeitsklausel vor, muss der Arbeitgeber die K. innerhalb eines angemessenen Zeitraums ankündigen und erklären. – In Betrieben mit mehr als zwanzig Arbeitnehmern muss der → Betriebsrat der K. zustimmen. – Für Kurzarbeiter kann der Anspruch auf → Kurzarbeitergeld bestehen.

Kurzarbeitergeld, Leistung der Bundesagentur für Arbeit an von → Kurzarbeit betroffene Arbeitnehmer. K. können jedoch nur Arbeitnehmer erhalten, wenn in einem Zeitraum von vier Wochen die Arbeitszeit um mehr als zehn Prozent gekürzt wird. Außerdem muss mindestens ein Drittel der Arbeitnehmer von der Kurzarbeit betroffen sein. – Die Höhe des K. richtet sich i.d.R. nach dem Arbeitsentgelt. Das K. beträgt für Arbeitnehmer mit mindestens einem Kind 67 Prozent, ansonsten 60 Prozent. K. kann maximal für sechs Monate bezogen werden.

L

Ladenschlusszeiten, Zeiten, zu denen Ladengeschäfte und Verkaufsstände geschlossen sein müssen. Nach dem Ladenschlussgesetz (LadSchlG) dürfen Ladengeschäfte und Verkaufsstände montags bis einschließlich samstags vor 6.00 Uhr und nach 20.00 Uhr sowie sonn- und feiertags ganztägig nicht geöffnet sein. Sonderregelungen gelten für Bäckereien, Apotheken, Tankstellen, Bahnhofs- und Flughafenstände.

Lag, *Time Lag, Zeitverzögerung.* Begriff aus der Wirtschaftspolitik. L. ist der Zeitraum zwischen dem Auftreten einer Störung des Wirtschaftsablaufs und der Korrektur. Zu unterscheiden sind vor allem folgende Arten:

- Recognition L. (Erkennungsverzögerung): Dieser umfasst die Verzögerung bis die Störung wahrgenommen wird (Diagnostic L.) und die Verzögerung bis ein Prognoseergebnis vorliegt (Prognostic L.).
- Action L. (Aktionsverzögerung): Dieser besteht aus der Verzögerung bis zur Bestimmung geeigneter Maßnahmen (Planning L.) und der Verzögerung bis zur endgültigen Entscheidung (Decision L.).
- Instrumental oder administrative L. (Durchführungsverzögerung): Verzögerung durch die rechtsverbindliche Ausgestaltung und praktische Umsetzung der Maßnahmen.
- Reaction L. (Reaktionsverzögerung): Verzögerung bis zur Wahrnehmung der Maßnahmen durch die Betroffenen.
- Operational L. (Dur*chsetzungsverzögerung):* Verzögerung bis zur Reaktion der Betroffenen.

Lagebericht, Bericht über die wirtschaftliche Lage eines Unternehmens. Der L. wird von der Geschäftsführung erstellt. Es müssen mindestens Geschäftsverlauf, Situation und zukünftige Chancen und Risiken des Unternehmens dargestellt werden. – Der L. ist bei mittleren und großen Kapitalgesellschaften Bestandteil des → Jahresabschluss.

Lager, Ort, an dem Güter aufbewahrt werden. Als L. wird auch der Bestand von Gütern zur Vorratshaltung bezeichnet. Durch Lagerhaltung werden Unterschiede hinsichtlich Menge und Zeit zwischen Beschaffung und Fertigung ausgeglichen. Außerdem kann mit Lagerbeständen möglichen Versorgungsengpässen vorgebeugt werden. – Es werden folgende L. unterschieden:

- Eingangslager: In diesem Lager werden vor allem Roh- und Hilfsstoffe, die bei der Produktion eingesetzt werden, gelagert. Die Eingangslager dienen als Puffer zwischen Beschaffung und Produktion.
- Zwischenlager: In diesem Lager werden Güter kurzfristig gelagert. Es dient als Puffer zwischen den einzelnen Produktionsstufen.
- Ausgangslager (Auslieferungslager): In diesem Lager werden Enderzeugnisse gelagert. Es dient als Puffer zwischen Produktion und Absatz. Häufig wird im Ausgangslager auch die → Kommissionierung der Waren vorgenommen.

Lagerbestand, Bestand an Gütern in einem → Lager. – In der Buchführung und Bilanz wird der L. als Warenlager oder → Vorratsvermögen bezeichnet.

Lagerbuchhaltung, Nebenbuchhaltung, die Abrechnungsunterlagen für die → Betriebsbuchhaltung erstellt. Im Rahmen der L. werden Menge und Art der eingehenden, vorhandenen und ausgehenden Materialien erfasst. Auf diese Weise wird der Lagerbestand überwacht. Außerdem kann auf diese Weise die Menge und der Wert des Materialverbrauchs festgestellt werden. Die erfassten Daten werden für die Erstellung der Bilanz, der Gewinn- und Verlustrechnung (GuV) und der Kalkulation benötigt.

Lagerhalter, Gewerbetreibender, der die Lagerung und Aufbewahrung von Gütern übernimmt. Der L. haftet für den Verlust der Güter und für ihre Beschädigungen, die von ihm zu vertreten sind (→ Schadensersatz). – Vgl. auch → Spediteur.

Lagerhaltung, Teilgebiet der Materialwirtschaft. Unter dem Begriff L. werden alle Entscheidungen und Handlungen, die einen Einfluss auf die Lagerbestände haben, zusammengefasst. Ziele der L. sind vor allem die Sicherung der Lieferbereitschaft und der Ausgleich von Nachfrage- und Angebotsüberhängen. Es muss berücksichtigt werden, dass die Kosten für die L. möglichst gering gehalten werden.

Lagerumschlag, betriebswirtschaftliche Kennzahl. Der L. ist das Verhältnis von Umsatz oder Lagerabgang zum durchschnittlichen Lagerbestand. Die Bedeutung des L. liegt in den mit jeder Lagerhaltung verbundenen Kapitalbindungs- und Lagerhaltungskosten (z.B. Raum-, Zins- und Verwaltungskosten). – Zu unterscheiden sind folgende Kennzahlen:

- Umschlagsdauer: Zeitspanne von der Verfügbarkeit einer Ware bis zur Umsatzerzielung.
- Umschlagshäufigkeit (Umschlagsgeschwindigkeit): Wareneinsatz zum durchschnittlichen Lagerbestand. Die Umschlagshäufigkeit sagt aus, wie oft eine Ware oder das gesamte Warenlager in einem bestimmten Zeitraum umgesetzt wird. Man kann auch sagen, sie drückt aus, wie lange die Ware durchschnittlich lagert.

Laissez-faire, Verzicht auf eine Beeinflussung des Wirtschaftsablaufs durch den Staat. Die Idee des L.-f. beruht auf der Annahme, dass die Wirtschaft sich selbst steuern kann. – Vgl. auch → Klassik.

Länderfinanzausgleich, → Finanzausgleich zwischen den Bundesländern. Es werden dabei aber auch die Steueraufkommen und der Finanzbedarf der Gemeinden und Gemeindeverbände berücksichtigt. Durch den L. sollen die unterschiedlichen Steuereinnahmen der Länder ausgeglichen werden. Ziel ist es, die Lebensverhältnisse in den Ländern relativ zu vereinheitlichen. – Ein erster Ausgleich wird bereits durch den Länderanteil an der Umsatzsteuer erreicht. Dieser berechnet sich zu 75 Prozent nach der Einwohnerzahl und zu 25 Prozent nach dem fehlenden Steueraufkommen. In der zweiten Stufe folgt der eigentliche L. Es werden der Finanzbedarf eines Landes und seine Steuereinnahmen gegenübergestellt. Nach dem Finanzausgleichsgesetz (FAG) wird dann festgelegt, in welchem Ausmaß Abweichungen von einem bestimmten Mittelwert ausgeglichen werden sollen.

Landesarbeitsgericht, zweite Instanz der für Arbeitssachen zuständigen Gerichtsbarkeit. Das LAG ist für Berufungen und Beschwerden gegen Entscheidungen der Arbeitsgerichte zuständig. Das LAG entscheidet in Kammern, die mit einem Berufsrichter und je einem ehrenamtlichen Richter aus den Kreisen der Arbeitnehmer und der Arbeitgeber besetzt sind. – Vgl. auch → Gericht.

Landesbank, *Landesbank/Girozentrale.* Überregionales Spitzeninstitut der Sparkassen. Die L. besorgt die Bankgeschäfte des jeweiligen Bundeslandes, führt öffentliche Fördermaßnahmen durch und dient der Wirtschaft des Landes als Geschäftsbank. Außerdem arbeitet die L. als → Girozentrale der angeschlossenen Sparkassen. Damit ist sie die zentrale Verrechnungsstelle für den bargeldlosen Zahlungsverkehr. L. finanzieren sich durch die Ausgabe von → Pfandbriefen, → Kommunalobligationen und → Inhaberschuldverschreibungen.

Landessozialgericht, zweite Instanz der für Angelegenheiten der Sozialversicherungen und des Sozialrechts zuständigen Gerichtsbarkeit. Das L. ist für Berufungen und Beschwerden gegen Urteile und Entscheidungen der Sozialgerichte zuständig. Das L. entscheidet in Senaten, die mit drei Berufs- und zwei ehrenamtlichen Richtern besetzt sind. – Vgl. auch → Gericht.

Landesversicherungsanstalt (LVA), Träger der gesetzlichen Rentenversicherung und der Handwerkerversicherung. Die LVA erfüllt außerdem Aufgaben auf dem Gebiet der Krankenversicherung wie z.B. den Betrieb von Kuranstalten, die Regelung des vertrauensärztlichen Dienstes und die Prüfung der Geschäfts-, Rechnungs- und Betriebsprüfung der Krankenkassen. – *Weitere Informationen unter* www.lva.de.

Landeszentralbank (LZB), Hauptverwaltung der → Deutschen Bundesbank auf Länderebene. Sitze in Berlin, Düsseldorf, Frankfurt a.M., Hamburg, Hannover, Leipzig, Mainz, München und Stuttgart. Die LZB wickeln den Zahlungsverkehr der Banken untereinander ab. – Seit der Neuorganisation der Deutschen Bundesbank ist die Bezeichnung LZB entfallen. Sie werden heute als Hauptverwaltung bezeichnet.

Landgericht, erste Instanz der in Zivil- und Strafsachen zuständigen Gerichtsbarkeit. Das L. ist für alle Zivilstreitigkeiten, die nicht dem → Amtsgericht zugewiesen sind, zuständig. Beispielsweise werden vor dem L. vermögensrechtliche Streitigkeiten mit einem Streitwert von mehr als 5.000 Euro verhandelt. Das L. entscheidet durch Kammern, die i.d.R. mit je drei Richtern besetzt sind. In einigen Fällen muss jedoch durch Einzelrichter entschieden werden. – Vgl. auch → Gericht.

Land- und Forstwirtschaft, alle Betriebe, die sich mit der Nutzung des Bodens befassen. Dazu gehören auch Nebenerwerbsbetriebe. Zur L.-u.F. zählen vor allem Ackerbau, Viehzucht und Waldwirtschaft. – Die → Einkünfte aus L.-F. unterliegen der Einkommensteuer. L.-u.F. sind nicht gewerbesteuerpflichtig (ausgenommen Landschaftsgärtnereien und Gärtnereien, die überwiegend fremde Erzeugnisse verkaufen).

längerfristige Refinanzierungsgeschäfte, → Offenmarktgeschäfte.

Langzeitarbeitslose, Personen, die zwölf Monate und länger arbeitslos gemeldet sind. Dieser Personenkreis wird bei arbeitsmarktpolitischen Maßnahmen und den Lohnersatzleistungen besonders berücksichtigt. – Vgl. auch → Arbeitslose.

Lastschriftverfahren, Verfahren zur Abwicklung des bargeldlosen Zahlungsverkehrs. Der Zahlungsempfänger kann über seine Bank den Einzug fälliger Forderungen vom Konto des Zahlungspflichtigen veranlassen. Voraussetzung ist, dass eine entsprechende Vereinbarung zwischen dem Zahlungsempfänger und seinem Kreditinstitut geschlossen wurde. Der Kunde kann seiner Bank Beleglastschriften oder Lastschriftdaten auf Datenträgern einreichen. Der Forderungseinzug zwischen den Kreditinstituten erfolgt dagegen beleglos. – Zu unterscheiden sind:

- Einzugsermächtigungsverfahren: Der Zahlungspflichtige erteilt seine Zustimmung direkt an den Zahlungsempfänger.
- Abbuchungsverfahren: Der Zahlungspflichtigen erteilt seine Zustimmung an seine Bank.

latente Steuern, Begriff aus dem Rechnungswesen. L.S. ist die Differenz zwischen den Steuern, die für den in der Handelsbilanz und in der Steuerbilanz ausgewiesenen Gewinn errechnet wurden. Gleicht sich ein zu niedriger Steueraufwand in den folgenden Geschäftsjahren voraussichtlich aus, muss in Höhe der zu erwartenden Steuerbelastung eine → Rückstellung gebildet werden. Im Fall eines zu hohen Steueraufwands kann ein Abgrenzungsposten als → Bilanzierungshilfe angesetzt werden.

laufende Inventur, → Inventur.

laufende Rechnung, → Kontokorrent.

laufendes Konto, → Kontokorrentkonto.

laufende Verbindlichkeit, → Verbindlichkeit mit einer Laufzeit von weniger als drei Monaten. Wird mit dem Kredit ein Gegenstand des → Umlaufvermögens finanziert, wird das Bestehen einer l.V. angenommen.

Laufkarte, Schriftstück, das im Rahmen der → Produktionssteuerung als Hilfsmittel eingesetzt wird. Auf der L. sind die vorzunehmenden Arbeitsvorgänge notiert. Nach Abschluss eines Arbeitsgangs wird dies auf der L. vermerkt.

Laufkunde, → Kunde.

Lean Management, Managementkonzept zur Verschlankung von Strukturen und zur Beschleunigung von Prozessen. Ziele des L.M. sind Kundenorientierung und Kostensenkung. Ein wichtiger Grundsatz ist die Dezentralisierung. Darunter werden verstärkte Übertragung von Aufgaben und Kompetenzen, direkte und kurze Informations- und Kommunikationswege sowie → flache Hierarchien verstanden. Ein weiterer wichtiger Grundsatz ist die sog. Simultanisierung. D.h., Abläufe müssen vereinfacht und Prozesse ständig verbessert werden.

Lean Production, sparsamer und zeitsparender Einsatz von Produktionsfaktoren, Betriebsmitteln, Personal, Werkstoffen, Planung und Organisation. Ziel ist es, die bestmögliche → Produktivität der Produktionsfaktoren, Produktqualität und Anpassungsfähigkeit der Produktion zu erreichen.

Leasing, besondere Vertragsform der Vermietung und Verpachtung von Wirtschaftsgütern. Es kann sich dabei z.B. um Büromaschinen, Kraftfahrzeuge oder Produktionsanlagen handeln. Der Leasinggegenstand kann von einer speziellen Leasinggesellschaft gekauft und dann an den Leasingnehmer vermietet werden. Es ist aber auch möglich, dass der Hersteller den Leasinggegenstand direkt vermietet. Der Leasingvertrag sieht eine unkündbare Grundmietzeit und die Höhe der zu zahlenden Leassingrate vor. Außerdem räumt der Leasingvertrag häufig die Möglichkeit ein, den Vertrag zu verlängern oder den Leasinggegenstand nach Ablauf des Vertrags zu kaufen. Teilweise sieht der Vertrag auch zusätzliche Dienstleistungen des Leasinggebers vor (z.B. Wartung, Reparaturdienst). – Zu unterscheiden sind nach der Dauer des Leasingvertrags:

- Finance Leasing und
- Operate Leasing.

Vorteilhaft für den Leasingnehmer ist es, dass er Investitionen finanzieren kann, ohne auf Eigenkapital zurückzugreifen oder die → Liquidität anzutasten. Die monatliche Leasingrate sollte aus den Erträgen, die durch den Einsatz des Leasinggegenstands erwirtschaftet werden, bestritten werden. – Vgl. auch → Cross Border Leasing, → Sale and Lease Back.

Lebenshaltungskosten, durchschnittliche Aufwendungen für die Lebensführung. Als Messzahl wird vom Statistischen Bundesamt der → Verbraucherpreisindex für Deutschland (VPI) berechnet.

Lebensversicherung, Versicherung, die als Versicherungsfall den Tod oder das Erreichen eines bestimmten Alters der versicherten Person deckt. Grundlage ist ein Versicherungsvertrag, der zwischen der Lebensversicherungsgesellschaft und dem Versicherungsnehmer abgeschlossen wird. In diesem Vertrag wird vor allem das Bezugsrecht geregelt. D.h., welche Person oder Personen die Versicherungsleistungen im Todes- oder Erlebensfall erhalten soll. Tritt der Versicherungsfall ein, wird die Versicherungssumme ausgezahlt. – Im Wesentlichen können folgende Arten von L. abgeschlossen werden:

- Risikolebensversicherung: Bei dieser wird bei Tod der versicherten Person die Versicherungssumme an die Bezugsberechtigten gezahlt. Sie dient vor allem zur Absicherung von Angehörigen, die wirtschaftlich abhängig sind, und zur Sicherung von Verbindlichkeiten.
- Kapitallebensversicherung: Diese Form der L. kombiniert Todesfallabsicherung und Sparanlage. Es wird bei Tod der versicherten Person die Versicherungssumme an die Bezugsberechtigten für den Todesfall gezahlt. Erlebt die versicherte Person den Ablauf der Versicherungsdauer, wird die Versicherungsleistung an die Bezugsberechtigten ausgezahlt. Meistens ist dies der Versicherungsnehmer selbst.
- Fondsgebundene Lebensversicherung: Die in den Beiträgen enthaltenen Sparanteile werden in → Investmentfonds investiert. Im Rahmen der mit dem Tarif verbundenen Investmentfonds kann der Versicherungsnehmer meist einen oder mehrere Investmentfonds selbst auswählen, wobei er die Auswahl während der Versicherungsdauer i.d.R. ändern kann.
- private Rentenversicherung: Es wird ab dem vereinbarten Rentenbeginn eine Rente gezahlt. I.d.R. wird eine private Rentenversicherung maximal nur so lange gezahlt, wie die versicherte Person am Leben ist.

Die Versicherungsbeiträge können bei der Einkommensteuer als → Sonderausgaben geltend gemacht werden, wenn die L. zur Altersvorsorge abgeschlossen wurde. Die Versicherungsleistungen sind steuerfrei, wenn der Vertrag eine Laufzeit von mindestens zwölf Jahren hat. – Zur L. werden zahlreiche Zusatzversicherungen, vor allem die → Berufsunfähigkeitsversicherung angeboten.

Lebenszyklus, → Produktlebenszyklus.

Leerkosten, → Kosten für nicht ausgenutzte Produktionskapazitäten. L. sind z.B. Abschreibungen für nicht ausgelastete Maschinen. Die L. zählen zu den → fixen Kosten. – *Gegensatz:* → Nutzkosten.

Legislative, gesetzgebende Gewalt des Staates im Rahmen der → Gewaltenteilung. Die L. ist für die Verabschiedung von Gesetzen verantwortlich. Zur L. gehören im Wesentlichen Bundestag und Bundesrat.

Lehre, → Berufsausbildung.

Leiharbeit, → Arbeitnehmerüberlassung.

Leihe, unentgeltliches Überlassen von Gegenständen. Der Entleiher muss die Sache zurückgeben. Er hat den Gegenstand sorgfältig zu behandeln und darf ihn nicht weiter verleihen. – *Gegensatz:* → Miete.

Leistung. 1. *Betriebswirtschaft:* Ausbringungsmenge eines Produktionsprozesses. Als L. wird aber auch die bewertete Ausbringung bezeichnet. Die L. in diesem Sinn wird in der Kosten- und Leistungsrechnung erfasst. – Zu unterscheiden sind Absatzleistung und → innerbetriebliche Leistung. – Vgl. auch → Erlös. – 2. *Zivilrecht:* Handlung oder Unterlassung, zu der ein Schuldner verpflichtet ist.

Leistungsabschreibung, → Abschreibungsmethoden.

Leistungsbilanz, → Zahlungsbilanz.

Leistungseinkommen, → Faktoreinkommen.

Leistungsfähigkeitsprinzip, Grundsatzprinzip der Besteuerung. Die Besteuerung muss nach der Leistungsfähigkeit erfolgen. Als Hinweise auf die Leistungsfähigkeit gelten Einkommen, Vermögen und Ausgaben. In den meisten Staaten werden wie in Deutschland Einkommensteuern erhoben.

Leistungslohn, → Lohn.

leistungsmäßige Abschreibung, → Abschreibungsmethoden.

Leistungsort, Begriff aus dem Bürgerlichen Recht für den Ort, an dem der Schuldner eine → Leistung zu erbringen hat. Der L. entspricht dem → Erfüllungsort.

leitender Angestellter, Person, die Unternehmerfunktionen wahrnimmt. L.A. werden häufig auch als Manager bezeichnet. Arbeitsrechtlich ist der l.A. ein → Arbeitnehmer. Es gelten für ihn jedoch Sondervorschriften, die z.B. Arbeitszeit und Kündigungsschutz betreffen. Nach dem Mitbestimmungsrecht hat ein l.A. das Wahlrecht im Rahmen der Wahl der Arbeitnehmervertreter des → Aufsichtsrats. Die Belange der l.A. werden durch einen Sprecherausschuss vertreten.

Leitkurs, Orientierungskurs, von dem der Wechselkurs innerhalb einer bestimmten Bandbreite nach oben oder unten abweichen darf. L. werden meist vertraglich im Rahmen eines Währungssystems vereinbart. Beispielsweise wurde im Rahmen des → Europäischen Währungssystems II ein L. zwischen Euro und den nicht an der Europäischen Währungsunion teilnehmenden Währungen festgelegt.

Leitungsspanne, Begriff aus der Organisationslehre. L. ist die Anzahl der Stellen, die einer Leitungsebene (→ Instanz) direkt untergeordnet sind. Die L. kann von Instanz zu Instanz unterschiedlich sein. Nach der älteren Organisationslehre galt eine L. mit drei bis 25 Stellen und mit höherer Hierarchieebene abnehmend als optimal. Heute geht man davon aus, dass die optimale L. vom jeweiligen Einzelfall abhängig ist. Grundsätzlich gilt jedoch, dass der Koordinationsaufwand mit der Größe der L. steigt und die L. mit steigender Hierarchieebene sinkt.

Leitwährung, Währung, der innerhalb des internationalen Währungssystems ein besonders großes Gewicht zukommt. Die L. spielt eine besondere Rolle für die Entwicklung innerhalb des Währungssystems, vor allem für die durch feste Wechselkurse verbundenen Inflationsraten verschiedener Länder.

Leitzins, Zinssatz, der von der Zentralbank festgelegt wird. I.d.R. ist dies der → Diskontsatz.

letztwillige Verfügung, → Testament.

Leverage-Effekt, *Hebelwirkung des Fremdkapitals.* Erhöhung der → Eigenkapitalrentabilität durch den Einsatz von Fremdkapital. Dabei erhöht sich die Eigenkapitalrentabilität, solange die → Gesamtkapitalrentabilität den Zinssatz des Fremdkapitals übersteigt. In diesem Fall ist also eine Kreditaufnahme unter dem Gesichtspunkt Rentabilität lohnend. Die Eigenkapitalrentabilität steigt umso stärker, je mehr Fremdkapital im Verhältnis zum Eigenkapital eingesetzt wird.

Liberalismus, Gesellschafts- und Wirtschaftskonzeption, die die Freiheit und Verantwortung des Einzelnen in allen Bereichen betont. – 1. *Klassischer L.:* Vertreter des klassischen L. lehnen staatliche Eingriffe grundsätzlich ab (→ Laissez-faire). Demzufolge fordert der L. eine freie → Marktwirtschaft und einen Handel ohne jegliche staatlichen Beschränkungen. – 2. *Neoliberalismus:* Vertreter des Neoliberalismus lehnen staatliche Eingriffe nicht mehr grundsätzlich ab. Nach ihrer Meinung muss der frei Wettbewerb vor privater Marktmacht geschützt werden. Der Staat muss für die entsprechenden politischen, rechtlichen und sozialen Rahmenbedingungen sorgen. – Die Ausgestaltung des Neoliberalismus in Deutschland wird als → Ordoliberalismus bezeichnet.

LIBOR, Abk. für *London Interbank Offered Rate,* weltweit bekannter → Referenzzinssatz. Der LIBOR ist der Durchschnittszinssatz, der aus den Verkaufskursen mehrerer internationaler Geschäftsbanken in London für → Termingeld gebildet wird. Er wird arbeitstäglich berechnet. Der LIBOR dient z.B. als Referenzzinssatz für variabel verzinsliche Anleihen.

Lieferantenkredit, Kredit, den Lieferanten ihren Kunden durch Gewährung eines Zahlungsziels einräumen. Der L. ist ein kurzfristiger Kredit. Er hat eine Laufzeit von ein bis drei Monaten. I.d.R. wird bis zum Zahlungseingang ein → Eigentumsvorbehalt vereinbart.

Lieferbedingungen, → Lieferungsbedingungen.

Lieferbereitschaft, betriebswirtschaftliche Kennzahl. Sie gibt an, ob das Unternehmen den Auftrag erfüllen kann. Die L. kann über den sog. Lieferbereitschaftsgrad gemessen werden. Dieser kann z.B. als Verhältnis von eingegangenen und erfüllten Aufträgen angeben werden. Die Höhe der angestrebten L. bestimmt die Höhe des Sicherheitsbestands des Lagers.

Lieferschein. 1. Begleitpapier bei Warensendungen. Der L. wird in dreifacher Ausfertigung ausgestellt. Bei Ablieferung der Ware wird der L. mit dem Auftrag und den gelieferten Waren verglichen, um Falschlieferungen und Fehlmengen festzustellen. – 2. Anweisung an den → Lagerhalter, an die im L. genannte Person die Waren auszuliefern.

Lieferung, Überbringen einer Ware an einen Empfänger. – Im umsatzsteuerrechtlichen Sinn ist L. eine Leistung, aufgrund dessen der Abnehmer im eigenen Namen über einen Gegenstand verfügen kann. L. unterliegen i.d.R. der Umsatzsteuer.

Lieferungsbedingungen, *Lieferbedingungen.* Vereinbarungen bei Kauf- und Werkverträgen. Es wird festgelegt, wie, wann und wo zu liefern ist. L. können vertraglich frei geregelt werden. Sie können sich jedoch auch auf ein Gesetz oder die → Allgemeinen Geschäftsbedingungen (AGB) beziehen. – L. sind normalerweise mit → Zahlungsbedingungen verbunden. Daher spricht man vielfach auch von Lieferungs- und Zahlungsbedingungen. – Zu L. im internationalen Handel vgl. → Incoterms.

Lieferungsverzug, → Schuldnerverzug.

Lieferzeit, Zeitraum von der Bestellung bis zum Eingang der Ware. Die L., die der Lieferant in seinem Angebot aufgeführt hat, wird vom Eingang der Bestellung beim Lieferanten an gerechnet. Der Kunde muss also bei seiner Bestellungsaufgabe zusätzlich zur angegebenen Lieferfrist den Zeitaufwand zur Auftragsübermittlung einkalkulieren.

Lifo-Verfahren, → Verbrauchsfolgeverfahren.

Limit, obere oder untere Grenze. – 1. *Kreditgeschäft:* → Kreditlinie. – 2. *Börsengeschäft:* Kurs, zu dem Wertpapiere höchstens gekauft oder mindestens verkauft werden sollen. Das L. wird vom Auftraggeber angegeben.

lineare Abschreibung, → Abschreibungsmethoden.

lineare Kosten, *proportionale Kosten,* → Kosten, die sich gleichlaufend mit der Kosteneinflussgröße (z.B. Beschäftigung) ändern.

Liquidation, → Abwicklung.

liquide Mittel, vorhandene, sofort verfügbare Zahlungsmittel. Dazu zählen Kassenbestände, Bankguthaben und Vermögensgegenstände, die bei Bedarf sofort verkauft werden können.

Liquidität, Zahlungsfähigkeit. – 1. *Betriebswirtschaft:* Fähigkeit einer Person oder eines Unternehmens, seinen Zahlungsverpflichtungen jederzeit fristgerecht nachzukommen. Als L. wird aber auch die Eigenschaft eines Vermögensgegenstands, sich in sofort verfügbare Mittel (z.B. Bargeld) umwandeln zu lassen, bezeichnet. – 2. *Volkswirtschaft:* L. ist die Voraussetzung dafür, über Güter zu verfügen. Sie bestimmt die wirtschaftliche Entscheidungs- und Handlungsfreiheit. Die L. ist abhängig von der Versorgung der Wirtschaft mit Geld und Zahlungsmitteln. Aufgabe der Notenbank ist es, die Volkswirtschaft den Erfordernissen der Konjunktur zur Sicherung der Stabilität anzupassen (→ Geldpolitik).

Liquiditätsgrad, *Deckungsgrad,* betriebswirtschaftliche Kennzahl. Der L. drückt das Verhältnis von Zahlungsverpflichtungen zu flüssigen Mitteln aus. Er zeigt, wie oft die kurzfristigen Verbindlichkeiten durch Vermögensgegenstände des → Umlaufvermögens gedeckt sind. Dabei wird unterstellt, dass die Gegenstände zu den bilanzierten Werten verkauft werden können. Es werden folgende L. unterschieden:

- Liquidität 1. Grades:

$$\frac{\text{liquide Mittel}}{\text{kurzfristige Verbindlichkeiten}} \cdot 100$$

- Liquidität 2. Grades:

$$\frac{\text{liquide Mittel} + \text{kurzfristige Forderungen}}{\text{kurzfristige Verbindlichkeiten}} \cdot 100$$

- Liquidität 3. Grades:

$$\frac{\begin{array}{l}\text{liquide Mittel}\\ + \text{kurzfristige Forderungen}\\ + \text{Warenbestände}\end{array}}{\text{kurzfristige Verbindlichkeiten} \cdot 100}$$

Liquiditätsgrundsätze, → Grundsätze über die Eigenmittel und die Liquidität der Institute.

Lizenz, vertragliches Recht zur Anwendung und Nutzung eines → gewerblichen Schutzrechts. Eine L. kann nur der Urheber oder der Inhaber des Schutzrechts (Lizenzgeber) an den Lizenznehmer vergeben. Der Lizenzgeber kann die L. mengenmäßig, zeitlich und räumlich beschränken. L. können bei Urheberrechten, Patenten, Gebrauchsmuster, Sortenschutzrechten und Marken eingeräumt werden. I.d.R. wird eine L. gegen ein Entgelt (Lizenzgebühr) gewährt.

Lobby, *Interessengruppe.* Organisierte Gruppe, z.B. Verband. Eine L. versucht, den Willensbildungsprozess oder Entscheidungen der staatlichen Entscheidungsträger zu beeinflussen. Auf diese Weise sollen die Interessen ihrer Mitglieder durchgesetzt werden.

Lobbyismus, Beeinflussung von Parlament und Regierung, aber auch von Beamten durch Interessengruppen (→ Lobby). Dies kann auch indirekt erfolgen, indem über die Medien die öffentliche Meinung beeinflusst wird.

Lofo-Verfahren, → Verbrauchsfolgeverfahren.

Logistik, Planung, Koordination, Durchführung und Kontrolle der Güterflüsse (Transport-, Lager- und Umschlagsvorgänge) in und zwischen Unternehmen. L. ist Teil der → Materialwirtschaft und sichert die Verfügbarkeit des richtigen Gutes, in der richtigen Menge, im richtigen Zustand, am richtigen Ort, zur richtigen Zeit, für den richtigen Kunden. – Zu unterscheiden sind:

- Distributionslogistik: Transport zu den Abnehmern
- Materiallogistik: Lagerhaltung (Beschaffungslogistik) sowie innerbetriebliche L. und die räumliche Anordnung der Produktionsanlagen (Produktionslogistik).

Logo, *Firmenzeichen.* Grafisches oder gestaltetes Symbol. Es ist Bestandteil der Markierung von Produkten. L. sind i.d.R. leicht wieder erkennbar.

Lohmann-Ruchti-Effekt, *Kapitalerweiterungseffekt.* Begriff aus der Finanzierungstheorie. Der L.-R.-E. besagt, dass durch → Abschreibungen die Produktionskapazität erweitert oder Kapital freigesetzt wird. Dabei wird davon ausgegangen, dass der Abschreibungswert in den Verkaufspreisen der hergestellten Erzeugnisse berücksichtigt und so bereits vor der Erneuerung der Anlagen vergütet wird. Werden die in diesem Sinn vorweggenommenen Abschreibungsbeträge laufend investiert, führt dies zu einer Erweiterung der Anlagen. Für die Erweiterung sind somit keine neuen Finanzmittel erforderlich.

Lohn, → Arbeitsentgelt an einen Arbeiter oder allgemein an einen Arbeitnehmer. Zum L. gehören der Grundlohn, die Mehrarbeitszuschläge und sonstige Geldleistungen wie z.B. Gratifikationen und Prämien (sog. Geldlohn). Es werden aber auch → Sachbezüge wie z.B. freies Essen oder Deputatbier (sog. Naturallohn) zum L. gerechnet. – Die Ermittlung des L. erfolgt in der → Lohnbuchführung. Vom errechneten Bruttolohn werden die gesetzlichen Abzüge berechnet und einbehalten. Der Nettolohn wird an den Arbeitnehmer ausgezahlt. – Wichtige Lohnformen sind:

- *Zeitlohn:* Die Entlohnung erfolgt unabhängig von der Leistung nach der Dauer der Arbeitszeit (Stunden- oder Monatslohn).
- *Akkordlohn:* Es wird ein Mengenergebnis pro Zeiteinheit vergütet.
- *Prämienlohn:* Es wird zu einem Grundlohn eine vereinbarte Zusatzvergütung für Mehrleistungen (Prämie) gezahlt. Die Prämie kann anhand unterschiedlicher Merkmale wie z.B. Menge oder Qualität gewährt werden (→ Erfolgsbeteiligung).

Akkord- und Prämienlohn werden auch unter dem Begriff Leistungslohn zusammengefasst.

Lohnausgleich, Ausgleich von Lohn- oder Gehaltskürzungen. Ein voller L. wurde vor allem von den Gewerkschaften im Zusammenhang mit einer Arbeitszeitverkürzung gefordert. Die Wochenarbeitszeit sollte ohne Kürzung der wöchentlichen Löhne und Gehälter herabgesetzt werden. – Als L. wird auch die Ausgleichszahlung bezeichnet, die ein Arbeitgeber an einen Arbeitnehmer zahlt, wenn das Krankengeld unter dem durchschnittlichen Arbeitsentgelt liegt.

Lohnbuchführung, Teilbereich der → Buchführung. Im Rahmen der L. werden die Lohn- und Gehaltskonten der einzelnen Arbeitnehmer geführt. Außerdem werden die gesetzlichen und freiwilligen Abzüge von den Entgeltzahlungen abgerechnet und gebucht.

Lohndumping, → Sozialdumping.

Lohnersatzleistungen, *Entgeltersatzleistungen,* Leistungen der gesetzlichen Sozialversicherungen an Arbeitslose oder Kranke. Sie werden zum Ausgleich des entfallenen Arbeitsentgelts gezahlt. Die Höhe berechnet sich meistens aus dem zuletzt erzielten Arbeitsentgelt. L. sind die Leistungen der Arbeitslosenversicherung wie vor allem → Arbeitslosengeld, → Arbeitslosengeld II, → Eingliederungsgeld, → Insolvenzgeld und → Kurzarbeitergeld. Außerdem gehören die Leistungen der Krankenversicherung wie vor allem das → Krankengeld zu den L. – L. sind nicht zu versteuern. Die Zahlung wird auf der Lohnsteuerkarte bescheinigt.

Lohnfortzahlung, → Entgeltfortzahlung im Krankheitsfall.

Lohnkosten, → Personalkosten.

Lohnleitlinien, *einkommenspolitische Empfehlungen.* Empfehlungen der Bundesregierung, politischer Parteien oder von Verbänden an die Tarifparteien. Dabei kann es sich um Empfehlungen zur Lohnhöhe handeln. Es ist aber auch denkbar, dass Vorschläge, die Löhne an Größen wie z.B. die Inflationsrate zu koppeln, gemacht werden. Ein direkter Eingriff wie z.B. Lohnstopps ist aufgrund der bestehenden → Tarifautonomie nicht erlaubt.

Lohnnebenkosten, → Personalnebenkosten.

Lohnpfändung, Pfändung von Arbeitseinkommen. Bei der Berechnung des pfändbaren Arbeitseinkommens wird vom Einkommen nach Abzug der Lohnsteuer und der Sozialversicherungsbeiträge ausgegangen. Gepfändet werden nur monatliche Einkommen von mehr als 930 Euro. Im Fall von Unterhaltsverpflichtungen gelten höhere Freigrenzen. – Die L. ist durch die Zivilprozessordnung (ZPO) stark eingeschränkt. Unpfändbar sind beispielsweise das Erziehungsgeld, die Hälfte der für Mehrarbeitsstunden erhaltenen Bezüge, das Urlaubsgeld, Weihnachtsgratifikationen bis 500 Euro, Zulagen für auswärtige Beschäftigung sowie Gefahren- und Erschwerniszulagen. – Vgl. auch → Zwangsvollstreckung.

Lohnpolitik, Maßnahmen des Staats und der Tarifparteien zur Beeinflussung von Lohnbildung, -höhe und -struktur. – In Deutschland sind aufgrund der → Tarifautonomie die Gewerkschaften und Arbeitgeberverbände Träger der L. Im Rahmen von Verhandlungen werden von den Tarifparteien → Tarifverträge abgeschlossen. In diesen werden vor allem die Tariflöhne mit einer vereinbarten Laufzeit festgelegt. Ergänzt wird die L. der Tarifparteien durch die betriebliche L. Es werden Betriebsvereinbarungen zwischen einem Unternehmen und seinen Arbeitnehmern abgeschlossen, die die Regelungen des Tarifvertrags ergänzen.

Lohn-Preis-Spirale, *Preis-Lohn-Spirale.* Begriff aus der Volkswirtschaftslehre. Als L.-P.-S. wird eine Entwicklung bezeichnet, bei der die Erhöhung der Löhne zu steigenden Lohnkosten je Erzeugnis und damit zu steigenden Preisen für die Erzeugnisse führt. Diese Entwicklung führt wiederum zu weiteren Lohnforderungen der Arbeitnehmer und Gewerkschaften. Die L.-P.-S. wird häufig als Argument gegen gewerkschaftliche Lohnforderungen angeführt.

Lohnquote, Begriff aus der amtlichen Statistik. L. ist der Anteil der Einkommen aus nichtselbstständiger Arbeit am → Volkseinkommen. Die Aussagekraft der L. ist jedoch begrenzt, da sich der Anteil der Arbeitnehmer an den → Erwerbstätigen ständig ändert. Um diese Änderungen auszuschalten, wird die sog. bereinigte L. berechnet. Dazu wird das Verhältnis von Arbeitseinkommen zu Volkseinkommen mit dem Anteil der Arbeitnehmer an den Erwerbstätigen multipliziert.

Lohnsteuer, → Einkommensteuer, die bei Einkünften aus nichtselbstständiger Arbeit erhoben wird. Die Höhe der L. richtet sich nach der Höhe des Arbeitslohns und nach der Steuerklasse des Arbeitnehmers (→ Lohnsteuerklasse). Die L. wird vom Arbeitgeber berechnet und direkt vom Arbeitslohn abgezogen. Sie wird vom Arbeitgeber an das Finanzamt weitergeleitet. – Die L. wirkt bei der Einkommensteuerveranlagung wie eine Steuervorauszahlung. Zu viel gezahlte Steuern werden zurückgezahlt. Ist der Arbeitnehmer nicht verpflichtet, eine Einkommensteuererklärung abzugeben, kann er dies freiwillig tun (→ Antragsveranlagung). Auf diese Weise kann der Arbeitnehmer ebenfalls zu viel gezahlte Steuern zurückerhalten. – Die gezahlte L. muss vom Arbeitgeber bescheinigt werden (→ elektronische Lohnsteuererklärung).

Lohnsteuerbescheinigung, → elektronische Lohnsteuerbescheinigung.

Lohnsteuerhilfeverein, Selbsthilfeeinrichtung von Arbeitnehmern. L. helfen bei Lohnsteuerangelegenheiten. Ihre Mitglieder werden von ihnen kostenlos beraten. I.d.R. muss ein Mitgliedsbeitrag gezahlt werden. Dieser ist regional unterschiedlich hoch. L. dürfen nur Steuerpflichtige beraten, die ausschließlich Einkünfte aus nichtselbstständiger Arbeit, Kapitaleinkünfte, Einkünfte aus Vermietung und Verpachtung sowie sonstige Einkünfte aus wiederkehrenden Bezügen (z.B. Renten oder Unterhaltsleistungen) beziehen. L.

unterstehen der Aufsicht der → Oberfinanzdirektionen.

Lohnsteuerjahresausgleich, → Antragsveranlagung.

Lohnsteuerkarte, amtliche Urkunde mit Angaben, die für die Berechnung der Lohnsteuer erforderlich sind. Die L. enthält Angaben zur Gemeinde, zum zuständigen Finanzamt sowie Meldedaten der Person, für die die L. ausgestellt ist (Name, Anschrift, Geburtsdatum, Steuerklasse, Zahl der Kinder und Religionszugehörigkeit). Die beim Finanzamt beantragten Lohnsteuerfreibeträge werden ebenfalls in der L. bescheinigt. L. werden unentgeltlich bei den Gemeinden (Einwohnermeldeämter) ausgestellt. – Die L. muss am Jahresanfang und zu Beginn eines Arbeitsverhältnisses beim Arbeitgeber hinterlegt werden.

Lohnsteuerklassen, Gruppen, in die einkommensteuerpflichtige Arbeitnehmer eingeordnet werden. Es gibt sechs L.:

- Steuerklasse I: ledige und geschiedene Arbeitnehmer sowie verheiratete Arbeitnehmer, deren Ehegatte im Ausland wohnt oder die von ihrem Ehegatten dauernd getrennt leben. Verwitwete Arbeitnehmer gehören ebenfalls in die Steuerklasse I, wenn der Ehegatte vor 1999 verstorben ist.
- Steuerklasse II: die unter Steuerklasse I genannten Arbeitnehmer, wenn ihnen ein Entlastungsbetrag für Alleinerziehende zusteht.
- Steuerklasse III: verheiratete Arbeitnehmer, wenn beide Ehegatten im Inland wohnen, nicht dauernd getrennt leben und der Ehegatte keinen Arbeitslohn bezieht oder in der Steuerklasse V besteuert wird.
- Steuerklasse IV: verheiratete Arbeitnehmer, wenn beide Ehegatten Arbeitslohn beziehen, im Inland wohnen und nicht dauernd getrennt leben.
- Steuerklasse V: Diese tritt für einen der Ehegatten an die Stelle der Steuerklasse IV, wenn der andere Ehegatte in der Steuerklasse III besteuert wird.
- Steuerklasse VI: Diese gilt, wenn ein Arbeitnehmer nebeneinander von mehreren Arbeitgebern Arbeitslohn bezieht.

Die L. werden von den Gemeinden in die → Lohnsteuerkarte eingetragen. Die Eintragung kann vor dem 1. Januar eines Jahres von der Gemeinde, die die Steuerkarten ausgestellt hat, auf Antrag geändert werden. Außerdem kann die S. innerhalb eines Jahres einmal und spätestens zum 30. November gewechselt werden.

Lohnsteuer-Pauschalierung, vereinfachtes Verfahren zur Berechnung der → Lohnsteuer. Bei der L.-P. wird die Lohnsteuer nach einem durchschnittlichen oder gesetzlich vorgeschriebenen Steuersatz berechnet. Außerdem ist die pauschale Lohnsteuer endgültig. Aus diesem Grund braucht der Arbeitnehmer die pauschale Steuer nicht bei seiner Steuererklärung angegeben. Eine pauschale Lohnsteuer kann z.B. für Arbeitslohn von sonstigen Bezügen, Erholungsbeihilfen, Betriebsveranstaltungen, Fahrgelderstattungen oder der Beschäftigung von Teilzeit- und Aushilfskräften berechnet werden. – Auf die pauschale Lohnsteuer ist zusätzlich Kirchensteuer zu zahlen, wenn der Arbeitgeber einer Religionsgemeinschaft angehört.

Lohnsteuertabelle, Tabelle, in der für jede Höhe des Arbeitsentgelts die zu berechnende Lohnsteuer abzulesen ist. Dabei werden die Lohnsteuerklassen und verschiedene Freibeträge (Grundfreibetrag, Arbeitnehmer-Pauschbetrag, Versorgungspauschale) berücksichtigt. Anhand der L. berechnet der Arbeitgeber die monatlichen, wöchentlichen oder täglichen Lohnsteuerabzüge im Rahmen der Lohn- und Gehaltsabrechnung.

Lohn- und Gehaltsgruppen, → Eingruppierung.

Lohnzusatzkosten, → Personalnebenkosten.

Lombardkredit, → Kredit, der gegen Verpfändung von beweglichen Sachen oder Forderungen gewährt wird. Es kann sich dabei z.B. um Waren, Wertpapiere, Forderungen aus Warenlieferungen oder Lohn- und Gehaltsansprüche handeln. I.d.R. wird ein fester Kreditbetrag vereinbart. Dieser wird in einer Summe bereitgestellt und zurückgezahlt. Der l. ist ein kurzfristiger Kredit.

Lomé-Abkommen, → Cotonou-Abkommen.

London Interbank Offered Rate, → LIBOR.

Los, → Losgröße.

Losgröße, Menge einer Produktart oder Baugruppe. Die L. wird in einer Produktionsstufe als ein Posten ohne Unterbrechung produziert. – Vgl. auch → Serienproduktion, → Sortenproduktion.

LVA, Abk. für → Landesversicherungsanstalt.

LZB, Abk. für → Landeszentralbank.

M

Maastrichter Vertrag, → Europäische Union (EU).

Machbarkeitsstudie, → Feasibility-Studie.

magisches Vieleck, → magisches Viereck.

magisches Viereck, Ausdruck dafür, dass sich mehrere gesamtwirtschaftliche Ziele nicht gleichzeitig erfüllen lassen. Dies wäre nur mit „magischen Kräften" möglich. – Als magisches Viereck werden die vier Hauptziele des → Stabilitäts- und Wachstumsgesetzes (StWG) bezeichnet:

- hoher Beschäftigungsgrad (Vollbeschäftigung)
- Preisniveaustabilität
- außenwirtschaftliches Gleichgewicht (Zahlungsbilanzgleichgewicht)
- angemessenes und stetiges Wirtschaftswachstum.

Auf ähnliche Zielkombinationen ist heute die Wirtschaftspolitik fast aller westlichen Länder verpflichtet.

Mahnung, Aufforderung an einen Schuldner, die geschuldete Leistung zu erbringen. Ist die Schuld fällig und die M. erfolglos, kommt der Schuldner in Verzug (→ Schuldnerverzug). Er muss dann für die gesamten Schadenskosten, d.h. auch für Verzugszinsen und eventuelle Anwalts- und Gerichtskosten, aufkommen. – Eine zweite und dritte M. werden gesetzlich nicht vorausgesetzt, um einen Mahnbescheid zu beantragen (→ Mahnverfahren). Sie sind jedoch in der Praxis üblich.

Mahnverfahren, gerichtliches Verfahren, um relativ einfach und schnell einen Zahlungsanspruch gegen einen säumigen Schuldner geltend zu machen. Das Verfahren erfolgt in folgenden Schritten:

- Der Gläubiger beantragt den Erlass eines Mahnbescheids beim Amtsgericht, bei dem er seinen Gerichtsstand hat. Der Antrag wird vom Amtsgericht dahingehend geprüft, dass der Antrag alle vorgeschriebenen Angaben enthält.
- Ist der Antrag korrekt, wird der Mahnbescheid durch das Amtsgericht erlassen und dem Schuldner zugestellt. Der Mahnbescheid enthält die Aufforderung an den Schuldner innerhalb von zwei Wochen die Schuld zuzüglich Zinsen und genannten Kosten zu begleichen oder Widerspruch einzulegen.
- Erhebt der Schuldner keinen Widerspruch, kann der Gläubiger innerhalb von sechs Monaten nach Erteilung des Mahnbescheids den Erlass eines Vollstreckungsbescheids beantragen. Dieser wird durch den Gerichtsvollzieher zugestellt. Der Schuldner kann innerhalb von zwei Wochen nach Zustellung Einspruch einlegen, so dass es zum Rechtstreit kommt.
- Erhebt der Schuldner bis zum Erlass des Vollstreckungsbescheids Widerspruch und beantragt eine Partei die Durchführung des Verfahrens, kommt es zum Prozess. Der Gläubiger muss seinen Anspruch innerhalb von zwei Wochen in einer Klageschrift begründen.

Mailing, → Direct Mailing.

Make or Buy, *Eigenproduktion oder Fremdbezug.* Entscheidungsproblem, ob ein Vorprodukt selbst erstellt oder fremdbezogen werden soll. Ausschlaggebend für die Entscheidung sind Kosten, → Liquidität, Zuverlässigkeit und zeitliche

Flexibilität sowie Qualität. Als relevante Kosten werden die → variablen Kosten betrachtet, wenn Produktionskapazitäten frei sind. Sind die Kapazitäten jedoch knapp, müssen auch die → Opportunitätskosten berücksichtigt werden. Bei einer langfristigen Betrachtung des Problems sind bei der Entscheidung außerdem die Kosten für die Betriebsbereitschaft einzubeziehen.

Makler, Person, die Käufe oder Verkäufe vermittelt. – 1. *Bürgerliches Gesetzbuch (BGB):* Person, die einen Vertrag vermittelt (sog. Zivilmakler). Dazu zählen Grundstücks-, Hypotheken-, Wohnungs- und Häusermakler, aber auch Darlehens- und Ehevermittler. Der Zivilmakler hat bei Vertragsabschluss einen Anspruch auf eine Vergütung (sog. Maklerlohn). – 2. *Handelsgesetzbuch (HGB):* Person, die gewerbsmäßig Handelsgeschäfte, vor allem von Waren, Wertpapieren oder Dienstleistungen vermittelt (sog. Handelsmakler). Er unterliegt den Pflichten eines ordentlichen → Kaufmanns, auch wenn er kein → Handelsgewerbe betreibt. Er muss ein sog. Tagebuch mit allen wichtigen Punkten der Vertragsverhandlungen führen, um jederzeit Auskunft über den Stand der Verhandlungen geben zu können. Er muss nach Vertragsabschluss umgehend den Parteien eine sog. Schlussnote mit allen wichtigen Vereinbarungen zusenden. Der Handelsmakler hat bei Vertragsabschluss Anspruch auf eine Vergütung (sog. Maklerlohn). Diese wird i.d.R. je zur Hälfte von den Vertragsparteien gezahlt. – 3. *Börsenwesen:* → freier Makler, → Kursmakler.

Maklerlohn, → Makler.

Maklervertrag, → Vertrag, der zwischen einem → Makler und seinem Auftraggeber abgeschlossen wird. Durch den Vertrag wird der Makler beauftragt, eine bestimmte Leistung im Sinn des Auftraggebers zu erbringen. Der Makler ist aber nicht zur Tätigkeit verpflichtet. Entsprechend hat er nur bei Erfolg Anspruch auf eine Provision. – *Ähnlich:* → Werkvertrag.

Makroökonomie, Teilgebiet der Volkswirtschaftslehre. Die M. befasst sich mit dem gesamtwirtschaftlichen Verhalten ganzer Sektoren und deren Beeinflussung. Dazu wird im Rahmen der M. auf gesamtwirtschaftliche Größen, die in der → Volkswirtschaftlichen Gesamtrechnung (VGR) aus einzelwirtschaftlichen Größen gewonnen werden, zurückgegriffen. Gesamtwirtschaftliche Größen sind z.B. privater Konsum, gesamtwirtschaftliche Investition, Volkseinkommen, Preisniveau, Wirtschaftswachstum und Zahlungsbilanz. – Es haben sich im Laufe der Zeit unterschiedliche makroökonomische Lehrmeinungen herausgebildet. Grundsätzlich wird zwischen gleichgewichtsorientierten Makrotheorien und Ungleichgewichtstheorien unterschieden. Die gleichgewichtsorientierte M. geht davon auch, dass sich das Wirtschaftssystem überwiegend im Gleichgewicht befindet. Beispiele für die gleichgewichtsorientierten Theorien sind → Klassik und → Monetarismus. Im Fall der Ungleichgewichtstheorien wird diese Vorstellung aufgegeben. Sie gehen auf Keynes (englischer Nationalökonom, 1883–1946) zurück. Zu Beispielen für Ungleichgewichtstheorien vgl. → Keynesianismus. – *Gegensatz:* → Mikroökonomie.

Management, *Unternehmensführung,* angloamerikanischer Begriff für Leitung eines Unternehmens. – 1. *M. als Institution:* Personen, die in einem Unternehmen leitende Aufgaben erfüllen. Das M. vertritt die Interessen des Unternehmers als Arbeitgeber gegenüber den Arbeitnehmern. – Es werden folgende Führungsebenen unterschieden:

- Top Management: Unternehmensleitung wie z.B. Geschäftsführer oder Vorstand
- Middle Management: mittlere Ebene wie z.B. Hauptabteilungsleiter oder Abteilungsleiter
- Lower Management: unterste Ebene wie Unterabteilungsleiter, Meister.

2. *M. als Aufgabe:* Tätigkeiten, die von Führungskräften zur Erfüllung ihrer Führungsaufgaben erbracht werden.

Management Buy-out, Übernahme eines Unternehmens durch seine bisherigen Manager. M.B.-o. erfolgt häufig im Fall von Unternehmensumstrukturierungen oder als Abwehrmaßnahme auf feindliche Übernahmen.

Management-by-Techniken, einfache Führungshilfen, die aus praktischen Erfahrungen abgeleitet sind. Dazu zählen vor allem:

- Management by Conflicts: Konflikte werden als Anzeichen für sich entwickelnde oder vorhandene Koordinationsmängel aufgefasst und genutzt.
- Management by Delegation: Übertragung weitgehender Entscheidungsfreiheiten und Verantwortung an Mitarbeiter.
- Management by Exception: Entscheidungen erfolgen durch den Mitarbeiter. Ein Eingriff durch den Vorgesetzten erfolgt nur bei erheblichen Soll-Ist-Abweichungen.
- Management by Objectives: Zielvereinbarung und Festlegung von Befugnissen, Mitteln, Kontrollpunkten und Zeitplan auf der Basis definierter Ziele.
- Management by Results: wie Management by Objectives, wobei die Ziele aufgrund von Ergebnisanalysen vereinbart werden.

Managementstil, → Führungsstil.

Manager, Führungskräfte auf oberster und oberer Ebene eines Unternehmens. M. haben weit reichende Entscheidungsbefugnisse. – Vgl. auch → leitender Angestellter.

Mangel, Begriff aus dem Bürgerlichen Recht. M. ist jede Abweichung der tatsächlichen Gegebenheiten oder Verhältnisse vom Vertragsinhalt. Bei einem M. kann es sich um einen → Rechtsmangel oder um einen → Sachmangel handeln.

Mängelanzeige, *Mängelrüge.* Begriff aus dem Bürgerlichen Recht. M. ist die Mitteilung vom Käufer an den Verkäufer, dass die gekaufte Sache Mängel hat (→ Sachmangel). Sie muss rechtzeitig erfolgen. Außerdem muss der Mangel genau angegeben werden. Mit der M. können Gewährleistungsrechte geltend gemacht werden (→ Sachmängelhaftung).

Mängelhaftung, → Rechtsmängelhaftung, → Sachmängelhaftung.

Mängelrüge, → Mängelanzeige.

Manko, Mangel oder Fehlbetrag (z.B. Kassenmanko).

Mantel, Urkunde, die das Hauptrecht eines Wertpapiers verbrieft. Beispielsweise wird bei einer Aktie das Anteilsrecht und bei einer Anleihe das Forderungsrecht beurkundet. Auf dem M. einer Aktie sind Wertpapiernummer, Firma, Nennbetrag, Ort und Ausstellungsdatum vermerkt. – *Gegensatz:* → Bogen.

Manteltarifvertrag, → Tarifvertrag.

Marge, Differenz zwischen Kursen, An- und Verkaufspreisen, Soll- und Habenzinssätzen usw.

Marginalanalyse, Methode der Wirtschaftstheorie. Bei der M. werden die Auswirkungen einer geringfügigen Änderung einer oder mehrerer Größen auf die Ausgangslage untersucht. Mathematisch werden im Rahmen der M. die partiellen Ableitungen (z.B. Grenznutzen, Grenzkosten) betrachtet.

Marke, Zeichen zur Erkennung eines Produktes oder einer Dienstleistung eines Anbieters. Gleichzeitig kann die M. dazu eingesetzt werden, um sich von Wettbewerbern abzuheben. Bei einer M. kann es sich z.B. um einen Namen, eine Bezeichnung, ein Design, ein Symbol oder um die Kombination dieser Elemente handeln. Eine M. ist nach dem Markengesetz (MarkenG) geschützt. – Nach europäischem Recht kann eine M. als Gemeinschaftsmarke EU-weit geschützt werden. – Vgl. auch → Markenartikel.

Markenallianz, → Co-Branding.

Markenartikel, Ware, die mit einer → Marke auf den Markt gebracht wird. M. sind i.d.R. durch ihre gleich bleibende Güte und Aufmachung gekennzeichnet. Die Marke des Produkts ist im Markt anerkannt oder durch intensive Werbung allgemein bekannt. Zu unterscheiden sind M., die von Herstellern (Herstellermarken), von Handelsunternehmen und -ketten (Handelsmarken) oder von Dienstleistungsunternehmen (Dienstleistungsmarken) angeboten werden. – *Gegensatz:* → No-Name-Produkt (Gattungsmarke). – Vgl. auch → Markenstrategien

Markenpiraterie, → Produktpiraterie.

Markenstrategien, Strategien zur erfolgreichen Darstellung eines Produktes oder einer Produktgruppe als Marke (→ Markenartikel) im Markt. Zu unterscheiden sind im Wesentlichen:

- Einmarkenstrategie: Es wird nur ein Produkt als Marke (Einmarke) geführt.
- Mehrmarkenstrategie: Es werden mehrere Marken in den Markt eingeführt. Aufgrund der Gefahr des → Kannibalismus-Effekts werden in diesem Fall häufig → Produktfamilien oder → Dachmarken gebildet.

Marketing, unternehmerische Grundhaltung, das gesamte Unternehmen konsequent auf die Bedürfnisse des Marktes auszurichten. Darüber hinaus ist M. die unternehmerische Aufgabe, Marktveränderungen und Bedürfnisverschiebungen sowie Möglichkeiten zur Steigerung des Kundennutzens zu erkennen, um Wettbewerbsvorteile aufbauen zu können. – Marketingpolitische Instrumente sind:

- Produkt- und Programmpolitik
- Preis- und Konditionenpolitik
- Kommunikationspolitik
- Distributionspolitik.

Je nach Branche und Art der Leistung gibt es Besonderheiten, die bei der Ausarbeitung und Umsetzung der Marketingkonzepts zu berücksichtigen sind. Aus diesem Grund haben sich z.B. Konsumgüter-, Investitionsgüter-, Dienstleistungsmarketing und M. für gemeinnützige und öffentliche Einrichtungen herausgebildet. – M. kann auch als umfassendes Konzept der Unternehmensführung aufgefasst werden. In diesem Fall werden alle Austauschprozesse des Unternehmens mit Kunden, aber auch mit Mitarbeitern, Gesellschaftern, Aktionären, Staat usw. gestaltet. – Vgl. auch → Relationship Marketing.

Marketing-Controlling, Verbindung der Ziele von → Marketing und → Controlling. Wesentliche Aufgabe des M.-C. ist der Aufbau und die Einführung eines Marketinginformations-, -planungs- und -kontrollsystems. Zum M.-C. gehören vor allem das Controlling von Kommunikations- und Werbemaßnahmen, Preis- und Erlöscontrolling (→ Zielkostenrechnung) sowie die Bereitstellung von Informationen für die Markt- und Konkurrenzanalyse.

Marketing-Mix, optimale Zusammensetzung der marketingpolitischen Instrumente eines Unternehmens, um die verfolgten Marketingziele zu erreichen (→ Marketing).

Market Maker, *Händler.* Begriff aus dem Börsenwesen. M.M. ist ein zum Börsenhandel zugelassene Person, der für die ihm zugewiesenen Wertpapiere verbindliche Kauf- und Verkaufspreise stellt. Außerdem ist der M.M. für die von ihm betreuten Unternehmen Ansprechpartner in allen Fragen des Aktienmarktes.

Market Pull, *Nachfragesog,* besagt, dass Forschungs- und Entwicklungsaktivitäten von Unternehmen durch die Nachfrage der Kunden ausgelöst werden. Um dies zu erkennen, müssen im Rahmen der Marktforschung mögliche unbefriedigte Kundenwünsche erkannt werden.

Markt, Ort, an dem Angebot und Nachfrage zusammentreffen und sich Preise bilden. – Ein M. wird als vollkommen bezeichnet, wenn die dort gehandelten Güter gleichartig sind. Es dürfen keine persönlichen, räumlichen und zeitlichen Unterschiede bestehen. Außerdem muss vollständige → Markttransparenz herrschen. Auf einem vollkommenen M. gibt es einen einheitlichen Preis (→ Marktgleichgewicht). – Vgl. auch → Marktformen.

Marktanalyse, Untersuchung der Stellung eines Unternehmens im Markt. Die M. ist Grundlage für unternehmenspolitische Entscheidungen. Es werden die Beschaffungs-, Finanzierungs- und vor allem Absatzmärkte untersucht. Im Rahmen der M werden Verfahren der → Marktforschung eingesetzt.

Marktanteil, betriebswirtschaftliche Kennzahl. M ist das Verhältnis des Absatzes eines Unternehmens zum Gesamtabsatz der Branche oder des relevanten Marktes (→ Marktvolumen). Statt des Absatzes kann auch der Umsatz betrachtet werden. Problematisch bei der Bestimmung des M. ist es, den relevanten Markt festzulegen und die erforderlichen Gesamtabsatzzahlen zu besorgen. Der M. drückt die Bedeutung des Unternehmens am Markt und somit dessen Konkurrenzstärke aus. – Beim sog. relativen M. wird der M. mit dem des stärksten Konkurrenten ins Verhältnis gesetzt.

marktbeherrschende Stellung, Begriff aus dem Wettbewerbsrecht. Als m.S. wird die Stellung eines Unternehmens verstanden, das als Anbieter oder Nachfrager keinem Wettbewerb ausgesetzt ist oder im Vergleich zu seinen Mitwettbewerbern eine überragende Marktstellung einnimmt. Nach dem Gesetz gegen Wettbewerbsbeschränkungen (GWB) ist es verboten, eine m.S. auszunutzen. Die Kartellbehörden können ein solches Verhalten verbieten.

Marktdurchdringung, *Marktpenetration, Penetration.* Grad der Verbreitung eines Produkts innerhalb eines Marktes oder eines Teilmarktes.

Markteintrittsstrategien, Strategien, ein Unternehmen oder seine Produkte auf einem neuen Markt einzuführen. Dazu ist es notwendig, dass Wettbewerbsnachteile wie vor allem geringes Know-how und unbekanntes Produkt überwunden werden. Im Einzelnen kommen als M. beispielsweise der Kauf eines im neuen Markt tätigen Unternehmens oder eine Beteiligung daran, Erwerb einer Lizenz und Gemeinschaftsunternehmen in Frage.

Marktformen, Einteilung der Märkte nach der Anzahl der Marktteilnehmer und deren relativem Gewicht. Durch die Kombination von einem, wenigen und vielen Anbietern und Nachfragern lässt sich ein Schema, wie in der Abbildung „Marktformen“ dargestellt, bilden.

Marktforschung, systematische Erforschung von Beschaffungs- und Absatzmärkten. Nach der Form der Datenerhebung werden unterschieden:

- Primärforschung: Erhebung ursprünglicher Daten. Als Erhebungsverfahren werden im Wesentlichen Befragung, Beobachtung oder Experiment eingesetzt.

Marktformen

Nachfrager / Anbieter	einer	wenige	viele
einer	bilaterales Monopol	beschränktes Monopol	Monopol
wenige	beschränktes Monopson	bilaterales Oligopol	Oligopol
viele	Monopson	Oligopson	(bilaterales) Polypol

- Sekundärforschung: Auswertung bereits vorhandener Daten.

Die Ergebnisse der M. bilden die Grundlage für die Beurteilung und die Vorhersage der zukünftigen Marktentwicklung. Damit sind sie für marketingpolitische Entscheidungen wesentlich, vor allem bei der Einführung von neuen Produkten.

Marktgleichgewicht, Begriff aus der Wirtschaftstheorie. Ein Markt befindet sich im Gleichgewicht, wenn Angebot und Nachfrage hinsichtlich Preis und Menge übereinstimmen (Gleichgewichtspreis). Existiert ein Angebotsüberschuss, fallen die Preise. Dadurch sinkt wegen geringerer Gewinne das Angebot, die Nachfrage steigt. Existiert ein Nachfrageüberschuss, steigen die Preise und damit das Angebot. In der Folge sinkt die Nachfrage, da die Zahlungsbereitschaft der Nachfrager abnimmt. Bei freiem Wettbewerb und freien Preisen wird also ein Marktungleichgewicht stets ausgeglichen. – Vgl. auch Abbildung „Gleichgewichtspreis".

Gleichgewichtspreis

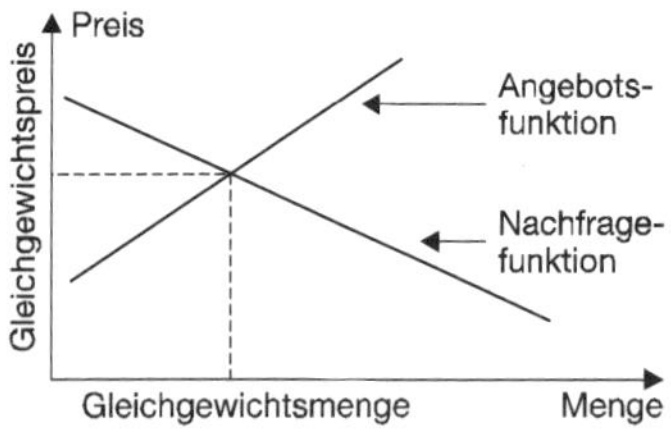

Marktkapitalisierung, *Börsenkapitalisierung.* M. ist ein Verfahren zur Ermittlung des Marktwertes eines börsennotierten Unternehmens. Die M. wird berechnet, indem der Aktienkurs mit der Anzahl aller frei handelbarer Aktien multipliziert wird.

Marktnische, Teilmarkt (Marktsegment), der durch vorhandene Produkte nicht voll ausgeschöpft ist. – Vgl. auch → Wettbewerbsstrategien.

Marktpotenzial, Aufnahmefähigkeit eines Marktes. Das M. ist die Menge eines bestimmten Produkts oder einer Produktgruppe, die abgesetzt werden könnte, wenn die Nachfrager über das Bedürfnis und die Mittel zum Kauf verfügen würden.

Marktpreis, → Marktgleichgewicht.

Marktsättigungsgrad, Kennzahl zur Beschreibung der Aufnahmefähigkeit eines Marktes. M. wird folgendermaßen berechnet:

Aus dem M. lässt sich ableiten, inwieweit der Markt ausgeschöpft ist oder inwieweit noch Marktwachstumschancen für ein Produkt bestehen.

Marktsegmentierung, Begriff aus dem Marketing. M. ist die Aufspaltung eines Gesamtmarktes in Teilmärkte, die hinsichtlich des Käuferverhaltens möglichst ähnlich sind. Ziel ist es, Käufergruppen zu bilden und so marketingpolitische Instrumente gezielt einzusetzen. Die Aufspaltung kann anhand demographischer (z.B. Alter, Geschlecht Haushaltsgröße), sozioökonomischer (z.B. Einkommen, Beruf) oder psychographischer (z.B. Lebensstil) Merkmale vorgenommen werden. Es ist aber auch möglich, Teilmärkte nach Kaufverhaltensmerkmalen wie z.B. Käufer/Nichtkäufer oder Preiseinstellung zu bilden. Im Rahmen der M. werden vor allem statistische Methoden eingesetzt.

Markttransparenz, Begriff aus der Wirtschaftstheorie. M. ist das Wissen über Marktvorgänge, vor allem hinsichtlich des Verhaltens anderer (Haushalte, Unternehmen). Vollständige M. liegt vor, wenn Haushalte und Unternehmen über alle wesentlichen Informationen zum Marktgeschehen verfügen. Dies gilt vor allem für die Preisbildung. – Vgl. auch → Markt.

Marktversagen, → öffentliches Gut.

Marktvolumen, tatsächliche Absatzmenge oder tatsächlicher Umsatz eines

Wirtschaftszweigs in einem bestimmten Zeitraum. Das M. ist nur ein → Teil des Marktpotenzials.

Marktwert, Preis oder Wert eines Gutes am Absatz- oder Beschaffungsmarkt zu einem bestimmten Zeitpunkt. – Vgl. auch → Tageswert.

Marktwirtschaft, *freie Verkehrswirtschaft.* Wirtschaftsordnung, deren Abläufe über Märkte und Preismechanismen bestimmt werden (→ Marktgleichgewicht). Die Abstimmung der einzelnen Haushalts- und Unternehmenspläne erfolgt durch den sich frei bildenden Preis. Der Staat hat durch die Rahmenbedingungen für einen möglichst freien Wettbewerb zu sorgen. Außerdem ist es Aufgabe des Staates, → öffentliche Güter bereitzustellen. I.d.R. ist eine M. durch Privateigentum, Wettbewerbs-, Gewerbe- und Konsumfreiheit sowie freie Berufs- und Arbeitsplatzwahl gekennzeichnet. – *Gegensatz:* → Zentralverwaltungswirtschaft. – Vgl. auch → soziale Marktwirtschaft.

Marshall-Plan, *European Recovery Program (ERP).* Plan zum Wiederaufbau der europäischen Wirtschaft nach dem Zweiten Weltkrieg. Er wurde 1947 von dem damaligen US-Außenminister Marshall verkündet und nach diesem benannt. Entsprechend dem M.-P. wurden ca. 14 Mrd. US-Dollar als Kredite, nicht rückzahlbare Zuschüsse, Sach- und Lebensmittelhilfen zum Wiederaufbau vergeben.

Maschinenstundensatz, wichtige Größe bei der Kalkulation. M. sind die → Kosten, die für eine Stunde Laufzeit pro Maschine anfallen. Zu diesem Zweck werden alle Kosten wie z.B. anteilige Raumkosten, Werkzeugbedarf, Abschreibungen, Wartungs- und Energiekosten pro Monat festgelegt und dann durch die betriebsübliche oder optimale Laufzeit geteilt.

Massenentlassung, Begriff des Kündigungsschutzgesetzes (KSchG). Danach liegt eine M. vor, wenn innerhalb von dreißig Tagen eine bestimmte Mindestanzahl von Entlassungen erfolgt: bei 20 bis 59 Arbeitnehmern fünf Entlassungen, bei 60 bis 499 Arbeitnehmern zehn Prozent oder mehr als 25 Entlassungen, bei 500 Arbeitnehmern 30 Entlassungen. – Eine M. muss der zuständigen Arbeitsagentur angezeigt werden. Außerdem besteht eine Sperrfrist von einem Monat, bis die Kündigungen wirksam werden.

Massenproduktion, → Produktionsverfahren, bei dem ein Produkt unbegrenzt produziert wird. Die M. ist gekennzeichnet durch ein hohes Maß an Rationalisierung. Nachteil der M. ist die mangelnde Flexibilität des Produktionsprozesses aufgrund des Einsatzes von Spezialmaschinen. – Vgl. auch → Sortenproduktion.

Maßgeblichkeitsprinzip, Prinzip der Bilanzierung. Das M. besagt, dass die → Handelsbilanz für die → Steuerbilanz maßgeblich ist. Dies bedeutet, dass in der Steuerbilanz dieselben Werte wie in der Handelsbilanz angesetzt werden müssen. – Das M. wird jedoch in einigen Fällen durch steuerrechtliche Vorschriften durchbrochen. Beispielsweise besteht für das Aktivierungswahlrecht in der Handelsbilanz ein Aktivierungsgebot in der Steuerbilanz oder für das Passivierungswahlrecht in der Handelsbilanz ein Passivierungsverbot in der Steuerbilanz. – Vgl. auch → Grundsätze ordnungsmäßiger Bilanzierung.

Material, Sammelbegriff für → Rohstoffe, → Hilfsstoffe und → Betriebsstoffe. Außerdem werden Kleinmaterial, bezogene Normteile, einbaufertige Aggregate usw. unter den Begriff M. zusammengefasst. Nicht dazu zählen → Fertigerzeugnisse und → unfertige Erzeugnisse.

Materialbedarfsplanung, *Bedarfsermittlung.* Verfahren zur Ermittlung des Materialbedarfs nach Art, Menge, Qualität und Zeit. Unterschieden wird dabei in Primärbedarf (Bedarf an Fertigprodukten), Sekundärbedarf (Bedarf an Baugruppen, Einzelteilen und Rohstoffen) und Tertiärbedarf (Bedarf an Betriebs- und Hilfsstoffen). Es können folgende Verfahren angewandt werden:

- deterministische (bedarfsorientierte) Disposition: Der zukünftigen Materialbedarf wird auf der Grundlage konkret vorliegender oder geplanter Kunden- und Fertigungsaufträge berechnet. Dabei wird der jeweils noch verfügbare Lagerbestand für das entsprechende Gut berücksichtigt.
- stochastische (verbrauchsorientierte) Disposition: Der zukünftige Materialbedarf wird anhand des Materialverbrauchs in der Vergangenheit ermittelt.

Materialentnahmeschein, Beleg, mit dem der → Materialverbrauch erfasst wird. Auf dem M. müssen mindestens Art und Menge der Ware, empfangene Kostenstelle, Kostennummer und Unterschrift des Berechtigten (z.B. Meister, Abteilungsleiter) angegeben werden. Der M. ist für die Lagerverwaltung als Nachweis des Abgangs sowie für die Kostenerfassung wichtig.

Materialkosten, → Kosten für Roh-, Hilfs- und Betriebsstoffe. Die M. setzen sich aus den Materialeinzelkosten und -gemeinkosten zusammen. Die Materialeinzelkosten sind die M., die einer Bezugsgröße oder einem Kostenträger direkt zugerechnet werden können. (→ Einzelkosten). Die Materialgemeinkosten müssen dagegen über die → innerbetriebliche Leistungsverrechnung verrechnet werden (→ Gemeinkosten). Zu den Materialgemeinkosten gehören vor allem die Kosten, die für die Beschaffung, Prüfung, Lagerung und Abnahme anfallen.

Materialverbrauch, Verbrauch an Roh-, Hilfs- und Betriebsstoffen. Der M. kann berechnet werden durch:

- Fortschreibung: Diese erfolgt anhand von Belegen (Materialentnahmeschein).
- Befundrechnung: Anfangsbestand + Zugänge – Endbestand (Bestand laut Inventur) = Verbrauch (Abgänge).
- Rückrechnung: M. = gelieferte Stückzahl · Bruttomaterialverbrauch pro Stück.

Materialwirtschaft, alle Aufgaben und Entscheidungen zur Versorgung der Produktion mit Material. Die M. umfasst die → Beschaffung und die Bereitstellung der benötigten Materialien, die → Lagerhaltung und die → Abfallwirtschaft. – Vgl. auch → Logistik.

Matrixorganisation, Organisationsstruktur, die auf zwei Gliederungsprinzipien beruht. Es wird zum einen nach Funktionsbereichen z.B. Beschaffung, Produktion und Absatz gegliedert. Zum anderen erfolgt die Gliederung nach Objekten (Produkte, Produktgruppen, Kunden) z.B. Produkt A, Produkt B, Produkt C. Dadurch entsteht ein Mehrliniensystem. D.h., eine Schnittstelle nimmt Anweisungen von zwei Vorgesetzten an. – Beispiel: vgl. Abbildung „Matrixorganisation". – Der Nachteil der M. ist, dass es zu Überscheidungen bei den Zuständigkeiten kommt. Als Vorteil wird vor allem die Verbesserung der Qualität der Entscheidung angesehen.

Matrixorganisation

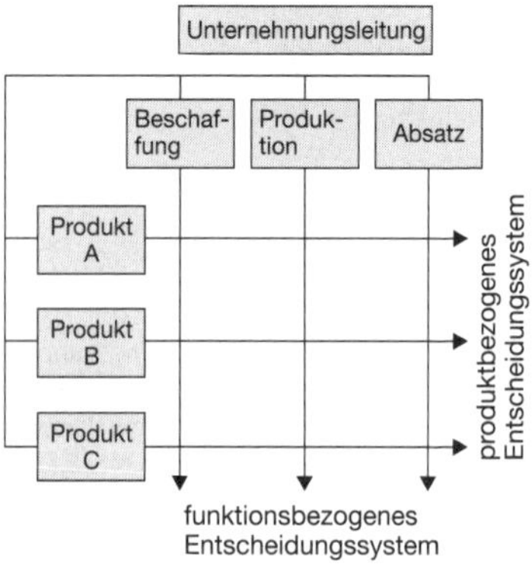

Maut, Gebühr, die alle Lkw ab 12 t für die Benutzung deutscher Autobahnen zu entrichten haben. Die Höhe der M. ist nach Achszahl und Schadstoffklasse gestaffelt. Mit der Erhebung und Abrechnung ist die Toll Collect GmbH betraut.

Maximalprinzip, → ökonomisches Prinzip.

MDAX, Abk. für Midcaps Index. → Aktienindex, der aus den Kursen von 50 Aktien deutscher Aktiengesellschaften mittlerer Größe gebildet wird.

Media, → Werbeträger.

Mediaforschung, *Werbeträgerforschung.* Untersuchung des Beitrags von Werbeträgern zur Werbewirkung oder zum Werbeerfolg. In der M. wird vor allem die Zusammensetzung der Nutzer (Leser, Hörer, Seher) analysiert. Außerdem wird ermittelt, wie oft und in welcher Intensität der Nutzer den Werbeträger oder die Werbung wahrgenommen hat. Wichtig ist auch die Ermittlung der Reichweite. D.h., wie viele mögliche Kunden mit dem Werbeträger in Kontakt kommen. M. ist die Grundlage der → Mediaplanung.

Mediaplanung, *Werbeträgerplanung.* Festlegung und Belegung der Werbeträger. D.h., es wird festgelegt, welche Werbeträger wann und wie häufig eingesetzt werden. Ziel ist es, eine maximale Werbewirkung unter Einhalt des Werbebudgets zu erreichen. Die notwendigen Informationen stellt die → Mediaforschung zur Verfügung.

Mediation, Form des Konfliktmanagements. Unter Hinzuziehung eines unparteiischen Dritten (sog. Mediator) versuchen die am Konflikt beteiligten Parteien eine Lösung oder Regelung zu erarbeiten.

Medien. 1. Plural von Media (→ Werbeträger). – 2. Plural von → Medium.

Medienforschung, Teilgebiet der → Marktforschung, in dem Reichweiten und Nutzungshäufigkeiten von → Werbeträgern untersucht werden.

Medium, Einrichtung zur Übermittlung von Informationen, Meinungen, etc., vor allem Funk, Fernsehen, Presse und das Internet.

Mehrfachbeschäftigter, Arbeitnehmer mit mehreren gleichzeitigen versicherungspflichtigen Arbeitsverhältnissen. Jeder Arbeitgeber berechnet und zahlt die jeweilige Lohnsteuer. Außerdem trägt er den Anteil des Sozialversicherungsbeitrags für die jeweilige Beschäftigung.

Mehrwert, Begriff aus der Wirtschaftslehre des Marxismus. M. ist der Unterschied zwischen dem tatsächlichen Wert der von den Arbeitern für ein Produkt aufgewandten Arbeitszeit und dem Arbeitslohn. Aufgrund der Verfügungsmacht kann der Unternehmer über den M. verfügen.

Mehrwertsteuer, Bezeichnung der → Umsatzsteuer vor Einführung des Umsatzsteuergesetzes 1973.

Meinungsführer, *Opinion Leader.* Person, die auf eine Gruppe einen stärkeren Einfluss als die anderen ausübt. Sie beeinflusst maßgeblich die Meinung der anderen. Einem M. kommt eine Schlüsselfunktion zu, da er i.d.R. „Auslöser" für die Meinung oder Entscheidung (z.B. Kauf) anderer ist. M. sollten bei der Personalführung und bei Marketingentscheidungen berücksichtigt werden.

Meistbegünstigung, wichtiger Grundsatz des → Allgemeinen Zoll- und Handelsabkommens (GATT) und der → Welthandelsorganisation (WTO). Danach ist ein Staat verpflichtet, alle handelspolitischen Vergünstigungen, die einem Staat eingeräumt wurden, auch allen anderen, mit denen M. vereinbart ist, einzuräumen. Dies gilt vor allem für Zollvorteile.

Meldebestand, → Bestellmengenplanung.

Mengenrabatt, → Rabatt.

Mengentender, → Tenderverfahren.

Mentoring, *Patenschaft,* Maßnahme zur Förderung von neuen, vor allem jungen Mitarbeitern. Ein erfahrener Mitarbeiter oder eine Führungskraft beraten und unterstützen den neuen Mitarbeiter.

Merchandising, verkaufsfördernde Maßnahmen eines Herstellers im Handel. Der Hersteller kann durch Maßnahmen am Regalplatz der Ware wie bessere Platzierung der Waren und durch Überwachung der Umschlagsgeschwindigkeit der einzelnen Warengruppen den Verkauf fördern. Er kann auch Impulse geben, indem er dem Handel Werbematerial und andere Verkaufshilfen zur Verfügung stellt. – Als. M. wird auch die Vermarktung von → Lizenzen, vor allem in der Film- und Fernsehbranche, bezeichnet.

Merger & Acquisition, Zusammenführung von Unternehmen durch Fusion oder Unternehmenskauf. Als Merger wird der Zusammenschluss von zwei oder mehreren Unternehmen zu einer rechtlichen und wirtschaftlichen Einheit bezeichnet. Eine Akquisition (Acquisition) ist dagegen der Kauf von Unternehmenseinheiten oder eines ganzen Unternehmens durch ein anderes. Das gekaufte Unternehmen wird in den Unternehmensverbund des Käufers eingegliedert. – Die anschließende Eingliederung der Unternehmen wird als Post Merger Integration bezeichnet. Wichtig sind in dieser Phase vor allem die Verzahnung der Führungsorganisation und der einzelnen Geschäftstätigkeiten. – Vgl. auch → Takeover.

meritorisches Gut, Gut, das vom Staat angeboten wird. Der Staat tut dies, wenn er eine unzureichende Versorgung mit diesem Gut befürchtet. Zu den m.G. zählen z.B. Ausbildung, Gesundheits- und Kulturwesen.

Messe, Veranstaltung mit Marktcharakter. Auf M. wird ein umfassendes Angebot eines oder mehrerer Wirtschaftszweige vorgestellt. I.d.R. findet eine M. in regelmäßigen Abständen am selben Ort statt. Hersteller, Großhändler und/oder Handelsvertreter informieren die Besucher über ihr Leistungsprogramm und nehmen Aufträge an. Verkauft wird nur an Gewerbetreibende zum gewerblichen Ge- oder Verbrauch oder aber zum Wiederverkauf. Der Besuch von Endverbrauchern ist an allen Messetagen, jedoch nur zu zeitlich eingeschränkten Zeiten zulässig.

Me-too-Produkt, Nachbildung eines bereits am Markt vorhandenen Produkts. Sie werden meist zu deutlich niedrigeren Preisen als die Originalprodukte verkauft. – Vgl. auch → Produktpiraterie.

Mezzanine-Finanzierung, Finanzierung durch nachrangige → Darlehen. I.d.R. werden die Darlehen nicht durch → Pfandrechte, → Sicherungsübereignung, → Sicherungsabtretung oder → Grundpfandrechte abgesichert. Mezzanine-Geber erhalten aufgrund des höheren Risikos eine feste Verzinsung und häufig zusätzlich einen Anteil am Wertzuwachs des Unternehmens. Beispielsweise wird ihnen die Möglichkeit eingeräumt, einen festgelegten Anteil am Grundkapital zu kaufen.

Midcaps Index, → MDAX.

Midi-Job, → Mini-Job.

Miete, Überlassen einer Sache zu ihrer Nutzung. Es kann sich dabei um bewegliche Sachen (z.B. Kraftfahrzeug) oder unbewegliche Sachen (z.B. Wohnung) handeln. Für die Überlassung wird ein Entgelt gezahlt. Grundlage ist i.d.R. ein → Mietvertrag. – Beim Vermieter unterliegen die Mieteinnahmen als Einkünfte aus Vermietung und Verpachtung der Einkommensteuer. Ist der Mieter ein Unternehmen sind die Mietzahlungen als → Betriebsausgaben abzusetzen. – Häufig wird das Entgelt, das zu zahlen ist, auch als M. oder als Mietzins bezeichnet. – *Ähnlich:* → Pacht. – *Gegensatz:* → Leihe.

Mieterhöhung, Erhöhung der Miete während eines Mietverhältnisses durch den Vermieter. Der Vermieter kann nur mit Zustimmung des Mieters die Miete erhöhen. Dies gilt jedoch nicht nach Modernisierungsmaßnahmen. In diesem Fall können elf Prozent der Modernisierungskosten auf die Jahresmiete umgelegt werden. Außerdem kann die Miete ohne Zustimmung erhöht werden, wenn die Betriebskosten gestiegen sind. Dies muss jedoch im Mietvertrag vereinbart sein. Eine M. muss der Mieter hinnehmen, wenn sie schriftlich mit Grund mitgeteilt wird und die letzte M. mindestens zwölf Monate her ist. Außerdem dürfen die M in den letzten drei Jahren insgesamt nicht mehr als zwanzig Prozent betragen haben. Der Vermieter hat grundsätzlich das Recht, alle fünfzehn Monate die Miete an die ortsüblich Miete (→ Mietspiegel) anzupassen.

Mieterschutz, alle Regelungen, die das Kündigungsrecht des Vermieters oder die Beendigung des Mietverhältnisses aus anderen Gründen einschränken. Durch den M. sollen Mieter von Wohnraum geschützt werden. Der M. ist im Bürgerlichen Gesetzbuch (BGB) geregelt.

Mietkauf, → Leasing.

Mietkaution, Form der → Kaution. Die M. ist vertraglich zu vereinbaren. Die Höhe der M. ist gesetzlich auf drei Nettomonatsmieten begrenzt. Sie kann in drei Teilbeträgen gezahlt werden, wobei die erste bei Beginn des Mietverhältnisses zu zahlen ist. Die M. ist bei einer Bank mit einer dreimonatigen Kündigungsfrist auf einem gesonderten Konto anzulegen (z.B. Sparbuch). Gibt der Mieter die Wohnung im vertragsgemäßen Zustand zurück, muss die M. an ihn zurückgezahlt werden. Ansonsten wird die M. mit Forderungen des Vermieters (z.B. Mietforderungen) verrechnet. – Die gesetzlichen Regelungen gelten nicht bei Geschäftsräumen.

Mietminderung, Minderung der Miete, wenn die Wohnung Mängel hat. Bei einem geringfügigen Mangel darf keine M. vorgenommen werden.

Mietspiegel, Übersicht über die ortsüblichen Vergleichsmieten. Der M. wird gemeinsam von der Gemeinde, Vermieter- und Mieterverbänden erstellt oder anerkannt.

Mietvertrag, Vertrag, der zwischen Mieter und Vermieter abgeschlossen wird. Der Vermieter hat die Mietsache in einem gebrauchsfähigen Zustand zu erhalten. Der Mieter muss eine vereinbarte Miete zahlen und die Mietsache pfleglich behandeln. Der M. kann mündlich oder schriftlich abgeschlossen werden. – Ein M. über Grundstücke und Wohnraum muss schriftlich abgeschlossen werden. Der Mieter hat aufgrund des M. nur ein Nutzungsrecht. D.h., er hat nicht das Recht mit der Wohnung oder mit dem Grundstück Erträge zu erzielen. Aus diesem Grund sind Weitervermietung oder Untervermietung nur mit Erlaubnis des Vermieters erlaubt.

Mikroökonomie, Teilgebiet der Volkwirtschaftlehre. Die M. befasst sich mit den einzelnen Haushalten, Unternehmen und dem Staat sowie mit den einzelnen Gütern. Im Rahmen der M. werden die Haushalte, Unternehmen und der Staat am Markt untersucht (sog. Partialanalyse). Außerdem wird das Zusammenwirken von Haushalte, Unternehmen und Staat analysiert (sog. Totalanalyse). – *Gegensatz:* → Makroökonomie.

Mikrozensus, amtliche Statistik zur Erfassung bevölkerungs- und arbeitsmarktstatistischer Daten. Die Daten werden von einer repräsentativen Auswahl der Bevölkerung ermittelt (Stichprobenerhebung). Es nehmen ein Prozent aller Haushalte in Deutschland teil. Es werden vor allem Daten zur Person (z.B. Alter, Geschlecht, Staatsangehörigkeit) und zum Familien- und Haushaltszusammenhang ermittelt. Außerdem werden

Angaben zu Erwerbstätigkeit, Arbeitssuche, Ausbildungsabschluss, Quelle des Lebensunterhalts, zur Sozialversicherung und zur Höhe des Einkommens abgefragt. – *Weitere Informationen unter* www.destatis.de. – Vgl. auch → Volkszählung.

Minderung, Herabsetzung des Kaufpreises. Dies ist zulässig, wenn eine Sache Mängel hat (→ Sachmangel). Die M. kann erst dann verlangt werden, wenn eine gesetzte Nachfrist erfolglos verstrichen ist. D.h., dass vom Schuldner nicht nachgebessert und auch kein Ersatz geliefert wurde (→ Nachbesserung, → Nachlieferung). Eine M. ist auch wegen eines unerheblichen Mangels möglich. – Vgl. auch → Sachmängelhaftung.

Minderung der Erwerbsfähigkeit (MdE), Begriff aus der gesetzlichen Unfallversicherung. Die MdE. ist das Ausmaß, um das die normale körperliche und geistige Fähigkeit einer Person im allgemeinen Erwerbsleben gemindert ist. Es handelt sich dabei um jemanden, der einen Arbeitsunfall erlitten hat oder unter einer Berufskrankheit leidet. Die MdE wird in Prozent angegeben. Die Berechnung der MdE beruht auf sog. MdE-Tabellen. Nach dem Grad der MdE richtet sich die Höhe der → Unfallrente. – *Anders:* → Erwerbsminderung.

Mindestbestand, → Bestellmengenplanung.

Mindestgebot, bei der Zwangsversteigerung der Preis, der beim Bieten nicht unterschritten werden darf. Das M. wird vom Gericht festgesetzt. Es beträgt gewöhnlich 70 Prozent des Verkehrswerts (→ gemeiner Wert). Liegt das Höchstgebot bei der Versteigerung darunter, kann der Gläubiger beantragen, dass der Zuschlag nicht gegeben wird. Damit kommt ein Kauf nicht zustande. Durch die Festlegung eines M. soll ein zu großer Ausfall bei bestimmten Gläubigern verhindert werden.

Mindestkapital, → Eigenkapital, das bei einer Unternehmensgründung mindestens aufgebracht werden muss. Das M. einer Aktiengesellschaft (AG) beträgt 50.000 Euro (→ Grundkapital). Bei einer Gesellschaft mit beschränkter Haftung (GmbH) sind es 25.000 Euro (→ Stammkapital). Für Einzelunternehmen, offene Handelsgesellschaften (OHG) und Kommanditgesellschaften (KG) ist kein M. gesetzlich vorgeschrieben.

Mindestlohn, Untergrenze für betriebliche Lohnvereinbarungen. M. können auf Gesetz oder auf Tarifvertrag beruhen. In Deutschland gibt es keinen allgemein geltenden gesetzlichen M. Nach dem Tarifgesetz (TVG) sind jedoch die → Tariflöhne M.

Mindestrente, → Grundrente.

Mindestreserve, Guthaben der Kreditinstitute bei der → Europäischen Zentralbank (EZB). Die Kreditinstitute sind gesetzlich verpflichtet, M. zu hinterlegen. Die M. wird aus den reservepflichtigen → Einlagen berechnet und beträgt zurzeit zwei Prozent. Einbezogen werden täglich fällige Einlagen, Einlagen mit einer Laufzeit von bis zu zwei Jahren, Einlagen mit einer vereinbarten Kündigungsfrist von bis zu zwei Jahren, Anleihen mit einer vereinbarten Laufzeit von bis zu zwei Jahren sowie Geldmarktpapiere. Die M. ist ein geldpolitisches Instrument des Europäischen Systems der Zentralbanken (ESZB) zur Beeinflussung der Liquidität von Kreditinstituten.

Mindeststeuersatz, Steuersatz, der bei einer Steuer mindestens erhoben werden muss. Im europäischen Steuerrecht sind M. festgelegt. Beispielsweise gilt für die Umsatzsteuer ein M. von 15 Prozent, im Fall eines ermäßigten Steuersatzes 7 Prozent.

Mineralölsteuer, Steuer auf eingeführte und im Inland hergestellte Mineralöle. Die Steuersätze sind von der Mineralölart abhängig. Sie betragen z.B. für Benzin zwischen 0,6698 Euro und 0,721 Euro je Liter, für mittelschwere Öle 0,6544 Euro je Liter, für Schweröle 0,130 Euro je Liter und für Erdgas 0,0318 Euro je Megawattstunde. In Sonderfällen kann die M. auf Antrag erlassen, erstattet oder vergütet werden. Wird zur Stromerzeugung z.B. Erdgas statt Heizöl genutzt, wird die Mineralölsteuererhöhung erstattet. Dadurch soll eine Doppelbelastung mit Stromsteuer und Mineralölsteuer vermieden werden.

Mini-Job, → geringfügige Beschäftigung, bei der das monatliche Einkommen zwischen 401 Euro und 800 Euro liegt. Die Beschäftigten zahlen einen vergleichsweise niedrigen, allmählich ansteigenden Sozialversicherungsbeitrag. Die Arbeitgeber entrichten eine pauschale Abgabe für Lohnsteuer und Sozialversicherung von insgesamt 15 Prozent. – *Weitere Informationen unter* www.bmgs.-bund.de.

Minimalprinzip, → ökonomisches Prinzip.

Mischkalkulation, *Ausgleichskalkulation, kalkulatorischer Ausgleich.* Kalkulationsverfahren im Handel. Bei der M. werden einzelne Waren oder Warengruppen mit unterschiedlichen Gewinnzuschlägen belastet. Ausgleichsnehmer werden mit niedrigeren, Ausgleichsträger mit höheren Spannen als die Durchschnittsspanne des Sortiments kalkuliert.

Mischkonzern, → Konzern.

Mitarbeiterbeteiligung, → Erfolgsbeteiligung, → Kapitalbeteiligung.

Mitarbeiterbeurteilung, Beurteilung der Leistung eines Arbeitnehmers durch seinen Vorgesetzten oder Arbeitgeber. Eine M. erfolgt i.d.R. jährlich. – Nach den arbeitsrechtlichen Bestimmungen hat der Arbeitgeber seine Beurteilung zu begründen. Er muss seine Beurteilung und die beruflichen Entwicklungsmöglichkeiten des Arbeitnehmers erläutern, wenn der Arbeitnehmer dieses verlangt.

Mitbestimmung, aktive Teilnahme von Arbeitnehmern an Entscheidungsprozessen in Betrieben und Unternehmen. – 1. *Betriebliche M.:* Nach dem Betriebsverfassungsgesetz (BetrVG) werden die Arbeitnehmer durch den Betriebsrat in sozialen, personellen, wirtschaftlichen und organisatorischen Fragen vertreten. Der Betriebsrat muss unter anderem bei Einstellungen und Betriebsänderungen informiert werden. Außerdem hat er ein Anhörungs- und Beratungsrecht vor allem bei Kündigungen. Der Betriebsrat hat das Recht, z.B. bei Einstellungen, Eingruppierungen, Versetzungen und im Fall ordentlicher Kündigungen zu widersprechen. Die Zustimmung des Betriebsrates ist vor allem bei sozialen Angelegenheiten und für → Sozialpläne erforderlich. – 2. *Unternehmensbezogene M.:* Beteiligung der Arbeitnehmer im Aufsichtsrat und im Vorstand. Das Mitbestimmungsgesetz (MitbestG) und das Montan-Mitbestimmungsgesetz (MoMitbestG) sehen eine M. bei allen Unternehmen mit i.d.R. mehr als 2.000 Arbeitnehmern sowie für Unternehmen des Bergbaus und der Eisen und Stahl erzeugenden Industrie vor. Der Aufsichtrat setzt sich aus einer gleichen Anzahl von Vertretern der Anteilseigner und der Arbeitnehmer zusammen. Im Vorstand ist ein → Arbeitsdirektor zu bestellen. Personengesellschaften sind von diesen Regelungen ausgenommen. Im Fall von Kommanditgesellschaft (KG) gelten Einschränkungen.

Miteigentum, Form des → Eigentums. M. liegt vor, wenn mehrere Personen gemeinsam Eigentümer einer Sache sind. Jeder Miteigentümer ist Eigentümer an einem ideellen Anteil, über den er allein verfügen kann.

Mitnahmeeffekt, Begriff aus der Finanzwissenschaft. Der M. besagt, dass Personen oder Unternehmen auch ohne die Zahlung von finanziellen Anreizen ihr Verhalten geändert hätten. Die staatliche

Förderung würde somit nur „mitgenommen“ werden. Beispielsweise hätten Unternehmen auch ohne Steuererleichterungen investiert.

mittelfristige Finanzplanung, Gegenüberstellung der Ausgaben und Einnahmen der jeweils nächsten fünf Jahre. Die m.F. ergänzt den traditionellen jährlichen → Haushaltsplan. Die Aufstellung einer m.F. ist für Bund, Länder und Gemeinden gesetzlich vorgeschrieben. Die m.F. ist nicht bindend. Sie wird dem jeweiligen Parlament zur Information vorgelegt.

Mittelstand, *kleine und mittlere Unternehmen (KMU), mittelständische Unternehmen.* Unternehmen mittlerer Größe. I.d.R. werden darunter Unternehmen verstanden, die einen Jahresumsatz zwischen 1 Mio. Euro und 50 Mio. Euro oder zehn bis 499 Beschäftigte haben.

Mittelstandspolitik, wirtschaftspolitische Maßnahmen zur Unterstützung und Förderung des → Mittelstands. Da mittlere Unternehmen gegenüber Großunternehmen eine relativ schwache Marktposition haben, sollen sie durch die M. geschützt werden. Im Rahmen der M. sollen die Rahmenbedingungen für mittelständische Unternehmen verbessert werden. Dies kann beispielsweise durch Missbrauchsaufsicht der Kartellbehörden, Steuervorteile, Erleichterungen bei Vorschriften der Gewerbeordnung oder des Umweltschutzes erfolgen. Zur M. gehören aber vor allem direkte Fördermaßnahmen durch den Staat und andere Organisationen. Dabei handelt sich vor allem um Investitionsförderungsmaßnahmen durch die → Kreditanstalt für Wiederaufbau (KfW) oder auch durch Beratungsleistungen der Industrie und Handelskammern.

Mitunternehmer, Gesellschafter einer Personengesellschaft, der wie ein Unternehmer tätig ist. Er trägt auch das unternehmerische Risiko. Im Einzelnen sind Gesellschafter einer → offenen Handelsgesellschaft (OHG), einer → Kommanditgesellschaft (KG), einer → Gesellschaft des bürgerlichen Rechts (GbR) und einer atypischen → stillen Gesellschaft M. Auch Rechtsanwälte, Steuerberater, Ärzte und andere Angehörige freier Berufe können sich zu Mitunternehmerschaften (Gemeinschaftspraxen) zusammenschließen.

Mitverschulden, Begriff aus dem Bürgerlichen Recht. M. ist das teilweise Verschulden des Geschädigten bei der Entstehung eines Schadens. In diesem Fall können die Schadensersatzansprüche (→ Schadensersatz) des Geschädigten eingeschränkt werden.

Mitwirkungspflicht, Begriff aus dem Verwaltungsverfahrensgesetz (VwVfG). M. ist die Verpflichtung eines am Verfahren Beteiligten oder einer Behörde, bekannte Tatsachen und Beweismittel anzugeben und so bei der Ermittlung des Sachverhalts mitzuwirken. Eine M. gilt vor allem bei Besteuerungsverfahren und bei Verfahren hinsichtlich Sozialleistungen (z.B. Sozialhilfe und Kindergeld).

Mobbing, Phänomen in der Arbeitswelt, wobei ein Arbeitnehmer durch Kollegen oder seinen Vorgesetzten über einen längeren Zeitraum schikaniert wird. Als Schikanen gelten z.B. Hänseleien, Ausgrenzung aus dem Team, Verbreitung von Gerüchten oder die Übertragung von „kränkenden“ Aufgaben.

Mobil Commerce, elektronische Geschäftsabwicklung mit Hilfe mobiler, mit dem Internet verbundener Datenübertragungsgeräte. Die Abwicklung erfolgt in erster Linie über Handy.

Mobilität. 1. Räumliche Flexibilität und Beweglichkeit eines Arbeitnehmers, z.B. den Wohnsitz zu wechseln. – 2. Geistige Fähigkeit eines Arbeitnehmers, flexibel und in Alternativen zu denken.

Modularisierung, Bildung organisatorischer Einheiten als unternehmerische Grundbausteine. D.h., sie sind „Unternehmen im Unternehmen“. Die gebildeten Einheiten ergänzen sich. Sie werden je nach Situation oder Aufgabenstellung unterschiedlich kombiniert und sind häufig mit umfassenden Zuständigkeiten ausgestattet (→ Profit Center).

Monatsgeld, Begriff aus dem Bank- und Börsenwesen für → Termingeld. M. werden zwischen Kreditinstituten mit einer Laufzeit von mindestens 30 Tagen aufgenommen.

monetäre Finanzinstitute (MFI), Sammelbegriff für Banken und Bausparkassen, Geldmarktfonds, die → Europäische Zentralbank (EZB) und die nationalen Zentralnotenbanken, die dem → Europäischen System der Zentralbanken (ESZB) angehören.

monetärer Markt, → Finanzmarkt.

Monetarismus, Ansatz der → Makroökonomie. Nach diesem Ansatz sind Preisniveaustabilität (→ Inflation) und die Regulierung der → Geldmenge entscheidend für die gesamtwirtschaftliche Entwicklung. Die Vertreter des M. gehen davon aus, das ein marktwirtschaftliches System bei flexiblen Preisen zu einem stabilen Gleichgewicht neigt. Sind die Rahmenbedingen für eine funktionsfähige Marktwirtschaft gegeben, werden wirtschaftliche Störungen über den Markt automatisch behoben („Selbstheilungskräfte des Marktes"). Die Voraussetzungen dafür sind flexible Preise, offene Märkte, eine funktionsfähige Eigentumsordnung und eine kontinuierliche Wirtschaftspolitik, vor allem Geldpolitik. Nach Meinung der Vertreter des M. werden wirtschaftliche Störung wie vor allem Arbeitslosigkeit durch Eingriffe des Staates hervorgerufen. Aus diesem Grund lehnen die Vertreter des M. eine Konjunktur- und Beschäftigungspolitik zur Stärkung der gesamtwirtschaftlichen Nachfrage ab. Ausschlaggebend ist für sie die Preisniveaustabilität sowie die Schaffung der notwendigen Rahmenbedingungen durch eine entsprechende Wettbewerbs- und Ordnungspolitik. – Der M. wurde aus der Kritik am → Keynesianismus entwickelt. Wichtiger Vertreter des M. ist Friedman (US-amerikanischer Nationalökonom, geboren 1912).

Monopol, → Marktform, bei der ein einziger Anbieter (sog. Monopolist) vielen Nachfragern gegenübersteht. Der Monopolist kann aufgrund seiner Marktmacht den Preis oder die Menge bestimmen.

monopolistische Konkurrenz, → Polypol.

Monopolkommission, Sachverständigengremium mit der Aufgabe, die → Unternehmenskonzentration in Deutschland zu beobachten und zu beurteilen. Nach dem Gesetz gegen Wettbewerbsbeschränkungen (GWB) setzt sich die M. aus fünf Mitgliedern zusammen. Diese werden auf Vorschlag der Bundesregierung vom Bundespräsidenten ernannt. Die M. veröffentlicht alle zwei Jahre ein Hauptgutachten und in unregelmäßigen Abständen Sondergutachten. – *Weitere Informationen unter* www.monopolkommission.de.

Monopson, *Nachfragemonopol.* → Marktform, bei der ein Nachfrager einer großen Zahl von Anbietern gegenübersteht.

Montanmitbestimmung, → Mitbestimmung.

Montanunion, → Europäische Gemeinschaft für Kohle und Stahl (EGKS).

Motivation, Beweggründe, die das Handeln oder die Entscheidungen einer Person beeinflussen. – In der Personalführung ist M. die Bereitschaft eines Mitarbeiters, im Unternehmen gute Leistungen zu erbringen. Durch Maßnahmen der → Personalführung soll eine gefühlsmäßige Bindung des Mitarbeiters an das Unternehmen und die Ziele des Unternehmens aufgebaut werden. Der Mitarbeiter soll sich mit dem Unternehmen identifizieren.

Multi-Channel-Marketing, gleichzeitige Nutzung von unterschiedlichen Absatzkanälen. Auf diese Weise sollen unterschiedliche Käufergruppen zum selben Zeitpunkt erreicht werden. Häufig werden elektronische Werbeträger (z.B. Internet, Fernsehen) und nicht elektronische Werbeträger (z.B. Zeitungsanzeige, Mailing) kombiniert.

Multilateralismus, mehrseitige zwischenstaatliche Wirtschaftsbeziehungen im internationalen Handel. Als M. werden auch Handels- und Zahlungsabkommen mit mehreren Staaten bezeichnet. M. ist ein wichtiger Grundsatz des → Allgemeinen Zoll- und Handelsabkommens (GATT) und der → Welthandelsorganisation (WTO).

Multiplikatorprinzip, Begriff der Wirtschaftstheorie. Das M. besagt, um wie viele Einheiten das Einkommen wächst, wenn eine gesamtwirtschaftliche Größe wie z.B. gesamtwirtschaftliche Investitionen, Staatsausgaben oder Exporte geringfügig steigen.

Mündelsicherheit, Erfordernis einer besonders sicheren Form der Geldanlage. In mündelsichere Geldanlagen darf nach dem Bürgerlichen Gesetzbuch (BGB) das Geldvermögen einer unter Vormundschaft stehenden Person investiert werden. Mündelsichere Geldanlagen sind z.B. → Grundschulden, → Hypotheken, → Pfandbriefe sowie Bundes- und Länderanleihen (→ Anleihe).

Münzen, Metallscheiben, die als Zahlungsmittel eingesetzt werden.

Muttergesellschaft, *Obergesellschaft.* Gesellschaft, die aufgrund von Beteiligungen ein oder mehrere andere Unternehmen (→ Tochtergesellschaft) beherrscht.

Mutterschaftsgeld, Leistung der Krankenkassen oder des Bundes an Frauen während des → Mutterschutzes. Als M. wird das durchschnittliche monatliche Nettoarbeitsentgelts der letzten drei Monate vor Beginn der Schutzfrist gewährt. Es beträgt höchstens 13 Euro pro Kalendertag. Liegt das durchschnittliche Nettoarbeitsentgelt darüber, muss der Arbeitgeber den Unterschiedsbetrag als Zuschuss zahlen.

Mutterschutz, gesetzlicher Schutz von schwangeren Arbeitnehmerinnen am Arbeitsplatz. Beispielsweise dürfen Schwangere keine schweren körperlichen Arbeiten verrichten und nicht im Akkord arbeiten. Der M. gilt i.d.R. sechs Wochen vor und acht Wochen nach der Geburt eines Kindes. In den letzten sechs Wochen vor der Entbindung muss der Arbeitgeber die Arbeitnehmerin von der Arbeit freistellen. Sie kann aber auf eigenen Wunsch weiterarbeiten. In den acht Wochen nach der Entbindung darf die Arbeitnehmerin grundsätzlich nicht arbeiten, auch nicht auf eigenen Wunsch. Außerdem besteht für Schwangere ein Sonderkündigungsschutz von vier Monaten nach der Entbindung.

N

Nachbesserung, Verpflichtung des Verkäufers beim → Kaufvertrag bzw. des Unternehmens beim → Werkvertrag, den Mangel an einer verkauften bzw. herzustellenden Sache auf Verlangen des Käufers bzw. Bestellers zu beseitigen. – Vgl. auch → Sachmängelhaftung.

Nacherfüllung, Sammelbegriff für → Nachbesserung und → Nachlieferung.

Nachfrage, Streben, Güter zu kaufen. Die N. hängt im Wesentlichen vom Preis des Gutes ab. N. und Angebot bestimmen den Marktpreis (→ Marktgleichgewicht). – Das Nachfrageverhalten wird durch mathematische Funktionsgleichungen (sog. Nachfragefunktionen) dargestellt. Die Nachfragefunktionen geben die Abhängigkeit der Nachfragemenge eines Haushalts vom Preis des Gutes wieder (sog. direkte Nachfragefunktion). Die Nachfragemenge kann aber auch in Abhängigkeit vom Preis eines anderen Gutes und vom Einkommen des Haushalts dargestellt werden. – *Gegensatz:* → Angebot.

Nachfrageelastizität, → Elastizität.

Nachfrist, Frist, die nach Ablauf einer vertraglich festgelegten Frist noch besteht oder gesetzt wird. Ein Gläubiger kann eine N. setzen, wenn der Schuldner mit seiner Leistung im Verzug ist (→ Schuldnerverzug) oder den Vertrag verletzt hat. Der Gläubiger muss danach die Leistung nicht mehr abnehmen, wenn er dies gleichzeitig mit der N. erklärt hat.

nachgelagerte Besteuerung, → Alterseinkünftegesetz (AltEinkG).

nachhaltige Entwicklung, Wirtschaftswachstum, das die Erhaltung der Umwelt auch für alle kommenden Generationen sichert. Ihre Umsetzung in der Umweltpolitik sah erstmals 1992 die → Agenda 21 vor. Die vier Grundregeln für eine n.E. lauten:

- Erneuerbare → Ressourcen sollen nur in dem Umfang abgebaut werden, wie sie sich erneuern.
- Nicht erneuerbare Ressourcen dürfen nur in dem Umfang genutzt werden, in dem sie in ihrer Funktion durch gleichwertige erneuerbare Ressourcen ersetzt werden können.
- Es dürfen nicht mehr Stoffe in die Umwelt abgegeben werden, als die Umwelt durch ihr Selbstreinigungsvermögen verarbeiten kann.
- Veränderungen der Umwelt durch den Menschen dürfen das zeitliche Anpassungsvermögen natürlicher Prozesse nicht überfordern.

2001 wurde die n.E. in die Strategie „wettbewerbsfähiger Wirtschaftsraum" der Europäischen Union (EU) eingegliedert. Um Nachhaltigkeit zu erzielen, müssen danach die wirtschaftlichen, sozialen und ökologischen Aspekte im Rahmen der Wettbewerbsfähigkeit berücksichtigt werden. – *Weitere Informationen unter* www.oecd.org/sustainable development.

Nachkalkulation, → Kalkulation auf der Grundlage der Kosten, die tatsächlich bei der Leistungserstellung angefallen sind (→ Istkosten). Die N. dient vor allem der Kostenermittlung und -kontrolle. Sie wird überwiegend in Betrieben mit → Einzelproduktion angewandt. – *Gegensatz:* → Vorkalkulation.

Nachlass, *Erbschaft.* Begriff aus dem Bürgerlichen Recht für das gesamte Vermögen eines Verstorbenen, einschließlich der Schulden.

Nachlieferung, Verpflichtung des Verkäufers beim → Kaufvertrag, Ersatz für mangelhaft gelieferte Ware zu liefern. Der Verkäufer hat die erforderlichen Kosten z.B. für Ersatzware und Transport zu tragen. – Vgl. auch → Sachmängelhaftung.

Nachschusspflicht, Verpflichtung für Gesellschafter, in Verlustjahren über ihre Einlage hinaus Geldbeträge an die Gesellschaft zu leisten. Eine gesetzliche N. gilt im Fall der Genossenschaft. Sie kann jedoch durch die Satzung ausgeschlossen werden. Bei der Gesellschaft mit beschränkter Haftung (GmbH) kann eine N. im Gesellschaftsvertrag vereinbart werden. Für Aktionäre einer Aktiengesellschaft (AG) sowie für Gesellschafter einer offenen Handelsgesellschaft (OHG) und einer Kommanditgesellschaft (KG) besteht grundsätzlich keine N.

Nachtarbeit, jede Arbeit, die mehr als zwei Stunden in der Zeit von 23 bis 6 Uhr umfasst. – Nach dem Arbeitszeitgesetz (ArbZG) muss der Arbeitgeber für N. einen angemessen Zuschlag zahlen oder einen Freizeitausgleich gewähren. Häufig enthalten Tarifverträge genaue Regelungen zur N.

Nachtragshaushalt, → Haushaltsplan mit Positionen, die gegenüber einem bereits verkündeten Haushalt geändert werden sollen. Der N. wird nach demselben, jedoch beschleunigten Verfahren wie die Jahreshaushaltspläne aufgestellt, beraten und durchgeführt.

Namensaktie, → Aktie.

Namenspapier, *Rektapapier.* → Wertpapier, das auf den Namen einer bestimmten Person lautet. Nur der namentlich genannte Inhaber kann den durch das Papier beurkundeten Anspruch geltend machen. Er kann seinen Anspruch an einen anderen abtreten (→ Forderungsabtretung). Zu den N. zählen z.B. Hypothekenbriefe sowie Schecks und Wechsel mit einer → Rektaklausel. – *Gegensatz:* → Inhaberpapier.

Namensschuldverschreibung, → Anleihe.

NASDAQ, Abk. für National Association of Securities Dealers Automated Quotation. Amerikanische Computerbörse, an der vor allem Aktien des Technologiesektors gehandelt werden. Die Börse ist der führende Handelsplatz für Wachstumsunternehmen weltweit. Die N. gilt als Vorbild für alle später entstandenen europäischen Marktsegmente im Bereich der Wachstumsunternehmen, wie z.B. der → EUREX. – *Weitere Informationen unter* www.nasdaq.com.

Nationaleinkommen, früher *Sozialprodukt.* Begriff aus der Volkswirtschaftlichen Gesamtrechnung (VGR). Das N. wird ermittelt, indem vom → Bruttoinlandsprodukt (BIP) die sog. Primäreinkommen, die an die übrige Welt geflossen sind, abgezogen und umgekehrt die Primäreinkommen, die aus der übrigen Welt bezogen wurden, hinzugefügt werden. Unter dem Begriff Primäreinkommen werden Arbeitsentgelte, Unternehmens- und Vermögenseinkommen (abzüglich Subventionen) zusammengefasst. – *Anders:* → Volkseinkommen.

Naturallohn, → Lohn.

Naturalwirtschaft, geldlose Volkswirtschaft. In der N. wird Ware gegen Ware getauscht. – *Gegensatz:* → Geldwirtschaft.

natürliche Person, jeder Mensch. – *Gegensatz:* → juristische Person.

natürliche Ressource, natürlich vorkommende Rohstoffe und Bodenschätze. Dazu gehören sog. nicht erneuerbare Ressourcen wie z.B. Öl, Kohle, Gas und mineralische Rohstoffe. Außerdem gibt es die sog. erneuerbaren Ressourcen wie z.B. Wasser- und Windkraft, Sonnenenergie sowie Erdwärme.

Nebenabrede, Vereinbarung zwischen zwei Vertragspartnern, die über den eigentlichen Vertragsinhalt hinausgehen oder ihn ergänzen. – N. sind nur wirksam, wenn sie schriftlich vereinbart werden. N. können gesondert vom Vertrag gekündigt werden.

nebenberufliche Tätigkeit, → Nebentätigkeit.

Nebenbeschäftigung, → Nebentätigkeit.

Nebeneinkünfte, Begriff aus dem Einkommensteuerrecht. N. sind Einnahmen aus einer → Nebentätigkeit, die mehr als ein Drittel eines Vollzeiterwerbs ausmacht. N. sind grundsätzlich einkommen/-lohnsteuerpflichtig. – Ausnahme bilden die sog. Aufwandsentschädigungen für bestimmte nebenberufliche Tätigkeiten (z.B. Übungsleiter, Betreuer, Pfleger, etc.). Diese sind bis zu einem Höchstbetrag von 1.848 Euro im Jahr steuerfrei. – Für N. können → Werbungskosten berücksichtigt werden, wenn diese die steuerfreien Einnahmen in Höhe von 1.848 Euro im Jahr übersteigen.

Nebenkostenstelle, → Kostenstelle, die kein Haupt-, sondern ein Nebenprodukt fertigt. Dies ist z.B. bei der Verarbeitung von Abfällen der Fall. – *Gegensatz:* → Hauptkostenstelle.

Nebentätigkeit, *Nebenbeschäftigung, nebenberufliche Tätigkeit.* Begriff aus dem Arbeits- und Steuerrecht für eine Tätigkeit, die neben dem Hauptberuf ausgeübt wird. Im Fall einer N. dürfen die Pflichten aus dem Hauptarbeitsverhältnis nicht verletzt werden. Ist der Arbeitnehmer gleichzeitig in einem anderen Unternehmen tätig, muss dies der Hauptarbeitgeber erlauben. – Vgl. auch → Nebeneinkünfte und → geringfügige Beschäftigung.

Nebenwert, Begriff aus dem Börsenwesen für eine → Aktie einer kleinen, wenig bekannten Aktiengesellschaften (AG). Mit N. werden nur geringe Umsätze an der Börse gemacht. – *Gegensatz:* → Standardwert.

negative Orderklausel, → Rektaklausel.

Negativerklärung, → Negativklausel.

Negativklausel, *Negativerklärung.* Verpflichtung eines Kreditnehmers oder eines Anleiheschuldners, in Zukunft bestimmte Vermögenswerte nicht oder nicht höher zu beleihen und anderen Gläubigern keine Sicherheiten zu gewähren. Es sei denn, der bisherige Gläubiger erlaubt dies. Meistens wird eine N. bei Grundbesitz vereinbart.

Nennbetrag, → Nennwert.

Nennkapital, → gezeichnetes Kapital.

Nennwert, *Nennbetrag, Nominalwert.* Betrag, der auf einer Aktie, Anleihe oder Banknote aufgedruckt oder auf einer Münze aufgeprägt ist. – *1. N. einer Banknote oder einer Münze:* Der N. gibt an, welchen gesetzlichen Wert ein Zahlungsmittel hat. Er wird durch die Zentralbank festgelegt. – 2. *N. einer Aktie:* Der N. gibt an, mit welchem Anteil der Aktionär am → Grundkapital der Aktiegesellschaft (AG) beteiligt ist. – 3. *N. einer Anleihe:* N. ist der zu verzinsende Schuldbetrag. Er wird am Ende der Laufzeit zurückgezahlt.

Nennwertaktie, → Aktie, die auf eine feste Summe (→ Nennwert) lautet. Der Mindestbetrag von N. beträgt ein Euro. Höhere Nennwerte müssen auf volle Euro lauten. – *Gegensatz:* → Stückaktie.

nennwertlose Aktie, → Stückaktie.

Neokeynesianismus, → Keynesianismus.

Neoklassik, → Klassik.

Neoliberalismus, → Liberalismus, → Ordoliberalismus.

Netting, → Cash Management.

netto, nach Abzug von Steuern, Abschreibungen, Rabatte usw. (z.B. Nettopreis, Nettogewinn) oder ohne Verpackung (z.B. Nettogewicht). – *Gegensatz:* → brutto.

Nettoarbeitsentgelt, *Nettolohn.* → Arbeitsentgelt nach Abzug von Lohn- und Kirchensteuer, Solidaritätszuschlag und Sozialversicherungsbeiträgen. Der N. wird an den Arbeitnehmer ausgezahlt. – *Gegensatz:* → Bruttoarbeitsentgelt.

Nettoeinkaufspreis, Verkaufspreis abzüglich aller Bezugsnebenkosten (z.B. Frachtgeld, Rollgeld) und Preisnachlässe (z.B. Rabatt, Skonto). – *Gegensatz:* → Bruttoeinkaufspreis.

Nettolohn, → Nettoarbeitsentgelt.

Nettoneuverschuldung, Summe der in einem Jahr von Bund, Ländern und Gemeinden neu aufgenommenen Kredite, abzüglich der vorgenommenen Schuldentilgungen. – *Gegensatz:* → Bruttoneuverschuldung.

Nettoprinzip, *Nettorechnung,* Aufrechnung von Ausgaben und Einnahmen oder Aufwendungen und Erträge. – *Gegensatz:* → Bruttoprinzip.

Nettorechnung, → Nettoprinzip.

Nettoumlaufvermögen, → Working Capital.

neue Aktie, → junge Aktie.

Neue Institutionenökonomie, Theorie der Volkswirtschaftslehre, die die Wirkungen von Institutionen auf Haushalte und Unternehmen untersucht. Institutionen im Sinn der N.I. sind Regeln, die das menschliche Verhalten in eine bestimmte Richtung lenken. Darunter werden z.B. Sitten und Gebräuche, Gesetz, Eigentumsrecht und Verträge verstanden. Die N.I. geht von Annahmen wie vor allem anhaltende Ungleichgewichte de Märkte, unvollständige Verträge, ungleichmäßige Informationen, verändertes Wissen, beschränkte Rationalität, Opportunismus und → Transaktionskosten aus. – Zur N.I. gehören die → Agency-Theorie, die → Transaktionskostentheorie, die → Property-Rights-Theorie und die → Neue Politische Ökonomie.

Neue Keynesianische Makroökonomie, Ansatz der → Makroökonomie. Die N.K.M. versucht, die Aussagen des Keynesianismus mit dem Verhalten der einzelnen Haushalte und Unternehmen zu begründen. Vertreter der N.K.M. betonen die Bedeutung von bestehenden stabilen Ungleichgewichten an Märkten. Es sind anhaltende Marktungleichgewichte wahrscheinlich, wenn die Anpassungen der Preise oder Löhne nur langsam erfolgen. Das Erreichen des Marktgleichgewichts verzögert sich und es kommt zu Rückwirkungen auf dem Güter- oder Arbeitsmarkt. Eine andere Theorie der N.K.M. begründet Marktungleichgewichte damit, dass die Nachfrage nicht nur vom Preis abhängt. So kann beispielsweise die Nachfrage auch von einer Mengenbeschränkung auf einem anderen Markt abhängen.

Neue Klassische Makroökonomie, Ansatz der → Makroökonomie. Die N.K.M. geht davon aus, dass Märkte bei flexiblen Preisen und Löhnen immer geräumt werden. D.h., Märkte neigen zum Gleichgewicht (→ Marktgleichgewicht). Wesentlich für die N.K.M. ist die Annahme, dass die Erwartungen von Haushalten und Unternehmen auf den in der Vergangenheit gemachten Erfahrungen beruhen. Ihr Wissen über wirtschaftliche Zusammenhänge und über das Verhalten der anderen bestimmt, wie sie sich vernünftigerweise zu verhalten haben. Sie stellen sich entsprechend auf staatliche Maßnahmen, die zu erwarten sind, ein. Auf diese Weise ist es möglich, dass staatliche Maßnahmen nicht wirken. Aufgrund dieser Annahmen lehnen Vertreter der N.K.M. staatliche Eingriffe ab.

Neue Ökonomie, *New Economy.* 1. Sammelbegriff für junge, innovative Wirtschaftszweige wie z.B. Halbleiter, Biotechnologie, Mikroelektronik. In diesem Zusammenhang werden die etablierten Branchen als Old Economy bezeichnet. – 2. Grundlegende Veränderung der Wirtschaft durch den Einsatz moderner Informations- und Kommunikationstechnologien über alle Bereiche hinweg.

Neue Politische Ökonomie, *Public-Choice-Theorie,* Teilbereich der Volkswirtschaftlehre, der sich mit dem Bereich der Politik befasst. Im Rahmen der N.Ö.P. wird das Handeln von Politikern, aber auch von Wählern und Interessengruppen untersucht. Kernaussage der N.Ö.P. ist, dass Politiker, Wähler und Interessengruppen wie Privatpersonen handeln und ihren Eigennutz verfolgen. Dies bedeutet, dass für Politiker ihre Wiederwahl im Vordergrund steht. Andere, für das Allgemeinwohl wesentlichere Ziele haben nur eine geringe Bedeutung.

Neuer Markt, Teilmarkt der deutschen Börse, der 2003 abgeschafft wurde. Am n.M. wurden Aktien kleiner und mittlerer innovativer Wachstumsunternehmen gehandelt.

neutraler Aufwand/Ertrag, → Aufwand oder → Ertrag, der betriebsfremd, periodenfremd oder außerordentlich verursacht wurde.

- Betriebsfremder Aufwand/Ertrag: Diese fallen völlig unabhängig vom Betriebszweck an. Betriebsfremde Aufwendungen sind z.B. Verluste aus Wertpapierverkäufen, Schenkungen und Spenden, Zinszahlungen und Grundstücksaufwendungen. Zu den betriebsfremden Erträgen gehören z.B. Gewinne aus Wertpapierverkäufen und Steuererstattungen.
- Periodenfremder Aufwand/Ertrag: Diese sind durch den Betriebszweck verursacht, aber nicht dem betrachteten Geschäftsjahr zuzuordnen. Sie wurden oder werden in der vergangenen oder in der zukünftigen Periode ausgelöst.
- Außerordentlicher Aufwand/Ertrag: Diese fallen nur einmalig oder in nicht gewöhnlicher Höhe an.

N.A./E. werden nicht in die Kostenrechnung übernommen. – *Gegensatz:* → Zweckaufwand.

neutraler Erfolg, → neutrales Ergebnis.

neutrales Ergebnis, *neutraler Erfolg.* Begriff aus dem Rechnungswesen. Das n.E. entsteht unabhängig vom betrieblichen Leistungsprozess. Es ist die Differenz zwischen neutralen Erträgen und neutralen Aufwendungen und ist Bestandteil des Unternehmensergebnisses. – *Gegensatz:* → Betriebsergebnis.

New Economy, → Neue Ökonomie.

New Public Management, Ansätze zur Reform und Modernisierung von Staat und Verwaltung. Ziel des N.P.M. ist es, Verwaltungen wirtschaftlicher zu gestalten. Dazu werden betriebswirtschaftliche Konzepte auf den öffentlichen Bereich übertragen. Gekennzeichnet sind die Konzepte durch eine stärkere Markt- und Wettbewerbsorientierung, Kundenorientierung, eine ziel- und ergebnisorientierte Steuerung und → flache Hierarchien.

New Venture, ein für das Unternehmen neues und besonders risikoreiches Geschäft.

New York Stock Exchange (NYSE), bedeutendste Wertpapierbörse der Welt. Sitz an der Wall Street in New York. Sie wurde 1792 gegründet. An der NYSE werden die Aktien von über 1.700 der größten US-amerikanischen Aktiengesellschaften gehandelt. – *Weitere Informationen unter* www.nyse.com.

nicht an Order, → Rektaklausel.

Nichterfüllung, → Nichtleistung.

Nichterwerbspersonen, Begriff aus der amtlichen Statistik. N. sind alle Personen mit Wohnsitz in Deutschland, die keine Erwerbstätigkeit ausüben oder auszuüben suchen. Zu den E. gehören z.B. Rentner. – *Gegensatz:* → Erwerbspersonen.

Nichtigkeit, Begriff aus dem Bürgerlichen Recht für die Wirkungslosigkeit von Verträgen. N. tritt ein, wenn der Vertrag gegen ein bestehendes Gesetz oder gegen die guten Sitten verstößt. N. tritt außerdem ein, wenn ein Formmangel vorliegt oder der Vertrag aus berechtigten Gründen (z.B. Irrtum oder arglistige Täuschung) angefochten wird.

Nichtleistung, *Nichterfüllung.* Begriff aus dem Bürgerlichen Recht für eine Leistung, die aus tatsächlichen oder rechtlichen Gründen nicht erbracht werden kann (→ Unmöglichkeit). Im Fall des → Schuldnerverzugs liegt ebenfalls eine N. vor.

nicht realisierter Gewinn/Verlust, Gewinn oder Verlust, der bei der Veräußerung von Vermögensgegenständen entstehen würde. Der Gewinn oder Verlust fällt jedoch nicht tatsächlich an, da die Vermögensgegenstände nicht verkauft sind oder werden. Nicht realisierte Gewinne dürfen nach Handels- und Steuerrecht nicht ausgewiesen werden. Nicht realisierte Verluste werden bei Gegenständen des → Umlaufvermögens jedoch berücksichtigt, indem der niedrigere Wert angesetzt wird. Bei Gegenständen des → Anlagevermögens ist nur bei einer dauernden Wertminderung der niedrigere Wert zwingend anzusetzen.

nicht selbstständige Tätigkeit, → Einkünfte.

Nichtveranlagungsbescheinigung, Bestätigung des Finanzamts, wonach eine Veranlagung zur Einkommensteuer nicht in Betracht kommt. Sie wird für höchstens drei Jahre ausgestellt. Sie kann vom Finanzamt jederzeit widerrufen werden. Eine natürliche Person kann auf Antrag vom zuständigen Finanzamt eine N. erhalten.

Niederstwertprinzip, wichtiges Bewertungsprinzip des Handelsrechts. Vermögensgegenstände, für die mehrere Bewertungsansätze in Frage kommen, müssen danach immer mit dem jeweils niedrigeren Wert bewertet werden. – Zu unterscheiden sind:

- strenges N.: Es besteht die Pflicht, den Vermögensgegenstand mit dem niedrigeren Wert zu bewerten. Es gilt für Vermögensgegenstände des → Umlaufvermögens.
- gemildertes N.: Der Vermögensgegenstand muss nur mit dem niedrigeren Wert bewertet werden, wenn die Wertminderung von Dauer ist. Es gilt für Vermögensgegenstände des → Anlagevermögens.

Gegensatz: → Höchstwertprinzip. – Vgl. auch → Grundsätze ordnungsmäßiger Bilanzierung.

Niedriglohn-Job, Arbeitsverhältnis, bei dem die Bezahlung unterhalb des Tariflohns oder des durchschnittlichen Lohnniveaus liegt. In Anbetracht der hohen Arbeitslosenzahlen werden N.-J. als Ansatzpunkt zur Verringerung der Arbeitslosigkeit diskutiert.

Niedrigsteuerland, Begriff aus dem Außensteuerrecht. N. ist ein Land, in dem das Steuerniveau um mehr als ein Drittel unter dem in Deutschland liegt. Ein Deutscher, der in ein N. umzieht, muss unter bestimmten Voraussetzungen alle nicht ausländischen Einkünfte in Deutschland versteuern. Dies gilt, wenn er in den zehn Jahren vor dem Umzug fünf Jahre unbeschränkt steuerpflichtig war und er in Deutschland wesentliche wirtschaftliche Interessen hat.

Nießbrauch, Begriff aus dem Bürgerlichen Recht. N. ist das Recht, Nutzen aus einem Gegenstand zu ziehen. N. ist nicht vererbbar und kann nicht verkauft werden. N. kann man an beweglichen Sachen, Grundstücken und auch Rechten haben. – Zu unterscheiden sind:

- Zuwendungsnießbrauch: Der Eigentümer bestellt dem Berechtigten unentgeltlich einen N.
- Vorbehaltsnießbrauch: Der Eigentümer behält sich den N. vor.

Nominalkapital, → gezeichnetes Kapital.

Nominalwert, → Nennwert.

Nominalzins, Zins für einen Kredit, ein Sparguthaben oder eine Anleihe. Der N. wird in Prozent auf den → Nennwert angegeben. – Vgl. auch → Effektivzins, → Realzins.

No-Name-Produkt, *Gattungsmarke, Generic, weißes Produkt.* Produkt, das vom Handel nur mit dem Aufdruck der Warengattung vertrieben wird. Auf einem N.-N.-P. steht z.B. nur Zucker, Mehl oder Waschpulver. Es wird kein Markenname angegeben. N.-N.-P. werden nur jeweils in einer bestimmten Handelskette oder Einkaufsgenossenschaft angeboten. Durch die einfache, einheitliche Verpackung und den Verzicht auf Werbung sollen Marketingkosten eingespart werden. Das Produkt kann so zu sehr günstigen Preisen angeboten werden.

Nonprofit-Organisation (NPO), *nicht erwerbswirtschaftliche Organisation.* Organisation oder Einrichtung, die nicht individuell nutzbare Güter oder Dienstleistungen verkauft. I.d.R. erwirtschaften diese Organisationen keinen Gewinn. Zu den NPO gehören öffentliche Verwaltungen sowie private Organisationen wie z.B. Vereine, Verbände, Stiftungen, Wohlfahrtsverbände, Kirchen und Parteien. Grenz- und Übergangsformen sind Genossenschaften, Handwerkskammern und Industrie- und Handelskammern (IHK).

Norm, verbindlich anerkannte Regel. – 1. *Rechtsnorm:* z.B. Gesetze und Verordnungen. – 2. *Technische Norm:* Festlegung der Eigenschaften von technischen Einheiten wie z.B. Geräten sowie von technischen Schnittstellen, und Messverfahren. Technische N. werden von anerkannten Organisationen aufgestellt und veröffentlicht. In Deutschland werden vom Deutschen Institut für Normung e.V. die sog. → DIN-Normen festgelegt. Auf internationaler Ebene legt die International Organization for Standardization (ISO) die sog. → ISO-Normen fest. – Vgl. auch → Normung.

Normalkosten, Durchschnittskosten, die aus den → Istkosten der vergangenen Abrechnungszeiträume ermittelt werden. Die N. werden in der Kalkulation angesetzt, wenn die Istkosten stark schwanken. Durch den Ansatz der N. kann vermieden werden, dass die Preiskalkulation ständig angepasst werden muss.

Normalkostenrechnung, Form der Kostenrechnung, bei der → Normalkosten erfasst und verrechnet werden. In reiner Form gibt es die N. nicht in der Praxis. Es wird jedoch teilweise in der → Istkostenrechnung mit Normalkosten gerechnet.

Normung, Vereinheitlichung einzelner Teile eines Produkts nach Art, Größe, Abmessung, Typ oder Begriff. Zu diesem Zweck werden technische → Normen festgelegt.

notarielle Beurkundung, Beurkundung durch einen Notar. Das Schriftstück wird vom Notar abgefasst und dann von ihm und den Vertragsbeteiligten unterschrieben. Die n.B. ist für bestimmte Rechtsgeschäfte vorgeschrieben, z.B. beim Verkauf von Grundstücken, bei der Belastung eines Grundstücks und bei Gründung einer Gesellschaft mit beschränkter Haftung (GmbH). – Vgl. auch → Formvorschriften.

Note, → Banknote.

Notenbank, → Zentralbank.

Null-Kupon-Anleihe, → Zero Bond.

Nutzen, Begriff aus der Wirtschaftstheorie. N. ist Fähigkeit eines Gutes, ein bestimmtes → Bedürfnis eines Einzelnen oder eines Haushalts zu befriedigen. Ziel eines Einzelnen oder eines Haushalts ist es, bei gegebenen Einkommen und Güterangebot das größtmögliche Maß an Bedürfnisbefriedigung (sog. Nutzenmaximum) zu erreichen. – Der N. kann in Abhängigkeit von den Gütermengen mathematisch als Funktion (sog. Nutzenfunktion) dargestellt werden.

Nutzkosten, Teil der → fixen Kosten, der für genutzte Produktionskapazitäten anfällt. – *Gegensatz:* → Leerkosten.

Nutzungsänderung, Begriff aus dem Bebauungsrecht für die Änderung der Benutzung eines Gebäudes. Dies kann z.B. die Umwandlung eines Wohnhauses in ein Geschäftshaus sein. Eine N. erfordert eine Baugenehmigung, da die Genehmigungsvoraussetzungen erneut geprüft werden müssen. Je nach Bundesland können N. jedoch genehmigungsfrei sein.

Nutzungsdauer, Begriff aus dem Rechnungswesen. N. ist die Zeitspanne, in der ein abnutzbarer Gegenstand des → Anlagevermögens genutzt werden kann. Es werden betriebsgewöhnliche N., technische N. (technisch mögliche N.) und wirtschaftliche N. (unter dem Gesichtspunkt der Wirtschaftlichkeit sinnvolle N.) unterschieden. – Vgl. auch → Restnutzungsdauer.

Nutzungsrecht, Begriff aus dem Urheber- und Patentrecht. N. ist das von einem anderen eingeräumte Recht, eine Sache zu nutzen.

Nutzwertanalyse, *Scoring-Modell.* Verfahren der Unternehmensplanung zur Bewertung von Alternativen. Dabei können wirtschaftliche, aber auch technische, psychologische und soziale Kriterien berücksichtigt werden. Im ersten Schritt wird ein Zielprogramm aufgestellt. Für jede Alternative wird der Zielertrag berechnet, indem jede Alternative hinsichtlich jedes Bewertungskriteriums direkt bewertet wird. Durch die Multiplikation von Zielertrag und Gewichtung wird der Zielwert ermittelt. Schließlich werden die einzelnen Zielwerte de Alternativen zu ihrem Gesamtnutzenwert zusammengefasst.

NYSE, Abk. für → New York Stock Exchange.

O

Oberfinanzdirektion, Behörde der → Finanzverwaltung. O. sind gleichzeitig Landes- und Bundesbehörden. Das O. ist für Aufsicht der → Finanzämter zuständig. Außerdem unterstehen → Lohnsteuerhilfevereine der Aufsicht der O.

Oberlandesgericht (OLG), Gericht der in allgemeinen Zivil- und Strafsachen zuständigen Gerichtsbarkeit. Das OLG steht im Gerichtsaufbau zwischen dem → Landgericht und dem → Bundesgerichtshof (BGH). Das OLG entscheidet über Berufungen, Beschwerden und Revisionen gegen Urteile oder Beschlüsse der Landgerichte. Außerdem entscheidet es in Familien- und Kindschaftssachen gegen Urteile oder Beschlüsse der Amtsgerichte. Das OLG entscheidet durch Senate, die i.d.R. aus drei Richtern bestehen. In einigen Fällen kann jedoch durch einen Einzelrichter entschieden werden. – Vgl. auch → Gericht.

Oberverwaltungsgericht (OVG), *Verwaltungsgerichtshof.* Zweite Instanz der für öffentlich-rechtliche Streitigkeiten (nicht verfassungsrechtliche) zuständigen Gerichtsbarkeit. Das OVG ist im Wesentlichen für Berufungen und Beschwerden gegen Urteile der Verwaltungsgerichte zuständig. Es kann auch im Fall einer Revision zuständig sein. Das OVG entscheidet in Senaten, die i.d.R. mit drei Richtern besetzt sind. – Vgl. auch → Gericht.

Objektsteuern, → Realsteuern.

Obliegenheit, Begriff aus dem Bürgerlichen Recht und dem Handelsrecht. O. ist eine Handlung, die nicht erzwungen werden kann, aber zur Vermeidung von Rechtsnachteilen im eigenen Interesse ist. Beispielsweise sollte ein Gläubiger den Vertrag erfüllen, um nicht in Verzug zu geraten (→ Gläubigerverzug).

Obligation, → Anleihe.

Obligo, Verpflichtung oder Verbindlichkeit. O. wird aber auch im Sinn von Gewähr verwendet werden. So bedeutet „ohne Obligo", dass keine Gewähr gegeben wird.

Obsoleszenz, *veralten.* Geplante Verkürzung der Nutzungsdauer eines Produkts durch entsprechende Maßnahmen. Dies kann durch technische Neuerungen, eingebauten Verschleiß oder Mode- und Geschmackswechsel geschehen.

Oder-Konto, → Gemeinschaftskonto.

OECD, Abk. für Organization for Economic Co-Operation and Development, → Organisation für wirtschaftliche Zusammenarbeit und Entwicklung.

offene Handelsgesellschaft (OHG), → Rechtsform, die im Handelsgesetzbuch (HGB) und im Bürgerlichen Gesetzbuch (BGB) geregelt ist. Die OHG ist eine → Personengesellschaft. Die OHG wird unter einer gemeinschaftlichen → Firma geführt. Alle Gesellschafter haften unbeschränkt mit ihrem Privat- und Geschäftsvermögen. – Die OHG ist eine sog. Gemeinschaft zur gesamten Hand. D.h., jeder Gesellschafter kann selbständig die Geschäfte führen und ist allein zur Vertretung nach außen berechtigt. Im Gesellschaftsvertrag können jedoch einzelne Gesellschafter von der Geschäftsführung oder der Vertretung nach außen ausgeschlossen werden. Es kann auch eine gemeinsame Geschäftsführung und/ oder Vertretung vereinbart werden. – Ein Gesellschafter kann nicht über seinen Anteil frei verfügen. Er kann seine Anteile nur mit Zustimmung der anderen übertragen oder verkaufen. – Gesetzlich steht jedem Gesellschafter ein Vorzugsgewinnanteil von vier Prozent seines Anteils zu. Der restliche Gewinn wird nach Köpfen verteilt. Im Verlustfall wird der Verlust ebenfalls nach Köpfen verteilt. Durch Gesellschaftsvertrag kann die Gewinn- und Verlustverteilung jedoch anders geregelt werden. Außerdem kann ein Gesellschafter aus der Gesellschaftskasse Geld bis zu vier Prozent seines Anteils entnehmen. Er kann auch verlangen, dass sein Gewinnanteil, der über diesen Betrag hinausgeht, an ihn ausgezahlt wird. Häufig werden im Gesellschaftsvertrag monatliche und nach oben begrenzte Entnahmen vereinbart. – Die OHG wird durch Gesellschaftsvertrag errichtet. Sie ist beim zuständigen Amtsgericht in das → Handelsregister einzutragen.

Offene-Posten-Buchführung, → Buchführung, bei der nicht in zeitlicher Reihenfolge gebucht wird. Die Konten der Lieferanten und Kunden zeigen nur jeweils die Beträge, die noch zu begleichen (offen) sind. Zu diesem Zweck werden Rechnungen unter „unbezahlt“ abgelegt. Wird eine Rechnung bezahlt, wird sie mit dem Vermerk „bezahlt am ... durch ...“ versehen und unter „bezahlt“ abgelegt. Das Saldo ergibt sich durch Zusammenzählen der offenen Posten. Die O.-P.-B. ist heute weit verbreitet.

offene Rechnung, Vereinbarung, nach der die laufend angefallenen Rechnungsbeträge erst zu einem bestimmten Zeitpunkt oder zu bestimmten Zeiten in einer Summe bezahlt werden.

offene Rücklagen, → Rücklagen.

offene Stellen, *gemeldete Stellen.* Begriff aus der Arbeitsmarktstatistik für Arbeitsplätze, die zu besetzen sind und den Arbeitsagenturen gemeldet wurden. Die Anzahl der o.S. werden von der Bundesagentur für Arbeit erfasst und veröffentlicht.

Offenlegungspflicht, Verpflichtung von Unternehmen, → Jahresabschlüsse und andere Unterlagen offen zu legen. Dies ist möglich, indem die Unterlagen beim → Handelsregister hinterlegt oder im → Bundesanzeiger bekannt gemacht werden. Nach dem Handelsgesetzbuch (HGB) müssen dies → Aktiengesellschaften (AG), → Kommanditgesellschaften auf Aktien (KGaA), → Gesellschaften mit beschränkter Haftung (GmbH) und → Genossenschaften tun. Außerdem sind nach dem → Publizitätsgesetz (PublG) Unternehmen einer bestimmten Größenordnung zur Offenlegung verpflichtet.

Offenmarktgeschäfte, An- und Verkauf von Wertpapieren durch die → Europäische Zentralbank (EZB). Die EZB führt im Rahmen ihrer → Geldpolitik Wertpapiergeschäfte durch. Dazu zählen im Einzelnen:

- Hauptrefinanzierungsgeschäfte: Dies sind → Wertpapierpensionsgeschäfte mit einer Laufzeit von einer Woche. Sie werden nur mit Geschäftsbanken abgeschlossen. Die Zentralbank kauft auf Zeit Wertpapiere an und legt die Bedingungen für An- und Rückkauf fest. Auf diese Weise kann sie die → Geldschöpfung steuern.
- längerfristige Refinanzierungsgeschäfte: Dies sind Wertpapierpensionsgeschäfte mit einer Laufzeit von drei Monaten.
- Feinsteuerungsoperationen: In diesem Fall handelt es sich um Wertpapiergeschäfte, die zum Ausgleich von plötzlichen Schwankungen der gesamtwirtschaftlichen → Liquidität eingesetzt werden.
- strukturelle Operationen: Diese werden durchgeführt, um die Liquidität des Finanzsektors grundsätzlich anzupassen. Dazu werden z.B. Termineinlagen

hereingenommen oder kurz laufende Anleihen ausgegeben.

öffentliche Auftragsvergabe, Vergabe eines Auftrags von Bund, Land oder Gemeinde oder eines → Sondervermögens. Nach dem Vergabeverordnung (VgV) gehören zum Kreis der öffentlichen Auftraggeber auch Personen und Gesellschaften, die überwiegend durch die öffentliche Hand finanziert sind oder mehrheitlich kontrolliert öffentliche Aufgaben erfüllen. – Nach der Vergabeordnung müssen ö.A. europaweit ausgeschrieben werden. Dies ist jedoch erst ab bestimmten Grenzwerten vorgeschrieben. Die Grenzwerte werden ebenfalls von der Vergabeordnung genannt. Die ö.A. kann im Wege folgender Verfahren durchgeführt werden:

- offenes Verfahren: Hierbei wird eine unbeschränkte Anzahl von Unternehmen öffentlich zur Abgabe von Angeboten aufgefordert (sog. öffentliche Ausschreibung).
- nicht offenes Verfahren: Hier wird nur eine beschränkte Anzahl von Unternehmen zur Angebotsabgabe aufgefordert.
- Verhandlungsverfahren: Der Auftraggeber wendet sich an ausgewählte Unternehmen, um mit einem oder mehreren über die Auftragsbedingungen zu verhandeln.

Öffentliche Auftraggeber müssen i.d.R. das offene Verfahren anwenden. Ausnahmen regelt die Vergabeverordnung (VgV).

öffentliche Ausgaben/Einnahmen, Ausgaben oder Einnahmen von Bund, Ländern, Gemeinden und der Sozialversicherungsträger. Ö.A./E. werden auch als Staatsausgaben/-einnahmen bezeichnet. – Vgl. auch → öffentlicher Haushalt.

öffentliche Hand, Begriff für → Körperschaften des öffentlichen Rechts. Der Begriff der ö.H. wird vor allem im Zusammenhang mit der Tätigkeit von Bund, Länder und Gemeinden als Unternehmer (→ öffentliches Unternehmen) oder im Hinblick auf ihr Vermögen (→ Fiskus) verwendet.

öffentlicher Dienst, berufliche Tätigkeit bei → Körperschaften und → Anstalten des öffentlichen Rechts. Öffentlich Bedienstete können je nach Anstellung Beamte, Angestellte oder Arbeiter sein. Für Angestellte gilt der Bundes-Angestellten-Tarifvertrag (BAT), für Arbeiter der Mantel-Tarifvertrag für Arbeiter des Bundes (MTB), der Mantel-Tarifvertrag für Arbeiter der Länder (MTL) sowie der Bundes-Mantel-Tarifvertrag für Arbeiter der Gemeinden (BMTG).

öffentlicher Haushalt, Zusammenstellung aller öffentlichen Ausgaben und Einnahmen. Die Soll-Einnahmen und -Ausgaben werden im → Haushaltsplan im Voraus für ein Rechnungsjahr geplant. Die tatsächlichen Einnahmen und Ausgaben werden nachträglich im Rahmen der Haushaltsrechnung erfasst und zusammengestellt. – Teilweise werden Einrichtungen, die Gemeinschaftsaufgaben erfüllen, als ö.H. bezeichnet. Diese Einrichtungen geben ihre Leistungen meistens unentgeltlich ab. Sie finanzieren sich durch Abgaben und Steuern. Es handelt sich dabei um den Bund und seine → Sondervermögen, die Länder, die Gemeinden und ihre kommunalen Einrichtungen sowie um die Sozialversicherungsträger.

öffentliches Gut, *Kollektivgut.* Gut, bei dem eine weitere Person am Ver- oder Gebrauch teilnehmen kann. Der Nutzen der bisherigen Person wird dadurch nicht beeinträchtigt. Die Nutzung des Gutes kann nicht von der Zahlung eines Entgelts abhängig gemacht werden, da niemand aus wirtschaftlichen oder technischen Gründen ausgeschlossen werden kann. Aufgrund dieser Merkmale kann die Verteilung des Gutes nicht über den Markt erfolgen. O.G. müssen durch den Staat zur Verfügung gestellt werden. – *Gegensatz:* → privates Gut.

öffentliches Recht, alle rechtlichen Regelungen, die sich auf die Rechtsverhältnisse des Einzelnen zu Staat, Land und Gemeinde oder auf die Beziehungen von Staat, Ländern und Gemeinden untereinander beziehen. Dazu zählen vor allem Staatsrecht, Verwaltungsrecht, Strafrecht, Prozessrecht, Völkerrecht und Kirchenrecht. – *Gegensatz:* → Bürgerliches Recht.

öffentliches Unternehmen, Einrichtungen oder Unternehmen, die vollständig oder im Fall einer Kapitalgesellschaft mehrheitlich im Besitz der öffentlichen Hand sind. Zu den ö.U. zählen Verwaltungseinheiten ohne jede Selbstständigkeit (sog. Regiebetriebe). Außerdem gehören rechtsfähige Körperschaften (z.B. Sozialversicherungsträger), Anstalten (z.B. Sparkassen) und Stiftungen des öffentlichen Rechts dazu. Es existieren aber auch Unternehmen in einer privaten Rechtsform, vor allem als Aktiengesellschaften (AG) oder als Gesellschaften mit beschränkter Haftung (GmbH).

öffentliche Verschuldung, Verschuldung von Bund, Ländern und Gemeinden sowie der Sozialversicherungsträger (Staatsverschuldung). Öffentliche Schulden werden zur Finanzierung der Erfüllung öffentlicher Aufgaben, aber auch zur kurzfristigen Überbrückung von finanziellen Engpässen aufgenommen. – Um Rückschlüsse auf die tatsächliche Belastung durch Schulden oder Schuldenaufnahme ziehen zu können, werden vor allem folgende Kennzahlen berechnet:

- Zins-Steuer-Quote: Verhältnis von Zinsaufwendungen zu Steuereinnahmen. Sie gibt an, in wie weit die Zinsbelastung durch Steuern gedeckt ist.
- Zins-Ausgaben-Quote: Verhältnis von Zinsaufwendungen zu Gesamtausgaben. Sie gibt an, welcher Anteil der Staatsausgaben auf den Schuldendienst entfällt.
- Neuverschuldungsquote: Verhältnis von Neuverschuldung zu Bruttoinlandsprodukt (BIP).
- Schuldenstandsquote: Verhältnis von Schuldenstand zu Bruttoinlandsprodukt (BIP).

Öffentlichkeitsarbeit, → Public Relations (PR).

OHG, Abk. für → offene Handelsgesellschaft.

Öko-Audit, Erfassung umweltrelevanter Tätigkeitsfelder der Produktion und die Überprüfung der Einhaltung gesetzlicher Vorgaben. Ein Ö.-A. kann von Betriebsprüfern des Unternehmens vorgenommen werden. Es können aber auch Personen oder Organisationen, die vom Unternehmen unabhängig sind, mit dieser Aufgabe beauftragt werden.

Öko-Bilanz, Zusammenfassung und Bewertung der umweltrelevanten Tätigkeiten des Unternehmens in Form einer Bilanz. Eine allgemein gültige Methode zur Erfassung, Bewertung und Darstellung umweltrelevanter Daten gibt es bisher nicht. Von den Unternehmen werden unterschiedliche, auf das jeweilige Unternehmen zugeschnittene Konzepte verwendet.

Ökonometrie, Teilbereich der Wirtschaftswissenschaften. Die Ö. umfasst Arbeiten der Statistik und der Wirtschaftstheorie. Außerdem werden auf Beobachtungen beruhende Analysen wirtschaftlicher Phänomene einbezogen. Dabei werden wirtschaftstheoretische Modelle sowie wirtschafts- und sozialstatistische Methoden angewandt. Hauptaufgabe der Ö. ist es, Modelle aufzustellen und diese zahlenmäßig zu konkretisieren.

Ökonomie, → Volkswirtschaft.

ökonomisches Gut, → Gut.

ökonomisches Prinzip, *Wirtschaftlichkeitsprinzip.* Grundsatz, dass ein bestimmter Erfolg mit dem geringst möglichen Mitteleinsatz (sog. Minimalprinzip) oder mit einem bestimmten

Mitteleinsatz ein höchst möglicher Ertrag (sog. Maximalprinzip) erzielt werden soll.

Ökosteuer, → Abgabe, die erhoben wird, um Umweltbelastungen zu verringern. Durch die Ö. wird für die Umweltbelastung ein Preis eingeführt. Durch die „künstliche" Anhebung des Preises soll das Verhalten der Verbraucher und/oder der Produzenten indirekt so beeinflusst werden, dass Umweltbelastungen vermieden werden. – Vgl. auch → Umweltsteuer.

Oligopol, → Marktform, bei der auf der einen Seite des Angebots oder der Nachfrage nur wenige relativ große Verkäufer oder Käufer auftreten. Zwischen den Oligopolisten bestehen besondere Abhängigkeiten. Aufgrund dieser Abhängigkeiten gehen in die Gewinnfunktion des einzelnen Käufers oder Verkäufers Größen ein, auf die er selbst keinen Einfluss hat. Er muss, wenn er seinen Gewinn maximieren will, Vorgehen und Reaktionen seiner Konkurrenten berücksichtigen.

Ombudsmann, Person, die Streitfälle außergerichtlich schlichtet. Vor allem im Banken- und Versicherungsbereich werden Streitfälle einem O. zur Schlichtung vorgelegt.

Online Banking, → Electronic Banking.

Online-Beschaffung, → Electronic Procurement.

Online Broking, → Internet Broking.

Online Shop, → Electronic Shop.

Online Shopping, → Electronic Shopping.

Operate Leasing, Form des → Leasing mit einer kurzfristigen Vertragslaufzeit (i.d.R. nicht länger als ein Jahr). Es kann aber auch die Möglichkeit eingeräumt werden, den Vertrag kurzfristig zu kündigen. Aufgrund der kurzen Laufzeit werden nur Standardprodukte, die leicht zu verwerten sind, geleast. Beispielsweise können dies Kopierer oder Computer sein. Vorteil des O.L. ist es, dass der Leasingnehmer stets über einen Gegenstand, das dem neuesten technischen Stand entspricht. – *Gegensatz:* → Finance Leasing.

Operations Research, *Unternehmensforschung.* Entwicklung und Einsatz mathematischer Verfahren zur Unterstützung von Entscheidungsprozessen im Unternehmen. Im Rahmen des O.R. werden besondere Beschreibungs- und Erklärungsmodelle entwickelt.

operative Planung, → Planung.

Opinion Leader, → Meinungsführer.

Opportunitätskosten, *Alternativkosten.* Entgangene Gewinne, Erträge usw. – 1. *Betriebswirtschaft:* der entgangene → Deckungsbeitrag einer nicht gewählten Entscheidungsmöglichkeit. O. werden zur Beurteilung des erzielten oder erzielbaren Deckungsbeitrags herangezogen, wenn die Produktionskapazitäten knapp sind und es zum Engpass kommt. – 2. *Volkswirtschaft:* entgangene Erträge oder Nutzen der besten nicht gewählten Handlungsalternative.

optimale Bestellmenge, → Bestellmengenplanung.

Option, Begriff aus dem Börsenwesen. O. ist das Recht, ein nach Preis und Menge bestimmtes Vertragsangebot anzunehmen oder abzulehnen. Eine O. kann sich auf Waren, Devisen, Wertpapiere oder Derivate beziehen. O. können durch einen sog. Optionsschein (Warrant) beurkundet sein. Ein Optionsschein kann im Zusammenhang mit einer Optionsanleihe ausgegeben werden. Er kann aber auch ohne Bezug zu einer Optionsanleihe bestehen (sog. „nackter" Optionsschein). O., die nicht durch einen Optionsschein beurkundet sind, werden an der → EUREX gehandelt.

Optionsanleihe, → Anleihe, bei der ein Gläubiger einen Anspruch auf Bezug von

Aktien der ausgebenden Aktiengesellschaft (AG) besitzt. Das Bezugsrecht wird durch einen sog. Optionsschein (Warrant) beurkundet. Der Optionsschein kann von der Anleihe getrennt gehandelt werden. Neben dem Bezugsrecht hat der Gläubiger einen Anspruch auf Zinszahlungen und auf Rückzahlung des Anleihebetrags.

Optionsgeschäft, → Termingeschäft, das dem Käufer einer → Option die Wahlmöglichkeit einräumt, innerhalb einer bestimmten Frist oder zu einem bestimmten Zeitpunkt zu einem vereinbarten Kurs einen Vermögensgegenstand zu kaufen (→ Call) oder zu verkaufen (→ Put).

Optionsschein, → Option, → Optionsanleihe.

ordentliche Kündigung, → Kündigung.

Order, Auftrag, Bestellung. Vor allem im Zusammenhang mit Wertpapiergeschäften wird häufig von O. gesprochen. In diesem Fall ist die O. der Auftrag an eine Bank, Wertpapiere zu kaufen oder zu verkaufen. – Im Fall einer → Orderklausel kennzeichnet der Begriff O. den Berechtigten, ein Wertpapier zu erhalten oder darüber zu verfügen.

Orderklausel, Zusatz „an Order" auf einem Wertpapier. Durch die O. wird ein Wertpapier ein → Orderpapier.

Orderpapier, → Wertpapier, das auf den Namen eines bestimmten Berechtigten lautet. Sog. geborene O. (gesetzliche O.) können ohne → Orderklausel nur durch eine schriftliche Erklärung auf dem Papier an eine andere Person übertragen werden (→ Indossament). Geborene O. sind z.B. Schecks, Wechsel und Namensaktien. Bei sog. gekorenen O. (gewillkürte O.) ist dagegen eine Orderklausel erforderlich. Zu diesen gehört z.B. das → Konnossement.

ordnungsmäßige Buchführung, → Grundsätze ordnungsmäßiger Buchführung (GoB).

Ordnungspolitik, wirtschaftspolitische Regelungen und Maßnahmen, die die längerfristigen Rahmenbedingungen für die Wirtschaft setzen. Die Ausgestaltung der verschiedenen wirtschaftlichen Teilordnungen wie Eigentums-, Planungs-, Unternehmens- oder Geldordnung bestimmt die Entscheidungs- und Handlungsspielräume der privaten Haushalte, Unternehmen und der staatlichen Einrichtungen. Außerdem wird ein Rahmen für die prozesspolitischen Maßnahmen (→ Prozesspolitik) vorgegeben. Die ordnungspolitischen Maßnahmen müssen der → Wirtschaftsordnung entsprechen. Die aktuelle Ausgestaltung der O. wird außerdem durch das jeweils vorherrschende politische Leitbild wie z.B. das der sozialen Marktwirtschaft beeinflusst. Dabei fließen auch gesellschaftspolitische und kulturelle Wertvorstellungen ein.

Ordnungswidrigkeit, Rechtsverstoß, der mit einer Geldbuße bestraft wird.

Ordoliberalismus, Ausgestaltung des Neoliberalismus (→ Liberalismus), die in Deutschland verwirklicht wurde. Der O. wurde vor allem von Eucken (deutscher Nationalökonom, 1891–1950) und Böhm (deutscher Jurist und Ökonom, 1895–1977) begründet. Der O. sieht in einer Rahmenordnung, die vom Staat bestimmt wird, die Grundlage für einen funktionierenden Wettbewerb. D.h., der Staat hat die Aufgabe, die Voraussetzungen für einen freien Wettbewerb zu schaffen und so seine Funktionsfähigkeit zu gewährleisten. – O. ist die Grundlage der wirtschaftlichen Konzeption der → sozialen Marktwirtschaft.

Organ, gewählte oder ernannte Person oder Personengruppe, die als gesetzliche Vertreter handelt. Vor allem im Fall → juristischer Personen wie z.B. einer Aktiengesellschaft (AG) und einer Gesellschaft mit beschränkter Haftung

(GmbH) sind O. erforderlich, um im Rechtsverkehr handeln zu können.

Organigramm, grafische Darstellung des Strukturgefüges einer Organisation. Anhand des O. wird der Aufbau des Unternehmens und die Arbeits- und Aufgabenverteilung erkennbar.

Organisation. 1. Soziales System, das durch eine besondere Zweckorientierung, geregelte Arbeitsteilung und festgelegte Zuständigkeiten charakterisiert ist. Zu unterscheiden sind → formelle Organisation und → informelle Organisation. – 2. Aufbau und Gliederung eines Unternehmen oder eines Unternehmensteils. D.h., es ist die Gestaltung der → Organisationsstruktur.

Organisation für wirtschaftliche Zusammenarbeit und Entwicklung (OECD), internationale Organisation zur Koordinierung der nationalen Wirtschaftspolitiken der Industrieländer. Sitz in Paris. Sie wurde 1960 gegründet. Sie ist die Nachfolgeorganisation der Organization for European Economic Cooperation (OEEC). Der OECD gehören 30 marktwirtschaftlich orientierte westliche Industrieländer, darunter 23 europäische Länder an. Auch Deutschland ist Mitglied der OECD. – Aufgabe der OECD ist die Planung, Koordination und Vertiefung der wirtschaftlichen Zusammenarbeit und Entwicklung der Mitgliedstaaten. Außerdem koordiniert sie die Hilfe für Entwicklungsländer. – Organe der OECD sind:

- Rat: Leitungsorgan, bei dem alle Mitgliedstaaten durch den Leiter der Ständigen Delegation vertreten sind.
- Exekutivausschuss: Vorbereitungsgremium für die Ratssitzungen.
- Sekretariat: Vorbereitungsgremium der Sitzungen der Fachausschüsse.
- Fachausschüsse: Diese dienen dem Informationsaustausch zwischen den Mitgliedern der Ständigen Delegationen.

Weitere Informationen unter www.oecd.org.

Organisation ohne Erwerbszweck, → Nonprofit-Organisation (NPO).

Organisationsentwicklung, geplanter und systematischer Wandel der Organisation. Dieser Wandel erfolgt durch die Beeinflussung der Organisationsstruktur, der Unternehmenskultur und des Verhaltens des Einzelnen. Ziel der O. ist es, die Leistungsfähigkeit der Organisation und die Entfaltung der Mitglieder der Organisation zu fördern. Eine Anpassung an die Umwelt und an die unternehmensinternen Gegebenheiten muss stetig erfolgen.

Organisationsstruktur, Art der Stellen- und Abteilungsbildung in einem Unternehmen. Man unterscheidet zwischen der → Funktionalorganisation (Gliederung nach dem Verrichtungsprinzip) und der → Spartenorganisation oder divisionalen Organisation (Gliederung nach dem Objektprinzip). Die → Matrixorganisation stellt eine Sonderform dar.

Organschaft, Begriff aus dem Steuerrecht. Eine O. liegt vor, wenn ein oder mehrere rechtlich selbstständige, aber wirtschaftlich unselbstständige → Kapitalgesellschaften in ein übergeordnetes Unternehmen eingegliedert werden. Dabei werden nur Unternehmen im Inland berücksichtigt. Die eingegliederten Gesellschaften werden als Organgesellschaften, das übergeordnete Unternehmen als Organträger bezeichnet. – 1. *Körperschaftsteuerliche und gewerbesteuerliche O.:* Nach dem Körperschaftsteuergesetz (KStG) und nach dem Gewerbesteuergesetz (GewStG) müssen die Gewinne und Verluste einer Organgesellschaft dem Organträger zugerechnet und dort versteuert werden. Voraussetzung ist, dass die Organgesellschaften finanziell eingegliedert sind. Außerdem müssen sie durch einen Gewinnabführungsvertrag verpflichtet sein, ihren ganzen Gewinn an den Organträger abzuführen. – 2. *Umsatzsteuerliche O.:* Nach dem Umsatzsteuergesetz (UStG) unterliegen Leistungen zwischen Organträger und Organgesellschaft nicht der Umsatzsteuer. Voraussetzung ist, dass die Organgesellschaften finanziell, wirtschaftlich und organisatorisch eingegliedert sind.

originärer Firmenwert, → Firmenwert.

OTC Market, Kurzbezeichnung für → Over-the-Counter Market.

Outplacement, einvernehmliche Trennung von Unternehmen und Mitarbeiter. Es wird ein → Aufhebungsvertrag abgeschlossen. Der Mitarbeiter wird häufig durch einen Personalberater unterstützt, eine neue, seinen Fähigkeiten und Kenntnissen entsprechende Position zu finden.

Output, Ausbringungsmenge. – 1. *Mikroökonomie:* Menge an Gütern oder Dienstleistungen, die von einem Unternehmen in einem bestimmten Zeitraum produziert wird. – 2. *Volkswirtschaftlichen Gesamtrechnung (VGR) und Makroökonomie:* alle Lieferungen eines Wirtschaftszweigs an andere. – *Gegensatz:* → Input.

Outsourcing, Ausgliederung von Unternehmensaufgaben an externe Spezialisten. Durch O. werden häufig die Kosten verringert und Produktionskapazitäten abgebaut. D.h., ein Unternehmen hat, wenn es sich auf seine Kernaufgaben konzentriert, Kosten- und somit Wettbewerbsvorteile. Zu beachten ist, dass im Rahmen des O. Schlüsseltechnologien und -kompetenzen, die für das eigene Unternehmen eine grundlegende Bedeutung besitzen, nicht aufgegeben werden, da es dadurch zu unerwünschten Abhängigkeiten von Lieferanten kommen kann. – Vgl. auch → Make or Buy.

Over-the-Counter Market, *OTC Market.* Markt außerhalb der Börse, auf dem Wertpapiere und → Derivate gehandelt werden. Handelspartner sind meistens Banken, Fondsgesellschaften, Versicherungen und große Unternehmen. Geschäfte an einem O.-t-C.M. werden einzeln vereinbart. I.d.R. werden die Geschäfte telefonisch abgeschlossen und anschließend schriftlich bestätigt.

P

Pacht, Überlassen einer Sache zu ihrer Nutzung. Dem Mieter stehen das Nutzungsrecht, aber auch die daraus erzielten Erträge zu. Für die Überlassung muss der Mieter ein Entgelt zahlen. Grundlage ist i.d.R. ein Pachtvertrag. Die meisten Gesetzesvorschriften bezüglich Miete gelten auch für die P. – *Anders:* → Miete.

pagatorisch, auf Zahlungsvorgängen beruhend oder mit Zahlungen verbunden.

Panel, Begriff aus der Markt- und Meinungsforschung für einen bestimmten, gleich bleibenden Kreis von Auskunftspersonen. Diese werden über einen längeren Zeitraum hinweg wiederholt zum selben Thema befragt. – Zu unterscheiden sind:

- Verbraucherpanel: P. zur Untersuchung der Kaufgewohnheiten von Einzelpersonen (Individualpanel) oder Haushalten (Haushaltspanel). Das Haushaltspanel wird z.B. von der Gesellschaft für Konsumforschung (GfK) durchgeführt.
- Handelspanel: P. von Groß- und Einzelhandelsunternehmen zur Untersuchung von Endverbraucherabsätzen einzelner Geschäfte; ferner die Warenbestände und ihre Veränderungen, Bezugsquellen, Bestellmenge und -termine, etc.

Parafisci, Einrichtungen (Finanzinstitutionen) zwischen privaten und öffentlichen Bereich. Meistens handelt es sich um → Körperschaften des öffentlichen Rechts. Diese besitzen Selbstverwaltungsrechte und sind finanziell weitgehend unabhängig. Finanziert werden P. i.d.R. über Zwangsabgaben oder durch staatliche Zuschüsse. Zwangsabgaben an P. sind z.B. die Kirchensteuer, die Pflichtbeiträge zur Sozialversicherung und an Industrie- und Handelskammern. Zu den P. zählen in Deutschland z.B. die Sozialversicherungsträger, Sondervermögen, Industrie- und Handelskammern, Handwerkskammern und Wohlfahrtsverbände.

Parität, Tauschverhältnis zwischen zwei Größen. – 1. *Währungsparität:* vertraglich festgelegtes Tauschverhältnis zweier Währungen (→ Wechselkurs). – 2. *Kaufkraftparität:* Verhältnis der Kaufkraft zweier Währungen (→ Kaufkraftparität).

Parkett(börse), → Präsenzbörse.

partiarisches Darlehen, langfristiges → Darlehen an ein Unternehmen, bei dem der Gläubiger anstelle von Zinsen einen Anteil vom Gewinn oder Umsatz erhält. – *Ähnlich:* → stille Gesellschaft.

Partieproduktion, → Chargenproduktion.

Partnerschaftsgesellschaft (PartG), → Rechtsform, in der sich Freiberufler wie z.B. Ärzte, Steuerberater und Ingenieure zur Ausübung ihres Berufes zusammenschließen. Grundlage ist ein Partnerschaftsvertrag. Eine PartG ist in das sog. Partnerschaftsregister beim Amtsgericht einzutragen. Die Partner haften i.d.R. gemeinsam für die Verbindlichkeiten der Gesellschaft. Geschäftsführung, Vertretung nach außen und Beendigung der Gesellschaft sind wie bei der → Offenen Handelsgesellschaft (OHG) geregelt.

Passiva, *Passivposten.* Finanzierungsmittel. Sie werden auf der rechten Seite (Passivseite) der → Bilanz ausgewiesen. Die P. werden in → Eigenkapital, →

Rückstellungen, → Verbindlichkeiten und passive Rechnungsabgrenzungsposten (→ Rechnungsabgrenzung) unterteilt. – *Gegensatz:* → Aktiva.

Passivgeschäfte, → Bankgeschäfte, die der Mittelbeschaffung der Kreditinstitute dienen. Sie werden auf der rechten Seite (Passivseite) der Bankbilanz ausgewiesen. Zu den P. zählen die Annahme von Sicht-, Termin- und Spareinlagen, die Aufnahme von Geldern am Geldmarkt und die Mittelbeschaffung durch Ausgabe von Bankschuldverschreibungen. – *Gegensatz:* → Aktivgeschäfte.

Passivierung, Begriff aus dem Handelsrecht für den Ausweis von Finanzierungsmitteln (Schulden, Rückstellungen und Rechnungsabgrenzungsposten) auf der rechten Seite (Passivseite) der Bilanz (→ Passiva). Nach dem Handelsgesetzbuch (HGB) müssen i.d.R. Finanzierungsmittel ausgewiesen werden (sog. Passivierungspflicht). In Ausnahmefällen besteht aber ein sog. Passivierungswahlrecht. Dies gilt beispielsweise für Rückstellungen für unterlassene Aufwendungen für Instandhaltung, wenn die Instandhaltung im nächsten Geschäftsjahr nach den ersten drei Monaten nachgeholt wird. Außerdem besteht ein Passivierungsverbot für bestimmte im Handelsgesetzbuch (HGB) definierte Rückstellungen. – *Gegensatz:* → Aktivierung.

Passivkonto, → Bestandskonto.

Passivposten, → Passiva.

Passivzinsen, → Habenzinsen.

Patenschaft, → Mentoring.

Patent, Schutzrecht für technische Erfindungen. Es wird vom → Deutschen Patent- und Markenamt verliehen. Voraussetzung für die Erteilung ist, dass der Gegenstand nicht zum Stand der Technik gehört, noch nicht benutzt wurde und sich gewerblich nutzen lässt. Bei Nahrungs-, Genuss- und Arzneimitteln kann nur das Verfahren, nicht das Erzeugnis patentiert werden. Die Schutzdauer beträgt zwanzig Jahre. P. werden in die Patentrolle beim Deutschen Patent- und Markenamt (DPMA) eingetragen. – Vom Patentinhaber können → Lizenzen vergeben werden.

Pauschalbewertung, *Sammelbewertung.* Zusammenfassende → Bewertung von Vermögensgegenständen. Dazu zählen → Durchschnittsbewertung, → Festwertbewertung, → Gruppenbewertung und → Verbrauchsfolgeverfahren. – *Gegensatz:* → Einzelbewertung.

pauschale Lohnsteuer, → Lohnsteuer-Pauschalierung.

Pauschalwertberichtigung auf Forderungen, → Abschreibung auf Forderungen. Die P.a.F. erfolgt mit Hilfe eines bestimmten Prozentsatzes, der auf der Grundlage von Erfahrungswerten festgelegt wird. Der Prozentsatz wird auf die Summe der Nettoforderungen angewandt. Steuerrechtlich wird ein Prozentsatz von einem Prozent anerkannt.

Pauschbetrag, Begriff aus dem Einkommensteuerrecht für den Betrag, der bei der Ermittlung der → Einkünfte pauschal abgezogen werden kann. D.h., der Betrag kann selbst dann abgezogen werden, wenn die tatsächlichen Aufwendungen die Höhe der P. nicht erreichen. Höhere Aufwendungen müssen jedoch durch entsprechende Belege nachgewiesen werden. Ein P. wird für bestimmte → Werbungskosten und → Sonderausgaben angesetzt. Dies sind vor allem der → Arbeitnehmer-Pauschbetrag, der → Behinderten-Pauschbetrag, die → Entfernungspauschale, der → Pflegepauschbetrag, der → Sonderausgaben-Pauschbetrag, die → Vorsorgepauschale und der → Werbungskosten-Pauschbetrag.

Penetration, → Marktdurchdringung.

Pension, Ruhegeld eines Beamten.

Pensionsfonds, Einrichtung der Vermögensverwaltung und -anlage zur Finanzierung der → betrieblichen Altersversorgung. Es besteht ein Rechtsanspruch auf Leistungen gegen den P., der im Fall des Arbeitgeberwechsels übertragbar ist. Der P. hat die Versorgungsleistung als lebenslange Rente zu zahlen. Die Finanzierung des P. erfolgt durch Leistungen des Arbeitsgebers. Diese können als → Betriebsausgaben steuermindernd geltend gemacht werden. Es besteht aber auch die Möglichkeit, Teile des Arbeitsentgelts des Arbeitnehmers umzuwandeln. – P. unterliegen der Aufsicht der → Bundesanstalt für Finanzdienstleistungsaufsicht (BaFin).

Pensionskasse, rechtlich selbstständige Einrichtung. I.d.R. ist es ein → Versicherungsverein auf Gegenseitigkeit (VVaG). Die P. gewährt ihren Mitgliedern einen Anspruch auf Leistungen der → betrieblichen Altersversorgung. Voraussetzungen und Leistungen werden in der Satzung der P. geregelt. P. werden von einzelnen Unternehmen oder von einem Unternehmensverbund getragen. Ihre Finanzierung erfolgt durch Aufwendungen der Trägerunternehmen. – Die Ausgestaltung und die Verwaltung des P. sind mitbestimmungspflichtig (→ Mitbestimmung). – P. unterliegen der Aufsicht der → Bundesanstalt für Finanzdienstleistungsaufsicht (BaFin). – Vgl. auch → Unterstützungskasse.

Pensionsrückstellung, Begriff aus dem Handels- und Steuerrecht. P. sind → Rückstellungen für Verpflichtungen des Unternehmens aus → Pensionszusagen. Die Höhe der P. wird auf der Grundlage versicherungsmathematischer Berechnungen festgestellt. P. müssen sowohl in der Handelsbilanz als auch in der Steuerbilanz ausgewiesen werden (→ Passivierung). Die jährlichen Zuführungen an die P. sind in der Gewinn- und Verlustrechnung (GuV) und im Anhang als → Vorsorgeaufwendungen auszuweisen.

Pensionszusage, *Direktzusage, Versorgungszusage.* Gebräuchlichste Form der → betrieblichen Altersversorgung. Bei einer P. ist der Arbeitgeber verpflichtet, die Versorgungsleistungen im Alter (sog. Betriebsrenten) direkt an den in Ruhestand gegangenen Arbeitnehmer zu zahlen. – In Höhe der zugesicherten Versorgungsleistungen müssen vom Unternehmen Rückstellungen gebildet werden (→ Pensionsrückstellung). – Erst bei der Zahlung der Versorgungsleistung wird die Einnahme als Arbeitslohn versteuert. Dabei wird ein Versorgungsfreibetrag von 40 Prozent der Versorgungsleistung (maximal 3.072 Euro jährlich) berücksichtigt

Performance, Ergebnis. – 1. *Betriebswirtschaft:* Maß, inwieweit eine vorgegebene Leistung erfüllt wird. Dies ist z.B. das Verhältnis des erreichten Umsatzes zu einem angestrebten Umsatzziel für einen festgelegten Zeitraum. – 2. *Bankwesen:* prozentualer Wertzuwachs einer Kapitalanlage innerhalb eines bestimmten Zeitraums. Die P. ergibt sich aus den Kurssteigerungen und den erhaltenen Erträgen (z.B. Dividenden, Zinsen).

Periodenabgrenzung, → Rechnungsabgrenzung.

Periodenerfolg, Begriff aus dem Rechnungswesen. P. ist der Gewinn (Periodengewinn) oder Verlust (Periodenverlust) eines bestimmten Zeitraums. I.d.R. wird der P. für ein Kalenderjahr oder einen Planungszeitraum berechnet. In der Gewinn- und Verlustrechnung (GuV) werden Aufwendungen und Erträge gegenübergestellt. Der P. kann im Fall der GuV durch das → Gesamtkostenverfahren oder durch das → Umsatzkostenverfahren ermittelt werden. In der Kostenrechnung werden Erlöse und Kosten gegenübergestellt.

periodenfremder Aufwand/Ertrag, → neutraler Aufwand/Ertrag.

Periodengewinn/-verlust, → Periodenerfolg.

permanente Inventur, → Inventur.

Personalakte, aktenmäßig oder innerhalb einer Datenbank geführte Informationen über einen Arbeitnehmer. Dies sind i.d.R. Bewerbungsschreiben, Personalbogen, Arbeitsvertrag, Arbeitszeugnisse, Belege über Änderungen des Arbeitsentgelts, Beurteilungen, Abmahnungen und Verwarnungen sowie Urlaubs- oder Fehlzeitenkartei. Der Arbeitgeber ist nicht verpflichtet, eine P zu führen. Der Arbeitnehmer kann jederzeit Akteneinsicht nehmen. Er hat außerdem das Recht, der P. Gegendarstellungen beizufügen.

Personalauswahl, Entscheidung über die Besetzung einer Arbeitsstelle mit einem Bewerber. Zur Unterstützung werden Fähigkeits- und Persönlichkeitstests, Interviews, biographische Fragebögen sowie zunehmend umfassende Auswahlverfahren wie das → Assessment Center eingesetzt.

Personalbeschaffung, *Personalgewinnung.* Teilgebiet der → Personalwirtschaft. P. ist die Beschaffung der von einem Unternehmen benötigten Arbeitskräfte. Maßnahmen der P. dienen der Deckung des ermittelten Personalbedarfs. Dies kann durch Neueinstellungen geschehen. Die erforderliche Anpassung der personellen Kapazitäten ist aber auch ohne Veränderung des Personalbestands z.B. durch Personalleasing, Anordnung von Mehrarbeit, Umwandlung von Arbeitsverträgen oder Versetzungen möglich. Zur Gewinnung neuer Mitarbeiter kommen zahlreiche Instrumente in Frage, so vor allem Stellenangebote und Stellenvermittlung über Arbeitsagenturen oder Personalberater.

Personalentwicklung, Maßnahmen zur Entwicklung und Verbesserung der Leistungsfähigkeit und -bereitschaft der Mitarbeiter. Im Rahmen der P. sind die Maßnahmen häufig langfristig angelegt. Neben der Vermittlung von Kenntnissen, Fähigkeiten usw. steht häufig die Förderung der Bereitschaft der Mitarbeiter, auf neue fachliche, soziale oder ähnliche Herausforderungen im Unternehmen oder am Arbeitsplatz flexibler zu reagieren, im Vordergrund.

Personalfreisetzung, *Personalreduzierung.* Verringerung der Mitarbeiterzahl eines Unternehmens. Dies kann auf unterschiedliche Weise geschehen. Es können Arbeitnehmer entlassen werden (→ Kündigung). Frei werdende Arbeitsstellen werden nicht wieder neu besetzt. Den Mitarbeitern kann ein Abfindungsangebot unterbreitet werden. Die Arbeitszeit kann verkürzt werden (z.B. Abbau von Überstunden, Teilzeitarbeit, Kurzarbeit). – Vgl. auch → Outplacement.

Personalführung, zielgerichtete Einflussnahme auf Mitarbeiter. D.h., dass ein Vorgesetzter ihm unterstellte Personen bei der Durchführung einer gemeinsamen Aufgabe anweist, koordiniert und überwacht. Daneben gehören auch das Informieren, Unterweisen und Motivieren der Mitarbeiter zur P. – Es werden wie bei der → Unternehmensführung zwischen strategischer, taktischer und operativer P. unterschieden. Auch die Aufgaben sind analog festgelegt. Die strategische P. befasst sich vor allem mit konzeptionellen Aufgaben, die taktische P. mit der Entwicklung von Führungsmodellen und die operative P. mit Fragen der Mitarbeiterführung.

Personalgewinnung, → Personalbeschaffung.

Personalkosten, *Lohnkosten.* Kosten, die für → Arbeit direkt oder indirekt anfallen. Dazu gehören Löhne und Gehälter (→ Bruttoarbeitsentgelt), → Personalnebenkosten sowie → Sozialkosten. Ausgenommen von den P. ist der → kalkulatorische Unternehmerlohn. Buchhalterisch festgehalten werden die P. in der → Lohnbuchführung.

Personalkredit, Kredit, der nicht durch → Grundpfandrechte gesichert ist. Ein P. kann z.B. durch eine → Sicherungsübereignung, eine → Bürgschaft oder eine →

Forderungsabtretung abgesichert werden. – *Gegensatz:* → Realkredit.

Personalleasing, → Arbeitnehmerüberlassung.

Personalmanagement, → Personalwirtschaft.

Personalnebenkosten, *Lohnnebenkosten, Lohnzusatzkosten, Personalzusatzkosten.* Aufwendungen der Arbeitgeber, die neben den Arbeitsentgelten an die Arbeitnehmer gezahlt werden. Sie können gesetzlich vorgeschrieben, durch einen Tarifvertrag vereinbart oder freiwillig sein. Zu den P. zählen vor allem Arbeitgeberanteile zur Sozialversicherung, Beiträge zur Berufsgenossenschaft, bezahlte Abwesenheit wie Urlaub, Feiertage und Krankheitstage sowie Aufwendungen für Aus- und Fortbildung und Zuschüsse zur Altersversorgung. P. sind Teil der → Personalkosten.

Personalpolitik, → Personalwirtschaft.

Personalrat, Vertretung der Arbeitnehmer in Unternehmen und Verwaltungen des Bundes, der Länder, der Gemeinden und sonstigen Körperschaften des öffentlichen Rechts.

Personalreduzierung, → Personalfreisetzung.

Personal-Service-Agentur (PSA), Form der Zeitarbeit (→ Arbeitnehmerüberlassung). Sie sind eigenständige Einheiten der → Job Center, die staatlich-privat oder nur privat organisiert sind. Im Unterschied zur Arbeitnehmerüberlassung im üblichen Sinn versuchen die PSA, den Arbeitnehmer über den Weg der Leiharbeit dauerhaft in den ersten Arbeitsmarkt zu integrieren. Die Entlohnung der Zeitarbeiter entspricht derjenigen von Festangestellten. Nur im Fall von Langzeitarbeitslosen ist ein Einstiegslohn unterhalb der üblichen Lohnhöhe für einen begrenzten Einarbeitungszeitraum möglich.

Personalverwaltung, administrative personalbezogene Maßnahmen in einem Unternehmen. Die P. umfasst z.B. Erledigung aller Formalitäten, Führen der Personalakte, Erstellung der Personalstatistik und Abwicklung der Lohn- und Gehaltszahlungen.

Personalwesen, → Personalwirtschaft.

Personalwirtschaft, *Personalmanagement, Personalpolitik, Personalwesen.* Alle Maßnahmen des Unternehmens, damit geeignete Mitarbeiter am richtigen Arbeitsplatz in ausreichender Anzahl vorhanden sind und im Sinn des Unternehmensziels zusammenarbeiten. Im Einzelnen gehören folgende Aufgabenbereiche zur P.:

- Ermittlung des Personalbedarfs
- Personalbeschaffung
- Personalfreisetzung
- Personalauswahl
- Einstellung und Eingliederung des neuen Mitarbeiters
- Gestaltung von Arbeitszeit (Arbeitszeitmodelle), Arbeitsentgelt und Aufgaben)
- Mitarbeiterqualifizierung (Aus- und Weiterbildung)
- Laufbahngestaltung
- Personalführung.

Personalzusatzkosten, → Personalnebenkosten.

personenbezogene Daten, Begriff aus dem Bundesdatenschutzgesetz (BDSG). P.D. sind Einzelangaben über persönliche oder sachliche Verhältnisse einer Person. – Vgl. auch → Datenschutz.

Personengesellschaft, Rechtsform, bei der die persönlichen Bindungen der Gesellschafter an die Gesellschaft im Vordergrund steht. Entsprechend ist bei einer P. eine Kapitalbeteiligung rechtlich nicht erforderlich. Sie ist aber in der Praxis üblich. Die Anteile an einer P. sind nicht vererbbar oder veräußerbar. Grundsätzlich arbeiten die Gesellschafter persönlich mit und haften persönlich mit ihrem Vermögen. – Zu den P. zählen im Einzelnen:

- Gesellschaft des bürgerlichen Rechts (GbR)
- Kommanditgesellschaft (KG)
- offene Handelsgesellschaft (OHG)
- Partnerschaftsgesellschaft (PartG).

Die → stille Gesellschaft ist keine P. – *Gegensatz:* → Kapitalgesellschaft.

Personenkonto, Begriff aus der Buchführung. P. ist ein → Konto, das für einen einzelnen Kunden oder Lieferanten geführt wird. – *Gegensatz:* → Sachkonto.

Personensteuern, Steuern, mit denen die wirtschaftliche Leistungsfähigkeit von Personen und Unternehmen erfasst werden soll (→ Leistungsfähigkeitsprinzip). P sind z.B. die Einkommen- und die Körperschaftsteuer. – *Gegenstand:* → Realsteuern.

Personenversicherung, Versicherung, bei der überwiegend die körperliche Unversehrtheit einer Person versichert ist. P. sind vor allem die → Krankenversicherung, die → Lebensversicherung, die → Pflegeversicherung, die → Rentenversicherung und die → Unfallversicherung. – *Gegensatz:* → Sachversicherung.

persönliche Identifikationsnummer (PIN), Zahlenkombination, anhand der ein Kontoinhaber erkannt werden kann. Die PIN ist nur ihm bekannt. Er ist verpflichtet, diese geheim zu halten. Die PIN muss vor allem bei Geldabhebungen von Geldausgabeautomaten, beim → Electronic Cash und bei der Abwicklung von Bankgeschäften über Internet eingegeben werden.

persönlich haftender Gesellschafter, Gesellschafter, der mit seinem Privatvermögen für die Verbindlichkeiten der Gesellschaft haftet (→ Haftung). P.h.G. sind alle Gesellschafter der → offenen Handelsgesellschaft (OHG), der → Partnerschaftsgesellschaft (PartG), der Komplementär der → Kommanditgesellschaft (KG) und der → Kommanditgesellschaft auf Aktien (KGaA).

Pfandbrief, → Anleihe, die von Hypothekenbanken, Landesbanken und Pfandbriefanstalten ausgegeben wird. P. werden zur Finanzierung von Immobilien (sog. Hypothekenpfandbriefe), öffentlichen Aufgaben (sog. öffentliche Pfandbriefe) und Schiffen (sog. Schiffspfandbriefe) eingesetzt. Die Laufzeit von P. liegt i.d.R. zwischen einem Jahr und zehn Jahren. P. werden an der Börse gehandelt.

Pfandrecht, Recht, eine fremde Sache oder ein fremdes Recht zu verwerten. Durch das P. können Geld- oder Sachforderungen abgesichert werden. Nach dem Bürgerlichen Gesetzbuch (BGB) gibt es nur P. an Rechten und an beweglichen Sachen. Ein entsprechendes Recht an Grundstücken bezeichnet das Gesetz nicht als P. (→ Grundpfandrecht). – Zu unterscheiden sind:

- Gesetzliches P.: P. aufgrund von Gesetzen. Dazu gehören z.B. das P. des Vermieters, des Pächters oder Verpächters und beim Werkvertrag das P. des Unternehmers.
- Vertragliches P.: vertraglich vereinbartes P. I.d.R. muss die verpfändete Sache dem Pfandgläubiger übergeben werden. Aus diesem Grund ist das vertragliche P. in der Praxis wenig gebräuchlich.

Der Gläubiger hat aufgrund des P. das Recht, den Pfandgegenstand zu verkaufen, zu versteigern oder Forderungen einzuziehen. Auf diese Weise kann er seine Forderungen eintreiben.

Pfändung, Begriff aus dem Zwangsvollstreckungsrecht. P. ist die staatlich Beschlagnahmung eines Gegenstandes, um diesen zu verwerten oder zu verkaufen. – 1. *P. von Sachen:* Der Gerichtsvollzieher nimmt den Gegenstand an sich (Faustpfand) oder versieht den Gegenstand mit einem Siegel (Pfandsiegel oder „Kuckuck"). Nicht pfändbar sind jedoch Gegenstände, die der Ausübung des Berufs und der Lebensführung dienen. Kann der Gerichtsvollzieher nicht pfänden, stellt er eine Urkunde über Unpfändbarkeit aus. Das Gericht kann den Schuldner in diesem Fall laden und ein Vermögensverzeichnis mit → eidesstattlicher Versicherung verlangen. – 2. *P. von Forderungen:* Es wird auf Antrag vom Amtsgericht ein Pfändungs- und Überweisungsbeschluss ausgestellt und dem Schuldner zugestellt. Die P. von Arbeitsentgelten ist allerdings beschränkt (→ Lohnpfändung). Grundsätzlich sind Ansprüche aus einer Lebensversicherung bis zur Höhe des Rückkaufswerts pfändbar. Unpfändbar oder bedingt pfändbar sind Bezüge aus der Witwen-, Waisen- und Hilfskassen sowie Sterbegeldversicherungen bis 3.579 Euro. – Vgl. auch → Unpfändbarkeit.

Pflegebedürftigkeit, Voraussetzung für den Erhalt eines → Pflegegeldes. Pflegebedürftig sind diejenigen, die wegen einer körperlichen, geistigen oder seelischen Krankheit oder Behinderung für gewöhnliche Verrichtungen im Alltag auf Dauer auf Hilfe angewiesen sind. Je nach P. werden drei Pflegestufen unterschieden: erheblich Pflegebedürftige (Pflegestufe I), Schwerpflegebedürftige (Pflegestufe II) und Schwerstpflegebedürftige (Pflegestufe III). Die P. wird von den Pflegekassen durch den Medizinischen Dienst der Krankenversicherung (MDK) festgestellt und regelmäßig überprüft.

Pflegegeld, Leistung der Pflegeversicherung für „selbst beschaffte Pflegehilfen". Dabei handelt es sich in den meisten Fällen um Familienangehörige, die die Pflege übernommen haben. Die Höhe des P. richtet sich nach der → Pflegebedürftigkeit. Im Fall der Pflegestufe I beträgt das P. 205 Euro, im Fall der Pflegestufe II 410 Euro und im Fall der Pflegestufe III 665 Euro monatlich. Für Familienangehörige, die die Pflege übernommen haben, ist das P. steuerfrei.

Pflegekasse, Träger der sozialen → Pflegeversicherung. Die P. ist eine selbstständige → Körperschaft des öffentlichen Rechts. Sie steht unter staatlicher Aufsicht. Die Aufgaben der P. werden von den → Krankenkassen wahrgenommen. Die P. sind jedoch rechtsfähig und treten in eigenem Namen und in eigener Verantwortung auf.

Pflege-Pauschbetrag, → Pauschbetrag, den ein Steuerpflichtiger, der einen anderen pflegt, steuerlich geltend machen kann. Der Pauschbetrag beträgt 924 Euro. Er kann als → außergewöhnliche Belastung bei der Einkommensteuer angesetzt werden. Die Pflege muss allerdings in der Wohnung des Steuerpflichtigen oder in der Wohnung der Pflegeperson durchgeführt werden.

Pflegeversicherung, Zweig des deutschen Systems der sozialen Sicherung. Im Rahmen der P. wird das Risiko der → Pflegebedürftigkeit abgesichert. Die P. wurde 1994 eingeführt. – 1. *Gesetzliche P. (soziale P.):* Die P. ist eine Pflichtversicherung. Die Versicherungspflicht und die Befreiung von der Versicherungspflicht sind entsprechend der → Krankenversicherung geregelt. Die wichtigste Leistung der P. ist das → Pflegegeld. Von ihr werden aber auch Sachleistungen wie z.B. Gehhilfen, Bettvorrichtungen und Rollstühle übernommen (bei Pflegestufe I bis zu einem Wert von 384 Euro monatlich, bei Pflegestufe II bis zu 921 Euro, bei Pflegestufe III bis zu 1.432 Euro sowie bei Härtefällen bis zu 1.918 Euro). Träger der P. sind die → Pflegekassen. – Die Finanzierung erfolgt über Umlagen (→ Umlageverfahren). Bezüglich Beitragsbemessungsgrenze und Bemessungsgrundlage gelten die Regelungen der gesetzlichen Krankenversicherung. Derzeit (beträgt der Beitragssatz 1,7 Prozent der beitragspflichtigen Einnahmen des Versicherten. Auch bei der gesetzlichen P. werden die Beiträge jeweils zur Hälfte von Arbeitgebern und -nehmern aufgebracht. – 2. *Private P.:* Versicherungspflichtig sind alle privat Krankenversicherten sowie in der gesetzlichen Krankenversicherung freiwillig Versicherte, wenn sie von der Versicherungspflicht in der gesetzlichen P. befreit sind. Es wird ein privater Pflegeversicherungsvertrag zwischen dem Versicherungsnehmer und einer Versicherungsgesellschaft abgeschlossen. Die Leistungen und Leistungsvoraussetzungen müssen den Regelungen der gesetzlichen P. entsprechen. Die Finanzierung erfolgt über Prämien. Die Prämien dürfen die Höchstbeiträge der gesetzlichen P. nicht überschreiten.

PIN, Abk. für → persönliche Identifikationsnummer.

PIN-TAN-Verfahren, → Home Banking.

Plankosten, → Kosten, die für einen zukünftigen Abrechnungszeitraum zu erwarten oder geplant sind. P. sind somit zukunftsbezogene Werte. – *Gegensatz:* → Istkosten.

Plankostenrechnung, Form der → Kostenrechnung, die auf der Grundlage von geplanten Zukunftszahlen (→ Plankosten) vorgenommen wird. Für jede → Kostenstelle werden die anfallenden Kostenarten geplant. Nach Ablauf des Planungszeitraums werden Plankosten und → Istkosten gegenübergestellt, um so die Kostenabweichungen festzustellen. – Im Gegensatz zur starren P. teilt die flexible P. die Kosten zuerst in → fixe Kosten und → variable Kosten auf. Erst danach werden die Kosten den einzelnen Kostenstellen zugerechnet. – *Gegensatz:* → Istkostenrechnung.

Planung, *Unternehmensplanung,* Bestimmung der Zielrichtung eines Unternehmens und der in Zukunft möglichen Handlungsmöglichkeiten. Zur P. gehört auch die Auswahl unter den Handlungsmöglichkeiten. Je nach Planungszeitraum unterscheidet man zwischen strategischer (langfristiger), taktischer (mittelfristiger) und operativer (kurzfristiger) P. Inhaltlich wird zwischen der P. von Zielen, Rahmenrichtlinien, Programmen und Verfahrensweisen bei der Umsetzung der Programme für das Gesamtunternehmen oder für einzelne Unternehmensbereiche unterschieden.

Planwirtschaft, → Zentralverwaltungswirtschaft.

Platzierung, Begriff aus dem Bank- und Börsenwesen. Als P wird die Unterbringung neu ausgegebener Wertpapiere bei kaufwilligen Anlegern bezeichnet. – Vgl. auch → Emission.

Point of Sale (POS), Ort des Warenangebots, an dem der Kunde direkten Kontakt mit der Ware hat. Dies kann z.B. am Regal sein. Aus Marketingsicht ist dieser Ort für Maßnahmen der Verkaufsförderung besonders wichtig. Kunden können dort zu spontanen Käufen angeregt werden. Beim → Electronic Commerce verlagert sich der POS nach Hause oder an den Arbeitsplatz.

Point-of-Sale-Zahlung, *POS-Zahlung,* das bargeldlose Zahlen an Computerkassen von Handels- und Dienstleistungsunternehmen. Zur Zahlung wird eine Bankkundenkarte eingesetzt (→ Debitkarte). – Vgl. auch → Electronic Cash.

Police, *Versicherungsschein, Versicherungsurkunde,* Urkunde, die belegt, dass ein Versicherungsvertrag rechtsgültig abgeschlossen wurde. Die P. wird dem Versicherungsnehmer von der Versicherungsgesellschaft ausgehändigt.

Polypol, → Marktform, bei der sich viele kleine Anbieter und Nachfrager einander gegenüberstehen. Anbieter und Nachfrager können auf einem vollkommenen → Markt aufgrund ihres geringen Marktanteils den Preis nicht beeinflussen. Sie passen die Angebots- oder Nachfragemenge dem Preis an. Auf einem unvollkommenen Markt wird davon ausgegangen, dass die Anbieter oder Nachfrager ihre Preise in einem bestimmten Bereich variieren können. Dort verhalten sich Anbieter oder Nachfrager wie im Fall eines → Monopols. – P. wird bei einem vollkommenen Markt auch als vollständige Konkurrenz, bei einem unvollkommenen Markt als unvollständige oder monopolistische Konkurrenz bezeichnet.

Pooling, → Cash Management.

Portfolio. 1. *Wertpapierportfolio:* Gesamtbestand an Wertpapieren und seine Zusammensetzung. – 2. *Geschäftsportfolio:* Gesamtheit und Zusammensetzung der Geschäftsfelder, auf denen ein Unternehmen tätig ist. Das P. ist so zu gestalten, dass unter Berücksichtigung der Zahlungsfähigkeit das optimale Gesamtziel des Unternehmens erreicht wird.

Portfolio-Analyse, verbreitetes Analyse- und Planungsinstrument des strategischen Managements. Die strategischen Geschäftseinheiten eines Unternehmens werden in einer Matrix angeordnet. Auf einer Achse werden die Bewertungskriterien, die vom Unternehmen beeinflusst werden können, abgetragen. Dies ist (z.B. der relative Marktanteil, der Gewinn, der Deckungsbeitrag oder der Cashflow. Die andere Achse bildet die Bewertungskriterien ab, die vom Markt bestimmt und damit vom Unternehmen nicht beeinflussbar sind. Dies sind z.B. das Marktvolumen, das Marktwachstum oder die Produktlebenszyklusphasen sein. Ordnet man die strategischen Geschäftseinheiten in der Matrix an, lassen sich Unternehmensstrategien ableiten. Bekannte Beispiele sind die Vierfeldermatrix der Boston Consulting Group, die Neunfeldermatrix von McKinsey und das Markt-Produktlebenszyklus-Portfolio. – Vgl. auch Abbildungen „Portfolio-Analyse".

Portfolioinvestition, Auslandsinvestition, bei der Forderungen erworben werden. Dabei kann es sich z.B. um den Kauf von Wertpapieren, Anteilen an Immobilienfonds oder Anleihen handeln. – *Gegensatz:* → Direktinvestition.

POS, Abk. für → Point of Sale.

Postkeynesianismus, → Keynesianismus.

Post Merger Integration, → Merger & Acquisition.

POS-Zahlung, Kurzbezeichnung für → Point-of-Sale-Zahlung.

ppa, Abk. für per prokura (durch Prokura), → Prokura.

PPS-System, *computergestütztes Produktionsplanungs- und -steuerungssystem.* Software zur Planung und Steuerung der Produktion in Industrieunternehmen. Die Struktur eines PPS-S. besteht häufig aus Grunddatenverwaltung, Produktionsprogrammplanung (Absatzprognosen und/ oder Kundenauftragsverwaltung), Materialwirtschaft (Bedarfsplanung, Lagerhaltung, Bestellwesen), Zeit- und Kapazitätsplanung (Durchlaufterminierung, Kapazitätsplanung) und Werkstattsteuerung (Verfügbarkeitsprüfung und Auftragsfreigabe, Feinterminierung und Auftragsfortschrittskontrolle). Der Einsatz von PPS-S. ist in großen Unternehmen sehr verbreitet, in kleinen und mittleren Unternehmen jedoch relativ selten.

PR, Abk. für → Public Relations.

Präferenz, Vorrang. – 1. *Wirtschaftstheorie:* Ein Nachfrager bewertet zwei unterschiedliche Güterbündel. Sieht er eines zur Befriedigung seiner Bedürfnisse als geeigneter an, wird dies als P. bezeichnet. – 2. *Außenwirtschaft:* Vorzugsbehandlung eines anderen Staates, z.B. durch Einräumung von Vorzugszöllen. I.d.R. wird dies vertraglich geregelt (sog. Präferenzabkommen). Dies widerspricht jedoch dem Grundsatz der → Meistbegünstigung des Allgemeinen Zoll- und Handelsabkommen (GATT) und der Welthandelsorganisation (WTO).

Prämie. 1. *Personalwesen:* P. sind Bestandteil des → Arbeitsentgelts. – Vgl. auch Erfolgsbeteiligung. – 2. *Marketing:* P. können zur Verkaufsförderung eingesetzt werden. Kunden können als P. z.B. ein Geschenk oder einen Gutschein bei Kauf eines bestimmten Produktes erhalten. – 3. *Versicherung:* P. ist das Entgelt, das der Versicherungsnehmer für eine

Portfolio-Analyse

Portfolio-Matrix der Boston Consulting Group

MARKTWACHSTUM	niedrig (RELATIVER MARKTANTEIL)	hoch (RELATIVER MARKTANTEIL)
hoch	FRAGEZEICHEN • selektiv vorgehen	STARS • fördern • investieren
niedrig	ARME HUNDE • desinvestieren • liquidieren	MELKKÜHE • Position halten • ernten

0 niedrig hoch 100

RELATIVER MARKTANTEIL

Portfolio-Matrix von McKinsey

MARKTATTRAKTIVITÄT	niedrig	mittel	hoch
hoch	SELEKTIVES VORGEHEN – Spezialisierung – Nischen suchen – Akquisition erwägen	SELEKTIVES WACHSTUM – Potenzial für Marktführung durch Segmentierung abschätzen – Schwächen identifizieren – Stärken aufbauen	INVESTITION UND WACHSTUM – wachsen – Marktführerschaft anstreben – Investitionen maximieren
mittel	ERNTEN – Spezialisierung – Nischen suchen – Rückzug erwägen	SELEKTIVES VORGEHEN – Wachstumsbereiche identifizieren – Spezialisierung – selektiv investieren	SELEKTIVES WACHSTUM – Wachstumsbereiche identifizieren – stark investieren – ansonsten Position halten
niedrig	ERNTEN – Rückzug planen – desinvestieren	ERNTEN – Geschäftszweig „auszuzeln“ – Investitionen minimieren – auf Desinvestitionen vorbereiten	SELEKTIVES VORGEHEN – Gesamtposition halten – Cash flow anstreben – Investitionen nur zur Instandhaltung

RELATIVE WETTBEWERBSPOSITION

Markt-Produktlebenszyklus-Portfolio

WETTBEWERBSPOSITION	ENTSTEHUNG	WACHSTUM	REIFE	ALTER
dominant	Marktanteile hinzugewinnen oder mindestens halten	Position halten Anteil halten	Position halten Wachstum mit der Branche	Position halten
stark	Investieren, um Position zu verbessern. Marktanteilgewinnung (intensiv)	– Investieren, um Position zu verbessern – Marktanteilgewinnung	Position halten Wachstum mit der Branche	Position halten oder „ernten“
günstig	Selektive oder volle Marktanteilgewinnung. Selektive Verbesserung der Wettbewerbsposition.	– Versuchsweise Position verbessern – Selektive Marktanteilgewinnung	– Minimale Investitionen zur „Erstandhaltung“ – Aufsuchen einer Nische	„Ernten“ oder stufenweise Reduzierung des Engagements
haltbar	Selektive Verbesserung der Wettbewerbsposition	– Aufsuchung und Erhaltung einer Nische	– Aufsuchen einer Nische oder stufenweise Reduzierung des Engagements	Stufenweise Reduzierung des Engagements oder Liquidieren
schwach	Starke Verbesserung oder Aufhören	– Starke Verbesserung oder – Liquidierung	Stufenweise Reduzierung des Engagements	Liquidieren

LEBENSZYKLUSPHASE

Versicherung zahlen muss. Mit der P. sind Versicherungsteuer und Nebengebühren zu entrichten. Die nicht rechtzeitige Zahlung der Erstprämie führt zum Verlust des Versicherungsschutzes. Außerdem kann der Versicherer den Versicherungsvertrag kündigen. Bei der nicht rechtzeitigen Zahlung einer Folgeprämie hat der Versicherer ebenfalls ein Kündigungsrecht.

Prämienlohn, → Lohn.

Präsenzbörse, *Parkett, Parkettbörse.* Börsenhandel, der in einem Börsensaal stattfindet. Händler und Makler müssen persönlich anwesend sein. Bei der P. werden Geschäfte durch Zuruf und Handschlag abgewickelt. Die Bedeutung der P. nimmt jedoch stark ab, da der Handel zunehmend an Computerbörsen stattfindet. – *Gegensatz:* → Computerbörse.

Praxisgebühr, Zuzahlung eines in der gesetzlichen Krankenversicherung Versicherten an einen Arzt, Physiotherapeuten usw. Die P. beträgt zehn Euro pro Quartal. Sie ist bei der ersten Behandlung zu zahlen. Eine P. muss nicht für Schutzimpfungen, Früherkennungsuntersuchungen und bestimmten Zahnersatzleistungen gezahlt werden. Ausgenommen sind außerdem Patienten, die mit ihren Zuzahlungen zu Medikamenten bereits die Belastungsobergrenze von zwei Prozent oder bei chronisch Kranken von einem Prozent des Jahresbruttoeinkommens überschritten haben.

Preis, der in Geld ausgedrückte Tauschwert eines Gutes. Das Verhältnis der Geldeinheit zur Mengeneinheit wird als absoluter P. bezeichnet. Beim relativen P. wird dagegen der Tauschwert eines Gutes in Einheiten eines anderen Gutes ausgedrückt.

Preisangabe, Angabe eines Warenpreises. Nach der Preisangabenverordnung (PAngV) muss der Endpreis angegeben werden. D.h., der Preis muss einschließlich Umsatzsteuer aufgeführt werden. Wer Waren nach Gewicht, Volumen, Länge oder Fläche anbietet, muss neben dem Endpreis den Preis pro Mengeneinheit angeben.

Preisbildung, Zustandekommen eines Preises. – 1. *Wirtschaftstheorie:* P. ist das Zustandekommen eines Preises auf einem Markt und die Ermittlung der Preishöhe. Die Art der P. hängt im Wesentlichen von der → Marktform und dem Verhalten der Anbieter und Nachfrager ab. – 2. *Betriebswirtschaft:* Festlegung der Preishöhe. Im Wesentlichen erfolgt die P. auf der Basis der → Kalkulation. – Vgl. auch → Preispolitik.

Preisbindung, *Preisbindung der zweiten Hand.* Festsetzung des Endpreises durch den Hersteller. Die P. ist bereits seit 1974 verboten. Sie ist allerdings weiterhin für Verlagserzeugnisse (Bücher, Zeitschriften) zulässig.

Preisdifferenzierung, Verkauf von Produkten gleicher Qualität zu unterschiedlichen Preisen. I.d.R. werden von unterschiedlichen Kunden oder Kundengruppen unterschiedliche Preise verlangt. Die P. ist direkt über den Preis oder indirekt über die Konditionen wie z.B. Gewährung von Rabatten möglich. P. kann nach Zielgruppen (z.B. Einzelhandel, Großhandel), nach Mengen (z.B. Staffelung durch Mengenrabatte), nach Verwendungszweck (z.B. Stromtarife für private Haushalte und Industrie), nach räumlichen Aspekten (Vorsaison, Hauptsaison) und nach räumlichen Aspekten (Inland, Ausland) erfolgen.

Preiselastizität der Nachfrage, → Elastizität.

Preisempfehlung, Art der Preisbeeinflussung durch den Hersteller. Der Hersteller empfiehlt seinem Kunden einen bestimmten Wiederverkaufspreis. Dies kann offen durch Aufdruck des empfohlenen Preises auf der Ware oder Verpackung oder über Preislisten an den Händler geschehen. Durch P. wird versucht, ein relativ einheitliches Niveau bei den Endverbraucherpreisen für ein Produkt zu erreichen. Handelsbetriebe nutzen unter Umständen P. zur gezielten Preisunterbietung aus. – Wettbewerbsrechtlich sind P. unzulässig, wenn durch sie das Preisbindungsverbot umgangen werden soll. Ausgenommen von diesem Verbot sind Markenwaren.

Preis freibleibend, Klausel in Lieferungsverträgen. P.f. bedeutet, dass der Vertrag bindend ist, der Preis jedoch entsprechend dem Marktpreis am Lieferungstag verändert werden kann.

Preisindex, Begriff aus der amtlichen Statistik. Der P. ist der gewichtete Durchschnitt von Messzahlen für Preise einzelner Waren oder Dienstleistungen eines Wirtschaftsbereichs (Preis im Basisjahr = 100). Die Gewichtung erfolgt anhand der Bedeutung, die dem jeweiligen Gut in der Umsatz- und Ausgabenstruktur zukommt. Wichtige P. sind der → Verbraucherpreisindex in Deutschland (VPI) und der → Harmonisierte Verbraucherpreisindex (HVPI).

Preis-Lohn-Spirale, → Lohn-Preis-Spirale.

Preisnachlass, Minderung des Verkaufspreises. Dem Kunden kann ein → Rabatt, ein → Skonto oder ein → Bonus eingeräumt werden. – Vgl. auch → Erlösschmälerungen.

Preisniveau, der gewichtete Durchschnitt der Preise aller wichtigen Güter in einer Volkswirtschaft. Zum Zweck der Vergleichbarkeit von P. wird ein → Preisindex, d.h. das Verhältnis der Preisniveaus zweier unterschiedlicher Zeiträume, gebildet.

Preisniveaustabilität, → Inflation.

Preisobergrenze, Preis eines Produkts oder einer Dienstleistung, den eine Person oder ein Unternehmen maximal zu zahlen bereit ist.

Preispolitik, alle Entscheidungen über die Höhe des Preises. Bei den Entscheidungen können auch die Möglichkeiten einer → Preisdifferenzierung einbezogen werden. Preispolitische Entscheidungen beruhen i.d.R. auf Daten der Kostenrechnung und Kalkulation (→ Preisuntergrenze). Es sind aber auch möglicherweise existierende Preisschwellen (→ Preisschwelleneffekt) zu beachten. P. ist ein wichtiges Instrument des → Marketing.

Preisregulierung, staatliche Maßnahmen der Beeinflussung des Marktpreises eines Wirtschaftsgutes. Zur P. kann ein Mindest- oder Höchstpreise oder ein Preis, ab dem der Staat eingreift, festgelegt werden. Preise können außerdem durch eine Besteuerung von bestimmten Waren (z.B. Luxusgütern) oder durch ihre Subventionierung → (Subvention) beeinflusst werden. – Aus volkswirtschaftlicher Sicht werden Mindest- und Höchstpreise als sehr problematisch angesehen. Bei Mindestpreisen kann es zu einer Überschussproduktion, bei Höchstpreisen zu einer Unterversorgung und somit zur Entstehung von Schwarzmärkten kommen.

Preisschwelleneffekt, Phänomen, dass eine Preiserhöhung erst bei Überschreiten bestimmter Schwellenwerte zu einem größeren Umsatzrückgang führt. Dies gilt entsprechend bei einer Preissenkung, wenn ein bestimmter Wert unterschritten wird. Der P. beruht auf der subjektiven Wahrnehmung von Preisen und ist abhängig z.B. von der Produktart, Markttransparenz oder der Stärke der Kundenpräferenzen. Aufgrund von Preisschwellen werden häufig gebrochene Preise wie z.B. 9,98 Euro festgelegt.

Preisuntergrenze, Mindestpreis, bei dessen Unterschreitung die angefallenen Kosten nicht mehr gedeckt werden. Zu unterscheiden sind:

- kurzfristige P. (absolute P.): Bei dieser Preisgrenze werden die → variablen Kosten pro Stück noch gedeckt. Verluste entstehen jedoch in Höhe der → fixen Kosten.

- langfristige P.: In diesem Fall werden variable und fixe Kosten gedeckt, aber kein Gewinn erzielt.

Price Earnings Ratio (PER), → Kurs-Gewinn-Verhältnis (KGV).

Primäreinkommen, → Faktoreinkommen.

primärer Sektor, Begriff der Wirtschaftstheorie für die Wirtschaftszweige Landwirtschaft, Forstwirtschaft und Fischerei. – Vgl. auch → Sektoren der Volkswirtschaft.

Primärforschung, → Marktforschung.

Primärmarkt, *Emissionsmarkt.* Begriff aus dem Bank- und Börsenwesen. P. ist der Markt für den Erstabsatz neu ausgegebener Wertpapiere. – *Gegensatz:* → Sekundärmarkt.

Prime Standard, Teilmarkt der Frankfurter Wertpapierbörse (→ Deutsche Börse AG). Für im P.S. notierte Unternehmen gelten deutlich strengere Pflichten als die nach dem Börsengesetz (BörsG). Sie müssen den international geltenden Anforderungen an eine hohe Transparenz gerecht werden. Es müssen vor allem nach internationalen Rechnungslegungsstandards aufgestellte Quartalsberichte und Jahresabschlüsse vorgelegt werden. – *Gegensatz:* → General Standard.

Prinzipal-Agent-Theorie, → Agency-Theorie.

Privatbankier, Kreditinstitut in der Rechtsform eines → Einzelkaufmanns, einer → offenen Handelsgesellschaft (OHG) oder einer → Kommanditgesellschaft (KG). Neugründungen in der Rechtsform des Einzelkaufmanns sind in Deutschland nicht mehr zulässig. P. sind i.d.R. → Universalbanken.

private Altersvorsorge, → kapitaldeckende private Altersvorsorge, → Lebensversicherung.

private Einlage, → Einlage.

private Entnahme, → Entnahme.

Private Equity, Begriff aus der Finanzwirtschaft. P.E. ist die Beteiligung eines privaten Kapitalanlegers an einem in den meisten Fällen nicht-börsennotierten Unternehmen. Es wird den Unternehmen → Eigenkapital zur Verfügung gestellt.

private Lebensführung, Begriff aus dem Einkommensteuerrecht. Ausgaben, die im Zusammenhang mit der p.L. eines Steuerpflichtigen stehen, können steuerlich nicht geltend gemacht werden. Hiervon wird nur abgewichen, wenn die Aufwendungen den → Sonderausgaben oder den → außergewöhnlichen Belastungen zugeordnet werden können.

privater Haushalt, Begriff aus der amtlichen Statistik. Ein p.H. ist eine zusammenwohnende, wirtschaftliche Personengemeinschaft oder eine Person, die allein wohnt und wirtschaftet. – Vgl. auch → Haushalt.

privates Gut, *Individualgut.* → Gut, das in einer Marktwirtschaft von privaten Anbietern, vor allem Unternehmen angeboten wird. P.G. werden von den Anbietern auf einem → Markt bereitgestellt. – *Gegensatz:* → öffentliches Gut.

private Veräußerungsgewinne, früher *Spekulationsgeschäfte.* Einkünfte aus der Veräußerung von privaten Wirtschaftsgütern, wenn bestimmte Fristen zwischen Anschaffung und Veräußerung unterschritten werden. Bei der Veräußerung von Grundstücken beträgt die Frist zehn Jahre. Bei anderen Wirtschaftsgütern, vor allem bei Wertpapieren, gilt eine Frist von zwölf Monaten. Einnahmen aus Warentermingeschäfte sind als p.V. zu versteuern, wenn die Veräußerung früher erfolgt als der Erwerb. Zur Ermittlung der Einkünfte aus einem privaten Veräußerungsgeschäft wird die Differenz zwischen Veräußerungspreis und Anschaffungs- oder Herstellungskosten ermittelt. P.V.

bleiben steuerfrei, wenn die Summe der Einkünfte aus den Veräußerungsgeschäften die Freigrenze von 512 Euro jährlich nicht überschreiten. Negative Beträge dürfen im gleichen Kalenderjahr mit Veräußerungsgewinnen verrechnet werden. Sind keine Veräußerungsgewinne angefallen, kann mit Veräußerungsgewinnen aus einem Jahr davor oder den folgenden Jahren verrechnet werden.

Privatisierung, Überführung von gemeinwirtschaftlichen oder öffentlichen Vermögen oder Aufgaben in den privaten Sektor einer Volkswirtschaft. Gemeinwirtschaftliche oder öffentliche Vermögen können in private Rechtsformen überführt werden. Auf diese Weise können Aufgabenfelder dem direkten Einfluss des öffentlichen Dienstrechts und der Politik entzogen werden. Außerdem können so privatwirtschaftliche Finanzierungsquellen erschlossen werden. Eine P. kann auch durch den Verkauf öffentlichen Vermögens erfolgen. Die P. öffentlicher Unternehmen wird in der politischen Diskussion häufig in Hinblick auf eine höhere Effizienz privater Unternehmen oder zur Deckung öffentliche Haushaltsfehlbeträge gefordert.

Privatkonto, Begriff aus der Buchführung. P. ist das → Konto, auf dem die → Entnahmen und → Einlagen der Einzelunternehmer oder der persönlich haftenden Gesellschafter einer Personengesellschaft verbucht werden.

Privatrecht, → Zivilrecht.

Privatvermögen, alle Wirtschaftsgüter, die nicht zum → Betriebsvermögen gezählt werden. Das P. dient dem persönlichen Gebrauch des Unternehmers. Dazu gehören z.B. die Wohnungseinrichtung, das privat bewohnte Einfamilienhaus, der private Wagen, aber auch Schmuck und Sportgeräte.

Privatversicherung, → Individualversicherung.

Probezeit, Zeitraum zu Beginn eines Arbeitsverhältnisses. In dieser Zeit können die Vertragspartner die Eignung und Leistungen des Arbeitnehmers sowie die Arbeitsbedingungen prüfen. Die P. beträgt i.d.R. sechs Monate. Eine P. über neun Monate ist in sehr seltenen Fällen zulässig. Bei Berufsausbildungsverhältnissen beträgt die P. mindestens einen und höchstens drei Monate. Während der P. kann das Arbeitsverhältnis ohne Begründung i.d.R. mit einer Frist von zwei Wochen gekündigt werden.

Product Placement, Werbemaßnahme, bei der ein Markenartikel gezielt als Requisite z.B. in die Handlung einer Fernsehsendung eingesetzt wird. Im Fall des P.P. wird eine hohe Werbewirkung erwartet. Wird eine ganze Warengruppe eingesetzt, wird dies als Generic Placement bezeichnet. Ist das Gesamtthema eines Films auf ein Unternehmen oder Produkt zugeschnitten, handelt es sich um sog. Image Placement.

Produkt, Leistung eines Unternehmens. D.h., es ist das Ergebnis der → Produktion, die ein Unternehmen auf dem Markt anbietet. Aus Sicht eines Nachfragers ist ein P. ein Mittel zur Befriedigung seiner → Bedürfnisse. – P. werden in Sachgüter (materielle Güter), Dienstleistungen (immaterielle Güter) und Energieleistungen unterschieden. Eine weitere Einteilung kann nach dem empfundenen Kaufrisiko eines Endverbrauchers vorgenommen werden. In diesem Fall unterscheidet man → Convenience Goods, → Shopping Goods und → Specialty Goods.

Produktdifferenzierung, Änderung einer oder mehrerer Eigenschaften eines Produkts. Mit Hilfe der so entstehenden Produktvarianten sollen die Ansprüche der einzelnen Kundengruppen genauer erfüllt werden. Es können der Produktkern (z.B. Motorleistung) oder die Produkthülle (z.B. Verpackung, Dekor) verändert werden. P. wird häufig mit einer → Preisdifferenzierung kombiniert.

Produktfamilie, *Produktgruppe.* Begriff aus dem Marketing. Als P. werden die im Absatz verbundenen Produkte bezeichnet. Eine P. ist z.B. eine Kosmetikpflegeserie eines Unternehmens. – Vgl. auch → Markenstrategien.

Produktgestaltung, Festlegung der Erscheinungsform eines Produkts in Ausstattung, Qualität, Form und Markierung. P. ist eine im Rahmen der → Produkt- und Programmpolitik zu treffende Entscheidung.

Produktgruppe, → Produktfamilie.

Produkthaftung, → Haftung des Herstellers für Schäden, die durch fehlerhaften Produkte des Herstellers hervorgerufen werden. Im Fall der P. muss kein Verschulden des Herstellers vorliegen (→ Gefährdungshaftung). Bei Personenschäden wird ein → Schadensersatz, jedoch kein Schmerzensgeld an den Geschädigten geleistet. Der Haftungshöchstbetrag beträgt 85 Mio. Euro. Bei Sachschäden muss der Geschädigte 500 Euro selbst tragen. – *Anders:* → Produzentenhaftung.

Produktinnovation, → Innovation.

Produktion, *Erzeugung, Fertigung, Herstellung.* Leistungserstellung durch Einsatz menschlicher Arbeit, → Betriebsmitteln und → Werkstoffen. Vgl. auch → Produktionsverfahren.

Produktionsbreite, → Produktionsprogramm.

Produktionsfaktoren, Einsatzgrößen, die für die Leistungserstellung notwendig sind. – 1. *Betriebswirtschaft:* Nach Gutenberg (deutscher Betriebswirt, 1897–984) sind bei den P. Elementarfaktoren und dispositive Faktoren zu unterscheiden. Die Elementarfaktoren sind → Werkstoffe, → Betriebsmittel und die objektbezogene menschliche Arbeitskraft. Unter dispositiven Faktoren werden die Funktionen Leitung, Planung, Organisation und Überwachung eines Unternehmens zusammengefasst. – 2. *Volkswirtschaft:* P. sind → Boden, → Arbeit und → Kapital. Die Faktoren Boden und Arbeit sind ursprüngliche P. (sog. originäre P.). Kapital wird aus Boden und Arbeit abgeleitet. Entsprechen wird der Faktor Kapital als abgeleiteter P. (sog. derivativer P.) bezeichnet.

Produktionsfunktion, mathematisch-funktionale Beziehung zwischen Ausbringungsmenge und eingesetzten Produktionsfaktoren. In der Betriebswirtschaftslehre sind es die Ausbringungs- und Einsatzfaktormenge eines Produkts oder eines Unternehmens, in der Volkswirtschaftslehre die eines Wirtschaftszweigs oder einer Volkswirtschaft. – In der Betriebswirtschaftslehre ist die P. die Beziehung zwischen verschiedenen Kombinationen an eingesetzten Produktionsfaktoren und der Ausbringungsmenge. Es wurden unterschiedlich Typen von P. entwickelt. Bekannt sind vor allem:

- P. vom Typ A (Ertragsgesetz): Wird ein Einsatzfaktor vermehrt eingesetzt und alle anderen Faktoren konstant gehalten, steigt die Ausbringungsmenge zunächst stärker, dann schwächer als der Einsatzfaktor. Die Erhöhung der Ausbringungsmenge ist nur bis zu einem bestimmten Punkt möglich. Danach kann die Ausbringungsmenge nicht mehr durch eine Erhöhung des Einsatzfaktors gesteigert werden.
- P. vom Typ B: Bei dieser P. wird davon ausgegangen, dass Produktionsfaktoren nicht gegenseitig ersetzbar sind. Aus diesem Grund müssen für jeden Produktionsprozess und für jedes Maschinenaggregat eine Verbrauchsfunktion aufgestellt werden. Dies ist die mathematische Beziehung zwischen Verbrauchsmengen und technischer Leistung. Die technische Leistung ist wiederum Bedingung für die Ausbringungsmenge.

Produktionsindex, *Index der Nettoproduktion.* Begriff aus der amtlichen Statistik. P. ist die Messzahl zur Fortschreibung der → Wertschöpfung eines Wirtschaftszweigs oder des Produzierenden Gewerbes insgesamt. Dabei werden Preisänderungen ausgeschlossen. Der P. stellt die Produktionsleistung des jeweiligen Wirtschaftszweigs oder des Produzierenden Gewerbes dar. Er gilt somit als wichtiger Hinweis auf die konjunkturelle Entwicklung. Der P. wird monatlich und vierteljährlich berechnet. – *Weitere Informationen unter* www.destatis.de.

Produktionskosten, alle bei der betrieblichen Leistungserstellung durch den Einsatz der → Produktionsfaktoren entstehenden → Kosten. – Der Begriff der P. kann aber auch enger gefasst werden. In diesem Fall sind die P. die im Produktionsbereich anfallenden Kosten. P. in diesem Sinn werden auch als → Fertigungskosten bezeichnet. Die P. sind Teil der → Herstellkosten.

Produktionsmittel, Begriff aus der Volkswirtschaftslehre. Als P. wird der Produktionsfaktor → Kapital bezeichnet. Dauerhafte P. sind z.B. Gebäude und Maschinen. Nicht dauerhafte P. sind z.B. Rohstoffe und Energie. – Häufig werden die Begriffe P. und → Produktionsfaktor gleichbedeutend verwendet.

Produktionsplanung, *Fertigungsplanung.* Sammelbegriff für → Produktionsprogrammplanung, → Produktionsprozessplanung und → Materialwirtschaft. Im Anschluss an die P. erfolgt die → Produktionssteuerung, wobei die Auftragsfreigabe das Bindeglied zwischen P. und Produktionssteuerung bildet. – Vgl. auch → PPS-System.

Produktionsplanungs- und -steuerungssystem, → PPS-System.

Produktionspotenzial, Begriff aus der Volkswirtschaftslehre. Das P. ist die gesamtwirtschaftliche Produktion, die bei maximaler oder normaler Beschäftigung aller volkswirtschaftlichen → Produktionsfaktoren hergestellt werden könnte. Das P. kann aufgrund von Unternehmensbefragungen über die Kapazitätsauslastung sowie Zeitreihenanalysen oder Schätzverfahren ermittelt werden. Das P. ist ein wichtiger Konjunktur- und Wachstumsindikator. Der Sachverständigen Rat zur Begutachtung der gesamtwirtschaftlichen Entwicklung (SVR) führt regelmäßig Berechnungen des P. durch.

Produktionsprogramm, *Fertigungsprogramm.* Gesamtheit aller Produkte und Dienstleistungen, die ein Unternehmen auf seinen Absatzmärkten anbietet. Die Anzahl der Produktarten, die ohne eine Umstellung des Programms produziert werden können, wird als Produktionsprogrammbreite (Programm-, Produktionsbreite) bezeichnet. Die Produktionsprogrammtiefe (Programm-, Produktionstiefe) dagegen ist die Anzahl der Produktionsstufen (Arbeitsgänge), die den Produktionsprozess bilden. Das P. wird im Rahmen der → Produktionsprogrammplanung festgelegt.

Produktionsprogrammplanung, *Fertigungsprogrammplanung,* Planung und Festlegung der Art und Menge der Produkte, die in einem bestimmten Zeitraum produziert werden sollen. Im Rahmen der strategischen P. werden die Produktfelder, auf denen das Unternehmen in Zukunft tätig sein will, ausgewählt. In der mittelfristigen P. werden grob die zu produzierenden Mengen der Produkte oder Produktgruppen für einen Zeitraum von einem Jahr geplant. Es werden allerdings die unterschiedlichen Produktvarianten nicht näher bestimmt. In der kurzfristigen P. werden schließlich die genauen Mengen aller Produktvarianten auf der Grundlage von → Stücklisten bestimmt.

Produktionsprozess, Zusammenwirken der Produktionsfaktoren zur Herstellung einer bestimmten Gütermenge (→ Produktion).

Produktionsprozessplanung, *Ablaufplanung, Fertigungsprozessplanung, Produktionsvollzugsplanung.* Festlegung der zeitlichen und örtlichen Reihenfolge von Be- und Verarbeitungsvorgängen zur

Durchführung von Produktionsaufträgen. Die P. umfasst vor allem die Termin- und Kapazitätsplanung sowie die Bereitstellungsplanung hinsichtlich Material und Personal.

Produktionssteuerung, *Fertigungssteuerung.* Tätigkeit, die während des Produktionsprozesses zur Umsetzung der in der → Produktionsprozessplanung erarbeiteten Planvorgaben ausgeführt wird. P. umfasst die Auftragsfreigabe, Überwachung, Terminplanung, das Erstellen von Maschinen- und Stellenbesetzungsplänen und die Einhaltung der optimalen Kapazitätsauslastung. – Vgl. auch → PPS-System.

Produktionstiefe, → Produktionsprogramm.

Produktionsverfahren, *Fertigungsverfahren.* Grundtypen der Güterherstellung (→ Produktion). Beispielsweise können unterschieden werden:

- P. nach der Ausstoßmenge: → Einzelproduktion, → Chargenproduktion, oder Partieproduktion, → Serienproduktion, → Sortenproduktion und → Massenproduktion.
- P. nach der Anordnung der Arbeitssysteme: → Fließproduktion, → Werkstattproduktion und → Zentrenproduktion.
- P. nach dem Mechanisierungsgrad: manuelle Produktion, maschinelle Produktion, teilautomatisierte Produktion und vollautomatisierte Produktion.

Es existieren zahlreiche weitere Einteilungskriterien.

Produktionsvollzugsplanung, → Produktionsprozessplanung.

Produktionswert, Begriff aus der Volkswirtschaftlichen Gesamtrechnung (VGR). Der P. ist der Wert der von inländischen Unternehmen in einem Zeitraum produzierten Güter. Somit werden auch produzierte → Vorleistungen erfasst. Zieht man von P. die Vorleistungen ab, ergibt sich die Bruttowertschöpfung.

Produktivität, Ergiebigkeit, Leistungsfähigkeit. – 1. *Volkswirtschaft:* P. ist das Verhältnis von Produktionsergebnis (Output) und der bei der Produktion eingesetzten Faktoreinsatzmengen (Input). Messzahlen zur P. werden vor allem für Wachstumsanalysen sowie internationale Vergleiche herangezogen. – Zu unterscheiden sind:

- totale P.: Verhältnis von → Bruttoinlandsprodukt (BIP) und den mit den jeweiligen Preisen bewerteten Einsatzmengen aller Faktoren.
- partielle P.: Verhältnis von Bruttoinlandsprodukt (BIP) und den mit den jeweiligen Preisen bewerteten Einsatzmengen nur eines Produktionsfaktors. Diese werden vor allem für Arbeit (→ Arbeitsproduktivität) und Kapital (→ Kapitalproduktivität) ermittelt.

2. *Betriebswirtschaft:* → Wirtschaftlichkeit.

Produktivvermögen, Begriff aus der Volkswirtschaftslehre. P. ist das Vermögen, das der gewerblichen Wirtschaft für Produktionszwecke zur Verfügung steht. Zu unterscheiden ist menschliches P. (→ Humankapital) und sachliches P. (Maschinen, Werkzeuge, Rohstoffe, Grund und Boden).

Produktlebenszyklus, Konzept, das in der strategischen Planung und im Marketing eingesetzt wird Jedes Produkt durchläuft in seiner Absatzentwicklung bestimmte Phasen. Es sind die Phasen Einführung, Wachstum, Reife, Sättigung, Verfall (Degeneration). Am P. wird vor allem der idealtypische Verlauf, die Trennung und der zeitliche Gleichverlauf der Phasen kritisiert. – Vgl. auch Abbildung „Lebenszyklus".

Produktmanagement, *Brandmanagement.* Organisationsform des Marketing. Das Marketing ist nach Produkten, Marken oder Produktgruppen organisiert. Ein sog. Produktmanager ist für ein Produkt, eine Marke oder eine Produktgruppe verantwortlich. Der Verantwortungsbe-

Lebenszyklus

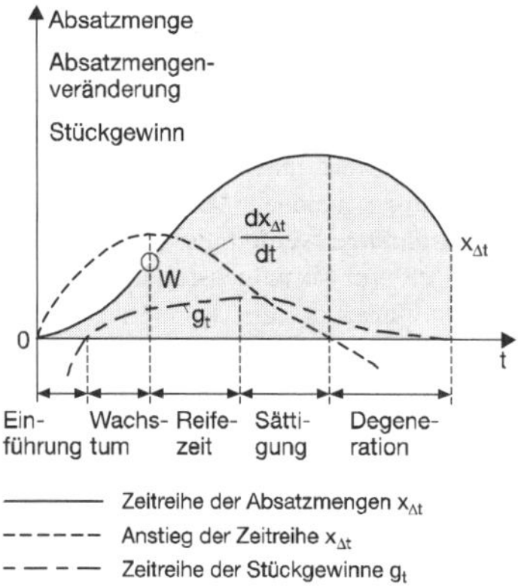

reich wird in der Praxis unterschiedlich festgelegt. Das P. kann von der Produktentwicklung bis zum Einsatz marketingpolitischer Entscheidung und Verkauf verantwortlich sein. – Vgl. auch → Matrixorganisation.

Produkt-Markt-Matrix, Darstellung möglicher Unternehmensstrategien. Die P.-M.-M. wurde von Ansoff (russischer Mathematiker und Wirtschaftswissenschaftler, 1918–2002) aufgestellt. In einer Matrix werden Produkte und Märkte, jeweils getrennt nach bestehenden und zukünftigen, gegenübergestellt. Anhand dieser Matrix werden vier verschiedene Wachstumsstrategien beschrieben. Die Strategien spielen in der strategischen Planung und im Marketing eine Rolle. – Vgl. auch Abbildung „Produkt/Markt-Matrix".

Produktpiraterie, *Markenpiraterie.* Verletzung von Urheber- und Schutzrechten durch das unerlaubte Nachahmen und Kopieren von Waren. Vor allem werden Namen, Markenzeichen oder Symbole sowie Design und Verpackung imitiert. Sie sind i.d.R. von schlechterer Qualität als die Originale. P. wird nach dem Gesetz zur Stärkung des Schutzes geistigen Eigentums und zur Bekämpfung der P. mit bis zu drei Jahren bestraft.

Produkt/Markt-Matrix

Produkte / Märkte	Abbau der Produkte	Gegenwärtige Produkte	Neue Produkte
Abbau der Märkte	**Rückzug:** Stufenweiser Abbau der gegenwärtigen Produkte und der gegenwärtig bedienten Märkte	**Produktkonstante Marktverdichtung:** Marktrückzug, Abbau der Abnehmerschichten und/oder Abbau der Distributionskanäle	**Progressive Marktverdichtung:** Abbau der gegenwärtigen Märkte, verbunden mit dem Angebot von neuen Produkten an den verbleibenden Märkten
Gegenwärtige Märkte	**Marktkonstante Produktverdichtung:** Abbau der Produktpalette, die auf den gegenwärtigen Märkten angeboten wird	**Marktdurchdringung:** Intensivierung der Marktbearbeitung, Relaunch, Imitation, Kosten- und Preissenkung, Unbundling	**Produktentwicklung:** Neuprodukte, neue Produktlinien, neue Dienstleistungen und/oder Problem- und Systemlösungen
Neue Märkte	**Progressive Produktverdichtung:** Abbau der gegenwärtigen Produktpaletten verbunden mit dem Angebot der verbleibenden Produkte auf neuen Märkten	**Marktentwicklung:** Marktausweitung, neue Abnehmerschichten, neue Distributionskanäle, neue Verwendungszwecke	**Diversifikation:** Neue Produkte für neue Märkte

Produkt- und Programmpolitik, Bestimmung der Produkte, die produziert werden sollen, und ihrer Varianten. Im Rahmen der P.-u.P. sind also Entscheidungen darüber zu treffen, welche Produkte neu zu entwickeln und einzuführen sind. Es wird auch entschieden, welche ergänzenden Produktvarianten entwickelt werden (→ Produktdifferenzierung) und welche Produkte aus dem Programm genommen werden. Außerdem zählt die Verpackungsgestaltung zur P.-u.P. Die P.-u.P. ist ein wichtiges Instrument des → Marketing.

Produzentenhaftung, Haftung des Herstellers für fehlerhafte Produkte. Der Hersteller haftet nur, wenn seinerseits ein Verschulden vorliegt (→ Verschuldenshaftung). Anders als bei der → Produkthaftung ist im Fall der P. die Haftung nicht beschränkt.

Profiling, Erarbeitung eines umfassenden Bewerberprofils. Nach dem Sozialgesetzbuch (SGB) müssen Arbeitsagenturen spätestens bei der Arbeitslosmeldung ein P. erarbeiten. Ein P. sowie ein Eingliederungsplan muss für Beratungs- und Betreuungskunden erstellt werden. Der Beratungskunde ist in Bezug auf die Vorgehensweise bei der Arbeitsplatzsuche zu beraten. Der Betreuungskunde ist der schwer Vermittelbare, der von einem persönlichen Vermittler, dem sog. Fallmanager, betreut wird.

Profit Center, Teilbereich eines Unternehmens. Dieser trägt die Verantwortung für das Ergebnis (i.d.R. Gewinn) und damit verbunden auch für die Kosten. Ein P.C. ist praktisch ein „Unternehmen im Unternehmen".

Programmbreite, → Produktionsprogramm.

Programmpolitik, → Produkt- und Programmpolitik.

Programmtiefe, → Produktionsprogramm.

Progressionsvorbehalt, Begriff aus dem Außensteuerrecht. P. ist das Verfahren, nach dem ausländische Einkünfte und Vermögensteile bei der Berechnung des progressiven Steuersatzes auf die inländischen Einkünfte und Vermögensteile berücksichtigt werden. Von der Bemessungsgrundlage werden die ausländischen Einkünfte und Vermögensteile jedoch herausgenommen. – Ein P. ist nach deutschem Steuerrecht auch bei einer Vielzahl von Lohnersatzleistungen wie z.B. dem Arbeitslosengeld zu berücksichtigen. Der höhere Steuersatz ergibt sich, wenn die Summe dieser Leistungen bei der Berechnung der Einkommensteuer mit einbezogen werden.

progressive Abschreibung, → Abschreibungsmethoden.

progressive Kosten, *überproportionale Kosten.* → Kosten, die stärker als die Kosteneinflussgröße (z.B. Beschäftigung) steigen. – *Gegensatz:* → degressive Kosten.

Projekt, zeitlich befristete Aufgabe. I.d.R. handelt es sich um eine relativ innovative und risikobehaftete Aufgabe. Sie ist außerdem komplex. Die Einführung eines neuen Produkts ist ein Beispiel für ein P. Aufgrund der Komplexität und Bedeutung eines P. ist ein → Projektmanagement erforderlich.

Projektmanagement, Planung, Steuerung und Kontrolle von Projekten. Ziel des P. ist es, Projekte so abzuwickeln, dass sie termingerecht das Projektziel unter wirtschaftlicher Verwendung der Ressourcen erreichen. In der ersten Phase wird das Projekt auf der Grundlage einer Ausgangsanalyse definiert. D.h., es wird das Projektziel festgelegt sowie eine Risikoanalyse, Grob- und erste Feinplanung vorgenommen. Außerdem wird die Frage geklärt, wer für das Projekt verantwortlich ist. Die anschließende Durchführungsphase umfasst die Feinplanung, die Auftragsvergabe, die Überwachung der Projektdurchführung und eine Neueinschätzung von Risiken. Eventuell müssen in Anbetracht der Risiken Gegensteuerungsmaßnahmen ergriffen werden. Abschluss eines Projektes bildet i.d.R. die Abnahme durch den Auftraggeber und eine abschließende Projektabschlussbesprechung. Außerdem erfolgt eine → Nachkalkulation.

Pro-Kopf-Einkommen, statistischer Durchschnittswert. Das P.-K.-E. wird ermittelt, indem das → Volkseinkommen oder das → Bruttonationaleinkommen (BNE) eines Landes durch die Bevölkerungszahl geteilt wird. Anhand des P.-K.-E. wird die wirtschaftliche Lage der Bevölkerung verschiedener Länder und im Zeitablauf verglichen. Das P.-K.-E. ist auch Einteilungskriterium für → Entwicklungsländer.

Prokura, umfassende → Handlungsvollmacht. Der Umfang der Vollmacht ist durch das Handelsgesetzbuch (HGB) gesetzlich festgelegt, jedoch grundsätzlich unbeschränkt. Der Prokurist ist zu allen gerichtlichen und außergerichtlichen Geschäften ermächtigt, die ein Handelsgewerbe mit sich bringt. Das bedeutet, dass die Befugnisse des Prokuristen unbeschränkt sind. Ausgenommen sind bei der P. jedoch die Veräußerung und Belastung von Grundstücken, das Unterschreiben der Bilanz, die Erteilung einer P. an einen anderen und die Anmeldung der Insolvenz. Interne Beschränkungen gelten nicht nach außen. – Bei der Namensunterschrift des Prokuristen ist der Zusatz „ppa“ oder „pp“ (per prokura oder durch Prokura) vorgeschrieben. – Die P. ist ausdrücklich zu erklären und muss im Handelsregister eingetragen werden. Die P. erlischt durch Widerruf, durch Tod des Prokuristen, durch Insolvenz des Unternehmens oder durch Beendigung des Arbeitsverhältnisses. Die Aufhebung der P. ist ebenfalls in das Handelsregister einzutragen.

Prolongation, Verlängerung der Laufzeit z.B. eines Darlehens, eines Wechsels oder einer Geldanlage.

Promotion, → Verkaufsförderung.

Promotor, Person, die einen Innovations- oder Problemlösungsprozess aktiv fördert.

Property Right, *Verfügungsrecht,* Begriff der Wirtschaftstheorie für das Recht, über Eigentum zu verfügen.

Property-Rights-Theorie, *Theorie der Verfügungsrechte.* Theorie, die erklärt, welchen Einfluss die Verteilung von Verfügungsrechten auf das wirtschaftliche Handeln des Einzelnen hat. Die P.-R.-T. gehört zur → Neuen Institutionenökonomie.

proportionale Kosten, → lineare Kosten.

Proportionalkostenrechnung, → Direct Costing.

Prospekt. 1. *Börsenzulassungsprospekt:* Bericht, der vor der Börseneinführung von Wertpapieren im → amtlichen Markt veröffentlicht werden muss. Er muss die für die Beurteilung des Wertpapiers und des ausgebenden Unternehmens wesentlichen Angaben enthalten. Dies sind vor allem Angaben zu Kapital, Geschäftstätigkeit, Vermögens-, Finanz- und Ertragslage, Geschäftsgang und -aussichten. Außerdem müssen ausführliche Angaben zum Wertpapier sowie Aussagen über die Personen und Gesellschaften, die die Verantwortung für den Inhalt des P. übernehmen (→ Prospekthaftung), enthalten sein. – Am → geregelten Markt genügt ein unterschriebener Unternehmensbericht, der die notwendigen Angaben über das Wertpapier und das ausgebende Unternehmen enthält. – 2. *Verkaufsprospekt:* Für Wertpapiere, die erstmalig im Inland öffentlich angeboten werden und nicht zum Handel an einer inländischen Börse zugelassen sind, muss der Anbieter einen Verkaufsprospekt veröffentlichen.

Prospekthaftung, → Haftung einer Person oder Einrichtung für die Richtigkeit und Vollständigkeit von Angaben eines Börsenzulassungsprospekts (→ Prospekt). Der Erwerber kann die Rücknahme der Wertpapiere gegen Erstattung des Kaufpreises und der mit dem Erwerb verbundenen Kosten verlangen.

Protektionismus, Schutzmaßnahmen der inländischen Wirtschaft oder inländischer Wirtschaftszweige vor ausländischer Konkurrenz. Schutzmaßnahmen sind vor allem Importbeschränkungen (z.B. Importzölle, Importverbote für bestimmte Güter, Importkontingente) sowie Devisenkontrolle. Ziel des P. kann z.B. der Schutz neu aufzubauender Industrien oder die Sicherung der allgemeinen Beschäftigungslage sein.

Protest, amtliche Beurkundung über die Annahme- oder Zahlungsverweigerung bei einem Wechsel. Der P. dient als Beweismittel, dass der Wechsel „Not leidend" ist. Er ist die Voraussetzung dafür, dass der Wechselnehmer auf Personen, die sich aus dem Wechsel verpflichtet haben, zurückgreifen kann (→ Rückgriff).

Provision. 1. *Allgemein:* Form der Vergütung, die i.d.R. in Prozent vom Umsatz berechnet wird. Teilweise wird eine P. auch an Arbeitnehmer als zusätzliches Arbeitsentgelt gezahlt. – Nach dem Handelsgesetzbuch (HGB) hat jeder → Kaufmann Anspruch auf P., wenn er im Rahmen seines Handelsgewerbes Dienste für andere leistet. Eine P. muss nicht ausdrücklich vereinbart werden. Der Handelsvertreter hat für Geschäfte, die er auf Rechnung und Namen eines Unternehmens abgeschlossen hat, Anspruch auf P. (sog. Abschlussprovision). Dies gilt auch für abgeschlossene Geschäfte, die durch ihn vorbereitet wurden. Werden zudem das Einziehen von Geldern (→ Inkasso) oder die Risikoübernahme der Forderungen (→ Delkredere) vereinbart, sind dafür zusätzlich P. zu zahlen. – 2. *Bankwesen:* Entgelt, das von Kreditinstituten für die Übernahme von Dienstleistungen erhoben wird, z.B. für die Ausführung von Aufträgen im Rahmen des Zahlungsverkehrs.

Prozesskosten, Kosten, die durch die Führung eines Rechtsstreits entstehen. Zu den P. zählen Gerichtskosten (z.B. Gebühren, Auslagen) und sog. außergerichtliche Kosten (z.B. Rechtsanwaltskosten). Im Zivilprozess ist die Befreiung oder teilweise Befreiung von den P. unter bestimmten Voraussetzungen möglich (sog. Prozesskostenhilfe).

Prozesskostenrechnung, → Vollkostenrechnung, die sich auf die verursachungsgerechte Verrechnung der → Gemeinkosten konzentriert. Bei der P. werden zunächst die Beziehungen der Aktivitäten indirekter Leistungsbereiche (Prozesse) analysiert. Diese werden zu Teilprozessen oder dann zu Hauptprozessen zusammengefasst. Für diese wiederum müssen die Kosten zugeordnet und die sog. Kostentreiber ermittelt werden. Kostentreiber sind Kosteneinflussgrößen, die die Stückkosten wesentlich beeinflussen.

Prozessorganisation, Organisation, bei der die Bereiche auf der Grundlage der Erfordernisse des Ablaufs der Geschäftsprozesse gebildet werden. D.h., die Verteilung der Zuständigkeiten orientiert sich an den Geschäftsprozessen. Dies bedeutet, dass die → Aufbauorganisation der → Ablauforganisation folgt.

Prozesspolitik, *Ablaufpolitik.* Wirtschaftspolitische Maßnahmen, die den Wirtschaftsprozess beeinflussen. Die Rahmenbedingungen einer Wirtschaftsordnung werden als gegeben unterstellt. Zur P. zählen vor allem Konjunkturpolitik, Wachstumspolitik, Finanzpolitik, Geldpolitik und Außenwirtschaftspolitik. – *Gegensatz:* → Ordnungspolitik.

prozyklisch, gleich dem Konjunkturverlauf gerichtete Wirkung wirtschaftlicher Maßnahmen. – *Gegensatz:* → antizyklisch.

Prüfung, → Außenprüfung, → Wirtschaftsprüfung.

Prüfungsvermerk, → Bestätigungsvermerk.

PSA, Abk. für → Personal-Service-Agentur.

Public-Choice-Theorie, → Neue Politische Ökonomie.

Public Management, → New Public Management.

Public Private Partnership, besondere Form der Steuerung und Aufgabenerfüllung von Verwaltungen. Es handelt sich dabei um eine Zusammenarbeit von mindestens einem öffentlichen und einem privaten Partner. Die Zusammenarbeit bezieht sich auf ein abgegrenztes Aufgabenfeld. Die Partner bringen jeweils eigene Ressourcen ein. Die Zusammenarbeit kann informell oder vertraglich geregelt sein.

Public Relations (PR), *Öffentlichkeitsarbeit.* Maßnahmen, den Ruf eines Unternehmens oder einer Marke zu verbessern und eine höhere öffentliche Wahrnehmung zu erreichen (→ Corporate Image). Außerdem sollen durch PR-Maßnahmen das Kundenvertrauen gestärkt, die Motivation der Mitarbeiter und die Loyalität von weiteren Gruppen wie z.B. Anteileigner oder Banken erhöht werden. Für diese Ziele können Eigenpublikationen wie z.B. Kunden-, Mitarbeiterzeitschriften oder Produktinformationen, Journalistengespräche und -veranstaltungen, Tag der offenen Tür usw. eingesetzt werden. Auch das Internet bietet Möglichkeiten für PR-Maßnahmen, z.B. Online-Medien, User Groups oder Diskussionsplattformen. PR ist Teil der → Kommunikationspolitik.

Publikumsfonds, → Investmentfonds, dessen Anteile auch von Kleinanlegern gekauft werden können. – *Gegensatz:* → Spezialfonds.

Publikumsgesellschaft, → Personengesellschaft, an der sich eine Vielzahl von Gesellschaftern oder Anteilseignern beteiligen können. P. dienen der reinen Kapitalanlage.

Publizität, Unterrichtung der Öffentlichkeit über das Betriebsgeschehen aus der Sicht des Unternehmens. Die Pflicht zur P. besteht für → Aktiengesellschaften (AG), → Kommanditgesellschaften auf Aktien (KGaA), → Gesellschaften mit beschränkter Haftung (GmbH), → Genossenschaften und Unternehmen, die dem → Publizitätsgesetz (PublG) unterliegen. – Vgl. auch → Offenlegungspflicht.

Publizitätsgesetz (PublG), regelt für Nicht-Aktiengesellschaften einer bestimmten Größe Veröffentlichungs- und Rechnungslegungspflichten. Dazu zählen Personenhandelsgesellschaften, Einzelkaufleute, wirtschaftliche Vereine, gewerbetreibende rechtsfähige Stiftungen und bestimmte Körperschaften des öffentlichen Rechts, die zwei der folgenden Kriterien erfüllen: Bilanzsumme über 65 Mio. Euro, über 130 Mio. Euro Umsatz oder mehr als 5.000 Beschäftigte.

Put, Kurzbezeichnung für Put Option (Verkaufsoption). Ein P. gibt dem Verkäufer das Recht, einen vereinbarten Geschäftsgegenstand zu einem festgelegten Preis und Termin oder auch Zeitraum zu verkaufen. Der Käufer der Option hat die Pflicht zu kaufen, wenn der Verkäufer sein Recht ausübt. – *Gegensatz:* → Call.

Q

Qualifikation, Befähigung. – Vgl. auch → Schlüsselqualifikation.

Qualität, Übereinstimmung der Leistungen mit den Ansprüchen. Ansprüche stellen Verwender, Händler und Hersteller. Entscheidend ist, was diese wahrnehmen und für wichtig halten. Die objektive Q. (Gebrauchswert) ist mit naturwissenschaftlich-technischen Methoden messbar. Die subjektive Q. dagegen ist die vom Nutzer nach seinen subjektiven Eindrücken und Vorstellungen bewertete Q. (z.B. Image, Statussymbol).

Qualitätsmanagement, Bestimmung der Qualitätsziele und deren Umsetzung in allen Funktionsbereichen und auf allen Ebenen im Unternehmen. Ziel des Q. ist es, die Kundenzufriedenheit zu erhöhen. Es können z.B. Qualitätsbeauftragte, Qualitätszirkel oder auch Schulungen für Mitarbeiter als Maßnahmen zur Qualitätssicherung eingesetzt werden.

Qualitätssicherungsnormen, → ISO-Normen.

Qualitätszirkel, Arbeitsgruppe, die in ihrem Arbeitsbereich auftretende Probleme zu lösen versucht. Es handelt sich dabei um Probleme wie z.B. zu hohe Ausschuss- oder Fehlerquote, mangelnde Arbeitsgeschwindigkeit oder Terminabweichungen.

Quasigeld, → Geldsurrogat.

Quellensteuern, → Abzugsteuern.

Quittung, Bestätigung für eine geleistete Zahlung. Die Q. ist gleichzeitig Buchungsbeleg (→ Beleg). Q. können auch nachträglich ausgestellt werden. Die Q. wird im Geschäftsverkehr i.d.R. auf einem Vordruck mit eigenhändiger Unterschrift des Empfängers ausgestellt.

Quotenaktie, → Stückaktie.

R

Rabatt, → Preisnachlass, der auf einen einheitlichen Angebotspreis (Listenpreis) gewährt wird. Folgende Rabattarten können gibt es:

- Barzahlungsrabatt: Preisnachlass bei sofortiger Zahlung. Vor allem der Kundenrabatt ist i.d.R. ein Barzahlungsrabatt.
- Warenrabatt: Dieser wird bei einer größeren Mengenabnahme als Mengen- oder nach Ablauf eines bestimmten Zeitraums auch als Umsatzrabatt gewährt.
- Treuerabatt: Dieser wird für lange und dauernde Geschäftsbeziehungen eingeräumt.
- Saisonrabatt, z.B. Frühbucherrabatt.

Darüber hinaus gibt es noch zahlreiche Rabattarten wie z.B. Personal- oder Vereinsrabatte. – R. an Endverbraucher sind erst seit 2001 wettbewerbsrechtlich zulässig.

Rack Jobber, Hersteller oder Großhändler, der Verkaufsräume oder Regalflächen in Einzel- und Großhandelsgeschäften anmietet. Er bietet dort Waren als Ergänzung zum vorhanden Sortiment an. Teils arbeitet ein R.J. mit eigenen Verkäufern. Der Vermieter übernimmt zumeist die Abrechnung und den Einzug von Forderungen. Hierfür erhält er als Entgelt einen festen Betrag (sog. Regalmiete) und/oder eine Umsatzprovision.

Rahmenvereinbarung, → Vertrag über Art und Umfang einer Zusammenarbeit für einen bestimmten Zeitraum. Beispielsweise sind Jahresvereinbarungen über geplante Umsätze, über Rabattstaffelungen oder über gemeinsame Verkaufsförderungsaktionen R.

Rat der Europäischen Union, früher *Ministerrat.* Organ der → Europäischen Union (EU). Der R.d.E.U. besteht aus jeweils einem Regierungsvertreter pro Mitgliedstaat. Jeweils ein Mitgliedstaat hat für ein halbes Jahr die Ratspräsidentschaft inne und bestimmt auf allen Ebenen das Arbeitsprogramm, bereitet die Beschlüsse vor und vertritt die EU nach außen. Der Rat tritt zu verschiedenen Fachthemen zusammen (z.B. Wirtschaft und Finanzen, Umwelt, Justiz). I.d.R. nimmt entsprechend dem Thema der Ratssitzung der zuständige Fachminister teil. – Im R.d.E.U. werden Gesetze sowie internationale Abkommen und Verträge mit Drittstaaten oder internationalen Organisationen beschlossen. Außerdem kann der R.d.E.U. Wirtschaftssanktionen beschließen und über die Aufnahme neuer Mitglieder entscheiden. Er kontrolliert die → Europäische Kommission und ist zusammen mit dem → Europäischen Parlament für den Haushalt der EU zuständig. – *Weitere Informationen unter* www.ue.eu.int.

Ratenkauf, → Abzahlungsgeschäft.

Ratenkredit, *Abzahlungskredit.* → Kredit, der in gleich bleibenden (i.d.R. monatlichen) Raten zurückgezahlt wird. Der Kreditbetrag wird in einer Summe zur Verfügung gestellt. Es handelt sich häufig um standardisierte Kredite mit vorgegebenen Mindest- und Höchstbeträgen sowie Mindest- und Höchstlaufzeiten. Sie können zweckgebunden oder zur freien Verfügung gewährt werden. Ihre Abwicklung erfolgt über Darlehenskonten. Bei R. an Privatpersonen wird ein regelmäßiges gesichertes Einkommen vorausgesetzt.

Die Kredithöhe beträgt in den meisten Fällen maximal 25.000 Euro. R. haben eine Laufzeit von zwölf bis 72 Monate. – Die Besicherung von R. erfolgt vor allem durch Abtretung von Lohn- und Gehaltsansprüchen, Mitunterzeichnung des Vertrags durch den Ehegatten oder Lebenspartner oder durch → Sicherungsübereignung. – Vgl. auch → Verbraucherdarlehen.

Ratenlieferungsvertrag, → Dauerlieferungsvertrag.

Ratenzahlung, → Teilzahlung.

Rating, Beurteilung und Einstufung der Kreditwürdigkeit von Wertpapieren und der Unternehmen, die diese ausgegeben haben. Das R. wird anhand festgelegter Kriterien von sog. Rating-Agenturen (z.B. Standard & Poor's, Moody's) vorgenommen. Bei der Bewertung werden unternehmensbezogene Risiken, branchentypische Risiken und Länderrisiken berücksichtigt. Die Einstufung erfolgt anhand von Kennziffern und lässt die Einschätzung der Kreditwürdigkeit innerhalb einer abgestuften Skala erkennen (→ Ratingklassen).

Ratingklassen, Stufen, in die Wertpapiere aufgrund eines → Ratings eingeordnet werden. Vor allem die R. von Standard & Poor's und Moody's sind weltweit anerkannt. Standard & Poor's unterscheidet zwischen R. für Geldmarktpapiere und Anleihen. Die Qualitätsstufen bei Anleihen reichen von der Spitzenanleihe der Klasse AAA bis zur Anleihe eines Unternehmens, das in Zahlungsverzug geraten ist, mit der Klasse D. Bei Geldmarktpapieren reichen die Stufen von A-1 (sehr starker Grad der Rückzahlungsfähigkeit) bis D (Verzug bei der Rückzahlung ist zu erwarten oder bereits eingetreten). Moody's teilt Anleihen in die Klassen Aaa, Aa, A, Baa, Ba, B, Caa, Ca und C ein. Bei Geldmarktpapieren sind es die Klassen Prime-1, Prime-2 und Prime-3.

Rationalisierung, Maßnahmen zur Verbesserung der → Wirtschaftlichkeit eines Unternehmens. Auf betrieblicher Ebene ist dies vor allem durch Automatisierung und die effizientere Gestaltung der Arbeitsprozesse möglich. – In der Praxis wird unter R. häufig auch die Vereinheitlichung von Fertigungsteilen oder Gütern (→ Normung), aber auch die Spezialisierung auf wenige Produkte verstanden.

Räumungsverkauf, verbilligter Verkauf wegen einer Zwangslage (z.B. Wasserschaden) oder wegen Geschäftsaufgabe. Bei einem R. wegen einer Zwangslage ist der Beginn frei wählbar. Der R. darf nicht länger als zwölf Tage dauern. Im Fall eines R. wegen Geschäftsaufgabe darf der Veranstalter mindestens drei Jahre vor Beginn keinen R. gleicher Art veranstaltet haben. – R. aus den genannten Gründen sind nach dem Gesetz gegen den unlauteren Wettbewerb (UWG) zulässig und müssen nicht angemeldet werden.

Realeinkommen, Begriff aus der Volkswirtschaftslehre. Das R. berechnet man, indem das Arbeitseinkommen durch einen → Preisindex geteilt wird. In Deutschland wird der Verbraucherpreisindex (→ Verbrauchpreisindex in Deutschland) zur Berechnung des R. herangezogen. Das R. drückt die tatsächliche → Kaufkraft des Einkommens aus.

reales Austauschverhältnis, → Terms of Trade.

Realisationsprinzip, handelsrechtlicher Grundsatz der → Bewertung. Das R. besagt, dass Erträge oder Gewinne erst dann ausgewiesen werden dürfen, wenn sie durch Verkauf erzielt worden sind. Das R. ist aus dem → Vorsichtsprinzip abgeleitet. – Vgl. auch → Grundsätze ordnungsmäßiger Bilanzierung

Realkredit, *Sachkredit.* → Kredit, der durch Sachwerte abgesichert ist. Ein R. kann durch → Sicherungsübereignung, → Sicherungsabtretung oder durch Pfandrechte an Sachen, Grundstücken oder Forderungen gesichert werden. R. werden z.B. von Hypothekenbanken oder Bausparkassen zur Finanzierung von Wohngebäuden gewährt. In diesem Fall wird der Kredit durch Grundpfandrechte abgesichert. Außerdem wird er im Rahmen festgelegter Beleihungsgrenzen zweck- und objektgebunden gewährt. – *Gegensatz:* → Personalkredit.

Realsteuern, *Objektsteuern, Sachsteuern.* Steuern, die einen Gegenstand besteuern. So wird bei der Gewerbesteuer das Unternehmen, bei der Grundsteuer das Grundstück besteuert. – *Gegensatz:* → Personensteuern.

Realzins, Zinssatz, der sich bei Berücksichtigung der Preissteigerungsrate ergibt. – *Gegensatz:* → Nominalzins.

Rechnung, *Faktura.* Mitteilung über ein fälliges Entgelt. I.d.R. wird das Entgelt aufgrund eines Kaufvertrags gefordert. – Nach dem Umsatzsteuerrecht muss eine R. folgende Angaben enthalten: Name und Anschrift des leistenden Unternehmens, Name und Anschrift des Leistungsempfängers, Menge und die handelsübliche Bezeichnung des Gegenstands der Lieferung oder Art und Umfang der sonstigen Leistung, Zeitpunkt der Lieferung oder der sonstigen Leistung. Außerdem muss in der R. das Entgelt für die Lieferung oder sonstigen Leistung und den auf das Entgelt entfallenden Steuerbetrag aufgeführt werden. Der Steuerbetrag muss gesondert ausgewiesen werden. Seit 2004 müssen auch die erteilte Steuernummer oder die → Umsatzsteuer-Identifikationsnummer, das Ausstellungsdatum der Rechnung, eine fortlaufende Nummer mit einer oder mehreren Zahlenreihen und der anzuwendende Steuersatz aufgeführt werden. – Vgl. auch → Kleinbetragsrechnung.

Rechnungsabgrenzung, *Periodenabgrenzung.* Begriff aus dem Rechnungswesen. Die R. ist die zeitliche Zuordnung der Aufwendungen (→ Aufwand) und Erträge (→ Ertrag). Sie ist erforderlich, um den → Periodenerfolg in der Gewinn- und Verlustrechnung (GuV) zu ermitteln. Durch die R. werden alle Aufwendungen und Erträge, die wirtschaftlich in ein Geschäftsjahr fallen, auch in diesem erfasst. Dies geschieht unabhängig davon, ob der Zahlungsvorgang außer- oder innerhalb des Geschäftsjahrs lag. – Folgende Rechnungsabgrenzungsposten werden gebildet:

- transitorische Posten: Auf diesen werden bereits geleistete Zahlungen, die als Aufwand und Ertrag in das nächste Geschäftsjahr gehören, erfasst. Diese sind in der Bilanz gesondert auszuweisen. Die Ausgaben vor dem Stichtag werden auf der linken Bilanzseite aufgeführt (sog. aktive Rechnungsabgrenzungsposten). Die Einnahmen vor dem Stichtag sind entsprechend auf der rechten Seite auszuweisen (sog. passive Rechnungsabgrenzungsposten).
- antizipative Posten: Auf diesen werden noch nicht geleistete Zahlungen, die aber als Aufwand oder Ertrag in das abgelaufene Geschäftsjahr gehören, erfasst. Diese Zahlungen sind in der Bilanz unter dem Posten sonstige Vermögensgegenstände oder unter sonstige Verbindlichkeiten auszuweisen.
- Rücklagen: Das sind die Reserven eines Unternehmens für den Bedarfsfall. Unterschieden werden dabei offene Rücklagen und stille Rücklagen, wobei nur die offenen Rücklagen in der Bilanz ausgewiesen werden.

Rechnungsabgrenzungsposten, → Rechnungsabgrenzung.

Rechnungshof, unabhängige Behörde, die nachträglich öffentliche Haushalte auf ihre Ordnungsmäßigkeit und Wirtschaftlichkeit überprüft. Der Bundesrechnungshof ist für den Bundeshaushalt, die Landesrechnungshöfe für die jeweiligen Landeshaushalte und die Rechnungsprüfungsämter für die Haushalte von Gemeindeverbänden zuständig. – Vgl. auch → Europäischer Rechnungshof.

Rechnungslegung, Aufstellung und Bekanntmachung des → Jahresabschlusses. Es werden Bilanz, Gewinn- und Verlustrechnung (GuV) und Anhang, sowie gegebenenfalls ein → Lagebericht erstellt. Gesetzliche Vorschriften zur R. finden sich im Handelsgesetzbuch (HGB) und im Publizitätsgesetz (PublG). – Vgl. auch → internationale Rechnungslegung.

Rechnungswesen, *Accounting.* Unternehmensinternes Verfahren, in dem alle internen und externen zahlen- und mengenmäßigen Vorgänge systematisch erfasst werden. Die Daten werden für die Planung, Steuerung und Kontrolle des betrieblichen Geschehens aufbereitet und ausgewertet. Es werden unterschieden:

- internes R.: In diesem Bereich werden Daten für Mitarbeiter des Unternehmens erfasst und ausgewertet. Die Bereiche → Kostenrechnung und Leistungsrechnung, Investition und Finanzierung (→ Investitionsrechnung, → Finanzplanung) werden deshalb zum internen R. gezählt.
- externes Rechnungswesen: Dies richtet sich in erster Linie an unternehmensexterne Personen und an Institutionen wie z.B. den Staat oder die Banken. Zum externen R. gehören die Bereiche → Buchführung und Jahresabschluss (→ Rechnungslegung) sowie Steuern.

Neben dem internen und externen R. gibt es ein bereichsübergreifendes Berichtswesen. Ziel des Berichtswesens ist es, den allgemeinen Informationsbedarf zu decken, Transparenz zu schaffen und Entscheidungen vor- und nachzubereiten.

Rechtsbehelf, → Rechtsmittel, mit der eine behördliche oder gerichtliche Entscheidung angefochten werden kann. – Vgl. auch → Rechtsbeschwerde.

Rechtsberatung, Beratung in Rechtsfragen. R. dürfen nur Personen mit einer entsprechenden Erlaubnis ausüben. Dies sind vor allem Rechtsanwälte. R. kann aber auch von anderen Personen für einen festgelegten Bereich vorgenommen werden, z.B. Renten- und Versicherungsberater.

Rechtsbeschwerde, → Rechtsbehelf gegen gerichtliche Beschlüsse. Die R. ist nur zulässig, wenn ein im Gesetz vorgesehener Fall vorliegt oder das Beschwerde- oder Berufungsgericht die R. zugelassen hat.

Rechtsfähigkeit, Fähigkeit, Träger von Rechten und Pflichten zu sein. D.h., man kann eigenständige Verbindlichkeiten eingehen und Rechte geltend machen. R. besitzen alle → natürlichen Personen (auch Minderjährige) und alle → juristischen Personen. – *Anders:* → Geschäftsfähigkeit.

Rechtsformen, *Gesellschaftsformen, Unternehmensformen.* Rechtliche Organisationsstruktur von Unternehmen, die wirtschaftlich tätig sind. Das Handels- und Gesellschaftsrecht gibt den Unternehmen die zur Verfügung stehenden R. vor. Die R. wirkt sich unter anderem auf Haftungsfragen der Unternehmer und deren Recht zur Geschäftsführung aus. Sie bestimmt zudem, ob das Unternehmen eine eigene Rechtspersönlichkeit besitzt oder ob die Unternehmer bzw. Gesellschafter des Unternehmens als natürliche Personen handeln. –Typische R. sind:

- Einzelunternehmen
- Personengesellschaften, z.B. Gesellschaft des bürgerlichen Rechts (GbR), Offene Handelsgesellschaft (OHG), Kommanditgesellschaft (KG), stille Gesellschaft
- Kapitalgesellschaften, z.B. Gesellschaft mit beschränkter Haftung (GmbH), Aktiengesellschaft (AG), Kommanditgesellschaft auf Aktien (KGaA)
- Mischformen, z.B. GmbH & Co.KG, AG & Co.KG
- Sonderformen, z.B. Genossenschaft, Stiftung, Anstalt.

Rechtsmangel, Begriff aus dem Bürgerlichen Recht. Ein R. liegt vor, wenn Dritte auf den Kaufgegenstand Rechte geltend machen können. Dies ist beispielsweise der Fall, wenn ein Grundstück, das mit einer Hypothek belastet ist, verkauft wird. Im Fall eines R. kann der Käufer den

Verkäufer haftbar machen (→ Rechtsmängelhaftung).

Rechtsmängelhaftung, → Haftung des Verkäufers im Fall eines → Rechtsmangels. Im Fall eines Rechtsmangels stehen dem Käufer folgende Rechte zu:

- Nachbesserung oder Nachlieferung,
- Rücktritt,
- Minderung oder Schadensersatz.

Rechtsmittel, → Rechtsbehelf, um die Überprüfung einer gerichtlichen Entscheidung durch ein höheres Gericht zu erreichen. R. sind → Berufung, → Revision und → Beschwerde.

Rechtspfleger, ein Beamter der Justizbehörden. Er ist vor allem zuständig für Grundbuch-, Nachlass-, Handels-, Register- und Insolvenzsachen. Er ist außerdem für Mahnverfahren, den Erlass von Pfändungs- und Überweisungsbeschlüssen und Zwangsversteigerungen verantwortlich.

Rechtsschutzversicherung, Versicherung, die die Kosten, die bei der Wahrnehmung rechtlicher Interessen entstehen, erstattet. Dazu zählen vor allem die Verkehrs- und Fahrzeugrechtsschutzversicherung, die Familienrechtsschutzversicherung (Privat- und Berufsrechtsschutz für Nichtselbstständige), Rechtsschutzversicherung für Grundstückseigentum und Miete, Firmenrechtsschutzversicherung und Rechtsschutzversicherung für Gewerbetreibende und Selbstständige sowie die Rechtsschutzversicherung für Vereine.

Recycling, Rückführung von Abfällen in den Produktionsprozess, die bei der Produktion entstehen oder beim Endverbraucher durch Ge- oder Verbrauch anfallen. Dies kann durch Wiederverwendung (z.B. Mehrwegflachen), Weiterverwendung (z.B. Granulat aus Altreifen für Bodenbeläge) oder Weiterverwertung (z.B. Altpapier für sog. Umweltschutzpapier) geschehen. – Vgl. auch → Abfallwirtschaft, → Entsorgung.

Referenzzinssatz, Zinssatz, auf dessen Grundlage andere Zinssätze festgelegt werden. Auf der Grundlage eines R. werden z.B. die Zinssätze variabel verzinslicher Anleihen vereinbart (→ Floating Rate Note). Wichtige R. sind der → EURIBOR und der → LIBOR.

Refinanzierung, Beschaffung von Geldmitteln durch Kreditinstitute zur Finanzierung ihres → Kreditgeschäfts. Die R. erfolgt vor allem über die Annahme von Sicht-, Termin- und Spareinlagen und durch Mittelbeschaffung am Geldmarkt. Außerdem kann sich ein Kreditinstitut durch Geschäfte mit der Europäischen Zentralbank (EZB) refinanzieren. Das Kreditinstitut kann sich auch Mittel beschaffen, indem es → Anleihen ausgibt.

Regiebetrieb, → öffentliches Unternehmen.

regionale Fördergebiete, strukturschwache Gebiete. Diese werden nach einheitlichen Kriterien der Europäischen Union (EU) ausgewiesen. R.F. sind vor allem Gebiete mit einem Entwicklungsrückstand. Das Bruttoinlandsprodukt (BIP) pro Kopf liegt unter 75 Prozent des EU-Durchschnitts. R.F. sind auch Gebiete mit einer rückläufigen industriellen Entwicklung. In diesem Fall wird die Struktur der Erwerbstätigkeit und der Arbeitslosigkeit mit benachbarten Gebieten verglichen Eine Liste der r.F. wird jährlich von der Bundesregierung veröffentlicht. – *Weitere Informationen unter* www.bmwa.-bund.de.

regionale Strukturpolitik, → Regionalpolitik.

Regionalpolitik, *regionale Strukturpolitik.* Wirtschaftspolitische Maßnahmen zum Abbau regionaler Unterschiede bezüglich der wirtschaftlichen Leistungsfähigkeit. R. ist ein Teilbereich der → Strukturpolitik. – 1. *Deutschland:* In Deutschland ist die Verbesserung der regionalen Wirtschaftsstruktur Gemeinschaftsaufgabe von Bund und Ländern.

Bund und Länder fördern vor allem die gewerbliche Wirtschaft und den Fremdenverkehr bei der Errichtung, dem Ausbau oder dem Umbau von Gewerbebetrieben. Außerdem fördern sie den Ausbau der → Infrastruktur. Die Förderung konzentriert sich auf die sog. → regionalen Fördergebiete. – 2. *Europäische Union (EU):* Auf europäischer Ebene fördert die EU strukturschwache Gebiete über drei → Strukturfonds. Dies sind der Europäische Fonds für regionale Entwicklung, der Europäische Sozialfonds und die Abteilung Ausrichtung des Europäische Ausrichtungs- und Garantiefonds für die Landwirtschaft. Außerdem ist eine Förderung über die → Europäische Investitionsbank (EIB) und den Europäischen Investitionsfonds möglich.

Regress. 1. → Rückgriff. – 2. Anspruch auf → Schadensersatz.

regressive Kosten, → Kosten, die mit steigender Beschäftigung abnehmen oder mit sinkender Beschäftigung steigen. R.K. kommen nur selten in der Praxis vor. – *Gegensatz:* → progressive Kosten.

Regulierung, Beeinflussung des Verhaltens von Unternehmen durch ordnungspolitische Maßnahmen. Durch Regulierungsmaßnahmen sollen ein Missbrauch von Marktmacht und ein ruinöser Wettbewerb verhindert werden. Regulierungsmaßnahmen sind z.B. Produktionsauflagen, Qualitätsstandards, wettbewerbsrechtliche Ausnahmeregelungen, Berufsordnungen sowie Vorschriften zur Preis- und Tarifgestaltung. In Deutschland sind vor allem → Kartellbehörden regulierend tätig. Es arbeiten außerdem zahlreiche Fachressorts der Länder sowie andere für Preisrecht, Lieferkonditionen und Investitionsgenehmigen zuständige Stellen im Bereich der R. – *Gegensatz:* → Deregulierung.

Regulierungsbehörde für Telekommunikation und Post, Bundesbehörde, die dem Bundesminister für Wirtschaft und Arbeit untersteht. Sitz in Bonn. Aufgabe der R.f.T.u.P. ist es, die Einhaltung des Telekommunikationsgesetzes (TKG) von 1996 zu überwachen. Im Einzelnen ist sie vor allem für die Erteilung von Lizenzen für Mobilfunk, Satellitenfunk und andere Übertragungswege für Telekommunikationsdienste, Aufstellung und Überwachung einer Frequenzordnung sowie Preis-, Missbrauchs- und Zusammenschlusskontrolle im Telekommunikationssektor zuständig. – *Weitere Informationen unter* www.regtp.de.

Reichweite, Messzahl zur Beurteilung und Auswahl von Werbeträgern. Beispielsweise kann die R. durch den Anteil der Bevölkerung oder eines Teils davon, die in einem bestimmten Zeitraum Kontakt mit einem → Werbeträger haben, bestimmt werden.

Reihenfolgeplanung, Bestimmung der zeitlichen Reihenfolge, in der verschiedene Produkte an verschiedenen Maschinen zu bearbeiten sind. Die Bestimmung sollte so vorgenommen werden, dass die Durchlauf- und Leerzeiten möglichst kurz sind. Die R. ist Teil der → Produktionsprozessplanung, vor allem bei Einzel-, Serien- und Sortenproduktion.

Reihenproduktion, → Straßenproduktion.

Reimport, Wiedereinfuhr von Waren, die zuvor ins Ausland ausgeführt wurden. Bei R. ist problematisch, dass Preisbindungen oder Preisempfehlungen umgangen werden können.

Reingewinn/-verlust, Begriff aus dem Handelsrecht. Der Reingewinn ist das positive, der Reinverlust das negative Ergebnis eines Geschäftsjahrs. Der R./-v. ergibt sich aus der Summe der Erträge (→ Ertrag) abzüglich der niedrigeren bzw. der höheren Summe der Aufwendungen (→ Aufwand). R./-v. sind von Einzelkaufleuten und Personengesellschaften in der Gewinn- und Verlustrechnung (GuV) und in der Bilanz auszuweisen. – Bei Kapitalgesellschaften ist der Begriff des R./-v.

durch den Begriff → Jahresüberschuss/-fehlbetrag ersetzt worden.

Reinvermögen, → Vermögen.

Reinvestition, erneute Bindung frei gewordener Investitionsmittel zur Anschaffung oder Herstellung neuer Produktionsanlagen. Ziel der R. ist der Erhaltung der Produktionsanlagen.

Reisekosten, Aufwendungen für Geschäfts- oder Dienstreisen. Zu den R. zählen Fahrtkosten, Mehraufwendungen für Verpflegung, Übernachtungskosten sowie möglicherweise anfallende Nebenkosten (z.B. Parkgebühren, Trinkgelder, Mitbringsel an Geschäftsfreunde). R. können als → Betriebsausgaben oder → Werbungskosten steuerlich berücksichtigt werden. Um sie steuerlich geltend machen zu können, muss ihr Zweck betrieblich oder beruflich veranlasst sein. Außerdem müssen die einzelnen R. in ihrer Höhe nachweisbar oder zumindest glaubhaft verursacht worden sein. Für Verpflegungsmehraufwendungen können nur gesetzlich festgelegt Verpflegungspauschalen angesetzt werden.

Reisender, Angestellter eines Unternehmens im Außendienst. Der R. betreut Kunden des Unternehmens und versucht neue hinzuzugewinnen. – Vgl. auch → Handlungsgehilfe.

Reisescheck, Zahlungsmittel im internationalen Reiseverkehr. Mit Hilfe von R. kann auch Bargeld beschafft werden. R. werden von Spezialbanken wie z.B. American Express und Thomas Cook herausgegeben. Sie können in gängigen Währungen und über unterschiedliche Beträge bei Banken gekauft werden. R. sind unbegrenzt gültig. Im Verlustfall werden sie i.d.R. kurzfristig ersetzt. Dazu muss jedoch die Kaufabrechnung vorgelegt werden.

Reklamation, Beanstandung einer gelieferten Ware. – Im rechtlichen Sprachgebrauch wird von → Mängelanzeige gesprochen.

Rektaklausel, *negative Orderklausel.* Vermerk „nicht an Order" auf einem Wertpapier. Durch die R. wird untersagt, die Rechte durch → Indossament zu übertragen.

Rektapapier, → Namenspapier.

Relationship Marketing, Aufbau und Gestaltung langfristiger Beziehungen des Unternehmens vor allem zu seinen Kunden. Die Beziehungen zu bestehenden Kunden spielen heute eine wichtige Rolle, da durch wettbewerbsintensive und gesättigte Märkte die Gewinnung von neuen Kunden schwierig geworden ist. Durch eine möglichst bedürfnisgerechte, individuelle Kundenorientierung soll eine hohe Kundenbindung und -loyalität erreicht werden. Gleichzeitig soll die Kundenabwanderungsrate z.B. durch ein Beschwerdemanagement gesenkt werden.

relative Einzelkostenrechnung, Kostenrechnung, bei der Kosten und Erlöse entscheidungsorientiert gegenübergestellt werden. Bei der r.E. werden alle Kosten als relative Einzelkosten definiert. Fixe und variable Kosten sowie Einzel- und Gemeinkosten gibt es nicht. Im ersten Schritt der r.E. werden in einer sog. Grundrechnung alle angefallenen relativen Einzelkosten erfasst. Dabei kann z.B. die jeweilige Zurechenbarkeit, Dauerhaftigkeit oder Aktivierungspflicht erfasst werden. Anschließend wird auf der Grundlage der Grundrechnung eine sog. Auswertungsrechnung vorgenommen. Im Rahmen der Auswertungsrechnung werden nur Kosten berücksichtigt, die von einem Leiter einer → Kostenstelle tatsächlich beeinflusst werden können. Die Kosten werden somit nicht einem Produkt zugeordnet.

Relaunch, Anpassung eines wenig erfolgreichen Produkts an die Kundenbedürfnisse. Das alte Produkt wird kurzfristig vom Markt genommen, um es zu einem späteren Zeitpunkt in veränderter Form, meistens auch mit einer veränderten Verpackung erneut in den Markt eingeführt.

Rembourskredit, Kredit zur Finanzierung von Außenhandelsgeschäften. Eine Bank (sog. Remboursbank) akzeptiert im Auftrag der Bank des Importeurs einen vom Exporteur ausgestellten Wechsel. Voraussetzung dafür ist, dass die vereinbarten Exportdokumente (z.B. Fracht- und Versicherungspapiere) vorgelegt werden. Die Remboursbank haftet für die Einlösung des Wechsels. – Vgl. auch → Akzeptkredit.

Rendite, jährlicher Gesamtertrag einer Kapitalanlage. Die R. wird in Prozent des eingesetzten Kapitals ausgedrückt. – Der Begriff der R. wird teilweise auch gleichbedeutend für → Rentabilität verwendet.

Rentabilität, wichtige betriebswirtschaftliche Kennzahl. R. ist das Verhältnis einer Erfolgsgröße (z.B. Gewinn) zum eingesetzten Kapital in einem bestimmten Zeitraum. Es lassen sich im Wesentlichen folgende Kennzahlen unterscheiden:

- Eigenkapitalrentabilität
- Gesamtkapitalrentabilität
- Return on Investment (RoI)
- Umsatzrentabilität.

Anhand der R. kann der wirtschaftliche Erfolg eines Unternehmens beurteilt werden.

Rente, regelmäßige Geldleistungen oder Zahlungen. – 1. *Sozialversicherung:* R. sollen Personen finanziell für den Fall absichern, dass sie eine Erwerbstätigkeit alters- oder gesundheitsbedingt nicht mehr ausüben können. Darüber hinaus sollen sie im Todesfall eine Grundversorgung für die Familie sicherstellen. Zu den R. zählen in erster Linie die → Altersrente, die → Rente wegen Erwerbsminderung und die → Hinterbliebenenrente. – R. fallen in die Einkunftsart der sonstigen Einkünfte. Sie sind nach dem → Alterseinkünftegesetz (AltEinkG) nur mit dem sog. Ertragsanteil steuerpflichtig. – Vgl. auch → Grundrente. – 2. *Finanzmathematik:* regelmäßige, gleich bleibende Ein- und Auszahlungen. – 3. *Bank- und Börsenwesen:* festverzinsliche Wertpapiere (→ Anleihe).

Rentenanpassung, Veränderung der Höhe der Renten. Es handelt sich dabei vor allem um die Altersrenten, aber z.B. auch um die Hinterbliebenenrente, Rente wegen Erwerbsminderung und Unfallrente. Die Renten werden i.d.R. jährlich zum 1. Juli der veränderten Einkommensentwicklung angepasst. – Seit 2001 wird die Entwicklung der Rentenzahlungen nach einer Anpassungsformel errechnet, in der die Bruttolohnentwicklung, die Beiträge zur gesetzlichen Rentenversicherung und die zur zusätzlichen privaten Altersvorsorge berücksichtigt werden. Außerdem wird seit 2005 ein sog. Nachhaltigkeitsfaktor bei der Berechnung der R. berücksichtigt. Der Nachhaltigkeitsfaktor besteht aus dem Veränderungswert des Verhältnisses von Rentnern zu Beitragszahlern. Nimmt die Anzahl der Rentner zu und die der Beitragszahler ab, verringert der Nachhaltigkeitsfaktor die R. – Die R. erfolgt in den alten und neuen Bundesländern bis zum Erreichen eines einheitlichen Rentenniveaus zu unterschiedlichen Sätzen.

Rentenfonds, → Investmentfonds, der vor allem in → Anleihen investiert. R. haben geringere Wertschwankungen als Aktienfonds. Anleger beteiligen sich an R., wenn sie langfristig relativ konstante Erträge erzielen wollen.

Rentenformel, Berechnung des monatlichen Rentenbetrags. Es ist das Produkt von persönlichen → Entgeltpunkten, sog. Zugangsfaktoren, dem → aktuellen Rentenwert und dem Rentenartfaktor. Durch den Zugangsfaktor wird die unterschiedliche Dauer von Rentenbezügen durch einen finanzmathematischen Zu- oder Abschlag berücksichtigt. Jede Rentenart hat einen festgelegten Rentenartenfaktor. Er beträgt z.B. bei Altersrenten 1,0 und bei Renten wegen teilweiser Erwerbsminderung 0,5. Die Multiplikation der genannten Faktoren ergibt die monatliche Bruttorente ohne Abzug der Beiträge zur Kranken- und Pflegeversicherung, die der Rentner eventuell zu zahlen hat.

Rentenmarkt, Börsenmarkt für den Handel mit festverzinslichen Wertpapieren (→ Anleihe). Es werden z.B. Staats- und Kommunalanleihen, Pfandbriefe, Schuldverschreibungen öffentlich-rechtlicher Kreditinstitute und Industrieschuldverschreibungen gehandelt. Der R. ist Teil des → Kapitalmarkts.

Rentenpapier, → Anleihe.

Rentenschuld, Sonderform der → Grundschuld. Bei der R. wird eine Rente aus dem Grundstück gezahlt. Die R. ist wie die Grundschuld von einer persönlichen Forderung unabhängig.

Rentenversicherung. 1. *Gesetzliche R.:* wichtigster Teil der Alterssicherung im Rahmen des deutschen Systems der sozialen Sicherung. Die R. schützt ihre Versicherten bei Gefährdung oder Minderung der Erwerbsfähigkeit, im Alter sowie bei Tod deren Hinterbliebene. Die R. gewährt Renten wegen Alters (→ Altersrente), Renten wegen verminderter Erwerbsfähigkeit (→ Rente wegen Erwerbsminderung), → Hinterbliebenenrenten sowie Leistungen zur medizinischen Rehabilitation oder zur Teilhabe am Arbeitsleben. Träger der R. sind die → Bundesversicherungsanstalt der Angestellten (BfA), die → Landesversicherungsanstalten (LVA) und für die Knappschaftsversicherung die Knappschaften. – 2. *Private R.:* → kapitaldeckende private Altersvorsorge, → Lebensversicherung.

Rente wegen Erwerbsminderung, *Erwerbsminderungsrente.* Leistung der gesetzlichen Rentenversicherung. Die R.w.E. wird bei krankheits- oder behinderungsbedingten Einbußen gewährt. Anspruch hat, wer teilweise oder voll erwerbsgemindert ist (→ Erwerbsminderung). Außerdem muss der Versicherte mindestens fünf Jahre sowie in den letzten fünf Jahren vor Eintritt der Erwerbsminderung mindestens 36 Monate pflichtversichert gewesen sein. Die R.w.E. wird i.d.R. nur befristet gewährt. – Im Fall der R.w.E. können bis zu 325 Euro monatlich hinzuverdient werden.

Reorganisation, → Organisationsentwicklung.

Reproduktionswert, → Substanzwert.

Reservewährung, → Leitwährung.

Ressource, Bestand an Arbeit, Boden und Kapital, die in die Produktion von Gütern oder Dienstleistungen eingesetzt werden. – Vgl. auch → natürliche Ressource.

Restbuchwert, → Restwert.

Restnutzungsdauer, Begriff aus dem Rechnungswesen. Die R. ist die nach Ablauf einer bestimmten Zeit noch verbleibende → Nutzungsdauer eines Anlagegutes. R. ist bei der → Abschreibung eines Vermögensgegenstands von Bedeutung. – Die betriebsgewöhnliche Nutzungsdauer ist für ca. 12.000 Wirtschaftsgüter in den amtlichen Abschreibungstabellen (sog. AfA-Tabellen) gelistet.

Restschuldbefreiung, Begriff aus dem Insolvenzrecht. R. ist der Erlass der Schulden eines Schuldners, nachdem ein → Insolvenzverfahren oder ein → Verbraucherinsolvenzverfahren durchgeführt wurde. Die R. erfolgt nach einer stark kontrollierten Wohlverhaltensphase von sechs Jahren. Der Schuldner muss sein pfändbares Arbeitseinkommen oder sonstige laufende Bezüge für sechs Jahre an einen Treuhänder abtreten (→ Treuhandschaft). Außerdem ist der Schuldner verpflichtet, eine zumutbare Erwerbstätigkeit auszuüben, geerbtes Vermögen zur Hälfte dem Treuhänder zu überlassen und Zahlungen nur an den Treuhänder zu leisten. Durch die R. soll dem Schuldner ein wirtschaftlicher Neuanfang ermöglicht werden.

Restschuldversicherung, Versicherung zur Absicherung von Forderungsausfällen. Bei Eintritt des Versicherungsfalls wird die noch bestehende Restkreditschuld durch Auszahlung der Versicherungssumme getilgt.

Restwert, *Restbuchwert.* Wert eines Vermögensgegenstands nach Abzug der vorgenommenen → Abschreibungen. – Vgl. auch → Buchwert.

Return on Investment (RoI), *Kapitalrentabilität.* Wichtige betriebswirtschaftliche Kennzahl. Der RoI. Ist das Verhältnis des gesamten investierten Kapitals und des Umsatzes zum Gewinn. Es wird folgendermaßen berechnet:

$$\text{RoI} = \underbrace{\frac{\text{Gewinn}}{\text{Umsatz}}}_{\substack{\text{Umsatz-}\\ \text{erfolg}}} \cdot \underbrace{\frac{\text{Umsatz}}{\text{investiertes Kapital}}}_{\substack{\text{Umschlag des}\\ \text{investierten Kapitals}}}$$

Der RoI ist dient zur Beurteilung des wirtschaftlichen Erfolgs eines Unternehmens (→ Rentabilität).

Return to Scale, → Skalenertrag.

Revision. 1. *Rechnungswesen:* Prüfung der → Rechnungslegung auf ihre Ordnungsmäßigkeit. Eine R. kann von externen Prüfern oder unternehmensintern (→ interne Revision) durchgeführt werden. – 2. *Recht:* → Rechtsmittel, aufgrund dessen ein Urteil in rechtlicher Hinsicht überprüft wird.

REX, Abk. für → Deutscher Rentenindex.

Rezession, → Konjunkturzyklus.

Richtlinie, Anordnung einer übergeordneten Behörde. – 1. *Steuerrecht:* Verwaltungsanordnung, die von einer übergeordneten Behörde erlassen wird. Die nachgeordneten Finanzbehörden sind an diese gebunden. R. werden erlassen, damit das Steuerrecht durch die Finanzbehörden einheitlich angewendet wird. – 2. *Europäisches Recht:* Rechtsakt, der innerhalb einer bestimmten Frist in nationales Recht umgesetzt werden muss.

Riester-Rente, → kapitaldeckende private Altersvorsorge.

Risiko, → Wagnis.

Risikoanleihe, → Junk Bond.

Risikokapital, → Venture Capital.

Risikolebensversicherung, → Lebensversicherung.

Risikomanagement, Planung, Steuerung und Kontrolle aller Risiken, die für ein Unternehmen bestehen. Ziel ist es, die Risiken zu reduzieren und Abweichungen von den Unternehmenszielen zu verhindern. In der ersten Phase wird die Risikoanalyse durchgeführt, wobei die Risiken, auch die in Zukunft möglicherweise auftretenden Risiken identifiziert und bewertet werden. Anschließend werden die risikopolitischen Handlungsmöglichkeiten des Unternehmens beurteilt. Dabei werden auch Nebeneffekte der Maßnahmen berücksichtigt. In der letzten Phase werden die risikopolitischen Maßnahmen durchgeführt und kontrolliert.

Rohergebnis, *Bruttogewinn.* Zwischenergebnis in der → Gewinn- und Verlustrechnung (GuV). Nach dem Handelsrecht können kleine und mittelgroße Aktiengesellschaften (AG) bei der Aufstellung der GuV Posten als R. zusammenfassen. Beim → Gesamtkostenverfahren sind dies die Posten Umsatzerlöse, Erhöhung oder Verminderung des Bestands an fertigen oder unfertigen Erzeugnissen, andere aktivierte Eigenleistungen und sonstige betriebliche Erträge. Beim → Umsatzkostenverfahren können die Posten Umsatzerlöse sowie Herstellungskosten der zur Erzielung der Umsatzerlöse erbrachten Leistungen und sonstige betriebliche Erträge zusammengefasst werden.

Rohstoff, Grundstoff. – 1. *Betriebswirtschaft:* → Material, das direkt in das Produkt eingeht. Die Kosten für R. werden als → Einzelkosten erfasst. – 2. *Volkswirtschaft:* unbearbeiteter Grundstoff, der durch Nutzung des Bodens gewonnen werden. R. sind z.B. Kohle, Erdöl, Gas und landwirtschaftliche Produkte.

Römische Verträge, → Europäische Atomgemeinschaft (EURATOM), → Europäische Gemeinschaft (EG).

Rückgriff, *Regress.* Inanspruchnahme eines Dritten wegen bestimmter Forderungen. Beispielsweise fordert derjenige, der Schadensersatz leisten musste, diesen von einem Dritten zurück (z.B. der Arbeitgeber vom Arbeitnehmer, der einen Schaden verursacht hat).

Rückkauf von Versicherungen, vorzeitige Kündigung von Lebens- und Unfallversicherungen durch den Versicherungsnehmer. Nach dem Versicherungsaufsichtsgesetz (VAG) steht dem Versicherungsnehmer ein sog. Rückkaufswert zu. Dieser ist der Wert, der nach finanzmathematischen Regeln als Zeitwert berechnet wird.

Rücklagen, Reserven eines Unternehmens für den Bedarfsfall. – 1. *Offene R.:* R., die in der → Bilanz ausgewiesen werden. Die R. zählen zum → Eigenkapital. Nach dem Handelsgesetzbuch (HGB) setzen sich R. aus → Gewinnrücklagen und → Kapitalrücklagen zusammen. – 2. *Stille R.:* nicht in der Bilanz ausgewiesene Reserven des Unternehmens.

Rückstellung, Begriff aus dem Handelsrecht. Eine R. ist eine finanzielle Verpflichtung des Unternehmens, deren Höhe und Zeitpunkt noch nicht bekannt ist. R. müssen i.d.R. in der Bilanz ausgewiesen werden (→ Passivierung). Dies gilt vor allem für ungewisse Verbindlichkeiten und drohende Verluste aus schwebenden Geschäften.

Rücktritt, einseitige, empfangsbedürftige Erklärung einer Vertragspartei, die einen gültigen Vertrag rückwirkend aufhebt. Das Recht zum R. muss jedoch im Gesetz oder Vertrag vorgesehen sein. Das Recht zum R. besteht beispielsweise beim → Schuldnerverzug, wenn eine Nachbesserung oder Nachlieferung nicht möglich ist oder nicht erfolgt. Im Fall des R. haben die Parteien die gegenseitig empfangenen Leistungen zurückzuerstatten.

Rückversicherung, Versicherung der Versicherer zur Versicherung der übernommenen Risiken. D.h., dass der Erstversicherer von ihm zu übernehmende Risiken an einen anderen Versicherer (Rückversicherer) überträgt. Dadurch schützt sich der Erstversicherer z.B. vor Verlusten durch sehr hohe Einzelrisiken oder Katastrophen. Außerdem gibt die R. dem Erstversicherer die Möglichkeit, Risken, die wegen ihrer Höhe oder ihrer Gefährlichkeit seine wirtschaftliche Kraft übersteigen würden, zu versichern.

Rückzahlung, Rückerstattung einer früher erfolgten Zahlung.

Ruhepause, → Arbeitszeit.

Rüstkosten, → Kosten, die bei der Umrüstung von Produktionsanlagen anfallen. Dies sind z.B. Personalkosten der Rüstmannschaften, rüstbedingter Verschleiß der Werkzeuge und Reinigungskosten.

S

Sachanlagen, Teil des → Anlagevermögens. S. sind körperliche Gegenstände wie z.B. Grundstücke, Gebäude, Maschinen sowie Betriebs- und Geschäftsausstattungen.

Sachbezüge, nicht geldliche Teile des → Arbeitsentgelts. S. sind z.B. kostenlose Kleidung, kostenlose Wohnung und in Brauereien kostenloses Bier. S. gehören zu den Einkünften aus unselbstständiger Arbeit und sind entsprechend zu versteuern. Außerdem sind S. bei der Berechnung der Sozialversicherungsbeiträge zu berücksichtigen.

Sacheinlage, → Einlage, die durch Einbringung von Maschinen, Gebäuden, Grundstücken und Ähnlichem geleistet wird.

Sachenrecht, gesetzliche Vorschriften, die die Rechtsbeziehungen zwischen Personen und Sachen regeln. Zum S. zählen z.B. Regelungen über Eigentum, Besitz, Hypotheken, Grundschulden und Pfandrechte. Das S. ist vor allem im Dritten Buch des Bürgerlichen Gesetzbuches (BGB) geregelt. – *Gegensatz:* → Schuldrecht.

Sachgründung, Gründung einer Gesellschaft, bei der die Mindesteinlagen ganz oder teilweise durch Sachen erbracht werden (→ Sacheinlage).

Sachkonto, Begriff aus der Buchführung. S. ist jedes → Konto, das über die → Bilanz oder über die → Gewinn- und Verlustrechnung (GuV) abgeschlossen wird. Zu unterscheiden sind → Bestandskonto und → Erfolgskonto. – *Gegensatz:* → Personenkonto.

Sachkredit, → Realkredit.

Sachleistungen, Leistungen der Sozialversicherung, die neben Barleistungen wie z.B. dem Krankengeld übernommen werden. S. sind z.B. Krankenhauspflege, ärztliche Behandlung durch Vertragsärzte, Bestrahlung oder Versorgung mit Medikamenten.

Sachmangel, Begriff aus dem Bürgerlichen Recht. Ein S. liegt vor, wenn die gekaufte Sache nicht die vereinbarte Beschaffenheit aufweist, wenn sie nicht für die vertraglich vorausgesetzte Verwendung geeignet ist oder wenn von den Werbeangaben abgewichen wird. Außerdem gilt eine fehlerhafter Montage oder Montageanleitung als S. Als S. gilt auch, wenn eine andere Sache als die vereinbarte oder eine zu kleine Menge geliefert wird. Im Fall eines S. kann der Käufer den Verkäufer haftbar machen (→ Sachmängelhaftung).

Sachmängelhaftung, → Haftung des Verkäufers im Fall eines → Sachmangels. Der Käufer hat Anspruch auf:

- Nachbesserung oder Nachlieferung
- Rücktritt
- Minderung oder
- Schadensersatz.

Sachsteuern, → Realsteuern.

Sachversicherung, Versicherung, die Sachen (z.B. Gebäude und Hausrat) gegen Zerstörung, Beschädigung oder Abhandenkommen versichert. Beispiele für S. sind die Feuer-, die Einbruchdiebstahl-, die Wasser-, die Glas-, die Sturm-, die Hausrat- und die Kraftverkehrsversicherung. – *Gegensatz:* → Personenversicherung.

Sachverständigenrat zur Begutachtung der gesamtwirtschaftlichen Entwicklung (SVR), unabhängiges Gremium, das Gutachten zur gesamtwirtschaftlichen Entwicklung erstellt. Der SVR hat fünf Mitglieder. Er wird daher auch der „Rat der fünf Weisen" genannt. Seine Mitglieder werden auf Vorschlag der Bundesregierung vom Bundespräsidenten auf fünf Jahre berufen. – Der SVR analysiert in seinem Jahresgutachten die nationale und internationale Konjunktur- und Wirtschaftslage des vergangenen Jahres. Außerdem soll im Gutachten die gegenwärtige wirtschaftliche Lage beurteilt und eine Zukunftsprognose aufgestellt werden. Der Rat gibt in Sondergutachten auch Anregungen, wie die im magischen Viereck (→ magisches Vieleck) angestrebten Ziele verwirklicht werden können. – Die Bundesregierung muss in ihrem → Jahreswirtschaftsbericht zum Bericht des SVR Stellung nehmen.

Sachverständiger, Person mit besonderen Fachkenntnissen und Erfahrungen auf einem bestimmten Fachgebiet. Ein S. ist häufig durch eine entsprechende Berufsausbildung qualifiziert. Geeignete Personen können z.B. durch die Industrie- und Handelskammer (IHK) oder die Handwerkskammer benannt werden. S. werden häufig in Zivilverfahren zur Erstellung von Gutachten herangezogen, wenn die erforderlichen Sachkenntnisse seitens des Gerichts fehlen. Außerdem werden S. im Handelsverkehr zur Begutachtung von Streitfällen eingesetzt.

Saldo, Begriff aus der Buchführung. S. ist der Unterschiedsbetrag, der sich durch die Aufrechnung zwischen der linken Seite (Sollseite) und rechten Seite (Habenseite) eines → Kontos ergibt.

Sale and Lease back, Sonderform des → Leasing. Der Leasingnehmer verkauft ein ihm gehörendes Wirtschaftsgut an den Leasinggeber. Anschließend verleast dieser den Gegenstand an den Leasingnehmer. S.a.L.b. wird z.B. bei Immobilien vereinbart.

Sales Promotion, → Verkaufsförderung.

salvatorische Klausel, Vertragsklausel, die bestimmt, dass der Vertrag auch dann im Ganzen gültig bleibt, wenn einzelne Regelungen ungültig sind. Dies bedeutet, dass die Parteien am Restvertrag festhalten können.

Sammelbewertung, → Pauschalbewertung.

Sammelurkunde, *Globalurkunde.* Urkunde über ein ganze Wertpapieremission (→ Emission), über einen Teil davon oder über eine größere Anzahl von Wertpapieren. Die Ausgabe einer S. soll bei der Neuausgabe von Wertpapieren die Verwahrung der Papiere vereinfachen.

Sammelverwahrung, → Depot.

Sanierung, Maßnahmen zur Wiederherstellung der Leistungsfähigkeit zahlungsunfähiger oder überschuldeter Unternehmen. Voraussetzung für eine erfolgreiche S. ist, dass die Ursachen der Zahlungsunfähigkeit erkannt und ein Sanierungsplan aufgestellt wird. Besteht keine Aussicht auf Erfolg der S., muss die Eröffnung des → Insolvenzverfahren beantragt werden. Für eine vorübergehende Zahlungsunfähigkeit ist eine S. nicht notwendig. In diesem Fall müssen i.d.R. die Gläubiger sich bereit erklären, Kredite zu stunden, zu erlassen oder kurzfristige Kredite in langfristige umzuwandeln.

Satzung, Verfassung einer → Kapitalgesellschaft, einer → Genossenschaft oder einer → Körperschaft des öffentlichen Rechts. Im Fall einer Genossenschaft wird die S. als Statut bezeichnet. Eine S. muss öffentlich beurkundet werden. – 1. *S. einer Aktiengesellschaft (AG) oder Kommanditgesellschaft auf Aktien (KGaA):* Für die Gründung einer AG und KGaA ist eine S. vorgeschrieben. In der S. sind anzugeben: Gründer, Nennwert oder Anzahl der Stückaktien, Ausgabebetrag und eventuell Art der Aktien, Firma und Sitz der Gesellschaft, Gegenstand des Unternehmens, Höhe des Grundkapitals, Nennbeträge und Anzahl der Aktien, Form der Bekanntmachungen der Gesellschaft. Für eine Änderung der S. ist eine Drei-Viertel-Mehrheit in der Hauptversammlung erforderlich. – 2. *S. der Gesellschaft mit beschränkter Haftung (GmbH):* In diesem Fall enthält die S.: Firma und Sitz der Gesellschaft, Gegenstand des Unternehmens, Betrag des Stammkapitals und der Stammeinlagen sowie etwaige Nebenverpflichtungen der Gesellschafter. Eine Änderung der S. ist durch einen Gesellschaferbeschluss mit mindestens Drei-Viertel-Mehrheit möglich. – 3. *S. einer Genossenschaft:* Es müssen aufgeführt werden: Firma und Sitz der Genossenschaft, Gegenstand des Unternehmens, Bestimmungen der Nachschusspflicht im Insolvenzfall, Bestimmungen zur Generalversammlung, Höhe des Geschäftsanteils und der daraus zu zahlenden Mindesteinzahlung sowie Vorschriften über gesetzliche Rücklagen.

Säumniszuschlag, Zuschlag, der von der Finanzverwaltung erhoben wird, wenn eine Steuer bis zur Fälligkeit nicht gezahlt wurde. Es wird für jeden angefangenen Monat ein Prozent des rückständigen Steuerbetrags berechnet. Die Finanzämter räumen über die eigentliche Zahlungsfrist hinaus eine sog. Schonfrist von drei Tagen ein. Bei Vorliegen wichtiger Gründe wird i.d.R. auf Antrag auf ein S. verzichtet.

Schachtelprivileg, Steuerbegünstigung für eine → Kapitalgesellschaft, die an einer anderen Kapitalgesellschaft beteiligt ist. Durch das S. wird eine steuerliche Doppel- oder Mehrfachbelastung, die durch die Verschachtelung von Gesellschaften entsteht, vermieden. – Nach dem Gewerbesteuergesetz (GewStG) sind → Dividenden bei der → Gewerbesteuer nicht zu erfassen, wenn die Kapitalgesellschaft mit mindestens zehn Prozent an der anderen beteiligt ist.

Schaden, Nachteil, der sich für eine Person oder ein Gut ergibt. – 1. *Bürgerliches Recht:* Differenz zwischen dem Vermögensstand vor und nach einem Schadensereignis. – 2. *Versicherungswesen:* negative Beeinträchtigung, die im Versicherungsfall eintritt. Der S. ist die Höchstgrenze der Ersatzleistung der Versicherung. Im Fall einer Unterversicherung erfolgt der Schadensersatz allerdings nur im Verhältnis der Versicherungssumme zum Versicherungswert. Eine Beteiligung des Versicherungsnehmers ist durch die Vereinbarung einer Selbstbeteiligung möglich.

Schadensersatz, Anspruch eines Geschädigten gegen den Schädiger oder eine andere Person auf Ausgleich eines ihm entstandenen Schadens. Grundsätzlich muss der Schädiger den tatsächlichen Zustand wieder herstellen, der bestehen würde, wenn das Schadensereignis nicht eingetreten wäre. I.d.R. wird heute in der Praxis als S. Geld gezahlt. Der zu ersetzende Schaden umfasst auch den → entgangenen Gewinn. Vorteile, die dem Geschädigten eventuell entstanden sind, sind ebenfalls beim S. zu berücksichtigen. Handelt es sich nicht um einen Vermögensschaden, kann ein S. nur verlangt werden, wenn dies gesetzlich vorgeschrieben ist (vor allem Schmerzensgeld). – Trifft den Geschädigten eine Mitschuld, wird der S. geteilt oder entfällt unter Umständen ganz.

Schadenversicherung, Sammelbegriff für Versicherungszweige, bei denen die Versicherungsgesellschaft einen Vermögensschaden ersetzt. Der Schaden muss allerdings vom Versicherungsnehmer nachgewiesen werden. S. sind z.B. Hausrat-, Wohngebäude-, Kraftfahrt-, Haftpflicht-, Transport-, Rechtsschutz- und Kreditversicherung. – *Gegensatz:* → Summenversicherung.

Schaltergeschäft, → Tafelgeschäft.

Schattenwirtschaft, wirtschaftliche Aktivitäten, die nicht in offiziellen Wirtschaftsstatistiken ausgewiesen werden. Zur S. gehören vor allem Schwarzarbeit, Schwarzhandel, Steuerhinterziehung, Geschäfte aus illegalen Geschäften, Nachbarschaftshilfe und Eigenversorgung.

Schatzanweisung, kurz- oder mittelfristige → Anleihe, die vor allem vom Bund ausgegeben wird. – 1. *Bundesschatzanweisung:* festverzinsliche Anleihe des Bundes. Sie hat eine Laufzeit von zwei Jahren. Die Ausgabe von Bundesschatzanweisungen erfolgt im → Tenderverfahren. Bundesschatzanweisungen werden an der Börse gehandelt. Es werden keine Urkunden ausgegeben. – 2. *Unverzinsliche S. (U-Schätze):* Anleihe des Bundes oder eines Bundeslandes. U-Schätze haben eine Laufzeit von drei bis 24 Monate. Sie werden zum Nennwert abzüglich des vereinbarten Zinsabschlags (→ Disagio) verkauft und bei Fälligkeit zum Nennwert zurückgezahlt. – *Weitere Informationen unter* www.bwpv.de.

Schatzwechsel, → Geldmarktpapiere, die vom Bund, die vom Bund ausgegeben werden. Sie hatten eine Laufzeit von 30 bis 90 Tagen. In Deutschland sind praktisch keine S. im Umlauf. Die letzten S. wurden 1969 vom Bund ausgegeben.

Scheck, Anweisung eines Ausstellers an ein Kreditinstitut, eine Zahlung an den Schecknehmer zu leisten. Nach dem Scheckgesetz (ScheckG) müssen S. folgende Angaben enthalten: zu zahlende Geldsumme, Name des Bezogenen, Zahlungsort, Datum und Ort der Ausstellung, Unterschrift des Ausstellers. Änderungen und Streichungen auf dem Scheckformular sind nicht zulässig. Das bezogene Kreditinstitut garantiert nicht für die Einlösung der S. – Zu unterscheiden sind:

- Barscheck: Der Einreicher des S. kann sich den Scheckbetrag bar auszahlen lassen.
- Verrechnungsscheck: Ein Verrechnungsscheck muss auf einem Bankkonto gutgeschrieben werden.

S. sind heute nur noch als Zahlungsmittel zwischen Unternehmen von Bedeutung.

Schecksperre, Mitteilung eines Kontoinhabers an sein Kreditinstitut, dass ein von ihm ausgestellter Scheck nicht eingelöst werden darf. Ein Scheck wird meistens gesperrt, wenn dieser verloren gegangen ist oder gestohlen wurde.

Scheck-Wechsel-Verfahren, Zahlungsverfahren, das auf den Besonderheiten von → Scheck und → Wechsel beruht. Ein Käufer bezahlt eine Warenlieferung sofort mit einem Scheck unter Abzug des Skontos. Gleichzeitig lässt er vom Lieferanten einen Wechsel auf sich ausstellen, akzeptiert ihn und lässt ihn von seiner Bank diskontieren (→ Diskontkredit).

Scheingeschäft, Rechtsgeschäft, das nur zum Schein vorgenommen wird. S. sind nichtig. Dies gilt auch im steuerrechtlichen Sinn. Soll mit dem S. ein anderes Rechtsgeschäft verdeckt werden, ist dieses gültig, wenn die gesetzlichen Vorschriften eingehalten wurden.

Scheinselbstständigkeit, Tätigkeit, die laut Vertrag einer selbstständigen Tätigkeit ist, tatsächlich aber einer nichtselbstständigen Arbeit entspricht. Scheinselbstständige unterliegen nicht den Schutznormen der Sozialversicherung und sind nicht Sozialversicherungspflichtig. Dadurch ersparen sie besonders den Arbeitgebern Kosten. S. bedeutet eine unzulässige Umgehung der Sozialversicherungspflicht. – Im Vierten Sozialgesetzbuch (SGB) wird nur ungenau der Begriff S. definiert, so dass die Abgrenzung zwischen Selbstständigkeit und abhängiger Tätigkeit oft sehr schwierig ist. Laut Rechtsprechung gelten vor allem folgende Kriterien als Hinweis auf eine abhängige Beschäftigung: Tätigkeit nach Weisungen, Eingliederung in die Arbeitsorganisation, keine eigenen Betriebsmittel, keine eigene Betriebsstätte, überwiegende Tätigkeit für nur einen Auftraggeber, fehlendes Unternehmerrisiko, feste Arbeitszeiten. – Existenzgründer, die von der Bundesagentur für Arbeit bezuschusst werden (→ Ich-AG), gelten grundsätzlich als selbstständig.

Schenkung, Vertrag, durch den der Schenker dem Beschenkten einen Teil seines Vermögens unentgeltlich überlässt. Wird die S. sofort vorgenommen, z.B. indem Gegenstände übergeben werden, müssen keine Formvorschriften eingehalten werden. Liegt lediglich ein Schenkungsversprechen vor, muss dieses notariell beurkundet werden, damit sich der Beschenkte darauf berufen kann. Nach dem Bürgerlichen Gesetzbuch (BGB) können S. unter festgelegten Bedingungen zurückverlangt oder das Schenkungsversprechen widerrufen werden. – Eine S. unterliegt der Schenkungsteuer (→ Erbschaftsteuer), nicht jedoch der Einkommen- und Körperschaftsteuer.

Schenkungsteuer, → Erbschaftsteuer.

Schiedsgericht, Organ, das über privatrechtliche Streitigkeiten entscheidet. Ausgenommen sind Streitfälle bei Wohnungsmietverhältnissen. Die Parteien oder auch Dritte wie z.B. eine Industrie- und Handelskammer können den oder die Schiedsrichter ernennen. Die Parteien können aber auch auf ein bereits bestehendes S. zurückgreifen. Die Anzahl der Schiedsrichter ist vertraglich vereinbart, ansonsten sind es drei. Der Schiedsspruch hat die Wirkung eines rechtskräftigen gerichtlichen Urteils. Der Schiedsspruch ist i.d.R. unanfechtbar. – Voraussetzung für ein Verfahren vor einem S. ist, dass von den Parteien eine sog. Schiedsvereinbarung abgeschlossen wird. Diese kann als eigenständige Vereinbarung (Schiedsabrede) oder als Klausel in einem Vertrag (Schiedsklausel) erfolgen.

Schleichwerbung, Werbung, die nicht als solche erkennbar ist. Beispielsweise kann dies eine Anzeige sein, die nach Form und Inhalt wie die redaktionellen Beiträge aufgemacht ist. S. ist im rechtlichen Sinn sittenwidrig (→ sittenwidrige Werbung).

Schlichtung, Verfahren zur Beilegung von Streitigkeiten zwischen den Tarifpartnern, wenn die vorherigen Tarifverhandlungen gescheitert sind. Durch die S. sollen vor allem Arbeitskämpfe vermieden werden. Das Schlichtungsverfahren wird nur mit Zustimmung der Tarifpartner eingeleitet. Der Schlichtungsausschuss besteht aus dem von der obersten Aufsichtsbehörde des jeweiligen Landes benannten Vorsitzenden und der gleichen Anzahl von Arbeitgeber- und Arbeitnehmervertretern. Erlässt der Schlichtungsausschuss mit einfacher Mehrheit einen Schiedsspruch, ist dieser nur bindend, wenn sich die Parteien zuvor auf seine Annahme verständigt haben oder ihn nachträglich annehmen.

Schlussbilanz, → Bilanz, die am Ende eines Geschäftsjahrs oder am Ende der Geschäftstätigkeit aufgestellt werden muss. Nach dem Grundsatz der Bilanzkontinuität müssen S. und → Eröffnungsbilanz des Folgejahrs übereinstimmen.

Schlüsselqualifikation, Kenntnisse, Fähigkeiten und Fertigkeiten, aufgrund derer jemand für eine Stelle oder Aufgabe geeignet ist. Dazu gehören Fachkenntnisse, aber auch Durchsetzungsfähigkeit, Einsatzbereitschaft, Kommunikationsfähigkeit, Problemlösungsfähigkeit, Teamfähigkeit und Verantwortungsbewusstsein.

Schmerzensgeld, finanzielle Entschädigung für die Verletzung von Körper und Gesundheit. Das S. ist zusätzlich zum → Schadensersatz zu zahlen. S. steht dem Geschädigten nicht im Fall von Vermögensschäden zu.

Schonfrist, → Säumniszuschlag.

Schriftform, Urkunde, die eigenhändig unterschrieben wird. Sie ist bei Miet- und Pachtverträgen mit einer Laufzeit von mehr als einem Jahr sowie bei Bürgschaften, Schuldanerkenntnissen und Testamenten vorgeschrieben. – Vgl. auch → Formvorschriften.

Schrottwert, Begriff aus dem Rechnungswesen. Für den Wert einer abgenutzten Anlage. Die Differenz zwischen Anschaffungswert und S. muss abgeschrieben werden. Ist der S. jedoch sehr gering, wird dieser bei der → Abschreibung nicht berücksichtigt.

SCHUFA, Abk. für *Schutzgemeinschaft für allgemeine Kreditsicherung e.V.* Gemeinschaftseinrichtung der Kredit gebenden Wirtschaft (z.B. Kreditinstitute, Kreditkarten- und Leasinggesellschaften und Einzelhandelsunternehmen). Sie hat die Aufgabe, ihre Vertragspartner mit Informationen zum Schutz vor Verlusten zu versorgen. Diese Informationen erhält die S. überwiegend von den Vertragspartnern selbst, aber auch aus öffentlichen Verzeichnissen und amtlichen Bekanntmachungen (z.B. Eröffnung eines Insolvenzverfahrens). Die Auskünfte umfassen Angaben zu natürlichen Personen und Informationen über die nicht vertragsgemäße Abwicklung von Geschäften. – *Weitere Informationen unter* www.schufa.de.

SCHUFA-Klausel, übliche Klausel in Kreditverträgen. Aufgrund der S.-K. ist das Kreditinstitut berechtigt, von der → SCHUFA Auskünfte über den Kreditnehmer und die Aufnahme und Abwicklung von Krediten einzuholen.

Schuld, Begriff aus dem Zivilrecht für die Leistungspflicht eines Schuldners gegenüber dem Gläubiger. Grundlage ist ein → Schuldverhältnis. Im Falle eines Kaufvertrags schuldet der Verkäufer den gekauften Gegenstand, der Käufer die Zahlung des vereinbarten Kaufpreises.

Schuldanerkenntnis, Vertrag, durch den ein Schuldner eine neue → Schuld anerkennt oder eine bestehende Schuld bestätigt. Die Erklärung des Schuldners muss i.d.R. schriftlich vorgenommen werden.

Schuldbeitritt, → Schuldübernahme.

Schuldbuch, Verzeichnis, in dem → Schuldbuchforderungen gegen Bund, Länder, Gemeinden und deren → Sondervermögen eingetragen und beurkundet werden. Die Schuldbuchforderungen gegen den Bund werden im → Bundesschuldbuch, die gegen die Länder in Landesschuldbüchern eingetragen.

Schuldbuchforderung, Darlehensforderung gegenüber dem Staat. S. werden in den Schuldbüchern eingetragen. Für S. werden keine Wertpapiere ausgegeben.

Schulden, Begriff aus dem Bilanz- und Steuerrecht für → Verbindlichkeiten und → Rückstellungen.

Schuldenbereinigungsplan, Begriff aus dem Insolvenzrecht. S. ist ein Plan, der im Rahmen eines → Verbraucherinsolvenzverfahren vom Schuldner vorgelegt werden muss. Der S. enthält Regelungen, die zu einer angemessenen Schuldenbereinigung führen sollen. Dabei sind die Einkommens-, Familien- und Vermögensverhältnisse des Schuldners sowie die Interessen der Gläubiger zu berücksichtigen. Die Gläubiger haben dem S. grundsätzlich zuzustimmen.

Schuldendienst, alle Zahlungsverpflichtungen des Schuldners zur Rückzahlung aufgenommener Verbindlichkeiten. Diese setzen sich i.d.R. aus Zins- und Tilgungsleistungen zusammen.

Schuldenerlass, Verzicht auf die Rückzahlung bestehender Verbindlichkeiten. Vor allem Entwicklungsländer fordern einen Verzicht auf die Rückzahlung ihrer Auslandsschulden. Diese Forderung wird auch zunehmend von den Industrieländern unterstützt.

Schuldmitübernahme, → Schuldübernahme.

Schuldner, Begriff aus dem Bürgerlichen Recht. S. ist derjenige, der einem anderen (→ Gläubiger) eine Leistung zu erbringen hat. – Im Rechnungswesen wird i.d.R. für S. der gleichbedeutende Ausdruck → Debitoren verwendet. – Vgl. auch → Gesamtschuldner.

Schuldnerverzeichnis, Verzeichnis, in das alle Personen, die eine → eidesstattliche Versicherung abgegeben haben, eingetragen werden. Es wird beim Amtsgericht des Wohnsitzes oder des Sitzes des Schuldners geführt. Auskünfte werden an jedermann erteilt, aber nur für Zwecke der Zwangsvollstreckung und zur Prüfung der wirtschaftlichen Zuverlässigkeit.

Schuldnerverzug, *Lieferungsverzug.* Pflichtverletzung, bei der der Schuldner seine Leistung verzögert. Ein S. liegt vor, wenn der Schuldner nach Fälligkeit trotz → Mahnung die Leistung nicht erbringt. – Ist ein Schuldner mit einer Zahlung in Verzug, wird dies auch als Zahlungsverzug bezeichnet. In diesem Fall ist der Schuldner grundsätzlich dreißig Tage nach Fälligkeit und Zugang einer Rechnung in Verzug. – Nach dem Bürgerlichen Gesetzbuch (BGB) hat der Schuldner die durch den Verzug entstandenen Kosten wie z.B. Mahnkosten oder Rechtsanwaltskosten zu ersetzen. Außerdem muss er → Verzugszinsen an den Gläubiger zahlen.

Schuldrecht, alle Regelungen der → Schuldverhältnisse. Das Bürgerliche Gesetzbuch (BGB) enthält allgemeine Vorschriften für alle Schuldverhältnisse (z.B. Begründung, Erfüllung, Aufrechnung und Unmöglichkeit) sowie besondere Bestimmungen über einzelne Schuldverhältnisse (z.B. Miete, Kauf und Darlehen). Das S. ist Teil des → Zivilrechts. – *Gegensatz:* → Sachenrecht.

Schuldschein, Urkunde, in der der Schuldner eine Leistung verspricht. I.d.R. verspricht er die Zahlung einer bestimmten Geldsumme. Ist die Leistung oder Zahlung erfolgt, kann der Schuldner die Herausgabe des S. verlangen.

Schuldscheindarlehen, → Darlehen, über das ein → Schuldschein ausgestellt wird. Hinsichtlich Ausstattung und Umfang ist das S. einer → Anleihe ähnlich. S. werden gegen Schuldscheine vor allem von großen Gebietskörperschaften wie Bund, Länder und Gemeinden sowie Kreditinstituten und Versicherungsgesellschaften gegeben. Auf die Ausstellung von Schuldscheinen wird meistens verzichtet. S. werden nicht an der Börse gehandelt.

Schuldtitel, → Vollstreckungstitel.

Schuldübernahme, Übernahme einer → Verbindlichkeit durch einen neuen Schuldner. – Haften alter und neuer Schuldner gemeinsam als → Gesamtschuldner, liegt ein sog. Schuldbeitritt oder eine sog. Schuldmitübernahme vor.

Schuldverhältnis, Rechtsverhältnis zwischen zwei oder mehreren Personen, bei der eine Person von einer anderen oder beide voneinander eine bestimmte Leistung fordern kann oder können. S. können nur durch Vertrag begründet, geändert oder aufgehoben werden. Dies sind z.B. Bürgschaft, Kaufvertrag, Kreditvertrag und Gesellschaftsvertrag. Neben diesen durch Rechtsgeschäfte zustande kommenden S. existieren auch solche, die durch Gesetz entstehen (z.B. unerlaubte Handlung und ungerechtfertigte Bereicherung).

Schuldverschreibung, → Anleihe.

Schuldzinsen, Zinsen für → Fremdkapital. In der Gewinn- und Verlustrechnung (GuV) sind S. eines Unternehmens als Aufwendungen zu berücksichtigen. – S., die durch Maßnahmen zur Erzielung steuerpflichtiger Einkünfte verursacht worden sind, sind bei der Einkommensteuer als → Betriebsausgaben oder → Werbungskosten abzugsfähig.

Schütt-aus-Hol-zurück-Politik, besondere Finanzierungspolitik von Kapitalgesellschaften. Die Mitglieder der

Haupt- oder Gesellschafterversammlung beschließen, den gesamten Jahresüberschuss vor Steuern auszuschütten. Gleichzeitig wird eine Zuführung von Eigenkapital durch die Gesellschafter beschlossen. Die Erhöhung des Eigenkapitals entspricht mindestens dem Mittelbetrag, über den das Unternehmen bei voller Einbehaltung hätte verfügen können.

Schutzgemeinschaft für allgemeine Kreditsicherung e.V., → SCHUFA.

Schwarzarbeit, Tätigkeit, bei der die gesetzlichen Anmelde- und Anzeigepflichten umgangen werden. Nach dem Gesetz zur Bekämpfung der S. (SchwArbG) werden i.d.R. der Schwarzarbeiter und der Auftraggeber bestraft. Gefälligkeiten, Nachbarschaftshilfe oder Selbsthilfe stellen jedoch keine S. dar. – Unter steuerrechtlichen Gesichtspunkten gilt S. nicht als → Steuerhinterziehung.

Schwarzer Freitag, Zusammenbruch der New Yorker Börse am Freitag, den 25. Oktober 1929. Durch den Zusammenbruch wurde die → Weltwirtschaftskrise eingeleitet. – Freitage gelten seitdem nach Börsenaberglaube als besonders kritisch.

Schwarzgeld, Begriff aus dem Strafrecht für einen Vermögensvorteil, der aus einer rechtswidrigen Tat erzielt wurde. – Steuerrechtlich ist S. das Geld, das einer ordnungsgemäßen Besteuerung vorenthalten wurde.

Schwarzmarkt, Markt, der sich unter Umgehung gesetzlicher Vorschriften bildet. S. entstehen, wenn staatliche Eingriffe wie z.B. Preisreglementierungen und Devisenbewirtschaftung die freie Preisbildung behindern. Wird beispielsweise ein Preisstopp verhängt, halten die Anbieter ihre Waren zurück. Es entsteht ein Nachfrageüberhang, der auf dem S. durch überhöhte Preise abgebaut wird.

schwebendes Geschäft, Vertrag, der von einem Vertragspartner noch nicht voll erfüllt ist. S.G. werden in der Bilanz nur dann berücksichtigt, wenn Verluste aus einem Ungleichgewicht von Leistung und Gegenleistung drohen. In diesem Fall ist eine → Rückstellung zu bilden.

Schweigepflicht, Verpflichtung einer Person, über bestimmte Sachverhalte zu schweigen. Die → Treuepflicht des Arbeitnehmers verbietet es ihm, ihm bekannte und anvertraute Betriebs- und Geschäftsgeheimnisse an Unbefugte weiterzugeben. S. besteht auch für Bedienstete des öffentlichen Dienstes für dienstliche Vorgänge sowie für Steuerprüfer, Rechtsanwälte und andere Personen.

Schwellenland, *Emerging Market.* Nicht genau definierter Begriff für ein Land, das sich auf dem Weg der Industrialisierung befindet. D.h., das Land hat die typischen Merkmale eines → Entwicklungslandes überwunden. Als S. gelten z.B. Länder wie Brasilien, Mexiko, Malaysia und Südafrika.

Schwerbehinderter, Person, deren Grad der Behinderung mindestens fünfzig Prozent beträgt. S. werden durch die Schutzregelungen des Neunten Sozialgesetzbuches (SGB IX) im Berufsleben geschützt. Sog. Integrationsämter sind für S. in arbeitsrechtlichen Fragen zuständig.

Schwund, Gewichtsverlust einer Ware infolge von Lagerung, Umpackung oder Beförderung. In der Kostenrechnung wird S. durch die Einrechnung in die → kalkulatorischen Wagnisse berücksichtigt.

Scoring-Modell, → Nutzwertanalyse.

SDAX, Abk. für Small Caps Index. Aktienindex, der aus den Kursen von 50 Aktien kleinerer deutscher Aktiengesellschaften (AG) gebildet wird.

SEC, Abk. für → Securities and Exchange Commission.

Securities and Exchange Commission (SEC), Wertpapier- und Börsenaufsichtsbehörde in den USA. Sitz in Washington D.C. Die SEC ist vor allem für die Neuzulassung von Wertpapieren zum Börsenhandel und für die Überwachung des Handels zuständig. – *Weitere Informationen unter* www.sec.gov.

Securitization, Begriff aus Bank- und Börsenwesen für die Verbriefung von Kredit- und Einlagenpositionen. D.h., die Forderungen und Einlagen werden durch Wertpapiere unterlegt und abgesichert. Durch die Verbriefung wird die Übertragbarkeit von Finanzmitteln erhöht.

Segmentberichterstattung, Veröffentlichung von Finanzinformationen zu einzelnen Teilbereichen des Unternehmens. Ziel ist es, über die unterschiedlichen Geschäftsbereiche eines Unternehmens differenziert zu informieren. – Nach dem Handelsgesetzbuch (HGB) müssen Kapitalgesellschaften im Anhang die Umsatzerlöse nach Tätigkeitsbereichen und geographisch bestimmten Märkten aufgliedern. Sie können aber auch eine S. erstellen. Börsennotierte Unternehmen müssen dagegen im Jahresabschluss eine S. erstellen. Das HGB enthält jedoch keine Vorschriften zur Ausgestaltung der S. Der Gesetzgeber hat es dem → Deutschen Rechungslegungs Standards Committee (DRSC) überlassen, Empfehlungen über die Ausgestaltung der S. zu erarbeiten und zu veröffentlichen.

Segmentierung, → Marktsegmentierung.

sektorale Strukturpolitik, *sektorale Wirtschaftspolitik.* Wirtschaftspolitische Maßnahmen, die auf die Entwicklung der sektoralen Wirtschaftstruktur Einfluss nehmen. Ziel ist es, die Richtung und/oder das Tempo des sektoralen Strukturwandels zu verändern. Ist das Ziel, den marktgesteuerten Strukturwandel abzubremsen, wird dies als konservierende Struktur- oder Erhaltungspolitik bezeichnet. Geht es dagegen darum, den Strukturwandel voranzutreiben und den Unternehmen die Anpassung zu erleichtern, spricht man von Anpassungspolitik. Bei der Gestaltungspolitik geht es um die Lenkung des Strukturwandels in eine bestimmte Richtung, gegebenenfalls gegen die Kräfte des Marktes. Als Instrumente kommen Eingriffe in die Wettbewerbs- oder Eigentumsordnung sowie die Festlegung von Produktionsmengen oder Preisen, die Beschränkung von Produktionskapazitäten oder die Begünstigung einzelner Sektoren durch eine Verbesserung der Absatz- oder Angebotsbedingungen in Frage. – S.S. wird in Deutschland auf Bundes- und Landesebene betrieben, und zwar überwiegend durch die jeweiligen Wirtschaftsministerien. Daneben übernimmt die Europäische Union (EU) zunehmend Verantwortung. Dies gilt vor allem für die Agrar- und Handelspolitik sowie für sensible Wirtschaftszweige wie z.B. Kohle, Stahl und Eisen. Außerdem stellt die EU Mittel aus den → Strukturfonds für die nationalen s.S. zur Verfügung.

sektorale Wirtschaftspolitik, sektorale → Strukturpolitik.

Sektoren der Volkswirtschaft. 1. *Volkswirtschaftliche Gesamtrechnung (VGR):* Zusammenfassung von Wirtschaftseinheiten wie Unternehmen und Personen. Zu unterscheiden sind:

- finanzielle Kapitalgesellschaften (z.B. Banken, Versicherungen, Pensionskassen)
- nicht finanzielle Kapital- und Personengesellschaften (z.B. AG, GmbH, OHG, KG sowie öffentliche Krankenhäuser und staatliche Eigenbetriebe)
- private Haushalte (z.B. Nichtselbstständige, Selbstständige, Einzelunternehmen)
- private Organisationen ohne Erwerbscharakter (z.B. Stiftungen, Vereine, Verbände)
- Staat (Bund, Länder, Gemeinden, Sozialversicherungsträger)
- übrige Welt (Mitgliedstaaten der Europäischen Union, Drittstaaten, internationale Organisationen).

2. *Wirtschaftstheorie:* Gliederung der Volkswirtschaft aus entwicklungstheoreti-

scher Sicht in einer zeitlichen und systematischen Reihenfolge:
- primärer Sektor
- sekundärer Sektor
- tertiärer Sektor.

Zur Drei-Sektoren-Hypothese vgl. → Strukturwandel.

Sekundäreinkommen, → Transfereinkommen.

sekundärer Sektor, Begriff der Wirtschaftstheorie für die Wirtschaftszweige der Waren produzierende Gewerbe. Dazu zählen im Einzelnen Energie-, Wasserwirtschaft, Bergbau, Verarbeitendes Gewerbe und Baugewerbe. – Vgl. auch → Sektoren der Volkswirtschaft.

Sekundärforschung, → Marktforschung.

Sekundärkostenrechnung, → innerbetriebliche Leistungsverrechnung.

Sekundärmarkt, *Umlaufmarkt.* Begriff aus dem Bank- und Börsenwesen. Der S. ist der Markt für bereits in Umlauf befindliche Wertpapiere. Dies sind vor allem die Wertpapierbörsen. – *Gegensatz:* → Primärmarkt.

Selbstanzeige, *Eigenanzeige.* Möglichkeit, im Fall einer Steuerstraftat, straffrei auszugehen. Mit einer S. kann der Betroffene unrichtige oder unvollständige Angaben berichtigen oder ergänzen sowie unterlassene Angaben nachholen. Straffreiheit wird nicht gewährt, wenn die Steuerhinterziehung bereits entdeckt war. Grundsätzlich muss die zuwenig gezahlte Steuer zuzüglich der von den Finanzbehörden festgesetzten Hinterziehungszinsen nachgezahlt werden.

Selbstauskunft, schriftliche Erklärung eines Kreditnehmers, in der er seine persönlichen und wirtschaftlichen Verhältnisse offen legt. Die S. ist Grundlage einer → Kreditwürdigkeitsprüfung.

Selbstbedienungsgroßhandel, → Cash and Carry.

Selbstbehalt, → Selbstbeteiligung.

Selbstbeteiligung, *Selbstbehalt.* Beteiligung des Versicherungsnehmers an dem von ihm verursachten Schaden. Eine S. wird häufig in der Krankenversicherung und Kraftfahrzeugversicherung vereinbart.

Selbstfinanzierung, *Gewinnthesaurierung.* Finanzierung im Rahmen der → Innenfinanzierung, indem Gewinne nicht ausgeschüttet werden. Bei Einzelunternehmen und Personengesellschaften erfolgt die S. durch die Ansammlung von Gewinnen auf den Kapitalkonten der Gesellschafter. Bei Kapitalgesellschaften werden → Gewinnrücklagen gebildet. – Von einer stillen S. wird gesprochen, wenn durch die Unterbewertung von Vermögensgegenständen oder durch die Überbewertung von Verbindlichkeiten → stille Rücklagen gebildet werden.

Selbstkontrahieren, Begriff aus dem Bürgerlichen Recht für ein Rechtsgeschäft, das ein Vertreter im Namen eines anderen mit sich selbst schließt. Diese Geschäfte sind unzulässig, wenn sie nicht ausschließlich in der Erfüllung einer Verbindlichkeit bestehen oder dem Vertreter das S. gestattet ist.

Selbstkosten, Summe aller Kosten, die im betrieblichen Leistungsprozess entstandenen sind. Bei der Vollkostenrechnung werden alle Kosten einbezogen, während bei der Teilkostenrechnung nur die variablen Kosten berücksichtigt werden. – Vgl. Abbildung „Selbstkosten in Fertigbetrieben".

Selbstkostenrechnung, → Kalkulation.

Selbstständiger, Begriff aus der amtlichen Statistik für eine Person, die einen Betrieb oder eine Arbeitsstätte gewerblicher oder landwirtschaftlicher Art als Eigentümer oder Pächter leitet. Außerdem zählen alle Freiberufler und Hausgewerbetreibende zu den S.

Selbstkosten in Fertigungsbetrieben

	Einzelmaterialkosten
+	Materialgemeinkosten
=	Materialkosten
+	Fertigungslöhne
+	Fertigungsgemeinkosten
+	Sondereinzelkosten der Fertigung
=	Herstellkosten
+	Vertriebsgemeinkosten
+	Sondereinzelkosten des Vertriebs
+	Verwaltungsgemeinkosten
=	Selbstkosten

selbstständige Arbeit, → Einkünfte.

Selbstverwaltung, Wahrnehmung öffentlicher Verwaltungsaufgaben durch → Körperschaften des öffentlichen Rechts durch eigene Organe. Diese Organe sind selbstständig und handeln selbstverantwortlich. Sie sind unabhängig von Weisungen übergeordneter staatlicher Stellen. Die Körperschaften selbst unterstehen allerdings der staatlichen Aufsicht. Die S. wird auf der Grundlage einer eigenen oder staatlich gegebenen Satzung durchgeführt.

Serie, → Serienproduktion.

Serienproduktion, → Produktionsverfahren, bei dem neben- oder nacheinander Produkte produziert werden. Die Produkte weichen nur geringfügig voneinander ab (sog. Serie). Es werden von jeder Serie nur begrenzte Stückzahlen hergestellt. Ein typisches Beispiel für die S. ist die Automobilherstellung.

Service, *Kundendienst.* Zusatzleistungen für ein Produkt. Die Leistungen können bereits vor dem Kauf (Pre-Sales-Service) und nach dem Kauf (→ After-Sales-Service) erbracht werden. Serviceleistungen sind z.B. Abhol- und Auslieferungsdienste, Montage, Installation, Bestell- und Umtauschdienste. Serviceleistungen werden zur Kundenbindung eingesetzt. Außerdem ist der S. ein wesentliches Argument bei der Kundengewinnung im Investitionsgüterbereich, aber auch zunehmend im Konsumgüterbereich.

SFAC, Abk. für Statements of Financial Accounting Concept (→ Financial Accounting Standards Board (FASB)).

SFAS, Abk. für Statements of Financial Accounting Standards (→ Financial Accounting Standards Board (FASB)).

SGB, Abk. für → Sozialgesetzbuch.

Share, angloamerikanischer Begriff für → Aktie.

Shareholder, angloamerikanischer Begriff für einen Anteilseigner einer Kapitalgesellschaft. – Vgl. auch → Stakeholder.

Shareholder Value, Maßgröße der Unternehmensbewertung. S.V. ist der Anteilswert einer Aktie aus Sicht des Anteilseigners, der nicht mit dem Börsenkurs der Aktie identisch sein muss. Der S.V. kann auf unterschiedliche Weise berechnet werden. Beispielsweise kann der → Cashflow in die Zukunft projiziert werden und mit an den Erwartungen des Anteilseigners orientierten Zinsfuß abgezinst werden (→ Diskontierung).

Shop in the Shop, Konzept im Einzelhandel. Die Verkaufsfläche wird in mehrere Bereiche, in denen zusammengehörige Waren angeboten werden, aufgeteilt. Dabei wird darauf geachtet, dass die Ware in der jeweils passenden Atmosphäre präsentiert wird (Konsum als Erlebnis). Teilweise werden die „Shops“ an externe Anbieter vermietet. Betreiber sind häufig Hersteller exklusiver Waren wie z.B. Textilien, Kosmetika und Sportartikel sowie Spezialanbieter wie z.B. Bäckereien.

Shopping Goods, → Produkte des gehobenen Bedarfs, die relativ selten gekauft werden. In diesem Fall ist der Verbraucher bereit, Anstrengungen wie z.B. weite Einkaufswege und umfassende Preisvergleiche auf sich zu nehmen. – *Gegensatz:* → Convenience Goods. – Vgl. auch → Specialty Goods.

Sicherheitsbestand, *eiserner Bestand.* Warenmenge, unter die der Lagerbestand nicht fallen sollte. S. sind wichtig, um mengenmäßige und terminliche Schwankungen der Lagerzugänge und -abgänge auszugleichen. – Vgl. auch → Bestellmengenplanung.

Sicherungsabtretung, Abtretung einer Forderung zur Absicherung eines Kredits. Ein Einzug der Forderung ist nur im Hinblick auf den Kredit möglich. Wird dieser ordnungsgemäß zurückgezahlt, hat der Kreditnehmer einen Anspruch auf Rückübertragung der Forderung.

Sicherungshypothek, → Hypothek.

Sicherungsübereignung, Vertrag, durch den der Schuldner das Eigentum an einer beweglichen Sache (z.B. Waren, Maschinen) an den Gläubiger überträgt. Die Sache wird jedoch nicht tatsächlich übergeben, sondern steht dem Schuldner weiterhin zur Verfügung. Sobald die Schuld getilgt ist, muss das Eigentum an den Schuldner zurückgegeben werden. Es kann auch vereinbart werden, dass das Eigentum nach Erfüllung der Schuld von selbst an den Schuldner zurückfällt.

Sichteinlage, *täglich fällige Einlage.* Begriff aus dem Bankwesen für Einlagen auf Bankkonten. Für S. sind keine Laufzeiten und Kündigungsfristen vereinbart. D.h., sie sind täglich fällig. – *Gegensatz:* → Termineinlage.

Signatur, → elektronische Signatur.

sittenwidrige Werbung, Werbung, die gegen die guten Sitten verstößt. S.W. ist nach dem Gesetz gegen den unlauteren Wettbewerb (UWG) verboten. Der Beklagte kann auf Unterlassung und Schadensersatz verklagt werden.

Sittenwidrigkeit, Verstoß gegen die guten Sitten. D.h., es ist ein Verstoß gegen die in der Gesellschaft vorherrschende Rechts- und Sozialmoral. Sittenwidrige Rechtsgeschäfte sind grundsätzlich nichtig. – Eine besondere Form der S. ist → Wucher.

Sitz, Ort, an dem eine Gesellschaft verwaltet oder der durch Gesetz, Satzung oder Gesellschaftsvertrag festgelegt wird. Für die meisten Gesellschaften muss der S. festgelegt und in das Handelsregister eingetragen werden. Der S. ist vor allem maßgebend für den → Erfüllungsort, den → Gerichtsstand sowie das für die Führung des Handelsregister zuständige Registergericht und das Insolvenzgericht. – Bei europäischen Rechtsstreitigkeiten haben Gesellschaften ihren S. am Ort gemäß Satzung, am Sitz der Hauptverwaltung oder am Sitz der Niederlassung.

Skalenertrag, *Return to Scale.* Begriff aus der Wirtschaftstheorie für die Änderung der Produktionsmenge, wenn die Einsatzmengen aller Produktionsfaktoren gleichmäßig verändert werden. Verändert sich die Produktionsmenge wie die Einsatzmenge, liegt ein konstanter S. vor. Verändert sich die Produktionsmenge stärker oder schwächer als die Einsatzmenge, spricht man von zunehmenden oder abnehmenden S.

Skonto, → Preisnachlass bei Zahlung innerhalb einer Frist. Häufig werden zwei oder drei Prozent bei Zahlung innerhalb von drei oder vier Wochen gewährt.

Skontroführer, → Kursmakler.

Social Marketing, Marketingkonzept zum Erreichen eines geplanten sozialen Wandels. Ziel ist eine Verhaltensänderung, meistens eine gesellschaftliche Verhaltenskorrektur (z.B. im Fall der Familienplanung). Träger sind überwiegend Nonprofit-Organisationen wie z.B. Kirchen und staatliche Stellen.

Solawechsel, → Wechsel.

Solidaritätsprinzip, sozialpolitisches Grundprinzip. Nach dem S. hat der Einzelne für Aufgaben der Gemeinschaft und die Gemeinschaft für die gesellschaftlich Schwachen einzutreten. Entsprechend diesem Grundsatz orientieren sich die Beiträge in den Sozialversicherungen nicht an den Risikowahrscheinlichkeiten des Einzelnen. Auch staatlichen Transferleistungen (→ Transfers) liegt der Grundgedanke der Solidarität zugrunde.

Solidaritätszuschlag, Steuer, die als Ergänzungsabgabe zur Einkommen- und Körperschaftsteuer erhoben wird. Der S. beträgt 5,5 Prozent der geschuldeten Einkommen- und Körperschaftsteuer.

Solidarpakt, gesetzliche Regelung zur stärkeren Ausrichtung des Finanzausgleichs auf die neuen Bundesländern (Aufbau Ost). – 1. *Solidarpakt I:* Dieser wurde 1993 vereinbart und lief Ende 2004 aus. Durch ihn erhielten die neuen Länder und ihre Gemeinden über den Finanzausgleich vom Bund und den alten Ländern insgesamt 94,5 Mrd. Euro. Damit wurden ökologische Altlasten beseitigt und der Erhalt industrieller Kerne unterstützt. Der Wohnungsbau wurde mit Sanierungsmitteln gestärkt. – 2. *Solidarpakt II:* Dieser wurde 2001 beschlossen und trat am 1. Januar 2005 in Kraft. Er gilt bis 2019. Darin verpflichtet sich der Bund, den neuen Ländern für den Aufbau Ost insgesamt 156,5 Mrd. Euro zur Verfügung zu stellen. Davon sind 105,3 Mrd. Euro Teil des Finanzausgleichs zum Abbau sog. teilungsbedingter Lasten.

Soll. 1. *Buchführung:* die linke Seite eines → Kontos, auf der die Lastschrift gebucht wird. – 2. *Bankwesen:* negativer Saldo (Verbindlichkeit) auf einem Konto, z.B. Bankkonto. – *Gegensatz:* → Haben.

Soll-Ist-Vergleich, Gegenüberstellung der geplanten Mengen oder Werte und der tatsächlichen Größen. – In der → Plankostenrechnung ist der S.-I.-V. die Gegenüberstellung der vorgegebenen Sollkosten mit den tatsächlich angefallenen Kosten (→ Istkosten). Als Differenz ergibt sich die Kostenabweichung (sog. Verbrauchsabweichung). Innerhalb der einzelnen Kostenstellen werden die Verbrauchsabweichungen analysiert. Der S.-I.-V. wird zur Kostenkontrolle und Wirtschaftlichkeitsanalyse eingesetzt.

Sollzinsen, *Aktivzinsen.* Zinsen, die dem Kreditnehmer für seine Kredite berechnet werden. – *Gegensatz:* → Habenzinsen.

Solvenz, *Zahlungsfähigkeit.* Fähigkeit einer Person oder eines Unternehmens, fällige → Verbindlichkeiten sofort oder in absehbarer Zeit zu erfüllen. – *Gegensatz:* → Insolvenz.

Sonderabgaben, → Abgaben, die nur einer Gruppe auferlegt wird. S. werden als Ausgleichsabgaben (z.B. Arbeitsplatzabgabe, Schwerbehindertenabgabe) oder Branchenabgaben für bestimmte Wirtschaftszweige erhoben.

Sonderabschreibung, → Abschreibung, die zusätzlich zur normalen Abschreibung vorgenommen werden kann. S. werden vor allem für besonders förderungswürdige Gebäude, für bestimmte Industriezweige sowie für kleine und mittlere Unternehmen (→ Ansparabschreibung) gewährt.

Sonderausgaben, Begriff aus dem Einkommensteuerrecht für Ausgaben, die abzugsfähig sind, aber nicht als Betriebsausgaben oder Werbungskosten gelten. Zu den S. zählen im Einzelnen: Unterhaltsleistungen an den geschiedenen oder dauernd getrennt lebenden Ehegatten, Renten und dauernde Lasten, die auf einen bestimmten Verpflichtungsgrund beruhen, Beiträge zur Kranken-, Pflege-, Unfall- und Haftpflichtversicherung, Beiträge zur gesetzlichen Rentenversicherung und an die Bundesanstalt für Arbeit, Beiträge zu Versicherungen auf den Lebens- oder Todesfall, Beiträge zur zusätzlichen freiwilligen Pflegeversicherung, gezahlte Kirchensteuer, Steuerberatungskosten,

Schulgeld, Spenden sowie Ausbildungskosten.

Sonderausgaben-Pauschbetrag, → Pauschbetrag, der für → Sonderausgaben angesetzt wird. Der S.-P. beträgt jährlich 36 Euro oder bei Zusammenveranlagung von Ehegatten 72 Euro. Höhere Sonderausgaben können steuerlich geltend gemacht werden, wenn sie nachgewiesen werden.

Sonderbilanz, → Bilanz, die außerplanmäßig zu bestimmten Anlässen aufgestellt wird. Solche Anlässe sind z.B. Unternehmensgründung, Umwandlung, Fusion, Sanierung und Insolvenz.

Sondereinzelkosten, → Kosten, die speziell für einen Auftrag oder für eine Produktart anfallen. Sie werden den Kostenträgern direkt zugerechnet (→ Einzelkosten). Zu den S. zählen z.B. Kosten für Spezialwerkzeuge, Lizenz- und Patentkosten (S. der Fertigung), aber auch Kosten für Versandverpackungen und Transportversicherungen (S. des Vertriebs).

Sondervermögen, Vermögensteil im Eigentum von Bund, Ländern oder Gemeinden. Ein S. ist nicht rechtsfähig. Es besitzt aber organisatorisch und haushaltsmäßig einen wesentlich höheren Selbstständigkeitsgrad als Verwaltungseinheiten. Für S. werden im Fall der Haushalte Sonderrechnungen erstellt. Diese Sonderrechnungen werden entweder getrennt neben dem Haushaltsplan des Trägers oder als besonderer Abschnitt im Haushaltsplan des Trägers geführt.

Sonderverwahrung, → Depot.

Sonderzahlung, → Lohn, → Teilzahlung.

Sonderziehungsrecht (SZR), Buchkredite, die im Rahmen des → Internationalen Währungsfonds (IWF) den Mitgliedstaaten gewährt werden. Die Mitgliedstaaten erhalten entsprechend ihren eingezahlten Quoten SZR. Der Kredit wird der Zentralbank des jeweiligen Landes gewährt, damit sich diese gegen Abgabe der erhaltenen SZR bei den Zentralbanken anderer Länder die gewünschten Währungen besorgen können. – *Weitere Informationen unter* www.imf.org.

sonstige Verbindlichkeiten, → Verbindlichkeiten, die nicht aus einer Warenlieferung oder Leistung, sondern aus einem anderen Betriebsvorgang stammen. Es handelt sich dabei vor allem um Steuern und Sozialversicherungsbeiträge. S.V. werden in der Bilanz auf der rechten Seite (Passivseite) ausgewiesen (→ Passiva).

sonstige Vermögensgegenstände, Vermögenswerte, die nicht zum → Anlagevermögen und → Vorratsvermögen gehören. S.V. sind z.B. Gehaltsvorschüsse, geleistete Kautionen und Steuererstattungsansprüche. Die s.V. müssen in der Bilanz als → Umlaufvermögen ausgewiesen werden.

Sorten, Banknoten und Münzen, die über eine ausländische Währung lauten. – Vgl. auch → Devisen.

Sortenproduktion, → Produktionsverfahren, bei dem artverwandte Produkte in größerer, aber begrenzter Stückzahl (sog. Sorte) hergestellt werden. Das Ausgangsmaterial der gefertigten Produkte ist gleich. S. sind z.B. Bier und Zigaretten. Auf derselben Anlage können bei der S. nacheinander in Losen (→ Losgröße) oder parallel verwandte Produkte produziert werden.

Sortiment, Produkte und Dienstleistungen, die ein Handelsunternehmen zu einem bestimmten Zeitpunkt anbietet. Als Sortimentsbreite wird die Anzahl der angebotenen Warengruppen oder Warenbereiche, als Sortimentstiefe die Anzahl der Waren oder Warenarten innerhalb einer Warengruppe bezeichnet. Die Bildung eines kundenorientierten S. ist Aufgabe der → Sortimentspolitik.

Sortimentspolitik, alle Entscheidungen des Handelsmanagements über die Zusammenstellung des → Sortiments. Es ist zu entscheiden, welche Waren oder Warengruppen in welcher Anzahl angeboten werden sollen. Dabei müssen die Gegebenheiten auf den Absatz- und Beschaffungsmärkten sowie innerbetriebliche Begrenzungen wie z.B. Verkaufsfläche und Lagerkapazitäten beachtet werden.

Sourcing, Beschaffung einer Produkt- oder Leistungspalette aus einer Quelle (sog. Single S.) oder aus mehreren Quellen (sog. Multi S.). Auf diese Weise soll die Nachfrage gebündelt werden, um bessere Konditionen beim Lieferanten zu erzielen. Bei einer Ausdehnung der Beschaffung auf internationale Quellen spricht man von Global S.

Sozialauswahl, → Kündigung.

Sozialbericht, Teil des → Geschäftsberichts. Der S. informiert die Öffentlichkeit über gesellschaftlich relevante Aspekte der unternehmerischen Aktivitäten. Bisher gibt es keine einheitlichen Reglungen zur Art und Gestaltung eines S. S. werden freiwillig, aufgrund der Satzung oder auf Beschluss der Gesellschafterversammlung abgefasst.

Sozialbilanz, Rechnungslegung, die über die gesellschaftlichen Auswirkungen der Unternehmensaktivitäten informiert. S. werden relativ selten von Unternehmen veröffentlicht.

Sozialdumping, *Lohndumping.* Billiges Exportangebot eines Landes aufgrund niedriger Lohnkosten. S. stellt kein → Dumping im Sinn der Welthandelsorganisation (WTO) dar. Im Fall des S. beruht der Exportvorteil auf einem allgemeinen Kostenvorteil, aber nicht auf einer räumlichen Preisdifferenzierung.

soziale Kompetenz, Sammelbegriff für die kommunikativen, integrativen und kooperativen Fähigkeiten eines Menschen. S.K. eines Mitarbeiters sind heute im Zusammenhang mit Gruppen- und Teamarbeit sowie im Kontakt mit Kunden und Lieferanten von zunehmender Bedeutung. – Vgl. auch → Kompetenz.

Soziale Marktwirtschaft, Wirtschaftsordnung, die wirtschaftliche Leistungsfähigkeit, soziale Gerechtigkeit und ein hohes Maß an individueller Freiheit gewährleisten will. Die S.M. beruht auf dem System der freien → Marktwirtschaft und des → Ordoliberalismus. Wissenschaftlich begründet wurde die S.M. vor allem durch Arbeiten zum Ordoliberalismus. Die Einführung der S.M. in Deutschland ist im Wesentlichen der Verdienst von Erhard (deutscher Politiker, 1897–1977).

soziale Sicherung, Vorsorge und Absicherung der Menschen gegenüber Risiken und Ungewissheit. In Deutschland ist ein großer Teil der s.S. in Form von Körperschaften des öffentlichen Rechts organisiert. Die s.S. erfolgt vor allem durch die → Sozialversicherung (gesetzliche Kranken-, Renten-, Unfall- und Pflegeversicherung sowie die Arbeitslosenversicherung). Außerdem werden Leistungen direkt vom Staat durch die Verwaltung zur Verfügung gestellt. Dies sind z.B. die Sicherung der Familie und von Kindern, Sozialhilfe, Wohnungspolitik und Eingliederung behinderter Menschen.

soziales Jahr, *freiwilliges soziales Jahr.* Einjährige Hilfstätigkeit in sozialen Einrichtungen wie z.B. Krankenhäusern, Seniorenheimen und Kindergärten. Meistens handelt es sich um pflegerische, erzieherische oder hauswirtschaftliche Hilfstätigkeiten. Helfer oder Helferinnen sind i.d.R. zwischen 17 und 27 Jahre alt.

soziale Verantwortung, Verantwortung des Unternehmens gegenüber der Gesellschaft. Die s.V. umfasst gesellschaftlich-politische und ökologische Verantwortung. – Vgl. auch → Social Corporate Responsible.

soziale Wohnungsbauförderung, staatliche Maßnahmen zur Förderung des

Wohnungsbaus und zur Unterstützung einkommensschwächerer Haushalte und Personen bei der Versorgung mit Wohnungen. Ziel ist es, die Wohnungsangebote für Haushalte mit niedrigem Einkommen zu erweitern und zu verbessern. Problematisch dabei ist, dass die Einkommensverhältnisse nur bei der Zuweisung der Sozialwohnung geprüft werden. So kann es zu einem späteren Zeitpunkt zu einer sog. Fehlbelegung kommen.

Sozialgericht, erste Instanz der für Angelegenheiten der Sozialversicherungen und des Sozialrechts zuständigen Gerichtsbarkeit. S. sind im Einzelnen für Rechtsstreitigkeiten bezüglich Sozialversicherung, soziale Entschädigung, Vorliegen und Grad einer Behinderung, Lohnfortzahlung und Kindergeldanspruch zuständig. Verfahren vor dem S. sind für Versicherte, Leistungsempfänger und Behinderte gerichtskostenfrei. S. entscheiden durch Fachkammern, die mit einem Berufsrichter und zwei ehrenamtlichen Richtern besetzt sind. – Vgl. auch → Gericht.

Sozialgesetzbuch (SGB), Gesetzestext, in dem alle Gesetze zu Sozialleistungen zusammengefasst werden sollen. Bis heute ist dies nur zum Teil passiert. Es existieren noch zahlreiche Einzelgesetze wie z.B. das Bundeskindergeldgesetz, das Bundesausbildungsförderungsgesetz und das Wohngeldgesetz, die noch nicht eingegliedert wurden. – Folgende Teile sind in Kraft:

- Teil I: allgemeiner Teil
- Teil II: Grundsicherung für Arbeitssuchende
- Teil III: Arbeitsförderung
- Teil IV: gemeinsame Vorschriften für die Sozialversicherung
- Teil V: gesetzliche Krankenversicherung
- Teil VI: gesetzliche Rentenversicherung
- Teil VII: gesetzliche Unfallversicherung
- Teil VIII: Kinder- und Jugendhilfe
- Teil IX: Rehabilitation und Teilhabe behinderter Menschen
- Teil X: Verwaltungsverfahren, Schutz der Sozialdaten, Zusammenarbeit der Leistungsträger
- Teil XI: soziale Pflegeversicherung
- Teil XII: Sozialhilfe.

Sozialhilfe, Teil des deutschen Systems der sozialen Sicherung. Die S. wird zur Sicherung der Existenz in Fällen individueller Notlagen gewährt. Wer nicht in der Lage ist, aus eigenen Kräften seinen Lebensunterhalt zu bestreiten, hat ein Recht auf persönliche und wirtschaftliche Hilfe, die seinen besonderen Bedarf entspricht. Auf diese Weise soll sichergestellt werden, dass der Empfänger ein menschenwürdiges Leben führen kann. Die S. umfasst Hilfe zum Lebensunterhalt, Grundsicherung im Alter und bei Erwerbsminderung, Hilfen zur Gesundheit, Eingliederungshilfen für behinderte Menschen, Hilfe zur Pflege, Hilfe zur Überwindung besonderer sozialer Schwierigkeiten und Hilfe in anderen Lebenslagen. – Erwerbsfähige Hilfebedürftige erhalten keine S., sondern das → Arbeitslosengeld II.

Sozialismus, Konzept für eine Gesellschaftsordnung, in der Gleichheit, Solidarität und Gerechtigkeit zwischen allen Menschen gewährleistet ist. Sozialistische Konzeptionen fordern vor allem eine Umgestaltung der Eigentumsordnung durch eine Überführung der Produktionsmittel und der Produktionsgrundlagen in Staatseigentum, aber zumindest eine staatliche Kontrolle der Produktionsmittel. Außerdem ist die zentrale Lenkung der Wirtschaftsprozesse eine weitere Grundlage (→ Zentralverwaltungswirtschaft). – *Gegensatz:* → Kapitalismus.

Sozialkosten, Teil der → Personalkosten. Zu den gesetzlichen S. gehören vor allem der Arbeitgeberanteil zur Sozialversicherung und Unfallversicherung. Die gesetzlichen S. zählen zu den Lohnnebenkosten (→ Personalnebenkosten). Freiwillige S. (z.B. Zuschüsse zur Pensionskasse, Kantinen, Gratifikationen) sind sonstige betriebliche Aufwendungen.

Sozialleistungen, soziale Leistungen des Staates oder → Körperschaften des öffentlichen Rechts. Es sind die laufenden Zahlungen, die ohne Gegenleistung zur Abdeckung sozialer Risiken erfolgen. Sie werden von Unternehmen, Sozialversicherungsträgern, Bund, Ländern und Gemeinden sowie von Nonprofit-Organisationen (NPO) erbracht. Teilweise werden auch Sachleistungen wie z.B. die Gesundheitsversorgung zu den s.L. gerechnet.

Sozialpartner, → Tarifpartner.

Sozialplan, Vereinbarung über Maßnahmen zum wirtschaftlichen Ausgleich von Nachteilen, die Arbeitnehmern bei Betriebsänderungen, vor allem Betriebsstilllegungen, entstehen. Der S. wird von der Unternehmensleitung und dem Betriebsrat vereinbart. Als Ausgleichsmaßnahmen kann der S. z.B. Lohnausgleichszahlungen, Abfindungen, Zuschüsse zum Arbeitslosengeld, Umschulungen vorsehen. – Nach dem Betriebsverfassungsgesetz (BetrVG) müssen S. bei Betriebsänderungen in Unternehmen mit mehr als zwanzig Arbeitnehmern aufgestellt werden.

Sozialpolitik, staatliche Maßnahmen zur Verbesserung der Situation bestimmter schutzbedürftiger oder gesellschaftlich schwacher Gruppen. Durch sozialpolitische Maßnahmen sollen außerdem Notlagen, die sich aus einer vorübergehenden Beeinträchtigung der Existenz, durch unkontrollierbare Ereignisse oder durch dauernde Beeinträchtigung oder Vernichtung der Arbeits- und Erwerbsfähigkeit ergeben, verhindert werden. Träger der staatlichen S. sind einerseits der Staat (z.B. Gemeinden), andererseits öffentlich-rechtliche Körperschaften (z.B. Kirchen) und Organisationen (z.B. Gewerkschaften, Arbeitgeberverbände, Genossenschaften). – Die internationale S. beruht auf Verträgen nationaler Staaten oder überstaatlicher Organisationen wie z.B. in der Europäischen Union (EU) oder im Wirtschafts- und Sozialrat der Vereinten Nationen (UN).

Sozialprodukt, → Nationaleinkommen.

Sozialrecht, alle Regelungen bezüglich der Sozialleistungen des Staates an die Bürger. In diesem Sinn ist das S. Teil des → öffentlichen Rechts. Das gesamte S. soll in Zukunft im → Sozialgesetzbuch (SGB) geregelt werden.

Sozialstaat, ein im Grundgesetz (GG) verankertes Prinzip für alle Staatsgewalten. Danach wird in erster Linie der Gesetzgeber zur Schaffung sozialer Gerechtigkeit und sozialer Sicherheit verpflichtet. – *Anders:* → Wohlfahrtsstaat.

Sozialversicherung, gesetzliche Pflichtversicherung, die weite Kreise der Bevölkerung gegen Schäden sichert, die die Existenzgrundlage des Einzelnen beeinträchtigen könnten. Die S. soll z.B. Verdienstausfälle wegen Krankheit oder Beeinträchtigung der Arbeitsfähigkeit abdecken. Die deutsche S. ist aufgrund der Mitwirkung des Staates bei der Verwaltung und der Aufbringung der Mittel ein wesentliches Teilgebiet der → Sozialpolitik. Zu den S. zählen die gesetzliche Kranken-, Unfall-, Pflege- und Rentenversicherung. Die Zuordnung der Arbeitslosenversicherung zur S. ist nicht eindeutig. – Vgl. auch → soziale Sicherung.

Sozialversicherungsnachweisheft, Formularsatz der Sozialversicherung für Meldungen, die der Arbeitgeber über das Beschäftigungsverhältnis abzugeben hat. Das S. enthält Name, Geburtsdatum, Anschrift und Versicherungsnummer des Arbeitnehmers. Der Arbeitnehmer ist verpflichtet, das S. zu Beginn seiner Tätigkeit beim Arbeitgeber abzugeben.

Spam, Werbe-E-Mail, die dem Empfänger unaufgefordert zugesandt wird. Spamming gilt nach inoffiziellem Verhaltenskodex der Internet-Nutzer als verpönt.

Sparbrief, *Sparkassenbrief.* → Anleihe, die von Banken und Sparkassen ausgegeben wird. Der S. hat i.d.R. eine Laufzeit von vier bis sechs Jahren. Während der festgelegten Laufzeit kann ein S. nicht gekündigt werden S. werden mit einem festen Zinssatz verzinst. Es gibt aufgezinste S., bei denen die Zinsbeträge jährlich dem Anlagebetrag gutgeschrieben und mitverzinst werden. Bei abgezinsten S. werden die Zinsen im Voraus berechnet und vom Anlagebetrag abgezogen. In diesem Fall wird vom Anleger eine geringere Summe eingezahlt. S. werden nicht an Börsen gehandelt.

Sparbuch, → Sparkonto.

Spareinlage, → Einlage auf einem → Sparkonto. S. müssen nach der Rechnungslegungsverordnung für Kreditinstitute bestimmte Bedingungen erfüllen: Über die S. ist eine Urkunde (i.d.R. ein Sparbuch) auszustellen. S. dürfen nur der Anlage von Vermögen dienen. Die Kündigungsfrist einer S. beträgt mindestens drei Monate, wobei ein Betrag von maximal 2.000 Euro pro Kalendermonat frei verfügbar ist. Bei darüber hinausgehenden ungekündigten Beträgen kann das Kreditinstitut, dem Sparer Vorschusszinsen in Rechnung stellen. Es können aber auch S. mit einer längeren Kündigungsfrist (mindestens sechs Monate) vereinbart werden.

Sparen, Begriff aus der Volkswirtschaftslehre. S. ist der Teil des → verfügbaren Einkommens, der nicht für Konsum ausgegeben wird. Die Höhe des S. hängt von der Einkommenshöhe und von dem gegenwärtigen oder zukünftig erwarteten Zinssatz ab. S. bedeutet, dass auf Konsum verzichtet wird und damit die Nachfrage nach Konsumgütern sinkt. Gleichzeitig werden durch S. Mittel für Investitionen bereitgestellt.

Sparer-Freibetrag, → Freibetrag, der von den → Einkünften aus Kapitalvermögen abgezogen werden kann. Damit der S.-F. berücksichtigt wird, ist beim Kreditinstitut ein entsprechender → Freistellungsauftrag zu stellen. Der S.-F. beträgt derzeit 1.370 Euro oder bei Zusammenveranlagung von Ehegatten 2.740 Euro.

Sparkassen, → Kreditinstitute mit dem öffentlichen Auftrag zur Förderung der Vermögensbildung der Bevölkerung. S. befinden sich überwiegend in kommunaler Trägerschaft. Dies bedeutet, dass für die Verbindlichkeiten der S. die jeweiligen Träger haften. Träger der Stadtsparkassen sind beispielsweise die Städte, Träger der Kreissparkassen die Kreisgemeinden. Eine Ausnahme bilden die sog. freien S., die privatrechtlich organisiert sind (z.B. Hamburger Sparkasse). S. sind → Universalbanken. – S. sind regional in Sparkassen- und Giroverbände mit jeweiligen Girozentralen zusammengeschlossen. Spitzenorganisation ist der Deutsche Sparkassen und Giroverband e.V. – *Weitere Informationen unter* www.sparkasse.de.

Sparkonto, → Bankkonto, auf dem → Spareinlagen gebucht werden. Alle Einzahlungen, Abhebungen und Zinsgutschriften werden in einem Sparbuch eingetragen und quittiert. Das Sparbuch erhält der Inhaber des S. von der Bank oder Sparkasse bei Kontoeröffnung. Ein S. muss grundsätzlich ein Guthaben aufweisen. Es erlischt, wenn die Einlage zurückgezahlt ist.

Sparquote, Begriff aus der Volkswirtschaftslehre für den Anteil der Ersparnisse (→ Sparen) am Einkommen. Die S. gibt somit an, wie viel durchschnittlich vom Einkommen gespart wird. – 1. *S. der privaten Haushalte:* Anteil der Ersparnis am → verfügbaren Einkommen. – 2. *Gesamtwirtschaftliche S.:* Anteil der gesamtwirtschaftlichen Ersparnis am → Bruttoinlandsprodukt (BIP).

Spartenorganisation, *divisionale Organisation, Geschäftsbereichsorganisation.* Organisationsstruktur, bei der die Gliederung nach Produkten, Produktgruppen oder Kundengruppen erfolgt. Auf der zweiten Leitungsebene entstehen Teilbereiche (sog. Divisionen, Geschäftsbereiche, Sparten), die jeweils für eine Produktart oder Kundengruppe bezügliche aller Funktionen und Märkte zuständig sind. Die Teilbereiche werden häufig als → Profit Center geführt.

Specialty Goods, höherwertige, teure → Produkte, die nur sehr selten gekauft werden. Der Informationsbedarf des Käufers ist aufgrund seines besonderen Interesses an dem Produkt höher als bei → Shopping Goods. – Vgl. auch → Convenience Goods.

Spediteur, derjenige, der gewerbsmäßig Güterversendungen durch einen → Frachtführer oder einen Verfrachter durchführen lässt. Der S. arbeitet im eigenen Namen und auf fremde Rechnung. Häufig ist der S. selbst Frachtführer. In diesem Fall übernimmt er selbst die Beförderung und/oder Lagerung. Für den S. gelten die Regelungen des Handelsgesetzbuches (HGB) und die Allgemeinen Spediteurbedingungen (ADSp). – Der S. schließt mit dem Versender einen Speditionsvertrag ab. Er hat Anspruch auf Provision und Auslagenersatz. Solange er im Besitz des Speditionsgutes ist, hat er daran ein gesetzliches → Pfandrecht. – Vgl. auch → Lagerhalter.

Spekulation, Ausnutzung von zeitlichen Preisunterschieden, um Gewinne zu erzielen. Im Börsengeschäft werden unter S. meistens nur kurzfristige Geschäfte verstanden. Problematisch können S. sein, wenn dadurch an der Börse Kursbewegungen ausgelöst werden, die zu tief greifenden Störungen des Kapitalmarkts führen. – Vgl. auch → Devisenspekulation.

Spekulationsgeschäfte, → private Veräußerungsgeschäfte.

Spende, freiwillige Leistung, die ohne Gegenleistung gegeben wird. Der Spender will aber i.d.R. mit seiner S. etwas Bestimmtes bezwecken (z.B. Hilfe nach Naturkatastrophen). – S. sind bei der Einkommen- und Körperschaftsteuer als → Sonderausgaben abzugsfähig. Bedingung ist, dass die S. zur Förderung mildtätiger, kirchlicher, religiöser, wissenschaftlicher und als besonders förderungswürdig anerkannte gemeinnützige Zwecke gegeben werden. S. an politische Parteien sind seit 1994 nur noch mit höchstens 1.650 Euro oder bei Zusammenveranlagung bis 3.300 Euro abzusetzen. Daneben kann für Parteispenden die Steuerermäßigung in Anspruch genommen werden (50 Prozent der Ausgaben, maximal 825 Euro oder bei Zusammenveranlagung 1.650 Euro). – Sind S. betrieblich oder beruflich veranlasst, liegen → Betriebsausgaben oder → Werbungskosten vor. Dies gilt z.B. für Beiträge an Berufsverbände.

Sperrminorität, Minderheitsgruppe von Aktionären, die Beschlüsse der Hauptversammlung verhindern kann. Beispielsweise kann mit einer S. von 25 Prozent des Grundkapitals und einer Stimme der Beschluss über eine Änderung der Satzung verhindert werden. In diesem Fall wäre eine Drei-Viertel-Mehrheit der Hauptversammlung erforderlich.

Sperrzeit, Zeitraum, in dem ein Arbeitsloser wegen bestimmter Verhaltensweisen kein → Arbeitslosengeld erhält. Die S. kann bis zu zwölf Wochen betragen. S. werden vor allem bei Auflösung des Arbeitsverhältnisses durch den Arbeitnehmer und bei Nichtannahme oder Nichtantritt einer von der Arbeitsagentur angebotenen Arbeit verhängt. Das Arbeitslosengeld wird außerdem gesperrt, wenn der Arbeitslose an einer Ausbildungs-, Umschulungs- oder Fortbildungsmaßnahme nicht teilnimmt oder diese abbricht.

Spezialbank, Kreditinstitut, das sich auf bestimmte Aufgaben oder Geschäfte spezialisiert hat. S. sind z.B. Bausparkassen, Kapitalanlagegesellschaften oder Kreditinstitute mit Sonderaufgaben wie die Kreditanstalt für Wiederaufbau (KfW). – *Gegensatz:* → Universalbank.

Spezialfonds, → Investmentfonds, dessen Anteile nur einem begrenzten Kreis von Anlegern angeboten werden. – *Gegensatz:* → Publikumsfonds.

Spezialvollmacht, → Handlungsvollmacht.

Spill-over-Effekt, Begriff aus dem Marketing. Der S.-o.-E. ist die Beeinflussung von Image und Bekanntheitsgrad eines Produkts durch ein anderes Produkt und dessen Image. Beispielsweise kann das Image einer Branche, das eines Produkts oder die Bekanntheit eines Produkts Konkurrenzprodukte beeinflussen.

Spin-off, *Ausgründung,* Ausgliederung eines Unternehmensteils aus einem Unternehmen. Der Unternehmensteil wird in ein rechtlich und wirtschaftlich selbstständiges Unternehmen überführt. Ausgründungen werden vor allem dann vorgenommen, wenn sich das Unternehmen stärker auf seine Kerngeschäfte konzentrieren oder sich aus einem Geschäftsfeld zurückziehen will.

Spitzenrefinanzierungsfazilität, → ständige Fazilitäten.

Splittingverfahren, *Ehegattensplitting.* Begriff aus dem Einkommensteuerrecht. Das S. wird bei der gemeinsamen Veranlagung von Ehegatten zur Einkommensteuer angewendet. Dabei wird das → zu versteuernde Einkommen zunächst halbiert. Auf der Grundlage dieses halbierten Betrages wird die Steuer berechnet. Der sich ergebende Steuerbetrag wird danach verdoppelt. Diese Steuer ist dann von beiden Ehegatten zu zahlen.

Sponsoring, Planung, Organisation, Durchführung und Kontrolle aller Unternehmensaktivitäten, durch die Personen und Organisationen in den Bereichen Sport, Kultur, Soziales, Umwelt oder Medien gefördert werden. Durch S. soll vor allem der Bekanntheitsgrad eines Unternehmens gesteigert und sein Image verbessert werden. Die Leistungen des Sponsors können Geld, Sachmittel, Dienstleistungen oder Know-how sein. Im Gegensatz zu Spenden gilt beim S. das Prinzip von Leistung und Gegenleistung. S. ist Teil der → Kommunikationspolitik.

Spread, Spanne zwischen zwei Zinssätzen oder Börsenkursen. – 1. Auf- oder Abschlag auf einen → Referenzzinssatz zur Bestimmung des Zinssatzes eines Kredits. Die Höhe richtet sich nach der Kreditwürdigkeit und der Marktstellung des Kreditnehmers. – 2. Differenz zwischen dem Ankaufs- und Verkaufskurs eines Wertpapiers an der Börse.

sprungfixe Kosten, → fixe Kosten.

Squeeze-out, Übertragung von Aktien gegen Barabfindungen. Nach dem Aktiengesetz (AktG) können dies Minderheitsaktionäre von einem Mehrheitsaktionär verlangen, wenn dieser über mindestens 95 Prozent der Aktien verfügt.

Staatsausgaben/-einnahmen, → öffentliche Ausgaben/Einnahmen.

Staatsquote, Anteil der gesamten öffentlichen Ausgaben am → Bruttoinlandsprodukt (BIP). Die S. drück aus, inwieweit eine Volkswirtschaft durch den staatlichen Sektor in Anspruch genommen wird.

Staatsverschuldung, → öffentliche Verschuldung.

Stab, *Stabsstelle.* Organisatorische Einheit, die nur indirekt zur Lösung der Unternehmensaufgabe beiträgt. Ein S. unterstützt eine andere Einheit (→ Instanz). Sie tut dies vor allem bei der Vorbereitung und Kontrolle von Entscheidungen. Außerdem haben S. Beratungs- und Informationsaufgaben.

Stabilisierungspolitik, alle staatlichen Maßnahmen zur Erreichung eines gesamtwirtschaftlichen Gleichgewichts mit hohem Beschäftigungsstand und stabilen Preisniveau. In diesem Fall spricht man auch von Stabilitätspolitik. – Häufig werden unter S. nur die prozesspolitischen Maßnahmen zur Beeinflussung des Wirtschaftsablaufs verstanden (→ Prozesspolitik). Ordnungspolitische Maßnahmen werden dagegen der Wachstums- und Angebotspolitik zugeordnet.

Stabilitätspolitik, → Stabilisierungspolitik.

Stabilitäts- und Wachstumsgesetz (StWG), rechtliche Grundlage für Bund und Länder zur Durchführung ihrer → Konjunkturpolitik. Das StWG verpflichtet Bund und Länder, ihre wirtschafts- und finanzpolitischen Maßnahmen so auszurichten, dass diese gleichzeitig zur Preisniveaustabilität, zu einem hohen Beschäftigungsstand, zum außenwirtschaftlichen Gleichgewicht und zu einem stetigen und angemessenen Wirtschaftswachstum beitragen (→ magisches Vieleck).

Stabilitäts- und Wachstumspakt, Entschließung der Mitgliedstaaten der Europäischen Union (EU), mittelfristig einen zumindest ausgeglichen Haushalt anzustreben Der S.-u.W. wurde 1997 anlässlich der Annahme des Amsterdamer Vertrags geschlossen. Nach dem S.-u.W. soll ein Haushaltsdefizit von drei Prozent des → Bruttoinlandsprodukt (BIP) nicht überschritten werden. Eine Ausnahme ist nur im Fall einer tief greifenden Rezession erlaubt. Bei Überschreiten der Defizitobergrenze wird das sog. → Defizitverfahren durch die → Europäische Kommission eröffnet. Außerdem müssen die Mitgliedstaaten, die an der Europäischen Währungsunion teilnehmen, jährlich ein mehrjähriges Stabilitätsprogramm zur Haushaltspolitik vorlegen. Dieses Stabilitätsprogramm wird durch die Europäische Kommission und dem → Rat der Europäischen Union überwacht. Staaten, die nicht an der Währungsunion teilnehmen, müssen sog. Konvergenzprogramme vorlegen.

Stabstelle, → Stab.

Stagflation, Begriff, der aus → Stagnation und → Inflation zusammengesetzt ist. S. kennzeichnet eine gesamtwirtschaftliche Situation, in der unterausgelastete Produktionskapazitäten, Arbeitslosigkeit und unzureichendes Wirtschaftswachstum sowie gleichzeitig hohe Preissteigerungen auftreten.

Stagnation, Phase stagnierenden Wachstums einer Volkswirtschaft. Stagnierendes Wachstum bedeutet, dass das Wirtschaftswachstum negativ oder nur geringfügig positiv ist.

Stakeholder, *Anspruchsgruppe.* Angloamerikanische Bezeichnung für eine Personengruppe, ohne deren Unterstützung das Unternehmen nicht überlebensfähig wäre. Die Gruppe der S. umfasst die Anteilseigner (→ Shareholder), aber auch andere wie z.B. Arbeitnehmer, Kunden und Lieferanten, Staat und Öffentlichkeit. Nach dem Stakeholder-Ansatz muss die Unternehmensführung bei ihren Entscheidungen nicht nur die Interessen der Anteilseigner, sondern die aller S. berücksichtigen.

Stammaktie, → Aktie, die dem Inhaber die im Aktiengesetz (AktG) vorgesehenen Rechte gewährt. Der Aktionär hat ein Recht zur Teilnahme an der → Hauptversammlung der AG. Außerdem hat er ein Recht auf einen Gewinnanteil (→ Dividende), wenn ein Gewinn erwirtschaftet wurde. Er hat einen Anspruch auf einen Anteil am Liquidationserlös im Falle der Auflösung der AG. Der Aktionär kann bei einer Hauptversammlung Auskunft vom Vorstand verlangen. Bei einer Kapitalerhöhung hat er ein Recht auf Bezug junger Aktien (→ Bezugsrecht). – *Gegensatz:* → Vorzugsaktie.

Stammeinlage, Einlage eines Gesellschafters einer → Gesellschaft mit beschränkter Haftung (GmbH). Die S. beträgt mindestens 100 Euro und muss durch Fünfzig teilbar sein. Der Gesamtbetrag der S. muss mit dem → Stammkapital übereinstimmen. Erst nach Gründung der GmbH kann ein Gesellschafter mehrere Geschäftsanteile erwerben.

Stammkapital, Haftungskapital der → Gesellschaft mit beschränkter Haftung (GmbH). Das S. muss mindestens 25.000

Euro betragen. Das S. ist die Summe der → Stammeinlagen. Das S. wird in der Bilanz als → gezeichnetes Kapital ausgewiesen.

Stammkunde, → Kunde.

Standardisierung, Vereinheitlichung nach bestimmten Mustern. – 1. *Produktion:* Die S. erfolgt durch → Normung und → Typung. Vorteile für den Hersteller sind Vereinfachungen bei Produktion und Lagerung, für den Käufer eine Vereinfachung bei der Bestellung und eine bessere Ersatzteilbeschaffung. – 2. *Organisation:* Vereinheitlichung von Abläufen. Auf diese Weise sollen Kosten verringert werden. – 3. *Marketing:* Produkte werden an den durchschnittlichen Anforderungen und Erwartungen bestimmter Kundengruppen ausgerichtet. Der große Nachteil der S. ist die geringere Anpassung an individuelle Kundenwünsche oder -bedürfnisse (→ Kundenorientierung). – *Gegensatz:* → Individualisierung.

Standardwert, Begriff aus dem Börsenwesen für die → Aktie einer großen, bekannten Aktiengesellschaft (AG). Mit einem S. werden regelmäßig hohe Umsätze an der Börse gemacht. – *Gegensatz:* → Nebenwert. – Vgl. auch → Blue Chips.

ständige Fazilitäten, Möglichkeiten der Geldanlage und Mittelbeschaffung im Rahmen des → Europäischen Systems der Zentralbanken (ESZB). Sie können von den Kreditinstituten in Anspruch genommen werden. S.F. gehören zum geldpolitischen Instrumentarium des ESZB (→ Geldpolitik). Die s.F. umfassen:

- *E*inlagefazilität: Kreditinstitute können sich für einen Tag bei der Europäischen Zentralbank (EZB) Geld beschaffen (Liquiditätsbereitstellung).
- Spitzenrefinanzierungsfazilität: Kreditinstitute können überschüssige Liquidität bei der EZB anlegen (Liquiditätsabschöpfung).

Die Zinssätze für Einlage- und Spitzenrefinanzierungsfazilitäten bilden den sog. Zinskorridor für den Tagesgeldmarkt. Der Einlagensatz ist der niedrigste Zinssatz für Tagesgelder, der Spitzenrefinanzierungssatz der höchste. Ziel des ESZB ist es, dass sich die aktuellen Zinssätze zwischen den Kreditinstituten möglichst innerhalb des Zinskorridors bewegen.

Standort. 1. *Äußerer S.:* Ort, an dem ein Unternehmen Güter erstellt oder verwertet. Die Wahl des optimalen S. wird durch die sog. → Standortfaktoren bestimmt. – 2. *Innerbetrieblicher S.:* die räumliche Lage der einzelnen Teile eines Unternehmens oder einer Abteilung zueinander und ihre Zuordnung.

Standortfaktoren, Bestimmungsgründe für die Wahl eines → Standortes. Im Wesentlichen sind folgende Faktoren zu unterscheiden:

- beschaffungsbezogene S.: Grund und Boden, Betriebsausstattung, Materialien und Rohstoffe, Energieversorgung usw.
- produktionsbezogene S.: allgemeine und spezielle die Produktion betreffende wirtschaftliche, ökologische, soziale, politische und technologische Rahmenbedingungen.
- absatzbezogene S.: Nähe der Absatzmärkte, Verfügbarkeit von Absatzmittlern, Intensität der Konkurrenz, Verkehrsverbindungen usw.

Stärken-Schwächen-Analyse, Analyse- und Planungsinstrument des strategischen Managements. Im Rahmen der S.-S.-A. werden die Ressourcen eines Unternehmens aus langfristiger Sichtweise analysiert und bewertet. Dabei misst man sich z.B. mit den wichtigsten Konkurrenten. Nach Möglichkeit sollten die Werte auf Messungen beruhen. Ansonsten können sie vom Entscheidungsträger gefühlsmäßig festgelegt werden. – Vgl. auch → SWOT-Analyse.

Startkapital, → Venture Capital und → Existenzgründungsförderung.

Start-up-Unternehmen, Unternehmen, das aufgrund einer innovativen Geschäftsidee neu gegründet wird. S.-u.-U. verfügen in den meisten Fällen nur über ein geringes Startkapital. Zur Ausweitung ihrer Geschäfte sind sie somit darauf angewiesen, Startkapital (→ Venture Capital) zu erhalten oder an die Börse zu gehen.

Statements of Financial Accounting Concept (SFAC), → Financial Accounting Standards Board (FASB).

Statements of Financial Accounting Standards (SFAS), → Financial Accounting Standards Board (FASB).

Statistik, methodisch-quantitative Instrumente zur Charakterisierung und Auswertung empirischer Befunde. In der S. werden gleichartige Einheiten (Massenphänomene) zugrunde gelegt. Statistische Verfahren werden vor allem in Wirtschaft und Gesellschaft, Medizin, Technik und Naturwissenschaften eingesetzt. – Vgl. auch → amtliche Statistik, → Ökonometrie.

Statistisches Bundesamt, selbstständige Bundesbehörde. Das S.B. steht unter Aufsicht des Bundesministers des Innern. Sitz in Wiesbaden. Hauptaufgaben des S.B. sind die Aufstellung und Veröffentlichung von vergleichbaren inländischen Statistiken (z.B. Wirtschafts-, Banken- und Verkehrsstatistiken) und der → Volkswirtschaftlichen Gesamtrechnung (VGR). Außerdem werden vom S.B. Gutachten im statistischen Bereich erstellt, Statistiken des Auslands und internationaler Organisationen veröffentlicht und Gesetze, die sich mit der amtlichen Statistik befassen, vorbereitet. – *Weitere Informationen unter* www.destatis.de.

Status, Gegenüberstellung des Vermögens und der Verbindlichkeiten. Der S. dient dazu, den Unternehmer selbst sowie eventuell seine Gläubiger (z.B. Bank) über die aktuelle Vermögenslage zu informieren.

Statut, → Satzung.

Stelle, kleinste organisatorische Einheit, deren Aufgaben von einer einzelnen Person erfüllt werden kann. Bezeichnung, Befugnisse und Verantwortungsbereich sind in der → Stellenbeschreibung festgelegt. – Vgl. auch → Instanz.

Stellenbeschreibung, schriftliche Beschreibung der organisatorischen Eingliederung einer Arbeitsstelle im Unternehmen. Für die Arbeitsstelle werden vor allem Ziele, Aufgaben, Befugnisse und Verantwortungen festgelegt. Eine Stelle wird durch folgende Kriterien bestimmt: Stellenbezeichnung, Zielsetzung, Aufgaben, Befugnisse und Verantwortung, Stellvertretung und organisatorische Eingliederung.

Stellenbörse, *Jobbörse, Stellenmarkt.* Sammlung von Stellenangeboten unterschiedlicher Unternehmen. S. werden in Zeitungen, in den letzten Jahren aber auch verstärkt im Internet angeboten. Vorteil der Online-S. sind die im Vergleich zu S. in Zeitungen geringeren Kosten und die Automatisierung und Beschleunigung der Prozesse zur Stellenbesetzung.

Stellenmarkt, → Sellenbörse.

Stellvertretung. 1. *Organisation:* Übernahme der Aufgaben eines Stelleninhabers durch einen anderen. Dies ist z.B. im Krankheitsfall oder bei geschäftlich bedingter Abwesenheit erforderlich. – 2. *Bürgerliches Recht:* Abgabe oder Empfang einer Willenserklärung für einen anderen in dessen Namen. Eine S. ist grundsätzlich bei allen Rechtsgeschäften möglich. Einem Stellvertreter ist jedoch i.d.R. → Selbstkontrahieren verboten.

Steuerausländer, natürliche Person, die außerhalb Deutschlands ihren Wohnsitz oder ihren gewöhnlichen Aufenthalt hat. Für S. gilt die → beschränkte Steuerpflicht. Das gilt auch für → juristische Personen mit Sitz oder mit Sitz der Geschäftsleitung außerhalb Deutschlands. – *Gegensatz:* → Steuerinländer.

Steuerbemessungsgrundlage, → Bemessungsgrundlage.

Steuerberater, Person, die geschäftsmäßige Hilfe in Steuersachen leistet. S. beraten und vertreten ihre Auftraggeber in Steuersachen. Vor allem helfen sie ihnen bei der Steuererklärung und bei der Aufstellung von Steuerbilanzen. Nach dem Steuerberatungsgesetz (StBerG) können nur Personen, die die Steuerberaterprüfung bestanden haben, als S. zugelassen werden. S. sind zu unbeschränkten Hilfeleistung in Steuersachen berechtigt. Andere Personen, Unternehmen und Einrichtungen wie z.B. Lohnsteuerhilfevereine können nur in einem begrenzten Rahmen steuerlich beraten.

Steuerbescheid, Verwaltungsakt, durch den die Finanzbehörden die Steuer festsetzt. S. werden schriftlich erteilt. Im S. werden Art und Höhe der festgesetzte Steuer angegeben. Außerdem wird genannt, wer die Steuer schuldet. Jeder S. enthält eine Belehrung, welcher Rechtsbehelf zulässig ist und binnen welcher Frist und bei welcher Behörde er einzulegen ist. Mit Einlegen des Rechtsbehelfs (i.d.R. Einspruch) kann der Steuerpflichtige beim zuständigen Finanzamt gegen den erlassenen S. vorgehen. Gibt das Finanzamt dem Einspruch nicht statt, kann der Steuerpflichtige beim Finanzgericht Klage einreichen.

Steuerbilanz, → Bilanz, die nach steuerrechtlichen Vorschriften aufgestellt wird. Die S. wird aus der → Handelsbilanz abgeleitet (→ Maßgeblichkeitsprinzip). Die S. soll den tatsächlich erwirtschafteten Gewinn ermitteln. Sie dient somit als Grundlage der Ermittlung der Bemessungsgrundlage der Einkommen- oder Körperschaftsteuer und der Gewerbesteuer. – In der S. erfolgt die Bewertung der Wirtschaftsgüter nach der → Einzelbewertung. Handelsrechtliche Bewertungsvereinfachungen werden steuerlich anerkannt, wenn sie den → Grundsätzen ordnungsmäßiger Buchführung (GoB) entsprechen. So sind z.B. die → Durchschnittsbewertung, die → Festwertbewertung und die → Gruppenbewertung sowie das Lifo-Verfahren (→ Verbrauchsfolgeverfahren) anerkannt.

Steuererklärung, Erklärung über steuerlich erhebliche Sachverhalte. Aufgrund der S. werden die Besteuerungsgrundlagen festgestellt und die Steuer festgesetzt. Unbeschränkt Steuerpflichtige müssen jährlich bis zum 31. Mai des Folgejahres eine S. beim Finanzamt abgeben. Auf formlosen Antrag kann die Abgabefrist jedoch verlängert werden. Werden S. über Steuerberater erstellt, verlängert sich die Frist zur Abgabe automatisch bis zum 30. September des Folgejahres. S. sind grundsätzlich auf den amtlich vorgegebenen Vordrucken abzugeben und müssen eigenhändig unterschrieben sein. Steuerpflichtige können aber auch ihre Daten mit ELSTER (→ elektronische Steuererklärung) an das Finanzamt übertragen. Die steuerrelevanten Belege und eine unterzeichnete Kurzerklärung müssen in diesem Fall gesondert an das Finanzamt geschickt werden. – Lohnsteuerzahler können eine sog. → Antragsveranlagung durchführen.

Steuer-Ermäßigungsantrag, amtlicher Vordruck, mit dem die Eintragung von → Freibeträgen in der Lohnsteuerkarte beantragt werden kann. Wer bereits im Vorjahr einen Freibetrag in gleicher Höhe hatte, kann einen vereinfachten Antrag stellen. Ein Antrag muss spätestens bis zum 30. November gestellt werden.

Steuerfestsetzung, Festsetzung der Steuern durch einen → Steuerbescheid. Dadurch wird der Steuerpflichtige verpflichtet, einen Steuerbetrag in der festgelegten Höhe zu zahlen. Die S. erfolgt durch das jeweils zuständige → Finanzamt.

Steuerflucht, → Niedrigsteuerland, → Steueroase.

Steuerfreibetrag, → Freibetrag.

Steuerharmonisierung, Versuche zur Angleichung nationaler Steuersysteme. Dies kann durch Doppelbesteuerungsabkommen, aber vor allem durch weiterführende Schritte zur Vereinheitlichung von Steuerbemessungsgrundlagen und Steuertarifen erfolgen. – Im Rahmen der S. innerhalb der Europäischen Union (EU) wird versucht, vor allem Verbrauchsteuern und die Umsatzsteuer zu harmonisieren. Bei der Umsatzsteuer wurden ein Mindeststeuersatz von 15 Prozent und ein ermäßigter Steuersatz von sieben Prozent vereinbart. Fortschritte wurden außerdem bei der Angleichung der Tabak-, Alkohol- und Mineralölsteuer erreicht. Für die Verbrauchsteuern wurden Grundsätze zur Gestaltung vorgegeben, die zu besteuernden Gegenstände festgelegt und technische Fragen näher geregelt. Problematisch gestaltet sich dagegen die Harmonisierung der direkten Steuern wie vor allem der Einkommen- und Körperschaftsteuer.

Steuerhinterziehung, Straftatbestand nach der Abgabenordnung (AO). Wer den Finanzbehörden vorsätzlich unrichtige oder falsche Angaben über steuerlich erhebliche Tatsachen macht, macht sich schuldig. Dies gilt auch, wenn die Finanzbehörde vorsätzlich über steuerlich erhebliche Tatsachen in Unkenntnis gelassen wird. Eine S. wird mit Freiheitsstrafe bis zu fünf Jahren oder mit Geldstrafe bestraft.

Steuerinländer, natürliche Person, die im Inland einen Wohnsitz oder ihren gewöhnlichen Aufenthalt hat. S. sind unbeschränkt einkommensteuerpflichtig. Das gilt auch für → juristische Personen mit Sitz oder mit Sitz der Geschäftsleitung im Inland. Sie müssen ihr gesamtes Einkommen und Vermögen versteuern. D.h., auch das ausländische Einkommen muss versteuert werden. – *Gegensatz:* → Steuerausländer.

Steuerklassen, → Erbschaftsteuer, → Lohnsteuerklassen.

Steuern, öffentliche Abgaben ohne Gewährung einer Gegenleistung. Bund, Ländern und Gemeinden erheben S. von natürlichen und juristischen Personen ihres Gebiets. Durch S. erzielen Bund, Länder und Gemeinden Einnahmen für die Finanzierung wirtschafts-, sozial- und vermögenspolitischer Ziele. – Im Wesentlichen sind folgende S. zu unterscheiden:

- Ertragsteuern (z.B. Einkommen-, Körperschaft- und Gewerbesteuer)
- Verkehrsteuern (z.B. Umsatzsteuer und Zölle)
- Substanzsteuern (z.B. Grund-, Erbschaft- und Schenkungsteuer)
- Verbrauchsteuern (z.B. Mineralölsteuer).

Sog. steuerliche Nebenleistungen sind Verspätungszuschläge, Zinsen, Säumniszuschläge, Zwangsgelder und Kosten.

Steuernummer, Kennnummer, unter der ein Steuerpflichtiger bei seinem Finanzamt geführt wird. – Vgl. auch → Umsatzsteuer-Identifikationsnummer.

Steueroase, Land mit keinen oder besonders niedrigen Steuern. Dazu zählen vor allem Andorra, Antigua-Barbuda, Bahamas, Bahrain, Bolivien, Hongkong, Irland , Jungferninseln, Jungholz (Österreich), Kanaren, Monaco, Oman, Panama und Zug (Schweiz).

Steuerordnungswidrigkeit, Zuwiderhandlung, die nach den Steuergesetzen mit Geldbuße bis zu 50.000 Euro geahndet werden kann. Zu den S. gehören:

- Steuerverkürzung: Steuern können nicht, nicht in voller Höhe oder nicht rechtzeitig festgesetzt werden. Der Grund ist, dass der Steuerpflichtige gegenüber den Finanzbehörden ohne Vorsatz unrichtige oder unvollständige Angaben macht oder die Behörden in Unkenntnis gelassen hat.
- Steuergefährdung: Es wurden unrichtige Belege ausgestellt, unrichtige oder unvollständige Buchungen vorgenommen oder den Mitteilungspflichten gegenüber den Finanzbehörden nicht nachgekommen.

Die Verfolgung von S. verjährt nach fünf Jahren.

Steuerpflicht, → beschränkte Steuerpflicht, → unbeschränkte Steuerpflicht.

Steuerpflichtiger, derjenige, der eine Steuer schuldet. Der S. haftet für die Steuer. S. ist auch derjenige, der für einen anderen eine Steuer einbehält und weiterleiten muss. Nach der → Abgabenordnung (AO) muss ein S. Verpflichtungen wie das Führen von Büchern und Aufzeichnungen erfüllen.

Steuerpolitik, wichtiger Teilbereich der → Finanzpolitik. Die S. umfasst alle steuerlichen Maßnahmen eines Staates mit politischen Zielsetzungen. Durch die S. versucht der Staat, Einnahmen in ausreichender Höhe zu erhalten, um seine Ausgaben für wirtschafts-, sozial- und vermögenspolitische Ziele zu decken. Beispielsweise kann er Abschreibungen erhöhen, um das Wirtschaftswachstum anzukurbeln.

Steuerquote, Anteil der Steuerschuld oder der tatsächlichen Steuereinnahmen an einer anderen wirtschaftlichen Größe. Auf diese Weise soll die relative Belastung durch die Besteuerung dargestellt werden. – Die gesamtwirtschaftliche S. ist der Anteil der Steuereinnahmen am → Bruttoinlandsprodukt (BIP). – Vgl. auch → Abgabenquote.

Steuersatz, Prozentsatz, mit dessen Hilfe der zu zahlende Steuerbetrag ermittelt wird. Der S. wird zur Berechnung der Steuer mit der → Bemessungsgrundlage malgenommen.

Steuerschätzung, Schätzung der Steuerhöhe, die von der Finanzverwaltung durchgeführt wird. Dies geschieht, wenn der Steuerpflichtige seiner Pflicht zur Abgabe einer Steuererklärung nicht nachkommt. Es wird außerdem eine S. vorgenommen, wenn Angaben nicht schlüssig sind und nicht genau ermittelt werden können. – Schätzung des gesamtwirtschaftlichen Steueraufkommens vgl. → Arbeitskreis Steuerschätzung.

Steuerstraftat, eine vorsätzlich begangene Tat, die nach den Steuergesetzen strafbar ist. Die Begünstigung einer Person, die eine S. begangen hat, stellt ebenfalls eine S. dar. S. sind in der Abgabenordnung (AO) aufgezählt. Für S. gelten die allgemeinen Gesetze über das Strafrecht, wenn die Strafvorschriften der Steuergesetze nichts anderes bestimmen.

Steuertarif, mathematisch-funktionale Beziehung zwischen → Bemessungsgrundlage und zu zahlendem Steuerbetrag. Der S. wird gesetzlich festgelegt.

Steuerveranlagung, → Veranlagung.

Steuerverkürzung, → Steuerordnungswidrigkeit.

Steuerzinsen, vom Finanzamt geforderte Zinszahlungen, wenn Steuerschulden nicht pünktlich gezahlt werden. S. werden zusätzlich zum → Säumniszuschlag berechnet. Auf den geschuldeten Betrag werden Zinsen in Höhe von 0,5 Prozent pro Monat fällig. Dies gilt für alle Steuerarten.

Stichprobe, Teilmenge einer Grundgesamtheit, die für eine Untersuchung ausgewählt wird. Die Bildung von repräsentativen S. erfolgt durch statistische Auswahlverfahren wie z.B. einfache oder geschichtete Zufallsauswahl, Quotenauswahl oder typische Auswahl.

Stichprobeninventur, → Inventur.

Stichtagsinventur, → Inventur.

Stiftung, Zuwendung von Vermögenswerten für bestimmte, oft gemeinnützige oder wohltätige Zwecke. Auch die Vermögenswerte selbst können als S. bezeichnet werden. – 1. *S. des Privatrechts (private S.):* Diese wird als selbstständige S. im Bürgerlichen Gesetzbuch (BGB) geregelt. Eine S. wird durch ein Testament oder unter Lebenden durch Vertrag errichtet. Rechtsfähigkeit erlangt die S. dadurch, dass sie behördlich genehmigt wird. In der Satzung werden Name, Sitz, Zweck, Vermögen und Organe geregelt. Als Organ ist ein Vorstand zu bilden, durch den die S. vertreten wird. Weitere Organe können durch die Satzung bestimmt sein. Die S. ist eine → juristische Person. – 2. *S. des öffentlichen Rechts (öffentliche S.):* Diese ist meist zugleich eine → Anstalt des öffentlichen Rechts. Sie besitzt meistens eine → Selbstverwaltung, allerdings vielfach keine → Rechtsfähigkeit.

stille Gesellschaft, Innengesellschaft. Der stille Gesellschafter bringt nur Kapital ein und erhält dafür einen vertraglich vereinbarten Gewinnanteil. Er hat keinen Einfluss auf das Unternehmen und dessen Geschäftsführung. Er tritt nicht im Namen der Gesellschaft nach außen auf. I.d.R. verfügt der stille Gesellschafter nur über geringe Kontrollrechte, z.B. kann er die schriftliche Mitteilung des Jahresabschlusses verlangen und die Überprüfung der Richtigkeit des Jahresabschlusses einsehen.

stille Reserve, → stille Rücklage.

stille Rücklage, *stille Reserve.* → Rücklage, die in der Bilanz nicht offen ausgewiesen wird. S.R. können durch eine Unterbewertung der Vermögensgegenstände oder durch eine Überbewertung der Verbindlichkeiten entstehen. Sie können sich außerdem ergeben, wenn aktivierungsfähige Vermögensgegenstände nicht aktiviert werden (→ Aktivierung) oder auf möglich → Zuschreibungen von Vermögensgegenstände verzichtet wird. S.R. können aber auch zwangsläufig entstehen. Beispielsweise können s.R. aufgrund von Preisschwankungen, die nach den gesetzlichen Bestimmungen nicht berücksichtigt werden dürfen, entstehen. Gründe für s.R. können aber auch das Ausnutzen von Ermessensspielräumen oder Schätzfehler sein.

Stimmrecht, Befugnis eines Anteilseigners oder Aktionärs zur Teilnahme an der Willensbildung durch Beschlüsse. Das S. wird i.d.R. im Rahmen der → Gesellschafterversammlung oder → Hauptversammlung ausgeübt.

Stock Option, Zusatzvergütung, die vor allem Führungskräfte großer Unternehmen erhalten. Diese hängt vom Unternehmenserfolg ab. Die Führungskraft erhält als Vergütung ein → Bezugsrecht auf Aktien des eigenen Unternehmens.

Stop Buy Limit, Auftrag eines Kunden an seine Bank, ein bestimmtes Wertpapier zu kaufen, sobald der Kurs einen festgelegten Wert überschritten hat. – *Gegensatz:* → Stop Loss Limit.

Stop Loss Limit, Auftrag eines Kunden an seine Bank, ein bestimmtes Wertpapier zu verkaufen, sobald der Kurs einen festgelegten Wert unterschritten hat. – *Gegensatz:* → Stop Buy Limit.

Stornierung. 1. Rückbuchung einer bereits erfolgten unrichtigen Buchung. – 2. Rückziehung eines → Auftrags. – 3. Rückbuchung von Gutschriften durch die Bank.

Straßenproduktion, *Reihenproduktion.* → Produktionsverfahren, bei dem Arbeitsplätze und Arbeitsmittel hintereinander angeordnet sind. Von der → Fließproduktion unterscheidet sich die S. durch die fehlende Taktzeit und durch die Möglichkeit, innerhalb der Fertigung auch relativ kurzfristig Veränderungen durchführen zu können.

Strategie, *Unternehmensstrategie.* Grundsätzliche, langfristige Verhaltensweise des Unternehmens gegenüber seiner Umwelt. Durch die Verfolgung der S. sollen die langfristigen Ziele des Unternehmens verwirklicht werden. – Vgl. auch → Wettbewerbsstrategie.

strategische Allianz, Partnerschaft von rechtlich und wirtschaftlich selbstständigen Unternehmen. Motive für eine s.A. sind die Nutzung der Stärken des Partners (z.B. Know-how-Vorsprung, Marktkenntnisse), Risikoteilung und Synergieeffekte (→ Synergie).

strategische Geschäftseinheit, Teilbereich des gesamten Betätigungsfeldes eines Unternehmens. Anhand von Kriterien werden die Unternehmensaktivitäten zu Teilbereichen, für die eine strategische Planung möglich und sinnvoll erscheint, zusammengefasst.

strategische Planung, → Planung.

strategisches Management, Planung, Steuerung und Kontrolle der Erfolgspotenziale eines Unternehmens. Dazu gehören vor allem die Festlegung langfristiger Ziele, die Entwicklung von Strategien und die langfristige Positionierung des Unternehmens auf dem Markt.

Streckengeschäft, Direktbelieferung von Einzelhandelsgeschäften durch den Hersteller. Der Großhändler tritt nur als Vermittler auf. Er übernimmt die Rechnungsstellung und das → Delkredere.

Streik, verfassungsrechtlich zulässiges Mittel der Arbeitnehmer im → Arbeitskampf. Eine größere Anzahl von Arbeitnehmern legen ihre Arbeit mit dem Ziel nieder, ihre gestellten Forderungen durchzusetzen. Innerhalb der Laufzeit eines Tarifvertrags darf jedoch nicht gestreikt werden (sog. Friedenspflicht). – Bei einem sog. Warnstreik wird nur kurz und zeitlich befristet die Arbeit niedergelegt. Damit soll die Bereitschaft der Arbeitnehmer, im Fall einer Nichteinigung zwischen den Tarifparteien in S. zu treten, gezeigt werden. – Dem Beginn und Ende eines S. geht eine geheime Abstimmung der gewerkschaftlich organisierten Arbeitnehmer (sog. Urabstimmung) voraus. Für einen S. müssen mindestens 75 Prozent der Arbeitnehmer zugestimmt haben. – Während des S. werden den organisierten Arbeitnehmern finanzielle Unterstützungen von den Gewerkschaften gezahlt. – Gegenmaßnahme der Arbeitgeber bei einem S. ist die → Aussperrung.

Streubesitz, Aktienanteil, der sich im Besitz vieler Kleinanleger befindet.

strukturelle Operationen, → Offenmarktgeschäfte.

Strukturfonds, Finanzierungsinstrumente, die von der Europäischen Union (EU) hinsichtlich strukturpolitischer Ziele eingesetzt werden. Im Einzelnen zählen dazu:

- Europäischer Fonds für regionale Entwicklung
- Europäischer Sozialfonds
- Europäischer Ausrichtungs- und Garantiefonds für die Landwirtschaft
- Finanzinstrument für die Ausrichtung der Fischerei.

Ziel der S. ist es, die wirtschaftliche und soziale Zusammenarbeit in der EU zu stärken. Der Anteil der S. am EU-Haushalt ist in den letzten Jahren stark gewachsen und wird bis 2006 ca. ein Drittel ausmachen. – In Anbetracht der EU-Erweiterung wurden außerdem das strukturpolitische Instrument zur Beitrittsvorbereitung sowie das Instrument für die Förderung der Landwirtschaft und des ländlichen Raums geschaffen. – *Weitere Informationen unter* www.europa.eu.int.

Strukturpolitik, alle Maßnahmen, die auf die Veränderung der Wirtschaftsstruktur abzielen. Mit Hilfe strukturpolitischer Maßnahmen sollen Veränderungen innerhalb oder zwischen den Wirtschaftszeigen und Regionen erreicht werden. Die S. kann den → Strukturwandel fördern oder die sozialen Folgen wie vor allem Arbeitslosigkeit mildern. Teilbereiche der S. sind vor allem die → Mittelstandspolitik, die → Regionalpolitik und die → sektorale Strukturpolitik. – Vgl. auch → Strukturfonds.

Strukturvertrieb, in mehreren Stufen aufgebaute Vertriebsorganisation. I.d.R. ist der S. rechtlich selbstständig. Mitarbeiter auf höheren Ebenen erhalten neben Provisionen für selbst abgeschlossene Geschäfte auch für die Geschäfte anderer eine Provision. Letzteres sind Provisionen für Geschäfte, die von ihnen angeworbene Vermittler und deren Vermittler abgeschlossen haben. Den S. gibt es z.B. in der Versicherungsbranche.

Strukturwandel, Veränderung der → Wirtschaftsstruktur. Damit ist die Veränderung der relativen Gewichte der einzelnen volkswirtschaftlichen Sektoren gemeint. – Der S. zwischen den volkswirtschaftlichen Sektoren steht im Mittelpunkt der sog. Drei-Sektoren-Hypothese. Diese besagt, dass im Laufe der wirtschaftlichen Entwicklung die Bedeutung des primären Sektors abnimmt, die des sekundären und tertiären Sektors dagegen zunimmt. Der tertiäre Sektor wird nach dieser Hypothese schließlich den sekundären Sektor überflügeln.

Stückaktie, *nennwertlose Aktie, Quotenaktie,* → Aktie, die über einen Anteil am → Grundkapital lautet. Alle S. einer Aktiengesellschaft sind mit gleichem Anteil am Grundkapital beteiligt. Der auf eine einzelne S. entfallende Anteil darf einen Euro nicht unterschreiten. – *Gegensatz:* → Nennwertaktie.

Stückelung, Einteilung einer Aktien- oder Wertpapierausgabe in die → Nennwerte der einzelnen Aktien oder Anteile. Die S. ist i.d.R. auf dem Kurszettel angegeben.

Stückkosten, → Selbstkosten pro Leistungseinheit (Stück). Die S. werden im Rahmen der → Kalkulation ermittelt.

Stückliste, tabellarische Aufzeichnung der zur Produktion eines Produkts benötigten Roh-, Hilfs- und Betriebsstoffe sowie Halbfertigerzeugnisse. Es werden die benötigten Teile und deren Mengen aufgeführt.

Stückzinsen, Zinsen, die zeitlich zwischen dem Käufer und Verkäufer einer Anleihe aufgeteilt werden. Die Aufteilung von Zinsen ist bei einem Verkauf der Anleihe während des Zinszeitraums notwendig, da die Zinsen an den jeweiligen Inhaber des Zinsscheins gezahlt werden. Der Besitzdauer entsprechend werden die S. ermittelt. S. werden bei den Börsenumsätzen dem Kurswert der Anleihe hinzugerechnet.

Stundung, Zahlungsaufschub, den ein Gläubiger dem Schuldner gewährt. Eine S. kann einem Schuldner in sozialen Härtefällen auch von öffentlichen Stellen wie z.B. Finanzämtern und Gerichten zugestanden werden. Entsprechend der S. werden die Verjährungsfristen verzögert.

Submission, → Ausschreibung.

Subsidiaritätsprinzip, gesellschaftspolitisches Prinzip, nach dem der Staat nur dort eingreifen soll, wo der Einzelne die Aufgaben der Daseinsgestaltung nicht lösen kann. Dabei hat die Hilfe zur Selbsthilfe Vorrang vor der direkten Aufgabenübernahme durch den Staat. Das S. ist wesentliches Element der → Sozialen Marktwirtschaft. – 1. *Finanzpolitik:* Das S. wird als Grundsatz für die Aufgabenverteilung zwischen Privaten und Staat sowie innerhalb des privaten und öffentlichen Sektors angewandt. Die Verantwortung für eine Aufgabe ist der jeweils kleinsten dafür geeigneten Einheit zu übertragen. Dies kann ein Einzelner, ein Haushalt, aber auch der Bund oder eine internationale Organisation sein. Der föderative Staatsaufbau der Bundesrepublik Deutschland beruht auf dem S. – 2. *Sozialpolitik:* In diesem Fall bedeutet das S., dass der Staat nur soziale Aufgaben wahrzunehmen hat, wenn diese von nichtstaatlichen Einrichtungen wie z.B. Wohlfahrtsverbände und Kirchen nicht erfüllt werden können.

Substanzwert, *Reproduktionswert,* Unternehmenswert, der sich als Summe der einzelnen bilanzierten Vermögensgegenstände nach Abzug der Schulden ergibt. Dabei werden die Vermögensgegenstände zu → Tageswerten angesetzt. – *Anders:* → Firmenwert.

Substitutionsgut, → Gut, das durch ein anderes ersetzt werden kann. Es kommt durch den Ersatz zu keiner Verschlechterung bei der Produktion oder beim Verbrauch. Folglich kann der gleiche Nutzen eines Haushalts mit verschiedenen Mengenkombinationen erreicht werden. – *Gegensatz:* → Komplementärgut.

Subvention, Geldzahlung oder ein geldwerter Vorteil, die der Staat i.d.R. Unternehmen gewährt. Beispiele für S. sind Steuervergünstigen, Preisnachlässe bei Käufen des Staates oder Bürgschaften. Häufig liegen S. bestimmte Bedingungen oder erwartete Verhaltensweisen zugrunde. Die Begründung von S. sind häufig fragwürdig. Problematisch ist aber vor allem, dass Erfolgskontrollen für S. fehlen. S. sind politisch beliebt, weil wählerwirksame Leistungen gewährt werden können, deren Finanzierung aber verschleiert wird. – Im Subventionsbericht der Bundesregierung werden in erster Linie Geldzahlungen und Steuervergünstigungen als S. ausgewiesen. – Vgl. auch → Transfers.

Sukzessivlieferungsvertrag, → Dauerlieferungsvertrag.

Summenversicherung, zusammenfassende Bezeichnung für Versicherungszweige, bei denen im Versicherungsfall eine im Voraus vereinbarte Summe ausgezahlt wird. Dazu zählen z.B. Lebensversicherung und Krankentagegeldversicherung. – *Gegensatz:* → Schadenversicherung.

superiores Gut, → Gut, dessen Konsum mit steigendem Einkommen überdurchschnittlich zur Einkommenssteigerung zunimmt. Dies sind zumeist Luxusgüter.

Supply Chain Management, Aufbau und computergestützte Vernetzung der Material- und Geldflüsse über den gesamten Wertschöpfungsprozess. D.h., es werden im Rahmen des S.C.M. alle Stufen vom Rohstofflieferanten über Hersteller und Vermarkter bis zum Endverbraucher erfasst. Auf diese Weise können Beschaffungs-, Produktions- und Vertriebsplanung auf allen Stufen aufeinander abgestimmt werden. Das Unternehmen kann direkt auf Planänderungen reagieren. Durch S.C.M. sollen die Lager- und Transportkosten gesenkt sowie zwischenbetriebliche Liegezeiten vermieden werden. Außerdem soll die Termintreue und der Informationsaustausch über Störungen im gesamten Prozess verbessert werden.

SVR, Abk. für → Sachverständigenrat zur Begutachtung der gesamtwirtschaftlichen Entwicklung.

Swap, Begriff aus dem Börsenwesen. Beim S. tauschen zwei Vertragspartnern ihre Finanzierungskonditionen aus. Auf diese Weise können sie von den Kostenvorteilen des anderen profitieren. – 1. *Devisenswap:* Kauf von Devisen zum Tageskurs und gleichzeitiger Rückkauf dieser Devisen zu einem späteren Termin (→ Termingeschäft) oder umgekehrt. – 2. *Zinsswap:* Tausch von festen und variablen Zinsverpflichtungen. – 3. *Währungsswap:* Tausch von Kapitalbeträgen in andere Währungen.

SWOT-Analyse, Analyse- und Planungsverfahren der strategischen Planung. Die SWOT-A. untersucht die Chancen und Risiken, die sich aus dem Unternehmensumfeld ergeben. Dabei werden die Stärken und Schwächen des Unternehmens berücksichtigt. Die Chancen werden auf ihre Erfolgswahrscheinlichkeit überprüft. D.h., es wird untersucht, ob Stärken und Erfolgserfordernisse des Marktes zusammenpassen. Auch die Gefahren werden auf ihre Risikowahrscheinlichkeit überprüft.

Synergie, Zusammenwirken verschiedener Kräfte zu einer Gesamtleistung, die höher ist als die Summe der Einzelleistungen. Synergieeffekte werden häufig als Gründe für einen Unternehmenszusammenschluss genannt, da durch die gemeinsame Nutzung von Ressourcen geringere Kosten entstehen. Aber auch in der Arbeits- und Organisationspsychologie werden S. bei der Lösung von komplexen Problemen durch eine Gruppe angenommen, da die Gruppenmitglieder unterschiedliche Kenntnisse und Erfahrungen zur Problemlösung einbringen können.

Szenariotechnik, Planungsverfahren, bei dem die möglichen alternativen Entwicklungen (sog. Szenarien) dargestellt werden. Auf diese Weise können Chancen und Risiken unternehmenspolitischer Entscheidungen besser abgeschätzt werden. I.d.R. werden drei Szenarien entwickelt und im Vergleich dargestellt:

- Trend-Szenario: Fortschreibung der heutigen Situation in die Zukunft mit Hilfe von Prognoseverfahren.
- Best-Case-Szenario: der bestmögliche Entwicklungsverlauf.
- Worst-Case-Szenario: der schlechteste Entwicklungsverlauf.

SZR, Abk. für → Sonderziehungsrecht.

T

Tafelgeschäft, *Schaltergeschäft.* Geschäft, das am Bankschalter bar abgewickelt wird. Beispielsweise werden Euro in eine andere Währung umgetauscht oder Wertpapiere mit Bargeld gekauft.

Tagesgeld, Kreditaufnahme oder Geldanlage unter Banken mit eintägiger Rückzahlungs- oder Kündigungsfrist.

Tageswert, *Zeitwert.* Wert, der am Bilanzstichtag für einen Vermögensgegenstand am Markt zu zahlen oder zu erzielen ist. Der T. entspricht i.d.R. dem → Marktwert. Nach dem Handelsgesetzbuch (HGB) müssen Gegenstände des Umlaufvermögens zum T. angesetzt werden, wenn dieser unter den Anschaffungs- oder Herstellungskosten liegt. Im Fall des Anlagevermögens muss der T. nur dann angesetzt werden, wenn es sich um eine dauerhafte Wertminderung handelt. Ist die Wertminderung nicht von Dauer, kann der T. angesetzt werden.

Takeover, angloamerikanische Bezeichnung für eine Übernahme eines Unternehmens durch ein anderes. Bei einer feindlichen Übernahme erfolgt die Übernahme gegen den Willen des Managements des übernommenen Unternehmens. Bei einer einvernehmlichen Übernahme handelt es sich i.d.R. um eine → Fusion. – Vgl. auch → Merger & Acquisition.

taktische Planung, → Planung.

Talon, → Bogen.

TAN, Abk. für → Transaktionsnummer.

Tantieme, Gewinnbeteiligung für Geschäftsführer, leitende Angestellte, Vorstands- oder Aufsichtsratsratsmitglieder. Die T. wird i.d.R. nach dem Bilanzgewinn berechnet.

Tara, Gewicht der Verpackung einer Frachtladung oder -sendung. T. ist die Differenz zwischen Brutto- und Nettogewicht.

TARGET, Abk. für Transeuropean Automated Real-Time Gross Settlement Express Transfer-System. Zahlungssystem des Europäischen Systems der Zentralbanken (ESZB) zur Abwicklung grenzüberschreitender Zahlungen. Abgewickelt werden z.B. Zahlungen, die sich aus der Durchführung geld- und währungspolitischer Maßnahmen ergeben.

Target Costing, → Zielkostenrechnung.

Tarif, Preisangabe in einer Liste, meist Tabelle. – Vgl. auch → Steuertarif.

Tarifautonomie, alleiniges Recht der Tarifpartner, → Tarifverträge abzuschließen. Dies bedeutet, dass in Deutschland nur Arbeitgeberverbände und Gewerkschaften für die Tarifpolitik verantwortlich sind. Die T. ist durch das Grundgesetz (GG) garantiert.

Tariflohn, das nach → Tarifvertrag zu zahlende → Arbeitsentgelt. Im Tarifvertrag finden sich vor allem Regelungen des Zeitlohns und der Lohn- und Gehaltsgruppen sowie in einigen Branchen des → Ecklohns. Vielfach stellt der Tarifvertrag auch die Möglichkeit einer Vergütung nach Leistung frei.

Tarifpartner, *Sozialpartner, Tarifparteien, Tarifvertragsparteien.* Parteien eines → Tarifvertrags. Auf der Arbeitnehmerseite sind dies die Gewerkschaften, auf Arbeitgeberseite die Arbeitgeberverbände und einzelne Arbeitgeber. Spitzenorganisationen der Arbeitgeberverbände und Gewerkschaften sind tariffähig, wenn dies laut Satzung zu ihren Aufgaben gehört.

Tarifvertrag, Vertrag zwischen den Tarifpartnern. Wird der T. zwischen einem einzelnen Arbeitgeber und einer Gewerkschaft abgeschlossen, handelt es um einen sog. Haus-, Werk- oder Firmentarifvertrag. Ein sog. Flächen- oder Verbandstarifvertrag wird dagegen von einem Arbeitgeberverband und einer Gewerkschaft vereinbart. Der T. regelt die Rechte und Pflichten von Arbeitgebern und -nehmern. Außerdem legt er arbeitsrechtliche Normen fest. Der T. enthält vor allem Bestimmungen zu Lohn und Gehalt, Arbeitszeit, Urlaub und Kündigungsfristen. – Es können folgende Arten von T. abgeschlossen werden:

- Manteltarifvertrag: Dieser regelt die allgemeinen Arbeitsbedingungen (z.B. Urlaub). Er gilt i.d.R. für einen längeren Zeitraum.
- Entgelt-, Lohn- oder Gehaltstarifvertrag: Dieser enthält Regelungen zur Entgeltfestsetzung unter Berücksichtigung von Ausbildung, Alter, Schwierigkeitsgrad der Tätigkeit und Betriebszugehörigkeit.

Der T. endet mit Ablauf der vereinbarten Zeit. Er kann auch durch die Tarifvertragsparteien aufgehoben oder durch einen neuen T. ersetzt werden. Außerdem ist i.d.R. eine befristete Kündigung möglich.

Taschengeldparagraph, → Geschäftsfähigkeit.

Task Force, Arbeitgruppe, die zur Lösung einer genau festgelegten Aufgabe für einen begrenzten Zeitraum eingerichtet wird. I.d.R. kommen die Mitglieder aus verschiedenen Abteilungen und aus unterschiedlichen Hierarchieebenen.

Tausch, Hingabe eines Gutes (Ware, Leistung, Geld) gegen den Erhalt eines anderen Gutes. Der Wert getauschter Güter richtet sich nach den subjektiven Vorstellungen der Tauschenden und nach dem Knappheitsgrad des Gutes. – Der Real- oder Naturaltausch bedeutet Ware gegen Ware. Kauf oder Verkauf ist der Tausch Geld gegen Ware oder Ware gegen Geld.

Tauschmittel, → Geld.

Taylorismus, Teilung der Arbeit in kleinste Einheiten. Die Arbeiten werden aufgrund des geringen Arbeitsinhalts schnell und routinemäßig wiederholt. Sie erfordern meistens kein oder nur geringes Denken. Der T. diente der Rationalisierung. Heute gilt er aufgrund der damit verbundenen Monotonie, Fremdbestimmung und Unterforderung als Inbegriff unmenschlicher Arbeit.

TecDAX, Abk. für Technology DAX. Aktienindex, der aus den Kursen der 30 bedeutendsten Aktien der Technologiebranche gebildet wird. Er wird von der Deutschen Börse AG ermittelt und veröffentlicht. – *Weitere Informationen unter* www.deutsche-boerse.de.

technische Aktienanalyse, → Aktienanalyse.

technischer Fortschritt, Herstellung neuartiger oder wesentlich verbesserter Produkte und Anwendung neuer rationellerer Verfahren. Aus volkswirtschaftlicher Sicht ist dabei positiv, dass vorhandene Ressourcen effizienter verteilt werden und Wirtschaftswachstum erreicht wird. Als problematisch werden jedoch die möglichen negativen Begleiterscheinungen wie Rationalisierungen und damit eventuell verbundene Arbeitsplatzverluste angesehen.

Technologiemanagement, Aufbau und Weiterentwicklung technologieorientierter Leistungsfähigkeit eines Unternehmens. Ziel ist es, dass neue Technologien aufgefunden und auf ihre Einsetzbarkeit in der

Praxis überprüft werden. T. hat wesentliche Überschneidungen mit dem → Innovationsmanagement und mit → Forschung und Entwicklung (F&E).

Technologiepolitik, alle staatlichen Maßnahmen zur Erhöhung des technischen Fortschritts in einer Volkswirtschaft. Im Rahmen der T. werden vor allem private Forschungs- und Entwicklungsaktivitäten sowie die Grundlagenforschung an Universitäten und anderen staatlichen Forschungseinrichtungen gefördert. Ein wesentlicher Teil der T. ist auch der Schutz von Patenten. Die T. steht in einer engen Verbindung mit der Wissenschaftspolitik, da zwischen beiden enge Wechselbeziehungen bestehen. – Auch auf europäischer Ebene nimmt die Bedeutung der T. zu. Die Europäische Union (EU) plant z.B. für die Zukunft sog. Technologieplattformen für bestimmte Bereiche (z.B. nachhaltige Energiegewinnung aus erneuerbaren Energien). Außerdem ist ein Europäischer Forschungsrat im Gespräch. – *Weitere Informationen unter* www.bmbf.de und www.bmwa.de.

Technologietransfer, Übertragung von technologischem Wissen zwischen Entstehung und Verwendung im Produktionsprozess. Ein T. kann z.B. zwischen Forschungseinrichtungen und Unternehmen, aber auch zwischen Industrie- und Entwicklungsländern stattfinden. Die Übertragung erfolgt i.d.R. auf der Grundlage von Verträgen wie z.B. Lizenz- und Know-how-Verträge.

Technology DAX, → TDAX.

Teilhaberpapier, → Wertpapier, das Anteils- oder Mitgliedschaftsrechte an einer Gesellschaft verbrieft. Aktien beurkunden beispielsweise Anteile am Grundkapital einer Aktiengesellschaft (AG).

Teilkosten, Begriff aus der Kostenrechnung. T. sind die → variablen Kosten oder → Einzelkosten, die den → Kostenträgern wie vor allem einem Produkt zugeordnet werden können. Sie sind nur ein Teil der Gesamtkosten. – *Gegensatz:* → Vollkosten.

Teilkostenrechnung, → Kostenrechnung, bei der nur die → Teilkosten den → Kostenträgern zugerechnet werden. Alle übrigen Kosten werden als Block ausgewiesen. Beispiele für T. sind → Direct Costing und die → relative Einzelkostenrechnung. – *Gegensatz:* → Vollkostenrechnung.

Teilleistung, Begriff aus dem Bürgerlichen Recht für die teilweise → Erfüllung einer Verbindlichkeit. Der Gläubiger kann nach dem Bürgerlichen Gesetzbuch (BGB) eine T. zurückweisen. – Vgl. auch → Teilzahlung.

Teilvollmacht, → Handlungsvollmacht.

Teilwert, Begriff aus dem Einkommensteuerrecht. T. ist der Betrag, den der Käufer eines Unternehmens im Rahmen des Gesamtkaufpreises für das einzelne Wirtschaftsgut ansetzen würde. Dabei ist davon auszugehen, dass der Käufer das Unternehmen fortführt. Der T. ist eine Schätzgröße.

Teilwertabschreibung, → Abschreibung, bei der der Teilwert, der niedriger ist als die Anschaffungs- oder Herstellungskosten, angesetzt wird. Die T. ist die Differenz zwischen → Buchwert und → Teilwert. Die T. darf nur vorgenommen werden, wenn der Teilwert voraussichtlich dauerhaft gesunken ist. Steigt der Wert zu einem späteren Zeitpunkt, muss eine entsprechende → Zuschreibung vorgenommen werden.

Teilzahlung, *Abschlagszahlung, Ratenzahlung, Sonderzahlung.* Zahlung eines Teilbetrags einer Schuld. Ist eine T. nicht vertraglich vereinbart, kann der Gläubiger eine T. ablehnen. Möglich sind T. jedoch bei einem Werkvertrag sowie bei Wechseln und Schecks. Bei einem Werkvertrag kann der Unternehmer eine T. für einen in sich abgeschlossenen Teil des Werkes verlangen. Bei einem Wechsel oder einem

Scheck muss der Wechsel- oder Scheckinhaber eine T. annehmen.

Teilzahlungsgeschäft, → Abzahlungsgeschäft.

Teilzeitarbeit, Arbeitsverhältnis, bei dem die erbrachte Wochenarbeitszeit kürzer als die der Vollbeschäftigten ist. Die arbeitsrechtlichen Vorschriften gelten grundsätzlich auch für Teilzeitarbeiter. Dies gilt vor allem auch für die Pflichten des Arbeitgebers zur → Entgeltfortzahlung im Krankheitsfall, Gewährleistung des gesetzlichen Urlaubsanspruchs und die → Fürsorgepflicht des Arbeitgebers. – Sonderformen der T sind → Arbeit auf Abruf und → Job Sharing.

Telearbeit, Erwerbstätigkeit, die aufgrund der Informations- und Kommunikationstechnologien außerhalb der betrieblichen Arbeitsstätte erbracht wird. Telearbeiter arbeiten i.d.R. in ihrer Privatwohnung. Je nachdem wie der Vertrag ausgestaltet ist, kann der Telearbeiter → Selbstständiger, → Arbeitnehmer, Heimarbeiter (→ Heimarbeit) oder auch eine → arbeitnehmerähnliche Person sein.

Telefon-Banking, telefonische Abwicklung von Bankgeschäften. Das T.-B. findet i.d.R. über → Call Center statt. Über das Telefon können z.B. Kontostände abgefragt, Überweisungsaufträge übermittelt und Daueraufträge aufgegeben, abgeändert oder gelöscht werden. Beim T. muss vom Kontoinhaber die Kontonummer und ein Geheimwort oder eine Geheimzahl angegeben werden. – Vgl. auch → Home Banking.

Telefonverkauf, Verkauf über Telefon. Der T. wird vor allem zur Kundengewinnung, Kundenbetreuung und Bestellannahme eingesetzt. Telefonanrufe mit Privatpersonen sind wettbewerbsrechtlich nur zulässig, wenn ein ausdrückliches Einverständnis des Angerufenen vorliegt. Dies ist beispielsweise der Fall, wenn ein entsprechender Kupon von einem Kunden zurückgesandt wurde. Ein T. ist kostengünstiger als ein Außendienst. Nachteilig ist, dass nur ein Gespräch, aber kein persönlicher Kontakt stattfindet.

Teleshopping, Einkauf von zu Hause mit Hilfe von Informations- und Kommunikationstechnologien. Der Verbraucher wählt das Produkt seiner Wahl im Fernsehen oder im Internet aus. Er kann dieses dann per Telefon, Fax, Online-Shop oder E-Mail bestellen.

Tendenzbetrieb, Begriff aus dem Betriebsverfassungsrecht. Ein T. ist ein Betrieb, der überwiegend ideelle Ziele hat. Dies sind z.B. Betriebe mit karitativer, politischer oder künstlerischer Bestimmung. Zu den T. zählen z.B. Bildungseinrichtungen der Gewerkschaften oder Arbeitgebervereinigungen, Betriebe des Deutschen Roten Kreuzes, Privatschulen, Theater und Presseunternehmen. Für T. gilt nicht das Betriebsverfassungsgesetz (BetrVG) von 2001.

Tenderverfahren, *Ausschreibungsverfahren.* Verfahren zur Unterbringung von → Bundeswertpapieren am Kapitalmarkt in Form einer Versteigerung. Das ausgebende Unternehmen oder seine Bank sammelt die eingehenden unterschiedlichen Gebote und teilt auf deren Grundlage die Wertpapiere zu. Bei der Zuteilung haben die bietenden Banken mit den höchsten Geboten Vorrang. Es sind folgende Verfahren zu unterscheiden:

- Mengentender (Festzinstender): Die Banken bieten nur einen Geldbetrag. Die Zuteilung der Wertpapiere erfolgt zum vorher angekündigten Zinssatz. I.d.R. erhält jedes Kreditinstitut nur einen Prozentsatz seines Gebotes.
- Zinstender: Die Banken bieten den gewünschten Geldbetrag sowie den Zinssatz, zu dem sie Wertpapiere wünschen. Die Zuteilung erfolgt in diesem Fall nach der Höhe der gebotenen Zinssätze.

Das T. wird auch als Verfahren im Rahmen von → Offenmarktgeschäften der Europäischen Zentralbank (EZB) angewandt.

Terminabschlag, → Deport.

Terminaufschlag, → Report.

Terminbörse, Teil des → Terminmarkts, der den börslichen Handel von Termingeschäften umfasst. Die → EUREX ist die T. in Deutschland.

Termineinlage, *befristete Einlage.* → Einlage bei Banken. T. können mit einer bestimmten Laufzeit (→ Festgeld), aber auch mit einer Kündigungsfrist vereinbart werden (→ Kündigungsgeld). → Spareinlagen und sehr kurzfristige T. (unter 30 Tagen) sind keine T.

Termingeld, Kreditaufnahme oder Geldanlage unter Banken für einen festgelegten Zeitraum. I.d.R. beträgt die Laufzeit von T. ein bis drei Monate. – Häufig wird der Begriff T. auch für eine → Termineinlage verwendet.

Termingeschäft, Begriff aus dem Bank- und Börsenwesen. Bei einem T. wird vereinbart, eine festgelegt Menge eines Gegenstands zu einem bestimmten Preis und zu einem im Voraus festgelegten Termin zu kaufen oder zu verkaufen. Vertragsgegenstand können Waren, Wertpapiere, Devisen oder andere Finanzinstrumente sein (→ Devisentermingeschäft). T. werden an Terminbörsen, aber auch mit einzeln vereinbarten Vertragsinhalten außerhalb der Börse abgeschlossen. – Zu unterscheiden sind:

- unbedingtes T. (festes T.): In diesem Fall muss zum vereinbarten Zeitpunkt geliefert und gezahlt werden. Ein unbedingtes T. ist z.B. ein Future.
- bedingtes T.: Es besteht keine feste Verpflichtung zur Abnahme oder Lieferung des Vertragsgegenstands. Gegen Zahlung einer Prämie kann einer der Vertragsparteien vom Vertrag zurücktreten.

Gegensatz: → Kassageschäft.

Terminmarkt, Ort, an dem → Termingeschäfte abgeschlossen werden. Es kann sich dabei um → Terminbörsen wie die EUREX oder um außerbörsliche Märkte (→ Over-the-Counter Market) handeln.

Terms of Trade, *reales Austauschverhältnis.* Begriff aus der Volkswirtschaftslehre. T.o.T. ist das in gleichen Währungseinheiten ausgedrückte Preisverhältnis zwischen Ex- und Importen. Sie geben an, wie viele Güter ein Land exportieren muss, um eine bestimmte Menge von Gütern importieren zu können. Eine Verbesserung der T.o.T. bedeutet, dass das Inland mehr Importgüter pro Einheit des Exportgutes erhält als vorher.

tertiärer Sektor, *Dienstleistungssektor.* Sammelbegriff der Wirtschaftstheorie für Handel, Kreditgewerbe, Versicherungen, Verkehr, sonstige Dienstleistungsunternehmen, Staat, öffentliche Verwaltung und gemeinnützige Organisationen. – Vgl. auch → Sektoren der Volkswirtschaft.

Testament, *letztwillige Verfügung.* Willenserklärung des sog. Erblassers, sein Vermögen auf die Erben zu übertragen.

- Eigenhändiges T. (privates T.): Das T. muss eigenhändig geschrieben und mit Vor- und Familiennamen unterschrieben werden. Es muss Ort und Zeit angegeben werden.
- Notarielles T. (öffentliches T.): Der Erblasser erklärt mündlich oder durch Übergabe einer Schrift zur Niederschrift seinen Willen beim Notar.

Der Erblasser kann das T. durch ein neues T. oder durch Vernichtung des alten widerrufen (→ Widerruf).

Testat, → Bestätigungsvermerk.

Thesaurierung, → Selbstfinanzierung.

Tilgung, regelmäßige Abzahlung einer Geldschuld, wie z.B eines Bankkredits oder einer Anleihe. Je nach Vereinbarung kann die T. in Teilbeträgen nach einem vorgegebenen Tilgungsplan, in einer Summe am Ende der Laufzeit oder variabel während der Laufzeit nach Ermessen des Schuldners erfolgen.

Tilgungsanleihe, → Anleihe, die am Ende der Laufzeit in einer Summe oder durch jährlich gleich bleibend hohe Teilbeträge getilgt wird.

Tilgungshypothek, → Hypothek, bei der die zugrunde liegende Forderung in fest vereinbarten Raten zurückgezahlt wird. Die Rate besteht aus Tilgungsbetrag und Zinsen.

Time Lag, → Lag.

Titel, → Vollstreckungstitel.

Tochtergesellschaft, von einer → Muttergesellschaft abhängige Kapitalgesellschaft. Das Kapital der T. ist zum großen Teil, meist sogar zu 100 Prozent im Besitz der herrschenden Gesellschaft.

Total Quality Management, → Qualitätsmanagement.

Trading-up, Veränderung des Leistungsangebots eines Einzelhandelsunternehmens „nach oben“. Das Angebot wird erweitert, vertieft oder qualitativ angehoben. Auf diese Weise sollen neue Zielgruppen erreicht werden. Außerdem will sich das Unternehmen gegenüber Konkurrenten stärker abheben.

Traineeprogramm, Maßnahme zum Berufseinstieg von Hochschulabgängern. Der Trainee durchläuft die verschiedenen Abteilungen und Funktionsbereiche des Unternehmens. Ein T. dauert sechs bis 24 Monate. Während des T. sollen praxisrelevante Fähigkeiten für die später zu übernehmende Führungsaufgabe erlernt werden (Learning by Doing).

Training off the Job, zusätzliche Schulungsmaßnahmen, die als Ergänzung zur praktischen Ausbildung am Arbeitsplatz durchgeführt werden.

Training on the Job, systematische Unterrichtung und Einweisung direkt am Arbeitsplatz. Der neue Stelleninhaber soll nach und nach in der Lage sein, die Verantwortung für seinen Aufgabenbereich zu übernehmen. Außerdem soll er einen grundlegenden Überblick in die Gesamtzusammenhänge des Unternehmens gewinnen. I.d.R. wird ein T.o.t.J. durch Seminare oder ähnliche interne oder externe Ausbildungsmaßnahmen ergänzt.

Tranche, Teilbetrag einer Wertpapieremission (→ Emission). Häufig werden Anleihen in mehreren T. in gewissen Zeitabständen aufgelegt.

Transaktion, Austausch von Gütern und Leistungen.

Transaktionskosten, Begriff der Wirtschaftstheorie. T. sind Kosten, die in einem direkten Zusammenhang mit der Übertragung von Gütern (z. B. Kauf, Verkauf) entstehen. T. sind z.B. Informationskosten bei der Suche nach Geschäftspartnern, Vertragsabschlusskosten und Kosten für die Änderung einer Bestellung.

Transaktionskostentheorie, Theorie der → Neuen Institutionenökonomie. In der T. wird die Effizienz unterschiedlicher Organisationsformen (Markt, Hierarchie), in deren Rahmen wirtschaftliche Leistungsaustausche abgewickelt werden, untersucht. Es wird die Form gesucht, bei der die → Transaktionskosten und Produktionskosten am niedrigsten sind

Transaktionsnummer (TAN), Nummer, die beim → Home Banking bei jedem Auftrag, Dauerauftrag oder jeder Überweisung eingegeben werden muss.

Transfers, *Transferausgaben, Transferleistungen, Transferzahlungen.* Leistungen, die ohne Gegenleistung von Bund, Ländern, Gemeinden und Sozialversicherungsträgern an private Haushalte und Unternehmen gezahlt werden. T. sind z.B. Arbeitslosengeld, Renten, Sozialhilfe und Wohngeld sowie → Subventionen an Unternehmen. Handelt es sich um Zahlungen an private Haushalte, erhöhen sie das → verfügbare Einkommen. – In der

Volkswirtschaftlichen Gesamtrechnung (VGR) werden sog. laufende T. wie z.B. Subventionen, Steuern, Sozialbeiträge und -leistungen sowie Entwicklungshilfeleistungen erfasst. Einmalige T. werden als Vermögenstransfers (z.B. Wiederaufbauhilfe nach Naturkatastrophen) bezeichnet.

Transfereinkommen, *Übertragungseinkommen, Sekundäreinkommen.* Begriff aus der Volkswirtschaftlichen Gesamtrechnung (VGR) für das → Einkommen, das private Haushalte ohne direkte Gegenleistung erhalten (→ Transfers). Zu den T. gehören z.B. Renten, Arbeitslosengeld und Kindergeld. – *Gegensatz:* → Faktoreinkommen.

Transithandel, *Durchfuhrhandel.* Warenhandel, der durch ein Land hindurchgeleitet wird. Die Waren werden weder gelagert noch be- oder verarbeitet. Für den T. gelten Sonderreglungen im Zoll- und Außenwirtschaftsrecht.

Transportversicherung, Versicherung der Transportmittel und der beförderten Güter. Die T. deckt auch die damit verbundene Vor-, Zwischen- und Nachlagerung ab. Sie umfasst die Kaskoversicherung (Transportmittelversicherung), die Cargoversicherung (Transportgutversicherung), aber auch die Haftpflichtversicherung. Zu den T. gehören z.B. See-, Lufttransport- und Binnentransportversicherung. Die T. zählt zu den → Sachversicherungen.

Tratte, → Wechsel, der vom Wechselschuldner noch nicht angenommen wurde.

Treasury Management, Teil des → Finanzmanagements. Das T.M. umfasst die Kapitalbeschaffung von kurz- und langfristigem Fremdkapital, die Aufnahme von Eigenkapital und die Anlage frei verfügbarer Mittel auf den Geld- und Kapitalmärkten. Wichtig ist bei Entscheidungen im Rahmen des T.M., dass die Liquidität des Unternehmens gesichert und das Unternehmen gegenüber finanziellen Risiken abgesichert wird.

Treuepflicht, Begriff aus dem Arbeitsrecht. T. ist die Pflicht des → Arbeitnehmers, die berechtigten Interessen seines Arbeitgebers zu verfolgen. Der Arbeitnehmer muss alle für den Arbeitgeber nachteiligen Aktivitäten unterlassen. Er darf z.B. keine Geschäftsgeheimnisse an Dritte verraten und keine Schmiergelder annehmen. Der T. des Arbeitnehmers steht die → Fürsorgepflicht des Arbeitgebers gegenüber.

Treuhandkonto, → Anderkonto.

Treuhandschaft, Rechtsverhältnis, bei dem eine Person (Treugeber) einer anderen Person (Treuhänder) ein Recht überträgt. Bedingung ist jedoch, dass der Treuhänder dieses Recht nicht zum eigenen Vorteil gebraucht. Der Treuhänder nimmt uneigennützig die Interessen des Treugebers wahr oder übt uneigennützig amtliche Befugnisse aus. Grundlage ist ein Treuhandvertrag oder eine gerichtliche Entscheidung aufgrund gesetzlicher Bestimmungen.

Treu und Glauben, privatrechtlicher Grundsatz. Dieser verlangt ein redliches Verhalten mit Rücksicht auf die schutzwürdigen Belange anderer. Der Schuldner hat z.B. seine Leistung so zu erbringen, wie T.u.G. es mit Rücksicht auf die → Verkehrssitte erfordern.

Turnaround, Wende eines in einer wirtschaftlichen Krise befindlichen Unternehmens von der Verlustzone in eine langfristige Gewinnsituation.

Typung, Vereinheitlichung der Produktgestaltung hinsichtlich Art, Größe und Ausführungsform. Die Vereinheitlichung wird nur für ein Unternehmen vorgenommen. – *Anders:* → Normung.

U

Überbewertung, bilanzieller Wertansatz von Vermögensgegenständen über dem rechtlich zulässigen Wert. – *Gegensatz:* → Unterbewertung.

Überbringerklausel, *Inhaberklausel.* Vermerk „oder Überbringer" auf einem Scheck hinter dem Namen des Zahlungsempfängers. Durch die Ü. wird der Scheck zu einem → Inhaberpapier.

Überbrückungsgeld, Leistung der Bundesagentur für Arbeit. Durch das Ü. soll eine Existenzgründung gefördert werden. Das Ü. soll den Lebensunterhalt und die soziale Sicherung in der ersten Zeit nach der Existenzgründung sichern. Anspruch auf Ü. hat, wer vor Aufnahme der selbstständigen Tätigkeit mindestens vier Wochen Arbeitslosengeld, Arbeitslosengeld II oder Kurzarbeitergeld bezogen hat. Außerdem muss von fachkundiger Stelle bestätigt werden, dass die Existenzgründung erfolgreich sein kann. Ü. wird für maximal sechs Monate in Höhe des zuletzt erhaltenen Arbeitslosengeldes gewährt.

Übereignung, Übertragung des Eigentums einer Sache an einen Dritten. Die Ü. erfolgt durch Einigung und Übergabe.

Übernahme, → Takeover.

über pari, Kurs eines Wertpapiers, der über dem → Nennwert liegt. Die Differenz zwischen Kurs und Nennwert wird als → Agio bezeichnet. – *Gegensatz:* → unter pari.

überproportionale Kosten, → progressive Kosten.

Überschuldung, liegt vor, wenn das Vermögen die Schulden nicht mehr deckt. Im Fall der Ü. muss ein Insolvenzantrag gestellt werden (→ Insolvenzverfahren).

Überschusseinkünfte, → Einkünfte.

Überschussrechnung, → Einnahmen-Ausgaben-Überschussrechnung.

Überstunden, Arbeitszeit, die über die im Arbeitsvertrag, in einer Betriebsvereinbarung oder im Tarifvertrag festgelegten Zeiten hinausgeht. Ü. müssen i.d.R. vergütet werden. Bei leitenden Angestellten sind Ü. häufig durch ihr normales Gehalt abgegolten. Ob eine höhere Vergütung als die Normalvergütung zu zahlen ist, richtet sich nach den getroffenen Vereinbarungen oder nach der Betriebspraxis. I.d.R. sind in Tarifverträgen Überstundenzuschläge vereinbart worden. Die Anordnung von Ü. unterliegen der Mitbestimmungspflicht des Betriebsrats (→ Mitbestimmung).

Übertragungen, → Transfers.

Übertragungseinkommen, → Transfereinkommen.

Überweisung, → Banküberweisung.

Überzeichnung, Begriff aus dem Bank- und Börsenwesen im Zusammenhang mit der Ausgabe neuer Wertpapiere. Bei einer Ü. liegen die Kaufaufträge über dem angebotenen Gesamtbetrag der neuen Wertpapiere. Im Fall einer Ü. erfolgt die Ausgabe mit einer geringeren Quote oder es findet eine Verlosung statt. Bei einer Ü.

wird i.d.R. die Frist für die Abgabe von Kaufaufträgen verkürzt.

Übungsfirma, Modell eines Wirtschaftsbetriebs, in dem kaufmännische Auszubildende praktische Erfahrungen einüben können. Die Ü. ist eine Alternative oder eine Ergänzung zum Betrieb.

Ultimo, der letzte Tag. Im Geld- und Börsenverkehr ist U. der letzte Börsentag des Monats.

Ultimogeld, Möglichkeit des Handels unter Banken. U. ist ein kurzfristiger Kredit, der am letzten Tag des Monats fällig ist. Eine Kündigung ist in diesem Fall nicht erforderlich.

Umbuchung, → Buchung schon einmal verbuchter Beträge auf ein anderes Konto. U. werden zur Vorbereitung eines Jahresabschlusses vorgenommen.

Umkehrwechsel, → Scheck-Wechsel-Verfahren.

Umlageverfahren, Verfahren zur Finanzierung von Leistungen der Sozialversicherungen. Die Versicherungsbeiträge müssen so bemessen werden, dass sie die innerhalb des betreffenden Zeitraums anfallenden Ausgaben decken. Das U. wird im deutschen Sozialversicherungssystem angewandt. – *Gegensatz:* → Anwartschaftsverfahren.

Umlaufmarkt, → Sekundärmarkt.

Umlaufrendite, → Rendite von Anleihen, die am Markt gehandelt werden. Von der Deutschen Bundesbank wird die durchschnittliche U. deutscher Anleihen ermittelt und veröffentlicht.

Umlaufvermögen, *Betriebskapital.* Begriff aus dem Handelsrecht für Vermögensgegenstände, die nicht dazu bestimmt sind, dem Geschäftsbetrieb dauerhaft zur Verfügung zu stehen. Zum U. zählen vor allem Vorräte, Forderungen, Kassenbestände, Bankguthaben und Wertpapiere. – In der Bilanz ist das U. gesondert auf der linken Seite (Aktivseite) auszuweisen (→ Aktiva). Das U. wird in folgende Positionen untergliedert: Vorräte, Forderungen und sonstige Vermögensgegenstände, Wertpapiere und Zahlungsmittelbestand. Nach dem Handelsgesetzbuch (HGB) müssen Gegenstände des U. mindestens zu ihren Anschaffungs- oder Herstellungskosten bewertet werden. Liegt der → Tageswert oder der → beizulegende Wert darunter, sind diese anzusetzen. – *Gegensatz:* → Anlagevermögen.

Umsatz, Summe der verkauften, zu ihren jeweiligen Verkaufspreisen bewerteten Leistungen (Produkte, Dienstleistungen) eines Unternehmens. – *Anders:* → Absatz, → Erlös.

Umsatzerlös, Begriff im Rahmen der Gewinn- und Verlustrechnung (GuV) von Kapitalgesellschaften für → Umsatz.

Umsatzkostenverfahren. 1. *Externes Rechnungswesen:* Verfahren der → Gewinn- und Verlustrechnung (GuV). Für einen bestimmten Zeitraum werden die Aufwendungen der zur Umsatzerzielung erbrachten Leistungen (Umsatzkosten) den Umsatzerlösen gegenübergestellt. Die Aufwendungen werden nach den Funktionsbereichen wie z.B. Produktion, Vertrieb und Verwaltung untergliedert. Zur Gliederung der GuV beim U. vgl. auch Abbildung „Umsatzkostenverfahren – Gliederung der GuV“. – Nach dem Handelsgesetzbuch (HGB) ist das U. zulässig. In diesem Fall müssen im Anhang Material- und Personalaufwand, im Konzernanhang nur der Personalaufwand angegeben werden. Auch nach den International Financial Reporting Standards (IFRS) ist das U. zulässig. Die United States Accepted Accounting Principles (US-GAAP) schreiben sogar das U. vor. – 2. *Kostenrechnung:* Verfahren zur Ermittlung des Betriebsergebnisses im Rahmen einer kurzfristigen Erfolgrechnung. Vgl. auch Abbildung „Umsatzkostenverfahren – kurzfristige Erfolgsrechnung“. – *Anders:* → Gesamtkostenverfahren.

Umsatzkostenverfahren – Gliederung der GuV

1.	Umsatzerlöse
2.	Herstellungskosten der zur Erzielung der Umsatzerlöse erbrachten Leistungen
3.	Bruttoergebnis vom Umsatz
4.	Vertriebskosten
5.	Allgemeine Verwaltungskosten
6.	Sonstige betriebliche Erträge
7.	Sonstige betriebliche Aufwendungen
8.	Erträge aus Beteiligungen
9.	Erträge aus anderen Wertpapieren und Ausleihungen des Finanzanlagevermögens
10.	Sonstige Zinsen und ähnliche Erträge
11.	Abschreibungen auf Finanzanlagen und auf Wertpapiere des Umlaufvermögens
12.	Zinsen und ähnliche Aufwendungen
13.	Ergebnis der gewöhnlichen Geschäftstätigkeit
14.	Außerordentliche Erträge
15.	Außerordentliche Aufwendungen
16.	Außerordentliches Ergebnis
17.	Steuern vom Einkommen und vom Ertrag
18.	Sonstige Steuern
19.	Jahresüberschuss/Jahresfehlbetrag

Umsatzkostenverfahren – kurzfristige Erfolgsrechnung

	Bruttoumsatz
–	Erlösschmälerungen
=	Nettoerlöse
–	Selbstkosten der abgesetzten Erzeugnisse
=	Betriebsergebnis

Umsatzrentabilität, betriebswirtschaftliche Kennzahl zur Beurteilung des wirtschaftlichen Erfolgs eines Unternehmens. Die U. ist das Verhältnis von Gewinn zu Umsatz. – Vgl. auch → Rentabilität.

Umsatzsteuer, Steuer auf den Umsatz eines Unternehmens. Umsatzsteuerpflichtig sind Unternehmer mit Ausnahme von → Kleinunternehmern. Die U. wird i.d.R. jedoch von den Käufern getragen, da die U. über die Preise auf den Kunden abgewälzt wird. Der Steuersatz beträgt in Deutschland derzeit 16 Prozent. Der ermäßigte Steuersatz beträgt sieben Prozent. Der ermäßigte Steuersatz gilt z.B. für Lebensmittel und Bücher. Jedes Unternehmen kann i.d.R. die U., die in den von ihm bezogenen Vorprodukten und Vorleistungen enthalten ist, von seiner eigenen Umsatzsteuerschuld als sog. Vorsteuer abziehen (→ Vorsteuerabzug). Dadurch wird erreicht, dass jeder Umsatz nur einmal mit der U. belastet wird. Monatlich oder vierteljährlich ist dem Finanzamt eine → Umsatzsteuer-Voranmeldung einzureichen. Die Vorauszahlung ist am zehnten Tag nach Ablauf des Voranmeldungszeitraums fällig. Von der Finanzverwaltung wird für die Zahlung eine Schonfrist von drei Tagen eingeräumt.

Umsatzsteuer-Identifikationsnummer, Kennnummer, die an umsatzsteuerpflichtige Personen vergeben wird. Die U.-I. wird auf schriftlichen Antrag vom Bundesamt der Finanzen erteilt. Im Antrag müssen Name, Anschrift und Steuernummer, unter der der Antragsteller umsatzsteuerlich geführt wird, angegeben werden. Die Landesfinanzbehörden übermitteln dem Bundesamt die für die Erteilung der U.-I. erforderlichen Angaben. Im Gegenzug werden die Landesbehörden über die Erteilung der U.-I. unterrichtet.

Umsatzsteuer-Voranmeldung, Steuererklärung des umsatzpflichtigen Unternehmers. In der U.-V. errechnet der Unternehmer die Umsatzsteuer selbst. Je nach Höhe der Steuerschuld beträgt der Voranmeldungszeitraum ein Jahr, ein Kalendervierteljahr oder einen Kalendermonat. Sie muss bis zum zehnten Tag nach Ablauf jedes Voranmeldungszeitraums beim Finanzamt eingereicht werden. Im Rahmen der Jahressteuererklärung wird die tatsächlich entstandene Umsatzsteuer mit der Vorauszahlung verrechnet.

Umschlagsdauer, → Lagerumschlag.

Umschlagshäufigkeit, → Lagerumschlag.

Umschuldung, Umstrukturierung fälliger Verbindlichkeiten bei Zahlungsunfähigkeit des Schuldners. Im Rahmen einer U. können längere Fälligkeiten, niedrigere

Zinsen oder tilgungsfreie Zeiten vereinbart werden.

Umverteilung, → Verteilungspolitik.

Umwandlung, Änderung der Rechtsform eines Unternehmens. Zu unterscheiden sind:

- formwechselnde U.: Wechsel nur der Rechtsform
- verschmelzende U.: Übertragung der Vermögenswerte und Schulden auf ein anderes bereits bestehendes Unternehmen (→ Fusion).

Die U. ist im Umwandlungsgesetz (UmwG) geregelt.

Umweltabgabe, → Abgabe, die für die Nutzung der natürlichen Umwelt und Ressourcen erhoben wird. Durch eine U. wird der Verursacher der Umweltschäden belastet (→ Verursacherprinzip). Um Abgaben zu vermeiden, muss er Umweltbelastungen verhindern und sich umweltgerechter verhalten. Problematisch an einer U. ist die Festsetzung der Abgabenhöhe und die Berücksichtigung der unterschiedlichen regionalen Umweltschutzerfordernisse. – Vgl. auch → Ökosteuer, → Umweltgebühr.

Umweltauflage, umweltpolitisches Instrument. U. sind Ge- oder Verbote in Form einer direkten umweltbezogenen Verhaltensvorschrift. Zu unterscheiden sind:

- Emissionsauflagen: Grenzwerte für den Schadstoffausstoß.
- Auflagen für Produktionsprozesse: Gebote zur Verwendung z.B. bestimmter Rohstoffe und Vorschriften bezüglich der anzuwendenden Technologien bei Anlagen.
- Produktionsauflagen: z.B. Begrenzung der Produktionsmengen, Produktionseinstellung in Notfällen und Ansiedlungsverbote.

In Deutschland werden häufig in der Umweltpolitik U. als Instrument eingesetzt. U. sind relativ leicht der Öffentlichkeit verständlich zu machen. Außerdem sind sie relativ leicht durchsetzbar und kontrollierbar.

Umweltgebühr, → Gebühr, die für die Nutzung der natürlichen Umwelt und Ressourcen zu entrichten ist. U. werden vor allem zur Finanzierung von Entsorgungsleistungen eingesetzt, z.B. bei der Entwässerung und Abfallentsorgung.

Umwelthaftpflichtversicherung, Versicherung zur Deckung der gesetzlichen Haftung für Schäden, die durch Umwelteinwirkungen verursacht worden sind. Zu den versicherten Risiken zählen vor allem Gewässerbeeinträchtigungen, Abwässeranlagen- und Einwirkungsrisiken sowie Schäden aus Umwelteinwirkungen aus Anlagen, die dem Umwelthaftungsgesetz (UmweltHG) unterliegen.

Umwelthaftung, Haftung eines Anlagenbetreibers für Umweltschäden. Nach dem Umwelthaftungsgesetz (UmweltG) haftet ein Betreiber, wenn durch Umwelteinwirkungen aus seiner Anlage ein Körper- oder Sachschaden entstanden ist (→ Gefährdungshaftung). Anlagen im Sinn des Umwelthaftungsgesetz sind vor allem Anlagen zur Wärmegewinnung, Abfallbeseitigung, Stahlerzeugung oder Anlagen der Chemischen Industrie.

Umweltlizenz, → Umweltzertifikat.

Umweltpolitik, staatliche Maßnahmen zur Sicherung und Erhaltung der natürlichen Lebensgrundlagen. Ziel der U. ist es, die Umweltqualität zu verbessern, Umweltbelastungen zu verringern sowie die natürliche Umwelt zu schonen. Wichtigstes Grundprinzip der U. ist das → Verursacherprinzip. – Zu den Instrumenten der U. zählen vor allem → Umweltauflagen sowie → Umweltabgaben, → Umweltgebühren, → Ökosteuern und → Umweltzertifikate.

Umweltschutz, zusammenfassende Bezeichnung für alle Bestrebungen und Maßnahmen, die natürliche Lebensgrundlage des Menschen zu erhalten. Staatliche Umweltschutzmaßnahmen sind Teil der → Umweltpolitik.

Umweltzeichen, Kennzeichen für umweltfreundliche Produkte. Ziel ist es, durch U. das Umweltbewusstsein, aber vor allem auch die Nachfrage nach umweltfreundlichen Produkten zu fördern. Umweltfreundliche Produkte werden mit dem sog. Blauen Umweltengel (Umweltemblem der Vereinten Nationen) versehen.

Umweltzertifikat, *Umweltlizenz.* Verbrieftes Nutzungsrecht an natürlichen Ressourcen. Aufgrund eines U. hat der Inhaber das Recht, eine vorgegebene Schadstoffmenge in einer bestimmten Region in die Umwelt abzugeben. Es werden zunächst Höchstgrenzen für den Schadstoffausstoß festgelegt. Entsprechend dieser Obergrenzen werden dann sog. Emissionsrechte durch Versteigerung oder durch Vergabe zugeteilt. Die Emissionsrechte können in Form von Urkunden gehandelt werden. Sind weniger Zertifikate vorhanden als nachgefragt, bildet sich ein Preis, über den eine wirksame Verteilung des Umweltschutzes erfolgt. – Seit 2005 gibt es in Deutschland einen Handel mit CO_2-Zertifikaten (→ Emissionshandel).

UN, Abk. für United Nations (→ Vereinte Nationen).

unbeschränkte Steuerpflicht, Steuerpflicht, die sich auf das gesamt Einkommen erstreckt. D.h., dass auch ausländische Einkommen und Vermögen zu versteuern sind. Eine u.S. besteht für alle Personen, die ihren Wohnsitz oder gewöhnlichen Aufenthaltsort im Inland haben. Sie gilt außerdem für Körperschaften, Personenvereinigungen und Vermögensmassen, die ihren Sitz oder ihre Geschäftsleitung im Inland haben. Einschränkungen der u.S. können sich aus den Doppelbesteuerungsabkommen ergeben (→ Doppelbesteuerung). – *Gegensatz:* → beschränkte Steuerpflicht.

unbestellte Lieferung, Zusendung von Waren, die der Empfänger ohne Bestellung erhält. Durch die Annahme der Ware kommt kein Kaufvertrag zustande. Dies gilt auch dann, wenn der Empfänger nicht reagiert, die Ware nicht ablehnt oder nicht zurücksendet. Der Empfänger kann die Leistung unentgeltlich ge- oder verbrauchen.

UNCTAD, Abk. für United Nations Conference on Trade and Development, → Konferenz der Vereinten Nationen für Handel und Entwicklung.

Underlying, → Basiswert.

Und-Konto, → Gemeinschaftskonto.

uneinbringliche Forderung, → Forderung, die endgültig als verloren anzusehen ist. Die ist z.B. bei einer Insolvenz des Schuldners der Fall. Eine u.F. ist in voller Höhe oder auf einen Erinnerungswert abzuschreiben (→ Abschreibung).

unentgeltliche Wertabgaben, früher *Eigenverbrauch.* Begriff aus dem Umsatzsteuerrecht für Vorgänge, die fiktiv einer Lieferung oder sonstigen Leistung gegen Entgelt gleichgestellt werden. Sie sind es zwar nicht tatsächlich, aber dennoch wird eine Umsatzsteuer erhoben. Für bestimmte Wirtschaftszweige (z.B. Bäckereien, Metzgereien, Gaststätten) sieht das Steuerrecht zur Berücksichtigung von u.W. sog. Sachentnahme-Pauschalen in Höhe bestimmter Richtsätze vor. Darüber hinaus kommt es zu u.W. bei der Berücksichtigung des Eigenanteils an den Bewirtungskosten (30 Prozent des Rechnungsbetrages) sowie der Nutzung eines Firmenwagens für Privatfahrten (→ Ein-Prozent-Regelung). Eine steuerliche Berücksichtigung erfolgt aber auch in allen anderen Fällen, in denen sich die betriebliche und private Nutzung eines Wirtschaftsgutes nicht voneinander trennen lassen.

unerlaubte Handlung, → Delikt.

Unfallversicherung. 1. *Gesetzliche U.:* Die gesetzliche U. hat die Aufgabe, den Versicherten bei einem Arbeitsunfall oder einer Berufskrankheit soziale Leistungen zu gewähren. Versichert sind Arbeitnehmer und sonstige Personen wie z.B. Heimarbeiter. Leistungen der U. sind Heilbehandlung, Berufshilfe, ergänzende Leistungen (z.B. Haushaltshilfe), Verletztengeld, Übergangsgeld, Verletztenrente, Sterbegeld, Hinterbliebenenrente und Überbrückungshilfe. Träger sind die gewerblichen und die landwirtschaftlichen Berufsgenossenschaften, der Bund, die Eisenbahn-Unfallkasse, die Unfallkasse Post und Telekom, die Unfallkassen der Länder, die Gemeindeunfallversicherungsverbände, die Feuerwehr-Unfallkasse und die gemeinsamen Unfallkassen für den Landes- und den kommunalen Bereich. Die Beiträge zu U. werden von den Unternehmen gezahlt. – 2. *Private U.:* Durch die U. kann eine Erwerbsunfähigkeit durch einen Unfall versichert und im Todesfall eine Renten- oder Kapitalzahlung an Hinterbliebene gewährleistet werden.

unfertiges Erzeugnis, *Halberzeugnis.* Be- oder verarbeitete Stoffe, deren Produktion jedoch noch nicht beendet ist. Sie sind noch nicht verkaufsfähig. Es kann sich auch um eine unfertige Dienstleistung handeln. – In der Bilanz sind u.E. als → Umlaufvermögen auszuweisen. Sie sind zu ihren → Herstellungskosten zu bewerten. – *Gegensatz:* → Fertigerzeugnis.

unfrei, → Versandklauseln.

ungewisse Verbindlichkeit, → Verbindlichkeit, deren Höhe oder Fälligkeit noch nicht feststeht. U.V. sind z.B. die Gerichtskosten für einen schwebenden Prozess. – Für u.V. müssen → Rückstellungen gebildet werden.

Unionsbürgerschaft, europäische Bürgerschaft. Unionsbürger ist jeder, der Staatsbürger eines der Mitgliedstaaten der Europäischen Union (EU) ist. Die U. gilt neben der nationalen Staatsbürgerschaft. Für einen Unionsbürger gilt die Niederlassungsfreiheit. Ein Unionsbürger kann bei den Kommunalwahlen in dem Mitgliedstaat, in dem er seinen Wohnsitz hat, wählen und gewählt werden.

Unique Selling Proposition (USP), Begriff aus dem Marketing. Der USP ist das Herausstellen des besonderen Nutzens eines Produkts oder einer Dienstleistung in der Werbung (einzigartiges Verkaufsversprechen). Auf diese Weise soll deutlich gemacht werden, worin sich das Produkt oder die Dienstleistung von Konkurrenzangeboten abhebt. Vor allem soll mit Hilfe des USP der Verbraucher vom Produkt oder von der Dienstleistung überzeugt und zum Kauf angeregt werden.

United States Generally Accepted Accounting Principles (US-GAAP), US-amerikanische Bilanzierungsvorschriften. Die US-GAAP bestehen aus zahlreichen Einzelfallregelungen. Bestandteile der Rechnungslegung nach US-GAAP sind:

- Balance Sheet (Bilanz)
- Statement of Income (Gewinn- und Verlustrechnung)
- Statement of Cashflows (Kapitalflussrechnung)
- Statement of Changes in Stakeholders Equity (Eigenkapitalverwendungsrechnung)
- Notes of Financial Statements (Angabepflichten zur Bilanzierungspolitik).

Die US-GAAP werden vom → Financial Accounting Standards Board (FASB) erlassen. Die amerikanischen Berufsorganisationen haben jedoch einen maßgeblichen Einfluss auf die inhaltliche Entwicklung. – Vgl. auch → International Accounting Standards Board (IASB).

Universalbank, Bank, die alle oder zumindest einen überwiegenden Teil der → Bankgeschäfte im Sinn des Kreditwesengesetzes (KWG) betreibt. U. betreiben vor allem das Einlagen-, Kredit- und Wertpapiergeschäft. – *Gegensatz:* → Spezialbank.

unlauterer Wettbewerb, Begriff aus dem Wettbewerbsrecht. U.W. sind Handlungen im Geschäftsverkehr, die gegen die guten Sitten verstoßen. Das Gesetz gegen den unlauteren Wettbewerb (UWG) führt die in diesem Sinn unzulässigen

Formen des Wettbewerbs sowie zahlreiche Fallbeispiele auf. Das UWG zählt unter anderem folgende Verstöße dazu:
- irreführende Werbung
- sittenwidrige Werbung
- fälschliches Ankündigen von Insolvenzwaren
- vergleichende herabsetzende Werbung
- Ausübung von rechtlichen oder psychologischen Zwang
- Ausnutzung von Unerfahrenheit und Vertrauen
- Behinderung von Konkurrenten.

Bei Verstößen gegen das UWG kann eine Unterlassung der unzulässigen Handlungen (→ Unterlassungserklärung) und → Schadensersatz verlangt werden.

Unmöglichkeit, Begriff aus dem Bürgerlichen Recht. U. liegt vor, wenn der Schuldner nicht in der Lage ist, die vertraglich vereinbarte Leistung zu erbringen. Aufgrund der U. ist der Schuldner von seiner Verpflichtung, eine Leistung zu erbringen, frei. In diesem Fall muss der Käufer den Kaufpreis nicht zahlen oder ein bereits gezahlter Kaufpreis muss an ihn zurückerstattet werden. – Ist die U. durch den Schuldner zu vertreten, stellt sie eine → Nichtleistung dar. Dies bedeutet, dass der Gläubiger den Ersatz des Schadens und des entstandenen Aufwands fordern und vom Vertrag zurücktreten kann.

Unpfändbarkeit, Begriff aus dem Zwangsvollstreckungsrecht. U. bedeutet, dass bestimmte Gegenstände des Schuldners nicht gepfändet werden dürfen (→ Pfändung). – 1. *U. von Sachen:* Gegenstände, die der Haushaltsführung und dem Erwerbszweck (z.B. Arbeitsgeräte) dienen, Nahrungs- und Feuerungsvorräte für die nächsten vier Wochen oder der dafür notwendige Geldbetrag. – 2. *U. von Forderungen:* Bei der → Lohnpfändung sind bestimmte Beträge unpfändbar. Miet- und Pachtzinsen sind nur dann pfändbar, wenn sie den Betrag der notwendigen Belastungen (Tilgung, Hypothekenzinsen) und den erforderlichen Instandsetzungsaufwand übersteigen.

Unterbewertung, bilanzieller Wertansatz von Vermögensgegenständen unter dem rechtlich zulässigen Wert. Durch U. entstehen → stille Rücklagen. – *Gegensatz:* → Überbewertung.

Unterlassungserklärung, schriftliche Erklärung, eine bestimmte Handlung zu unterlassen. Eine U. erfolgt i.d.R. nach einer → Abmahnung. Durch die U. wird ein Streitfall außergerichtlich beigelegt.

Unternehmen, rechtliche und organisatorische Wirtschaftseinheit, die Güter herstellen oder Dienstleistungen erbringen. Im Gegensatz dazu ist der → Betrieb eine Produktionsstätte. – Der Begriff Unternehmung wird vor allem in Gesetzestexten gleichbedeutend verwendet.

Unternehmensberatung, → Consulting.

Unternehmensbewertung, Bewertung eines Unternehmens als Ganzes. Es soll der Marktpreis eines Unternehmens ermittelt werden (sog. Unternehmenswert). Es werden vor allem folgende Verfahren im Rahmen der U. angewandt:
- Ertragswertverfahren: Dieses Verfahren berücksichtigt bei der U. die zukünftige Unternehmensentwicklung (→ Ertragswert).
- Substanzwertverfahren: Die Grundlage dieses Verfahrens bilden die Wiederbeschaffungswerte der einzelnen Vermögensgegenstände (→ Substanzwert).

Unternehmensergebnis, → Betriebsergebnis.

Unternehmensformen, → Rechtsformen.

Unternehmensforschung, → Operations Research.

Unternehmensführung, → Management.

Unternehmensgründung, → Gründung.

Unternehmenskonzentration, überdurchschnittliches Wachstum der Großunternehmen im Vergleich zum Wachstum aller Unternehmen. U. entsteht vor allem durch Unternehmenszusammenschlüsse. Für die Unternehmen bringt das Wachstum vor allem Kostenvorteile aufgrund der Größe. Es können beispielsweise Forschung und Entwicklung gebündelt, Absatzmärkte ausgeweitet oder bessere Finanzierungsmöglichkeiten aufgrund einer höheren Kreditwürdigkeit erzielt werden. Aus gesamtwirtschaftlicher Sicht wird bei U. eine abnehmende Wettbewerbsintensität befürchtet. Dies könnte zu überhöhten Preisen und Gewinnen und damit zu einer Verschlechterung der Marktversorgung führen. – In Deutschland wurde das Gesetz gegen Wettbewerbsbeschränkungen (GWB) erlassen, um den negativen Folgen einer U. entgegenzuwirken. Das Bundeskartellamt kann auf der Grundlage des GWB gegen marktbeherrschende Unternehmen vorgehen, die ihre Marktmacht missbräuchlich ausnutzen. Außerdem kann es den Zusammenschluss von Unternehmen verbieten, wenn so das Unternehmen eine marktbeherrschende Stellung erreicht. – Die Monopolkommission beobachtet den Stand und die Entwicklung der U.

Unternehmenskultur, gemeinsame Werte, Normen und Einstellungen, die die Entscheidungen, Handlungen und das Verhalten der Unternehmensführung und der Mitarbeiter prägen. I.d.R. wird die U. nicht bewusst beeinflusst. Sie ist vielmehr das Ergebnis der Verhaltensweisen der Mitarbeiter, vor allem der Führungskräfte.

Unternehmensleitbild, *Unternehmensphilosophie.* Grundsätze und Zielvorstellungen der Unternehmensführung und der Eigentümer gegenüber Gesellschaft, Wirtschaft und Menschen. Durch das U. soll die Identität des Unternehmens (→ Corporate Identity) nach außen zum Ausdruck kommen. Außerdem sollen sich die Mitarbeiter verstärkt mit dem Unternehmen identifizieren können.

Unternehmensphilosphie, → Unternehmensleitbild.

Unternehmensplanung, → Planung.

Unternehmenspolitik, alle Entscheidungen, vor allem strategische, die von der Unternehmensführung getroffen werden. Die U. wird vom → Unternehmensleitbild geprägt.

Unternehmensstrategie, → Strategie.

Unternehmensverfassung, alle Regelungen, die die Unternehmensaktivitäten bestimmen. Die U. ergibt sich aus den gesetzlichen Regelungen, vor allem des Gesellschafts-, Arbeits- und Mitbestimmungsrechts, aus den Tarifverträgen und Betriebsvereinbarungen sowie aus Gesellschaftsverträgen und Satzungen.

Unternehmenswert, → Firmenwert, → Unternehmensbewertung.

Unternehmensziele, Ziele, die im Rahmen der strategischen Planung für das Gesamtunternehmen festgelegt werden. Wichtigste Zielsetzung erwerbswirtschaftlich geführter Unternehmen ist ihr Gewinn- und Rentabilitätsstreben. Dies bedeutet i.d.R. die Maximierung des Unternehmensgewinns, Steigerung der Produktivität und Wettbewerbsfähigkeit sowie Senkung der Kosten.

Unternehmenszusammenschluss, → Fusion.

Unternehmer. 1. *Betriebswirtschaft:* Der U. ist eine Persönlichkeit, die ein Unternehmen plant, mit Erfolg gründet und/oder selbstständig und verantwortlich mit Initiative leitet. Er übernimmt das persönliche Risiko oder das Kapitalrisiko. – Vgl. auch → leitender Angestellter. – 2. *Bürgerliches Recht und Handelsrecht:* U. ist eine → natürliche Person, → juristische Person oder rechtsfähige → Personengesellschaft, die beim Abschluss von Rechtsgeschäften ihrer gewerblichen oder selbstständigen beruflichen Tätigkeit nachgeht. Auch Freiberufler, Handwerker, Landwirte und Kleingewerbetreibende sind gegebenenfalls U. – *Gegensatz:* → Verbraucher. – 3. *Steuerrecht:* U. ist derjenige, der eine gewerbliche oder berufliche Tätigkeit selbstständig ausübt. Als gewerblich oder beruflich ist jede länger dauernde Tätigkeit zur Erzielung von Einnahmen anzusehen. Dies gilt auch, wenn die Absicht, Gewinn zu erzielen fehlt oder eine Personenvereinigung nur gegenüber ihren Mitgliedern tätig wird. Ein U. unterliegt der → Umsatzsteuer.

Unternehmerlohn, → kalkulatorischer Unternehmerlohn.

Unternehmerwagnis, → Wagnis.

Unternehmung, → Unternehmen.

unter pari, Kurs eines Wertpapiers, der unter dem → Nennwert liegt. Die Differenz zwischen Kurs und Nennwert wird als → Disagio bezeichnet. – *Gegensatz:* → über pari.

unterproportionale Kosten, → degressive Kosten.

Unterstützungskasse, Einrichtung, die Versorgungsleistungen der → betrieblichen Altersversorgung gewährt. Im Gegensatz zur → Pensionskasse ist der Rechtsanspruch auf eine Leistung ausgeschlossen. Nach der Rechtsprechung bedeutet dies, dass eine Versorgungsleistung widerrufen werden kann. U. sind häufig Vereine, größere U. sowie auch Gesellschaften mit beschränkter Haftung (GmbH). Sie werden von einzelnen Unternehmen oder einem Unternehmensverbund getragen. Es besteht eine gesetzliche Verpflichtung zur Insolvenzsicherung durch einen sog. Pensions-Sicherungs-Verein. Die Finanzierung erfolgt durch Aufwendungen der Trägerunternehmen und durch Erträge der Vermögensanlage.

Unterversicherung, liegt vor, wenn die Versicherungssumme zum Zeitpunkt des Eintritts des Versicherungsfalls niedriger als der Versicherungswert ist. Der Versicherer haftet in diesem Fall nur für einen entsprechend niedrigeren Betrag.

unverbindliche Preisempfehlung, → Preisempfehlung.

unverzinsliche Anleihe, → Zero Bond.

unverzinsliche Schatzanweisung, → Schatzanweisung.

unverzüglich, im zivilrechtlichen Sinn nicht „sofort“, sondern „ohne schuldhaftes Zögern“. Dies bedeutet, dass eine gewisse Überlegungsfrist besteht.

unvollkommener Markt, → Markt.

unvollständige Konkurrenz, → Polypol.

Urabstimmung, → Streik.

Urheber, geistiger Schöpfer eines Werks der Literatur, Wissenschaft und Kunst. Der U. hat das alleinige Nutzungsrecht an seinem Werk (→ Urheberrecht). Eine Anmeldung ist nicht erforderlich.

Urheberrecht, Verwertungsrecht, das dem → Urheber an seinem Werk zusteht. Das U. ist vererblich. Es erlischt grundsätzlich 70 Jahre nach dem Tod des Urhebers (bei Lichtbildwerken bereits nach 25 Jahren). Es können gegen eine angemessene Vergütung → Nutzungsrechte an Dritte eingeräumt werden.

Urkunde, Schriftstück, das Gedankenäußerungen festhält und den Aussteller erkennen lässt. Die Wirksamkeit ist nicht an den rechtlich korrekten Inhalt oder an eine Unterschrift gebunden. Inhalt und Unterschrift können jedoch eventuell für den Beweiswert der U. von Bedeutung sein.

Urlaubsgeld, Arbeitsentgelt, das während des Urlaubs weitergezahlt wird. Als U. wird aber auch das zusätzlich zum Urlaubsentgelt gezahlte Entgelt oder die bei Verzicht auf Urlaub gezahlte Entschädigung bezeichnet.

Ursprungslandprinzip, Prinzip für die Umsatzbesteuerung internationaler Geschäft. Das U. sieht vor, dass die erbrachten grenzüberschreitenden Umsätze mit der Steuer des Landes belastet werden, in dem der leistende Unternehmer seinen Sitz hat. – *Gegensatz:* → Bestimmungslandprinzip.

Urteil, gerichtliche Entscheidung über eine → Klage. Je nach Art der Klage und Gerichtsinstanz sind verschiedene → Rechtsmittel zugelassen, um das U. anzufechten. Das U. wird den Parteien schriftlich zugeleitet und enthält eine ausführliche Begründung.

Usance, → Handelsbrauch.

U-Schatz, → Schatzanweisung.

US-GAAP, Abk. für → United States Generally Accepted Accounting Principles.

USP, Abk. für → Unique Selling Proposition.

V

Valuta. 1. Bezeichnung für Geld in ausländischer Währung. – 2. Wertstellung eines Buchungspostens auf einem Konto (Valutierung).

variable Kosten, → Kosten, die in ihrer Höhe von den Veränderungen der jeweiligen Kosteneinflussgröße (z.B. Ausbringungsmenge) abhängen. Je nach Kostenverlauf werden → lineare Kosten, → degressive Kosten und → progressive Kosten unterschieden. – *Gegensatz:* → fixe Kosten.

variable Notierung, → fortlaufende Notierung.

variabler Zinssatz, Zinssatz eines Kredits oder einer Vermögensanlage, der an den Marktzins angepasst wird. Die Anpassung kann aufgrund der Vereinbarung einer → Zinsanpassungsklausel sofort oder unter Einhaltung einer bestimmten Frist vorgenommen. – *Gegensatz:* → Festzinssatz.

Varianten, Produkte, die sich nicht oder nur wenig in der Grundstruktur unterscheiden. Beispielsweise können bei der Automobilherstellung V. eines Pkw-Typs hinsichtlich Farbe oder Motorleistung produziert werden.

VDAX, *DAX-Volatilitätsindex.* Index, der die vom Terminmarkt erwartete Schwankungsbreite des → Deutschen Aktienindizes (DAX) ausdrückt. Der VDAX gibt an, welche Schwankungsbreite in den kommenden 45 Tagen zu erwarten ist. Der VDAX wird von der Deutschen Börse AG berechnet und veröffentlicht – *Weitere Informationen unter* www.deutsche-boerse.de.

Venture Capital, *Risikokapital, Wagniskapital.* Zeitlich begrenzte Kapitalbeteiligung an einem jungen, nicht börsennotierten Unternehmen. Diese jungen Unternehmen zeichnen sich trotz zum Teil unzureichender Ertragkraft durch ein überdurchschnittliches Wachstumspotenzial aus. I.d.R. stellen Venture-Capital-Investoren nicht nur Kapital zur Verfügung, sondern unterstützen auch durch Beratungsleistungen. Außerdem verfügen Venture-Capital-Investoren häufig über umfangreiche Eingriffs- und Kontrollmöglichkeiten, wodurch ein Teil des unternehmerischen Risikos von ihnen mit übernommen wird.

Veranlagung, Festsetzung der Steuer mit Hilfe eines gesetzlich festgelegten Verfahrens. – 1. *Einkommensteuer:* Die Einkommensteuer wird nach dem Einkommen veranlagt, das der Steuerpflichtige in einem Kalenderjahr bezogen hat. Der Steuerpflichtige ist verpflichtet, eine → Steuererklärung abzugeben. Auf dieser beruht die V. Das Finanzamt prüft die → Steuererklärung. Es erteilt über die durchgeführte V. dann einen → Steuerbescheid. – Formen der V. sind die Einzelveranlagung und die V. von Ehegatten. Bei der Einzelveranlagung wird für jede einzelne Person aufgrund des → zu versteuernden Einkommens die Einkommensteuer festgelegt. Ehegatten können wählen, ob sie gemeinsam oder getrennt veranlagt werden wollen. Bei einer gemeinsamen V. wird das → Splittingverfahren angewandt. – Bei Arbeitnehmern wird die vom Arbeitslohn zu zahlende Einkommensteuer direkt vom Arbeitslohn erhoben (→ Lohnsteuer). Mit dem Steuerabzug ist die V i.d.R. abgeschlossen. Der Arbeitnehmer kann jedoch eine → Antragsveranlagung einreichen, um zuviel gezahlte Lohnsteuer zurückzuerhalten. – 2. *Körperschaftsteuer:* Die V. erfolgt nach den Vorschriften für die Einkommensteuer. – 3. *Umsatzsteuer:* → Umsatzsteuer-Voranmeldung.

Verantwortung, Verpflichtung und Berechtigung, selbstständig zu handeln und so die gestellte Aufgabe zu erfüllen. V. ist eng verknüpft mit der → Kompetenz für eine Aufgabe oder einen Funktionsbereich.

Veräußerung, Übertragung von Gegenständen durch ein Rechtsgeschäft. Sachen werden durch → Übereignung, Forderungen durch → Forderungsabtretung veräußert.

Veräußerungsgewinn, → außerordentliche Einkünfte, → Betriebsveräußerung.

Veräußerungsverbot, Anordnung, die die Veräußerung bestimmter Gegenstände verbietet. Eine Veräußerung kann aus Gründen des öffentlichen Interesses verboten werden. Das entsprechende Rechtsgeschäft ist in diesem Fall ungültig. V. können auch zum Schutz bestimmter Personen verhängt werden. Beispielsweise kann eine Veräußerung durch eine → einstweilige Verfügung oder eine Zahlung an den Schuldner aufgrund eines Pfändungsbeschlusses verboten werden. In diesem Fall ist nur das Rechtsgeschäft gegenüber den geschützten Personen ungültig.

Verband, ein Zusammenschluss von Personen oder eine Vereinigung auf freiwilliger Basis. Zweck ist die Durchsetzung gemeinsamer Interessen, vor allem wirtschaftlicher, politischer, sozialer oder kultureller Art. V. sind i.d.R. eingetragene → Vereine. Der organisatorische Aufbau eines V. ist unterschiedlich. I.d.R. haben V. ein Präsidium, einen Vorstand und einen Geschäftsführer. Beispiele für V. sind die unterschiedlichen Wirtschafts- und Berufsverbände, Genossenschaften und Kartelle. – Neben dem Gesetzesrecht und dem Recht über Vereine hat sich ein umfangreiches Verbandsrecht z.B. in Form von Satzungen, Ordnungen und Allgemeinen Geschäftsbedingungen entwickelt.

Verbindlichkeiten, Begriff aus dem Handels- und Steuerrecht. V. sind Verpflichtungen gegenüber Dritten, die nach Grund, Höhe und Fälligkeit feststehen. Dazu zählen z.B. V. gegenüber Kreditinstituten, V. aus Lieferungen und Leistungen, Schuldwechsel und Steuern. – In der Bilanz müssen die V. auf der rechten Seite (Passivseite) ausgewiesen werden (→ Passiva). Warenforderungen und V. dürfen nicht miteinander verrechnet werden. – Vgl. auch → Schulden, → ungewisse Verbindlichkeit.

Verbrauch. 1. Verzehr von Gütern und Dienstleistungen zur Bedürfnisbefriedigung (→ Konsum). – 2. Verwendung von Gütern und Dienstleistungen zu Produktionszwecken. Beispielsweise wird der Einsatz von Rohstoffen bei der Leistungserstellung als V. bezeichnet.

Verbraucher. 1. *Betriebs- und Volkswirtschaft:* → Konsument (Endverbraucher). – 2. *Bürgerliches Recht:* eine → natürliche Person, die Rechtsgeschäfte nur zu privaten Zwecken abschließt. Zum Schutz des V. wurden einige spezielle Vorschriften wie z.B. im Bereich der Allgemeinen Geschäftsbedingungen (AGB) und beim Verbrauchsgüterkauf erlassen (→ Verbraucherschutz). – *Gegensatz:* → Unternehmer.

Verbraucherinsolvenzverfahren, → Insolvenzverfahren für natürliche Personen, die nicht selbstständig sind. Das V. gilt außerdem für Schuldner, die selbstständig sind, weniger als zwanzig Gläubiger und keine Forderungen seitens der Beschäftigten haben. Der Schuldner muss mit dem Insolvenzantrag folgende Unterlagen vorlegen: Bescheinigung, dass eine außergerichtliche Einigung mit den Gläubigern über einen Schuldenbereinigungsplan in den letzten sechs Monaten erfolglos verlief; eine Erklärung, ob → Restschuldbefreiung beantragt wird; → Vermögensverzeichnis; → Schuldenbereinigungsplan. – Das zuständige Insolvenzgericht stellt die Verzeichnisse und den Schuldenbereinigungsplan den Gläubigern zu, die innerhalb von sechs Monaten dazu Stellung nehmen können. Der Schuldenbereinigungsplan ist angenommen, wenn keine Einwendungen bestehen. Stimmen mehr als die Hälfte der Gläubiger nach Anzahl und Forderungshöhe dem Plan zu, kann das Gericht auf Antrag Einwende durch eine Zustimmung ersetzen. Wird der Plan nicht angenommen, wird ein vereinfachtes Insolvenzverfahren ohne Insolvenzplan durchgeführt.

Verbraucherdarlehen, Kredit an eine natürliche Person zu privaten Zwecken. Der Kreditbetrag beträgt mehr als 200 Euro. Grundlage ist ein Kreditvertrag, der von einem Verbraucher und einem Unternehmer abgeschlossen wird. – Die Regelung des V. im Bürgerlichen Gesetzbuch (BGB) weicht zu Gunsten des Verbrauchers vom allgemeinen Kreditvertrag ab. Der Vertrag muss mindestens folgende Angaben enthalten:

- Netto- und Gesamtkreditbetrag
- Höhe der Monatsraten
- Laufzeit
- Nominalzinssatz und effektiven Jahreszins
- zu bestellenden Sicherheiten.

Der Verbraucher kann den Kreditvertrag unter bestimmten Voraussetzungen innerhalb einer Frist von zwei Wochen widerrufen.

Verbraucherpolitik, → Verbraucherschutz.

Verbraucherpreisindex für Deutschland (VPI), wichtiger Indikator im Rahmen der Konjunkturanalyse. Der VPI weist nach, wie sich die Lebenshaltung der privaten Haushalte infolge von Preisänderungen verteuert oder verbilligt hat. Der VPI wird monatlich auf der Grundlage einer Stichprobe berechnet. Die zugrunde liegende Güterauswahl (sog. → Warenkorb) und die Gewichtung der einzelnen Güter werden ca. alle fünf Jahre angepasst. – Auf europäischer Ebene wird der → Harmonisierte Verbraucherpreisindex (HVPI) berechnet. – *Weitere Informationen unter* www.destatis.de.

Verbraucherschutz, rechtlicher Schutz des Verbrauchers gegenüber Anbietern. Zum V. wurden vor allem Gesetze hinsichtlich des Anbieterhandels auf dem Konsumgütermarkt erlassen. Wichtige Gesetze dazu sind z.B. das Gesetz gegen den unlauteren Wettbewerb (UWG), das Gesetz gegen Wettbewerbsbeschränkungen (GWB) und zahlreiche Vorschriften des Bürgerlichen Gesetzbuches (BGB). Außerdem sollen im Rahmen des V. die Rechte des Einzelnen gestärkt werden (z.B. durch die Produkthaftung und das Entschädigungsrecht). In Deutschland wird die Aufgabe des V. vor allem durch die Verbraucherverbände sowie durch Verbraucherreferate bei den Wirtschaftsministerien und dem Verbraucherausschuss beim Bundesministerium für Verbraucherschutz, Ernährung und Landwirtschaft wahrgenommen. – *Weitere Informationen unter* www.bmvel.bund.de.

Verbrauchsfolgeverfahren, Vereinfachungsverfahren zur bilanziellen → Bewertung gleichartiger Vermögensgegenstände des → Umlaufvermögens. V. sind im Einzelnen:

- Fifo-Verfahren (First in, first out): Die zuerst angeschafften Vermögensgegenstände werden als erstes verbraucht oder verkauft.
- Hifo-Verfahren (High in, first out): Die Vermögensgegenstände mit dem höchsten Preis werden als erstes verbraucht oder verkauft.
- Lifo-Verfahren (Last in, first out): Die zuletzt angeschafften Vermögensgegenstände werden als erstes verbraucht oder verkauft.
- Lofo-Verfahren (Low in, first out): Die Vermögensgegenstände mit dem niedrigsten Preis werden als erstes verbraucht oder verkauft.

Das Fifo- und das Lifo-Verfahren sind nach dem Handelsgesetzbuch (HGB) sowie nach den International Financial Reporting Standards (IFRS) und die United States Generally Accepted Accounting Principles (US-GAAP) zulässig. Nach dem deutschen Steuerrecht ist nur das Lifo-Verfahren zulässig. Hifo- und Lofo-Verfahren sind nur unter Beachtung des → Niederstwertprinzips handelsrechtlich zulässig. Hifo- und Lofo-Verfahren sind steuerrechtlich nicht zulässig.

Verbrauchsgut, → Konsumgut.

Verbrauchsgüterkauf, Kaufvertrag, bei dem ein → Unternehmer eine bewegliche Sache an einen → Verbraucher verkauft. Beim V. wird der Käufer gesetzlich besonders geschützt. Vor allem können das Gewährleistungsrecht des Käufers, die Gewährleistungsfrist von zwei Jahren (bei gebrauchten Gegenständen von einem Jahr) und die Wahlfreiheit des Käufers im Fall der Nacherfüllung nicht vertraglich abgeändert werden. Tritt ein Sachmangel innerhalb der ersten sechs Monate nach Übergabe der Sache auf, wird vermutet, dass der Fehler bereits zum Kaufzeitpunkt bestand.

Verbrauchsteuern, Steuern, die den Verbrauch oder Gebrauch einer bestimmten Ware belasten. Die Steuer zahlt der Käufer einer Ware. Um jedoch den Steuerabzug zu gewährleisten, wird sie beim Hersteller oder beim Händler erhoben. V. sind vor allem Umsatzsteuer, Mineralölsteuer, Stromsteuer, Tabaksteuer und Alkoholsteuer.

verbundene Versicherung, Versicherung, die mehrere verschiedene, ursprünglich selbstständige Einzelversicherungen zusammenfasst. Es handelt sich rechtlich nur noch um einen Versicherungsvertrag. Beispiel für eine v.V. ist die verbundene Wohngebäudeversicherung gegen Feuer, Sturm und Leitungswasser.

Verbundvorteile, → Economies of Scope.

verdeckte Gewinnausschüttung, Vermögensminderung, die nicht mit einer offenen Gewinnausschüttung im Zusammenhang steht. Eine v.G. liegt z.B. vor, wenn ein Gesellschafter für seine Geschäftsführertätigkeit ein unangemessen hohes Gehalt erhält. Ein anderes Beispiel für eine v.G. ist ein zinsloses Darlehen der Gesellschaft an einen Gesellschafter.

verdecktes Abzahlungsgeschäft, liegt vor, wenn → Kreditgeschäft und → Abzahlungsgeschäft nicht aufeinander bezogen sind. D.h., dass der Kredit wird an den Käufer als eigenständiges Geschäft betont. Aufgrund der Trennung der Geschäfte sind die Finanzierungsteilzahlungen keine Ratenzahlungen. Ziel eines v.A. ist es, die für den Käufer bestehenden gesetzlichen Schutzbestimmungen zu umgehen.

Verdienstbescheinigung, eine vom Arbeitgeber auszustellende Bescheinigung über Beschäftigungszeit und Verdienst des Arbeitnehmers. Sie wird am Ende eines Kalenderjahres oder am Ende einer Beschäftigung ausgestellt.

Verdingungsordnung, Zusammenfassung der Grundsätze für die Vergabe öffentlicher Aufträge. Im Teil A. wird das Verfahren zur Auftragsvergabe, im Teil B. die allgemeinen Vertragsbedingungen für die Ausführung der Leistungen geregelt. Die V. müssen von den Behörden berücksichtigt werden. Es gelten die V. für Leistungen, ausgenommen Bauleistungen (VOL), sowie die V. für Bauleistungen (VOB).

Verein, freiwilliger Zusammenschluss einer größeren Anzahl von Personen. Diese verfolgen unter gemeinschaftlichen Namen einen bestimmten Zweck. Ein V. ist unabhängig vom Wechsel seiner Mitglieder. – 1. *Rechtsfähiger V.:* Zusammenschluss von mindestens sieben Personen zur Erreichung eines gemeinsamen Zwecks gemäß schriftlicher Vereinssatzung. Ein V., dessen Zweck sich auf einen wirtschaftlichen Geschäftsbetrieb richtet (sog. wirtschaftlicher V.), ist durch staatliche Anerkennung rechtsfähig. Beispiele eines wirtschaftlichen rechtsfähigen V. sind die Aktiengesellschaft (AG), Gesellschaft mit beschränkter Haftung (GmbH) und die Genossenschaft. In allen nicht wirtschaftlichen Fällen erlangt ein V. durch Eintragung in das → Vereinsregister Rechtsfähigkeit (sog. eingetragener V. (e.V.)). Der V. wird beim Vereinsregister durch den Vorstand angemeldet. – 2. *Nicht rechtsfähiger V.:* Für diesen finden die Regelungen über die → Gesellschaft des bürgerlichen Rechts (GbR) Anwendung. Auch hierbei kann zwischen wirtschaftlichen und nicht wirtschaftlichen V. unterschieden werden.

Vereinsregister, Verzeichnis, in das nicht wirtschaftliche → Vereine eingetragen werden. Das V. wird beim Amtsgericht geführt.

Vereinte Nationen (UN), Nachfolgeorganisation des nach dem Ersten Weltkrieg gegründeten Völkerbundes. Die UN wurde 1945 in San Francisco durch 51 teilnehmende Staaten gegründet. Deutschland ist seit 1973 Mitglied. Der Hauptsitz der UN ist in New York. Nach der UN-Charta sind die Hauptziele der UN die Wahrung des Weltfriedens und der internationalen Sicherheit, Entwicklung freundschaftlicher Beziehungen zwischen den Staaten, Zusammenarbeit bei der Lösung internationaler wirtschaftlicher, sozialer, kultureller und humanitärer Aufgaben und Probleme sowie die Durchsetzung der Menschenrechte. – *Weitere Informationen unter* www.un.org.

Verfallklausel, Vertragsklausel zur Tilgung einer Geldschuld in Raten. Die V. besagt, dass bei nicht rechtzeitiger Zahlung der Raten die gesamte Restschuld gezahlt werden muss. Die V. ist vor allem bei → Abzahlungsgeschäften üblich.

Verfassung, rechtliche Grundordnung eines Staates. Die V. umfasst alle Rechtssätze über die Bildung, den Aufgabenkreis und die Organisation der obersten Staatsorgane, das Verhältnis der Organe untereinander, die staatlichen Aufgaben, den staatsrechtlichen Aufbau des Staates und die Rechte des Bürgers gegen den Staat (→ Grundrechte). Die deutsche V. ist im → Grundgesetz (GG) geregelt.

Verfassungsbeschwerde, besondere verfassungsrechtliche → Beschwerde. Sie ist beim → Bundesverfassungsgericht einzureichen. V. kann jeder erheben, der sich durch den Staat in einem seiner → Grundrechte oder in einem seiner im Grundgesetz (GG) verankerten Rechte verletzt sieht. Die V. ist i.d.R. erst nach Ausschöpfung des Rechtswegs möglich.

verfügbares Einkommen, Begriff aus der Volkswirtschaftlichen Gesamtrechnung (VGR). Das v.E. ist das → Einkommen, das privaten Haushalten und Unternehmen für Verbrauch und Ersparnis zur Verfügung steht. Die Berechnung des v.E. wird vom → Europäischen System Volkswirtschaftlicher Gesamtrechnungen (ESVG) vorgeschrieben.

Verfügbarkeit, Voraussetzung für den Anspruch auf → Arbeitslosengeld nach dem Dritten Sozialgesetzbuch (SGB). V. bedeutet, dass der Arbeitssuchende der Arbeitsvermittlung zur Verfügung stehen muss. Der Arbeitssuchende muss bereit sein, jede von der Arbeitsagentur angebotene Arbeit anzunehmen, die er ausüben kann und darf.

Verfügung, → einstweilige Verfügung.

Verfügungsrecht, → Property Right.

Vergleich, Vertrag, durch den ein Streit im Weg gegenseitigen Nachgebens beigelegt wird. Ein V. kann außergerichtlich (→ außergerichtlicher Vergleich) oder vor Gericht geschlossen werden (Prozess- oder Schiedsvergleich).

vergleichende Werbung, Werbung, die sich auf Waren oder Dienstleistungen von Mitbewerbern bezieht und diese erkennbar macht. V.W. ist nach dem Gesetz gegen den unlauteren Wettbewerb (UWG) i.d.R. zulässig. Ausgenommen sind jedoch Vergleiche, die sich nicht objektiv auf nachprüfbare und typische Eigenschaften beziehen oder die zu Verwechslungen zwischen Werbenden und einem Mitbewerber oder ihren Waren führen können. V.W. ist auch dann verboten, wenn die Waren nicht dem gleichen Bedarf dienen.

Vergütung, → Arbeitsentgelt.

Verjährung, Ablauf einer vom Gesetz vorgeschriebenen Frist, nach der der Schuldner seine Leistung nicht mehr erbringen muss. Die Forderung des Gläubigers an ihn ist „verjährt". Eine Leistung auf einen verjährten Anspruch kann nicht zurückgefordert werden. – Vereinbarungen über die V. sind grundsätzlich wirksam. Dies gilt nicht bei der Haftung wegen Vorsatz und bei einer Verlängerung auf mehr als dreißig Jahre.

Verjährungsfristen, Zeiträume, nach deren Ablauf die → Verjährung eintritt. – *Zivilrecht:* Die regelmäßige V. beträgt drei Jahre ab Ende des Jahres, in dem der Anspruch fällig wird und der Gläubiger von den Umständen des Anspruchs Kenntnis genommen hat. Wegen der Kenntnisnahme kann die Frist von drei Jahren unter Umständen deutlich überschritten werden. Für diesen Fall gelten jedoch Höchstfristen von zehn oder dreißig Jahren. – In zahlreichen Fällen gelten jedoch kürzere oder längere V. Beispielsweise beträgt die V. für Ersatzansprüche des Vermieters oder Verpächters wegen Veränderung der Mietsache oder für Rückgriffsansprüche beim Scheck nur sechs Monate. Dagegen beträgt z.B. die V. bei Ansprüchen aus Grundstücksübertragungen zehn Jahre oder bei familien- und erbrechtlichen Ansprüchen sogar dreißig Jahre. – 2. *Steuerrecht:* Die V. für die Festsetzung von Zöllen und Verbrauchsteuern sowie Zinsen und Vollstreckungskosten beträgt ein Jahr, von Besitz- und Verkehrssteuern vier Jahre, für Steuerverkürzung fünf Jahre und für Steuerhinterziehung zehn Jahre. Die V. für Zahlungen beträgt fünf Jahre.

Verkauf, → Kaufvertrag, → Vertrieb.

Verkäufermarkt, Begriff aus dem Marketing. Als V. wird eine Marktsituation, bei der die Anbieter eine stärkere Position als die Nachfrager haben, bezeichnet. Die Anbieter können Preise und Angebotsmengen bestimmen. – *Gegensatz:* → Käufermarkt.

Verkaufsförderung, *Sales Promotion.* Zeitlich begrenzte Aktionen zur Absatzsteigerung. Es gibt zahlreiche Maßnahmen zur V. Aktionen, die sich an den Endverbraucher richten, sind z.B. kostenlose Proben, Gutscheine und Sonderpreisaktionen. Viel Maßnahmen richten sich aber auch an das Verkaufspersonal (z.B. Verkäuferschulung, Prämiensysteme für besondere Verkaufsleistungen, Verkaufswettbewerbe) oder an die Händler (z.B. Messen, Verkaufsausstellungen, Laden- und Dekorationshilfen, Gemeinschaftswerbung, Merchandising).

Verkaufsoption, → Put.

Verkaufspolitik, → Distributionspolitik.

Verkaufsprospekt, → Prospekt.

Verkehrshypothek, → Hypothek.

Verkehrspolitik, staatliche Maßnahmen, die sich mit dem Transport von Personen, Gütern und Nachrichten sowie mit den damit verbundenen Dienstleistungen befassen. Die V. umfasst folgende Teilbereiche:

- Verkehrsinfrastrukturpolitik: Planung, Realisierung, Betrieb, Bereitstellung und Finanzierung der → Infrastruktur. Für die Verkehrsinfrastrukturpolitik sind Bund, Länder und Gemeinden sowie für die Schieneninfrastruktur die Deutsche Bahn AG zuständig.
- Verkehrsordnungspolitik: Regulierung des Markteintritts und -austritts sowie Preisregulierungen. Für alle Verkehrsträger wird der Marktzugang im Personen- und Güterverkehr durch ein System von Erlaubnissen und Konzessio-

nen geregelt. Dies gilt vor allem im gewerblichen Straßengüterverkehr und im Luftverkehr.

Hinsichtlich der V. nimmt die Bedeutung der Europäischen Union (EU) zu. Nachdem die Öffnung der Märkte im Verkehrsbereich weit fortgeschritten ist, betont die nationale V. zunehmend Privatisierungsaufgaben und die Gestaltung einer umweltverträglichen V.

Verkehrssitte, die in den beteiligten gesellschaftlichen Kreisen herrschende Anschauung. V. ist keine Rechtsnorm. Sie findet jedoch Berücksichtigung bei der Auslegung von Verträgen und bei der Bestimmung des Inhalts eines Schuldverhältnisses nach Treu und Glauben. – *Ähnlich:* → Handelsbrauch.

Verkehrsteuern, Steuern, die an Vorgänge des Rechts- und Wirtschaftsverkehrs anknüpfen. Im Einzelnen zählt man die Umsatzsteuer (allgemeine V.) sowie die große Gruppe der speziellen V. dazu. Spezielle V. sind z.B. Kapitalverkehr-, Grunderwerb-, Kraftfahrzeug- und Versicherungsteuer.

Verkehrswert, → gemeiner Wert.

Verkehrswirtschaft, → Marktwirtschaft.

Verletztengeld, Leistung der gesetzlichen Unfallversicherung. Anspruch auf V. haben Versicherte, die infolge eines Versicherungsfalls arbeitsunfähig sind oder wegen einer Maßnahme der Heilbehandlung eine ganztägige Erwerbstätigkeit nicht ausüben können. Um eine V. zu erhalten, muss der Versicherte allerdings zuvor Arbeitsentgelt, Arbeitseinkommen oder Lohnersatzleistungen bekommen haben. Die Höhe der V. entspricht der des → Krankengelds.

Verletztenrente, wichtigste Leistung der gesetzlichen Unfallversicherung. Die V. soll den Unterhalt des Verletzten so sichern, wie die Erwerbsfähigkeit durch einen Unfall oder durch eine Berufskrankheit eingeschränkt wurde. Voraussetzung ist, dass die Erwerbsfähigkeit länger als 26 Wochen um mindestens 20 Prozent gemindert ist (→ Minderung der Erwerbsfähigkeit). Bei voller Erwerbsunfähigkeit beträgt die V. zwei Drittel des Jahresarbeitsverdiensts. Bei einer geringeren Minderung wird der Teil der Vollrente gewährt, der dem Grad der Erwerbsminderung entspricht.

Verlust, negatives Ergebnis. – 1. *Handelsrecht:* Der V. wird im Rahmen der Gewinn- und Verlustrechnung (GuV) ermittelt und in der Bilanz ausgewiesen. Der V. ist die negative Differenz zwischen Erträgen und Aufwendungen in einem Abrechnungszeitraum (→ Jahresüberschuss/-fehlbetrag). – 2. *Kostenrechnung:* Der Betriebsverlust ist die negative Differenz zwischen Erlösen und Kosten eines Abrechnungszeitraums (→ Betriebsergebnis). – 3. *Einkommensteuerrecht:* Der steuerrechtliche V. ist der negative Unterschiedsbetrag zwischen dem Betriebsvermögen des laufenden und des vorangegangenen Geschäftsjahres (→ Betriebsvermögensvergleich). Nach dem Einkommensteuergesetz (EStG) ist der V. auch das negative Einkommen, das sich ergibt, wenn die → Betriebsausgaben über den → Betriebseinnahmen liegen. – *Gegensatz:* → Gewinn.

Verlustausgleich, Begriff aus dem Einkommensteuerrecht für die Verrechnung von Verlusten und Gewinnen aus einzelnen Einkunftsarten (→ Einkünfte) innerhalb eines Veranlagungszeitraums. Bei Überschüssen aus → privaten Veräußerungsgeschäften kann ein Ausgleich nur mit gleichartigen Verlusten und Gewinnen erfolgen. – Vgl. auch → Verlustrücktrag, → Verlustvortrag.

Verlustrücktrag, Begriff aus der Einkommen- und Körperschaftsteuerrecht. Verluste, die bei der Ermittlung der Einkünfte nicht ausgeglichen werden, können vom Gesamtbetrag der Einkünfte des vorherigen Veranlagungszeitraums abgezogen werden. Ein V. ist bis maximal

511.500 Euro oder bei Zusammenveranlagung bis 1.023.000 Euro möglich. Verluste, die nicht durch V. geltend gemacht werden können, können im Rahmen des → Verlustvortrags berücksichtigt werden.

Verlustvortrag. Verluste, die nicht im Rahmen des → Verlustrücktrags abgedeckt werden, können in künftigen Geschäftsjahren vom Gesamtbetrag der Einkünfte abgezogen werden. Dies gilt auch, wenn der Verlustrücktrag zuvor nicht oder nur teilweise beansprucht wurde. Ein V. ist bis maximal 1.000.000 Euro oder bei Zusammenveranlagung bis 2.000.000 Euro möglich. Darüber hinausgehende Beträge können zu 60 Prozent des Restbetrags berücksichtigt werden. – Vgl. auch → Gewinnvortrag.

Verlustzuweisungsgesellschaft, Gesellschaft, deren Gesellschafter in erster Linie Vorteile durch Steuerersparnisse erzielen wollen. Mit dem Steuerentlastungsgesetz 1999/2000/2002 (StEntlG) wurde jedoch die Nichtabzugsfähigkeit von Verlusten aus V. eingeführt. Danach dürfen Verluste aufgrund von Beteiligungen an Gesellschaften oder ähnlichen Modellen nicht mit anderen Einkünften ausgeglichen werden, wenn die Erzielung eines steuerlichen Vorteils im Vordergrund steht.

Vermietung und Verpachtung, → Einkünfte.

Vermittlung, Vorbereitung eines Vertragsabschlusses. Der Abschluss des Vertrags selbst gehört jedoch nicht zur V. – Wer V. im Handelsverkehr gewerbsmäßig übernimmt, ist Handelsmakler (→ Makler) oder → Handelsvertreter. V. anderer Geschäfte und gelegentliche V. unterliegen den Vorschriften für den Zivilmakler (→ Makler).

Vermögen. 1. *Bürgerliches Recht:* die einer Privatperson gehörenden Sach- und Geldwerte. – 2. *Rechnungswesen:* Das V. eines Unternehmens ist die Ausstattung mit Bar- und Sachmitteln. Das V. wird auf der linken Seite (Aktivseite) der Bilanz ausgewiesen. Das V. wird in der Bilanz in → Anlagevermögen und → Umlaufvermögen untergliedert. – Zieht man vom Vermögen die Verbindlichkeiten ab, erhält man das sog. Reinvermögen. – 3. *Volkswirtschaftliche Gesamtrechnung (VGR):* Das Bruttovermögen ist die Summe der bewerteten Vermögensbestände. Es besteht aus dem Sachvermögen, dem immateriellen Vermögen und dem Geldvermögen (Auslandsforderungen). Zum Sachvermögen gehören z.B. Boden, Bodenschätze, die Anlagevermögen der Unternehmen und die Vermögen der privaten Haushalte. Immaterielles Vermögen sind z.B. Patente und Urheberrechte. Werden vom Bruttovermögen die Auslandsverbindlichkeiten abgezogen, erhält man das sog. Netto-, Rein- oder Volksvermögen.

Vermögensaufstellung, Aufstellung der Besitz- und Schuldposten eines Gewerbebetriebs. Die Erfassung und Bewertung der Besitz- und Schuldposten erfolgt nach dem Bewertungsgesetz (BewG). Auf der Grundlage der V. wird der → Einheitswert des Betriebsvermögens ermittelt. – *Anders:* → Vermögensverzeichnis.

Vermögenseinkommen, → Faktoreinkommen.

Vermögensteuer, Steuer auf das an einem bestimmten Stichtag vorhandene Vermögen. Eine V. wird in Deutschland seit 1996 nicht mehr erhoben.

Vermögensverzeichnis, Aufstellung über das Vermögen des Schuldners. Ein V. ist die Voraussetzung zur Eröffnung eines → Verbraucherinsolvenzverfahren und muss mit dem Eröffnungsantrag vorgelegt werden. Ein V. muss beispielsweise auch aufgestellt werden, wenn eine → Pfändung beim Schuldner erfolglos war. Die Richtigkeit der V. muss durch eine → eidesstattliche Versicherung des Schuldners erklärt werden. – *Anders:* → Vermögensaufstellung.

vermögenswirksame Leistungen, Geldleistungen, die der Arbeitgeber für den Arbeitnehmer anlegt. Das Fünfte Vermögensbildungsgesetz (VermBG) erkennt unterschiedliche Sparformen als v.L. an. Vom Gesetz werden z.B. Sparbeiträge aufgrund eines Sparvertrags, Aufwendungen aufgrund eines Beteiligungsvertrags oder Beiträge aufgrund eines Kapitallebensversicherungsvertrags genannt. V.L. werden vom Staat durch die → Arbeitnehmer-Sparzulage bezuschusst.

Verpackung, äußere Umhüllung von Waren. Die V. dient zur Produktgestaltung und Warenpräsentation sowie zum Schutz während des Transports. – Nach der Verpackungsverordnung (VerpackV) besteht eine Rücknahmepflicht für Transportverpackungen (z.B. Fässer, Kanister), Umverpackungen (z.B. Folien) und Verkaufsverpackungen.

Verpfändung, → Pfandrecht.

Verrechnungspreis, Wertansatz für innerbetriebliche Leistungen. Dieser wird im Rahmen der Kalkulation ermittelt (→ innerbetriebliche Leistungsverrechnung). Durch V. wird die Abrechnung des Leistungsaustauschs zwischen verschiedenen, Unternehmensbereichen sowie die Erfolgsermittlung einzelner Bereiche ermöglicht.

Verrechnungsscheck, → Scheck.

Versandhandel, → Handel.

Versandklauseln, vertragliche Regelungen zur Kostenübernahme für Transport und Versand. Wichtige V. sind:

- frei Haus: Der Verkäufer trägt die Kosten.
- frachtfrei: Der Verkäufer trägt die Kosten bis zum Bestimmungsort (z.B. Bahnhof).
- unfrei: Der Käufer trägt die Kosten ab Versandstation (z.B. Bahnhof am Ort des Verkäufers).
- ab Werk: Der Käufer trägt die Kosten.

Verschmelzung, → Fusion.

Verschulden, Begriff aus dem Zivilrecht für ein pflichtwidriges Tun oder Unterlassen einer Person. Formen des V. sind → Vorsatz und → Fahrlässigkeit.

Verschulden bei Vertragsabschluss, *Culpa in Contrahendo.* Verletzung von Pflichten bei der Aufnahme von Vertragsverhandlungen oder der Anbahnung eines Vertrags. In diesen Fällen sind die Beteiligten verpflichtet, auf die Rechte und Interessen des anderen Rücksicht zu nehmen. Andernfalls kann der Beteiligte, der dieser Pflicht nicht nachkommt, haftbar gemacht und zum → Schadensersatz verpflichtet werden.

Verschuldenshaftung, → Haftung aufgrund eines rechtswidrigen zurechenbaren Verhaltens (→ Verschulden). Der Geschädigte muss in diesem Fall beweisen, dass sein Schaden auf den Verursacher zurückzuführen ist. – *Gegensatz:* → Gefährdungshaftung.

Verschuldungsgrad, Bilanzkennzahl zur Analyse der Kapitalstruktur eines Unternehmens. Der statische V. ist der Anteil des → Fremdkapitals am → Eigenkapital. Der dynamische V. ist der Anteil der tatsächlichen Verschuldung am → Cashflow.

Versender, derjenige, der einen Versendungsauftrag an einen Spediteur gibt.

Versendungskauf, → Kaufvertrag, bei dem der Verkäufer die Ware an einen anderen Ort als den Erfüllungsort versendet. Der Erfüllungsort ist i.d.R. der Ort des Verkäufers. Die Gefahr eines Untergangs der Ware geht mit der Warenübergabe an den → Frachtführer auf den Käufer über. Die Frachtkosten trägt i.d.R. der Käufer.

Versetzung, eine nicht nur vorübergehende Änderung des Tätigkeitsbereichs eines Arbeitnehmers. Der Tätigkeitsbereich kann hinsichtlich Art, Ort und Umfang geändert werden. Ob eine V. zulässig ist, hängt vom Arbeitsvertrag ab. Ansonsten ist eine → Änderungskündigung erforderlich.

Versicherer, → Versicherungsunternehmen.

Versichertenältester, Mittler zwischen Versicherten und Sozialversicherungsträgern. Der V. berät und betreut den Versicherten in Fragen der Sozialversicherung, vor allem der Rentenversicherung. Es handelt sich um eine ehrenamtliche Tätigkeit.

Versicherung, Wirtschaftszweig, der die Risiken von Privatpersonen und Unternehmen absichert. Als V. wird aber auch eine Leistung eines Versicherungsunternehmens oder eines öffentlichen Versicherungsträgers wie z.B. die Bundesversicherungsanstalt für Angestellte (BfA) bezeichnet. Zu unterscheiden sind → Sozialversicherung und → Individualversicherung.

Versicherungsgesellschaft, → Versicherungsunternehmen.

Versicherungskarte, *Grüne Versicherungskarte.* Bescheinigung zum Nachweis eines bestehenden Versicherungsschutzes im Ausland. Die V. werden von den Versicherungsunternehmen in der Kraftfahrzeughaftpflichtversicherung ausgestellt.

Versicherungsleistungen, Leistungen der Versicherungsunternehmen an die Versicherungsnehmer. Ausgezahlte V. sind der Einkunftsart (→ Einkünfte) zuzurechnen, die zuvor bei der Prämienzahlung belastet wurde. Beispielsweise sind Leistungen, die ein Betrieb aus einer betrieblichen Versicherung (z.B. aus einer Betriebsunterbrechungsversicherung) erhält, beim Betrieb als Betriebseinnahme zu verbuchen. – Leistungen aus Lebens- und Kapitalversicherungen sind beim Empfänger steuerfrei, wenn die Mindestlaufzeit zwölf Jahren betragen hat. Leistungen aus der Sozial-, Arbeitslosen-, Unfall- und Krankenversicherung sind entweder steuerfrei oder wie bei Renten nur mit ihrem Ertragsanteil zu versteuern.

Versicherungsmakler, Vermittler zwischen Versicherungsnehmer und Versicherungsunternehmen. Ein V. ist selbstständig. Er ist im Auftrag eines Versicherungsnehmers tätig. Aufgabe des V. ist die Beratung seiner Auftraggeber und die Vermittlung von geeigneten Versicherungen. Der V. ist im rechtlichen Sinn ein → Handelsmakler. Als Vergütung erhält der V. i.d.R. eine Vermittlungsgebühr (sog. Courtage).

Versicherungsnachweisheft, → Sozialversicherungsnachweisheft.

Versicherungspflicht, Pflicht, der deutschen Sozialversicherung anzugehören. Eine V. besteht für alle Arbeitnehmer, für eine Gruppe von Selbstständigen und Rentnern sowie teilweise für Wehr- und Ersatzdienstleistende.

Versicherungsprinzip, Prinzip des Risikoausgleichs in der Privat- und Sozialversicherung. Nach dem V. soll durch die laufenden Prämienzahlungen aller Versicherten gewährleistet werden, dass bei Eintritt eines Schadens der für den Schadensausgleich erforderliche Betrag zur Verfügung steht. Daraus folgt, dass die Höhe der einzelnen Prämien grundsätzlich von der Höhe des Risikos, mit dem der Einzelne die Versichertengemeinschaft belastet, abhängt. – Das deutsche System der sozialen Sicherung ist durch eine Kombination von V., → Versorgungsprinzip und → Fürsorgeprinzip gekennzeichnet.

Versicherungsschein, → Police.

Versicherungsschutz, Schutz eines Versicherten vor Gefahren, für die er einen Versicherungsvertrag abgeschlossen hat.

Versicherungsunternehmen, *Versicherer, Versicherungsgesellschaft.* Unternehmen, das sich auf dem Gebiet der Versicherungsgeschäfte betätigt und kein Sozialversicherungsversicherungsträger ist. V. dürfen nur als → Aktiengesellschaft (AG), → Versicherungsverein auf Gegenseitigkeit (VVaG) und → Körperschaft oder → Anstalt des öffentlichen Rechts betrieben werden. V., die auf dem Gebiet der Lebens- oder Krankenversicherung tätig sind, dürfen keine Produkte aus anderen Versicherungszweigen anbieten.

Versicherungsurkunde, → Police.

Versicherungsverein auf Gegenseitigkeit (VVaG), privatrechtliches Versicherungsunternehmen, das auf dem Genossenschaftsgedanken beruht (→ Genossenschaft). Die Mitglieder der VVaG sind zugleich Versicherungsnehmer. Dies gilt jedoch bei großen VVaG nur zum Teil. Große VVaG unterscheiden sich in der Praxis entsprechend nur unwesentlich von Versicherungs-Aktiengesellschaften und den öffentlich-rechtlichen Versicherungsunternehmen.

Versicherungsvertrag, Vertrag, der von einem Versicherungsunternehmen und einem Versicherungsnehmer abgeschlossen wird. Mit dem Vertragabschluss übernimmt das Versicherungsunternehmen gegen Entgelt die Gefahr eines eventuell auftretenden Personen- oder Sachschadens. Der Abschluss eines V. unterliegt keinen Besonderheiten und entspricht den Anforderungen des allgemeinen Zivilrechts. – Der V. verlängert sich maximal um ein Jahr, wenn der Versicherungsnehmer nicht drei Monate vor Ablauf des V. gekündigt hat. Außerdem besteht ein Kündigungsrecht, wenn die Versicherungsprämie um mehr als fünf Prozent des letzten oder um 25 Prozent des ersten Beitrags steigt.

Versicherungsvertreter, Selbstständiger, der Versicherungsverträge vermittelt und abschließt. Der V. kann für ein oder für mehrere Versicherungsunternehmen tätig sein. Für den V. gelten die allgemeinen Vorschriften für den → Handelsvertreter. Allerdings besteht für einen V. kein Bezirks- oder Kundenschutz. Der V. hat nur Anspruch auf eine Vergütung für Geschäfte, die von ihm vermittelt wurden. Der Anspruch besteht erst, wenn die erste Prämie vom Versicherungsnehmer gezahlt wurde.

Versorgungsbezüge, Begriff aus dem Einkommensteuerrecht für Bezüge und Vorteile aus einem früheren Arbeitsverhältnis. Dazu zählen Ruhegehälter, Witwen- und Waisengelder, Unterhaltsbeiträge oder gleichartige Bezüge. V. müssen versteuert werden. Es kann jedoch ein Versorgungsfreibetrag von 40 Prozent der Versorgungsbezüge, höchstens 3.000 Euro jährlich, geltend gemacht werden. Diese Vergünstigungen werden jedoch bis 2040 schrittweise für neu hinzukommende Versorgungsempfänger vermindert.

Versorgungsfreibetrag, → Versorgungsbezüge.

Versorgungsprinzip, Grundsatz im Rahmen der sozialen Sicherung. Nach dem V. entstehen Leistungsansprüche nicht aufgrund von Beitragszahlungen, sondern aufgrund anderer Voraussetzungen. Dies gilt vor allem, wenn Leistungen für den Staat erbracht werden (z.B. Beamte, Wehrpflichtige). Versorgungsleistungen werden aus Steuereinnahmen finanziert.

Versorgungszusage, → Pensionszusage.

Verspätungszuschlag, Zuschlag, der bei einer verspäteten Abgabe der → Steuererklärung vom Finanzamt erhoben werden kann. Der V. kann bis zu zehn Prozent der festgesetzten Steuer, höchstens 25.000 Euro, betragen.

versteckter Mangel, Begriff aus dem Bürgerlichen Recht. Ein v.M. ist ein → Sachmangel, der vom Käufer nicht sofort erkannt werden konnte. V.M. sind bei einem Handelskauf unverzüglich nach Bekanntwerden dem Verkäufer mitzuteilen. In diesem Fall gilt die → Sachmängelhaftung.

Versteigerung, *Auktion.* Veranstaltung, bei der Gegenstände durch einen Zuschlag an den Meistbietenden verkauft werden. Gewerbsmäßige private V. müssen durch Behörden genehmigt werden. Eine behördlich angeordnete V. (z.B. → Zwangsversteigerung) muss vorher öffentlich bekannt gemacht werden. Ein Gericht setzt hierbei ein → Mindestgebot fest, das nicht unterschritten werden darf. – Sonderregelungen gelten für eine V. im Rahmen einer öffentlichen → Zwangsvollstreckung.

Verteilungspolitik, wirtschaftspolitische Maßnahmen, die die Verteilung von Einkommen und Vermögen beeinflussen. Es werden vor allem finanz- und sozialpolitische Maßnahmen zur Korrektur der Einkommensverteilung eingesetzt. Es handelt sich dabei vor allem um Steuern, Sozialversicherungsbeiträge, Sozialtransfers und Subventionen. Außerdem ist die Bildungspolitik für die V. von Bedeutung, wenn man von dem Grundgedanken ausgeht, dass eine gleichmäßigere Verteilung der Bildungschancen zu gleichmäßigeren Einkommensansprüchen unter den Arbeitnehmern führt.

Verteilungsrechnung, Begriff aus der Volkswirtschaftlichen Gesamtrechnung (VGR) für die Gliederung der Einkommensarten, die im Rahmen der Darstellung des → Volkseinkommens vorgenommen wird.

Vertrag, *Kontrakt.* Übereinkunft zweier oder mehrerer Parteien, etwas zu tun oder zu unterlassen. Ein V. kann schriftlich oder mündlich geschlossen werden. Er kommt durch Antrag (→ Vertragsangebot) und Annahme zustande. → Schuldverhältnisse beruhen auf V. Die meisten kaufmännischen Geschäftsvorfälle sind selbst V. (z.B. Kauf, Stundung, Bürgschaft, Forderungsabtretung und Sicherungsübereignung) oder beruhen auf V. – Zur Wirkungslosigkeit von V. vgl. → Nichtigkeit. – *Gegensatz:* → einseitiges Rechtsgeschäft.

Vertragsangebot, eine an eine andere Person gerichtete Willenserklärung. Wer ein Angebot macht, ist daran gebunden. Die Bindung erlicht, wenn das Angebot abgelehnt oder nicht rechtzeitig angenommen wird. Mündliche oder telefonische V. müssen sofort angenommen werden. Bei schriftlichen Angeboten kann die Bindung durch einen Zusatz wie z.B. → freibleibend ausgeschlossen werden.

Vertragsbruch, *Vertragsverletzung.* Verletzung vertraglicher Pflichten (→ Vertrag).

Vertragsfreiheit, Grundsatz des Bürgerlichen Rechts. Die V. besagt, dass jeder darüber entscheiden kann, ob er einen Vertrag abschließen will oder nicht. Außerdem können die Parteien den Inhalt der Verträge frei bestimmen. Der V. sind jedoch durch Gesetze, Verordnungen und Allgemeine Geschäftsbedingungen (AGB) Grenzen gesetzt. Die V. ist ein entscheidendes Merkmal einer → Marktwirtschaft.

Vertragsstrafe, → Konventionalstrafe.

Vertragsverletzung, → Vertragsbruch.

vertretbar, *fungibel.* Eigenschaft von Sachen oder Rechte, die aufgrund gleicher Beschaffenheit (z.B. Zahl, Maß oder Gewicht) untereinander austauschbar sind. Beispielsweise sind Effekte sowie Anleihen, Investmentzertifikate und Aktien innerhalb einer Gattung v. V. Wertpapiere sind börsenmäßig handelbar.

Vertretung, Stellvertretung bei allen Geschäften und Rechtshandlungen einer Gesellschaft. Im Vergleich zur → Prokura ist die V. weitergehend, da die V. auch die Veräußerung von Grundstücken und die Erteilung von Prokura umfasst. Ausgeschlossen sind bei der V. jedoch Geschäfte, die in das Gesellschaftsverhältnis eingreifen, z.B. die Aufnahme neuer Gesellschafter. – *Anders:* → Geschäftsführung.

Vertrieb, Sammelbegriff für den Verkauf von Waren, die Verteilung der Waren, die Steuerung des Außendienstes und die Pflege der Beziehungen zwischen Hersteller und Handel. – Die Begriffe V. und → Absatz werden häufig gleichbedeutend verwendet.

Vertriebsgesellschaft, rechtlich selbstständiges Unternehmen, das für ein Produktionsunternehmen den Vertrieb übernimmt. Das Produktionsunternehmen ist entweder Eigentümer der V. oder an der V. beteiligt.

Vertriebspolitik, → Distributionspolitik.

Vertriebsweg, → Absatzweg.

Verursacherprinzip, Grundsatz der Umweltpolitik. Nach dem V. trägt der Verursacher die volkswirtschaftlichen Kosten der Umweltbelastungen. Das V. gilt für bereits durch Umweltschädigungen entstandene Kosten als auch für Kosten zur Vermeidung und zum Ausgleich von Umweltschäden. – *Gegensatz:* → Gemeinlastprinzip. – Vgl. auch → externe Effekte.

Verwahrung, Aufbewahrung beweglicher Sachen (z.B. Wertpapiere) für andere. Grundlage ist ein Verwahrungsvertrag.

Verwaltung. 1. *Organisation:* V. sind alle Aufgaben, die den Betriebsablauf sicherstellen sollen. Diese Aufgaben haben nicht direkt mit der Leistungserstellung und -vermarktung zu tun. Zur V. zählen i.d.R. Organisation, Rechnungswesen, Finanzwirtschaft, Personalverwaltung sowie Anlagen- und Materialverwaltung. – 2. *Recht:* V. ist die im Rahmen der Gewaltenteilung ausgeübte behördliche Tätigkeit, die weder Gesetzgebung noch Rechtsprechung ist. Die V. ist Teil der → Exekutive.

Verwaltungsgericht, erste Instanz der für öffentlich-rechtliche Streitigkeiten (nicht verfassungsrechtliche) zuständigen Gerichtsbarkeit. V. entscheiden durch Kammern, die mit drei Berufsrichtern und zwei ehrenamtlichen Verwaltungsrichtern besetzt sind. – Vgl. auch → Gericht.

Verwaltungsgerichtshof, → Oberverwaltungsgericht.

Verwaltungskosten, Kosten für die allgemeine Verwaltung, z.B. Geschäftsleitung, Rechnungswesen und Stabsstellen. Da die V. den Kostenträgern nicht direkt zugerechnet werden können (→ Gemeinkosten), werden sie über Zuschläge verrechnet.

Verwaltungsrat, Organ einer → Körperschaft des öffentlichen Rechts oder → Anstalt des öffentlichen Rechts. Ein V. hat ähnliche Kontrollfunktionen wie der → Aufsichtsrat bei der Aktiengesellschaft (AG).

Verwaltungsrecht, rechtliche Vorschriften, die die staatliche Verwaltung regeln. Zum V. zählen vor allem Polizei-, Gewerbe-, Beamten-, Steuer-, Kommunal-, Schul- und Sozialversicherungsrecht. Das V. besteht aus einer Vielzahl von Einzelgesetzen. Das V. ist Teil des → öffentlichen Rechts.

Verwendungsrechnung, Begriff aus der Volkswirtschaftlichen Gesamtrechnung (VGR) für die Berechnung und Darstellung des → Bruttoinlandsprodukt (BIP) nach Art der Verwendung der erzeugten Waren und Dienstleistungen.

Verzinsung, Zahlung von → Zinsen für eine ausgeliehene Summe von Geldkapital als Preis für die Bereitstellung des Geldkapitals.

Verzug, → Gläubigerverzug, → Schuldnerverzug.

Verzugszinsen, Zinsen, die von einem Schuldner im Fall eines → Schuldnerverzugs gezahlt werden müssen. Nach dem Bürgerlichen Gesetzbuch (BGB) betragen die V. unter Privatpersonen fünf Prozentpunkte über dem → Basiszinssatz. Ansonsten werden acht Prozentpunkte über dem Basiszinssatz berechnet. Ein höherer Zinssatz kann sich jedoch aus den vertraglichen Vereinbarungen ergeben. Dies gilt vor allem im Fall einer Konventionalstrafe oder eines Verzugsschadens.

VGR, Abk. für → Volkswirtschaftliche Gesamtrechnung.

vinkulierte Namensaktie, → Aktie.

virtuelle Organisation, Form der Netzwerkorganisation, die sich aus mehreren kleinen Einheiten zusammensetzt (→ Modularisierung) und sich durch den Einsatz gemeinsamer Informations- und Kommunikationstechnik auszeichnet. Durch die Virtualisierung soll die gesamte Wertschöpfungskette optimiert und die Ausrichtung auf individuelle Kundenbedürfnisse verbessert werden.

virtueller Marktplatz, *elektronischer Marktplatz.* Durch das Internet geschaffener → Markt. Beispiele für v.M. sind Finanzmärkte, Gebrauchtwarenbörsen, Online-Auktionen oder Reservierungssysteme im Luftverkehr.

Volatilität, Schwankungsbreite eines Börsenkurses oder der → Rendite eines Finanzinstruments (z.B. Aktie, Option) innerhalb eines bestimmten Zeitraums. Die V. kann vergangenheitsbezogen als prozentuale Abweichung von einem Ausgangswert ermittelt werden. Wird die zukünftige Schwankungsbreite eingeschätzt, wird dies als implizite V. bezeichnet. – Vgl. auch → VDAX.

Volksaktie, Aktie, die an breite Bevölkerungskreise verkauft wird. V. werden vor allem im Rahmen der Privatisierung von Bundesvermögen ausgegeben. In der Vergangenheit wurden V. teilweise zu Vorzugskursen ausgegeben. Beispielsweise wurden die Aktien der Volkswagen AG als V bezeichnet.

Volkseinkommen, Begriff aus der Volkswirtschaftlichen Gesamtrechnung (VGR) für die Darstellung der → Einkommensverteilung. Es umfasst die Arbeitnehmerentgelte sowie die Unternehmens- und Vermögenseinkommen von Inländern in einem bestimmten Zeitraum. Aus diesem Grund zählen zum deutschen V. beispielsweise auch die Arbeitseinkommen der Deutschen, die im Ausland beschäftigt sind, sowie Dividenden, Zinsen und Gewinne aus Vermögensanlagen im Ausland. Das V. wird ermittelt, indem vom → Bruttonationaleinkommen (BNE) die Abschreibungen sowie die Produktions- und Importabgaben abgezogen werden.

Volksrente, → Grundrente.

Volkswirtschaft, *Ökonomie.* Alle auf die Wirtschaft einwirkenden Kräfte sowie alle wirtschaftlichen Beziehungen und Verflechtungen innerhalb eines Staatsgebiets.

Volkswirtschaftliche Gesamtrechnung (VGR), zentrale gesamtwirtschaftliche Statistik. Die VGR stellt das wirtschaftliche Geschehen einer Volkswirtschaft in einem abgelaufenen Zeitraum zahlenmäßig dar. Dabei werden die zu Sektoren zusammengefassten Wirtschaftseinheiten (→ Sektoren der Volkswirtschaft) mit ihren wesentlichen Tätigkeiten und Transaktionen einbezogen. Die Transaktionen zwischen den Sektoren und teilweise auch innerhalb der Sektoren werden als Ströme dargestellt (→ Wirtschaftskreislauf). – Den Kern der VGR bildet die Entstehungs-, Verteilungs- und Verwendungsrechnung des → Bruttoinlandsprodukts (BIP) und des → Bruttonationaleinkommens (BNE). Die sog. Nebenrechnungen ergänzen diesen Kernbereich. In der gesamtwirtschaftlichen Finanzierungsrechnung werden beispielsweise die Finanzierungsströme, in der Input-Output-Rechnung die Produktionsverflechtungen dargestellt. Die → Zahlungsbilanz wird nicht zur VGR gezählt. – Die VGR ist ein wichtiges Instrument zur Beobachtung der Wirtschaft sowie für gesamtwirtschaftliche Analysen und Prognosen. – *Weitere Informationen unter* www.destatis.de.

Volkswirtschaftslehre (VWL), früher *Nationalökonomie.* Gebiet der Wirtschaftswissenschaften, das sich mit gesamtwirtschaftlichen Zusammenhängen befasst. Die VWL versucht vor allem, das ökonomische Geschehen zu verstehen und zu erklären sowie auf der Grundlage erkannter Gesetzmäßigkeiten zu prognostizieren. Letzteres ist jedoch nur bedingt möglich. Außerdem hat die VWL das Ziel, die konkrete Wirtschaftspolitik zu beeinflussen. Die Konkretisierung der VWL wurde zum Teil anhand einer systematischen Beschreibung ihrer Erkenntnisgegenstände versucht. D.h., es wurde beschrieben, mit welchen Fragen sich die VWL beschäftigt. In der deutschen VWL hat man alle Fragen zu den sog. W-Fragen zusammengefasst: Was wird wofür, wann, wie und wo produziert.

Volkszählung, statistische Erfassung bevölkerungs- und erwerbsstatistischer Merkmale mit Hilfe einer Vollerhebung. In Deutschland erfolgt eine V. ca. alle zehn Jahre, zuletzt 1987. Nachfolgende Stichprobenerhebungen, vor allem der → Mikrozensus, und die laufende Fortschreibung des Bevölkerungsstands und die Bevölkerungsvorausberechnung beruhen auf den Ergebnissen der V. – *Weitere Informationen unter* www.destatis.de.

Vollbeschäftigung, optimale Beschäftigung des Faktors → Arbeit. Eine V. liegt vor, wenn für eine Beschäftigung geeignete Personen, die Beschäftigung zum herrschenden Lohnsatz suchen, diese ohne längeres Warten finden können. Konkret wird V. an der → Arbeitslosenquote, neuerdings auch am → Beschäftigungsgrad festgemacht. Es gibt jedoch keine Definition in Form eines konkreten Wertes für die Arbeitslosenquote oder für den Beschäftigungsgrad. – V. ist in Deutschland eines der Ziel des → Stabilitäts- und Wachstumsgesetzes (StWG). Mit der Vermeidung von Langzeitarbeitslosigkeit wird Ähnliches auch im Dritten Sozialgesetzbuch (SGB) gefordert.

vollkommener Markt, → Markt.

Vollkosten, Begriff aus der Kostenrechnung. V. ist die Summe der → Einzelkosten eines → Kostenträgers wie vor allem eines Produkts sowie der ihm anteilig zugeordneten → Gemeinkosten. – *Gegensatz:* → Teilkosten.

Vollkostenrechnung, → Kostenrechnung, bei der alle bei der Leistungserstellung entstandenen Kosten (→ Gesamtkosten) für einzelne → Kostenträger ausgewiesen werden. Dies erfolgt unabhängig von ihrer Zurechenbarkeit. Die zurechenbaren → Einzelkosten werden direkt für den einzelnen Kostenträger erfasst. Die → Gemeinkosten werden im Rahmen der → Kostenstellenrechnung mit Zuschlags- oder Verrechnungssätzen weiterverrechnet. D.h., jedem Kostenträger werden neben den Einzelkosten anteilig Gemeinkosten zugeordnet. Problematisch an der V. sind vor allem die willkürliche Schlüsselung der Gemeinkosten und der Verzicht auf die Spaltung in fixe und variable Kosten. V. sind in der Praxis dennoch verbreitet. – *Gegensatz:* → Teilkostenrechnung.

Vollmacht, erteilte Vertretungsbefugnis. Der Bevollmächtigte ist befugt, im Namen eines anderen zu handeln (→ Stellvertretung). – Besondere Formen der V. sind → Handlungsvollmacht und → Prokura.

vollständige Konkurrenz, → Polypol.

vollstreckbarer Titel, → Vollstreckungstitel.

vollstreckbare Urkunde, → Zwangsvollstreckung.

Vollstreckung, → Zwangsvollstreckung.

Vollstreckungstitel, *Schuldtitel.* Urkunde, die im Rahmen der → Zwangsvollstreckung den Anspruch einer Person belegt. Zu den wichtigsten V. zählen rechtskräftige Urteile, einstweilige Anordnungen, Vollstreckungsbescheide, Schiedssprüche, gerichtliche Vergleiche, Kostenfestsetzungsbeschlüsse und Zuschlagsbeschlüsse bei Zwangsversteigerungen.

Vollwertversicherung, Versicherung, bei der der volle Versicherungswert als Versicherungssumme vereinbart wird. Die Prämie wird entsprechend der Versicherungssumme berechnet. In der Praxis liegt jedoch häufig der tatsächliche Versicherungswert über der vereinbarten Versicherungssumme (→ Unterversicherung).

Vorauszahlung, im Voraus geleistete Zahlung. – 1. *Lebensversicherung:* die teilweise Leistung der Versicherungssumme vor Eintritt des Versicherungsfalls. Dies gibt es nur bei rückkaufsfähigen Lebensversicherungen oder Unfallversicherungen. – 2. *Steuerrecht:* Zahlung, die der Steuerpflichtige vor der Steuerfestsetzung auf die voraussichtliche Steuerschuld leistet. V. bei der Einkommensteuer sind jeweils zum 10. März, 10. Juni, 10. September und 10. Dezember fällig. Die V. werden durch einen besonderen Bescheid festgesetzt. Ändern sich die steuerlichen Verhältnisse kann die V. auf Antrag nach oben oder unten angepasst werden. Die in den einzelnen Quartalen entrichteten V. werden später auf die festgesetzte Jahressteuerschuld angerechnet.

Vorfälligkeitsentschädigung, Betrag, der einem Kreditnehmer bei vorzeitiger Kündigung eines langfristigen Kredits berechnet werden kann. Eine V. kann vom Kreditinstitut nur verlangt werden, wenn der Kreditvertrag nicht die Möglichkeit vorsieht, den Kredit vor Fälligkeit zurückzuzahlen.

Vorfinanzierung, → Zwischenfinanzierung.

Vorgesellschaft, *Gründergesellschaft, Vorgründungsgesellschaft.* Nicht rechtsfähiger → Verein, der nach Abschluss des Gesellschaftsvertrags einer Gesellschaft mit beschränkter Haftung (GmbH) entsteht. Die V. besteht bis zur Eintragung der Gesellschaft in das Handelsregister. Eine V. ist buchführungs- und steuerpflichtig.

Vorgründungsgesellschaft, → Vorgesellschaft.

Vorkalkulation, → Kalkulation, die vor der Leistungserstellung erfolgt. Durch die V. werden die → Selbstkosten und damit der Angebotspreis ermittelt. Die V. ist somit Grundlage der Preisfestlegung (Angebotskalkulation). V. werden vor allem in Betrieben mit Einzelproduktion erstellt. – *Gegensatz:* → Nachkalkulation.

Vorkaufsrecht, Recht, in einen zwischen dem Eigentümer und einem Dritten geschlossenen Kaufvertrag an die Stelle des Dritten einzutreten. Bei Grundstücken ist ein bestehendes V. in das Grundbuch einzutragen.

Vorkostenstelle, → Hilfskostenstelle.

Vorleistung. 1. *Kaufmännischer Sprachgebrauch:* V. ist eine in Voraus erfolgte Lieferung oder Zahlung, die den Handelspartner zur Einhaltung der vertraglichen Vereinbarungen verpflichtet. – 2. *Volkswirtschaft:* V. sind alle nicht dauerhaften Produktionsmittel. Dies sind alle Vor- und Zwischenprodukte in Form von Sachgütern und Dienstleistungen, die durch den Einsatz im Produktionsprozess untergehen.

Vormerkung, vorläufige Eintragung in das Grundbuch, die eine zukünftige Eintragung eines Rechts sichern soll.

Vorräte, → Vorratsvermögen.

Vorratsvermögen, *Vorräte.* Alle auf Lager befindlichen Erzeugnisse, Leistungen, Waren und Stoffe. V. ist in der Bilanz ein Posten des → Umlaufvermögens. – In Fertigungsbetrieben wird das V. in → Rohstoffe, → Hilfsstoffe, → Betriebsstoffe, → Fertigerzeugnisse und → unfertige Erzeugnisse unterteilt.

Vorrechtsaktie, → Vorzugsaktie.

Vorruhestand, vorzeitiges Ausscheiden eines älteren Arbeitnehmers aus dem Berufsleben. Das Vorruhestandsgesetz (VRG), das den V. regelte, lief Ende 1988 aus und wird heute im Altersteilzeitgesetz (ATG) berücksichtigt. – Vgl. auch → Altersteilzeit.

Vorsatz, Begriff aus dem Zivilrecht für das bewusste Herbeiführen oder Vereiteln eines Erfolgs.

Vorschuss, Vorauszahlung auf eine i.d.R. noch nicht fällige Forderung. – Ein V. auf das künftig fällige Arbeitsentgelt an einen Arbeitnehmer kann von einem Arbeitgeber gewährt werden. Es besteht jedoch keine rechtliche Verpflichtung dazu.

Vorschusszinsen, Zinsen, die einem Sparer von seinem Kreditinstitut berechnet werden, wenn er vorzeitig über sein Sparguthaben verfügt. I.d.R. betragen die V. ein Viertel der Guthabenzinsen.

Vorsichtsprinzip, Bilanzierungsgrundsatz des Handelsrechts, das besagt, dass grundsätzlich vorsichtig zu bewerten ist. Aus dem V. lassen sich folgende Grundsätze ordnungsmäßiger Bilanzierung ableiten:

- Realisationsprinzip
- Imparitätsprinzip
- Anschaffungskostenprinzip
- Grundsatz der Einzelbewertung.

Vorsorgeaufwendungen, Begriff aus dem Einkommensteuerrecht für Aufwendungen für die Vorsorge im Krankheitsfall oder im Rentenalter. Private Vorsorgeversicherungen (z.B. Lebensversicherungen) können als → Sonderausgaben abgezogen werden. – 1. *Altersvorsorgeaufwendungen:* V. für das Alter. Dazu gehören vor allem Beiträge zur gesetzlichen Rentenversicherung und teilweise Beiträge für Lebensversicherungen. V. in Höhe von maximal 20.000 Euro sind zu 60 Prozent steuerfrei. Dieser steuerfreie Anteil steigt schrittweise jährlich um zwei Prozent. – 2. *Sonstige Vorsorgeaufwendungen:* Beiträge zu Arbeitslosen-, Erwerbs- und Berufsunfähigkeits-, Kranken-, Pflege- Unfall-, Haftpflicht- und Risikolebensversicherungen. Außerdem gehören die Beiträge zu Kapitallebens- und Rentenversicherungen, die vor dem 1. Januar 2005 abgeschlossen wurden, zu den s.V. Diese sind i.d.R. bis 1.500 Euro jährlich absetzbar.

Vorsorgepauschale, → Pauschbetrag, der für Vorsorgeaufwendungen abzugsfähig ist. Die V. ist für rentenversicherungspflichtige Arbeitnehmer bereits in der Lohnsteuertabelle berücksichtigt. Die V. beträgt für Arbeitnehmer, die nicht in der gesetzlichen Rentenversicherung versichert sind, und für Rentner elf Prozent des Arbeitsentgelts oder der Rente, höchstens jedoch 1.500 Euro jährlich. Bei der Berechnung der Jahreseinkommensteuer werden Aufwendungen, die höher als die V. sind, berücksichtigt, wenn diese nachgewiesen werden.

Vorsorgeprinzip, Grundsatz der Umweltpolitik. Nach dem V. sind mögliche Umweltgefahren zu vermeiden. Es sind vorbeugende umweltpolitische Maßnahmen einzusetzen. – Vgl. auch → nachhaltige Entwicklung.

Vorstand, Organ einer → Aktiengesellschaft (AG), einer → Genossenschaft oder eines → Vereins. – 1. *V. der Aktiengesellschaft (AG):* Der V. leitet die AG und vertritt sie. Der V. hat dem → Aufsichtsrat regelmäßig Bericht über den Gang der Geschäfte zu erstatten. Der V. wird vom Aufsichtsrat auf fünf Jahre gewählt. Bei einem mehrköpfigen V. kann der Aufsichtsrat ein Vorstandmitglied als Vorsitzenden bestimmen. Nach dem Mitbestimmungsgesetz (MitbestG) ist als gleichberechtigtes Mitglied ein → Arbeitsdirektor zu bestellen. Die Mitglieder des V. erhalten Bezüge oder Tantiemen als Vergütung. – 2. *V. der Genossenschaft:* Der V. leitet die Genossenschaft. Der V. muss aus mindestens zwei Personen bestehen. – 3. *V. des Vereins:* gesetzlicher Vertreter des Vereins. Die Satzung regelt die Berufung und Zusammensetzung des V.

Vorsteuerabzug, → Umsatzsteuer.

Vorzugsaktie, *Vorrechtsaktie.* Aktie, die gegenüber einer → Stammaktie Vorrechte für den Aktionär vorsieht. Der Vorzug gegenüber den Stammaktionären besteht i.d.R. hinsichtlich der Dividende. Ein Dividendenvorzug kann darin bestehen, dass die Vorzugsaktionäre mit Vorrang bedient werden, eine Zusatzdividende oder Dividendennachzahlungen erhalten. In der Praxis kommen häufig stimmrechtslose V. vor, die dem Aktionär einen Dividendenvorzug gewähren, das Stimmrecht jedoch ausschließen.

VPI, Abk. für → Verbraucherpreisindex für Deutschland.

VVaG, Abk. für → Versicherungsverein auf Gegenseitigkeit.

VWL, Abk. für → Volkswirtschaftslehre.

W

Wachstum, → Wirtschaftswachstum.

Wachstumspolitik, staatliche Maßnahmen zur Förderung des → Wirtschaftswachstums. Die W. umfasst vielfältige wirtschaftspolitische Maßnahmen, die i.d.R. längerfristig ausgerichtet sind, um die wirtschaftliche Leistungsfähigkeit eines Landes zu erhöhen. – Die → Wettbewerbspolitik wird üblicherweise als Form der W. eingestuft, da durch ihre Maßnahmen das reibungslose Funktionieren der Märkte und ihrer Preismechanismen sichergestellt werden soll. Außerdem sind Technologie-, Umwelt-, Bildungspolitik sowie Struktur-, Außenwirtschafts- und Steuerpolitik wachstumspolitisch von Bedeutung.

Wachstumsrate, die auf den Anfangswert bezogene Veränderung einer Größe. Die Veränderung wird in Prozent ausgedrückt. Die W. des Wirtschaftswachstums ist beispielsweise der prozentuale Anstieg des → Bruttoinlandsprodukts (BIP).

Wagniskapital, → Venture Capital.

Wagnis, Verlustgefahr für ein Unternehmen. W. sind somit alle Gefahren, Unsicherheits- und Zufälligkeitsfaktoren, die mit den wirtschaftlichen Handlungen des Unternehmens verbunden sind. Zu unterscheiden sind:

- allgemeine Unternehmerwagnisse: Gesamtrisiken, die durch den Unternehmergewinn abgegolten werden.
- kalkulierbare Wagnisse: Einzelwagnisse, deren Ursachen, Umfang und Höhe feststellbar sind. Diese werden häufig in der Kostenrechnung durch die kalkulatorischen Wagnisse berücksichtigt.
- kalkulatorische Wagnisse: kalkulatorische Kosten für eintretende Verluste, die in der Kalkulation berücksichtigt werden können.

Währung. 1. *Währungseinheit:* Geldeinheit eines Landes. – 2. *Währungsordnung:* → Währungssystem.

Währungsordnung, → Währungssystem.

Währungspolitik, → Geldpolitik.

Währungsreserven, Bestand an kurzfristig verfügbaren, international anerkannten Vermögenswerten. Die W. setzen sich zusammen aus: Goldbestände, international frei verfügbare Devisen und Sorten (sog. Devisenreserven), Reserveposition im Internationalen Währungsfonds (IWF) und zugeteilte Sonderziehungsrechte (SZR). W. können zur Unterstützung des Wechselkurses der eigenen Währung und zur Finanzierung von Außenhandelsdefiziten eingesetzt werden. Die Verwaltung der W. erfolgt in der Europäischen Währungsunion durch die → Europäische Zentralbank (EZB).

Währungssystem, *Geldordnung, Währungsordnung.* Rechtliche Ordnung des Währungswesens eines Landes. Das nationale W. regelt das nationale Geld- und Kreditwesen, das internationale W. die Zahlungen des internationalen Güter- und Kapitalverkehrs in unterschiedlichen Währungen (→ Wechselkurs).

Wall Street, Straße im Südteil von Manhattan in New York. Die W.S. ist berühmt als Hauptfinanzzentrum der USA.

Wandelanleihe, *Convertible Bond, Wandelschuldverschreibung.* → Anleihe, bei der der Inhaber das Recht hat, die W. in Aktien der Gesellschaft umzutauschen. Der Umtausch erfolgt in einem festgelegten Umtauschverhältnis. Den Aktionären steht ein → Bezugsrecht auf W. zu. Für die Ausgabe einer W. ist eine Drei-Viertel-Mehrheit der Hauptversammlung erforderlich.

Ware, bewegliche Sache. – 1. *Handelsrecht:* bewegliche Sache, die gehandelt wird. – 2. *Volkswirtschaft:* Gut, das auf dem Markt angeboten und nachgefragt wird.

Warenbörse, → Börse.

Wareneinsatz, bewertete Warenmenge, die zur Erzielung eines bestimmten Umsatzes erforderlich ist. Der W. wird berechnet, indem die Warenmenge mit den → Einstandspreisen multipliziert wird.

Warengruppenmanagement, → Category Management.

Warenkennzeichnung, Informationen auf Waren oder Verpackungen über Eigenschaften des Produkts. Für Lebensmittel und Textilien sind Kennzeichnungen gesetzlich vorgeschrieben (z.B. Mindesthaltbarkeitsdatum bei Lebensmitteln). Weitere Kennzeichnungen sind die Handelsklassen, Güte- und Sicherheitszeichen (z.B. DIN, VDE, TÜV, GS) sowie Ökozeichen.

Warenkorb, Gesamtheit der in die Berechnung des → Verbraucherpreisindex für Deutschland (VPI) eingehenden Güter. Der W. umfasst ca. 750 Waren und Dienstleistungen und repräsentiert den gesamten Verbrauch der privaten Haushalte und die Preisentwicklung der nachgefragten Güter.

Warentermingeschäft, → Termingeschäft.

Warenverkehrsfreiheit, Grundfreiheit nach dem europäischen Recht, die für jeden Bürger der Europäischen Union (EU) gilt. Die W. verbietet jede Beschränkung des Warenverkehrs zwischen den EU-Mitgliedstaaten sowie zwischen dem Gebiet der EU und Drittstaaten. Die W. war Voraussetzung der Verschmelzung der EU-Mitgliedstaaten zu einem vollständigen gemeinsamen Markt.

Warenwirtschaftssystem, computergestütztes System zur Steuerung des Warenflusses in einem Handelsbetrieb. Neben der Steuerungsfunktion hat das W. die Aufgabe, waren- und kundenbezogene Daten zur Rechnungslegung, Inventur und Statistik bereitzustellen. Teile des W. sind:

- Einkaufssystem (Angebotsverwaltung, Bestellwesen, Disposition, Reklamation)
- Verkaufssystem (Kundendatenmanagement, Aktionsplanung und -überwachung, Verkäuferdatenmanagement, Retouren)
- Wareneingangssystem (Rechnungsprüfung, Warenannahme und -kontrolle, Anlieferung)
- Warenausgangssystem (Warenausgangskontrolle, Auftragsbearbeitung, Kommissionierung, Versandabwicklung)
- Lagerhaltung (z.B. Lagerbestandführung, Inventurabwicklung).

Warnstreik, → Streik.

Warrant, → Option, → Optionsanleihe.

Wechsel, durch eine Urkunde verbrieftes Zahlungsversprechen. Der W. ist die Anweisung des Ausstellers an die zahlungspflichtige Person (Bezogener), eine bestimmte Geldsumme an eine im W. genannte Person oder deren Order zu zahlen. Der W. ist ein → Orderpapier. Die Umwandlung in ein Rektapapier ist durch Beifügung der negativen Orderklausel (→ Rektaklausel) möglich. – Der letzte Inhaber des W. kann bei Nichteinlösung einen Prozess anstreben. Voraussetzung hierfür ist die Vorlage des W. spätestens zwei Geschäftstage nach dem Verfallstag sowie die schriftliche Erklärung eines Notars oder Gerichtsvollziehers über seine Nichteinlösung (Protesturkunde). Wechselrechtlich haften dem letzten Inhaber alle Beteiligten, also neben dem Bezogenen auch der Aussteller sowie die Indossanten (→ Indossament). – Zu unterscheiden sind:

- gezogener W.: Die unbedingte Anweisung eines Wechselausstellers an einen Bezogenen, eine bestimmte Geldsumme zu einem bestimmten Zeitpunkt (Verfallstag) zu zahlen.
- Solawechsel (eigener W.): Zahlungsversprechen des Wechselausstellers „Gegen diesen Wechsel zahle ich am ... Euro ... “.

Der W. kann heute nicht mehr zinsgünstig bei der Deutschen Bundesbank, sondern nur noch zu marktüblichen Zinssätzen eingereicht werden (→ Diskontkredit). Aus diesem Grund hat der W. stark an Bedeutung verloren.

Wechselkredit, → Akzeptkredit.

Wechselkurs, *Devisenkurs.* Wertverhältnis zweier Währungen. Der W. für den Euro wird als in ausländischer Währung ausgedrückter Preis einer bestimmten Menge an inländischer Währung angegeben (sog. Mengennotierung). Beispiel: 1 Euro = x US-Dollar. – Bei der sog. Preisnotierung wird dagegen der in heimischer Währung ausgedrückte Preis einer bestimmten Menge an ausländischen Währungseinheiten angegeben. Beispiel: 1 US-Dollar = x Euro. – Folgende Regelungen der Wechselkursbildung (sog. Wechselkursregime) werden unterschieden:

- flexible W. (freie W.): Der W. bildet sich entsprechend Angebot und Nachfrage ohne staatliche Eingriffe am Devisenmarkt. Bei sog. stufen-flexiblen W. wird ein Austauschverhältnis zu den anderen Währungen festgelegt (Leitkurs) sowie ein Höchst- und Niedrigstkurs, innerhalb derer der W. frei gehandelt wird. Erst bei Über- oder Unterschreiten der Grenzwerte greift der Staat am Devisenmarkt ein. Das → Europäische Währungssystem (EWS) ist ein Beispiel für ein stufen-flexibles Wechselkurssystem.
- fixe W. (feste W.): Der W. ist im Rahmen eines internationalen Währungssystems oder auch einer einseitige Wechselkurspolitik auf ein bestimmtes Niveau festgelegt. Bei Abweichungen erfolgen staatliche Eingriffe am Devisenmarkt.

Wechselkurspolitik, staatliche Maßnahmen zur Anpassung des → Wechselkurses an veränderte Situationen am Devisenmarkt.

Wechselprotest, → Protest.

Wegeunfall, → Arbeitsunfall.

weißes Produkt, → No-Name-Produkt.

Weisungsrecht, *Direktionsrecht.* Recht des → Arbeitgebers, Inhalt, Ort und Zeit der Arbeitsleistung zu bestimmen. Dabei sind vom Arbeitgeber die bestehenden vertraglichen und gesetzlichen Regelungen einzuhalten.

Weiterbeschäftigungsanspruch, Anspruch eines Arbeitnehmers auf tatsächliche Beschäftigung mit der vertraglich vereinbarten Tätigkeit. Dieser Anspruch besteht auch während einer Kündigungsschutzklage.

Weiterbildung, → berufliche Weiterbildung, → Bildungsurlaub.

Weltbank, → Internationale Bank für Wiederaufbau und Entwicklung (IBRD).

Weltbankgruppe, zusammenfassende Bezeichnung für bestimmte, sehr eng verbundene rechtlich selbstständige Finanzierungsinstitutionen. Dazu zählen im Einzelnen:

- Internationale Bank für Wiederaufbau und Entwicklung (IBRD), auch als Weltbank bezeichnet

- Internationale Entwicklungsorganisation (IDA)
- Internationale Finanz-Kooperation (IFC)
- Multilaterale Investitions-Garantie-Agentur (MIGA)
- Internationales Zentrum für die Beilegung von Investitionsstreitigkeiten (ICSID).

Gemeinsames Ziel der Organisationen der W. ist es, weniger entwickelte Staaten durch finanzielle Hilfen (vor allem durch Kredite und Vermittlung von Unternehmensbeteiligung) und technische Hilfen sowie durch Beratung in ihrer wirtschaftlichen Entwicklung zu fördern.

Welthandelsorganisation (WTO), Sonderorganisation der Vereinten Nationen (UN) zur Gestaltung zwischenstaatlicher Handelsbeziehungen. Die WTO ist die Nachfolgeorganisation des → Allgemeinen Zoll- und Handelsabkommens (GATT). Sie wurde 1995 in Genf gegründet. Die WTO hat derzeit 148 Mitglieder. Vertragliche Grundlagen der Arbeit der WTO sind das GATT für den Warenhandel, das General Agreement on Services (GATS) für den Dienstleistungsbereich und das Agreement on Trade-Related Aspects of Intellectual Property Rights (TRIPS) für Fragen des geistigen Eigentums. – Handelspolitisch setzt die WTO die Ziele und Aufgaben des GATT fort. Daneben hat sie jedoch als neue Aufgaben vor allem die Liberalisierung des Agrar- und Dienstleistungshandels sowie den Schutz des geistigen Eigentums übernommen. Die GATT-Prinzipien der Abschaffung von Handelsbeschränkungen, Gegenseitigkeit (→ Reziprozitätsprinzip), Nicht-Diskriminierung (→ Meistbegünstigung), Transparenz und Informationspflicht gelten auch weiterhin. – *Weitere Informationen unter* www.wto.org.

Weltwirtschaft, Begriff für die durch den internationalen Handel und die Kapitalbewegungen zwischen den Volkswirtschaften entstehenden Beziehungen und Verflechtungen.

Weltwirtschaftsgipfel, → G 7.

Weltwirtschaftskrise, Zusammenbruch der industriellen Produktion und des internationalen Handels in der Weltwirtschaft. – Meistens wird jedoch die W. von 1929 bis 1933 darunter verstanden (große W.). Das Volkseinkommen in Deutschland sank in dieser Zeit um ca. 40 Prozent, in den USA um über 50 Prozent. Die Industrieproduktion ging in Deutschland um ca. 43 Prozent, in den USA um über 45 Prozent zurück. Als wichtigste Ursachen werden aus heutiger Sicht die industrielle Überproduktion, die überzogene Börsenspekulation vor allem in den USA, die Behinderung des internationalen Handels durch Zölle sowie die Reparationsleistungen Deutschlands an die Siegermächte des Ersten Weltkrieges angesehen.

Werbemittel, Ausdrucksmittel der Werbung, in der die Werbebotschaft sprachlich oder visuell gestaltet dargestellt wird. Die Art des W. ist von dem jeweiligen → Werbeträger abhängig, z.B. Anzeigen in Printmedien, Radiospots im Hörfunk, Plakate in der Außenwerbung oder Werbebriefe in der Direktwerbung.

Werbeträger, Medien, in denen → Werbemittel geschaltet werden. Zu unterscheiden sind Printmedien (z.B. Zeitungen, Zeitschriften), elektronische Medien (z.B. Internet, Fernsehen, Radio), Medien der Außenwerbung (z.B. Plakatwerbung, Luftwerbung) und Medien der Direktwerbung (z.B. Briefwerbung).

Werbeträgerforschung, → Mediaforschung.

Werbeträgerplanung, → Mediaplanung.

Werbung, Teilbereich der → Kommunikationspolitik. W. ist die versuchte Meinungsbeeinflussung von bestimmten Personengruppen hinsichtlich eines Werbeziels. Zur Beeinflussung werden besondere Medien (→ Werbeträger) eingesetzt. Ziel einer Werbekampagne ist es, Bekanntheit, Einstellung oder Kaufabsicht der Personengruppe (→ Zielgruppe) gegenüber einem Produkt, einer Dienstleistung oder Idee zu beeinflussen. Im Rahmen der W. sind vor allem Entscheidungen hinsichtlich Werbebotschaft, Werbebudget, Werbemittel und Werbeträger zu treffen. – Vgl. auch → irreführende Werbung, → sittenwidrige Werbung, → vergleichende Werbung.

Werbungskosten, Begriff aus dem Einkommensteuerrecht für Aufwendungen zur Erwerbung, Sicherung und Erhaltung der Einnahmen. Sie können steuerlich bei Einkünften aus nichtselbstständiger Arbeit, aus Kapitalvermögen, aus Vermietung und Verpachtung sowie bei sonstigen Einkünften (z.B. Renten) geltend gemacht werden. Für die W. kann der → Werbungskosten-Pauschbetrag angesetzt werden. Höhere Aufwendungen sind nur abzugsfähig, wenn sie nachgewiesen werden.

Werbungskosten-Pauschbetrag, → Pauschbetrag, der für → Werbungskosten angesetzt werden kann. Bei den Einkünften aus nichtselbstständiger Arbeit beträgt der W.-P. je Arbeitnehmer 920 Euro jährlich. Er ist im Lohnsteuertarif bereits eingearbeitet. Bei Einnahmen aus Kapitalvermögen kann ein W.-P. von 51 Euro oder bei Zusammenveranlagung von Ehegatten 102 Euro jährlich angesetzt werden. Für sonstige Einnahmen steht je Empfänger ein W.-P. von 102 Euro jährlich zu Verfügung.

Werkstattproduktion, → Produktionsverfahren, bei dem in Teilbetrieben gleichartige Produktionseinrichtungen oder Arbeitssysteme zusammengefasst sind (Werkstatt). Werkstätten werden i.d.R. nach Verrichtungen oder Tätigkeiten gebildet (z.B. Dreherei, Bohrerei, Fräserei, Schleiferei und Lackiererei). Die W. ist vor allem bei häufig wechselnden Produktionsprogrammen für Kleinserien- und Einzelproduktion einzusetzen.

Werkstoff, einer der betriebswirtschaftlichen → Produktionsfaktoren. W. sind Stoffe und Erzeugnisse, die als ausgangs- und Grundstoff in die Produkte eines Unternehmens eingehen. Es kann sich dabei um → Rohstoffe, → Hilfsstoffe und → Betriebsstoffe und → unfertige Erzeugnisse, aber auch um → Fertigerzeugnisse handeln. Fertigerzeugnisse als W. werden unverarbeitet oder nur leicht veredelt in das zu fertigende Produkt eingearbeitet.

Werkvertrag, Vertrag, mit dem sich ein Unternehmer verpflichtet, gegen Zahlung einer Vergütung ein Werk herzustellen. Nach dem Bürgerlichen Gesetzbuch (BGB) kann ein Werk die Herstellung (z.B. Anfertigung eines Maßanzugs) oder die Veränderung (z.B. Reparatur) einer Sache sein. Es kann sich auch um einen durch Arbeit oder Dienstleistung herbeizuführenden Erfolg handeln (z.B. Anfertigung eines Gutachtens). Wesentlich ist, dass beim W. der Unternehmer für den Erfolg seiner Arbeit einsteht, während beim → Dienstvertrag unter Umständen bereits ein Bemühen zur Vertragserfüllung ausreicht. – *Ähnlich:* → Maklervertrag.

Wert, Begriff aus der Wirtschaftstheorie. W. ist der Ausdruck für die Wichtigkeit eines Gutes, die es für die Befriedigung der Bedürfnisse des Einzelnen besitzt. Einen wirtschaftlichen W. besitzen Güter nur, wenn sie knapp sind.

Wertanalyse, besondere Vorgehensweise zur Ergebnisverbesserung in einem Unternehmen. Die W. ist die systematische Untersuchung der Funktionen und Kosten eines Produkts oder einer Dienstleistung. Ziel der Untersuchung ist es, dass die notwendigen Funktionen mit den niedrigsten Kosten erfüllt werden. Bei der Analyse wird ermittelt, welchen Nutzen der Kunde tatsächlich benötigt. Dabei werden Haupt-, Neben-, Hilfs- und überflüssige Funktionen unterschieden. Überflüssige Merkmale können anhand dieser Einteilung beseitigt werden.

Wertpapier – Arten

Unterscheidung nach dem Ertrag

Ertraglose Papiere
- Scheck, ScheckG
- Wechsel, WG
- Kaufmännische Orderpapiere

Zinspapiere

Fester Zins
- klassische Inhaberschuldverschreibungen, §§ 793 ff. BGB
- Wandelschuldverschreibungen, § 221 I AktG

Variabler Zins
- Bundesschatzbriefe u.a.

Wirtschaftlicher Zins
- Zero Bonds
- Finanzinnovationen

Dividendenpapiere
- Aktie, § 10 AktG
- Genussschein, § 221 III AktG

Unterscheidung nach der wirtschaftlichen Funktion

Geldwertpapiere
- Scheck, ScheckG
- Wechsel, WG

Warenwertpapiere

Ohne Orderklausel
- Namenslagerschein ohne Orderklausel, § 363 II HGB

Mit Orderklausel

Traditionspapiere
- Lagerschein, §§ 363 II, 475c, 475g HGB
- Ladeschein, §§ 363 II, 444, 448 HGB
- Konnossement, §§ 363 II, 642, 650 HGB

Effekten
- Inhaberschuldverschreibung, §§ 793 ff. BGB
- Aktie, § 10 AktG
- Investmentanteile, § 18 KAGG
- Genussrechte, § 221 III AktG
- Wandelschuldverschreibung, § 221 I AktG

Unterscheidung nach der rechtlichen Übertragung

Inhaberpapiere (Numerus Clausus)
- Inhaberscheck, Art. 5 II, III ScheckG
- Inhaberschuldverschreibung, §§ 793 ff BGB
- Inhaberzeichen, § 807 BGB
- Inhaberaktie, § 10 I, II AktG
- Investmentanteil, § 18 KAGG
- Inhabergrundschuldbrief, § 1195 BGB

Ordnerpapiere (Numerus Clausus)

Geborene
- Wechsel, Art. 11 I WG
- Scheck, Art. 14 I ScheckG
- Namensaktie, §§ 10 I, 68 I AktG
- Zwischenschein, §§ 8 VI, 68 V AktG
- Namensinvestmentanteil, § 18 I KAGG

Gekorene
- Kaufmännische Anweisung,
- § 363 I 1 HGB
  Kfm. Verpflichtungsschein, § 363 I 2 HGB
  Ladeschein, §§ 363 II, 444 ff. HGB
  Konnossement, §§ 363 II, 643 ff. HGB
  Lagerschein, §§ 363 II, 475g HGB
  Transportversicherungspolice, §§ 363 II HGB, § 125 ff VVG

Namens-/ Rektapapiere
- Bürgerlichrechtliche Anweisung, §§ 783 ff. BGB
- Kfm. Papier ohne Orderklausel, § 363 HGB
- Hypotheken-, Grundschuld- und Rentenbrief
- Wechsel, Art. 11 II WG
- Scheck mit negativer Order, Art. 14 II ScheckG
- Qualifizierte Legitimationspapiere, § 808 BGB, z. B.:
  - Sparbuch
  - Depotschein

Unterscheidung nach der Art des verbrieften Rechts

Mitgliedschaftliche Wertpapiere
- Aktie, § 10 AktG
- Vorzugsaktie, §§ 139 ff. AktG
- Zwischenscheine, § 8 VI AktG

Sachenrechtliche Wertpapiere
- Hypothekenbrief, § 1116 I BGB
- Grundschuldbrief, § 1191 BGB
- Rentenschuldbrief, § 1199 BGB

Schuldrechtliche Wertpapiere
- Inhaberschuldverschreibung, §§ 793 ff. BGB
- Wechsel, WG
- Scheck, ScheckG
- Ladeschein, §§ 363 II, 444 HGB
- Konnossement, §§ 363 ii, 642 HGB
- Lagerschein, §§ 363 II, 475g HGB
- Wandelschuldverschreibung, § 221 I, AktG

Wertaufholung, → Zuschreibung.

Wertberichtigung, Begriff aus dem Handelsrecht. W. ist eine buchhalterische Korrekturgröße, die die → Wertminderung eines Bilanzpostens auf der linken Bilanzseite erfasst. Die W. wird auf der rechten Seite der Bilanz ausgewiesen. Auf diese Weise kann auf der linken Seite weiterhin der ursprüngliche Wert aufgeführt werden. Bei Kapitalgesellschaften ist der Ausweis von W. unzulässig. – Vgl. auch → Pauschalwertberichtigung auf Forderungen.

Wertminderung, *Wertverzehr.* Begriff aus dem Handelsrecht für die Entwertung eines Vermögensgegenstands. Ursachen einer W. sind z.B. Abnutzung, Verschleiß, Veralterung, Ablauf von Patenten und Sinken des Preisniveaus. W. werden i.d.R. durch den Ansatz von → Abschreibungen berücksichtigt. – Vgl. auch → Wertberichtigung.

wertorientierte Unternehmensführung, Konzept der Unternehmensführung. Die geschäftpolitischen Entscheidungen sollen nach der w.U. an der Steigerung des Unternehmenswertes ausgerichtet werden. Häufig wird der Unternehmenswert mit dem Marktwert des Eigenkapitals, also dem Wert eines Unternehmens für die Eigenkapitalgeber gleichgesetzt (→ Shareholder Value).

Wertpapier, Urkunde, die ein privates Recht verbrieft. D.h., das Recht kann ohne die Urkunde nicht geltend gemacht werden. W. können nach verschiedenen Gesichtspunkten, z.B. nach ihrer wirtschaftlichen Funktion oder nach der Art der verbrieften Rechte, unterschieden werden. – Vgl. Abbildung „Wertpapier – Arten".

Wertpapierbörse, → Börse.

Wertpapierkennnummer (WKN), Nummer eines Wertpapiers. Die WKN ist auf dem Wertpapier angegeben. Die nationalen WKN sollen durch → ISIN ersetzt werden.

Wertpapierorder, → Order.

Wertpapierpensionsgeschäft, Ankauf von Wertpapieren durch die Deutsche Bundesbank. Es wird gleichzeitig ein Rückkauf zu einem festgelegten, zukünftigen Termin vereinbart. Die Wertpapiere müssen an einer Börse im → amtlichen Handel oder → geregelten Markt gehandelt werden. Über W. erhalten die Kreditinstitute Geldmittel. – W. mit einer Laufzeit von zwei Wochen werden vom Europäischen System der Zentralbanken (ESZB) als → Offenmarktgeschäfte eingesetzt.

Wertschöpfung, Summe der in einem Unternehmen oder in einer Volkswirtschaft durch den Einsatz von Produktionsfaktoren erbrachten Leistungen. Die W. ergibt sich als Differenz zwischen dem → Produktionswert und den → Vorleistungen.

Wertschöpfungskette, Managementkonzept von Porter (US-amerikanischer Betriebswirt, 1947 geboren). Die W. stellt die zusammenhängenden Unternehmensaktivitäten des betrieblichen Gütererstellungsprozesses grafisch dar. Vgl. auch Abbildung „Wertschöpfungskette". – Nach Porter gibt es fünf Primäraktivitäten, die den eigentlichen Wertschöpfungsprozess beschreiben, sowie vier Unterstützungsaktivitäten, die den Wertschöpfungsprozess ergänzen. Jede Unternehmensaktivität stellt einen Ansatz zur Differenzierung dar und leistet einen Beitrag zur relativen Kostenstellung des Unternehmens im Wettbewerb.

Wertsicherungsklausel, Vertragsklausel zur Sicherung gegen einen eventuellen Währungsverfall. I.d.R. wird der zu zahlende Betrag an einen → Preisindex oder aber an den Wert einer bestimmten Ware gekoppelt. Eine W. ist nach der Preisangaben- und Preisklauselgesetzes (PaPkG) unzulässig, wenn ein Preis oder Wert einer nicht vergleichbaren Ware herangezogen wird.

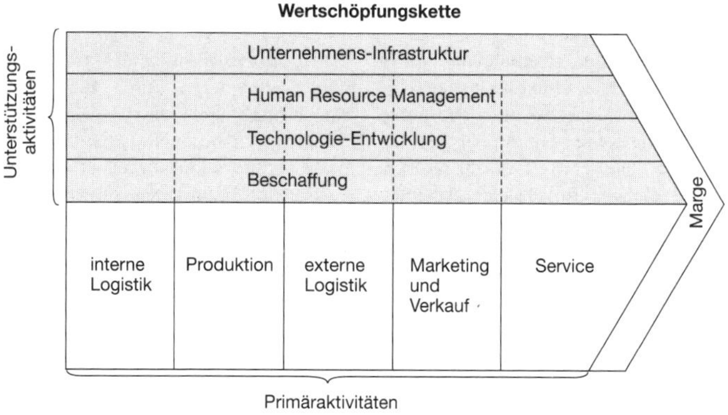

wesentliche Beteiligung, Begriff aus dem Einkommensteuerrecht. Es handelt sich um eine w.B., wenn einem Anteilseigner mehr als ein Prozent am Kapital einer Kapitalgesellschaft gehören. In diesem Fall wird der Anteilseigner aus steuerlicher Sicht wie ein Unternehmer behandelt (→ Mitunternehmer). D.h., der Gewinn aus der Veräußerung von Anteilen aus einer w.B. muss bei den Einkünften aus Gewerbebetrieb versteuert werden.

Wettbewerb, wichtigstes Lenkungsinstrument in einer Marktwirtschaft. W. ist gekennzeichnet durch die Existenz von Märkten mit mindestens zwei Anbietern oder Nachfragern. Anbieter und Nachfrager wollen den Grad der von ihnen zu erreichenden Ziele zu Lasten anderer verbessern. Damit hat der W. eine Anreiz- und Ordnungsfunktion in einer Marktwirtschaft.

Wettbewerbsanalyse, → Konkurrenzanalyse.

Wettbewerbsbeschränkung, jede Form der Beeinträchtigung des freien → Wettbewerbs. Dies kann durch staatliche Maßnahmen (z.B. Zwangswirtschaft), aber auch durch Unternehmenszusammenschlüsse geschehen. Die Verhinderung von W. ist Aufgabe der → Wettbewerbspolitik und ist Gegenstand des → Wettbewerbsrechts.

Wettbewerbsklausel, → Wettbewerbsverbot.

Wettbewerbspolitik, alle staatlichen Maßnahmen, durch die die Rahmenbedingungen für das Marktverhalten von Unternehmen, privaten und öffentlichen Haushalten gesetzt werden. Dies kann durch die Gestaltung der Wettbewerbsvoraussetzungen geschehen, indem die Märkte offen gehalten und Marktschranken beseitigt werden. Die andere Möglichkeit besteht darin, Wettbewerbsbeschränkungen zu bekämpfen. Aufgabe der W. ist somit in erster Linie, Absprachen, Behinderungen dritter Unternehmen sowie Unternehmenskonzentration zu kontrollieren und zu verhindern. – Nach dem deutschen und europäischen Kartellrecht erfolgt eine Aufsicht über → marktbeherrschende Unternehmen. Diesen ist ein Missbrauch ihrer Marktstellung verboten.

Wettbewerbsrecht, alle Gesetze und Vorschriften, die Beschränkungen des freien Wettbewerbs verhindern und einen fairen Wettbewerb sichern sollen. Dazu zählt neben dem Gesetz gegen Wettbewerbsbeschränkungen (GWB) auch das Gesetz gegen den unlauteren Wettbewerb (→ unlauterer Wettbewerb). – Vgl. auch → Kartellrecht.

Wettbewerbsstrategie, Management-Ansatz zur Positionierung des Unternehmens oder seiner Geschäftsfelder in Bezug zu seinen Konkurrenten. Porter (US-amerikanischer Betriebswirt, 1947 geboren) unterscheidet je nach der Attraktivität der Branche und der Wettbewerbsposition des Unternehmens im Vergleich zu seinen Konkurrenten vier W. Dies sind: Kostenführerschaft, Differenzierung, Konzentrationsstrategie mit Schwerpunkt Kosten, Konzentrationsstrategie mit Schwerpunkt Differenzierung. In reifen Branchen sollte die Kostenführerschaft, in schrumpfenden Branchen die Nischenstrategie und in internationalen Branchen die Strategie der Differenzierung gewählt werden.

Wettbewerbsverbot, *Konkurrenzverbot, Konkurrenzklausel, Wettbewerbsklausel.* Gesetzliches Verbot, das Personen gewisse in Wettbewerb mit dem Unternehmen tretende Tätigkeiten und Ähnliches untersagt.– 1. *Handelsrecht:* Es gilt ein W. vor allem für die persönlich haftenden Gesellschafter der offenen Handelsgesellschaft (OHG) und der Kommanditgesellschaft (KG) sowie für die Vorstandsmitglieder der Aktiengesellschaft (AG). – 2. *Arbeitsrecht:* W. ist die Vereinbarung zwischen Arbeitgeber und -nehmer, dass während des Arbeitsverhältnisses oder nach Beendigung des Arbeitsverhältnisses der Arbeitnehmer nicht im gleichen Gewerbe arbeiten darf. Diese Vereinbarung ist schriftlich zu treffen. Sie ist für höchstens zwei Jahre nach Beendigung des Arbeitsverhältnisses möglich.

Widerruf. 1. *Handelsrecht:* Rücknahme einer Willenserklärung, z.B. einer Vollmacht oder einer Prokura. – 2. *Bürgerliches Recht:* rückwirkende Auflösung eines Verbrauchervertrags. Ein W. muss nicht begründet werden. Der W. ist schriftlich oder durch Rücksendung der Ware innerhalb von zwei Wochen nach Vertragsabschluss gegenüber dem Unternehmer zu erklären. – Auch Versicherungsverträge können innerhalb von zwei Wochen ab der Unterzeichnung des Versicherungsantrags schriftlich widerrufen werden. Dies gilt allerdings nur für Verträge mit einer Laufzeit von über einem Jahr.

Widerspruch, → Rechtsbehelf in einem Verwaltungsverfahren. W. ist auch ein → Rechtsmittel im Zwangsvollstreckungsverfahren und vor allem im Mahnverfahren.

Wiederbeschaffungskosten, → Anschaffungskosten, die für den Ersatz eines Vermögensgegenstands zu zahlen sind.

Wiederbeschaffungswert, Preis für ein Wirtschaftsgut, der zum Zeitpunkt der Ersatzbeschaffung voraussichtlich zu zahlen ist. Der W. kann im Rahmen der Kostenrechnung bei den → kalkulatorischen Abschreibungen angesetzt werden. In der Handelsbilanz ist der W. ein Anhaltspunkt zur Ermittlung des → beizulegenden Wertes.

Wiedereinsatzleistung, → innerbetriebliche Leistung.

wiederkehrende Bezüge, Begriff aus dem Einkommensteuerrecht. W.B. sind Einnahmen, die aufgrund eines gemeinsamen Rechtsgrunds regelmäßig erzielt werden. Dies sind z.B. Renten, Unterhaltsleistungen, Mieten und Pachten. W.B. gehören i.d.R. zu den sonstigen → Einkünften.

Willenserklärung, Begriff aus dem Bürgerlichen Recht. Eine W. ist die Erklärung einer Person, um bewusst eine Rechtsfolge zu erreichen. Beispiele für eine W. sind der Vertragsabschluss, die Kündigung, der Rücktritt und die Anfechtung. Der Erklärende muss geschäftsfähig sein (→ Geschäftsfähigkeit), damit die W. gültig ist. – In einigen Fällen wie z.B. bei einer Kündigung oder einem Widerruf ist eine sog. empfangsbedürftig W. erforderlich. Dies bedeutet, dass die W. dem Angesprochenen zugehen muss.

Winterausfallgeld, Leistung der Bundesagentur für Arbeit für witterungsbedingte Ausfallstunden an Arbeitnehmer des Baugewerbes. Anspruch auf W. haben Arbeitnehmer bei witterungsbedingtem Arbeitsausfall in der Zeit von Anfang November bis Ende März. Das W. beträgt 60 Prozent des letzten Nettoarbeitsentgelts oder 67 Prozent für Arbeitnehmer mit mindestens einem Kind.

Wintergeld, Leistung der Bundesagentur für Arbeit an Arbeitnehmer des Baugewerbes, die auf witterungsbedingten Arbeitsplätzen beschäftigt sind. In der Zeit vom 15. Dezember bis Ende Februar werden für witterungsbedingte Mehraufwendungen für geleistete Arbeitsstunden 1,03 Euro je Arbeitsstunde gezahlt. In der Zeit vom 1. November bis Ende März wird ein Zuschuss zum Winterausfallgeld in Höhe von 1,03 Euro je Ausfallstunde gewährt.

Wirtschaftlichkeit, Begriff für eine Tätigkeit, die dem → ökonomischen Prinzip genügt. Bei einer wertmäßigen Betrachtung werden → Aufwand und → Ertrag oder → Kosten und → Erlös gegenübergestellt. – Vgl. auch → Produktivität.

Wirtschaftlichkeitsprinzip, → ökonomisches Prinzip.

Wirtschaftseinheit, → Wirtschaftssubjekt.

Wirtschaftsförderung, wirtschaftspolitische Maßnahmen zur Begünstigung bestimmter wirtschaftlicher Tatbestände oder Verhaltensweisen. Maßnahmen zur W. können branchenbezogen (→ sektorale Strukturpolitik), regional (→ Regionalpolitik) und zur Förderung bestimmter Unternehmensgruppen oder wirtschaftlicher Tätigkeiten (z.B. → Existenzgründungsförderung, → Mittelstandsförderung, Förderung des Fremdenverkehrs, Förderung des Umweltschutzes) durchgeführt werden. – *Weiter Informationen unter* www.bmwa.bund.de.

Wirtschaftsforschungsinstitute, private und öffentliche Einrichtungen, die Wirtschaftsforschung bzw. Konjunkturforschung auf der Grundlage von Beobachtungen durchführen. Die bekanntesten deutschen W. sind das Deutsche Institut für Wirtschaftsforschung (DIW) in Berlin, das Institut für Wirtschaftsforschung (HWWA) in Hamburg, das Institut für Wirtschaftsforschung (ifo) in München, das Institut für Weltwirtschaft (IfW) an der Universität Kiel, das Institut für Wirtschaftsforschung (IWH) in Halle und das Rheinisch-Westfälische Institut für Wirtschaftsforschung (RWI) in Essen. Die genannten W. veröffentlichen jeweils im Frühjahr und im Herbst eine gemeinsame Einschätzung und Beurteilung der Lage der Weltwirtschaft und der deutschen Wirtschaft.

Wirtschaftsjahr, → Geschäftsjahr.

Wirtschaftskreislauf, Darstellung der Leistungen der Wirtschaftssektoren in Form eines Kreislaufs. Als Sektoren werden private Haushalte, Unternehmen, Vermögensbildung, Staat und Ausland betrachtet. Im Kreislauf werden die Güter und die Zahlungsströme zwischen den Sektoren dargestellt. Der W. ist wichtige Grundlage für die Makroökonomie und für die Volkswirtschaftliche Gesamtrechnung (VGR). – Vgl. Abbildungen „Kreislaufanalyse – Vereinfachter Wirtschaftskreislauf“ und „Kreislaufanalyse – Komplexer Wirtschaftskreislauf.“

Kreislaufanalyse – Vereinfachter Wirtschaftskreislauf

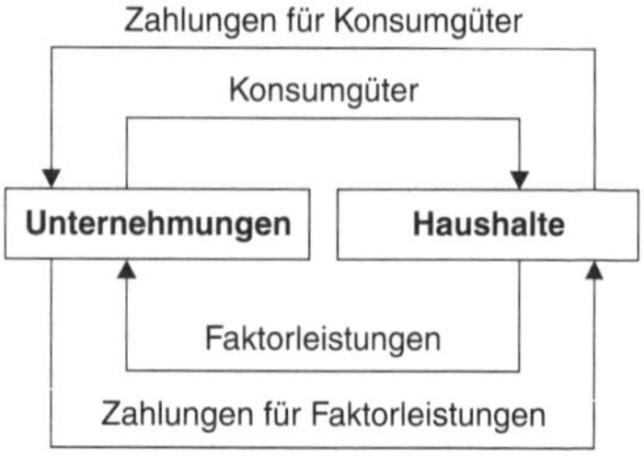

Kreislaufanalyse – Komplexer Wirtschaftskreislauf

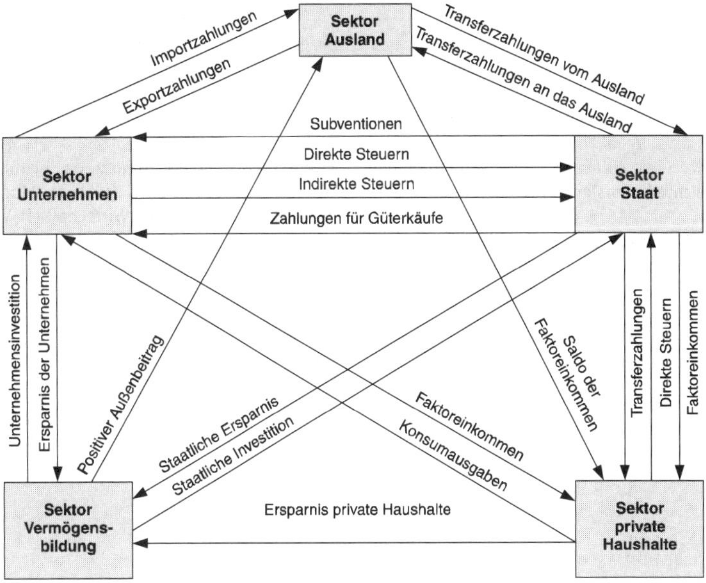

Wirtschaftsordnung, *Wirtschaftsverfassung.* Rahmenordnung, innerhalb der die Prozesse einer Volkswirtschaft ablaufen. Die W. umfasst neben den wirtschaftlich relevanten gesetzlichen Vorschriften auch Zielsetzungen, Verhaltensweisen und Koordinationsmechanismen, die den Aufbau und den Ablauf einer Volkswirtschaft bestimmen. – Vgl. auch → Wirtschaftssystem.

Wirtschaftspolitik, Teilgebiet der Volkswirtschaftslehre. W. sind alle staatlichen Maßnahmen zur Ordnung und Gestaltung einer Volkswirtschaft. Ziel der W. ist das sog. → magische Viereck des Stabilitäts- und Wachstumsgesetz (StWG). – Die W. lässt sich unterschiedlich gliedern. Nach dem Zeitraum und der Bedeutung werden → Ordnungspolitik (langfristig, grundlegend) und → Prozesspolitik (kurzfristig, korrigierend) unterschieden. Nach dem Gegenstand gliedert man die W. z.B. in Außenwirtschafts-, Finanz-, Konjunktur-, Sozial- und Wettbewerbspolitik.

Wirtschaftsprüfer, Person oder Mitarbeiter einer Wirtschaftsprüfungsgesellschaft, der als W. eingetragen und Mitglied der Wirtschaftsprüferkammer ist. Voraussetzung für die Eintragung als W. ist, dass die Person das Wirtschaftsprüferexamen bestanden hat. W. prüfen die Buchhaltung, den Jahresabschluss und den Lagebericht von Gesellschaften. Über die Ordnungsmäßigkeit der geprüften Sachverhalte erstellen die W. einen Bericht, gegebenenfalls erteilen sie einen → Bestätigungsvermerk. Außerdem sind W. zur steuerlichen und betriebswirtschaftlichen Beratung befugt.

Wirtschaftsprüfung, Prüfung von Unternehmen oder öffentlichen Haushalten. Eine W. umfasst die Prüfung der Buchhaltung und Rechnungslegung. Durch die W. soll die formale und sachliche Korrektheit der Angaben eines Unternehmens sichergestellt werden. Gesetzliche Pflichtprüfungen im Rahmen der W. sind vor allem die regelmäßig wiederkehrenden Prüfungen des Jahresabschlusses aufgrund allgemeiner gesetzlicher Bestimmungen für Unternehmen einzelner Branchen (vor allem Depotprüfung nach dem Kreditwesengesetz) und einzelner Rechtsformen (z.B. genossenschaftliche Pflichtprüfung). Außerdem werden Sonderprüfungen wie z.B. Gründungsprüfungen, Sonderprüfungen wegen unzulässiger Unternehmensbewertung, Sonderprüfungen der Geschäftsbeziehungen einer abhängigen Gesellschaft zum herrschenden Unternehmen und Abwicklungsprüfungen durchgeführt.

Wirtschaftssektoren, → Sektoren der Volkswirtschaft.

Wirtschaftsstruktur, Aufteilung einer wirtschaftlichen Größe in Teilbereiche. Größen können dabei z.B. Angebot, Nachfrage, Beschäftigung und Märkte sein. – 1. *Sektorale W.:* Anteile der einzelnen Sektoren (z.B. Handel und Verarbeitendes Gewerbe) am Bruttoinlandsprodukt (BIP), Verteilung der Erwerbstätigen auf Sektoren oder Aufteilung der Investitionen auf Sektoren. – 2. *Regionale W.:* räumliche Aufteilung der wirtschaftlichen Größe.

Wirtschaftssubjekt, *Wirtschaftseinheit.* Eine natürliche oder juristische Person, die wirtschaftliche Entscheidungen trifft und entsprechend handelt. W. sind private Haushalte, Unternehmen, Nonprofit-Organisationen (NPO) und der Staat.

Wirtschaftssystem, vereinfachtes Modell der → Wirtschaftsordnung. Die beiden grundlegenden Elemente eines Wirtschaftssystems sind die Eigentumsordnung (Kapitalismus oder Sozialismus) und der Koordinationsmechanismus (Marktwirtschaft oder Zentralverwaltungswirtschaft).

Wirtschaftsunion, → Europäische Wirtschafts- und Währungsunion (EWWU), → Integration.

Wirtschaftsverfassung, → Wirtschaftsordnung.

Wirtschaftswachstum, Zunahme der wirtschaftlichen Leistungsfähigkeit einer Volkswirtschaft. Die Leistungsfähigkeit kann durch verschiedene Größen ausgedrückt werden. I.d.R. wird das → Bruttoinlandsprodukt (BIP) dazu herangezogen. W. bedeutet somit eine Steigerung der gesamtwirtschaftlichen Produktion und des gesamtwirtschaftlichen Einkommens. Dabei sind grundsätzlich zwei Ursachen für das W. möglich: eine verbesserten Auslastung der vorhandenen Produktionskapazitäten durch den vermehrten Einsatz der Produktionsfaktoren (Auslastungseffekt) und/oder eine Ausweitung der Produktionskapazitäten (Kapazitätseffekt). Häufig wird nur im Fall der Kapazitätseffekte von Wachstumseffekten gesprochen.

Wissensmanagement, Erfassung, Systematisierung und Verknüpfung des in einem Unternehmen vorhandenen Wissens. Das bekannteste Modell des W. ist die Wissensspirale, die davon ausgeht, dass kontinuierlich ein Austausch von expliziten (reproduzierbares Wissen) und impliziten Wissen (verborgenes, unspezifisches Wissen) stattfinden muss, damit organisatorisches Wissen entwickelt und übertragen wird.

WKN, Abk. für → Wertpapierkennnummer.

Wohlfahrtsstaat, sozialpolitisches Grundmodell. Die staatliche Verantwortung für die Gewährleistung grundlegender Menschenrechte und für die Daseinsvorsorge seiner Bürger hat danach Vorrang vor der persönlichen Eigenvorsorge. – *Anders:* → Sozialstaat.

Wohlstand, Lebensqualität des Einzelnen oder der Bevölkerung. Als Hinweise auf den Stand des W. werden vor allem das → Bruttoinlandsprodukt (BIP) und das → Bruttonationaleinkommen (BNE) herangezogen. Es werden zusätzlich z.B. Kennzahlen in den Bereichen Gesundheitswesen (z.B. Ärzteanzahl je 1.000 Einwohner), im Bildungsbereich (z.B. Studienplätze je 1.000 Einwohner), für die Umweltqualität (z.B. Emissionsmengen bestimmter Schadstoffe) einbezogen.

Wohnsitzprinzip, Grundsatz der Umsatzbesteuerung internationaler Geschäfte. Das W. sieht vor, dass die erbrachten grenzüberschreitenden Umsätze mit der Steuer des Landes belastet werden, in dem der Empfänger seinen Sitz hat. – *Gegensatz:* → Ursprungslandprinzip.

Wohnungsbauförderung, → Eigenheimzulage, → Baukindergeld.

Wohnungsbauprämie, Zulage, die Steuerpflichtige für Bausparkassenbeiträge erhalten können. Die W. ist im Wohnungsbau-Prämiengesetz (WoPG) geregelt. Alleinstehende und Verheiratete erhalten eine Prämie von 8,8 Prozent der Aufwendungen (höchstens 512 Euro jährlich oder bei Zusammenveranlagung von Ehegatten höchsten 1.024 Euro jährlich). W. werden nur gewährt, wenn das zu versteuernde Einkommen unter 25.600 Euro oder bei Zusammenveranlagung von Ehegatten unter 51.200 Euro liegt.

Wohnungseigentum, Kombination eines Alleineigentums an einer Wohnung und eines ideellen, rechnerischer Miteigentumsanteils am Grundstück und an den gemeinschaftlichen Gebäudeteilen. Das W. ist im Wohnungseigentumsgesetz (WEG) von 1994 geregelt. Begründung, Übertragung und Aufhebung des W. erfolgt durch → Auflassung und Eintragung in das → Grundbuch. Der Vertrag ist öffentlich zu beurkunden.

Working Capital, *Nettoumlaufvermögen.* Im US-amerikanischen Rechnungswesen gebräuchliche Kennzahl für die Differenz zwischen → Umlaufvermögen und kurzfristigen → Verbindlichkeiten. Das W.C. dient zur Beobachtung von Liquiditätsveränderungen hinsichtlich des Umlaufvermögens.

WTO, Abk. für World Trade Organization, → Welthandelsorganisation.

Wucher, Begriff aus dem Zivilrecht. W. ist ein Rechtsgeschäft, bei dem zwischen Leistung und Gegenleistung ein gravierendes Missverhältnis besteht. Bei dem Geschäft wird eine Notlage oder die Unerfahrenheit und Unkenntnis des Vertragspartners ausgenutzt. Ein entsprechender Vertrag ist nicht gültig.

X – Z

XETRA, Abk. für Exchange Electronic Trading. Elektronisches Handelssystem der Deutschen Börse AG. Der Handel findet in einem offenen elektronischen Auftragsbuch statt. In diesem Buch werden alle Kauf- und Verkaufsaufträge erfasst. Kauf- und Verkaufsaufträge, die sich entsprechen, werden automatisch zusammengeführt. Es können alle Börsenmakler und Kreditinstitute, die Mitglied einer deutschen Börse sind, teilnehmen. – *Weitere Informationen unter* www.xetra.de.

Yield Management, *Ertragsmanagement.* Kurzfristiges Steuerungsverfahren der Nachfrage zur Umsatz- oder Ertragssteigerung. Die Gesamtkapazität (z.B. Flugtickets, Hotelzimmer) soll dabei der Kundengruppe mit der höchsten Preisbereitschaft angeboten werden. Die Differenzierung der Kundenklassen erfolgt anhand der Nachfrageentwicklung in der Vergangenheit.

Zahlung, Übertragung einer Geldforderung durch einen Zahlungspflichtigen an einen anderen. Dieser muss von dem Begünstigten anerkannt sein.

Zahlungsbedingungen, Vereinbarungen über Zahlungsort, Zahlungszeitpunkt und Zahlungsweise. Die Z. sind i.d.R. Bestandteil der → Allgemeinen Geschäftsbedingungen (AGB). Häufig werden Z. und → Lieferungsbedingungen verbunden. Liegt keine vertragliche Vereinbarung vor, ist der Zahlungsbetrag sofort nach Übergabe der Ware zu zahlen.

Zahlungsbilanz, statistische Aufzeichnung der wirtschaftlichen Transaktionen zwischen In- und Ausländern in einem Zeitraum. Die Erfassung der Transaktionswerte erfolgt nach dem Prinzip der doppelten Buchführung, so dass die Z. immer ausgeglichen ist. D.h., die Salden der Teilbilanzen müssen sich zu Null addieren. – Die Z. besteht aus folgenden Teilbilanzen:

- Handelsbilanz
- Dienstleistungsbilanz
- Bilanz der laufenden Übertragungen
- Bilanz der Vermögensübertragungen
- Kapitalbilanz
- Devisenbilanz.

Die Handelsbilanz, die Dienstleistungsbilanz, die Bilanz der laufenden Übertragungen und der Vermögensübertragungen werden zusammenfassend als Leistungsbilanz bezeichnet. Vgl. auch Abbildung „Zahlungsbilanz“. – Die Z. wird von der Deutschen Bundesbank erstellt. Außerdem wird von der Europäischen Zentralbank (EZB) zusätzlich eine gemeinsame Z. für den Eurowährungsraum aufgestellt. – *Anders:* → außenwirtschaftliches Gleichgewicht. – *Weitere Informationen unter* www.destatis.de.

Zahlungsfähigkeit, → Solvenz.

Zahlungskarte, Ausweiskarte, mit deren Hilfe Rechnungen bargeldlos bezahlt werden können. Z. sind vor allem → Kreditkarten und → Debitkarten. Häufig sind zusätzliche Funktionen an Z. gekoppelt. Beispielsweise kann Bargeld an Bankautomaten abgehoben werden oder es sind mit der Z. Versicherungsleistungen verbunden.

Zahlungsmittel, Bargeld, Guthaben auf Bankkonten sowie alle Geldersatzmittel, die im Zahlungsverkehr anerkannt sind. Geldersatzmittel sind z.B. Schecks, Wech-

Zahlungsbilanz

Zahlungseingänge/Zufluss an Devisen	Zahlungsausgänge/Abfluss an Devisen
S **Handelsbilanz**	H
Warenexporte	Warenimporte
S **Dienstleistungsbilanz**	H
Dienstleistungsexporte	Dienstleistungsimporte
S **Bilanz der laufenden Übertragungen**	H
Empfangene laufende Übertragungen	Geleistete laufende Übertragungen
S **Bilanz der Vermögensübertragungen**	H
Empfangene Vermögensübertragungen	Geleistete Vermögensübertragungen
= Leistungsbilanz (i. w. S.)	
S **Kapitalbilanz**	H
Kapitalimporte Zunahme der Verbindlichkeiten gegenüber dem Ausland	Kapitalexporte Zunahme an ausländischen Forderungsrechten
S **Devisenbilanz**	H
Bestandsminderung an Währungsreserven bei der Zentralbank	Bestandserhöhung an Währungsreserven bei der Zentralbank
= Kapitalbilanz (i. w. S.)	

sel und Kreditkarten. Die Zahlungsmitteleigenschaft können bestimmte Finanzmittel gewohnheitsmäßig oder kraft Gesetzes (sog. gesetzliche Z.) besitzen. – Vgl. auch → Geld.

Zahlungsunfähigkeit, → Insolvenz.

Zahlungsverkehr, alle Zahlungsvorgänge innerhalb einer Volkswirtschaft (nationaler Z.) oder zwischen verschiedenen Volkswirtschaften (internationaler Z.). Je nach eingesetztem Zahlungsmittel kann der Z. bar (→ Barzahlung), halbbar (→ halbbare Zahlung) oder bargeldlos (→ bargeldlose Zahlung) erfolgen.

Zahlungsverzug, → Schuldnerverzug.

Zahlungsziel, Zeitpunkt, zu dem eine Geldschuld bezahlt werden soll. Häufig wird vereinbart, dass ein Z. oder ein Skonto bei sofortiger Zahlung in Anspruch genommen werden kann.

Zeichnung. 1. *Handelsrecht:* Unterschrift. – 2. *Börsenwesen:* Abgabe von Kaufaufträgen für neu ausgegebene Wertpapiere.

Zeitarbeit, → Arbeitnehmerüberlassung.

Zeitlohn, → Lohn.

Zeitverzögerung, → Lag.

Zeitwert, → Tageswert.

Zentralbank, eigenständige staatliche Einrichtung, die die Aufgaben der → Geldpolitik wahrnimmt. In den einzelnen Ländern gibt es verschiedene Grade der Unabhängigkeit der Z. und unterschiedliche Aufteilungen der geldpolitischen Kompetenzen zwischen der Z. und den Regierungen. I.d.R. hat die Z. das Recht zur Ausgabe von Banknoten und Münzen. Aus diesem Grund wird häufig für Z. der Begriff Notenbank verwendet.

Zentralbankgeld, das von einer Zentralbank bereitgestellte Geld. Das Z. umfasst das Bargeld in Form von Banknoten und Münzen sowie Kontenguthaben bei der Zentralbank, die jederzeit in Bargeld umgetauscht werden können.

Zentralisation, organisatorische Zusammenfassung von Teilaufgaben bei einer Stelle nach bestimmten Aufgabenmerkmalen. Die Z. ist eng mit der Frage der Koordination verbunden. Je stärker die Z. ist, um so größer ist die Anzahl der Leitungsebenen. Somit ist ein autoritärer Führungsstil erforderlich. Neue Formen der Organisation gehen allerdings von einer zunehmenden Dezentralisation aus (→ flache Hierarchie). – *Gegensatz:* → Dezentralisation.

Zentralverwaltungswirtschaft, *Planwirtschaft.* Wirtschaftsordnung, in der die Wirtschaftsprozesse von einer zentralen staatlichen Stelle geplant und koordiniert werden. Haushalte und Betriebe haben keine Entscheidungskompetenzen. Dem entsprechend gibt es weder Wettbewerb, freie Preisbildung oder Arbeitsplatz- und Konsumwahl, noch Privateigentum an den Produktionsmitteln. Den Betrieben werden Produktionsmengen vorgegeben, die erfüllt werden müssen. Leitbild der Z. ist der → Sozialismus. – *Gegensatz:* → Marktwirtschaft.

Zentrenproduktion, → Produktionsverfahren, bei dem in Teilbetrieben verschiedenartige Produktionseinrichtungen oder Arbeitssysteme zusammengefasst sind. Diese sind nach Produkten angeordnet (z.B. Tischproduktion). Z. verknüpft → Werkstattproduktion und → Fließproduktion..

Zero Bond, *Nullkupon-Anleihe, unverzinsliche Anleihe.* → Anleihe, bei der während der Laufzeit keine Zinsen gezahlt werden. Z.B. werden i.d.R. unter dem Anleihebetrag ausgegeben und bei Fälligkeit zu diesem Betrag zurückgezahlt. Entsprechend ist der Gewinn, den der Anleger mit dem Z.B. erzielt, die Differenz zwischen Ausgabepreis und Rückzahlungsbetrag. Die Laufzeit beträgt drei bis 35 Jahre.

Zertifikat, → Aktienzertifikat, → Umweltzertifikat.

Zession, → Forderungsabtretung.

Zielgruppe, Personen oder Organisationen, die als mögliche Kunden angesehen werden. Um diese zu gewinnen, sind die marketingpolitischen Aktivitäten auf ihre Bedürfnisse und Erwartungen auszurichten (→ Kundenorientierung). Die Bildung von Z. kann anhand unterschiedlicher Merkmale erfolgen (→ Marktsegmentierung).

Zielkostenrechnung, *Target Costing.* Verfahren der Kostenplanung. Die Z. ermöglicht die Verwirklichung von Kosteneinsparungspotenzialen bereits in der Entwicklungsphase eines Produkts. Zugrunde liegt ein streng marktorientiertes Kostenmanagement, bei dem die wichtigste Frage lautet, wie viel ein Produkt höchstens kosten darf (Zielkosten), um sich am Markt behaupten zu können.

Zinsabschlagsteuer, → Kapitalertragsteuer.

Zinsanpassungsklausel, *Zinsgleitklausel.* Vereinbarung in einem Kreditvertrag, wonach das Kreditinstitut den vereinbarten Zinssatz herauf- oder herabsetzen darf. – Vgl. auch → variabler Zinssatz.

Zinsen, Preis für die Überlassung von Kapital. Die Zinshöhe ist abhängig von der Überlassungsdauer, Kapitalhöhe und vom → Zinssatz:

$$\text{Zinsen} = \frac{\text{Kapital} \cdot \text{Zinsfuß} \cdot \text{Zinstage}}{100 \cdot 360}$$

Die Verpflichtung zur Zahlung von Z. kann sich aus gesetzlichen Bestimmungen oder aus einer vertraglichen Vereinbarung ergeben. Eine Zinsobergrenze wird durch die Vorschriften des Bürgerlichen Gesetzbuches (BGB) zum → Wucher festgelegt. Zu unterscheiden sind → Effektivzins und → Nominalzins.

Zinseszinsen, Wiederverzinsung auflaufender Zinsen, die dem Kapital zugeschlagen werden. Vereinbarungen über Z. sind gesetzlich nicht zulässig und somit ungültig. Ausgenommen sind nachträgliche Vereinbarungen von Z. Außerdem können Kreditinstitute im Voraus vereinbaren, dass nicht abgehobene Zinsen von Einlagen als neue verzinsliche Einlagen gelten sollen. Nach dem Handelsgesetzbuch (HGB) gilt das Zinseszinsverbot auch nicht für das → Kontokorrent.

Zinsfuß, → interner Zinsfuß, → Kalkulationszinsfuß, → Zinssatz.

Zinsgleitklausel, → Zinsanpassungsklausel.

Zinssatz, Prozentsatz, der die Höhe der → Zinsen festlegt. – Die Begriffe Z. und Zinsfuß werden häufig gleichbedeutend verwendet. In der Finanzmathematik wird jedoch zwischen dem Z. (p % = p/100) und dem Zinsfuß (p) unterschieden.

Zinsschein, → Bogen.

Zinsstruktur, ergibt sich aus dem Zusammenhang zwischen den Zinssätzen und den Laufzeiten. Man unterscheidet die normale Z. mit höheren Zinsen für längerfristige Kapitalanlagen und Kredite sowie die inverse Z. mit höheren Zinsen für kurzfristige Kapitalanlagen und Kredite.

Zinstender, → Tenderverfahren.

Zivilmakler, → Makler.

Zivilrecht, *Privatrecht.* Regelungen zu den rechtlichen Beziehungen zwischen Bürgern – *Gegensatz:* → öffentliches Recht.

Zoll, steuerähnliche Abgabe, die auf den Ex- oder Import von Gütern erhoben wird. Z. auf den Export werden als Ausfuhrzoll, auf den Import als Einfuhrzoll bezeichnet. Ziel der Erhebung von Z. ist die Erzielung von Einnahmen, aber in erster Linie der Schutz der inländischen Wirtschaft vor ausländischer Konkurrenz. Der Z. wird i.d.R. als Wertzoll erhoben. D.h., es wird ein bestimmter Prozentsatz auf den Wert einer Ware als Z. berechnet. Im Gegensatz dazu wird beim sog. Mengenzoll ein bestimmter Wert pro importierte Ware oder pro Gewicht als Z. gefordert. – In der Europäischen Union (EU) werden Z. im Rahmen des Gemeinsamen Zolltarifs auf importierte Waren erhoben.

Zollkodex (ZK), europäische Verordnung von 1992. Der Z. bildet die die Grundlage des europäischen Zollrechts. Er gilt seit 1994 in allen Mitgliedstaaten der Europäischen Union (EU). Der Z. enthält neun sog. Titel:

- Titel I–III: Behandlung der Waren beim Eingang in das EU-Zollgebiet
- Titel IV: Zollverfahren, vor allem die Überführung der Waren in den freien Verkehr
- Titel V–IX: Zollschuld, Zollentrichtung, Erstattung und Rechtsbehelfe.

Zollunion, Zusammenschluss mehrerer Staaten mit der Absprache, bei gegenseitigem Gütertausch keinen → Zoll zu erheben und gegenüber Drittländern einen gemeinsamen Außenzolltarif anzuwenden. – *Anders:* → Freihandelszone.

Zollwert, wichtigster Maßstab für die Bemessung der Höhe des Zolls. I.d.R. ist der Z. der sog. Transaktionswert. Dieser ist der tatsächlich gezahlte oder zu zahlende Preis, wobei noch nach dem → Zollkodex (ZK) vorzunehmende Kürzungen oder Hinzurechnungen zu berücksichtigen sind.

Zugangsfaktor, → Rentenformel.

Zugewinngemeinschaft, → Güterstand.

Zulage, *Zuschlag.* Über die Grundvergütung hinausgehendes Entgelt. Z. werden aufgrund arbeits- oder tarifvertraglicher Vereinbarungen vom Arbeitgeber gezahlt. Z. werden vor allem für besondere Leistungen des Arbeitnehmers (z.B. Prämien), zum Ausgleich von ungünstigen Arbeitsbedingungen (z.B. Nachtarbeits-, Schmutz- und Erschwerniszulage) oder aus sozialen Gründen (z.B. Orts-, Alters- und Treuezulage) gezahlt.

zumutbare Belastung, Begriff aus dem Einkommensteuerrecht für den Teil der → außergewöhnliche Belastungen, der von dem Steuerpflichtigen selbst zu tragen ist. Nur der die z.B. übersteigende Teil der Aufwendungen mindert auf Antrag den Gesamtbetrag der Einkünfte. Dieser ist je nach Einkommenshöhe, Familienstand und Kinderzahl unterschiedlich hoch.

Zurückbehaltungsrecht, Begriff aus dem Bürgerlichen Recht für das Recht einer Vertragspartei, eine Leistung so lange zu verweigern, bis der Vertragspartner seine geschuldete Leistung erbringt. Dazu muss ein wirtschaftlicher Zusammenhang zwischen den beiden Leistungen bestehen. – Sonderregelungen bestehen für das kaufmännische Z. und im Fall eines gegenseitigen Vertrags.

Zusatzaktie, *Berichtigungsaktie, Gratisaktie.* → Junge Aktie, die im Rahmen einer Kapitalerhöhung aus Gesellschaftsmitteln ausgegeben wird. Die Z. wird den Altaktionären ohne Zuzahlung zur Verfügung gestellt.

Zusatzkosten, → Kosten, die kalkulatorisch für Leistungen des Unternehmens angesetzt werden. Beispiele für Z. sind der kalkulatorische Unternehmerlohn, kalkulatorische Eigenmieten und kalkulatorische Eigenkapitalzinsen.

Zuschlag, → Zulage.

Zuschlagskalkulation, → Kalkulationsverfahren.

Zuschreibung, *Wertaufholung.* Erhöhung des → Buchwertes von Vermögensgegenständen. Eine Z. kann erforderlich sein, wenn der Wert des Gegenstands gestiegen ist, ohne dass sich die Substanz oder Wesensart des Wirtschaftsgutes geändert hat. Außerdem können durch Z. überhöhte → Abschreibungen früherer Rechnungszeiträume korrigiert werden. Handelsrechtlich gilt ein Zuschreibungsgebot, wenn die Gründe für außerordentliche Abschreibungen nicht mehr bestehen. Kapitalgesellschaften müssen grundsätzlich Zuschreibungen vornehmen.

Zuschuss, private oder öffentliche Zuwendung. I.d.R. handelt es sich um eine Zahlung, die ein Unternehmen aus den unterschiedlichsten Gründen erhält. Z. sind z.B. der Lohnkostenzuschuss durch die Bundesagentur für Arbeit (BA) für die Eingliederung von Langzeitarbeitslosen.

zu versteuerndes Einkommen, Bemessungsgrundlage der → Einkommensteuer. Das z.v.E. wird ermittelt, indem vom Einkommen mögliche Freibeträge und Aufwendungen abgezogen werden. – Vgl. auch Abbildung „Zu versteuerndes Einkommen".

Zuweisung, *Finanzzuweisung.* Zahlung einer Gebietskörperschaft (Bund, Länder, Gemeinden) an eine andere. Z. erfolgen vor allem im Rahmen des kommunalen → Finanzausgleichs zwischen Ländern und Kommunen. Es werden aber auch Z. beim Länderfinanzausgleich zwischen den Ländern untereinander und zwischen Bund und Ländern gezahlt. Z. können als sog. Zweckzuweisungen mit einer Zweckbindung versehen werden.

Zwangsversteigerung, gerichtliches Verfahren zur Versteigerung vor allem von Grundstücken und grundstückgleichen Rechten. Grundstückgleiche Rechte sind z.B. Erbbaurecht und Wohnungseigentum. Die Z. wird auf Antrag durch das zuständige Amtsgericht durchgeführt.

Zu versteuerndes Einkommen

	Summen der positiven Einkünfte aus jeder Einkunftsart (§ 2 III 2 EStG)
+	Hinzurechnungsbetrag nach § 2a ESTG
=	Summe der Einkünfte
–	Altersentlastungsbetrag (§ 24a EStG)
–	Entlastungsbetrag für Alleinstehende (§ 24b EStG)
–	Freibetrag für Land- und Forstwirte (§ 13 III EStG)
=	Gesamtbetrag der Einkünfte (§ 2 III 1 EStG)
–	Verlustabzug (§ 10d EStG)
–	Sonderausgaben (§§ 10, 10 b, 10 c EStG)
–	außergewöhnliche Belastungen (§ 33 ff. EStG)
–	Steuerbegünstigung der zu Wohnungsförderung (§§ 10e–10i EStG)
–	Verlustabzug nach § 10 d EStG i. d. F. vom 16.4.1997, BGBl I 821 (§ 52 XXV 1 EStG)
+	zuzurechnendes Einkommen nach § 15 I AStG
=	Einkommen (§ 2 IV EStG)
–	Kinder- und Betreuungsfreibeträge (§§ 31, 32 EStG)
–	Härteausgleich nach § 46 III EStG (§ 70 EStDV)
=	zu versteuerndes Einkommen (2 V EStG)

Zwangsverwaltung, Art der → Zwangsvollstreckung. Die Ansprüche des Gläubigers werden durch die aus dem Grundstück erzielten laufenden Erlöse (vor allem Miete und Pacht) befriedigt.

Zwangsvollstreckung, *Vollstreckung.* Anwendung staatlicher Gewalt zur Durchsetzung eines privatrechtlichen Anspruchs des Gläubigers. Voraussetzung für die Z. ist ein Vollstreckungstitel, die vollstreckbare Ausfertigung dieses Titels sowie dessen vorherige oder gleichzeitige Zustellung an den Schuldner. Die Z. wird auf Antrag des Gläubigers in einem besonderen Verfahren, das eine schnellst mögliche Befriedigung der Ansprüche des Gläubigers sichern soll, durchgeführt. Einwendungen kann der Schuldner im Zwangsvollstreckungsverfahren nicht mehr geltend machen. Die Kosten der Z. trägt der Schuldner. – 1. *Z. in das bewegliche Vermögen:* Der Gerichtsvollzieher pfändet Sachen, die sich im Gewahrsam des Schuldners befinden (→ Pfändung). Diese werden anschließend versteigert. – 2. *Z. in das unbewegliche Vermögen:* Die Z. vor allem von Grundstücken und grundstückgleichen Rechten wie Erbbaurecht und Wohnungseigentum erfolgt durch die → Zwangsversteigerung oder die → Zwangsverwaltung. – *Anders:* → Insolvenzverfahren.

Zweckaufwand, *kostengleicher Aufwand.* Aufwendungen, die auch → Kosten sind. Z. werden in der Betriebsbuchhaltung als → Grundkosten verrechnet. Der Z. ist durch die Leistungserstellung bedingt, fällt im Rahmen der gewöhnlichen Geschäftstätigkeit an und ist dem betrachteten Zeitraum zuzurechnen. – *Gegensatz:* neutraler Aufwand (→ neutraler Aufwand/Ertrag).

Zweckertrag, Teil des → Ertrags, der wirtschaftlich der betrachteten Periode zurechenbar ist und zur Erfüllung des Betriebszwecks anfällt. Z. werden in die Kostenrechnung als → Erlöse übernommen.

zweifelhafte Forderung, *dubiose Forderung.* Forderung, deren Zahlungseingang ungewiss ist. Gesetzlich ist vorgeschrieben, dass z.F. am Ende eines Geschäftsjahres mit ihrem wahrscheinlichen Wert anzusetzen sind.

Zweigniederlassung, Niederlassung eines Kaufmanns oder einer Handelsgesellschaft. Der Kaufmann oder die Handelsgesellschaft arbeiten teils abhängig, teils unabhängig von der Hauptniederlassung (Zentrale). – *Anders:* → Filiale.

Zweitwohnungsteuer, Steuer, die vor allem von Fremdenverkehrsgemeinden erhoben wird. Sie erfasst Zweitwohnsitze (Eigentümer und Mieter). Besteuerungsgrundlage ist die Höhe der ortsüblichen Miete.

Zwischenfinanzierung, *Vorfinanzierung.* Aufnahme eines kurzfristigen Kredits, das zu einem späteren Zeitpunkt durch ein langfristiges Darlehen oder Eigenkapital ersetzt wird. Die Z. findet vor allem im Bereich der Baufinanzierung Anwendung, wenn die Voraussetzungen zur Auszahlung der zugesagten langfristigen Finanzierungsmittel zunächst noch nicht erfüllt sind.

Zwischenschein, vorläufige Urkunde, die nach Gründung einer Aktiengesellschaft (AG) oder bei einer Kapitalerhöhung vor Ausstellung der endgültigen Aktien ausgegeben werden. Z. müssen auf den Namen des Aktionärs lauten.